Did you know that...?

- **100% of College Students are internet users**
- **50% are online more than 6 hours every week**
- **Community College Students are even more likely than those at 4 year institutions to use mobile devices**
- **71% of student would prefer to use digital learning materials over print**

Zou, J.J. (2011, July 19). Gadgets, study finds. *Chronicle of Higher Education*

WE Listened.

Challenge:

6 out of 10 college language programs either have completed or are planning to complete an Introductory French Course Redesign, which will likely result in less face-to-face class time and greater numbers of hybrid or fully online classes.

Solution:

- Pearson Education is the undisputed leader in Higher Education Course Redesign.
- 1150 faculty have selected Pearson to implement a Course Redesign.
- **Evidence-based ongoing Case Studies and Success Stories** demonstrate improved student performance in Course Redesigns that implemented **MyLanguageLabs**.
- **MyLanguageLabs** offers the most extensive opportunities for course personalization that enables instructors to modify instruction according to individual needs, teaching style, grading philosophies, and so on.

Redesigning courses around MyLanguageLabs has been a success. The curriculum and course requirements are uniform across all sections so students receive a consistent learning experience. Because MyLanguageLabs automates the grading process, instructors report that they have more time to offer students one-on-one assistance. When I examine the data from before and after MyLanguageLabs it is clear to me what a great success MyLanguageLabs is and how useful it is for our students.

—Jason Fetters, Purdue University

MyLanguageLabs
in Action:
Proven Performance

ALWAYS LEARNING

PEARSON

MyFrenchLab®

Part of the award-winning MyLanguageLabs suite of online learning and assessment systems for basic language courses, MyFrenchLab brings together—in one convenient, easily navigable site—a wide array of language-learning tools and resources, including an interactive version of the *Chez nous* student text, an online Student Activities Manual, and all materials from the audio and video programs. Chapter Practice Tests, tutorials, and English grammar Readiness Checks personalize instruction to meet the unique needs of individual students. Instructors can use the system to make assignments, set grading parameters, listen to student-created audio recordings, and provide feedback on student work. MyFrenchLab can be packaged with the text at a substantial savings. For more information, visit us online at http://www.mylanguagelabs.com/books

A GUIDE TO *Chez nous* ICONS	
Text Audio Program	This icon indicates that recorded material to accompany *Chez nous* is available in MyFrenchLab (www.mylanguagelabs.com), on Audio CD, or on the Companion Website (www.pearsonhighered.com/cheznous)
Pair Activity	This icon indicates that the activity is designed to be done by students working in pairs.
Group Activity	This icon indicates that the activity is designed to be done by students working in small groups or as a whole class.
Video	This icon indicates that a video episode related to *Vie et Culture* and *Observons* sections is available for the *Chez nous* program. The video is available on DVD and in MyFrenchLab.
Video	This icon indicates that a video episode related to Chapter Opening *On démarre* and the *Parallèles* section is available for the *Chez nous* program. The video is available in MyFrenchLab.

MEDIA-ENHANCED
FOURTH EDITION

chez nous
branché sur le monde francophone

Albert Valdman
Indiana University, Bloomington

Cathy Pons
University of North Carolina, Asheville

Mary Ellen Scullen
University of Maryland, College Park

Boston   Columbus   Indianapolis
New York   San Francisco   Upper Saddle River
Amsterdam   Cape Town   Dubai   London
Madrid   Milan   Munich   Paris   Montreal   Toronto
Delhi   Mexico City   São Paulo   Sydney
Hong Kong   Seoul   Singapore   Taipei   Tokyo

Executive Acquisitions Editor:	Rachel McCoy
Senior Digital Product Manager:	Samantha Alducin
Digital Product Manager:	Bill Bliss
Media Coordinator:	Regina Rivera
Production Project Manager:	Manuel Echevarria
Project Manager, codeMantra:	Francesca Monaco
Senior Art Director:	Maria Lange
Editorial Assistant:	Lindsay Miglionica

For Pearson World Languages

Senior Vice President:	Steve Debow
Editor in Chief:	Bob Hemmer
Director of Market Development:	Kristine Suárez
Senior Marketing Manager:	Denise Miller
Customer Experience Program Manager:	Mary Reynolds
Director of Program Management:	Lisa Iarkowski
Director of Project Management:	Paula Soloway
Senior Managing Editor:	Mary Rottino
Associate Managing Editor:	Janice Stangel
Marketing Associate:	Millie Chapman
World Languages Consultants:	Yesha Brill, Silvana Falconi, Jessica Garcia, Amy Hughes Maxwell, Mellissa Yokell

This book was set in Palatino size 10.

Library of Congress Cataloging-in-Publication Data

Chez nous : branché sur le monde francophone / Albert Valdman ... [et al.]. — 4th ed., media-enhanced version.
   p. cm.
  ISBN-13: 978-0-205-93376-1
  ISBN-10: 0-205-93376-9
  1. French language—Textbooks for foreign speakers—English. I.
Valdman, Albert.
  PC2129.E5V3 2012
  448.2'421—dc23

                            2012035481

Printed in the United States of America
10 9 8 7 6 5 4 3

ISBN 10: 0-205-93376-9
ISBN 13: 978-0-205-93376-1

PEARSON

www.pearsonhighered.com

BRIEF CONTENTS

SCOPE & SEQUENCE

		Vocabulary		Culture	
		Points de départ	*Vie et Culture*	*Parallèles*	

CHAPITRE PRÉLIMINAIRE

Présentons-nous! 2

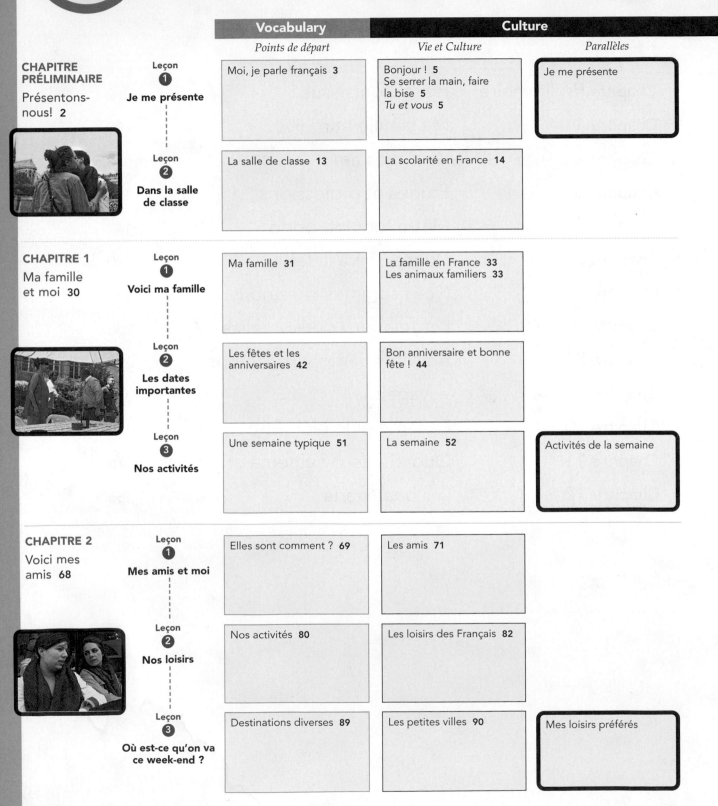

Leçon ❶
Je me présente

Moi, je parle français **3**

Bonjour ! **5**
Se serrer la main, faire la bise **5**
Tu et vous **5**

Je me présente

Leçon ❷
Dans la salle de classe

La salle de classe **13**

La scolarité en France **14**

CHAPITRE 1

Ma famille et moi **30**

Leçon ❶
Voici ma famille

Ma famille **31**

La famille en France **33**
Les animaux familiers **33**

Leçon ❷
Les dates importantes

Les fêtes et les anniversaires **42**

Bon anniversaire et bonne fête ! **44**

Leçon ❸
Nos activités

Une semaine typique **51**

La semaine **52**

Activités de la semaine

CHAPITRE 2

Voici mes amis **68**

Leçon ❶
Mes amis et moi

Elles sont comment ? **69**

Les amis **71**

Leçon ❷
Nos loisirs

Nos activités **80**

Les loisirs des Français **82**

Leçon ❸
Où est-ce qu'on va ce week-end ?

Destinations diverses **89**

Les petites villes **90**

Mes loisirs préférés

PREFACE

Bienvenue !

Welcome to the exciting new Media-Enhanced Version *of* CHEZ NOUS !

CHEZ NOUS is one of the most successful introductory French programs in North America, and we are proud to present this Media-Enhanced Version, which capitalizes on students' and instructors' increased access to digital devices, making teaching and learning experiences more flexible and dynamic. This Media-Enhanced Version amplifies CHEZ NOUS' signature traits of engaging students' interest and bringing French language and culture closer to their lives.

LET'S TAKE A CLOSER LOOK AT THIS NEW MEDIA-ENHANCED VERSION!

The unscripted but guided video introduces students to natural, authentic language as used by a variety of people living in France. We enter their homes, neighborhoods, schools, and places of work, and we meet their friends and families. While speakers in the video use common features of current-day French such as *ne* deletion, the elision of *tu*, and vocabulary typical of informal speech, the CHEZ NOUS program presents the grammar and vocabulary of Standard French for student imitation. The video and related activities are accessed via the eText in **MyFrenchLab**® and are found in two **new** sections of the text:

◆ The chapter-opening **On démarre !** video-based section introduces the chapter theme and functions while previewing cultural concepts and basic expressions that will be presented in the **Points de départ** and **Vie et culture** sections. The video clip encourages students to use visual clues such as the setting and speakers' gestures, as well as their own prior knowledge, to help derive meaning from what they see and hear.

◆ The **Parallèles** video clips introduce students to two young French women, Diandra and Mathilde, who share a distinctly French perspective on the chapter themes, even though they come from very different backgrounds and have equally interesting but extremely different aspirations for the future. Activities provide opportunities for cross-cultural analysis. This section appears at the most appropriate point within the chapter.

Assignable Text Activities Each chapter includes an average of eight text activities that can be assigned to students for online completion in **MyFrenchLab**. These machine-graded activities, which practice key vocabulary and grammar features, allow for immediate confirmation of comprehension and provide students with wrong-answer feedback and point-of-need support that will help them to be more successful in traditional, online, or hybrid courses. The text activities can be assigned for completion outside of class and results will be automatically entered in the **MyFrenchLab** gradebook, making instructors' lives easier.

A NOTE ABOUT THE AUTHENTIC LANGUAGE FEATURED IN THE VIDEO

The unscripted video clips that form an integral part of **CHEZ NOUS** provide samples of natural conversations. As such, they reflect the everyday speech of educated speakers and present some features that depart from careful, monitored speech such as the elision of the vowel of *tu* (*t'es prête ?*), the absence of *ne* in negative sentences (*j'ai pas très faim*), and the use of *on* instead of *nous* for the first-person plural (*on s'entraîne*).

Some of these features, such as the absence of *ne*, find their way into speech used by prominent persons in formal situations. However, although we want students to see authentic, communicative native interactions and to hear natural speech (which is the objective of the video clips), we present more "standard" forms such as the inclusion of negative *ne* and the retention of the vowel in *tu* in the classroom context for student production.

HALLMARK FEATURES

While much is new in CHEZ NOUS Media-Enhanced Version, Fourth Edition, we remain committed to the hallmark features that French instructors rely on to promote successful teaching and learning:

- **Innovative treatment of grammar.** Structures are presented in the context of authentic communicative use of the language. For example, the periphrastic future (**aller** plus the infinitive) is not the notional equivalent of the inflected future (**le futur simple**), and this distinction is clearly made in the presentation and in practice activities. Grammar treatments, reflecting the spoken language, make important generalizations about the structure of French. For example, the presentation of adjectives is based on the concept that the masculine form of variable adjectives is derived from the longer feminine form by dropping the final pronounced consonant (**grande/grand**). Similarly, students learn that verbs with two stems (such as **partir, finir, vendre**) have a longer stem in the plural, from which the singular can be derived by this general rule of final consonant deletion (**partent/part**). The original presentation of verb conjugations makes use of color shading to indicate the number of spoken forms and their relationship to the stems.

  Use of a cyclical syllabus facilitates language acquisition by allowing the instructor to focus on frequent and simpler language features first. For example, instead of presenting the conditional in full paradigms and in complex sentences, we first present verbs used frequently in polite requests. A more complete presentation of the conditional follows the presentation of the future, which uses the same base form.

- **Process orientation to skills development.** The receptive skills (listening and reading) are developed using authentic materials that are just beyond students' productive skill level. Preview activities provide or activate background knowledge and introduce comprehension strategies; listening and reading activities guide and check comprehension as students encounter the material; and follow-up activities encourage them to reflect on what they have read or heard. The productive skills (speaking and writing) are likewise practiced via carefully sequenced activities that emphasize carrying out authentic tasks through a process approach. Pre-speaking and pre-writing preparation readies students to carry out the assigned tasks; frameworks for the actual speaking and writing assignments are provided; and thoughtful follow-up is encouraged. Through this process approach to development of the four skills, students gradually become confident and proficient at carrying out a wide variety of communicative tasks.

- **Pervasive and highly nuanced treatment of French and Francophone cultures.** Throughout each chapter, thematically interrelated lessons closely integrate the presentation of lexical and grammatical content within interesting and culturally authentic contexts. Nuanced cultural presentations also explicitly encompass the breadth and richness of the Francophone world, leading students to a deeper analysis and understanding of the diverse cultures of France and the French-speaking world. The cultural and thematic presentation of each chapter culminates in the final lesson, titled **Venez chez nous !**, which provides an in-depth and intellectually stimulating look at the chapter theme in the Francophone context. A rich pedagogical apparatus provides students with opportunities to further develop language skills while exploring the cultural topic and making cross-cultural comparisons.

- **Authentic texts and tasks.** Authentic texts and tasks form the basis for developing students' language skills in CHEZ NOUS. Listening activities and models for speaking reflect the everyday language of young people. Varied readings and writing tasks help students develop an awareness of appropriate style as they are exposed to a wide variety of Francophone writers and oral traditions. Throughout the textbook and supplements, practice of vocabulary and grammar is oriented toward real situations and authentic tasks.

STANDARDS FOR FOREIGN LANGUAGE: PREPARING FOR THE 21ST CENTURY

The "Five C's," as defined by the National Standards, are directly embodied in essential aspects of the CHEZ NOUS program and constitute a subtext throughout the program. For example, many practice activities introduce cultural realities from across the French-speaking world. Culture is explored through skill-using activities and discovery methods of language learning. CHEZ NOUS addresses the National Standards by:

◆ Emphasizing **communication** developed through authentic language samples and tasks (**On démarre !, Points de départ, Formes et fonctions**, and in all skill-development activities)

◆ Encouraging cultural **comparisons** (**Parallèles, Vie et culture**, and **Venez chez nous !**)

◆ Presenting a broad cross section of French-speaking communities (**On démarre !, Parallèles, Points de départ, Vie et culture, Lisons, Écoutons, Observons**, and **Venez chez nous !**)

◆ Fostering **connections** by guiding students through a variety of disciplines, including history, geography, art, and literature (**Vie et culture, Lisons**, and **Venez chez nous !**)

◆ Promoting skill development within a distinctive **cultural** framework (**On démarre !, Parallèles, Vie et culture**, and **Venez chez nous !**)

ACKNOWLEDGMENTS

The publication of the CHEZ NOUS Media-Enhanced Version, Fourth Edition, represents the accumulated experience of many years of classroom instruction, as well as years of planning, field testing, and fine-tuning, to which many instructors and students have contributed. We wish to thank our colleagues and students for their participation in this process, for their comments, and for their encouragement.

Reviewers

Debra Bell – University of Georgia
Séda Chavdarian – University of California at Berkeley
Nathalie Dieu-Porter – Vanderbilt University, TN
Annie Duménil – University of South Carolina
Nezha Erradi – The George Washington University, DC
Cheryl M. Hansen – Weber State University, UT
Marie-Laure Hinton – Long Beach City College, CA
Joyce Johnston – Stephen F. Austin State University, TX
Stacey Katz – Harvard University, MA
Bérénice Le Marchand – San Francisco State University, CA
Tamara Lindner – University of Lousiana at Lafayette
Lara Lomicka Anderson – University of South Carolina
Kathryn M. Lorenz – University of Cincinnati, OH
Charla Martin – University of Texas at Arlington
Paul Chamness Miller – University of Cincinnati, OH
Nicole Mills – Harvard University, MA
Christine Moisset – University of Pennsylvania
Christine E.B. Moritz – University of Northern Colorado
Lindsy L. Myers – University of Missouri, Kansas City
Caroline Nash – Louisiana State University
Daniel E. O'Sullivan – University of Mississippi
Kate Paesani – Wayne State University, MI
Pamela Paine – Auburn University, AL
Bernd Renner – Brooklyn College and The Graduate Center, CUNY
Kelly Sax – Indiana University at Bloomington
Jean Marie Schultz – University of California at Santa Barbara
Kimberly Swanson – University of Kansas
Jill A. Watson – Cornell University, NY
Elizabeth D. Weber – University of Illinois at Chicago

The authors are grateful to the following friends and colleagues for providing support, feedback, and contributions.

- Michèle Dussaucy for her careful proofing of the textbook manuscript.

- At the University of North Carolina, Asheville, supportive colleagues and cooperative students who tried out new texts and activities and supplied helpful comments and enthusiastic encouragement. Special thanks go to Sandra Malicote and Ellen Bailey.

- At the University of Maryland, College Park, the amazing group of Graduate Teaching Assistants who have taught with CHEZ NOUS over the years and the undergraduates who have studied with it, demonstrating how the material in the book can really come alive in the classroom. The Fourth Edition has benefited greatly from your suggestions, ideas, and critiques. A special thanks to all of you who go out of your way to provide material, answer questions, offer suggestions, and keep us up-to-date with the latest technology crazes.

- And to our group of language experts, *un énorme merci* for responding to an endless stream of random e-mail queries with patience, good humor, and insightful responses. *Merci encore Eva, Caroline, Cybèle, Dorothée, Marilyn, Cécile, Sarah, Valérie, Virginie, Laurence et Pierre.*

- And we particularly wish to thank our talented friends, two- and four-footed, in Dijon and Paris, who shared their time with us in the summer of 2011 and will share their lives with many American students. With great affection, we thank the families of Mathilde, Diandra, Michèle and Bernard.

Contributing Writers

A special thanks to Virginie Cassidy of Georgetown College, KY, for revisions to the Student Activities Manual and the Companion Website; Joyce Johnston of Stephen F. Austin State University, TX, for revisions to the Test Package; Kate Paesani of Wayne State University, MI, for her work on the Instructor's Resource Manual; John Fields, Florida State College at Jacksonville, for writing the feedback hints for the e-Text activities.

And finally, we wish to thank our families, who continue to support the myriad demands on our time and energy that each new edition of CHEZ NOUS represents with all of their sacrifices, big and small. Merci, Andrew, Bertrand, Chief, Chikondi, Hilde, John, Kate, and Moyenda.

Product Team

Editorial and Marketing: Steve Debow, Denise Miller, Barbara Lyons, Lindsay Miglionica, Rachel McCoy, Regina Rivera

Digital: Samantha Alducin, Bill Bliss, Bob Hemmer

Art, Design, and Production: Manuel Echevarria, Katherine Gilbert, Francesca Monaco, Mary Rottino, Janice Stangel, Frank Weihening

Video Production: A/T Media (video for Media-Enhanced Version): Andrei Campeanu, Dave Waldman, and those in France who made the filming process seamless, including Laurence, Xavier and Romain. GoldPitt Films, Inc. (original video): Jane Pittman, Annette Brieger and Laura, our tireless Parisian guide.

ABOUT THE AUTHORS

Albert Valdman earned a B.A. in Romance languages at the University of Pennsylvnia and a Ph.D. in French linguistics from Cornell University. He started his career at the Foreign Service Institute of the U.S. Department of State and at the Pennsylvania State University before joining Indiana University, where he is Rudy Professor of French/Italian and Linguistics emeritus, director of the Creole Institute and editor of *Studies in Second Language Acquisition*. At Indiana University, he directed the program of elementary and intermediate French, including the mentoring of graduate student instructors and coordinators. A constant in his career has been his interest in developing more effective approaches to the teaching of foreign languages, the training of teachers, and the preparation of pedagogical materials. Valdman held the posts of president of the AATF and of the International Association of Applied Linguistics. For his commitment to the teaching of French language and culture and his pioneering work in the description of French in the United States, he was named *Commandeur dans l'Ordre des Palmes Académiques* of France, member of *l'Ordre des Francophones d'Amérique* of the government of Quebec province, and awarded the *Médaille d'Or du mérite francophone* by *Renaissance française*. His work in Haitian Studies and creole linguistics was recognized by Life Time Achievement Awards from the Haitian Studies Association and the Society for Pidgin and Creole Linguistics.

Professor Valdman has taught me for almost 25 years now: through his textbooks, his prolific linguistic research, and most recently through his editorial guidance, his academic integrity, and his wonderful stories and anecdotes. His profound influence can be felt not only in my life and career choice but in those of countless others as well.

Kelly Farmer, Doctoral Student at Indiana University

Cathy Pons completed a B.A. in French at the University of North Carolina at Greensboro, then spent a year in France as a Fulbright Teaching Assistant. Pons completed her doctorate in French linguistics at Indiana University where, as an Assistant Professor, she directed the elementary French program and the MA in French instruction. Teaching at the University of North Carolina at Asheville since 1995, Pons is Professor in the Department of Foreign Languages. In addition to teaching courses in French language, culture, and linguistics, Pons teaches K-12 methods courses for licensure candidates in Chinese, French, German, Latin, and Spanish. She is past president of the Foreign Language Association of North Carolina and has received numerous grants in support of study abroad programs for students and faculty. With more than thirty years' experience in elementary French teaching and teacher preparation, Pons finds the classroom to be a stimulating environment.

Dr. Pons helped me determine what kind of doctor I want to become. She made me appreciate learning the French language and all aspects of French culture more than any other French teacher I had. I plan on serving with Doctors Without Borders in Francophone Africa, and her classes helped me become even more interested in this goal.

Cassidy Cooper

Mary Ellen Scullen completed her B.A. in French at Kalamazoo College in Michigan and went to Tours, France to be a French government sponsored teaching assistant for one year. Three years later, she returned to the U.S. with a *Licence de Lettres modernes, mention Français Langue Étrangère* and a *Maîtrise de Français Langue Étrangère* from the Université François Rabelais in Tours. She earned a joint Ph.D. in French Linguistics and Theoretical Linguistics from Indiana University in 1993. Scullen has taught French language, culture, and linguistics, coordinated the basic French language program, and supervised teaching assistants at the University of Louisville and, since 1998, at the University of Maryland, College Park. She also had the opportunity to teach French in southern Africa at the University of Malawi from 1995–1997 and to serve as the Resident Director for the Maryland-in-Nice program in Nice, France from 2002–2003. In 2005, she was named *Chevalier dans l'Ordre des Palmes académiques* of France. For the past several years, Scullen has been involved in training new teaching assistants not only in French, but also in Spanish, German, Hebrew, Chinese, Russian, Persian, Arabic, and Japanese. She finds working with new teaching assistants to be highly rewarding and she truly loves being in the classroom with first year students.

Madame Scullen was easily the most dynamic and engaging teacher that I was lucky enough to have while at University of Maryland. Her constant desire to have our class improve our ability to speak and understand French provided me with skills that I continue to use in my job today when interacting with West African visitors traveling to the United States on government-funded exchange programs. Madame Scullen's teaching methods, which revolved around building fluency rather than rote memorization, also instilled in me the desire to constantly improve my French skills, which is one of the primary reasons why I continue to take French classes today.

Lawrence Groman

CHAPTER ORGANIZATION

CHAPTER OPENER

The NEW *On démarre* section opens with a captioned video still from the brand NEW video program. Pre-viewing activities prepare students to better understand the video and are followed by activities which guide and check comprehension during viewing. The video and activities are launched via the eText in **MyFrenchLab** and are assignable online.

An extensive *Annotation* accompanies each *On démarre* video clip, providing ideas for introducing and working with the video, whether in class or assigned as homework, and includes relevant background and cultural information.

Each chapter is built around a cultural theme introduced by informative photographs, line drawings, and realia, is divided into three lessons that pair lexical and grammar presentations, and features a concluding fourth *Venez chez nous !* cultural lesson supported by skill building activities.

VOCABULARY

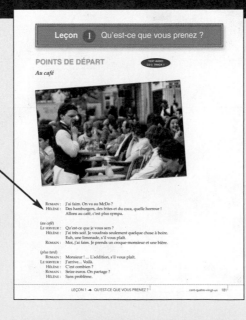

Reflecting the chapter theme, this opening section presents situationally oriented vocabulary through varied and appealing visuals and dialogues representing authentic everyday contexts.

STUDENT LEARNING TIPS *and* PRACTICE ACTIVITIES

Fiche pratique provides students with practical strategies to help them learn specific lesson content (for example, showing them ways to organize the new material, how to interact with native speakers using new content or structures, or how to test themselves).

Each *Points de départ* section includes a sequence of activities to be used in class to provide meaningful and personalized practice of the words and expressions through whole class, paired, and small group activities.

EVERYDAY CULTURE *and* PRONUNCIATION

The *Points de départ* section includes extensive and updated cultural notes, entitled *Vie et culture*, written initially in English, then in French (beginning in Chapter 5). These notes elaborate on the cultural references made in the vocabulary presentation.
They incorporate photos and realia that students must analyze to discover features of French culture and questions that encourage cross-cultural comparisons.

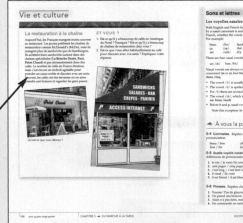

This section presents the main phonetic features and sound contrasts of French. It emphasizes the sound contrasts that determine differences in meaning, the major differences between French and English, and the relationship between sounds and spellings. Discrimination and oral practice exercises found in the *À vous la parole* section are recorded and are available in **MyFrenchLab**, the Companion Website, and the Text Audio CDs.

The NEW *Parallèles* section also incorporates the brand NEW video program to accompany *Chez nous Media-Enhanced*. Introduced by video stills , *Parallèles* features *Chez nous'* hallmark process approach to skills development. Carefully developed pre-viewing activities help students prepare for the cultural and linguistic content of the video clip; an *En regardant* activity focuses viewing and checks comprehension; and a final activity encourages students to assess what they have seen and heard, make inferences about the lives, families, and friends of Diandra and Mathilde, and relate their outlooks and experiences to their own. The video and activities are found in **MyFrenchLab** and are assignable online.

Clearly written grammar explanations in English focus on authentic usage and point out features of the spoken versus the written language. Numerous examples are provided and, where appropriate, color-coded charts summarize the forms. Verb conjugations are illustrated in charts whose color shadings indicate the number of spoken forms and show students how forms are derived from the base.

Class-friendly exercises provide a full range of practice—from form based to meaningful and personalized activities—incorporating the theme and the vocabulary of the lesson.

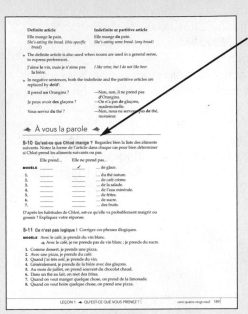

Where appropriate, grammar practice begins with a comprehension-based exercise to focus attention on the link between form and meaning before students are asked to produce the new grammatical structure.

Each of the *Leçons* concludes with skill-oriented activities, allowing students to put into practice the vocabulary, grammar, and cultural knowledge acquired in the lesson. Through work with an authentic text or task in a reading, listening, speaking, or writing activity, students are guided in their development of receptive and productive skills.

These culminating cultural lessons allow students to explore the chapter theme in depth. Every *Venez chez nous !* lesson includes process-oriented activities—*Lisons, Parlons, Écrivons*—that promote skill development while encouraging cultural analysis and cross-cultural comparisons. In addition, the *Observons* activities draw on clips from the video to incorporate authentic listening practice with rich visual and cultural elements.

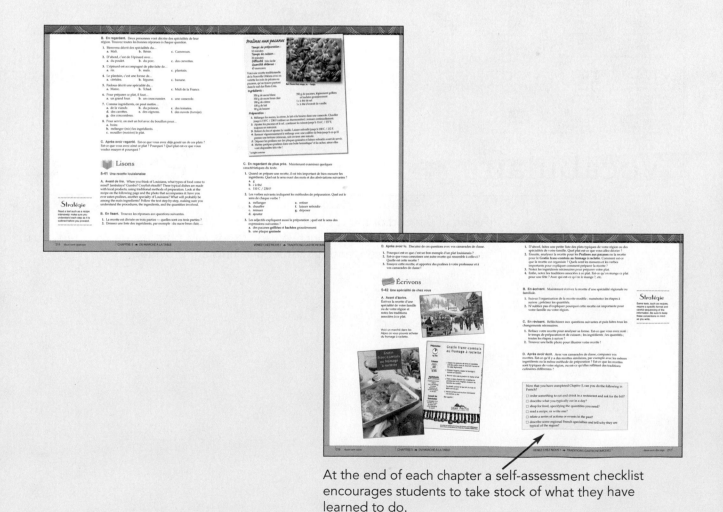

At the end of each chapter a self-assessment checklist encourages students to take stock of what they have learned to do.

Vocabulaire

Leçon 1

au café ou au restaurant — *in the cafe or in the restaurant*

l'addition (f.) — *bill*
avoir faim — *to be hungry*
avoir soif — *to be thirsty*
boire — *to drink*
prendre — *to have (to eat or drink)*

des boissons chaudes — *hot drinks*
un café (crème) — *coffee (with cream)*
un chocolat chaud — *hot chocolate*
un thé (au lait) — *tea (with milk)*

des boissons rafraîchissantes — *cold drinks*
un citron pressé — *lemonade*
un coca(-cola) — *cola*
de l'eau (f.) (minérale) — *water (mineral water)*
un jus d'orange — *orange juice*
une limonade — *lemon-lime soft drink*
un Orangina — *orange soda*

des boissons alcoolisées — *alcoholic drinks*
une bière — *beer*
du vin (rouge, blanc, rosé) — *(red, white, rosé) wine*

des casse-croûte (m. inv.) — *snacks*
un croque-monsieur — *grilled ham-and-cheese sandwich*
des crudités (f.) — *cut-up raw vegetables*
des frites (f.) — *French fries*
une glace — *ice cream*
un *hamburger — *hamburger*
une pizza — *pizza*
une salade verte — *green salad*
un sandwich (au jambon, au fromage) — *(ham, cheese) sandwich*

quelques expressions utiles — *some useful expressions*
apprendre — *to learn*
une bouteille — *bottle*
une cannette — *(soda) can*
commander — *to order*
comprendre — *to understand*
des glaçons (m.) — *ice cubes*
une cuillère — *spoon*
je voudrais... — *I would like . . .*
partager — *to share*
quelle horreur ! — *how awful!*
quelque chose (à manger, à boire) — *something (to eat, to drink)*
sans problème — *no problem*
seulement — *only*
du sucre — *sugar*
une tasse — *cup*
un verre — *glass*

Leçon 2

les repas — *meals*
le petit-déjeuner — *breakfast*
le déjeuner — *lunch; breakfast (Can.)*
le goûter — *afternoon snack*
le dîner — *dinner; lunch (Can.)*
le souper — *dinner (Can.)*

au petit-déjeuner — *at breakfast*
prendre le petit-déjeuner — *to have breakfast*
le bacon — *bacon*
le beurre — *butter*
un café au lait — *coffee with milk*
des céréales (f.) — *cereal*
la confiture — *jam*
un croissant — *croissant*
un œuf (sur le plat/au plat) — *(fried) egg*
du pain — *bread*
un pain au chocolat — *chocolate croissant*
une rôtie — *piece of toast (Can.)*
une tartine — *slice of bread*
une tranche de pain grillé — *slice of toast*

au déjeuner — *at lunch*
une entrée — *appetizer or starter*
un plat principal — *main dish*
un dessert — *dessert*

des aliments (m.) — *foods*
une asperge — *asparagus*
un biscuit — *cookie*
le fromage — *cheese*
les *haricots verts (m.) — *green beans*
un légume — *vegetable*
des pâtes (f.) — *pasta*
le poisson — *fish*
une pomme de terre — *potato*
le poulet — *chicken*
le riz — *rice*
une soupe — *soup*
une tarte aux pommes — *apple pie*
la viande — *meat*
un yaourt — *yogurt*

des fruits (m.) — *fruits*
une banane — *banana*
une poire — *pear*
une pomme — *apple*

des épices (f.) — *spices*
le poivre — *pepper*
le sel — *salt*

d'autres mots utiles — *other useful words*
un bol (de café au lait) — *bowl (of coffee with hot milk)*
une carafe (d'eau) — *carafe (of water)*

pour décrire — *to describe*
copieux — *copious, hearty*
grillé/e — *grilled, toasted*

pour parler du passé — *to talk about the past*
hier — *yesterday*
avant-hier — *the day before yesterday*
samedi dernier — *last Saturday*
l'année dernière — *last year*
il y a longtemps — *a long time ago*
il y a deux jours — *two days ago*
ce jour-là — *that day*
à ce moment-là — *at that moment*

quelques verbes utiles — *some useful verbs*
acheter — *to buy*
appeler — *to call*
épeler — *to spell*
faire la vaisselle — *to do the dishes*
jeter — *to throw, to throw away*
lever — *to raise*

Leçon 3

les rayons du supermarché — *supermarket aisles*
le rayon boulangerie-pâtisserie — *bakery/pastry aisle*
une baguette — *long, thin loaf*
un pain de campagne — *round loaf of bread*
un pain de mie — *loaf of sliced bread*
une pâtisserie — *pastry*
des petits pains (m.) — *rolls*
une tarte — *pie*
le rayon boucherie — *meat counter*
du bifteck haché — *ground beef*
une côtelette d'agneau — *lamb chop*
du rosbif — *roast beef*
le rayon charcuterie — *deli counter*
du pâté — *pâté*
des plats (m.) préparés — *prepared dishes*
un rôti (de porc) — *(pork) roast*
le rayon fruits et légumes — *produce aisle*
une cerise — *cherry*
une fraise — *strawberry*
un melon — *cantaloupe*
une pêche — *peach*
du raisin — *grapes*
une carotte — *carrot*
un champignon — *mushroom*
un concombre — *cucumber*
les épinards (m.) — *spinach*
les *haricots (m.) — *beans*
un oignon — *onion*
les petits pois (m.) — *peas*
une tomate — *tomato*
le rayon poissonnerie — *fish counter*
une crevette — *shrimp*
du saumon — *salmon*
du thon — *tuna*
le rayon surgelés — *frozen foods aisle*
les surgelés (m.) — *frozen foods*

des condiments — *condiments*
l'huile (f.) — *oil*
la moutarde — *mustard*
le vinaigre — *vinegar*

pour faire les courses — *to shop for food*
un/e commerçant/e — *shopkeeper, merchant*
une épicerie — *small grocery*
une grande surface — *superstore*

des quantités (f.) — *quantities*
une assiette de (crudités) — *plate of (crudités)*
une boîte de (sardines) — *can of (sardines)*
une douzaine d'(œufs) — *dozen (eggs)*
un kilo de (pommes) — *kilo of (apples)*
un litre de (lait) — *liter of (milk)*
un morceau de (fromage) — *piece of (cheese)*
un paquet de (riz, céréales, biscuits) — *package of (rice, cereal, cookies)*
un pot de (moutarde) — *jar of (mustard)*
une tranche de (pâté) — *slice of (pâté)*

quelques verbes conjugués avec être au passé composé — *some verbs conjugated with être in the passé composé*
Voir à la page 206 — *See page 206*

pour faire un récit — *to construct a narrative*
d'abord — *first*
ensuite — *next*
après — *after, after that*
puis — *then*
enfin — *finally*

d'autres expressions utiles — *other useful expressions*
avoir besoin de — *to need*
J'ai besoin d'huile. — *I need (some) oil.*
il faut — *to need*
Il faut quatre œufs. — *We need four eggs.*
biologique — *organic*
une tomate bio(logique) — *organic tomato*
la caisse — *cash register*
d'accord — *O.K., alright*
délicieux/-euse — *delicious*
demander — *to ask (for)*

TEXT AUDIO CD 3, TRACKS 15–34

Found at the end of the chapter, this section summarizes the key vocabulary for students' productive use. Words and phrases are grouped semantically by lesson, and English equivalents are provided.

◆ **Student Activities Manual (SAM).** The Student Activities Manual provides reading and writing practice along with listening activities related to the audio and video components. Written exercises provide meaningful and communicative practice, incorporating the vocabulary and structures introduced in each chapter and offering additional process-oriented activities. Exercises linked to audio recordings provide listening practice that progresses from comprehension to production, based on what students hear. The exercises stress authentic speech and real-life tasks, and recordings feature native speakers of French. Video-based activities complement the listening practice provided in the textbook, using additional video clips and expanded activities. Each chapter of the SAM concludes with a *Venez chez nous !* section that is closely tied to the chapter theme and allows students to delve deeper into the cultural focus of the *Venez chez nous !* lesson in the textbook through guided Web-based activities.

◆ **Answer Key to Accompany the SAM.** A separately bound *Answer Key* is available for optional inclusion in course packages; it includes answers for all discrete and short-answer exercises in the SAM.

◆ **Audio to Accompany the SAM.** Students and instructors have access to the audio recordings for the SAM in several formats: through Audio CDs, the Companion Website, and MyFrenchLab.

◆ **Video Program.** There are now 2 videos available: one that supports the new *On démarre* and *Parallèles* activities (available only in MyFrenchLab), and one which supports the *Vie et culture* and the *Observons* activities (available on DVD and in MyFrenchLab). These videos were shot on location and introduce native speakers from across the Francophone world who address the topics and themes of each chapter in varied settings and contexts.

◆ **Audio CDs to Accompany Text.** Each chapter's *Points de départ, Sons et lettres*, and *Écoutons* segments can be found on the Text Audio CDs. *Lisons* texts such as poems and play excerpts have also been included. Recorded material is indicated by an icon in the textbook, making it easy to find selections and incorporate them into class activities or assign as homework.

◆ **Annotated Instructor's Edition (AIE).** Extensive, clearly labeled annotations make the AIE an indispensable handbook for the novice as well as the experienced instructor. Notes offer ideas for presenting material; for initial form-based practice; for implementation of activities; and for expansion, alternative practice, and review. Complete scripts for listening activities and keys to many exercises are provided. Other notes provide in-depth linguistic and cultural information that the instructor may find useful.

◆ **Instructor's Resource Center.** The IRC is located on www.pearsonhighered.com and provides password-protected instructor access to the Instructor's Resource Manual and Testing Program, in downloadable format.

◆ **Instructor's Resource Manual.** An extensive introduction to the components of the CHEZ NOUS Media-Enhanced Version, Fourth edition program is included in the revised Instructor's Resource Manual (IRM). The IRM is available in downloadable format via the Instructor's Resource Center. Sample syllabi for two- and three-term course sequences are outlined, along with numerous sample lesson plans. The extensive cultural annotations are a unique feature of this IRM, providing further information about topics introduced in the textbook. Information-gap activities, ready for classroom use, are provided for each chapter. In addition, the IRM provides the scripts for the audio and video activities of the SAM.

◆ **Testing Program.** A highly flexible testing program allows instructors to customize tests by selecting the modules they wish to use or by changing individual items. This complete testing program, available in downloadable format via **MyFrenchLab** and the IRC, includes quizzes, chapter tests, and comprehensive examinations that test listening, reading, and writing skills as well as cultural knowledge. Special formats to test listening and speaking skills are also included. For all elements in the testing program, detailed grading guidelines are provided.

◆ **Audio to Accompany the Testing Program.** All oral sections are recorded for the instructor's use in a classroom or laboratory setting. The audio is available on DVD and via **MyFrenchLab**.

ONLINE RESOURCES

MyFrenchLab

MyFrenchLab is a widely adopted, nationally hosted online learning system designed specifically for students in college-level language courses. It brings together—in one convenient, easily navigable site—a wide array of language-learning tools and resources, including an interactive version of the *Chez nous Media-Enhanced Student Activities Manual*, an interactive version of the *Chez nous Media-Enhanced* student text, and all materials from the *Chez nous Media-Enhanced* audio and video programs. Readiness checks, practice tests, and tutorials personalize instruction to meet the unique needs of individual students. Instructors can use the system to make assignments, set grading parameters, provide feedback on student work, add new content, access instructor resources, and hold online office hours. Instructor access is provided at no charge. Students can purchase access codes online or at their local bookstore. For more information, including case studies that illustrate how **MyFrenchLab** saves time and improves results, visit http://www.mylanguagelabs.com.

Companion Website. The Companion Website (CW) provides some of the audio recordings from the textbook, and all of the audio recordings from the SAM.

Présentons-nous !

—Tu vas bien ?   —Oui, très bien.

Leçon 1 Je me présente

Leçon 2 À la fac

Venez chez nous ! Le français dans le
monde

**After completing this chapter,
you should be able to:**

◆ Greet people, make introductions, and
say good-bye

◆ Identify objects in the classroom

◆ Follow classroom instructions

◆ Spell words in French

◆ Describe the public education system
in France

◆ Describe the role of French in the world
today

Leçon **1** Je me présente

POINTS DE DÉPART

Moi, je parle français

TEXT AUDIO
CD 1 TRACK 1

CHLOÉ : Salut ! Je m'appelle Chloé. Et toi, comment tu t'appelles ?
ANTOINE : Je m'appelle Antoine.
CHLOÉ : Tu es de Paris ?
ANTOINE : Non, moi, je suis de Montréal.

Fiche pratique

As you begin the study of French, you will rely on a number of fixed expressions to help you navigate situations such as greeting people. Memorize these expressions in their entirety rather than trying to translate them literally.

LE PROF : Bonjour, mademoiselle, bonjour, monsieur.
CHLOÉ ET ANTOINE : Bonjour, madame.
LE PROF : Comment vous appelez-vous ?
CHLOÉ : Je m'appelle Chloé Lafont.
LE PROF : Et vous ?
ANTOINE : Paradis, Antoine Paradis.

CHLOÉ : Salut, Loïc ! Comment ça va ?
LOÏC : Ça va. Et toi ?
CHLOÉ : Pas mal.
LOÏC : Bonjour, madame. Comment allez-vous ?
LE PROF : Très bien, merci. Et vous ?
LOÏC : Bien aussi, merci.

CHLOÉ : Madame, je vous présente Loïc Richard. Loïc, Madame Dupont.
LOÏC : Enchanté, madame.
LE PROF : Bonjour, Loïc.
CHLOÉ : Antoine, voici mon ami Loïc. Loïc, voici mon camarade de classe, Antoine.
ANTOINE : Salut, Loïc.
LOÏC : Salut.

LOÏC : Bon, au revoir, Chloé, au revoir, Antoine.
CHLOÉ : Salut, Loïc.
ANTOINE : À bientôt... Au revoir, madame.
LE PROF : Au revoir, Antoine. À demain.

Pour saluer et répondre

Comment ça va ?	*How are you?*
Très bien, merci.	*Very well, thanks.*
Ça va.	*Fine.*
Pas mal.	*Not bad.*
Ça peut aller.	*I'm getting by.*
Ça ne va pas très bien.	*Things aren't going well.*

Vie et culture

📧 Bonjour !

Look at the photos here and watch the video segment *Bonjour*, in which people are greeting each other: what gestures and phrases do you notice?

When French people meet someone they know, or make contact with a stranger (for example, sales, office, or restaurant personnel), they always greet that person upon arriving and say good-bye when leaving. If the speakers are not on a first-name basis, the greeting includes an appropriate title, and the last name is not used. Usually a woman is addressed as **madame** unless she is very young:

> **Bonjour, monsieur.**
> **Bonsoir, madame.**
> **Au revoir, mademoiselle.**

Se serrer la main, faire la bise

When they meet or say good-bye, French people who know each other almost always shake hands, using the right hand (**se serrer la main**). Good friends and family members kiss each other lightly on each cheek (**faire la bise**). When talking together, the French stand or sit closer to each other than Americans do. A French person would be offended if you kept moving away as he or she attempted to maintain normal conversational distance.

Tu et *vous*

When addressing another person in French, you must choose between **tu** and **vous**, which both mean *you*. Use **tu** to address a family member, a close friend, or another student. Use **vous** to address someone with whom you have a more formal relationship or to whom you wish to show respect. For example, use **vous** with people you do not know well, with older people, and with those in a position of authority, such as your teachers. Always use **vous** also to address more than one person. Do the people in the video clip use **tu** or **vous**?

ET VOUS ?

1. Think of how you typically greet people each day. Although we do not make a distinction in English like the **tu/vous** distinction in French, how do we vary our forms of address?

2. What do the practices of shaking hands and kissing on the cheek tell you about the importance of close physical contact in French culture? Would you feel comfortable with these practices? Why or why not? Compare your answers to these questions with those of your classmates. How would you explain any differences?

3. View the video segment again, paying close attention to the ways in which people greet each other; what can you conclude about their relationship in each case?

Parallèles

Je me présente. 🎬

The **Parallèles** series, featured in each chapter, invites you to explore the lives of two young French women, Diandra and Mathilde, and introduces you gradually as well to their family and friends. In this first video clip, Diandra and Mathilde introduce themselves.

Diandra

Mathilde

⬄ À vous la parole ⬄

P-1 Le mot juste. Give an appropriate response.

MODÈLE Comment vous appelez-vous ?
    ⬄ Morin, Nicolas Morin.

1. Bonjour, mademoiselle.
2. Comment tu t'appelles ?
3. Tu es de Montréal ?
4. Ça va ?
5. Comment allez-vous ?
6. Comment ça va ?
7. Voici mon ami David.
8. Je vous présente mon amie Claire.
9. Au revoir, monsieur.
10. Bon, à demain !

P-2 Présentez-vous. Get acquainted with some of your classmates and your instructor, following these suggestions.

MODÈLE Greet your instructor.

    ⬄ Bonjour, monsieur.

OU ⬄ Bonjour, madame.

(Your instructor responds.)

    ⬄ Bonjour, mademoiselle.

OU ⬄ Bonjour, monsieur.

1. Greet and introduce yourself to a person sitting near you.
2. Ask a classmate what his or her name is, then introduce yourself.
3. Ask a classmate whether he or she is from your city.
4. Greet a classmate and ask how he or she is today.
5. Introduce two people whom you have met in class.
6. Greet your instructor and ask how he or she is today.
7. Introduce a classmate to your instructor.
8. Say good-bye to several classmates.
9. Say good-bye to your instructor.

P-3 Le savoir-faire. What would you say and do in the situations described below? Act out each one with classmates.

MODÈLE You meet a very good friend.
    É1 Salut, Anne ! Ça va ? (faire la bise)
    É2 Ça va, et toi ?
    É1 Pas mal.

1. You and a friend run into your instructor on campus.
2. You sit down in class next to someone you do not know.
3. You are with your roommate when a new friend joins you.
4. You run into your friend's mother while doing errands.
5. You are standing near a new teacher who does not yet know your name.
6. Class is over, and you are saying good-bye to a close friend.
7. Class is over, and you are saying good-bye to your teacher.

P-4 Faisons connaissance. Imagine that you are at a party with your classmates. Greet and introduce yourself to as many people as possible, and make introductions when others do not know each other. Tell what city you are from, then ask what city your classmates are from.

MODÈLE É1 Bonjour, je m'appelle Sean. Et toi ?
  É2 Je m'appelle Natasha. Voici mon ami, Jérémie.
  É1 Salut, Jérémie.
  É3 Bonjour. Je suis de Chicago, et toi ?
  É1 Moi, je suis de Lafayette, et toi, Natasha ?

FORMES ET FONCTIONS

1. *Les pronoms sujets et le verbe* être

Les pronoms sujets et le verbe être					
SINGULIER			**PLURIEL**		
je	**suis**	*I am*	nous	**sommes**	*we are*
tu	**es**	*you are*	vous	**êtes**	*you are*
il		*he is*	ils		
elle	**est**	*she is*	elles	**sont**	*they are*
on		*we are*			

◆ The verb **être** means *to be*. This form is called the *infinitive*; it is the form you find in the dictionary listing for the verb. Notice that a specific form of **être** corresponds to each subject. Because these forms do not follow a regular pattern, **être** is called an *irregular verb*.

◆ A subject pronoun can be used in place of a noun as the subject of a sentence:

—**Alex** est de Paris ?   —*Alex is from Paris?*
—Non, **il** est de Bruxelles.   —*No, he's from Brussels.*

As you have learned, use **tu** with a person you know very well; otherwise use **vous**. Use **vous** also when speaking to more than one person, even if they are your friends. Pronounce the final **-s** of **vous** as /z/ if the word following it begins with a vowel sound, and link it to that word:

Olivier, **tu** es de Paris ?   *Olivier, are you from Paris?*
Madame, **vous**‿êtes de Liège ?   *Madame, are you from Liege?*
Audrey et Fred, **vous**‿êtes de   *Audrey and Fred, are you from*
  Genève ?   *Geneva?*

On is an indefinite pronoun that can mean *one, they,* or *people,* depending on the context. In conversational French, **on** is often used instead of **nous** to mean *we.* **On** always takes the singular form, **est.**

Nous, on est de Lille. *We are from Lille.*

Elles refers to more than one female person or to a group of feminine nouns. **Ils** refers to more than one male person, to a group of masculine nouns, or to a group that includes both males and females or both masculine and feminine nouns.

Anne et Sophie, **elles** sont en forme. *Anne and Sophie are fine.*
Jean-Luc et Rémi, **ils** sont stressés. *Jean-Luc and Rémi are stressed out.*
Julie et Damien, **ils** sont occupés. *Julie and Damien are busy.*

◆ Use a form of the verb **être** in descriptions or to indicate a state of being.

Elle **est** occupée. *She's busy.*
Tu **es** malade ? *Are you sick?*
Je **suis** stressé. *I'm stressed out.*

◆ The final **-t** of **est** and **sont** is usually pronounced before a word beginning with a vowel sound.

Il est‿en forme. *He's fine.*
Il est malade. *He's sick.*
Elles sont‿en forme. *They're fine.*
Elles sont stressées. *They're stressed out.*

Comment ça va ?

Je suis en forme. *I am fine.*
... fatigué/e. . . . *tired.*
... stressé/e. . . . *stressed.*
... très occupé/e. . . . *very busy.*
... malade. . . . *sick.*

◆ Use **c'est** and **ce sont** to identify people and things:

C'est Madame Dupont ? *That's Madame Dupont?*
C'est un ami, Kevin. *This is a friend, Kevin.*
Ce sont M. et Mme Lafarges. *This is Mr. and Mrs. Lafarges.*

⬟ À vous la parole ⬟

P-5 Comment ça va ? Tell how everyone is feeling today.

MODÈLE Moi ? Fatigué/e.
⬟ Je suis fatigué/e.

1. Mme Hébert ? En forme.
2. Toi ? Fatigué/e.
3. Adrien ? Très occupé.
4. Cécile ? Malade.
5. Mathieu et toi ? En forme.
6. Julien ? Stressé.
7. Nous ? Fatigués.
8. Vous ?

P-6 Qui est-ce ? Identify the people from the opening dialogues pictured below.

MODÈLE ◣ C'est Chloé.

1.   2.   3.   4.

5.   6.   7.

P-7 Identité mystérieuse. Take on a new identity! Your instructor will give you a new name and city of origin, or you can invent one yourself. Circulate around the room and introduce yourself to at least three people. Be prepared to introduce someone you have met to the rest of the class!

MODÈLE É1   Bonjour, je m'appelle Mathilde.
  É2   Tu es de Paris ?
  É1   Non, je suis de Québec. Et toi ?
  É2   Je m'appelle Louis-Jean, je suis de Port-au-Prince, à Haïti.

2. *Les pronoms disjoints*

◆ You know that subject pronouns can be used in place of a noun (for example, a person or an object) as the subject of a sentence. *Subject pronouns* appear with a *verb*:

—Adrien est de Paris ?   —*Is Adrien from Paris?*
—Non, **il** est de Trois-Rivières.   —*No, he's from Trois-Rivières.*

—Pierre et Mélanie sont occupés ?   —*Are Pierre and Mélanie busy?*
—Oui, **ils** sont occupés.   —*Yes, they are busy.*

- A different type of pronoun, a *stressed pronoun*, is used:
  - in short questions that have no verb:

    Je m'appelle Clémence, et **toi** ?

    My name is Clémence, how about you?

    Ça va bien, et **vous** ?

    I'm fine, and you?

  - where there are two subjects in a sentence, one of which is a pronoun:

    Damien et **elle**, ils sont fatigués.

    She and Damien are tired.

  - to emphasize the subject of a sentence when providing a contrast:

    Moi, je suis de Lausanne, mais **lui**, il est de Saumur.

    *I'm from Lausanne, but **he's** from Saumur.*

  - after **c'est** and **ce sont**:

    —C'est Paul ?
    —Oui, c'est **lui**.

    —Is that Paul?
    —Yes, it is he.

    —Ce sont M. et Mme Dulac ?
    —Oui, ce sont **eux**.

    —Is that Mr. and Mrs. Dulac?
    —Yes, it is they.

The stressed pronouns are shown below with the corresponding subject pronouns:

moi	je	**nous**	on/nous
toi	tu	**vous**	vous
lui	il	**eux**	ils
elle	elle	**elles**	elles

◂ À vous la parole ▸

P-8 C'est ça. With your partner, confirm who these people are.

MODÈLE É1 C'est toi ?
  É2 Oui, c'est moi.

  É1 Ce sont Marie et Hélène ?
  É2 Oui, ce sont elles.

1. C'est Christophe ?
2. C'est Jessica ?
3. C'est toi ?
4. C'est Arnaud ?
5. Ce sont Adeline et Nathalie ?
6. C'est vous ?
7. Ce sont Simon et Maxime ?
8. Ce sont Vanessa et Laurent ?

P-9 Et vous ? Interview each other in groups of three.

MODÈLE Je m'appelle... Et vous ?

É1 Je m'appelle Alex. Et vous ?
É2 Moi, je m'appelle...
É3 Et moi, je m'appelle...

1. Je m'appelle... Et vous ?
2. Moi, ça va. Et vous ?
3. Je suis de... Et vous ?

P-10 Présentez-vous ! Help out your forgetful instructor by identifying students in your classroom.

MODÈLE ◆ Lui, il s'appelle Matt ; elle, elle s'appelle Cindy.

Lisons

P-11 Des adresses en francophonie

A. Avant de lire. You will be looking at envelopes and postcards addressed to different people in the Francophone world. Before you read them, list the information you expect to find on an addressed envelope.

B. En lisant. How does the list you made compare with what you actually see on the envelopes and postcards? Do you see words or expressions with which you are not familiar or that you did not anticipate?

C. En regardant de plus près. Now examine the following aspects of the text more closely.

1. Given the context and its similarity to English, what do you think the phrase **Boîte Postale** means?
2. Given the context, what do you think the word **rue** means?
3. Provide the full forms in French for the following abbreviations:

   M.   Mlle   Mme   B.P.

4. Although you do not see the phrase **code postal** in the addresses, most of them have one. What do you think the **code postal** is? What is the **code postal** for **Abidjan**, for **Tours**, for **Vieux-Québec**? What is different about the **code postal** for this last city?
5. One envelope includes the words **destinataire** and **expéditeur**. What do you think those terms mean?

Stratégie

Use your knowledge of the type of text you are reading to understand its content. When you are reading addresses, for example, you will expect to find certain kinds of information; you can use that knowledge to figure out the meaning of words and expressions that you do not know.

D. Après avoir lu. Now that you've studied the addresses, write envelopes for these two people.

1. Salut, je m'appelle Marie-Cécile Kabambé. Je suis de Kinshasa. Mon adresse, c'est Boîte Postale 357. Il n'y a pas de code postal. Kinshasa est au Congo bien sûr.
2. Bonjour, je m'appelle Marc Leblanc. Je suis de Genève. Mon adresse, c'est Case Postale 1602. Le code postal, c'est CH-1211 Genève 1. Vous savez que Genève est en Suisse, n'est-ce pas ?

CHAPITRE PRÉLIMINAIRE ◄ PRÉSENTONS-NOUS !

POINTS DE DÉPART

TEXT AUDIO
CD 1 TRACK 2

La salle de classe

—Il y a un crayon sur le bureau ?
—Non, il n'y a pas de crayon, mais il y a un stylo. Voilà.

—Il y a des affiches dans la salle de classe ?
—Non, il n'y a pas d'affiches.

Vie et culture

La scolarité en France

This chart provides an overview of the French school system. As you examine the chart, answer the following questions.

1. What general information is provided about public schools in France?
2. Find the words **école, collège**, and **lycée** in the chart. To what levels of instruction do these terms correspond?
3. How does the French school system compare to the school system where you grew up?

4. Nearly all French children are enrolled in school by age three. Why do you think this might be the case?

La rentrée (*back to school*) for French schoolchildren generally takes place early in September and for university students, early in October. A significant event for retailers and families, **la rentrée** marks the end of vacation and the change of seasons.

Le professeur dit :	
Écoutez bien, s'il vous plaît !	Écrivez votre nom et votre prénom !
Regardez le tableau !	Lisez les mots au tableau !
Levez-vous !	Effacez le tableau !
Allez au tableau !	Écoutez sans regarder le livre !
Allez à la porte !	Répondez en français !
Ouvrez la fenêtre !	Donnez la craie à Marie-Laure !
Fermez le livre !	Rendez-moi les devoirs !
Montrez-moi votre livre !	Asseyez-vous !
Montrez Paris sur la carte !	Merci.
Ne parlez pas anglais !	De rien.
Prenez un stylo !	

Les étudiants répondent :

Pardon ? Je ne comprends pas.
Répétez, s'il vous plaît !
Parlez plus fort !
Comment dit-on « *board* » en français ?

LIRE EN PARTANT DU BAS DU TABLEAU

Enseignement supérieur	**UNIVERSITÉS ou ÉCOLES SUPÉRIEURES**			
Enseignement secondaire 2°	**LYCÉE GÉNÉRAL, TECHNOLOGIQUE ou PROFESSIONNEL**	**Terminale** pour **Bac général** ou **Bac technologique**	**Bac professionnel** *(en 2 ans)*	
		1ère	**brevet d'études professionnelles** ou **certificat d'aptitude professionnelle**	
		2nde	2ème professionnelle	
	COLLÈGE	3ème		14 – 15 ans
		4ème		13 –14 ans
		5ème		12 – 13 ans
		6ème		11 – 12 ans
Enseignement primaire 1°	**ÉCOLE ÉLÉMENTAIRE**	cours moyen 2	Cycle 3	10 – 11 ans
		cours moyen 1		9 – 10 ans
		cours élémentaire 2		8 – 9 ans
		cours élémentaire 1	Cycle 2	7 – 8 ans
		cours préparatoire		6 – 7 ans
	ÉCOLE MATERNELLE	Grande section		5 – 6 ans
		Moyenne section	Cycle 1	4 – 5 ans
		Petite section		3 – 4 ans / 2 – 3 ans

En France, la scolarité est **obligatoire** de 6 à 16 ans. L' école est **publique**, **laïque** et **gratuite**.

← À vous la parole ←

P-12 Voilà ! As your instructor asks about various classroom objects, hand them over, point them out, or say there aren't any.

MODÈLES Donnez-moi un stylo, s'il vous plaît !
  ← Voilà (*and you hand over a pen*).

Montrez-moi une carte de France, s'il vous plaît !
  ← Voilà (*and you point to a map of France*).

Il y a des affiches ici ?
  ← Oui, voilà des affiches (*and you point to some posters*).
OU ← Non, il n'y a pas d'affiches.

P-13 Dans la salle de classe. Write down as many different classroom objects as you can see. Now compare your list with that of a classmate. Cross off the items that are common to both lists, then give yourself a point for each item on your list that your partner did not name. Who has the most points?

MODÈLE É1 ~~un bureau~~, ~~une fenêtre~~, un livre, ~~une carte~~, une affiche, une télé
  É2 ~~un bureau~~, un tableau, une craie, ~~une fenêtre~~, une porte, ~~une carte~~, un cahier
  É1 = 3 pts, É2 = 4 pts

P-14 C'est logique. With a partner, complete each command in as many logical ways as possible.

MODÈLE Ouvrez...
          Ouvrez la fenêtre.
    OU   Ouvrez le livre.

1. Regardez...
2. Écoutez...
3. Rendez-moi...
4. Montrez-moi...
5. Fermez...

6. Effacez...
7. Répondez...
8. Allez...
9. Écrivez...
10. Prenez...

P-15 Qu'est-ce que vous dites ? What could you say in each situation?

MODÈLE You want the teacher to speak up.
       Parlez plus fort, s'il vous plaît !

1. You want to interrupt the teacher.
2. You want the teacher to repeat.
3. You don't understand.
4. You ask how to say *door* in French.
5. You want to thank someone.
6. You can't hear what's being said.
7. You don't know how to say *please* in French.
8. Someone says **Merci !** to you.

Sons et lettres

TEXT AUDIO
CD 1 TRACK 3

L'alphabet et les accents

Here are the letters of the alphabet together with their pronunciation in French.

a	(a)	j	(ji)	s	(ès)
b	(bé)	k	(ka)	t	(té)
c	(sé)	l	(èl)	u	(u)
d	(dé)	m	(èm)	v	(vé)
e	(eu)	n	(èn)	w	(double vé)
f	(èf)	o	(o)	x	(iks)
g	(jé)	p	(pé)	y	(i grec)
h	(ach)	q	(ku)	z	(zèd)
i	(i)	r	(èr)		

Accents and other diacritical marks are an integral part of French spelling.

◆ **L'accent aigu** is used with **e** to represent the vowel /e/ of **stressé**:

     André   Québec   stressé   répétez

◆ **L'accent grave** is used with **e** to represent the vowel /ɛ/ of **la règle**:

     la règle   le modèle   très   Genève

It is also used with **a** and **u** to differentiate words:

la *the* vs. là *there*   ou *or* vs. où *where*

- **L'accent circonflexe** can be used with all five vowel letters. It often marks the loss of the sound /s/ at an earlier stage of French. The **s** is still present in English words borrowed from French before that loss occurred.

être   s'il vous plaît   bientôt
la hâte   *haste*   l'hôpital   *hospital*   coûter   *to cost*

- **Le tréma** indicates that vowel letters in a group are pronounced individually:

toi vs. Loïc /lo-ik/   Claire vs. Haïti /a-i-ti/

- **La cédille** indicates that **c** is to be pronounced as /s/ rather than /k/ before the vowel letters **a**, **o**, or **u**:

ça   français   Françoise

◢ À vous la parole ◣

P-16 Les sigles. Practice saying each French acronym, then match it with its full form. Can you provide the English equivalent for each?

1. l'ONU
2. l'OEA
3. l'OTAN
4. l'UE
5. le SIDA
6. les USA

a. l'Union européenne
b. les États-Unis d'Amérique
c. l'Organisation des Nations unies
d. le syndrome d'immunodéficitaire acquise
e. l'Organisation des États américains
f. l'Organisation du traité de l'Atlantique Nord

P-17 Qu'est-ce que c'est ? Reorder the letters to identify things you find in the classroom, and spell the correct word aloud.

MODÈLES   LYSTO
              ◢ S-T-Y-L-O, stylo.

              NORACY
              ◢ C-R-A-Y-O-N, crayon.

1. LERVI
2. TAREC
3. LATAUBE
4. ICASHE

5. TROPE
6. VISODER
7. DAUNITETÉ
8. CIERA

P-18 Les accents. Correct the following words or phrases by adding the missing accents and other diacritics, then spell each word aloud. (The asterisk indicates that these words are spelled incorrectly.)

1. le *francais
2. une *regle
3. une *fenetre
4. le verbe *etre
5. *repondez
6. *bientot
7. *repetez
8. *voila

FORMES ET FONCTIONS

1. *Le genre et les articles au singulier*

All French nouns are assigned to one of two noun classes—*feminine* or *masculine*—and are therefore said to have a *gender*. The gender of a noun determines the form of other words that accompany it—for example, articles and adjectives.

◆ **The indefinite article**

The indefinite articles **un** and **une** correspond to *a* or *an* in English. **Une** is used with feminine nouns and **un** with masculine nouns. **Un** or **une** can also mean *one*:

Voilà **un** bureau.	*Here's a desk.*
Donnez-moi **une** chaise.	*Give me a chair.*
Il y a **une** fenêtre dans la salle de classe.	*There's one window in the classroom.*

Before a vowel sound, **un** ends with an /n/ sound that is pronounced as if it were part of the next word: **un‿ami, un‿ordinateur**.

In negative sentences, the indefinite article is replaced by **de/d'**:

Il n'y a pas **de** lecteur DVD.	*There's no DVD player.*
Il n'y a pas **d'**ordinateur dans la salle de classe.	*There's no computer in the classroom.*

◆ **The definite article**

There are three forms of the singular definite article, corresponding to *the* in English: **la** is used with feminine nouns, **le** with masculine nouns, and **l'** with all nouns beginning with a vowel sound. As in English, the definite article is used to indicate a previously mentioned or specified noun.

Voilà **la** carte.	*Here's the map.*
C'est **le** professeur.	*That's the professor.*
Donnez-moi **l'**affiche.	*Give me the poster.*

In French the definite article also designates a noun used in a general or abstract sense. In such cases, no article is used in English.

J'aime **le** football.	*I like soccer.*
Ma sœur adore **la** musique.	*My sister loves music.*

Les articles		
	MASCULIN	**FÉMININ**
indéfini	**un** cahier	**une** règle
	un‿ordinateur	**une** affiche
défini	**le** cahier	**la** règle
	l'ordinateur	**l'**affiche

◆ Predicting the gender of nouns

The following guidelines will help you identify the gender of many nouns.

◆ Nouns designating females are usually feminine and nouns designating males are usually masculine:

la dame	*the lady*	**le** monsieur	*the man*
une étudiante	*a (female) student*	**un** étudiant	*a (male) student*

◆ The names of languages are masculine:

le français	*French*	**le** créole	*Creole*

◆ Words recently borrowed from other languages are generally masculine:

le marketing	**le** yoga	**le** rap	**le** tennis

◆ Some endings are good predictors of the gender of nouns:

MASCULINE ENDINGS: **-isme, -age, -eau, -o**

le socialisme	**le** jardinage *(gardening)*	**le** tableau	**le** stylo

FEMININE ENDINGS: **-ion, -té**

la nation	**la** télévision	**la** liberté	**la** quantité

Fiche pratique

It is a good idea to learn a new noun with the indefinite article, so you can remember the gender. For example, learn **une affiche** rather than **affiche** or **l'affiche**.

◆ À vous la parole ◆

P-19 Qu'est-ce qu'il y a ? Look carefully at the list of classroom objects below. Note the form of the article in each case to determine if this object is found in the classroom or not.

	Il y a...	Il n'y a pas...	
MODÈLES	_____	___✓___	... de carte.
	___✓___	_____	... un tableau.
1.	_____	___✓___	... d'ordinateur.
2.	___✓___	_____	... un bureau.
3.	___✓___	_____	... une affiche.
4.	_____	___✓___	... de télévision.
5.	___✓___	_____	... un livre de français.
6.	_____	___✓___	... de lecteur CD.
7.	___✓___	_____	... une calculatrice.

In your opinion, what one object most needs to be added to make this a well-equipped classroom, and why?

P-20 Dans la salle de classe. What can you name in this classroom?

MODÈLE ◄ Il y a un bureau,...

P-21 Voilà ! Can you find the following objects in your classroom? If so, take turns with a partner indicating to whom they belong.

MODÈLE un lecteur CD

◄ Voilà un lecteur CD ; c'est le lecteur CD de Jacques.

1. un cahier
2. un crayon
3. une calculatrice
4. un livre

5. un stylo
6. un bureau
7. une règle
8. une gomme

P-22 Quel genre ? Can you guess the gender of these unfamiliar words?

MODÈLE japonais

◄ le japonais

1. rock m
2. château m
3. camouflage f
4. solution f

5. communisme f
6. diva m
7. métro m
8. beauté f

2. Le nombre et les articles au pluriel

◆ **Plurals of nouns**

Most French nouns are made plural by adding a written letter -s:

| un livre | *a book* | deux livre**s** | *two books* |
| une fenêtre | *one window* | trois fenêtre**s** | *three windows* |

Singular nouns that end in a written **-s** do not change in the plural; nouns ending in **-eau** add the letter **-x**:

un cours	*a course*	deux cours	*two courses*
un bureau	*one desk*	trois bureaux	*three desks*

Although a letter **-s** or **-x** is added to written words to indicate the plural, it is not pronounced. You must listen for a preceding word, usually a number or an article, to tell whether a noun is plural or singular.

◆ **Plurals of articles**

The plural form of the definite article is always **les**, which is pronounced /le/:

le livre	*the book*	**les** livres	*the books*
la chaise	*the chair*	**les** chaises	*the chairs*

The plural form of the indefinite article is always **des**, which is pronounced /de/:

un cahier	*a notebook*	**des** cahiers	*notebooks, some notebooks*
une porte	*a door*	**des** portes	*doors, some doors*

In English, plural nouns often appear without any article; in French, an article almost always accompanies the noun:

Il y a **des** livres ici.	*There are books here.*
J'aime **les** affiches.	*I like posters.*

Before a vowel sound, the **-s** of **les** and **des** is pronounced as /z/:

les chaises vs. **les‿images**
　　　　　　　　　/z/

des bureaux vs. **des‿ordinateurs**
　　　　　　　　　/z/

➤ À vous la parole ➤

P-23 Dans la salle de classe. Ask a classmate whether each of the objects listed can be found in your classroom. He or she can respond by indicating to whom they belong.

MODÈLE CD
　　　É1 Il y a des CD ?
　　　É2 Oui, voilà les CD de Vincent.

1. cahiers	4. cartes	7. DVD
2. livres	5. règles	8. gommes
3. stylos	6. devoirs	9. affiches

P-24 Dans ta chambre. Ask a classmate questions to find out what objects are in his or her room.

MODÈLE É1 Il y a des affiches ?
　　　　　É2 Oui, il y a des affiches.
　　OU　　　Non, mais il y a des photos.

P-25 Sur mon bureau. In groups of three, compare what is on your desk at home by naming at least three items that are on it. What do you have on your desk that your partners don't have?

MODÈLE   É1   Sur mon bureau, il y a un ordinateur, des livres et
une photo.
   É2   Et sur mon bureau, il y a...
   É3   Sur mon bureau, il y a...

 Écoutons

TEXT AUDIO
CD 1 TRACK 4

P-26 Des francophones bien connus

A. Avant d'écouter. You will hear descriptions of four famous French-speaking people. Look at the chart below—do you recognize any of the names? Do you know anything about these individuals? Can you match their name to their photo?

B. En écoutant. The first time you listen, fill in the first column of the chart with the city where each person was born. Then, listen again and try to determine why these people are famous. Write their profession in the second column. See whether any of your initial ideas are confirmed.

Nom	Ville d'origine	Profession
François HOLLANDE		
Maryse CONDÉ		
Audrey TAUTOU		
MC SOLAAR		

C. Après avoir écouté. Compare your answers with those of your classmates. Which of these people would you like most to learn more about? What would you like to learn about this person? Where would you go for more information?

CHAPITRE PRÉLIMINAIRE ◄ PRÉSENTONS-NOUS !

Venez chez nous ! Le français dans le monde

 Parlons

P-27 Qui parle français ?

A. Avant de parler. What do you know about who speaks French, where, and for what purposes? Take the following quiz and see.

1. The French-speaking population of the world totals approximately . . .
   - **a.** 60 million
   - **b.** 175 million
   - **c.** 300 million
   - **d.** 450 million

2. In a Francophone country, everyone speaks French.
   - **a.** True
   - **b.** False

3. French is an official language in the United States.
   - **a.** True
   - **b.** False

4. In the eighteenth century, French was the Western world's major language of diplomacy and international affairs.
   - **a.** True
   - **b.** False

5. The world organization for countries where French is spoken is . . .
   - **a.** a political and economic federation, a kind of French commonwealth.
   - **b.** the only international organization based on a language.
   - **c.** a vehicle for recognizing the cultural diversity of French-speaking people.

la Polynésie française

la Tunisie

la Guadeloupe

le Sénégal

le Québec

le Mali

B. En parlant. Now compare your answers with those of a partner to see how you did.

Number 1

Did you answer . . . b. 175 million? You are correct. About 115 million people are native speakers of French: 60 million of these live in France; about 20 million live in countries where part of the population speaks French as an everyday language (Belgium, Canada, Switzerland); about 35 million live in areas where a majority of the population use some other language(s) for everyday communication. Another 60 million people speak French regularly as a second language. The number of French-speaking people in the world has tripled since 1945. Give yourself two points.

Number 2

The answer is False; give yourself two points if you answered correctly. In a Francophone country, not necessarily everyone speaks French. In some countries, French is both an official language (used in government and education) and a vernacular language (used in everyday communication). Belgium is an example of a country in which French is both an official and a vernacular language. In Haiti, on the other hand, French serves as one of two official languages, but is spoken by only about 15 percent of the population. The vernacular language of all Haitians is Haitian Creole.

Number 3

The answer is True; give yourself two points if you answered correctly. Since 1968, French and English have been declared official languages in Louisiana. About a quarter million speakers of Cajun French live in southwest Louisiana.

Number 4

Two points if you answered True. Philosophers such as Montesquieu, Voltaire, and Rousseau had a profound effect on the politics of the era. Both Benjamin Franklin and Thomas Jefferson spoke French and lived for a time in Paris, meeting many of the great French thinkers of the day. The influence of French philosophers is seen in our own United States Constitution: the notion of separation of executive, legislative, and judicial powers is an idea developed by Montesquieu in his work **L'Esprit des lois** (*The Spirit of Laws*).

Number 5

The answer is both **b** and **c;** give yourself two points for either, four points if you answered both! In 1970, several African nations formed an entity to promote technological and cultural development across French-speaking countries. The current organization, **l'Organisation internationale de la Francophonie (l'OIF)**, includes 53 member states, 2 associate members, and 13 observer nations. In 32 of these countries, French serves as an official language for some 175 million people, more than half of whom are fluent speakers of the language. A new charter, **La Charte de la Francophonie**, was adopted by the **OIF** in 2005, promoting human rights, cooperation, and development among member nations.

C. Après avoir parlé. How did you and your partner score? Did any of these answers surprise you? Why, or why not?

Lisons

P-28 Titres de journaux

A. Avant de lire. Here is a series of headlines from the French-language press. As you read them, you will find that you are able to grasp their general meaning because they include a number of cognates. For example, you can guess that the article entitled **Dossier Beauté : Écolo Cosméto** probably has to do with cosmetics and ecology because of the words **Écolo** and **Cosméto**. What cognates can you find in the subtitle that help to confirm this guess?

B. En lisant. Watching for cognates, decide which headline/s deal/s with . . .

1. art
2. medical news
3. politics
4. a natural disaster
5. a scientific discovery
6. the economy
7. the environment

How did you make your decision in each case?

Stratégie

Look for *cognates* (**des mots apparentés**) as you read a text. Cognates are words whose form and meaning are very similar in French and English. Focusing on cognates can help you to grasp the general meaning of a text.

1.
Le vaccin antigrippal serait utile
La nouvelle vaccination réduit de 48 % le risque de décès chez les personnes qui ont plus de 65 ans et de 27 % les risques d'hospitalisation pour pneumonie ou grippe pour tous, d'après une étude de l'Université du Minnesota à Minneapolis.

Le Soir en ligne (Bruxelles)

2.
Un dinosaure rare découvert à Lisbonne
Un paléontologue français a découvert des morceaux de mâchoire d'un étrange dinosaure carnivore avec des dents « de crocodile ». C'est le baryonyx.

Le Soir en ligne (Bruxelles)

3.
DOSSIER BEAUTÉ : ÉCOLO COSMÉTO
La cosmétologie se met à l'heure écolo. Shampooings biodégradables, crèmes aux plantes, aérosols sans fréon…

20 ans (Paris)

« Dossier beauté » 20 ANS no. 67, mars 1992

4.
CATASTROPHES NATURELLES
Cayes - inondations : 3.000 familles sinistrées
Est-ce la manifestation du changement climatique ?
La ville des Cayes, troisième ville d'Haïti comptant 100.000 habitants, était en partie sous les eaux mardi…

Haïti en marche (Miami)

5.
Politique québécoise
L'Assemblée nationale reprend ses travaux sur fond d'économie
Plusieurs dossiers économiques majeurs attendent le gouvernement Charest cet automne.

Cyberpresse (Canada)

6.
Voirol ou le regard émerveillé d'un môme photographe
… Portraitiste subtil, photoreporter nominé à l'European Kodak Award d'Arles, Xavier Voirol reste viscéralement attaché à son indépendance. Il travaille en freelance depuis 20 ans ….

L'Express (Neuchâtel)

C. En regardant de plus près. Now look more closely at these features of the headlines.

1. Point out at least one cognate in each headline.
2. Based on the context and use of cognates, indicate what the following words or expressions mean.
   a. Le vaccin antigrippal (#1)
   b. des dents « de crocodile » (#2)
   c. Écolo cosméto ; crèmes aux plantes, aérosols sans fréon (#3)
   d. le changement climatique (#4)
   e. Il travaille en freelance (#6)

D. Après avoir lu. For each headline, the source has been indicated. What does this tell you about where French is used in the world today? Can you explain why French is used all over the world?

Observons

P-29 Je me présente

A. Avant de regarder. What information do people generally give when they introduce themselves? What expressions have you learned that people might use to provide this information in French?

B. En regardant. Watch and listen as the people shown introduce themselves, telling where they are from and what language(s) are spoken there. Match their photos with the places they come from and then find those places on the map inside the cover of your textbook. You can expect to listen more than once.

1. Vous avez compris ?
   a. Who is from . . .

   le Bénin ?   Haïti ?
   le Congo ?   le Maroc ?
   la France ?   le Québec ?

Bienvenu et Honorine AKPAKLA

   b. How many people are from places where languages other than French are spoken?
2. Which of the following languages are mentioned?
   _____ Arabic / l'arabe   _____ Fongbé / le fongbé
   _____ Creole / le créole   _____ Spanish / l'espagnol
   _____ English / l'anglais

Marie-Julie KERHARO

Edouard FLEURIAU-CHÂTEAU

Marie Éline LOUIS

Fadoua BENNANI

C. Après avoir regardé. Discuss the following questions with your classmates.

1. What differences do you notice in the way these people look, dress, and speak?
2. What do these observations tell you about the Francophone world?

 # Écrivons

P-30 Voyages en francophonie

A. Avant d'écrire. On the inside cover of this textbook, a world map shows the Francophone countries and regions of the world. Take a look at this map.

B. En écrivant. On a separate sheet of paper, make two lists: (1) Francophone countries and regions that you have already visited (**J'ai déjà visité ...**); (2) Francophone countries and regions that you would like to visit in the future (**Je voudrais visiter ...**). Write out the name of each place in French.

MODÈLE   J'ai déjà visité :   Je voudrais visiter :
              le Canada   la France
              la Louisiane   le Maroc
              etc.   etc.

C. En révisant. Now review the list you made: did you include an article with the name of each country (islands are exceptions)? Did you spell the name correctly in French, including accents?

D. Après avoir écrit. Compare your lists with those of other students in the class to see who has visited the most Francophone countries or regions. Talk about your experiences and why you'd like to visit the other places you named.

Stratégie

When writing in French, be attentive to spelling conventions such as capitalization and the use of accents. Do not hesitate to check a dictionary or another reference resource if you are not sure of spelling.

Now that you have completed the *Chapitre préliminaire,* can you

☐ introduce yourself to a teacher? to a classmate? to a person at a party?

☐ greet and say good-bye to various people, using typical French gestures?

☐ identify objects in the classroom?

☐ follow classroom instructions in French?

☐ spell your name in French? write down a classmate's name when it is spelled?

☐ identify places where French is spoken throughout the world, and tell why?

☐ describe the public education system in France?

Leçon

pour vous présenter — *to introduce yourself*

Comment tu t'appelles ? — *What is your name?*
Comment vous appelez-vous ? — *What is your name?*
Je m'appelle Chloé. — *My name is Chloé.*
Je vous présente Loïc. — *I introduce/present Loïc to you.*
Voici… — *This/Here is/are . . .*
Enchanté/e. — *Delighted.*
Je suis de Montréal. — *I am from Montreal.*

pour saluer — *to greet*

Bonjour. — *Hello.*
Bonsoir. — *Good evening.*
Comment allez-vous ? — *How are you?*
Très bien, merci. — *Very well, thank you.*
Bien aussi. — *Fine, also.*
Salut. — *Hi.*
Comment ça va ? — *How's it going?*
Ça va, et toi ? / et vous ? — *Fine, and you?*
Pas mal. — *Not bad.*
Ça peut aller. — *I'm getting by.*
Ça ne va pas très bien. — *Things aren't going well.*

pour prendre congé — *to take leave*

Au revoir. — *Good-bye.*
À bientôt. — *See you soon.*
À demain. — *See you tomorrow.*
Salut. — *'Bye.*

des personnes — *people*

Madame (Mme) — *Mrs./Ma'am/Ms.*
Mademoiselle (Mlle) — *Miss*
Monsieur (M.) — *Mr./Sir*
un/e ami/e — *friend*
un/e camarade de classe — *classmate*
moi — *me*

quelques expressions avec le verbe _être_ — *a few expressions with the verb to be*

être en forme — *to be in shape (after exercising, or after being sick)*
être fatigué/e — *to be tired*
être malade — *to be sick*
être occupé/e — *to be busy*
être stressé/e — *to be stressed out*
c'est/ce sont… — *this is/these are . . .*

autres mots utiles — *other useful words*

oui — *yes*
non — *no*
ou — *or*

Leçon

dans la salle de classe — *in the classroom*

une affiche — *poster*
une brosse — *eraser (for chalk- or whiteboard)*
un bureau — *desk*
un cahier — *notebook*
une carte — *map*
une calculatrice — *calculator*
un CD — *CD, compact disk*
une chaise — *chair*
une craie — *piece of chalk*
un crayon — *pencil*
des devoirs (m.) — *homework*
un DVD — *DVD*
une fenêtre — *window*
un feutre — *felt-tipped marker*
une gomme — *eraser (for pencil)*
un lecteur CD — *CD player*
un lecteur DVD — *DVD player*
un livre — *book*
un ordinateur — *computer*
une porte — *door*
une règle — *ruler*
un stylo — *pen*
un tableau — *board*
une télé(vision) — *television*

des expressions pour la salle de classe — *classroom expressions*

Allez à la porte ! — *Go to the door!*
Allez au tableau ! — *Go to the board!*
Asseyez-vous ! — *Sit down!*
Donnez la craie à Marie-Laure ! — *Give the piece of chalk to Marie-Laure!*
Écoutez bien, s'il vous plaît ! — *Listen carefully, please!*
Écoutez sans regarder le livre ! — *Listen without looking at the book!*
Écrivez votre nom et votre prénom ! — *Write down your last name and your first name!*

Vocabulaire

TEXT AUDIO CD 1 TRACKS 5–14

Effacez le tableau !	*Erase the board!*	Parlez plus fort !	*Speak louder!*
Fermez le livre !	*Close the book!*	Comment dit-on	*How do you say "board"
Levez-vous !	*Get up/stand up!*	« board » en français ?	French?*
Lisez les mots au	*Read the words on the*	Voilà …	*Here/There is/are …*
tableau !	*board!*	Il y a …	*There is/are …*
Montrez-moi votre	*Show me your book!*	… (mais) il n'y a pas	*… (but) there isn't/aren't*
livre !		de …	*any …*
Montrez Paris sur	*Point to Paris on the map!*		
la carte !		**pour remercier**	**to thank someone**
Ne parlez pas anglais !	*Don't speak English!*	**quelqu'un**	
Ouvrez la fenêtre !	*Open the window!*	Merci.	*Thank you.*
Prenez un stylo !	*Take a pen!*	De rien.	*Not at all./You're welcome.*
Regardez le tableau !	*Look at the board!*		
Rendez-moi les devoirs !	*Hand in your homework!*	**des personnes**	**people**
Répondez en français !	*Answer in French!*	un/e étudiant/e	*student*
Pardon ?	*Excuse me?*	un professeur	*teacher*
Je ne comprends pas.	*I don't understand.*	une dame	*lady*
Répétez, s'il vous plaît.	*Repeat, please.*	un monsieur	*man*

1 Ma famille et moi

—Enchanté, monsieur.

DISCOVER

• Go to the *Chapitre 1*, Additional Practice folder in your MyFrenchLab course to watch the video on greeting family and introducing friends, and complete the related activities.

APPLY

• Video
• Activities : On démarre ! 01–01 to 01–02

Leçon 1 Voici ma famille

Leçon 2 Les dates importantes

Leçon 3 Nos activités

Venez chez nous ! La famille dans le monde francophone

After completing this chapter, you should be able to:

◆ Talk about and describe family members
◆ Count from 0 to 100 and tell how old someone is
◆ Describe everyday activities
◆ Ask simple questions
◆ Talk about changing family structures across the French-speaking world

POINTS DE DÉPART

TEXT AUDIO
CD 1 TRACK 15

Ma famille

Salut, je m'appelle Éric Brunet. Voici ma famille :

D'abord il y a mes grands-parents Brunet — ce sont les parents de mon père. Mon père a une sœur ; elle s'appelle Annick Roy. Paul Roy est son mari. Ma tante est divorcée et remariée. Loïc est le fils de son premier mari mais Marie-Hélène est la fille de son deuxième mari, Paul Roy.

Ma mère est d'une famille nombreuse. Elle a deux frères et trois sœurs. Alors, j'ai beaucoup d'oncles, de tantes, de cousins et de cousines. Ma grand-mère Kerboul habite chez mon oncle ; mon grand-père Kerboul est décédé.

Ma grande sœur Fabienne est fiancée. J'ai aussi un petit frère, Stéphane. Chez nous il y a des animaux familiers. On a un chien, César, deux chats, Minou et Cédille, et trois oiseaux.

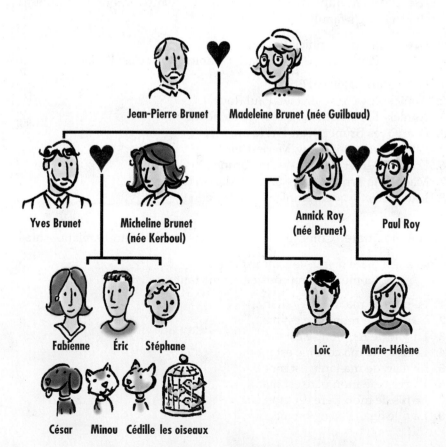

La famille

le mari	la femme		

les parents | | **les grands-parents** |

le père	la mère	le grand-père	la grand-mère
le beau-père	la belle-mère		

les enfants | | **les petits-enfants** |

le fils	la fille	le petit-fils	la petite-fille
le frère	la sœur		
le demi-frère	la demi-sœur		
le cousin	la cousine		
l'oncle	la tante		
le neveu	la nièce		

célibataire	fiancé/e	marié/e	divorcé/e	décédé/e

⬅ À vous la parole ⬅

1-1 Relations multiples. Describe the relationships among the various members of Éric's family.

MODÈLE Paul Roy : Annick Roy, Éric
⬅ Paul Roy ? C'est le mari d'Annick Roy ; c'est l'oncle d'Éric.

1. Loïc : Marie-Hélène, Éric
2. Annick Roy : Yves Brunet, Paul Roy
3. Annick Roy : Madeleine Brunet, Fabienne
4. Loïc : Yves Brunet, Jean-Pierre Brunet
5. Fabienne : Annick Roy, Marie-Hélène
6. Éric : Jean-Pierre et Madeleine Brunet, Yves Brunet
7. Madeleine Brunet : Yves Brunet, Marie-Hélène
8. Jean-Pierre Brunet : Annick Roy, Fabienne

1-2 Le mot juste. Complete the definitions of these family relationships.

MODÈLE La mère de ma cousine est ma...
⬅ La mère de ma cousine est ma tante.

1. Le père de ma mère est mon...
2. La sœur de mon père est ma...
3. La fille de mon oncle est ma...
4. Le frère de ma cousine est mon...
5. Le mari de ma tante est mon...
6. La mère de mon père est ma...
7. Le fils de mon frère est mon...
8. La fille de ma sœur est ma...

Vie et culture

La famille en France

The family is changing in France. Today, nine out of ten couples begin their relationship by living together. It is common for unmarried couples to have children: 60% of all first-time births are to unmarried women. It is also not unusual for couples to marry after the birth of one or more children. Today's couples tend to marry later and have fewer children than in the past. Typically, French men marry at age 32 and French women, at age 30. Although the marriage rate is declining in France, 80% of couples sharing a household are married. The divorce rate, however, is rising: half of all marriages now end in divorce. Since the creation of the **Pacte Civil de Solidarité (le PACS)** in 1999, unmarried couples living together, whether of the same or opposite sex, can legalize their union. Each year, increasing numbers choose to do so: in 2008, there were almost half as many PACS formed as marriages.

Although the family is changing, relations among family members still tend to be close and to have a strong influence in a French person's life. Young people have frequent contact with their extended family. They also tend to remain in their parents' home longer: two thirds of French young people aged 20–24 live with their parents.

How does the typical French family compare to the typical North American family, and to your own? Is the role of the family similar in France and in the United States, in your opinion?

Les animaux familiers

Pets are often an important part of the French family. Look at the video segment, *Les animaux familiers*, and identify the types of animals you see and where you see them—are there any places that surprise you? How would you feel about dining in a restaurant where pets are allowed? What does this custom suggest about differences in French and American attitudes toward public spaces?

1-3 Portrait d'une famille. Look at the family portrait by Impressionist painter Frédéric Bazille. The title of the painting is *La réunion de famille*; the artist brought together ten of his close family members for this group portrait. You can see the artist's self portrait on the far left. With a partner, try to identify the members of his family.

MODÈLE Voilà l'artiste, et ici, c'est…, etc.

Frédéric Bazille, « La réunion de famille », Musée d'Orsay, Paris

Sons et lettres

TEXT AUDIO
CD 1 TRACKS 16–19

Les modes articulatoires du français : la tension et le rythme

Vowel tension and rhythm are distinctive qualities of spoken French.

♦ **Pronouncing French vowels**

At the end of a syllable, French vowels are pronounced with lips and jaws tense. French vowels are usually shorter than corresponding English vowels, and the lips and jaws do not move as they are produced. In contrast, when you pronounce English vowels, your chin often drops or your lips move, and a glided vowel results.

♦ French /i/, as in **Mimi**, is pronounced with the lips smiling and tense. The sound produced is high-pitched.

♦ French /u/, as in **Doudou**, is pronounced with the lips rounded, tense, and projected forward. The sound produced is low-pitched and very different from the vowel of English *do*, because for the French /u/ the tongue is further back in the mouth.

♦ **Rhythm**

French speech is organized in rhythmic groups, short phrases usually two to six syllables long. Each syllable within a rhythmic group has the same strength; each receives the same degree of stress. The last syllable tends to be longer than the others.

In English, some syllables within words are stronger than others. Consider the pronunciation of the following words:

re*peat*   *lis*ten   Chi*ca*go   Minne*a*polis

The syllables that are not stressed are usually short, and their vowel is a short, indistinct vowel. In French, each syllable and therefore each vowel is pronounced evenly and distinctly.

Listen to the pronunciation of the following English and French words. Then, as you pronounce each French word yourself, count out the rhythm or tap it out with your finger.

1-2		1-2-3		1-2-3-4	
English	**French**	**English**	**French**	**English**	**French**
Phillip	Philippe	*Canada*	Canada	*Alabama*	Alabama
machine	machine	*alphabet*	alphabet	*Francophony*	francophonie
madam	madame	*Isabel*	Isabelle	*introduction*	introduction

🕊 À vous la parole 🕊

1-4 Les animaux familiers. At a pet show, owners are calling their cats. Repeat what they say, paying particular attention to the /u/ and /i/ sounds.

1. Ici (*here*), Mistigri !
2. Ici, Minouche !
3. Ici, Mimi !
4. Ici, Foufou !

5. Ici, Loulou !
6. Ici, Fifine !
7. Ici, Cachou !
8. Ici, Minette !

1-5 Slogan. In a French school zone you will find a sign urging motorists to drive slowly. Practice reading the warning aloud.

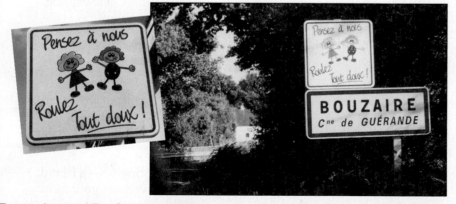

Pensez à nous ! Roulez tout doux !   *Think of us! Drive very slowly!*

1-6 Répétez. Practice pronouncing the following sentences with even rhythm. Count out the rhythm of each rhythmic group. The last syllable of each rhythmic group is printed in boldface characters.

1. 1-2   1-2   Bon**jour**/ma**dame**.
2. 1-2   1-2-3   Voi**ci**/Fati**ma**.
3. 1-2-3   1-2   Il s'ap**pelle**/Pa**trick**.
4. 1-2-3-4   1-2-3-4   C'est mon am**ie**/Sylvie Da**vy**.

FORMES ET FONCTIONS

1. *Les adjectifs possessifs au singulier*

◆ Possessive adjectives indicate ownership or other types of relationships.

Voilà **ma** mère.	*There's my mother.*
C'est **ton** frère ?	*Is that your brother?*
Ce sont **tes** crayons ?	*Are these your pencils?*

Les adjectifs possessifs au singulier			
SINGULIER			**PLURIEL**
masculin + consonne	*masc/fém + voyelle*	*féminin + consonne*	
mon frère	**mon** oncle	**ma** tante	**mes** cousins
ton père	**ton** ami/e	**ta** mère	**tes** parents
son cousin	**son** ami/e	**sa** sœur	**ses** amis

◆ The form of the possessive adjective depends on the gender and number of the noun that it modifies.

—C'est **le frère** de Sarah ?	—Oui, c'est **son** frère.	*Yes, it's her brother.*
—C'est **la tante** de Simon ?	—Oui, c'est **sa** tante.	*Yes, it's his aunt.*
—Voilà **les cousins** de Cédric.	—Voilà **ses** cousins.	*There are his cousins.*

◆ Use **mon**, **ton**, and **son** before any singular noun beginning with a vowel sound, and link the sound /n/ to the word that follows.

C'est **mon** amie Sandrine.	*This is my friend Sandrine.*
C'est **ton** oncle ?	*Is that your uncle?*

◆ For plural nouns beginning with a vowel sound, the **-s** of **mes**, **tes**, and **ses** is pronounced as /z/.

Voilà **ses** amies.	*There are his/her friends.*
Ce sont **mes** oncles.	*These are my uncles.*

◢ À vous la parole ◣

1-7 C'est qui ? Imagine you are at a family gathering with a friend. Answer your friend's questions about various members of your family.

MODÈLES É1 Ce sont tes cousins ?
　　　　　 É2 Oui, ce sont mes cousins.

　　　　　 É1 C'est le frère de ton père ?
　　　　　 É2 Oui, c'est son frère.

1. C'est ta mère ?
2. Ce sont tes grands-parents ?
3. C'est ton frère ?
4. C'est ton oncle ?
5. Ce sont ton cousin et ta cousine ?
6. C'est la sœur de ta mère ?
7. C'est le mari de ta sœur ?
8. Ce sont ta nièce et ton neveu ?

1-8 Un arbre généalogique. Ask your partner questions so that you can draw his/her family tree.

MODÈLE É1 Paul, comment s'appellent tes grands-parents ?
              É2 Mes grands-parents s'appellent Smith, ce sont les parents de ma mère.
              É1 Et comment s'appelle ta mère ?
              É2 Ma mère s'appelle Anne.
              É1 Comment s'appelle ton père ?
              É2 Mon père s'appelle David.
              É1 Est-ce que tu as des frères ou des sœurs ? ...

1-9 Qu'est-ce que vous prenez ? Imagine that your dorm/house/apartment is on fire, and you have time to take only three things. What would you take? Make a list and share it with your partner.

MODÈLE **1.** les photos de ma famille et de mes amis
             2. mes deux chats, Mickey et Minnie
             3. mon ordinateur

2. *Les adjectifs invariables*

sympa(thique) ≠ désagréable

optimiste ≠ pessimiste

sociable ≠ réservé/e

dynamique ≠ timide   idéaliste ≠ réaliste

discipliné/e ≠ indiscipliné/e   conformiste ≠ individualiste

raisonnable ≠ têtu/e   calme ≠ stressé/e

◆ Adjectives are used to describe a person, place, or thing. French adjectives agree in gender and number with the noun they modify. Look at the adjective endings in the examples below. Note the addition of **-e** for the feminine forms (unless the adjective already ends in **-e**) and **-s** for the plural.

SINGULIER	*f.*	Anaïs est	calme	et	réservé**e**.
	m.	Jordan est	calme	et	réservé.
PLURIEL	*f.*	Mes amies sont	calme**s**	et	réservé**es**.
	m.	Mes cousins sont	calme**s**	et	réservé**s**.

◆ All forms of adjectives like **calme** and **réservé**, whose masculine singular form ends in a written vowel, are pronounced alike. Because they have only one spoken form, they are called *invariable*. The feminine ending **-e** and the plural ending **-s** are only apparent in the written forms.

◆ Most French adjectives follow the noun they modify.

Sarah est une étudiante **sociable**.   *Sarah is a friendly student.*
Damien est un homme **raisonnable**.   *Damien is a reasonable man.*

Adjectives are also used in sentences with the verb **être**, where they modify the subject.

Laurent est **optimiste**.   *Laurent is optimistic.*
Marie-Louise est **calme**.   *Marie-Louise is calm.*

- With a mixed group of feminine and masculine nouns, the masculine plural form of the adjective is used.

Lucie et Madeleine sont **têtues**.   *Lucie and Marie are stubborn.*
Romain et Grégorie sont **réservés**.   *Romain and Gregory are reserved.*
Alexandre et Marie sont **disciplinés**.   *Alexander and Marine are disciplined.*

> The French often express a negative trait or thought by using its opposite in a negative sentence:
>
> Elle n'est pas très sympa !   *She's not very nice!*
>
>   *instead of*
>
> Elle est désagréable !   *She's disagreeable!*

◆ À vous la parole ◆

1-10 Des jumeaux. Look at the adjectives below and decide whether they refer to Justine, to Jonathon, or to both twins.

	Justine	Jonathon
MODÈLES sympathiques	✓	✓
réservée	✓	
1. indiscipliné	_____	_____
2. individualistes	_____	_____
3. stressée	_____	_____
4. têtu	_____	_____
5. disciplinée	_____	_____
6. réalistes	_____	_____

Are the twins similar or different? Why?

1-11 Le contraire. Answer each question using the opposite adjective.

MODÈLE Ces étudiantes sont disciplinées ?
   ◆ Non, elles sont indisciplinées.

1. Ces femmes sont calmes ?
2. Ces professeurs sont idéalistes ?
3. Ces enfants sont sociables ?
4. Ces filles sont têtues ?
5. Ces hommes sont conformistes ?
6. Ces étudiants sont pessimistes ?
7. Ces étudiantes sont timides ?

1-12 Contrastes. Compare your ideas with those of a classmate.

MODÈLE le frère/la sœur idéal/e
   É1 Pour moi, le frère idéal est calme et réservé.
   É2 Pour moi, le frère idéal est calme aussi, mais il est sociable.

1. le frère/la sœur typique
2. le père idéal
3. le professeur idéal
4. l'étudiant/e typique
5. l'homme / la femme idéal/e

> **Pour une description plus précise**
>
> **un peu** (*a little*) **assez** (*rather*) **très** (*very*) **vraiment** (*really*) **trop** (*too*)
>
> ◄──►

 1-13 Descriptions. Describe each of the following people to a classmate.

MODÈLE ton/ta camarade de classe
> ◄ Mon camarade de classe est un peu indiscipliné, mais il est très sympathique.

1. ton/ta camarade de classe
2. ton professeur préféré
3. ton/ta meilleur/e *(best)* ami/e
4. ton frère ou ta sœur
5. ton père ou ta mère

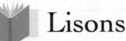 # Lisons

1-14 Des faire-part

A. Avant de lire. Here are three very similar documents to look over.

1. For what purposes have they been designed?
2. What kinds of information do you expect to find as you read them? Choose from the list:

__ addresses   __ names   __ professions   __ times
__ ages   __ places   __ relationships   __ weather
__ dates   __ prices   __ religion   __ Web sites

3. In documents such as these, the type of information provided as well as the phrasing is often highly predictable. Think of some common examples in English. Where would you expect to find such phrases as *request the pleasure of your company* or *are pleased to announce*?

B. En lisant. As you read, look for key information and answer the related questions.

1. Fill in the following chart as completely as possible.

	1ᵉʳ **faire-part**	2ᵉ **faire-part**	3ᵉ **faire-part**
Purpose:			
Names:			
Date:			
Time(s):			

2. What information do you find in these documents that you expected to find? Is there any information that you did not expect?

1.

Guillaume

a le plaisir de vous faire part du Mariage de ses parents

Nathalie   et   Bernard

La cérémonie se déroulera le Samedi 23 Mai 2013,
à 16 heures 30 à la Mairie d'Albi.

Un Vin d'Honneur sera servi à 17 heures 30,
à la salle des fêtes de Poulan-Pouzols.

Nathalie Duguai   et   Bernard Gaillard

19, rue Baptiste Marcet
81000 Albi
Tél : 05 63 64 30 52

3.

Christian   et   Benoît

sont heureux de vous annoncer

qu'ils ont pacsé
le 12 juin 2013

Un vin d'honneur suivi d'un buffet froid
sera offert le samedi 25 juillet
au restaurant les Pyrénées
17 h 30

Christian Leblanc   et   Benoît Perrin

7 rue du Vieux Marché
21000 Dijon

2.

Le grand frère Nicolas
est heureux de vous annoncer
l'arrivée de son petit frère

Jean-François

qui est né le 10 février 2013 à 20 h 15
Il fait 3,5 kg pour 50 cm
Nos parents sont
Robert et Annie Dupuis

Nicolas

Jean-François

C. En regardant de plus près. Now look more closely at some features of these documents.

1. They all begin in a very similar way:

    ...est/sont heureux de vous annoncer...   *...a le plaisir de vous faire part...*

    Based on your familiarity with similar texts in English and on your knowledge of cognates, what do you think these first lines mean?

2. In France, marriage is first of all an official act. Look at the text for Nathalie and Bernard. Their wedding will take place in **la Mairie d'Albi.** Looking at their address, you'll see that Albi is where they live. Given this information, what do you think is the meaning of the word **la mairie**?

3. **Le vin d'honneur** is a ceremony during which guests drink wine, often champagne, to celebrate a happy event. In which of these **faire-part** are guests invited to a **vin d'honneur**? When and where will this take place?

4. In the second announcement, what do **3,5 kg** and **50 cm** refer to? Can you find the equivalent measures in another system?

D. Après avoir lu. Compare your responses to the questions below with those of your classmates.

1. What do you generally do when you receive an announcement of this type?
2. Having seen these three examples, design a similar announcement for yourself, a family member, or a friend.

POINTS DE DÉPART

Les fêtes et les anniversaires

C'est le quatorze juillet.

C'est le vingt-cinq décembre.

C'est le premier mai.

C'est le onze novembre.

Les mois de l'année			
janvier	avril	juillet	octobre
février	mai	août	novembre
mars	juin	septembre	décembre

septembre

L	Ma	Me	J	V	S	D
		1	2	3	4	5
6	7	8	9	10	11	12
13	14	15	16	17	18	19
20	21	22	23	24	25	26
27	28	29	30			

C'est le 7 septembre.   *It's September 7th.*

Les nombres cardinaux de 0 à 31

0 zéro	1 un	11 onze	21 vingt-et-un	31 trente-et-un
	2 deux	12 douze	22 vingt-deux	
	3 trois	13 treize	23 vingt-trois	
	4 quatre	14 quatorze	24 vingt-quatre	
	5 cinq	15 quinze	25 vingt-cinq	
	6 six	16 seize	26 vingt-six	
	7 sept	17 dix-sept	27 vingt-sept	
	8 huit	18 dix-huit	28 vingt-huit	
	9 neuf	19 dix-neuf	29 vingt-neuf	
	10 dix	20 vingt	30 trente	

◆ À vous la parole ◆

1-15 Complétez la série. With a partner, take turns reading aloud each series of numbers and adding a number to complete it.

MODÈLE 2, 4, 6,…

    É1 deux, quatre, six,…
    É2 deux, quatre, six, huit

1. 1, 3, 5,…
2. 7, 14, 21,…
3. 6, 12, 18,…
4. 2, 4, 8,…
5. 5, 10, 15,…
6. 25, 27, 29,…
7. 31, 30, 29,…
8. 28, 26, 24,…

1-16 Cours de mathématiques. Create math problems to test your classmates!

MODÈLES É1 $10 + 2 = ?$ (Dix et deux/Dix plus deux, ça fait combien ?)
    É2 Ça fait douze.
    É3 $20 - 5 = ?$ (Vingt moins cinq, ça fait combien ?)
    É4 Ça fait quinze.

1-17 Associations. What number do you associate with the following?

MODÈLE la superstition
    ◆ treize

1. le vote
2. une paire
3. l'alphabet
4. le premier
5. un imbécile
6. la chance
7. l'indépendance
8. Noël

Bon anniversaire et bonne fête !

Take a look at the French calendar below. How is it similar to the calendar you use? How is it different? Notice that some dates are highlighted in color. With a partner, make a list of these dates and try to determine the significance of each. Do some dates coincide with important dates on your own calendar? Also, note that a name is listed alongside most dates. Many French people celebrate two special days a year, their *birthday* (**Bon anniversaire !**) and their *saint's day* (**Bonne fête !**), the day associated in the Catholic tradition with the saint for whom they are named.

2014

JANVIER			FÉVRIER			MARS			AVRIL			MAI			JUIN		
1	M	Jour de l'an	1	S	Ella	1	S	Aubin	1	M	Hugues	1	J	Fête du travail	1	D	Justin
2	J	Basile	2	D	Présentation	2	D	Ch. le Bon	2	M	Sandrine	2	V	Boris	2	L	Blandine
3	V	Geneviève	3	L	Blaise	3	L	Guénolé	3	J	Richard	3	S	Phil., Jacq.	3	M	Kévin
4	S	Odilon	4	M	Véronique	4	M	Casimir	4	V	Isidore	4	D	Sylvain	4	M	Clotilde
5	D	Edouard	5	M	Agathe	5	M	Olive	5	S	Irène	5	L	Judith	5	J	Igor
6	L	Mélaine	6	J	Gaston	6	J	Colette	6	D	Marcellin	6	M	Prudence	6	V	Norbert
7	M	Raymond	7	V	Eugénie	7	V	Félicité	7	L	J.-B. de la S.	7	M	Gisèle	7	S	Gilbert
8	M	Lucien	8	S	Jacqueline	8	S	Jean de Dieu	8	M	Julie	8	J	Victoire 1945	8	D	Pentecôte
9	J	Alix	9	D	Apolline	9	D	Françoise	9	M	Gautier	9	V	Pacôme	9	L	L. de Pentecôte
10	V	Guillaume	10	L	Arnaud	10	L	Vivien	10	J	Fulbert	10	S	Solange	10	M	Landry
11	S	Pauline	11	M	ND de Lourdes	11	M	Rosine	11	V	Stanislas	11	D	Estelle	11	M	Barnabé
12	D	Tatiana	12	M	Félix	12	M	Justine	12	S	Jules	12	L	Achille	12	J	Guy
13	L	Yvette	13	J	Béatrice	13	J	Rodrigue	13	D	Ida	13	M	Rolande	13	V	Antoine de P.
14	M	Nina	14	V	Valentin	14	V	Mathilde	14	L	Maxime	14	M	Matthias	14	S	Elisée
15	M	Rémi	15	S	Claude	15	S	Louise	15	M	Paterne	15	J	Denise	15	D	Germaine
16	J	Marcel	16	D	Julienne	16	D	Bénédicte	16	M	B.-Joseph	16	V	Honoré	16	L	J.-F. Régis
17	V	Roseline	17	L	Alexis	17	L	Patrice	17	J	Anicet	17	S	Pascal	17	M	Hervé
18	S	Prisca	18	M	Bernadette	18	M	Cyrille	18	V	Parfait	18	D	Eric	18	M	Léonce
19	D	Marius	19	M	Gabin	19	M	Joseph	19	S	Emma	19	L	Yves	19	J	Romuald
20	L	Sébastien	20	J	Aimée	20	J	Printemps	20	D	Pâques	20	M	Bernardin	20	V	Silvère
21	M	Agnès	21	V	Damien	21	V	Clémence	21	L	L. de Pâques	21	M	Constantin	21	S	Eté
22	M	Vincent	22	S	Isabelle	22	S	Léa	22	M	Alexandre	22	J	Emile	22	D	Alban
23	J	Barnard	23	D	Lazare	23	D	Victorien	23	M	Georges	23	V	Didier	23	L	Audrey
24	V	Fr. de Sales	24	L	Modeste	24	L	Catherine	24	J	Fidèle	24	S	Donatien	24	M	Jean-Baptiste
25	S	Conv. S. Paul	25	M	Roméo	25	M	Annonciation	25	V	Marc	25	D	Sophie	25	M	Prosper
26	D	Paule	26	M	Nestor	26	M	Larissa	26	S	Alida	26	L	Bérenger	26	J	Anthelme
27	L	Angèle	27	J	Honorine	27	J	Habib	27	D	Zita	27	M	Augustin	27	V	Fernand
28	M	Th. d'Aquin	28	V	Romain	28	V	Gontran	28	L	Valérie	28	M	Germain	28	S	Irénée
29	M	Gildas				29	S	Gwladys	29	M	Cath. de Si.	29	J	Ascension	29	D	Pierre, Paul
30	J	Martine				30	D	Amédée	30	M	Robert	30	V	Ferdinand	30	L	Martial
31	V	Marcelle				31	L	Benjamin				31	S	Visitation			

JUILLET			AOÛT			SEPTEMBRE			OCTOBRE			NOVEMBRE			DÉCEMBRE		
1	M	Thierry	1	V	Alphonse	1	L	Gilles	1	M	Thér. de l'E.	1	S	Toussaint	1	L	Florence
2	M	Martinien	2	S	Julien Eym.	2	M	Ingrid	2	J	Léger	2	D	Défunts	2	M	Viviane
3	J	Thomas	3	D	Lydie	3	M	Grégoire	3	V	Gérard	3	L	Hubert	3	M	Fr.-Xavier
4	V	Florent	4	L	J.-M. Vianney	4	J	Rosalie	4	S	Fr. d'Assise	4	M	Charles	4	J	Barbara
5	S	Antoine	5	M	Abel	5	V	Raïssa	5	D	Fleur	5	M	Sylvie	5	V	Gérald
6	D	Mariette	6	M	Transfiguration	6	S	Bertrand	6	L	Bruno	6	J	Bertille	6	S	Nicolas
7	L	Raoul	7	J	Gaétan	7	D	Reine	7	M	Serge	7	V	Carine	7	D	Ambroise
8	M	Thibault	8	V	Dominique	8	L	Nativité	8	M	Pélagie	8	S	Geoffroy	8	L	Im. Concept.
9	M	Amandine	9	S	Amour	9	M	Alain	9	J	Denis	9	D	Théodore	9	M	Pierre Fourier
10	J	Ulrich	10	D	Laurent	10	M	Inès	10	V	Ghislain	10	L	Léon	10	M	Romaric
11	V	Benoît	11	L	Claire	11	J	Adelphe	11	S	Firmin	11	M	Armist. 1918	11	J	Daniel
12	S	Olivier	12	M	Clarisse	12	V	Apollinaire	12	D	Wilfried	12	M	Christian	12	V	Jean. F. de C.
13	D	Henri, Joël	13	M	Hippolyte	13	S	Aimé	13	L	Géraud	13	J	Brice	13	S	Lucie
14	L	Fête Nationale	14	J	Evrard	14	D	La Croix	14	M	Juste	14	V	Sidoine	14	D	Odile
15	M	Donald	15	V	Assomption	15	L	Roland	15	M	Thér. d'Avila	15	S	Albert	15	L	Ninon
16	M	ND Mt Carmel	16	S	Armel	16	M	Edith	16	J	Edwige	16	D	Marguerite	16	M	Alice
17	J	Charlotte	17	D	Hyacinthe	17	M	Renaud	17	V	Baudouin	17	L	Elisabeth	17	M	Gaël
18	V	Frédéric	18	L	Hélène	18	J	Nadège	18	S	Luc	18	M	Aude	18	J	Gatien
19	S	Arsène	19	M	Jean-Eudes	19	V	Emilie	19	D	René	19	M	Tanguy	19	V	Urbain
20	D	Marina	20	M	Bernard	20	S	Davy	20	L	Adeline	20	J	Edmond	20	S	Théophile
21	L	Victor	21	J	Christophe	21	D	Matthieu	21	M	Céline	21	V	Prés. de Marie	21	D	Hiver
22	M	Marie-Mad.	22	V	Fabrice	22	L	Maurice	22	M	Elodie	22	S	Cécile	22	L	Fr.-Xavière
23	M	Brigitte	23	S	Rose de Lima	23	M	Automne	23	J	Jean de C.	23	D	Clément	23	M	Armand
24	J	Christine	24	D	Barthélémy	24	M	Thècle	24	V	Florentin	24	L	Flora	24	M	Adèle
25	V	Jacques	25	L	Louis	25	J	Hermann	25	S	Crépin	25	M	Catherine	25	J	Noël
26	S	Anne, Joachim	26	M	Natacha	26	V	Côme, Damien	26	D	Dimitri	26	M	Delphine	26	V	Etienne
27	D	Nathalie	27	M	Monique	27	S	Vincent de P.	27	L	Emeline	27	J	Sévrin	27	S	Jean
28	L	Samson	28	J	Augustin	28	D	Venceslas	28	M	Jude	28	V	Jacq. de la M.	28	D	Innocents
29	M	Marthe	29	V	Sabine	29	L	Michel	29	M	Narcisse	29	S	Saturnin	29	L	David
30	M	Juliette	30	S	Fiacre	30	M	Jérôme	30	J	Bienvenu	30	D	André	30	M	Roger
31	J	Ignace de L.	31	D	Aristide				31	V	Quentin				31	M	Sylvestre

1-18 C'est quelle date? What date corresponds to each holiday?

MODÈLE Noël
◄ C'est le 25 décembre.

1. le jour de l'An
2. la Saint-Valentin
3. la fête du Travail
4. la fête nationale américaine
5. la fête nationale française
6. l'Armistice 1918
7. la Toussaint

1-19 Votre anniversaire et votre fête. Find a partner and ask each other when your birthday is and when your saint's day is. Share what you have learned about your partner with the class.

MODÈLE É1 Ton anniversaire, c'est quel jour ?
É2 C'est le 30 août. Et toi ?
É1 C'est le 9 mai.
É2 Et ta fête, Tom ?
É1 C'est le 3 juillet. Et toi, Jenna ?
É2 Il n'y a pas de « Sainte Jenna ».

Sons et lettres

TEXT AUDIO
CD 1 TRACKS 20–22

La prononciation des chiffres

numeral alone	before a consonant	before a vowel
un	un jour	un‿an
une	une fille	une affiche
deux	deux cousins	deux‿amis /z/
trois	trois frères	trois‿oncles /z/
quatre	quatre profs	quatre étudiants
cinq	cinq filles	cinq‿enfants
six /sis/	six femmes	six‿hommes /z/
sept	sept livres	sept‿images
huit	huit cahiers	huit‿affiches
neuf	neuf cousines	neuf‿amies
dix /dis/	dix mois	dix‿ans /z/
vingt	vingt crayons	vingt‿affiches

In general, final consonant letters are not pronounced in French, for example: **le chat**, **mes parents**.

The numbers 1–10 are exceptions. Their pronunciation depends on whether they occur by themselves, as in counting (**un, deux, trois ...**), or whether they are followed by another word (**un‿ami, deux‿enfants, six chiens**).

Except for **quatre** and **sept**, all numbers have two or three spoken forms.

Neuf has a special form before the words **ans** and **heures**; **f** is pronounced /v/:

Il a neuf ans.	*He is nine years old.*
Il est neuf heures.	*It's nine o'clock.*

◄ À vous la parole ◄

1-20 À la réunion de la famille Brunet. Repeat each expression.

Il y a...

un grand-père	un arrière-grand-père (*great-grandfather*)
trois tantes	trois oncles
dix filles	dix enfants
huit garçons	huit étudiants
cinq cousins	cinq animaux familiers

1-21 Une comptine. Repeat the following counting rhyme.

> Un, deux, trois, nous irons au bois,
> Quatre, cinq, six, cueillir des cerises.
> Sept, huit, neuf, dans mon panier neuf.
> Dix, onze, douze, elles seront toutes rouges.

FORMES ET FONCTIONS

1. *Le verbe* avoir *et l'âge*

◆ The irregular verb **avoir** (*to have*) is used to indicate possession and other relationships.

J'**ai** une sœur.	*I have a sister.*
Tu **as** un crayon ?	*Do you have a pencil?*

◆ **Avoir** is also used to indicate age.

Vous **avez** vingt ans ?   *Are you 20 years old?*
Mon grand-père **a** cent ans.   *My grandfather is a hundred.*

In addition to the numbers you already know, the following numbers will be useful for talking about ages.

40 quarante	80 quatre-vingts
50 cinquante	81 quatre-vingt-un
60 soixante	90 quatre-vingt-dix
70 soixante-dix	91 quatre-vingt-onze
71 soixante-et-onze	100 cent
72 soixante-douze	

◆ Here are the forms of **avoir**, shown with the subject pronouns. Notice that the subject pronoun **je** becomes **j'** before a vowel. Pronounce the final **-s** of **nous, vous**, and **ils/elles** as /z/, and link it to the plural form of **avoir** that follows.

AVOIR *to have*

SINGULIER			PLURIEL		
j'	**ai**	*I have*	nous‿	**avons**	*we have*
tu	**as**	*you have*	vous‿	**avez**	*you have*
il		*he/it has*	ils		
elle }	**a**	*she/it has*	elles }	**ont**	*they have*
on		*we have*			

◆ Use **ne... pas de** to express the idea of *not having any*. Notice that both **ne** and **de** drop their final **-e** before a vowel sound.

Je **n'**ai **pas de** sœurs.   *I don't have any sisters.*
Elle **n'**a **pas d'**oncle.   *She doesn't have an uncle.*

◢ À vous la parole ◣

1-22 Qu'est-ce que vous avez ? Compare with a partner what you brought to class today, and report back to your classmates. See how many different items you can name.

MODÈLE ◢ Ben et moi, nous avons des cahiers. J'ai aussi un stylo et un livre. Ben a un crayon et un CD.

1-23 La famille Brunet. Tell how old each of the Brunet family members is.

Jean-Pierre Brunet (81) ❤ *Madeleine Brunet (77)*

Yves Brunet (55) ❤ *Micheline Brunet (53)*   *Annick Roy (49)* ❤ *Paul Roy (51)*

Fabienne (26)   *Éric (21)*   *Stéphane (16)*   *Loïc Leclerc (19)*   *Marie-Hélène Roy (14)*

MODÈLE Quel âge ont les enfants de Jean-Pierre Brunet ?
➤ Yves Brunet a cinquante-cinq ans et Annick Roy a quarante-neuf ans.

1. Quel âge a la mère de Loïc ?
2. Quel âge a le père de Marie-Hélène ?
3. Quel âge a la sœur d'Éric ?
4. Quel âge ont les parents d'Yves Brunet ?
5. Quel âge ont les enfants d'Annick Roy ?
6. Quel âge a la femme d'Yves Brunet ?
7. Quel âge ont les neveux de Paul Roy ?

1-24 Et ta famille ? Ask a classmate how old various members of his or her family are.

MODÈLES ta mère ?
É1 Quel âge a ta mère ?
É2 Ma mère a quarante-huit ans.

tes frères ?
É1 Quel âge ont tes frères ?
É2 Mon frère Robert a douze ans. Mon frère Kevin a quinze ans.

1. ta mère ?
2. ton père ?
3. tes frères ?
4. tes sœurs ?
5. tes grands-parents ?

6. tes nièces ?
7. tes neveux ?
8. tes cousins ?
9. tes animaux ?

2. *Les adjectifs possessifs au pluriel*

◆ Corresponding to the subjects **nous**, **vous**, and **ils/elles** are the following possessive adjectives:

Voici **notre** père.   *Here's our father.*
C'est **votre** mère ?   *Is that your mother?*
C'est **leur** tante.   *That's their aunt.*

Remember that **vous/votre** can refer to one person (*formal*) or more than one.

◆ There is no distinction between masculine and feminine for **notre**, **votre**, and **leur**.

◆ For the plural forms, pronounce the final **-s** as /z/ before a vowel.

Ce sont **nos**‿oncles.   *These are our uncles.*
Voici **vos**‿affiches.   *Here are your posters.*
Ce sont **leurs**‿amis.   *These are their friends.*

Les adjectifs possessifs			
SINGULIER			**PLURIEL**
masculin + consonne	*masc/fém + voyelle*	*féminin + consonne*	
mon frère	**mon**‿oncle	**ma** tante	**mes** cousins
ton père	**ton**‿ami/e	**ta** mère	**tes** parents
son cousin	**son**‿ami/e	**sa** sœur	**ses**‿amis
	notre mère		**nos** cousines
	votre oncle		**vos**‿amis
	leur père		**leurs**‿oncles

◆ À vous la parole ◆

1-25 C'est logique. Use the possessive to point out the person(s) indicated.

MODÈLE Nous avons une fille.
    ◆ Voici notre fille.

1. Nous avons deux fils.
2. Vous avez un neveu.
3. Vous avez trois cousins.
4. Ils ont une nièce.
5. Ils ont trois enfants.
6. Nous avons une tante.
7. Elles ont deux oncles.

1-26 Décrivons la famille Brunet. With a partner, describe the family from the point of view indicated.

MODÈLES pour Jean-Pierre et Madeleine Brunet
      É1 Leur fille s'appelle Annick Roy.
      É2 Leurs petites-filles s'appellent Fabienne et Marie-Hélène.

      pour Annick Roy
      É1 Ses parents s'appellent Jean-Pierre et Madeleine.
      É2 Sa nièce s'appelle Fabienne.

1. pour Fabienne Brunet
2. pour Jean-Pierre et Madeleine Brunet
3. pour Annick et Paul Roy
4. pour Loïc Leclerc et Marie-Hélène Roy
5. pour Yves Brunet
6. pour Fabienne, Éric et Stéphane Brunet

1-27 Encore la famille. Take turns asking and answering questions with a partner to describe your family.

MODÈLE   des frères et des sœurs
   É1 Tu as des frères et des sœurs ?
   É2 Oui, j'ai deux frères.
   É1 Comment s'appellent tes frères ?...
   É2 Mes frères s'appellent Chris et Alex.

1. des frères et des sœurs
2. des parents
3. des nièces et des neveux
4. des cousins
5. des grands-parents
6. des neveux
7. des animaux

 # Parlons

1-28 Trouvez quelqu'un qui...

A. Avant de parler. Try to find people in your class who correspond to the descriptions below. To prepare, brainstorm with a partner to come up with a list of the questions you can ask in order to get the required information. For example, to find out if someone has a birthday in May, you could ask the general question: **Ton anniversaire, c'est en quel mois ?** (or, **Votre anniversaire, c'est en quel mois ?** if you are asking your instructor).

B. En parlant. Now circulate among your classmates and ask the questions you have prepared. You may have to speak to several people before finding someone who fits a particular description—keep moving! Your instructor will call time in just a few minutes.

MODÈLE   ... a son anniversaire au mois de mai
   É1 Ton anniversaire, c'est en quel mois ?
   É2 C'est en décembre.
   (*You ask someone else the same question.*)
   É1 Ton anniversaire, c'est en quel mois ?
   É3 C'est en septembre.
   (*You write this person's name down for #2.*)

1. ... a son anniversaire au mois de mai
2. ... a son anniversaire au mois de septembre
3. ... a son anniversaire le même (*same*) jour que vous
4. ... a son anniversaire le même mois que vous
5. ... a le même âge que vous
6. ... a le même nombre de frères et de sœurs que vous
7. ... n'a pas de frères ou de sœurs
8. ... a son livre de français et un cahier
9. ... a un ordinateur
10. ... a des affiches de France

C. Après avoir parlé. Did you find someone who matched every description before time was called? If not, ask one of your questions to the class as a whole; perhaps someone else found a match!

MODÈLE   ◄ Qui a son anniversaire au mois de mai ?

POINTS DE DÉPART

TEXT AUDIO
CD 1 TRACK 23

Une semaine typique

C'est une semaine typique chez les Dupont. Le lundi matin,
M. Dupont travaille normalement au bureau et Mme Dupont
travaille dans le jardin. Leur fils Simon a 12 ans ; il est au collège.
Et leur fille Émilie a 16 ans ; elle est au lycée.

Aujourd'hui, c'est mardi. Mme Dupont
parle au téléphone maintenant ; elle invite
ses parents à déjeuner dimanche.

Le mercredi, après-midi, Simon n'a pas d'école.
Il joue au foot avec ses copains.

Le jeudi après-midi, M. Dupont joue
souvent au golf ; il aime le sport.

Le vendredi soir, Simon ne travaille pas, il
écoute de la musique ou regarde la télé.

Le samedi, il n'y a pas d'école. Les enfants
restent à la maison. Émilie joue du piano
et elle prépare sa leçon de chant.

Dimanche, les grands-parents arrivent, et
la famille déjeune ensemble.

Vie et culture

La semaine

Look at the weekly schedule of a French middle school student. What do you notice about the times at which school begins and ends? the lunch break? the days on which there are classes? Many students devote part of the day on Wednesday to sports and cultural activities such as music or art lessons. Discuss the following questions with your classmates:

1. How might this schedule impact the family? What questions would you have about how French families handle child care or leisure time issues?
2. How does a typical week for young French students compare to that of North American students? What are the advantages and disadvantages of these varying schedules?

	LUNDI	MARDI	MERCREDI	JEUDI	VENDREDI
8h30 9h30	Informatique	Mathématiques	S.V.T.	Histoire Géographie	S.V.T.
9h30 10h25	Mathématiques	Français	Mathématiques	LV1 : Anglais ou Allemand	LV1 : Anglais ou Allemand
10h25 10h40	Récréation				
10h40 11h35	Français	E.P.S.	Français	Mathématiques	Techno
11h40 12h35	Soutien		Informatique	Français	S.V.T. / Techno
12h35 14h00	Repas			Repas	
14h00 14h55	LV1 : Anglais ou Allemand	LV1 : Anglais ou Allemand		E.P.S.	Informatique
15h00 15h55	Arts plastiques	Histoire Géographie			Éducation musicale
15h55 16h10	Récréation			Récréation	
16h10 17h05	Histoire Géographie	Aide au travail		Français	Informatique

E.P.S. : Éducation Physique et Sportive ; S.V.T. : Sciences de la Vie et de la Terre ; Techno : Technologie ; Soutien : Français et Mathématiques

CHAPITRE 1 ◄ MA FAMILLE ET MOI

Les parties de la journée
le matin   l'après-midi   le soir
Les jours de la semaine
lundi   mardi   mercredi   jeudi   vendredi   samedi   dimanche
Des activités
arriver   déjeuner   dîner   écouter   inviter   jouer à/de   parler
préparer   regarder   rester   réviser   téléphoner   travailler

The definite article **le** is used with days of the week or times of day to refer to an activity that always happens on that particular day of the week or at that particular time:

Le lundi, je travaille à la maison.   *Mondays, I work at home.*
Le samedi, on dîne au restaurant.   *On Saturdays, we eat out.*
Le soir, je regarde la télé.   *In the evening, I watch TV.*

Compare these examples with the sentences below, which do not use an article with the days of the week because they refer to specific, non-repeated activities.

Je joue au tennis avec des amis **mardi**.   *I'm playing tennis with friends on Tuesday.*
Dimanche, je dîne avec ma mère.   *Sunday, I'm having dinner with my mother.*

➤ À vous la parole ➤

1-29 Associations de mots. What words do you associate with each of the verbs listed? Work with a partner to find as many answers as possible.

MODÈLE regarder
➤ la télé, un film, le tableau

1. écouter
2. jouer
3. rester
4. préparer
5. parler
6. travailler
7. aimer
8. inviter

Parallèles

Activités de la semaine. 🎬

Mathilde and Diandra talk about what they do each week, including their jobs and other activities.

Mathilde déjeune avec sa famille

Diandra s'entraîne au basket

1-30 L'agenda de Sophie. Tell what Sophie has written in her pocket calendar for Thursday through Saturday.

MODÈLE ⬳ Jeudi matin, elle a rendez-vous avec un professeur.

Jeudi **16**	Vendredi **17**	Samedi **18**
(09) SEPTEMBRE	(09) SEPTEMBRE	(09) SEPTEMBRE
S. Édith	S. Renaud	S. Nadège
9h rendez-vous avec prof d'anglais	10h examen de maths	9h travailler dans le jardin avec maman
13h déjeuner avec Alex	16h jouer au tennis avec Julie	
19h préparer examen de maths		20h regarder un film avec Alex

1-31 Qu'est-ce que vous faites le samedi ? Use the elements from each column to tell a classmate what you typically do on Saturday.

MODÈLE le matin / je révise / mes leçons
⬳ Le matin je révise mes leçons.

	je travaille	le dîner
le matin	j'écoute	mes copains à dîner
l'après-midi	je joue	au tennis
le soir	je révise	la télé, un film
	je regarde	à la maison
	j'invite	de la musique
	je prépare	mes leçons

FORMES ET FONCTIONS

1. *Le présent des verbes en -er et la négation*

Regular French verbs are classified according to the ending of their infinitive. Most have an infinitive form that ends in **-er**. To form the present tense of an **-er** verb, drop the **-er** from the infinitive and add the appropriate endings according to the pattern shown.

REGARDER	*to look at, to watch*		
SINGULIER		**PLURIEL**	
je	regard**e**	nous	regard**ons**
tu	regard**es**	vous	regard**ez**
il elle on }	regard**e**	ils elles }	regard**ent**

Can you provide the missing form of *jouer*?

Fiche pratique

Sometimes grammatical forms have a distinct visual pattern. For example, if you draw a box around the forms in the **-er** verb chart that are pronounced alike, you will see the shape of a boot. Think of the boot to remind yourself which forms have the same spoken form.

◆ Verbs ending in **-er** have three spoken forms. All singular forms and the **ils/elles** plural forms are pronounced alike. Their endings are important written signals, but they are not pronounced. The only endings that represent sounds are **-ons** and **-ez**, which correspond to the subject pronouns **nous** and **vous**.

◆ When a verb begins with a consonant, there is no difference in the pronunciation of singular and plural for **il/s** and **elle/s**. Use the context to decide whether the speaker means one person, or more than one.

Mon cousin, **il** joue du piano.	*My cousin, he plays piano.*
Mes frères, **ils** jouent au foot.	*My brothers, they play soccer.*

◆ When the verb begins with a vowel sound, the final **-s** of a subject pronoun is pronounced as /z/. This allows you to distinguish the singular **il/elle** form from the plural **ils/elles**.

il aime vs. ils‿aiment	*he likes, they like*
elle habite vs. elles‿habitent	*she lives, they live*
nous‿écoutons, vous‿arrivez	*we listen, you arrive*

◆ Remember that **on** is an indefinite pronoun that can mean *one, they,* or *people,* depending on the context. In conversational French, **on** is often used instead of **nous** to mean *we.*

On parle français ici.	*They speak French here.*
On joue au foot ?	*Shall we play soccer?*

◆ In French the present tense is used to talk about a state or an habitual action.

Je **parle** français.	*I speak French.*
Il **travaille** le week-end.	*He works on weekends.*

◆ It is also used to talk about an action taking place while one is speaking.

On **regarde** la télé.	*We're watching TV.*

◆ To make a sentence negative, put **ne** (or **n'**) before the verb and **pas** after it.

Je **ne** travaille **pas**. *I'm not working.*
Vous **n'**aimez **pas** le golf ? *You don't like golf?*

In casual spoken French, native speakers will often drop the **ne**, so you may hear French speakers say sentences such as:

J'écoute **pas**. *I'm not listening.*
Ils téléphonent **pas** ? *They're not calling?*

◆ À vous la parole ◆

1-32 Une semaine chez les Dupont. Imagine that you're Mme Dupont, and describe your family's activities throughout the week.

MODÈLE lundi matin : Mme Dupont
  ◆ Je travaille dans le jardin.

1. lundi matin : M. Dupont, les enfants
2. mardi : Mme Dupont
3. mercredi après-midi : Simon
4. jeudi après-midi : M. Dupont
5. vendredi soir : Simon
6. samedi matin : les enfants
7. dimanche : les grands-parents, la famille

1-33 Vos habitudes. With a partner, take turns explaining when you or the people you know typically do the things listed.

MODÈLES vous / regarder la télé
  ◆ Je regarde la télé le vendredi soir.
  OU ◆ Je ne regarde pas la télé.

  vos parents / téléphoner aux enfants
  ◆ Ils téléphonent aux enfants le week-end.

1. vos amis / préparer leurs leçons
2. vous / regarder un film
3. vous et vos amis / jouer au tennis
4. votre père / préparer le dîner
5. vous / écouter la radio
6. votre frère ou sœur / téléphoner aux parents
7. vos parents / travailler
8. vous / rester à la maison

1-34 Cette semaine. With a classmate, take turns telling some of the things you'll be doing later this week.

MODÈLE ◄ Jeudi soir, je révise mes leçons ; vendredi soir, je regarde un film avec mes copains ; samedi, je parle au téléphone avec mes parents...

Then report back to the class what you learned about your partner.

2. *Les questions*

There are two types of questions in English and French: *yes-no questions,* which require confirmation or denial, and *information questions,* which contain words such as **qui** (*who*) or **comment** (*how*) and ask for specific information.

◆ The simplest way to form yes-no questions in French is to raise the pitch level of your voice at the end of the sentence. These questions are said to have a rising intonation:

Émilie est ta cousine ?	*Emily is your cousin?*
Tu t'appelles Anne ?	*Your name is Anne?*

Another way of asking a yes-no question is by putting **est-ce que/qu'** at the beginning of the sentence. These questions are usually pronounced with a falling voice pitch:

Est-ce que vous parlez français ?	*Do you speak French?*
Est-ce qu'il joue au foot ?	*Does he play soccer?*

◆ If a question is phrased in the negative, and you want to contradict it, use **si** in your response:

—Tu n'es pas mariée ? —*You're not married?*
—**Si,** voilà mon mari. —*Yes (I am), there's my husband.*

—Tu n'aimes pas le français ? —*You don't like French?*
—**Si,** j'aime le français. —*Yes, I do like French.*

◆ When French speakers think they already know the answer to a question, they sometimes add **n'est-ce pas** to the end of the sentence for confirmation.

Vous êtes de Paris, **n'est-ce pas** ? *You're from Paris, aren't you?*
Ton père parle français, **n'est-ce pas** ? *Your father speaks French, doesn't he?*

> However, be careful. French speakers do not use **n'est-ce pas** as frequently as American speakers use tag questions such as *aren't you? doesn't he? didn't you?*

◄ À vous la parole ◄

 1-35 Encore la famille Brunet ! Ask for confirmation from your classmates concerning the members of the Brunet family.

MODÈLE La mère d'Éric s'appelle Micheline.
      É1 Est-ce que la mère d'Éric s'appelle Micheline ?
      OU La mère d'Éric s'appelle Micheline ?
      É2 Oui, sa mère s'appelle Micheline.

1. Éric a une sœur.
2. Sa sœur s'appelle Fabienne.
3. Il a deux cousins.
4. Ses grands-parents sont Jean-Pierre et Madeleine Brunet.
5. Il n'a pas de frère.
6. Sa tante est divorcée et remariée.
7. Elle a deux enfants.
8. La demi-sœur de Loïc s'appelle Marie-Hélène.
9. Annick Roy a un frère.
10. Le mari de Micheline s'appelle Yves.

1-36 C'est bien ça ? Draw a picture on the board. Your classmates will try to guess what it is.

MODÈLE (Vous dessinez un crayon.)
      É1 Est-ce que c'est un stylo ?
      É2 C'est une craie ?
      É3 Ah, c'est un crayon !

1-37 Une interview. Interview a member of your class that you do not know very well to find out more about him/her. Use the suggested topics, and report to the class something you have learned about your partner.

MODÈLE avoir des frères ou des sœurs
      É1 Est-ce que tu as des frères ou des sœurs ?
      É2 J'ai une sœur, mais je n'ai pas de frères.

1. avoir des enfants
2. avoir des animaux familiers
3. travailler beaucoup
4. jouer du piano ou de la guitare
5. jouer au football ou au tennis
6. regarder la télé
7. préparer le dîner
8. regarder des films
9. inviter des copains à dîner

Écoutons

1-38 Le répondeur

**TEXT AUDIO
CD 1 TRACK 24**

A. Avant d'écouter. Fabienne has a lot of friends. Listen to the messages on her answering machine from people who are suggesting that she join them this week for various activities. Before you listen, think about the kinds of information you would expect to hear in a phone message.

Here is Fabienne pictured with one of the people who leaves a message on her answering machine. Can you guess who this might be? Where are they, and what are they probably doing?

B. En écoutant. As you listen, complete the first three columns of the chart below for each message.

	Who called?	Event suggested?	When?	Accept or refuse?
1.				
2.				
3.				
4.				

C. Après avoir écouté. Now, look over the chart again and decide which invitations you would accept and which invitations you would refuse if you were Fabienne. Fill in column four with this information, and discuss your responses with a classmate.

Venez chez nous ! La famille dans le monde francophone

 Parlons

1-39 Des familles bien diverses

A. Avant de parler. Choose one of the photos shown here or in another part of this **Venez chez nous** lesson. You will describe this family to a partner, who will then have to decide which family you have chosen. Before you begin, make a list of the people you see in the picture, using words you have learned in this chapter (**la mère, la sœur**…). Next, decide how old each person might be and jot down a few adjectives to describe each person. You may also be able to say where they are or what they are doing (**Ils déjeunent ; Ils sont dans le jardin**).

Voilà des familles francophones. Quelle famille habite en France? en Algérie? au Sénégal?

B. En parlant. Take turns describing the family in your photo and letting your partner guess which one you are talking about. Can either of you follow up by making suggestions to amplify your partner's description or otherwise to modify it?

C. Après avoir parlé. Now present your description to the class as a whole, while your partner points to each person you mention.

Stratégie

Use accompanying graphic elements to help understand a text. Often a graph or table, for example, will summarize at a glance the main points made in the text, serving as a useful point of reference both before and as you read.

 ## Lisons

1-40 La famille au Québec

A. Avant de lire. This reading about families in Quebec is accompanied by a table that presents census statistics about married and unmarried couples in the province. Examining the table beforehand can help you better understand the related text. Consider the following questions:

1. What types of family structure are referred to in the table? The key expressions here are: **avec enfants**, **sans enfants**, and **en union libre**. Can you explain the meaning of each? Notice that the footnotes provide additional information.

2. The far right column provides comparative data; what information is being compared?

3. What general conclusions might the statistics in the table lead you to make about the family in Quebec? Work with a partner to make a list.

Familles comptant un couple selon la présence d'enfants, chiffres de 2006, pour le Québec		
Structure de la famille :		**Variation 2001–2006 :**
Nombre total de couples	1 768 785	5,0 %
Couples mariés avec enfants[1]	522 100	–12,3 %
Couples mariés sans enfants[2]	634 825	9,4 %
Couples en union libre avec enfants[1]	308 170	19,2 %
Couples en union libre sans enfants[2]	303 685	21,4 %

[1]un couple avec au moins un enfant âgé de moins de 25 ans
[2]un couple et enfants âgés de 25 ans et plus

Source : http://www12.statcan.ca/english/census06/data/highlights/households/pages/Page.cfm?Lang=F&Geo=CMA&Code=24&Table=1&Data=Count&Age=2&StartRec=1&Sort=2&Display=Page

B. En lisant. The essential information in the text below, as in the preceding table, is statistical.

1. As you read, circle each statistic and focus on discovering its significance.
2. Which statistics are related to those in the preceding table?
3. Which of your preliminary conclusions based on analysis of the table can you now confirm?
4. What additional information does the text provide about how couples are defined by the census?

Québec : le nombre d'unions libres continue de monter

Au Québec, un grand nombre de couples vivent[1] ensemble sans être mariés, selon le Recensement de 2006. De 2001 à 2006, le nombre d'unions libres a augmenté de 20,3 % au Québec pour atteindre[2] 611 900.

Les couples mariés représentent seulement[3] 54,5 % des familles comptées en 2006. C'est une baisse par rapport à[4] la proportion de 58 % enregistrée[5] en 2001. Parallèlement, la proportion de couples vivant en union libre a augmenté considérablement, passant de 25 % à 34,6 %.

En 2006, seulement 3 familles sur 10 (29,5 %) au Québec sont des couples mariés avec des enfants de 24 ans et moins à la maison.

Le Recensement de 2006 fournit[6] aussi des données[7] sur les couples de même[8] sexe. Un total de 13 700 couples se sont identifiés comme étant[9] des couples de même sexe. En mars 2004, le Québec est la troisième province à légaliser les mariages entre conjoints de même sexe. Au Recensement de 2006, on constate que 9,2 % des couples du même sexe au Canada sont mariés.

Adapté de Statistique Canada « Portrait de famille : continuité et changement dans les familles et les ménages du Canada en 2006 », Recensement de 2006 », catalogue 97-553-XWF2006001, paru le 12 septembre 2007. Accès : http://www12.statcan.ca/francais/census06/analysis/famhouse/index.cfm.

[1]*habitent* [2]*reach* [3]*only* [4]*in comparison with* [5]*recorded* [6]*donne* [7]*facts* [8]*same* [9]*as being*

C. En regardant de plus près. Find the French words in the text corresponding to the following words and expressions in English:

1. according to the Census
2. to increase
3. a decline
4. living together without being married

D. Après avoir lu. Think about and then discuss the following questions with classmates.

1. What seems to be the primary trend in Quebec family life, as indicated by the statistics given in the text and illustrated by the related table? Based on what you have learned about current family life in France, is this trend similar to or different from what is happening in France? In what ways? Are the trends similar in your own community? Explain your answer.
2. What options are available to same-sex couples in Quebec? How are they similar to, or different from the options in France? How do they compare to the options where you live?

La famille en Afrique francophone

Families in Francophone Africa tend to be larger than European and North American families and to place more emphasis on the extended family and the obligation to help out family members. It is not uncommon for Africans studying and working in France to send money home to their families or to bring back books, school supplies, clothing, and household gifts when they return home for a visit. In many African societies, elderly people are greatly respected and they often live with their children and their families. Pensions and social security payments may be quite small or nonexistent, and older people rely on their children to provide for them.

Observons

1-41 C'est ma famille

A. Avant de regarder. You will see three short interviews in which people describe their family. Watch the video clip a first time without sound. Try to determine which members of the family are being described by each speaker, and write down the relationships in French.

Marie-Julie et sa famille

	without sound	**with sound**
Speaker(s)	relatives inferred	relatives described
Pauline :		
Bruno, Diane et Claire :		
Marie-Julie :	*son mari, sa fille*	

B. En regardant. Now watch the video clip with sound and see if your list is correct and complete. Can you add to the list of family relationships based on what you hear?

C. Après avoir regardé. Discuss the following questions with a partner.

1. How are these Francophone families similar to, or different from, American families?
2. Can you draw at least a partial family tree for each speaker? What information is still missing? What additional questions might you ask each speaker?

 Écrivons

1-42 Une famille louisianaise

A. Avant d'écrire. Read Amélie Ledet's description of her family's origins. Her family is typical of many in southwest Louisiana: some of her ancestors are of Acadian origin, others came directly from western France, and still others were earlier German settlers who were assimilated into the French-speaking population. Based on her description, and focusing on the key terms to name family members, sketch the part of Amélie's family tree that she describes.

Stratégie

Before you write a description, you may find it is helpful to organize your thoughts using a chart or a diagram. You can then refer to it as you write to be sure you are following your plan.

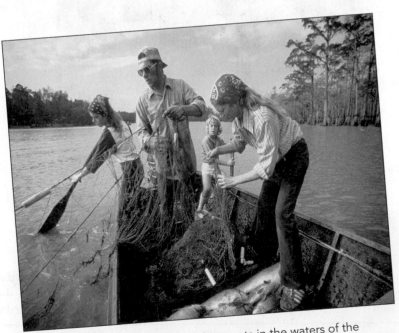

A Louisiana family checks their fishing nets in the waters of the Atchafalaya swamp.

Mon nom, c'est Amélie Ledet. J'ai 22 ans et j'habite à Montagut dans la paroisse Lafourche. Mon arrière-arrière-arrière-grand-père du côté de mon père s'appelle Jules Desormeaux. Il est né[1] à Grand Pré, en Acadie, en 1745 et il est décédé en 1806. Sa femme s'appelle Marie Landry. Mon arrière-arrière-arrière-grand-mère est née à Port-Royal, Acadie, en 1751 et elle est décédée en 1810. Du côté de ma mère, mon arrière-arrière-arrière-grand-père s'appelle Pierre Arceneaux. Il est né à La Rochelle, en France, en 1772. Il est décédé en Louisiane en 1840. Sa femme, Louise La Branche (Zweig), est née au Lac des Allemands, en Louisiane, en 1780. Elle est décédée en 1845.

[1] *was born*

B. En écrivant.

1. Sketch your own family tree.
2. Now write a paragraph describing your family origins. Use Amélie's description as a model, incorporating vocabulary and expressions that she uses into your own writing.

C. En révisant. As you re-read your paragraph, think about the following questions and make any necessary changes.

1. Analyze the content: does your description match the family tree you drew?
2. Look at the style and form of your paragraph: did you use the appropriate kinship terms and possessives (**mon, ma, mes**)? Did you incorporate expressions from the model to tell where your relatives come from, when they were born, and when they died?

D. Après avoir écrit. Share your paragraph with your classmates to get a sense of the diversity within your own class.

Now that you have completed *Chapitre 1*, can you do the following in French?

☐ Talk about and describe your own family, or another family?

☐ Count from 0 to 100 and tell how old someone is?

☐ Use a variety of verbs to describe your everyday activities?

☐ Ask simple questions?

☐ Describe general trends among families across the French-speaking world?

les relations familiales — *family relations*

un beau-père	*stepfather, father-in-law*
une belle-mère	*stepmother, mother-in-law*
un/e cousin/e	*cousin*
un/e enfant	*child*
une famille nombreuse	*big family*
une femme	*wife, woman*
une fille	*daughter, girl*
un fils	*son*
un frère	*brother*
un garçon	*boy*
une grand-mère	*grandmother*
un grand-père	*grandfather*
des grands-parents (m.)	*grandparents*
un mari	*husband*
une mère	*mother*
un neveu, des neveux	*nephew, (nieces &) nephews*
une nièce	*niece*
un oncle	*uncle*
des parents (m.)	*parents; relatives*
un père	*father*
une petite-fille, des petites-filles	*granddaughter, granddaughters*
un petit-fils, des petits-fils	*grandson, grandsons*
des petits-enfants (m.)	*grandchildren*
une sœur	*sister*
une tante	*aunt*

l'état civil — *marital status*

célibataire	*single*
décédé/e	*deceased*
divorcé/e	*divorced*
fiancé/e	*engaged*
marié/e	*married*
remarié/e	*remarried*

des animaux familiers — *pets*

un animal familier	*pet*
un chat	*cat*
un chien	*dog*
un oiseau	*bird*

le caractère — *disposition, nature, character*

calme	*calm*
conformiste	*conformist*
désagréable	*disagreeable, grumpy*
discipliné/e	*disciplined*
dynamique	*dynamic*
idéaliste	*idealistic*
indiscipliné/e	*undisciplined*
individualiste	*individualistic*
optimiste	*optimistic*
pessimiste	*pessimistic*
raisonnable	*reasonable*
réaliste	*realistic*
réservé/e	*reserved*
sociable	*outgoing*
stressé/e	*stressed out*
sympa(thique)	*nice*
têtu/e	*stubborn*
timide	*shy*

pour exprimer l'intensité — *to express intensity*

assez	*rather*
beaucoup	*a lot*
un peu	*a little*
très	*very*
trop	*too much*
vraiment	*really*

autres mots utiles — *other useful words*

chez	*at the home of*
chez nous	*at our place*
deuxième	*second*
habiter	*to live*
un homme	*man*
premier	*first*

Leçon 2

les mois (m.) de l'année (f.) — *the months of the year*

janvier	*January*
février	*February*
mars	*March*
avril	*April*
mai	*May*
juin	*June*
juillet	*July*
août	*August*
septembre	*September*
octobre	*October*

Vocabulaire

TEXT AUDIO CD 1 TRACKS 25–40

novembre	*November*
décembre	*December*
Quelle est la date	*What is the date*
... de ton	*. . . of your birthday?*
anniversaire (m.) ?	
C'est le premier mai.	*It's May 1.*
C'est le 4 septembre.	*It's September 4.*

l'âge (m.) — *age*

un an	*one year*
avoir	*to have*
Quel est ton/votre âge ?	*What is your age?*
Quel âge as-tu ?/Quel âge avez-vous ?	*How old are you?*
J'ai 19 ans.	*I am 19 years old.*

les nombres de 0 à 100
(see p. 43 for 0 to 31 and p. 47 for 40 to 100)

Leçon 3

pour dire quand — *to say when*

lundi	*Monday*
mardi	*Tuesday*
mercredi	*Wednesday*
jeudi	*Thursday*
vendredi	*Friday*
samedi	*Saturday*
dimanche	*Sunday*
aujourd'hui	*today*
la semaine	*week*
le week-end	*weekend*
le jour	*day*
le matin	*morning*
l'après-midi (m.)	*afternoon*
le soir	*evening*
maintenant	*now*

les activités — *activities*

aimer	*to like, to love*
arriver	*to arrive*

déjeuner	*to have breakfast/lunch*
dîner	*to have dinner*
écouter la radio/de la musique	*to listen to the radio/to music*
inviter	*to invite*
jouer au foot/du piano	*to play soccer/the piano*
ne... pas (Je ne joue pas.)	*not (I'm not playing/ I don't play.)*
parler au téléphone	*to talk on the phone*
préparer le dîner	*to fix dinner*
regarder un film/la télé/des photos	*to watch a movie/TV/look at photos*
rester à la maison	*to stay home*
réviser la leçon	*to review the lesson*
téléphoner à quelqu'un	*to call somebody*
travailler dans le jardin	*to work in the garden/ yard*

quelques lieux — *some places*

au bureau	*at the office*
à l'école	*at school*
au collège	*in middle school*
au lycée	*in high school*
à la maison	*at home*
au restaurant	*at the restaurant*

la musique — *music*

la musique classique	*classical music*
une guitare	*a guitar*

quelques sports — *some sports*

le foot(ball)	*soccer*
le golf	*golf*
le tennis	*tennis*

autres mots utiles — *other useful words*

avec	*with*
un copain/une copine	*friend*
ensemble	*together*
une leçon de chant	*singing lesson*
normalement	*usually*
si	*yes (after a negative question)*
typique	*typical*

2 Voici mes amis

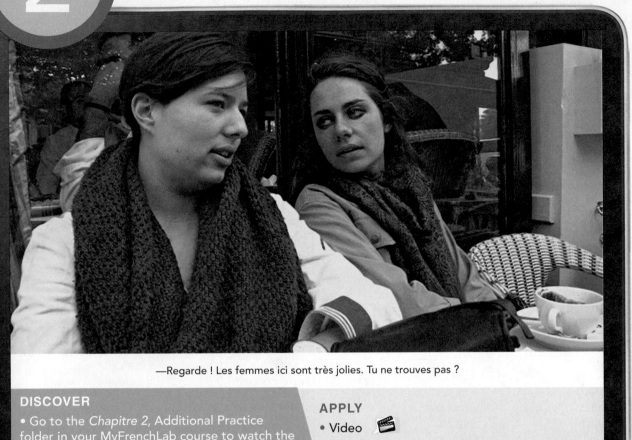

—Regarde ! Les femmes ici sont très jolies. Tu ne trouves pas ?

DISCOVER
• Go to the *Chapitre 2*, Additional Practice folder in your MyFrenchLab course to watch the video on describing people, and complete the related activities.

APPLY
• Video
• Activities : On démarre ! 02–01 to 02–02

Leçon 1 Mes amis et moi

Leçon 2 Nos loisirs

Leçon 3 Où est-ce qu'on va ce week-end ?

Venez chez nous ! Vive le sport !

After completing this chapter, you should be able to:

◆ Describe people's appearance and personality

◆ Talk about sports and leisure activities

◆ Ask for information

◆ Give commands and make suggestions

◆ Compare French and American sports and leisure activities, small towns, and notions of friendship

◆ Describe the role of sports across the Francophone world

POINTS DE DÉPART

TEXT AUDIO
CD 1 TRACK 41

Elles sont comment ?

Denise et Marie regardent un album de photos.

DENISE : C'est toi sur la photo là, avec le chapeau ?

MARIE : Bien sûr.

DENISE : Tu es jolie. Qui sont les autres filles ?

MARIE : Ce sont mes amies du collège.

DENISE : Comment s'appelle l'autre fille avec un chapeau ?

MARIE : Ça c'est Diane ; elle est maintenant à la fac avec moi. C'est ma colocataire. Elle est très intelligente et ambitieuse. Mais elle est amusante aussi ; elle adore les histoires drôles.

DENISE : Et la grande fille mince et rousse ?

MARIE : C'est Clara. Elle est très élégante. Elle travaille avec les personnes âgées ; c'est une fille gentille et généreuse.

DENISE : Et la blonde ?

MARIE : C'est Anne-Laure. Elle est super sportive et sociable ; pas du tout paresseuse, elle.

DENISE : Pas comme toi, donc !

MARIE : Arrête !

Pour décrire les femmes

jeune	d'un certain âge	âgée	
belle	jolie	moche	
grande	de taille moyenne	petite	
maigre	mince	forte	grosse
blonde	rousse	châtain	brune
élégante			
gentille		méchante	
généreuse		égoïste	
intelligente		bête	
ambitieuse	énergique	paresseuse	
sportive		pantouflarde	
sérieuse	drôle	amusante	

➤ À vous la parole ➤

2-1 En d'autres termes. Describe each young woman, using other words.

MODÈLE Clara n'est pas égoïste.
➤ Clara est généreuse.

1. Clara n'est ni (*neither*) brune, ni blonde, ni châtain.
2. Clara n'est pas petite.
3. Clara n'est pas méchante.
4. Diane n'est pas très mince.
5. Diane n'est pas petite.
6. Diane n'est ni blonde, ni rousse, ni châtain.
7. Diane n'est pas bête.
8. Anne-Laure n'est pas paresseuse.
9. Anne-Laure n'est pas grande, mais elle n'est pas petite non plus.
10. Anne-Laure n'est pas pantouflarde.

 2-2 Une personne connue. Describe a well-known girl or woman, real or imaginary, and have your classmates guess who it is.

MODÈLE É1 Elle est très jeune ; elle a environ (*about*) douze ans. Elle est petite, mince et rousse. Elle n'a pas de parents, mais elle a un chien, Sandy.
É2 C'est Annie, la petite orpheline.

2-3 Voici une amie / mes amies. Bring in a photo of a female friend or friends to describe to a partner.

MODÈLE ➤ Voici la photo d'une de mes amies. Elle s'appelle Julie. Elle est grande et blonde. Elle est intelligente et très énergique. Elle aime le tennis.

Vie et culture

Les amis

Concepts of friendship vary from culture to culture. In France, friendships are usually formed slowly, over many years. Once established, they tend to last a lifetime. American visitors and exchange students in France sometimes find it difficult to form friendships with French peers because of the brevity of their stays. French exchange students and visitors to the United States, on the other hand, often report that Americans make friends very quickly and seem to refer to many people as "my friend." This contrasts sharply with French usage where the word **ami** is reserved for those people with whom a strong bond of friendship has been established. In *Cultural Misunderstandings: The French-American Experience*, Raymonde Carroll, a French anthropologist living in the United States, explains the use of the word "friend" in American English:

> For an American, . . . this is merely a verbal shortcut which saves the trouble of explaining the differences between "friend" and all the other terms available (acquaintance, vague acquaintance, buddy, pal, chum, roommate, housemate, classmate, schoolmate, teammate, playmate, companion, co-worker, colleague, childhood friend, new friend, old friend, very old friend, family friend, close friend, very close friend, best friend, girlfriend, boyfriend, etc.).

However, Americans' casual use of the word "friend" leads French observers to conclude that their own concept of friendship is more durable and considerably more nuanced.

ET VOUS ?

1. What behaviors or features of American society might promote the perception among the French that friendships are formed quickly?
2. Think about the contexts in which you would refer to someone as "my friend." Do you agree with Carroll's observation that Americans tend to use the word *friend* rather loosely? What advantages and disadvantages are there to using *friend* to refer to a wide range of relationships?
3. Do you agree with the judgment that American friendships are less durable and less nuanced than French friendships? Explain your response.

Voici quelques amis qui discutent au café.

Sons et lettres

TEXT AUDIO
CD 1 TRACKS 42–43

La détente des consonnes finales

As a general rule, final consonant letters are not pronounced in French:

l'enfant   elle est   nous sommes   très jeunes   beaucoup

However, there are four final consonant letters that are generally pronounced: **-c, -r, -f,** and **-l**. To remember them, think of the English word *careful*.

la fac   pour   neuf   Daniel

An exception is the letter **-r** in the infinitive ending **-er** and in words ending in **-er** and **-ier**:

écouter   danser   le dîner   le premier   janvier

The letter **n** is seldom pronounced at the end of a word. Together with the preceding vowel letters it represents a nasal vowel sound:

mon copain   le chien   l'enfant

At the end of a word, one or more consonant letters followed by **-e** always stand for a pronounced consonant. These consonants must be clearly articulated, for they mark important grammatical distinctions such as feminine versus masculine forms of adjectives. The final **-e** doesn't represent any sound.

	Danielle est	sérieuse	intelligente	amusante
vs.	Daniel est	sérieux	intelligent	amusant

À vous la parole

2-4 Prononcer ou ne pas prononcer ? In which words should you pronounce the final consonant?

avec Robert   il aime danser   s'il vous plaît   pour ma sœur
neuf cahiers   le jour de Noël   le Québec   le singulier

2-5 Contrastes. Read each pair of sentences aloud and note the contrasts.

C'est Denise. / C'est Denis.
Voilà Françoise. / Voilà François.
Pascale est amusante. / Pascal est amusant.
Michèle est blonde. / Michel est blond.

FORMES ET FONCTIONS

1. *Les adjectifs variables*

◆ You have learned that adjectives agree in gender and number with the noun they modify. *Invariable* adjectives have only one spoken form. The feminine ending **-e** and the plural ending **-s** show up only in the written forms.

Ma sœur est stressé**e**.   Mes amies sont stressé**es**.
Mon frère est discipliné.   Mes amis sont disciplinés.
Mon père est calme.   Mes parents sont calme**s**.

◆ *Variable* adjectives have masculine and feminine forms that differ in pronunciation. Their feminine form ends in a pronounced consonant. To pronounce the masculine, drop the final consonant sound. The written letter **-s** or **-x** at the end of plural adjectives is not generally pronounced.

SINGULIER	*f.*	Anne est	amusante	et	généreuse.
	m.	Cédric est	amusant	et	généreux.
PLURIEL	*f.*	Mes amies sont	amusantes	et	généreuses.
	m.	Mes copains sont	amusants	et	généreux.

The feminine form of variable adjectives always ends in **-e**. The final **-e** is dropped in the masculine form; therefore, the final consonant sound, heard in the feminine form, is also dropped. Although some variable adjectives have spelling irregularities, this pronunciation rule still applies. For example, in the feminine form **généreuse** [ʒenerøz], the final consonant is pronounced, but it is dropped in the masculine form **généreux** [ʒenerø]. In the written form, the final **-e** is dropped in the masculine and the final **-s** is changed to **-x**. Other regular variable adjectives that show spelling changes include:

rou**sse** → roux   gro**sse** → gros   genti**lle** → gentil

◆ Adjectives whose masculine singular form ends in **-x** do not change in the masculine plural form.

Laurent est roux.   Laurent et Matthieu sont roux.

◆ As you have learned, with a mixed group of feminine and masculine nouns, the plural form of the adjective is always the masculine form.

Jessica et Laure sont **brunes**.   *Jessica and Laure are brunettes.*
Kevin et Marc sont **blonds**.   *Kevin and Marc are blonds.*
Max et Sylvie sont **roux**.   *Max and Sylvie are redheads.*

Fiche pratique

Noun phrases in French typically include multiple written indications of number and gender: compare, for example, **une amie intelligente** with **un copain amusant** and **des profs sympathiques**. Because the written indications are not always heard in the spoken forms, it is a good idea to get into the habit of double-checking the number and gender of any nouns and adjectives that you write.

◆ Note the following irregular forms:

FÉMININ	MASCULIN
belle	beau
brune	brun
sportive	sportif

⪜ À vous la parole ⪜

2-6 Pas mes amis ! Your friends are quite different from what your mother thinks; tell how.

MODÈLE Tes amies sont paresseuses !
⪜ Ah non, elles sont énergiques.

1. Tes amis sont méchants !
2. Tes amis sont trop idéalistes !
3. Tes amies sont têtues !
4. Tes amis sont trop conformistes !
5. Tes amis sont trop bêtes !
6. Tes amis sont égoïstes !
7. Tes amies sont trop sérieuses !
8. Tes amis sont tous (*all*) pessimistes !

2-7 Les amis. Describe the appearance and personality of this group of friends to your partner.

MODÈLE ⪜ Il y a trois femmes qui sont assez jeunes, une femme d'un certain âge et un homme...

2-8 Le monde idéal. Ideally, what are the following people and pets like? Describe them to your partner.

MODÈLE le chien idéal

> É1 Pour moi, le chien idéal est petit, gentil et intelligent.
> É2 Pour moi aussi, le chien idéal est gentil et intelligent, mais il est grand.

1. le père idéal
2. la mère idéale
3. l'enfant idéal
4. le/la colocataire idéal/e
5. le professeur idéal
6. l'étudiant idéal
7. l'ami/e idéal/e
8. le chat idéal

2. *Les adverbes interrogatifs*

◆ To ask a question requesting specific information, it is necessary to use an interrogative word or expression. Usually, the interrogative word or expression appears at the beginning of the question and is followed by **est-ce que/qu'**:

Où est-ce que tes amis travaillent ?	*Where do your friends work?*
Quand est-ce qu' elle arrive ?	*When does she arrive?*

Some of the words or expressions frequently used to ask questions are:

comment	*how*	**Comment est-ce que** tu t'appelles ?
où	*where*	**Où est-ce qu'**il travaille ?
quand	*when*	**Quand est-ce que** tu arrives ?
pourquoi	*why*	**Pourquoi est-ce que** tu ne travailles pas ?
combien de	*how many*	**Combien d'**étudiants **est-ce qu'**il y a ?

The question **pourquoi ?** can be answered in two ways:

—**Pourquoi est-ce que** tu aimes tes amis ?	—*Why do you like your friends?*
—**Parce qu'**ils sont très amusants.	—*Because they're lots of fun.*

—**Pourquoi est-ce que** tu téléphones ?	—*Why are you calling?*
—**Pour** inviter mes amis à dîner.	—*To invite my friends to dinner.*

When used to ask *how many*, **combien** is linked to the noun by **de/d'**:

Combien de frères est-ce que tu as ?	*How many brothers do you have?*
Combien d'enfants est-ce qu'ils ont ?	*How many children do they have?*

◆ Another question construction, called *inversion*, is used in writing, in formal conversation, and in a few fixed expressions. In questions with a pronoun subject using *inversion*, the subject follows the verb and is connected to it with a hyphen. Notice that when the verb form ends in a vowel, the letter **-t-** is inserted before the pronoun and linked to it with a hyphen.

Comment **vas-tu** ?	*How are you?*
Comment **allez-vous** ?	*How are you?*
Quel âge **a-t-il** ?	*How old is he?*

Inversion is also more generally used with the verbs **aller** and **être** when the subject is a noun:

Comment **vont tes parents** ?	*How are your parents?*
Où **est ta sœur** ?	*Where's your sister?*

◄ À vous la parole ◄

2-9 Pardon ? You can't quite hear all that your instructor says, so use a question word or expression to ask for the missing information.

MODÈLE J'ai <u>cinq</u> cahiers.
◄ Combien ?

1. Nous travaillons <u>dans la salle de classe</u>.
2. Il y a un examen <u>mardi</u>.
3. Il y a <u>trois</u> étudiants français.
4. Yannick est absent <u>parce qu'il est malade</u>.
5. Elle s'appelle <u>Chloé</u>.
6. Elle a <u>deux</u> sœurs.
7. Nous ouvrons le livre <u>pour réviser un exercice</u>.

2-10 À propos de Thomas. Your friend is telling you about her new boyfriend Thomas, and you want more details.

MODÈLE Thomas a deux colocataires.

◄ Ah bon ? Comment est-ce qu'ils s'appellent ?
OU ◄ Ah bon ? Est-ce qu'ils sont aussi étudiants ?

1. Il est assez jeune.
2. Il n'habite pas dans la résidence (*dorm*).
3. Il est d'une famille nombreuse.
4. Il travaille le week-end.
5. Il arrive bientôt.
6. Il n'est pas en forme.
7. Il n'aime pas le sport.
8. Il a des chiens.

2-11 Au service des rencontres. Ariane has called a dating service. As you listen in on her end of the phone conversation, imagine the questions she is being asked.

MODÈLE Je m'appelle Ariane Patoine.
     ✈ Comment vous appelez-vous, mademoiselle ?

1. J'habite à Ottawa.
2. Non, je n'ai pas de colocataire.
3. Oui, j'ai un chien et deux chats.
4. Oui, je travaille.
5. Je travaille dans un bureau.
6. Je travaille le week-end.
7. Parce que je suis étudiante.
8. J'ai des cours (*classes*) le lundi, le mardi, le mercredi et le vendredi.

2-12 Questions indiscrètes ? Interview one of your classmates, asking him/her questions about the following subjects. Report back to the class what you learned about your partner.

MODÈLE la famille
     ✈ Est-ce que tu as des frères ou des sœurs ?
     ✈ Où est-ce qu'ils habitent ?...

    la musique
     ✈ Est-ce que tu aimes la musique ?
     ✈ Quand est-ce que tu aimes écouter de la musique ?...

    (*you report back*) Voici Ian. Il a un frère. Il habite à Baltimore. Ian n'aime pas la musique, mais...

1. la famille
2. les animaux
3. les amis
4. la musique
5. le sport

Work with a partner to see how many questions you can ask this family. For example: Est-ce que vous êtes français ? Où est-ce que vous habitez ? Comment s'appellent ..., etc.

Stratégie

Use illustrations to predict content. To anticipate and better understand an author's descriptions in a text, make preliminary assumptions by studying the illustrations.

2-13 Les Misérables

A. Avant de lire. You are about to read an excerpt from the opening paragraphs of the novel *Les Misérables* by Victor Hugo, a well-known nineteenth-century French novelist, playwright, and poet. *Les Misérables* has been translated into many languages and has been a major musical for many years.

Three characters are introduced in the beginning of the novel, the Bishop of Digne and the two women in his household. Look at the illustrations of these three characters made by Georges Jeanniot for the first edition of *Les Misérables*. Then make lists of adjectives you know in French that could be used to describe each person. Using the illustrations to make preliminary assumptions about these characters can help you follow the author's descriptions, even if you cannot understand every word.

L'évêque

Mme Magloire, Mlle Baptistine, Jean Valjean et l'évêque

B. En lisant. As you read the descriptions of the Bishop, Mlle Baptistine, and Mme Magloire, focus on getting a general sense of the passage. You will note that the author incorporates a number of adjectives into his description of the two women and gives an indication of each person's age. Then look for the answers to the following specific questions:

1. How old is the Bishop, M. Myriel?
2. Knowing that **moins** means *less*, indicate how old his sister is.
3. What is the name of the Bishop's sister?
4. What is the name of their household servant?
5. Give two adjectives in English to describe each woman.

En 1815, M. Charles-Francois-Bienvenu Myriel était[1] évêque de Digne. C'était un vieillard[2] d'environ soixante-quinze ans…

M. Myriel était arrivé[3] à Digne accompagné d'une vieille fille[4], Mlle Baptistine, qui était sa sœur et qui avait[5] dix ans de moins que lui.

Ils avaient[6] pour tout domestique une servante appelée Mme Magloire.   5

Mlle Baptistine était une personne longue, pâle, mince, douce[7]. Elle n'avait jamais[8] été jolie…

Mme Magloire était une petite vieille, blanche, grasse, replète[9], affairée, toujours haletante, à cause de son activité d'abord, ensuite à cause   10
d'un asthme.

[1]*past tense of the verb* être   [2]*une personne âgée*   [3]*had arrived*   [4]*une femme d'un certain âge qui est célibataire*   [5]*past tense of the verb* avoir, sg.   [6]*past tense of the verb* avoir, pl.   [7]*gentle*   [8]*never*   [9]*grosse*

C. En regardant de plus près. Take a closer look at the following features of the text.

1. There are two words in the text that are synonyms and mean "household worker." What are they?
2. Mlle Baptistine is described with the adjective **longue**. Can you provide a synonym in French for this word? What point do you think the author is trying to make with the choice of this particular adjective?
3. Look at the adjective **affairée**. This is an adjective used to describe a very busy person. Do you know any other adjectives in French that could be used to indicate the same idea?
4. Mme Magloire is described as **haletante**. The rest of the sentence explains why she is described in this way. Given this context, and the illustration of Mme Magloire, what do you think the adjective **haletante** means?

D. Après avoir lu. How successful are the author's brief descriptions in painting a portrait of each of the three characters? Look back at the lists of adjectives you drew up in preparation for reading. How closely do your predictions coincide with what you read? Is there anything you would change in the drawings, based on the descriptions in the text?

POINTS DE DÉPART

**TEXT AUDIO
CD 1 TRACK 44**

Nos activités

Moi, je fais du sport ; je joue au foot avec des amis. On a un match tous les samedis.

Mes copains font de la musique. Ils jouent dans un groupe. Ils donnent un concert samedi soir. Mamadou joue de la guitare et Valentin joue du piano.

François et Léa organisent une fête. François fait les courses et Léa fait la cuisine.

Ma copine Amélie ne fait pas grand-chose ; elle reste à la résidence et elle regarde un film. Ses amies Vanessa et Anne-Laure jouent aux échecs.

Nathalie est super sportive ; elle fait de la natation. Elle fait du vélo aussi.

Benjamin fait du bricolage et son amie Élodie fait du jardinage.

Des loisirs

On fait…

   du sport
   de la natation, du vélo,
   du jogging

On joue…

   au football, au basket-ball,
   au tennis, au golf, au football
   américain, au rugby, au
   volley-ball, au hockey

On fait…

   de la musique

On joue…

   du piano, de la guitare, de
   l'harmonica, du saxophone,
   de la batterie, de la musique
   classique, du jazz, du rock

On fait…

   des courses, la cuisine,
   du bricolage, du jardinage

On joue…

   aux cartes, aux échecs, au
   Scrabble, au loto, aux jeux de
   société

Fiche pratique

Some French verbs require a preposition. For example, the verb **jouer** is followed by the preposition **à** or the preposition **de**, plus the definite article. To remember that **jouer** is followed by **à** for sports and games, and by **de** for musical instruments, memorize a couple of sentences that are personally meaningful. For example, you might come up with: **Je joue au foot** and **Mon frère joue de la guitare.**

◄ À vous la parole ◄

2-14 On joue ? Based on the drawings, what is everyone doing this afternoon?

MODÈLE ◄ On joue au tennis.

1.
2.
3.
4.

5.
6.
7.
8.

2-15 Chacun à son goût. Based on the descriptions, figure out with a partner what these friends probably do in their spare time.

MODÈLE É1 Margaux est très réservée.
       É2 Elle ne fait pas grand-chose ; elle reste à la maison et regarde un film.

1. Charlotte est très sociable.
2. Loïc est super sportif.
3. Delphine est une bonne musicienne.
4. Florian adore le cinéma.

5. Laurent est fanatique de jazz.
6. Céline aime préparer le dîner.
7. Alex préfère les jeux de société.
8. Rachid est très actif.
9. Anaïs est bricoleuse.

Vie et culture

Les loisirs des Français

The French devote more than one-third of their waking hours to leisure activities, about seven hours per day on average. They now enjoy the shortest workweek of any European country, 35 hours, and have five weeks of paid vacation each year. Typically, about twenty percent of the total household budget is used for leisure activities.

The chart indicates the percentage of French people who participated in various leisure time activities at least once in the course of a year. Examine the chart with a partner: How many activities can you identify? How do these activities compare with your own leisure activities and those of the people you know? How do you think a chart drawn up for North Americans would differ from this one?

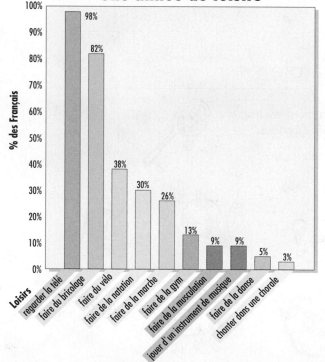

Une année de loisirs

% des Français

Loisirs	
regarder la télé	98%
faire du bricolage	82%
faire du vélo	38%
faire de la natation	30%
faire de la marche	26%
faire de la gym	13%
faire de la musculation	9%
jouer d'un instrument de musique	9%
faire de la danse	5%
chanter dans une chorale	3%

2-16 Et toi ? With the person sitting beside you, take turns telling three things you typically do on the weekend. Use only words and expressions that you know. Then share with your classmates what you have learned about your partner.

MODÈLE   É1   Le week-end, je travaille un peu, je joue au basket et je fais la cuisine. Et toi ?

É2   Je ne fais pas grand-chose ; je reste à la maison et je prépare mes cours.

2-17 Un sondage. Poll your classmates to find out what percentage participate in each of the activities included in the chart in the **Vie et culture**. Designate one student in your group to ask the questions, and another to keep track of responses on the board. Compare your percentages with those presented for the French. What are your conclusions?

1. Posez des questions.

MODÈLE ◄ Qui fait du bricolage ? (*raise your hand if you do*)
◄ Qui joue d'un instrument de musique ? (*raise your hand if you do*)

2. Comptez les réponses.
3. Annoncez les résultats.

MODÈLE ◄ Trois étudiants font du bricolage ; c'est 30 pour cent. (*if your group has 10 members*).
Un étudiant joue du piano ; c'est 10 pour cent.

Sons et lettres

TEXT AUDIO
CD 1 TRACKS 45–47

L'enchaînement et la liaison

In French, consonants that occur within a rhythmic group tend to be linked to the following syllable. This is called **enchaînement**. Because of this feature of French pronunciation, most syllables end in a vowel sound:

il a /i la/ sept amis /sɛ ta mi/ Élise arrive /e li za riv/

As you have learned, some final consonants are almost always pronounced; these include final **-c, -r, -f, -l**, and all consonants followed by the written letter **-e**:

Loïc ma sœur sportif Cyril arrête seize il aime

Other final consonants are pronounced only when the following word begins with a vowel. These are called *liaison consonants*, and the process that links the liaison consonant to the beginning of the next syllable is called *liaison*. Liaison consonants are usually found in grammatical endings and words such as pronouns, articles, possessive adjectives, prepositions, and numbers. You have seen the following liaison consonants:

◆ **-s, -x, -z** (pronounced /z/): vous‿avez, les‿enfants, nos‿amis, aux‿échecs, très‿aimable, six‿ans, chez‿eux
◆ **-t**: c'est‿un chapeau, elles sont‿énergiques
◆ **-n**: on‿a, un‿oncle, mon‿ami

When you pronounce a liaison consonant, articulate it as part of the next word:

deux‿oncles /dø zɔ̃kl/   *not* */døz ɔ̃kl/
on a /ɔ̃ na/   *not* */ɔ̃n a/
il est‿ici /i le ti si/   *not* */il et i si/

⬥ À vous la parole ⬥

2-18 Contrastes : sans et avec enchaînement. Pronounce each pair of phrases. Be sure to link the final consonant of the first word to the following word when it begins with a vowel.

une copine	une amie
pour Bertrand	pour Albert
Luc parle	Luc écoute
neuf livres	neuf ordinateurs
quel cousin	quel oncle
elle fait ça	elle aime ça

2-19 Liaisons. Pronounce the liaison consonants in the following phrases. Be sure to link the consonant with the following word.

nous‿allons	vous‿écoutez
on‿a	un‿an
ils‿arrivent	elles‿habitent en ville
elles sont‿au bureau	elles vont‿à la maison
son petit‿ami	il a vingt‿ans
ton‿amie	son‿enfant

FORMES ET FONCTIONS

1. *Les prépositions* à *et* de

◆ The preposition **à** generally indicates location or destination and has several English equivalents.

Elle habite **à** Paris.	*She lives **in** Paris.*
Il est **à** la maison.	*He's **at** the house.*
Elle va **à** une fête.	*She's going **to** a party.*

As you've seen, the preposition **à** is also used in the expression **jouer à**, *to play (sports or games).*

Nous jouons **au** tennis le lundi.	*We play tennis on Mondays.*
Ils jouent **aux** cartes le samedi soir.	*They play cards on Saturday evenings.*

With other verbs, **à** introduces the indirect object, usually a person who receives the action.

parler	Cédric **parle à** la petite fille.	*Cédric's speaking to the little girl.*
téléphoner	Nous **téléphonons à** nos amis.	*We're phoning our friends.*
donner	Elle **donne** la photo **à** son ami.	*She gives her boyfriend the photo.*

◆ **À** combines with the definite articles **le** and **les** to form contractions. There is no contraction with **la** or **l'**.

à + le → au	Il joue **au** golf.	*He plays golf.*
à + les → aux	Ils jouent **aux** échecs avec des amis.	*They play chess with friends.*
à + la → à la	Je reste **à la** maison vendredi soir.	*I'm staying home on Friday evening.*
à + l' → à l'	Je parle **à l'**oncle de Simon.	*I'm talking to Simon's uncle.*

◆ The preposition **de/d'** indicates where someone or something comes from.

Mon copain Justin est **de** Montréal.	*My boyfriend Justin is from Montreal.*
Elle arrive **de** France demain.	*She arrives from France tomorrow.*

As you've seen, **de** is also used in the expression **jouer de**, *to play* (*music or a musical instrument*).

Son ami joue **du** piano dans un groupe.	*Her friend plays piano in a group.*
Lui, il joue **de l'**harmonica.	*He plays the harmonica.*

De/d' also is used to indicate possession or other close relationships.

C'est le frère **du** professeur.	*It's the teacher's brother.*
Voilà le livre **de** Kelly.	*There's Kelly's book.*

◆ **De** combines with the definite articles **le** and **les** to form contractions. There is no contraction with **la** or **l'**.

de + le → du	Mon amie fait **du** jogging.	*My girlfriend goes jogging.*
de + les → des	On parle **des** projets pour le week-end.	*We're talking about plans for the weekend.*
de + la → de la	Moi, je joue **de la** guitare.	*I play the guitar.*
de + l' → de l'	Il joue **de l'**accordéon.	*He plays the accordion.*

⬤ À vous la parole ⬤

2-20 Ça cause. Tell what today's subjects of conversation are for Camille and her friends.

MODÈLE la copine de Bruno
⬤ Elles parlent de la copine de Bruno.

1. le professeur de français
2. le match de basket le week-end dernier (*last*)
3. les problèmes du campus
4. la nouvelle (*new*) colocataire de Camille
5. l'oncle d'Antoine
6. les devoirs d'anglais
7. le dernier film des frères Coen

2-21 Des célébrités. What do these famous people do?

MODÈLE LeBron James
◄ Il joue au basket-ball.

1. Taylor Swift
2. Michael Phelps
3. David Beckham
4. Paula Dean
5. Serena Williams
6. Alicia Keys
7. John Coltrane
8. Michelle Wie

 2-22 Trouvez une personne qui... Circulate in the classroom to find someone who does each of the things listed. When your instructor calls time, compare notes to see who came closest to completing the list.

MODÈLE joue de l'harmonica
É1 Tu joues de l'harmonica ?
É2 Non. (*You ask another person.*)
OU Oui. (*You write down this person's name.*)

1. fait du vélo
2. fait de la natation
3. reste à la maison le dimanche soir
4. joue au golf le week-end
5. joue du piano
6. téléphone à ses parents le week-end
7. parle au professeur en français
8. joue du saxophone
9. joue souvent (*often*) aux cartes
10. fait du jardinage

2. *Le verbe* faire

◆ The verb **faire** (*to make, to do*) is used in a wide variety of expressions. Here are the forms of this irregular verb.

FAIRE *to make, to do*		
SINGULIER		**PLURIEL**
je	fais	nous **faisons**
tu	fais	vous **faites**
il elle on	fai**t**	ils elles **font**

- A question using **faire** does not necessarily require using **faire** in the answer:

  —Qu'est-ce que tu **fais** samedi ? —*What are you doing on Saturday?*
  —Je joue au golf. —*I'm playing golf.*

- A form of the preposition **de** is used with the verb **faire** in some expressions.

  —Elle fait **du** sport. —*She plays sports.*
  —Moi aussi, je fais **de la** natation. —*Me too, I swim.*

- **Faire** is used in many idiomatic expressions related to everyday activities; it is one of the most common and useful French verbs.

Tu fais du sport ?	*Do you play sports?*
Nous faisons une promenade.	*We're taking a walk.*
On fait de la marche.	*We walk (for exercise).*
Elle aime faire la cuisine.	*She likes to cook.*
Il fait des courses.	*He's running errands.*
Ils font du jogging le matin.	*They jog in the morning.*
Vous faites de la danse ?	*Do you study dance?*
Je fais du français.	*I study French.*

Ils font une promenade le dimanche après-midi. Est-ce que vous faites une promenade le week-end ?

◆ À vous la parole ◆

2-23 Suite logique. Based on their interests, what are these people doing in their spare time?

MODÈLE Sylvie aime le ballet.
  ◆ Elle fait de la danse.

1. Nous arrivons au supermarché.
2. Florent et Hamid aiment la nature.
3. Tu adores préparer le dîner.
4. Vous êtes fanatique de jazz.
5. Ludovic aime travailler dans le jardin.
6. Hélène et Béa sont vraiment sportives.
7. J'aime travailler à la maison.
8. David et moi sommes très paresseux.

2-24 Et vous ? Discuss with a partner your usual activities for each of the categories proposed.

MODÈLE la musique
  É1 Je ne fais pas de musique, mais j'ai un lecteur CD et beaucoup de CD ; j'aime le jazz.
  É2 Je fais de la musique ; je joue du piano et de la guitare.

1. la musique
2. le sport
3. les jeux
4. la cuisine
5. des travaux à la maison

2-25 Des portraits d'athlètes

A. Avant d'écouter. Look at the photos of three Francophone athletes. Which sport does each play? Can you think of two or three adjectives to describe each athlete? Have you ever seen any of these athletes in person or on television?

Thierry HENRY

Sandrine GRUDA

Guillaume LATENDRESSE

B. En écoutant. Listen to the descriptions of the three athletes and fill in the missing information in the chart below.

Name	Sport	Age	Appearance	Favorite Activities and Family Information
Thierry HENRY				
Sandrine GRUDA				
Guillaume LATENDRESSE				

C. Après avoir écouté. Now use the completed chart to summarize in a couple of sentences the information about the athlete who most appeals to you. Then add a sentence telling why this person is interesting to you.

MODÈLE ➤ Mon athlète préféré est... Je trouve cette personne intéressante parce qu'il/elle...

POINTS DE DÉPART

TEXT AUDIO
CD 1 TRACK 49

Destinations diverses

Le week-end, qu'est-ce que tu fais ? Tu aimes nager ? Alors tu vas probablement à la piscine. Tu pratiques un autre sport ? Alors tu vas probablement au stade, au gymnase ou au parc. Tu aimes les activités culturelles ? Tu vas peut-être voir un film au cinéma ou une exposition au musée ; ou bien tu assistes à une pièce, un ballet ou un concert au théâtre. Tu cherches un livre ? Voilà la bibliothèque ou bien la librairie. Tu ne fais pas la cuisine ? Alors va au restaurant, au café ou chez un ami pour manger.

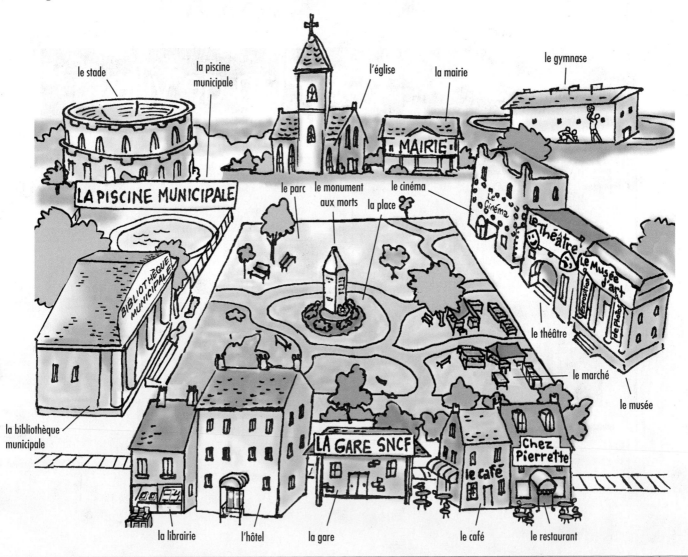

Vie et culture

Les petites villes

Small towns in France have a traditional structure. At the center is the Catholic church; a square, often with a veterans' memorial, is nearby. This is usually the location for the open-air market. The town hall is also in a central location. Older towns and villages often still have small merchants clustered around this central area. In many cases, a train station and a modest hotel are close to the town center. Most communities provide municipal sports centers for their residents. Young people and adults can swim at **la piscine municipale**, play basketball or take an exercise class at a local **gymnase**, or watch soccer games at **le stade municipal**.

Look at the map and corresponding photo of the town of Richelieu, population 1,971. Locate the following places: **l'église, la mairie, la bibliothèque, le parc, le musée, le cinéma, la piscine, la Place du Marché.** What other places indicated on the map can you identify?

ET VOUS ?

1. Is there a traditional structure for small towns in North America? Does this vary from region to region? Why do you think North American towns tended to evolve as they did? Compare your ideas with those of a partner.

2. What basic similarities and differences can you identify in the layout of traditional town centers in North America and France? How would you explain them?

Ville de Richelieu, vue aérienne. Est-ce que vous pouvez identifier la Place du Marché ? le cinéma ? la Place Louis XIII ?

Parallèles

Mes loisirs préférés. 🎬

Mathilde and Diandra talk about some of their favorite leisure activities.

Mathilde dans une boutique de disques

Diandra au stade d'athlétisme

⟜ À vous la parole ⟜

2-26 Dans quel endroit ? Where would you hear people saying this?

MODÈLE « Du rosbif, s'il vous plaît. »
⟜ au restaurant

1. « Tu nages bien, toi ! »
2. « Le match commence dans dix minutes. »
3. « Regarde, c'est un mariage ! La mariée et le marié arrivent. »
4. « C'est mon ballet préféré. »
5. « Où sont les biographies, s'il vous plaît ? »
6. « On regarde la télé ce soir ? »
7. « La musique est excellente ce soir. »
8. « Encore un café ? »
9. « J'aime beaucoup cette statue. »
10. « C'est combien pour ces deux livres et un cahier ? »

2-27 Votre itinéraire. With your partner, take turns telling where you're going and what you're doing this weekend. Then summarize your plans for your classmates.

MODÈLE É1 Ce week-end, je vais au restaurant. Mon copain et moi, nous dînons ensemble. Et toi ?
É2 Moi, je vais au musée. Il y a une exposition de photos.

2-28 Vos endroits préférés. Discuss with a partner your favorite place for each activity listed. How similar—or dissimilar—are your preferences?

MODÈLE pour dîner ?
É1 Moi, j'aime dîner chez ma mère. Et toi ?
É2 Moi, j'aime dîner au restaurant.

1. pour dîner ?
2. pour travailler ?
3. pour voir un film ?
4. pour discuter avec des amis ?
5. pour pratiquer un sport ?
6. pour écouter de la musique ?

FORMES ET FONCTIONS

1. *Le verbe* aller *et le futur proche*

◆ The irregular verb **aller** means *to go*.
◆ You have already used **aller** in greetings and commands.

Je **vais** à la librairie.   *I'm going to the bookstore.*
Tu **vas** au ciné avec nous ?   *You're going to the movies with us?*

Comment ça **va** ?	*How are things?*
Comment **allez**-vous ?	*How are you?*
Allez au tableau !	*Go to the board!*

ALLER	*to go*	
SINGULIER		**PLURIEL**
je	**vais**	nous **allons**
tu	**vas**	vous **allez**
il elle on	**va**	ils elles **vont**

◆ To express future actions that are intended or certain to take place, use the present tense of **aller** and an infinitive. This construction is called **le futur proche** (*the immediate future*). In negative sentences, place **ne ... pas** around the form of **aller**; the infinitive does not change.

Je **vais travailler** ce soir.	*I'm going to work this evening.*
Il **va téléphoner** à son père.	*He's going to call his father.*
Tu **ne vas pas danser** ?	*You're not going to dance?*

◆ To express a future action you may also simply use the present tense of a verb and an adverb referring to the future.

| Mon copain arrive **demain**. | *My boyfriend arrives tomorrow.* |
| Tu joues **ce soir** ? | *Are you playing tonight?* |

Here are some useful expressions referring to the immediate future:

ce soir	*tonight*
demain	*tomorrow*
ce week-end	*this weekend*
bientôt	*soon*
la semaine prochaine	*next week*
le mois prochain	*next month*
l'été prochain	*next summer*
l'année prochaine	*next year*

◄ À vous la parole ◄

2-29 Maintenant ou plus tard ? Look at these statements about the activities of Sévérine, Yann, and their friends and decide if each activity is occurring now (**maintenant**) or will occur later (**plus tard**).

	Maintenant, ils	Plus tard, ils
MODÈLE ... vont à la bibliothèque.	✓	
1. ... vont nager un peu.		
2. ... vont manger.		
3. ... vont au gymnase.		
4. ... vont au cinéma.		
5. ... vont travailler toute la journée.		
6. ... vont faire du jogging.		
7. ... vont au parc.		
8. ... vont voir un film.		

Based on your answers above, are the friends busier now, or will they be busier later?

2-30 Où aller ? Based on their interests, where are these people probably going?

MODÈLE Anne adore nager.
◄ Elle va à la piscine.

1. Rémi aime le basket.
2. Nous aimons les films.
3. Tu désires manger des spaghettis.
4. M. et Mme Dupont aiment l'art moderne.
5. Vous adorez jouer au foot.
6. Sandrine aime les livres historiques.
7. J'aime beaucoup parler avec mes amis.
8. Sophie et Angélique adorent faire de la marche le matin.

2-31 Les habitudes. Tell a partner where you usually go at the times indicated, and why.

MODÈLE le samedi soir

É1 Je vais au ciné avec mes amis pour voir un film.
É2 Moi, je vais à une fête chez des amis pour manger et pour écouter de la musique.

1. le lundi matin
2. le vendredi soir
3. le jeudi après-midi
4. le mercredi soir
5. le dimanche matin
6. le samedi matin
7. le samedi après-midi

2-32 Vos projets. Interview a partner about his/her plans, and report back to the class what you have found out.

MODÈLE cet après-midi

    É1 Qu'est-ce que tu vas faire cet après-midi ?
    É2 Cet après-midi je vais travailler. Et toi ?
    É1 Mon camarade et moi, nous allons jouer au tennis.

1. cet après-midi
2. ce soir
3. demain
4. ce week-end

5. le semestre/trimestre prochain
6. l'été prochain
7. l'année prochaine

2. *L'impératif*

◆ To make a suggestion or a request, or to tell someone to do something, the *imperative* forms of a verb—without subject pronouns—may be used.

  ◆ To address someone with whom you are on informal terms, the imperative is the same as the **tu** form of the verb in the present tense. Note, however, that for **-er** verbs (including **aller**), the final **-s** is dropped in the written forms.

Ferme la porte !	*Shut the door!*
Va au tableau !	*Go to the blackboard!*
Écris ton nom !	*Write your name!*
Fais tes devoirs !	*Do your homework!*

  ◆ To address more than one person or someone with whom you are on formal terms, the imperative is the same as the **vous** form of the verb in the present tense.

Parlez plus fort !	*Speak louder!*
Écoutez-moi !	*Listen to me!*
Lisez à haute voix !	*Read aloud!*
Dites-moi votre nom !	*Tell me your name!*

  ◆ To make a suggestion to a group of which you are part, the imperative is the same as the **nous** form of the verb in the present tense.

Jouons aux cartes.	*Let's play cards.*
Allons au cinéma.	*Let's go to the movies.*
Faisons une promenade.	*Let's go for a walk.*

◆ To be more polite, add **s'il te plaît** or **s'il vous plaît** as appropriate:

Ouvrez la fenêtre, **s'il vous plaît**.	*Open the window, please.*
Parle plus fort, **s'il te plaît**.	*Please speak louder.*

◆ To tell someone not to do something, put **ne** (**n'**) before the verb and **pas** after it:

Ne regarde **pas** la télé !	*Don't watch TV!*
N'écris **pas** en anglais !	*Don't write in English!*
N'oubliez **pas** vos devoirs !	*Don't forget your homework!*

➤ À vous la parole ➤

2-33 Impératifs. Use appropriate forms of the imperative to make requests to your friends and your instructor.

MODÈLE Dites à un/e ami/e de ne pas regarder la télé.
➤ Ne regarde pas la télé !

Dites à un/e ami/e…

1. d'écouter le professeur
2. de fermer la porte
3. de ne pas parler anglais
4. de ne pas manger en classe

Demandez à votre professeur (n'oubliez pas d'être poli/e !)…

5. de répéter
6. de parler plus fort
7. de ne pas fermer la porte
8. de ne pas lire en anglais

Proposez à vos amis…

9. de jouer au basket
10. de faire du jogging
11. d'aller au cinéma
12. de ne pas travailler

2-34 Pourquoi pas ? You'd like to do something different in French class today. What can you suggest to your instructor? Choose from this list of possibilities and include some of your own ideas as well: **aller, écouter, écrire, faire, jouer, oublier, parler, regarder.**

MODÈLE écrire
➤ Écrivons un poème.

2-35 Situations. With a partner, give examples of a request or suggestion you'd be likely to hear in each situation. How many examples can you come up with?

MODÈLE une mère à son enfant
➤ Écoute, mon chéri (*dear*).
ET ➤ Fais tes devoirs.

1. un professeur aux étudiants
2. une étudiante à un/e ami/e
3. un étudiant au professeur
4. un étudiant à son copain
5. un entraîneur (*coach*) de basket à ses joueurs
6. votre professeur, à vous
7. vos parents, à vous

Parlons

2-36 Jouons ensemble

A. Avant de parler. To prepare for this game, a form of bingo, think about the questions that you will need to ask in order to find people who do the activities shown in the squares.

B. Parlons. Now, circulate among your classmates, asking them questions with the aim of completing a row (up, down, across, or diagonally). The first person to fill in a classmate's name in each square of a row is the winner.

MODÈLES É1 Est-ce que tu travailles à la bibliothèque le soir ?
É2 Non, je travaille chez moi. (*ask another student*)
É1 Est-ce que tu travailles à la bibliothèque le soir ?
É3 Oui, j'étudie à la Bibliothèque McKeldin le soir. (*write his or her name in the square*)

C. Après avoir parlé. Who first called "bingo"? Have that person check his or her responses by telling the class whose name was filled in for each activity. Play another round!

l	o	t	o
aller au gymnase deux fois (*times*) par semaine	travailler à la bibliothèque le soir	aller à l'église le dimanche matin	pratiquer un sport trois fois par semaine
jouer du saxophone	chercher des livres à la librairie quelquefois	aller au musée quelquefois	aller au cinéma le week-end
aller souvent chez des amis	aller au supermarché le samedi	nager à la piscine municipale	aller au stade le samedi après-midi
aller au théâtre une fois par semestre	jouer au tennis le week-end	ne pas faire grand-chose le week-end	dîner au restaurant deux fois par semaine

Venez chez nous ! Vive le sport !

Les Bleus fêtent leur victoire après la Coupe des Confédérations en 2003.

Les sports dans le monde francophone

From Marseille to Madagascar, from Martinique to Morocco, sports are a unifying element in Francophone life. For example, in July, Europeans are glued to the TV watching the international bike race **Le Tour de France**. Throughout the year, you can find people all around the Francophone world listening to an exciting soccer match on the radio. French victories in the 1998 World Soccer Cup, the 2000 European Soccer Cup, the 2001 and 2003 Confederations Cups, and in the finals of the 2006 World Soccer Cup fueled feelings of national honor and pride and great celebrations on the Champs-Élysées and throughout France. Traditionally, the players on the French national team have been ethnically diverse, and the team has been held up as a model of multi-cultural France. Several members of the current national team were born in Africa or the French Antilles, and eleven more were born in France to parents of North African, African, or Caribbean origin. This diversity has been a source of team strength as well as a buffer against intolerance.

Et vous ?

1. Are sports a unifying element in North America, as they are in Francophone countries? Are victories a source of national pride and celebration?
2. In your opinion, do ethnically diverse teams function as a buffer against intolerance? Why or why not?
3. Are there sports and sporting events in North America whose popularity rivals that of soccer in the Francophone world? If so, which ones?

Lisons

2-37 Le football : phénomène social.
Soccer is one of the most popular sports in
France, and there are many professional
soccer teams scattered throughout France.
Many of France's top players also play for
teams in other countries, such as Arsenal and
Chelsea in England or Barcelona in Spain,
but return to France to play on the national
team during international competitions.

Stratégie

Focusing on the title of a text
can help you to anticipate
and understand the content.
Use the title to define the
likely focus before you begin
to read.

A. Avant de lire. Look closely at the title of this text about soccer fans in
France and then at the accompanying photo in order to answer the
following questions.

1. What is the title of the text? What does it suggest about the content of
    the reading?
2. How do you think the accompanying photo relates to the title of the text?
3. Does the accompanying photo remind you of any sporting events or
    behaviors that you have witnessed? Share your experience(s) with a
    partner.

B. En lisant. As you read the text, look for answers to the following
questions.

1. How many fans go to soccer games each week?
2. Are soccer matches in France attended primarily by men or women?
    What percent of the fans are men?
3. Besides watching their favorite team win, what else are fans interested
    in, according to the author?
4. What are some of the signs of "belonging" cited by the author?
5. According to the author, victories by national teams are even more
    special than those of local teams. Why is this so?

Le spectacle sportif est un moyen[1] d'appartenance[2]...

Plus de 200.000 supporteurs vont chaque semaine dans les stades de football... ;
la très grande majorité (90 %) sont des hommes, mais les femmes sont de plus en
plus nombreuses...

   La motivation de ces *aficionados* n'est pas seulement[3] de voir gagner « leur »
équipe[4] mais aussi d'être membre d'un groupe... Il y a des signes concrets et
évidents : vêtements[5], accessoires et objets aux couleurs de l'équipe ;
emplacements réservés aux différents clubs de supporteurs dans le stade ;
pratiques et rituels... ; réunions d'avant et d'après-match...

   Ainsi, les supporteurs ne sont pas seulement spectateurs... mais aussi
acteurs. Les grandes compétitions représentent... des moments intenses de la vie
collective. Si la réussite[6] d'un champion est un évènement[7], l'exploit d'une
équipe nationale a un caractère unique. Ainsi les titres obtenus par les Bleus à la
Coupe du monde de football en 1998 et à l'Euro en 2000, puis leur qualification
en finale de la Coupe du monde de 2006... sont des moments exceptionnels pour
l'ensemble des Français, même pour les gens qui n'aiment pas le sport.

   Adapté de G. Mermet *Francoscopie 2007*, p. 454. © Larousse 2006.

[1]*means* [2]*belonging* [3]*only* [4]*to see their team win* [5]*clothes* [6]*success* [7]*event*

C. En regardant de plus près. Now look more closely at the text to provide the following information.

1. Look at the phrase **emplacements réservés aux différents clubs de supporteurs dans le stade**. Most of these words are cognates or can be figured out using your knowledge of English. For example, what English word do you see in **emplacements**? Knowing this, along with the context, (i.e., something reserved for a particular group in the stadium), what do you think the word means?

2. The text also mentions des **réunions d'avant et d'après-match**. You know what **après** means (hint: think of **après-midi**); **avant** is the opposite. Knowing this, what do you think this phrase means?

3. Victories in several specific sporting events are mentioned in the text. Can you provide the English equivalent for each:
   ◆ la Coupe du monde de football en 1998
   ◆ l'Euro en 2000
   ◆ en finale de la Coupe du monde en 2006

D. Après avoir lu. Think about and then discuss the following questions with your classmates.

1. Do you agree that attending sporting events is a way of belonging to a larger group? How has this been true in your own experience?

2. What customs surround sporting events on your campus or where you live? Are they similar to any of the customs observed by French soccer fans?

3. Can you remember a time when a favorite team won a championship? How did the team's victory make you and your friends and family members feel? Was there widespread elation like that after the major victories of the French teams?

 # Écrivons

2-38   Un/e athlète célèbre

Stratégie

When writing a description, try to paint a vivid picture by incorporating well-chosen adjectives and adverbs.

A. Avant d'écrire. Write a description of a Francophone or North American athlete whom you admire. You may choose Sandrine Gruda, Guillaume Latendresse, or another athlete. Before you begin to write, complete the following steps:

1. List basic biographical information, including the person's name, sport, age, nationality, and marital status.
2. List several adjectives that describe the athlete's appearance.
3. List several adjectives that describe the athlete's personality.
4. Indicate, in a couple of sentences, why you admire this person.

B. En écrivant. Now, using your notes, write your description. Begin by providing factual information; next, describe the athlete's appearance and personality; and then conclude with your own thoughts.

MODÈLE ◂ Thierry Henry joue au football. Il est français, mais ses parents sont antillais. Sa mère est de Martinique et son père est de Guadeloupe. Thierry Henry est assez jeune ; il a 30 ans. Il est divorcé et il a une fille. Il est assez grand et mince ; il est beau. Il est intelligent, motivé, ambitieux, sportif et très rapide. Il aime regarder les matchs de basket-ball, et Tony Parker est un de ses amis. J'admire Thierry Henry parce qu'il joue très bien au football et il lutte (*fights*) contre le racisme dans le sport.

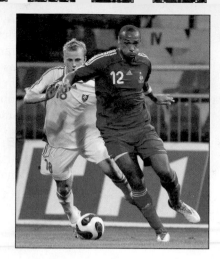

C. En révisant. As you revise your description, think about the following questions and make any necessary changes.

1. Reread your description. Did you include well-chosen adjectives and adverbs to make your description as evocative as possible? Are there any places where you might want to use a more specific adjective or maybe add one or two more?
2. Look closely at your paragraph to be sure that all the adjectives you have used agree in number and gender with the nouns they modify.
3. Find a photo of your athlete to include with your written description.

D. Après avoir écrit. Share your description with your classmates. Are certain individuals mentioned frequently? Based on how these athletes are described, is it possible to make any generalizations about what we admire in famous athletes?

 Parlons

2-39 Les évènements sportifs

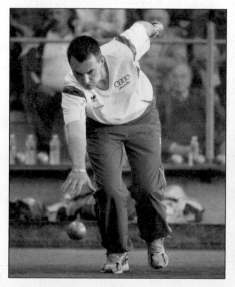

Laurent Renucci joue dans le Tournoi de Pentecôte à Lyon en mai 2007. Ce tournoi de pétanque date de l'an 1894 !

Alize Cornet de France fête sa victoire dans la finale du tournoi juniors à Roland-Garros en juin 2007.

A. Avant de parler. Look at the photos on the previous page. Many international sporting events are hosted each year in the Francophone world, ranging from the world-famous **Tour de France** to lesser-known events such as the annual **pétanque** competition, **le Tournoi de Pentecôte**, held each year in Lyon. Some of these events are pictured on the previous page. Look at the photos and identify the sport in each one. Which would you most like to attend? Why?

B. En parlant. Prepare a brief oral report to share with the class on one of the following sporting events: **Roland-Garros, le Tour de France, la Coupe du monde de football**, or a similar Francophone event of your choosing.

1. Begin by doing research online to complete the chart below. As an example, information has been provided for **les Jeux de la Francophonie**.

Quoi ?	Quand ?	Où ?	Description
les Jeux de la Francophonie	*du 6 au 15 septembre 2013*	*à Nice, en France*	*une manifestation culturelle et sportive internationale*

2. Now, using the information that you have found, prepare written notes to summarize essential points for your oral presentation.

MODÈLE Les Jeux de la Francophonie

- du 6 au 15 septembre 2013, à Nice, en France
- une manifestation culturelle et sportive internationale
- beaucoup d'artistes et d'athlètes du monde francophone participent
- une occasion formidable pour fêter la francophonie, l'art et le sport
- tous les quatre ans après les Jeux Olympiques

3. Find a photo or the logo of the sporting event you are describing to share with the class.

C. Après avoir parlé. Share your report with your classmates and listen to their presentations to learn more about the wide variety of sporting events held in the Francophone world. Which ones especially caught your interest? Why?

Observons

2-40 Nos passe-temps

A. Avant de regarder. In this clip, several speakers describe their sports and cultural activities. Look at the following list of activities that they mention; can you guess—in cases where you don't already know—what each of these activities might involve?

l'athlétisme   la danse classique   la danse orientale   le piano   le tennis

As you watch this video segment, look for any clues that might support your guesses about unfamiliar activities.

B. En regardant. Who does which activities? Each speaker is listed in order; fill in the activities each person mentions.

Personne	Activité/s	Jour/s
Hervé-Thomas	*tennis*	
Caroline	1.	
	2.	
	3.	
Catherine (sa sœur)	1.	
	2.	
	3.	
	4.	
Fadoua		

Several of the speakers specify the days on which they do various activities; listen again and note those days on the chart.

C. Après avoir regardé. What is your impression of the types and number of activities in which these speakers are involved? How do their habits compare with your own habits and those of your family and friends?

Now that you have completed *Chapitre 2*, can you do the following in French?

☐ Describe people you know, talking about their appearance and personality?

☐ Talk about your favorite sports and leisure activities?

☐ Ask someone for information about his or her friends, family, and everyday activities?

☐ Give commands and make suggestions?

☐ Talk about differences in the American and French notions of friendship?

☐ Talk about important sporting events that occur in the French-speaking world?

Leçon ①

le caractère — *disposition, nature, character*

ambitieux/-euse	*ambitious*
amusant/e	*funny*
bête	*stupid*
drôle	*amusing, funny*
égoïste	*selfish*
énergique	*energetic*
généreux/-euse	*generous, warm-hearted*
gentil/le	*kind, nice*
intelligent/e	*intelligent, smart*
méchant/e	*mean, naughty*
pantouflard/e	*homebody, stay-at-home*
paresseux/-euse	*lazy*
sérieux/-euse	*serious*
sportif/-ive	*athletic*

le physique — *physical traits*

âgé/e	*aged, old*
beau/belle	*handsome, beautiful*
blond/e	*blond/e*
brun/e	*brunette*
châtain	*chestnut colored, auburn*
de taille moyenne	*of average height*
d'un certain âge	*middle-aged*
élégant/e	*elegant*
fort/e	*strong, stout*
grand/e	*tall*
gros/se	*fat*
jeune	*young*
joli/e	*pretty*
maigre	*skinny*
mince	*thin, slender*
moche	*ugly*
petit/e	*short, little*
roux/-sse	*redhead, redhaired*

pour poser des questions — *to ask questions*

combien de	*how many*
comment	*how*
où	*where*
parce que	*because*
pourquoi	*why*
quand	*when*
qui	*who*

autres mots utiles — *other useful words*

adorer	*to adore, love*
arrête !	*stop it!*
autre	*other, another*
bien sûr	*of course*
un chapeau	*hat*
un/e coloc(ataire)	*roommate*
comme	*like, as*
donc	*then, therefore, so*
une fac(ulté)	*college*
une histoire drôle	*joke*
peut-être	*maybe*
une photo	*photo*
pour	*for, in order to*

Leçon ②

quelques sports (m.) — *some sports*

le basket(-ball)	*basketball*
le football américain	*football*
le *hockey	*hockey*
un match	*game (sports)*
le rugby	*rugby*
le volley(-ball)	*volleyball*

quelques jeux (m.) — *some games*

les cartes (f.)	*cards*
les échecs (m.)	*chess*
un jeu	*game, deck (of cards)*
un jeu de société	*board game*
le loto	*lottery*

la musique — *music*

le jazz	*jazz*
le rock	*rock*
une batterie	*percussion, drum set*
un concert	*concert*
un harmonica	*harmonica*
un saxophone	*saxophone*

d'autres activités — *other activities*

bricoler	*to do odd jobs, to tinker*
les loisirs (m.)	*leisure-time activities*
organiser une fête	*to plan a party*
rester à la résidence	*to stay in the dorm*

Vocabulaire

TEXT AUDIO
CD 1 TRACKS 50–62

quelques expressions avec *faire*	*expressions using* faire
faire du bricolage	*to do do-it-yourself projects*
faire des courses	*to run errands*
faire la cuisine	*to cook*
faire de la danse	*to dance, to study dance*
faire du français	*to study French*
faire du jardinage	*to garden*
faire du jogging	*to go jogging*
faire de la marche	*to walk (for exercise)*
faire de la musique	*to play music*
faire de la natation	*lo swim*
faire une promenade	*to take a walk*
faire du sport	*to play sports*
faire du vélo	*to go biking*
ne pas faire grand-chose	*to not do much*

Leçon 3

en ville	*in town*
une bibliothèque (municipale)	*(municipal) library*
un café	*café*
un cinéma	*movie theater*
une église	*(Catholic) church*
une gare	*train station*
un gymnase	*gym*
un hôtel	*hotel*
une librairie	*bookstore*
la mairie	*town hall*
un marché	*market*
un monument aux morts	*veterans' memorial*
un musée	*museum*

un parc	*park*
une piscine (municipale)	*(municipal) swimming pool*
une place	*square (in a town)*
un restaurant	*restaurant*
un stade	*stadium*
un théâtre	*theatre*

activités culturelles	*cultural activities*
assister à...	*to attend . . .*
un ballet	*a ballet*
un concert	*a concert*
voir...	*to see . . .*
une exposition	*exhibition*
un film	*film (at a movie theatre)*
une pièce	*a play (theater)*

pour parler de l'avenir	*to talk about the future*
aller (Je vais manger.)	*to go (I'm going to eat./I will eat.)*
l'année (f.) prochaine	*next year*
bientôt	*soon*
ce soir	*tonight*
ce week-end	*this weekend*
demain	*tomorrow*
l'été (m.) prochain	*next summer*
le mois prochain	*next month*
la semaine prochaine	*next week*

autres mots utiles	*other useful words*
alors	*so*
chercher	*to look for*
dites-moi !	*tell me!*
manger	*to eat*
nager	*to swim*
oublier	*to forget*

3 Études et professions

Entrez ici dans ma salle de classe !

DISCOVER
• Go to the *Chapitre 3*, Additional Practice folder in your MyFrenchLab course to watch the video about a French high school teacher, and complete the related activities.

APPLY
• Video
• Activities : On démarre ! 03–01 to 03–02

Leçon 1 Nous allons à la fac
Leçon 2 Une formation professionnelle
Leçon 3 Choix de carrière

Venez chez nous ! Étudier et travailler en pays francophone

After completing this chapter, you should be able to:

◆ Talk about a university and courses of study
◆ Talk about jobs and the workplace
◆ Express preferences
◆ Compare education and the workplace in the United States, France, and Canada

Leçon ① Nous allons à la fac

POINTS DE DÉPART

**TEXT AUDIO
CD 2 TRACK 1**

À l'université

Je m'appelle Julie et je suis en deuxième année d'études à l'Université de Montréal. Je vais à l'université du lundi au vendredi. Après les cours, je retrouve mes amis au café dans le centre étudiant. J'habite en ville, mais j'ai des amis qui habitent en résidence. On mange ensemble quelquefois à la cafétéria et on fait du sport au centre sportif.

Voici un plan du campus. Si vous arrivez à UdeM en voiture, le garage se trouve à droite du pavillon principal. Il faut avoir un permis pour stationner sur le campus. Si vous arrivez en métro, il y a une station juste en face du pavillon principal. Pour circuler sur le campus, il y a la navette. Dans le pavillon principal, il y a une librairie et des bureaux administratifs. Les résidences se trouvent à gauche et le centre étudiant est juste à côté. Là-bas il y a un cinéma, un café, le bureau des inscriptions et des bureaux d'associations étudiantes. Le centre sportif est tout près des résidences, et les terrains de sport sont juste derrière.

Prépositions de lieu	
à droite de	à gauche de
en face de	à côté de
dans	
près de	loin de
devant	derrière

Université de Montréal

le centre informatique
le laboratoire de chimie
la bibliothèque
les résidences (f.)
le garage
la cafétéria
les terrains (m.) de sport
le centre sportif
l'infirmerie (f.)
le centre étudiant
la station de métro
l'amphithéâtre (m.)
le laboratoire des langues
le bureau du professeur

1. Centre d'éducation physique et des sports (CEPSUM)
2. Pavillon 2101, boul. Édouard-Montpetit
3. Pavillon J.-A.-DeSève (centre étudiant)
4. Résidence C (étudiants et étudiantes)
5. Résidence A (étudiants)
6. Résidence Thérèse-Casgrain (étudiantes)
7. Pavillon principal
8. Pavillon Claire-McNicoll
9. Pavillon André-Aisenstadt
10. Garage Louis-Colin
11. Pavillon Samuel-Bronfman
12. Pavillon Lionel-Groulx
13. Pavillon 3200, rue Jean-Brillant
Ⓛ Station de métro

➤ À vous la parole ➤

3-1 Dans quel endroit ? Where would you be likely to hear people asking these questions or making these comments?

MODÈLE Vous avez un permis pour votre voiture ?
➤ au garage

1. Voilà le bureau de l'association.
2. Le match commence dans dix minutes.
3. Listen and repeat: number one.
4. Écoute ! C'est une explosion !
5. Où sont les biographies, s'il vous plaît ?
6. On regarde la télé ce soir ?
7. Où est le docteur Martin ?
8. Désolé, monsieur, je n'ai pas mes devoirs.
9. Tu as un autre CD ?
10. C'est combien pour ces deux livres et un cahier ?

3-2 Vos endroits préférés. Discuss with a partner your favorite place on campus for each activity listed. Then share your preferences with other classmates.

MODÈLE pour dîner ?
É1 Moi, je préfère la cafétéria ; c'est très pratique. Et toi ?
É2 Moi, je préfère le café au centre étudiant ; c'est plus calme.
É1 (*reporting back*) Pour dîner, je préfère la cafétéria, mais Anne préfère le café au centre étudiant...

1. pour dîner ?
2. pour travailler ?
3. pour voir un film ?
4. pour parler avec des amis ?
5. pour pratiquer un sport ?
6. pour préparer un examen ?

3-3 Sur votre campus. Pick one place on your campus, then circulate among your classmates, asking where it is located. See the list below for some ideas. How many different responses do you get?

MODÈLE É1 C'est où, la résidence Denton ?
É2 La résidence Denton, c'est près des terrains de sport.

OU É1 La résidence Denton, s'il vous plaît ?
É3 C'est en face du centre étudiant.

1. la bibliothèque
2. les bureaux de l'administration
3. le centre étudiant
4. la piscine
5. le bureau des inscriptions
6. le théâtre
7. la librairie
8. la cafétéria
9. la résidence...
10. les terrains de sport

Vie et culture

Le système éducatif au Québec

The educational system in the Canadian province of Quebec is organized somewhat differently than the educational system in the United States. Secondary school usually lasts five years; students normally graduate at 17 and then spend two years in a **CÉGEP** (**Collège d'enseignement général et professionnel**). Afterwards, many continue at a university where they may complete **un baccalauréat** (**un bacc**), **une maîtrise**, and **un doctorat**. These are equivalent to the American Bachelor's, Master's, and Ph.D. degrees respectively. Students in Canadian universities may pursue an honors degree in one discipline (**une spécialisation**) or they may choose to have a major (**une majeure** or **une concentration**) in one discipline and a minor (**une mineure**) in another.

L'Université de Montréal, the largest university in Canada, has an expansive campus located on the outskirts of town. It offers a wide range of majors and professional degrees.

La Sorbonne, l'Université de Paris IV, is at the heart of the busy Latin Quarter. Founded in 1253, it is surrounded today by cafés and bookstores that cater to the university clientele.

Le campus dans l'université française

Most French universities do not have a centralized campus. The different **facultés**, or schools, are often housed in buildings with historical significance that are scattered around town, usually in urban settings.

French students refer to their university as **la fac**; they say, for example, **Je vais à la fac**. To socialize and to study, students often go to a nearby café. Some French universities have residence halls located near classroom buildings, but most French students, in Paris and elsewhere, live at home or rent a room in town.

ET VOUS ?

1. Does your region have any institutions comparable to the **CÉGEP** in Quebec?
2. How is your campus similar to a French campus, and how is it different? You might compare location, size, type of buildings, and general campus layout.
3. Are students' living arrangements at your university similar to or different from those of typical French students?

Sons et lettres

Les voyelles /e/ et /ɛ/

The vowels of **et** and **mère** differ by the degree of tension with which they are pronounced and where they occur in words. The vowel of **et**, /e/, must be pronounced with a lot of tension and without any glide; otherwise the vowel of the English word *day* is produced. To pronounce the French vowel, hold your hand under your chin to make sure it does not drop as you say **et**; your lips should stay in a smiling position and tense. The vowel /e/ occurs generally only at the end of words or syllables, and it is often written with **é**, or **e** followed by a silent consonant letter. It also occurs in the endings **-er**, **-ez**, and **-ier**.

| la t**é**l**é** | **et** | ass**ez** | janvi**er** | r**é**p**é**ter | **é**cout**ez** |

The vowel of **mère**, /ɛ/, is pronounced with less tension than /e/, but still without any glide. It usually occurs before a pronounced consonant and is spelled with **è**, **ê**, or **e** followed by a pronounced consonant. It is also spelled **ei** or **ai** in **seize** or **j'aime**, for example.

| la m**è**re | b**ê**te | je préf**è**re | **e**lle | il dét**e**ste |

➤ À vous la parole ➤

3-4 Contrastes. Compare the pronunciation of each pair of words: the first word contains /e/ and the second /ɛ/.

| anglais / anglaise | français / française | assez / seize |
| André / Daniel | préférer / je préfère | marié / célibataire |

3-5 Des phrases. Read each of the sentences aloud. To avoid glides, hold the rounded, tense position of /e/ and do not move your lips or chin during its production.

1. Écoutez Hélène.
2. Hervé n'est pas bête.
3. Danielle est réservée.
4. Son père s'appelle André.
5. Sa grand-mère est âgée.

FORMES ET FONCTIONS

1. *Les adjectifs prénominaux au singulier*

◆ Most adjectives follow the noun in French. A few, however, are placed before the noun.

LES ADJECTIFS PRÉNOMINAUX

jolie/joli
belle/bel/beau
première/premier   dernière/dernier
jeune
nouvelle/nouvel/nouveau   vieille/vieil/vieux
bonne/bon   mauvaise/mauvais
petite/petit   grande/grand
                     grosse/gros

Fiche pratique

Use a mnemonic device to help you remember facts that you must learn by rote memory. For example, the list of adjectives that precede the noun is easy to remember if you use the acronym BRAGS as a reminder of their meaning—**b**eauty, **r**ank, **a**ge, **g**oodness, **s**ize. Can you think of mnemonic devices that you have used in English?

◆ In the singular, **jeune** and **joli**/e each have a single spoken form. For **joli**, add **-e** for the feminine written form: **jolie**.

une jeune étudiante   un jeune professeur
une joli**e** bibliothèque   un joli campus

◆ Most of the other adjectives that are placed before the noun have two spoken forms in the singular. Like other adjectives you know, the masculine form ends in a vowel sound and the feminine form ends in a pronounced consonant. However, because of liaison, the masculine form sounds just like the feminine form when followed by a word beginning in a vowel sound.

C'est une petite piscine.   C'est un peti**t**‿amphithéâtre.
                                C'est un peti**t** laboratoire.

C'est une mauvaise bibli.   C'est un mauvai**s**‿hôtel.
                                C'est un mauvai**s** prof.

C'est la première librairie.   C'est le premie**r**‿ordinateur.
                                C'est le premie**r** jour.

◆ **Belle**, **nouvelle**, and **vieille** also have two spoken forms in the singular. The feminine form and the masculine form used before a word beginning with a vowel sound end in the same pronounced consonant. (Note that the masculine form has a special written form.) However, when followed by a consonant, the masculine form is irregular.

C'est une belle étudiante.   C'est un **bel**‿étudiant.
                                C'est un **beau** garçon.

C'est une nouvelle étudiante.   C'est un **nouvel**‿étudiant.
                                C'est un **nouveau** prof.

C'est une vieille amie.   C'est un **vieil**‿ami.
                                C'est un **vieux** copain.

◆ The adjectives **grande** and **grosse** have three spoken forms in the singular. When followed by a word beginning with a vowel sound, the masculine form has a final consonant sound different from the feminine form.

C'est une gran**d**e piscine.   C'est un gran**d**‿amphithéâtre.
     /d/   /t/
                                C'est un gran**d** stade.

Regarde la gro**ss**e calculatrice !   Regarde le gro**s**‿ordinateur !
      /s/   /z/
                                Regarde le gro**s** stylo !

➤ À vous la parole ➤

3-6 Tout à fait d'accord ! Indicate that you agree.

MODÈLE Le cours est bon ?
➤ Oui, c'est un bon cours.

1. Le prof est mauvais ?
2. La fac est nouvelle ?
3. L'infirmerie est bonne ?
4. Le campus est grand ?
5. L'amphithéâtre est nouveau ?
6. Le stade est nouveau ?
7. L'ordinateur est beau ?
8. L'étudiante est jeune ?

3-7 Ce n'est pas vrai ! Contradict your partner!

MODÈLE É1 C'est un vieux professeur.
É2 Mais non, c'est un jeune professeur !

1. C'est un mauvais livre.
2. C'est un vieil ordinateur.
3. C'est le premier pavillon.
4. C'est une grande piscine.
5. C'est la dernière résidence.
6. C'est un petit ordinateur.
7. C'est un mauvais professeur.
8. C'est un nouvel amphithéâtre.

3-8 Trouvez une personne qui... Find someone in your class who . . .

MODÈLE a un bon prof de maths
É1 Est-ce que tu as un bon prof de maths ?
É2 Non, je n'ai pas de cours de maths. (*you ask another person*)
É1 Est-ce que tu as un bon prof de maths ?
É3 Oui, j'ai un bon prof ; il s'appelle M. McDonald. (*you write down the name of this student*)

1. a un bon prof de maths
2. a une bonne note en français
3. a un nouvel ordinateur
4. a son premier cours à huit heures du matin
5. a un gros dictionnaire
6. prépare un grand examen
7. est en première année de fac
8. est en dernière année de fac
9. a un bon cours d'histoire
10. a un vieil ami sur le campus

2. *Les verbes en* -re *comme* attendre

◆ Verbs ending in **-re** differ from the **-er** verbs you have already learned in two ways:

◆ The singular forms have different written endings. Note that the final consonants in these singular forms are never pronounced.

j'attend**s** (*I wait*)   tu entend**s** (*you hear*)   il répon**d** (*he answers*)

◆ With these verbs, you can always tell whether someone is talking about one person, or more than one, because the **-d** is pronounced in the plural forms.

elles répon**d**ent   vs.   elle répon**d**

ATTENDRE	to wait for		
SINGULIER		**PLURIEL**	
j'	attend**s**	nous	attend**ons**
tu	attend**s**	vous	attend**ez**
il		ils	
elle }	attend	elles }	attend**ent**
on			

IMPÉRATIF : Attend**s** ! Attend**ons** ici.
Attend**ez** un moment !

♦ Here are the most common verbs ending in **-re**.

attendre	to wait for	Ils **attendent** la navette.
descendre	to go down	Je **descends.**
de	to get off	Elle **descend du** bus.
en ville	to go downtown	Vous **descendez en ville** ?
entendre	to hear	Tu **entends** cette musique ?
perdre	to lose	Il **perd** toujours ses cahiers.
rendre à	to give back	Le prof **rend** les essais **aux** étudiants.
rendre visite à	to visit someone	Nous **rendons visite à** nos parents.
répondre à	to answer	Vous **répondez à** sa lettre ?
en		Elle **répond en** anglais.
vendre	to sell	Ils **vendent** des magazines.

♦ Remember that English and French often differ in the use of prepositions with verbs:

J'attends le métro.	*I'm waiting **for** the subway.*
Il répond **au** professeur.	*He's answering the professor.*
Elle rend visite **à** sa mère.	*She's visiting her mother.*

≼ À vous la parole ≽

3-9 C'est logique. Complete each sentence logically, using an **-re** verb.

MODÈLE nous / le métro
≼ Nous attendons le métro.

1. le professeur / en français en classe
2. l'étudiante / ses devoirs au professeur
3. nous / des livres à la bibliothèque
4. moi / mes parents à Québec
5. vous / le train ?
6. toi / au téléphone ?
7. elle / ses livres
8. Marc / le week-end pour dîner avec des amis

3-10 Réponses personnelles. Ask your partner the following questions, and then share what you have learned with the rest of the class.

MODÈLE À qui est-ce que tu rends visite le week-end ?

É1 Je rends visite à mes parents.

OU É2 Et moi, je rends visite à mes amis.

É1 (aux autres) Nous, on rend visite à nos parents et à nos amis.

1. À qui est-ce que tu rends visite le week-end ?
2. Est-ce que tu perds souvent tes livres ? si oui, comment ?
3. Est-ce que tu vends tes livres à la fin du semestre ? pourquoi ?
4. Est-ce que tu réponds rapidement à tes messages ?
5. Quand est-ce que tu descends en ville, et pourquoi ?

 # Parlons

3-11 Visitons le campus

A group of Francophone journalists is in town for a seminar and will be attending workshops on your campus. They may need help locating the things and places they need. Half of the class will play the role of journalists, the other half will be students working at the information desk in your student center.

A. Avant de parler. If you are a journalist, work with a partner to make a list of things and places to ask about, and practice formulating polite questions. If you are a student, brainstorm with a partner how you will indicate the location of various key places that your guests may ask about.

B. En parlant. Now take your places in front of or behind the information desk, asking questions or giving directions, as the case may be.

MODÈLE	É1, journaliste	Bonjour, nous cherchons un café.
	É2	Bonjour, monsieur. Ici dans le centre étudiant, il y a un petit restaurant et le café est très bon.
	É1	C'est où exactement ?
	É2	C'est à gauche, juste à côté de la librairie.
	É1	À gauche ? Près de la librairie ? Merci bien !
	É2	De rien, monsieur.

C. Après avoir parlé. Were you able to answer all of your classmates' questions, and were they able to understand your directions? Did they accept your advice? Which questions and answers did you like best?

Fiche pratique

Ask for confirmation if you are not sure you have understood what someone has said to you. Get the person to repeat by saying *Pardon ?* or *Répétez, s'il vous plait.* If necessary, to make sure you have understood, repeat or rephrase what you have heard.

POINTS DE DÉPART

TEXT AUDIO
CD 2 TRACKS 5–7

Des programmes d'études et des cours

MAT 16392 Mathématiques pour scientifiques
CHM 10124 Chimie physique II
CHM 10101 Laboratoire de chimie physique
FRN 21036 Communications pour scientifiques
BIO 22049 Écologie et environnement

STT 10400 Probabilités et statistique
ECN 11487 Théorie macroéconomique I
ECN 11498 Relations économiques internationales
ANL 14960 Advanced English I
POL 19606 Politique économique du Canada
           et du Québec

Claire Paradis

Gilles Robillard

Claire et Gilles sont étudiants à l'Université Laval. Claire prépare un bacc en chimie avec une concentration en chimie de l'environnement ; Gilles prépare un diplôme en économie. Ils parlent de leurs cours :

GILLES : Qu'est-ce que tu as comme cours ce semestre ?

CLAIRE : Un cours de chimie en labo, un cours de maths, un cours d'écologie et un cours de français.

GILLES : C'est intéressant, ton cours d'écologie ?

CLAIRE : En fait, c'est assez ennuyeux, mais c'est un cours obligatoire. Et ton cours de sciences po, ça va ?

GILLES : Ben, il est intéressant, ce cours, mais difficile.

CLAIRE : Il y a beaucoup d'examens ?

GILLES : Non, il y a seulement un examen final, mais il y a deux devoirs à faire. J'ai eu une note assez médiocre au premier devoir.

Qu'est-ce que vous étudiez ?

les lettres :	l'histoire, une langue étrangère, la littérature, la philosophie
les sciences humaines :	l'anthropologie, la psychologie, les sciences politiques, la sociologie
les sciences naturelles :	la biologie, la botanique, la physiologie, la zoologie
les sciences physiques :	l'astronomie, la chimie, la physique
les sciences économiques :	la comptabilité, l'économie, la gestion
les arts du spectacle :	le théâtre, la danse, le cinéma
les beaux-arts :	le dessin, la musique, la peinture, la sculpture, la photographie

l'informatique	le droit	la médecine
les mathématiques	le journalisme	les sciences de l'éducation

Pour parler des cours :

Je suis un cours d'histoire.	*I'm taking a history course.*
J'ai des bonnes notes en maths.	*I have good grades in math.*
Je fais un devoir pour mon cours de sciences po.	*I'm writing an assignment for my poly sci class.*
Je lis un roman pour mon cours d'allemand.	*I'm reading a novel for my German class.*
Je passe un examen en cours de chimie lundi.	*I'm taking a chem exam Monday.*
Je vais réussir mon examen, je travaille beaucoup.	*I'm going to pass my exam, I'm studying hard.*
Je prépare un exposé pour le cours d'histoire.	*I'm preparing an oral presentation for history class.*
Je prépare un diplôme en biologie.	*I'm majoring in biology.*

◆ À vous la parole ◆

3-12 La majeure. Based on the courses they're taking, what are these Canadian students probably majoring in?

MODÈLE Guillaume : Principes de chimie analytique ; Chimie physique moléculaire ; Mathématiques pour chimistes
◆ Il prépare sans doute (*no doubt*) un diplôme en chimie.

1. Cécile : L'Europe moderne ; Introduction à l'étude des États-Unis ; Histoire générale des sciences
2. Arnaud : Civilisation allemande ; Allemand écrit 1 ; Cours pratique d'allemand parlé
3. Romain : Introduction aux concepts sociologiques ; Communication et organisation ; Psychologie sociale
4. Jennifer : Théorie macroéconomique ; Éléments de microéconomique ; Statistique pour économistes

5. Ben : Histoire politique du Québec ; Éléments de politique ; Géographie du développement
6. Anne-Marie : Biologie expérimentale ; Principes d'écologie ; Introduction à la génétique
7. Aurélie : Systèmes éducatifs du Québec ; Philosophie de l'éducation ; Sociologie de l'école

Vie et culture

L'université française et la réforme européenne

The educational system in France is organized quite differently from the American and Canadian systems. At the end of their high school curriculum, French students take a rigorous national exam called **le baccalauréat** (**le bac**). Students who pass are guaranteed entrance into the public university system, which is generally free, except for a low enrollment fee. Students may also opt to continue their studies in other, specialized institutions such as schools of business or engineering. The most prestigious and competitive of these are the **Grandes Écoles**, which are comparable to certain high-ranking graduate schools in North America. Students who plan to apply to the **Grandes Écoles** enroll in special **lycée** classes, called **classes préparatoires** or **prépas** for two years, after the **bac**. Many future politicians, business leaders, and professors are educated at the **Grandes Écoles**.

Recently France has been reforming its university system in concert with 32 other European countries. This reform involves reorganizing the university year into two semesters (instead of the traditional October to June academic year); establishing a common system of credits; and awarding diplomas based on a common progression from **une licence**, after three years of study, to **un master** after five years, and **un doctorat** after eight years.

Look at the video clip *Je suis étudiant*, filmed at **l'Université de Nice**. Identify the places on campus you see and the subjects that each speaker studies (or teaches!).

ET VOUS ?

1. Comment on the **bac**. How would you feel about taking a rigorous national exam like this at the end of secondary school?
2. Think about the reforms of the French university system. What are likely to be some advantages and disadvantages of greater uniformity and transferability within Europe of university credits and diplomas?

Un professeur à l'Université de Nice donne son cours dans un amphithéâtre.

Parallèles

Mes études. 🎬

Mathilde and Diandra tell us about their studies and show us their schools.

Mathilde devant un bel ordinateur à l'École des Beaux-Arts

Diandra parle de ses études au lycée à l'INSEP

3-13 Votre diplôme et vos cours. Compare your major and minor with a partner and discuss the courses you are taking this semester.

MODÈLE
É1 Je prépare un B.A. en sciences politiques. J'ai une mineure en espagnol. Et toi ?
É2 Moi, je prépare un B.A. en mathématiques, mais je n'ai pas de mineure.
É1 Ce semestre, je suis deux cours d'histoire, un cours de sociologie et un cours de français.
É2 Bien sûr, je suis un cours de français et j'ai aussi trois cours de maths !

3-14 Le travail à faire. What are you working on in your courses this week? Compare your responsibilities with a partner.

MODÈLE
É1 J'ai beaucoup de travail en ce moment : je prépare un exposé pour mon cours de sociologie et j'ai deux examens vendredi.
É2 Moi aussi, j'ai beaucoup de travail : je prépare un essai pour mon cours d'histoire et j'ai un gros projet pour mon cours de gestion.

Sons et lettres

TEXT AUDIO
CD 2 TRACKS 8–9

Les voyelles /o/ et / ɔ /

The vowel of **beau**, /o/, is short and tense, in contrast to the longer, glided vowel of English *bow*. Hold your hand under your chin to make sure it does not drop as you say **beau**; your lips should stay rounded and tense. The vowel /o/ generally occurs at the end of words or of syllables, and it is written with **o**, **au/x**, **eau/x**, or combinations of **o** and silent consonants:

au rest**o** U	**au**x bur**eaux**	le m**ot**	il est gr**os**

The vowel of **sport**, /ɔ/, is pronounced with less tension than /o/, but still without any glide. It usually occurs before a pronounced consonant and is spelled **o**:

le pr**of**	il est f**or**t	Yv**onn**e	il ad**or**e

In a few words, /o/ occurs before a pronounced consonant. In these cases, it may also be spelled **ô** or **au**:

le dipl**ô**me	les **au**tres	à g**au**che	elle est gr**o**sse

⇜ À vous la parole ⇝

3-15 Contrastes. Compare the pronunciation of each pair of words or phrases. The first has the /o/ sound; the second the /ɔ/ sound.

le stylo / la gomme Bruno / Yvonne la radio / la porte
le piano / la note Mme Lebeau / M. Lefort il est beau / elle est bonne

CHAPITRE 3 ⇜ ÉTUDES ET PROFESSIONS

3-16 Les abréviations. French students use many abbreviations to talk about their courses and other aspects of university life. Many of these abbreviations end in /o/ as in the list below. With a partner, practice saying each abbreviation and match it to its full form.

1. le labo
2. le resto U
3. les sciences éco
4. les sciences po
5. la psycho
6. la philo
7. la socio
8. le dico

a. le dictionnaire
b. le laboratoire
c. la philosophie
d. les sciences politiques
e. la sociologie
f. le restaurant universitaire
g. les sciences économiques
h. la psychologie

FORMES ET FONCTIONS

1. *Les verbes comme* préférer *et l'emploi de l'infinitif*

◆ For verbs conjugated like **préférer**, the singular forms and the third-person plural form of the present tense show a change from **é** /e/ to **è** /ɛ/. In all of these forms the endings are silent.

—Quel sport est-ce que vous préférez ?
—Nous préférons le tennis.
—Vous préférez le rugby ?

—Nous, on préfère le football.
—Eux, ils préfèrent le hockey.
—Non, moi, je préfère le golf.

PRÉFÉRER *to prefer*			
SINGULIER		**PLURIEL**	
je	préfère	nous	préférons
tu	préfères	vous	préférez
il elle on	préfère	ils elles	préfèrent

◆ Other verbs that show the same type of change are **répéter** (*to repeat*) and **suggérer** (*to suggest*):

Répétons après le professeur.
Qu'est-ce que vous suggérez ?

Répète après moi !
Qu'est-ce que tu suggères ?

◆ **Préférer** may be followed by a noun or by an infinitive:

Je préfère **le golf**.
Il préfère **jouer** au tennis.

I prefer golf.
He prefers to play tennis.

◆ Use the following verbs to talk about likes and dislikes; all, like **préférer**, can be followed by a noun or an infinitive:

détester	*to detest*
aimer bien	*to like fairly well*
aimer	*to like or to love*
aimer beaucoup	*to like or love a lot*
préférer	*to prefer*
adorer	*to adore*

⮜ À vous la parole ⮞

3-17 Les vacances. Based on the descriptions, figure out with a partner what these people probably prefer to do during their vacation.

MODÈLE Marie-Laure est très sociable.

   É1   Elle préfère organiser des fêtes.
ou É2   Elle préfère dîner avec ses amies.

1. Fred et ses amis adorent le sport.
2. Mathilde est très réservée.
3. Nous aimons la musique.
4. Le copain de Sabrina est très énergique.
5. Vous n'êtes pas très énergiques.
6. La mère de mon amie aime bien travailler dans la nature.
7. Je suis assez paresseuse.
8. Tu n'aimes pas beaucoup le sport.

3-18 Activités préférées. Everyone is supposed to be studying, but is instead thinking about his/her favorite activity! Tell what each person prefers to do.

MODÈLE ⮜ Pauline préfère jouer au tennis.

Pauline   Nicole   Grégory   Christine   Nicolas   Thomas

3-19 Vos préférences. Discuss your preferences with a classmate, then summarize them for the class.

MODÈLE les jeux : le Scrabble ou les échecs ?

    É1 Est-ce que tu préfères jouer au Scrabble ou aux échecs ?
    É2 Moi, je préfère jouer aux échecs, et toi ?
    É1 Moi, j'adore jouer au Scrabble.

    (plus tard) :
    É2 Moi, j'aime les échecs, mais lui, il préfère le Scrabble.

1. les jeux : le Scrabble ou les échecs ?
2. la musique : le rock ou le jazz ?
3. les sports : le football ou le basket ?
4. les cours : le français ou les mathématiques ?
5. les animaux : les chats ou les chiens ?

Les Français préfèrent les chats. Ils ont 9,4 millions de chats et 8,5 millions de chiens.

2. *Les adjectifs prénominaux au pluriel*

◆ You have learned that a few adjectives precede the noun in French. These include:

MASCULIN SG.		MASCULIN PL.	FÉMININ SG.	FÉMININ PL.
jeune		jeunes	jeune	jeunes
joli		jolis	jolie	jolies
petit		petits	petite	petites
bon		bons	bonne	bonnes
mauvais		mauvais	mauvaise	mauvaises
premier		premiers	première	premières
dernier		derniers	dernière	dernières
grand		grands	grande	grandes
gros		gros	grosse	grosses
+ CONSONNE	**+ VOYELLE**			
beau	bel	beaux	belle	belles
nouveau	nouvel	nouveaux	nouvelle	nouvelles
vieux	vieil	vieux	vieille	vieilles

◆ The final letter of the plural form of these adjectives is usually not pronounced.

des jolies filles   des jeunes filles

However, when these adjectives precede a noun beginning with a vowel sound, you hear the liaison /z/.

des beaux‿enfants   des jeunes‿amis

For **jeune** and **joli**, there are two spoken forms in the plural. For all the other prenominal adjectives you have learned, there are four spoken forms in the plural, for example:

des grands labos   des grand**s**‿amphithéâtres
des grandes piscines   des grande**s**‿universités

des petits stades   des petit**s**‿amphithéâtres
des petites librairies   des petite**s**‿affiches

For the plural forms before a word beginning with a vowel, add the liaison /z/ to the form used before a consonant.

 À vous la parole

3-20 Décrivons l'université. Respond affirmatively to the following questions.

MODÈLE Les résidences sont nouvelles ?
         ◄ Oui, ce sont des nouvelles résidences.

1. Les amphithéâtres sont vieux ?
2. Les laboratoires sont bons ?
3. Les ordinateurs sont mauvais ?
4. Les étudiants sont jeunes ?
5. Les terrains de sport sont beaux ?
6. Les bureaux sont grands ?
7. Les affiches sont belles ?
8. Les navettes sont nouvelles ?

3-21 C'est le contraire ! Change the following narrative by substituting adjectives that have the opposite meaning.

MODÈLE Je suis étudiant dans une *petite* université.
         ◄ Je suis étudiant dans une *grande* université.

Je suis étudiant dans une *petite* université. Nous avons des *vieilles* résidences ; moi, j'ai une *grande* chambre au *premier* étage. Il y a des *nouveaux* terrains de sport juste derrière notre *petit* centre étudiant. J'ai des *bons* cours et des *mauvais* cours. Dans mes cours, j'ai des *vieux* amis, et on travaille bien ensemble.

 3-22 Votre ville natale. Describe your hometown to a classmate, commenting on the features outlined below. Use the correct form of adjectives from this list: **jolie, belle, première, dernière, jeune, nouvelle, vieille, bonne, mauvaise, petite, grande, grosse.**

MODÈLE des parcs
         ◄ Dans ma ville natale, il y a des jolis parcs…

1. une mairie
2. des parcs
3. des hôtels
4. des piscines municipales

5. des universités
6. des cinémas
7. des maisons
8. des appartements

 # Écrivons

3-23 Une description de notre campus

A. Avant d'écrire. Write an e-mail to Jérémie, a student in France who is planning to visit your school. To help him visualize the campus, describe some of the important buildings and landmarks.

1. Make a list in French of four or five places on your campus that you will include in your description (for example, *la bibliothèque universitaire, la cafétéria,...*).
2. Look at a map of your campus, and decide how you can organize your description in a coherent manner. Note down by each place any prepositions or other indications you may use to tell where it is located.
3. Write a few adjectives in French that describe your campus in general or the specific places you will mention (for example, *le campus : assez petit, joli ; la bibliothèque : nouvelle et moderne*).
4. Write an introductory sentence or two to describe your campus.

B. En écrivant. As you write your description, begin with a general introduction, and then develop your ideas in a logical way. Keep in mind that for your French reader, the very idea of a campus might be somewhat foreign.

MODÈLE

> Salut Jérémie,
> Tu vas bientôt visiter notre université. Le campus de notre université est situé à proximité d'une grande ville. Le campus est assez petit mais joli. Au centre du campus, il y a la nouvelle bibliothèque. C'est un grand pavillon moderne, très pratique pour travailler et préparer les cours. Juste à côté, il y a...
> À bientôt,
> (your name)

C. En révisant. As you revise your e-mail, think about the following questions and make any necessary changes.

1. Check the content: did you provide an introductory overview of your campus? Did you describe several buildings and help your reader visualize them and where they are located?
2. Analyze the style and form of your description: did you include a variety of adjectives to make your description more vivid? Did you use appropriate prepositions to explain the location of buildings in relation to each other? Check also adjective agreement and the formation of prepositional phrases.

D. Après avoir écrit. Compare your description with those written by your classmates by reading them in small groups: what features are common to all the descriptions? What interesting differences do you notice?

Stratégie

When writing a description of a place, look for a logical way to organize the information. One effective approach is to help your reader visualize the setting by describing landmarks or points of interest in a logical sequence and in relation to each other.

POINTS DE DÉPART

TEXT AUDIO
CD 2 TRACK 10

Qu'est-ce que vous voulez faire comme travail ?

Dans quel domaine est-ce que vous voulez travailler ? Est-ce que vous voulez aider les gens, comme les médecins, par exemple ? Est-ce que vous voulez voyager, comme certains journalistes ? Est-ce que vous êtes doué/e pour les mathématiques, comme les comptables ?

À l'hôpital ou à la clinique

Au bureau

une actrice

une chanteuse

un/e représentant/e de commerce

un vendeur

une vendeuse

un acteur

un chanteur

une serveuse

un/e musicien/ne

un écrivain

un serveur

Les artistes

Les services

un professeur

un/e agent de police

un facteur/une factrice

Les fonctionnaires

Qu'est-ce qui vous intéresse ?

Je veux avoir...
   un bon salaire.
   beaucoup de prestige.
   beaucoup de responsabilités.
   un contact avec le public.
   un travail en plein air.

Je cherche un travail où...
   on peut voyager.
   on peut aider les gens.
   on n'est pas trop stressé/e.
   on est très autonome.
   on gagne beaucoup d'argent.

⬧ À vous la parole ⬧

3-24 Classez les métiers. Name some jobs or professions that have the features listed.

MODÈLE On gagne beaucoup d'argent.
    ⬧ Un avocat gagne beaucoup d'argent.
  OU ⬧ Un acteur célèbre (*famous*) gagne beaucoup d'argent.

1. On est très autonome.
2. On travaille en plein air.
3. Un diplôme universitaire n'est pas nécessaire.
4. On n'est pas très stressé/e.
5. On a un contact avec le public.
6. On a beaucoup de prestige.
7. On peut travailler avec les enfants.
8. On peut voyager.

Vie et culture

La féminisation des noms de professions

Throughout the world, women are making careers in professions that were once male dominated. Language reflects this. The trend in English is toward use of more gender-neutral terms: instead of *waiter/waitress*, we say server; instead of *fireman, firefighter*. The French language, in contrast, tends toward specifying gender with regard to profession. Some professions, such as **un professeur**, however, have traditionally lacked a feminine form. A female professor would be addressed as **Madame le Professeur**, and students talking about their professor would say, **Mon professeur de chimie est Madame Durand**. In France today, the use of **une professeure** to refer to a female teacher or professor is becoming more common; for example, **l'Éducation nationale** now uses the form **professeure** in all

official communications. The abbreviated form **la prof** is used freely in casual conversation. Canadian and Swiss students routinely use the form **une professeure** and might say, for example, **Ma professeure de psychologie est Madame Laurent**.

ET VOUS ?

1. Based on what you have learned in the **Points de départ**, provide some examples to illustrate how names of professions in French may have:
   a. one form
   b. a masculine or feminine article
   c. separate masculine and feminine forms
2. Why do you think that English speakers have opted for gender-neutral terms while in French-speaking countries the trend is toward gender-specific terms?

Un chef de bureau parle avec ses employés.

3-25 Aptitudes et goûts. Based on the descriptions, tell what each of these people will probably do for a living.

MODÈLE Rémy est sociable. Il aime aider les gens avec leurs problèmes.
↢ Il va être assistant social.

1. Lucie s'intéresse au théâtre. Elle danse et elle chante très bien.
2. Kevin aime le travail précis. Il est très bon en maths.
3. Stéphanie est énergique et sociable. Elle aime voyager, et elle aime le contact avec le public.
4. Camille s'intéresse à l'informatique et elle aime créer des programmes.
5. Nicolas est très doué pour les sciences ; il aime travailler au laboratoire.
6. Nathalie adore la mode ; elle voudrait ouvrir une boutique un jour.
7. Charline s'intéresse à l'architecture; elle aime dessiner (*to design*) des maisons et des appartements.
8. Grégorie aime travailler avec les enfants ; il est calme et patient.

3-26 Vos projets de carrière. In a group of three or four students, find out what career each person wants—and does not want—to pursue.

MODÈLE É1 Toi, Mike, qu'est-ce que tu veux faire comme travail ?
É2 Je veux être assistant social. J'aime travailler avec les gens.
É1 Et toi, Margot, qu'est-ce que tu ne veux pas faire ?
É3 Moi, je ne veux pas être avocate. On travaille trop et on est trop stressé.

FORMES ET FONCTIONS

1. C'est *et* il est

◆ There are two ways to indicate someone's profession:

  ◆ Use a form of **être** + the name of the profession, without an article:

Julie **est** musicienne.	*Julie is a musician.*
Son frère **est** acteur.	*Her brother is an actor.*
Vous **êtes** professeur ?	*Are you a teacher?*

  ◆ Use **c'est/ce sont** + the indefinite article + the name of the profession:

Julie, **c'est une** musicienne.	*Julie is a musician.*
Stéphane ? **C'est un** dentiste.	*Stéphane? He's a dentist.*
Leurs parents ? **Ce sont des** fonctionnaires.	*Their parents? They're government employees.*

◆ When you include an adjective along with the name of a profession, you must use **c'est/ce sont** + the indefinite article. Compare:

Anne **est** architecte.	*Anne is an architect.*
C'est une excellente architecte.	*She's an excellent architect.*

Ils **sont** artistes.	*They're artists.*
Ce sont des artistes très doués.	*They're very talented artists.*

◆ À vous la parole ◆

3-27 Professions et traits de caractère. For each profession, specify a fitting character trait.

MODÈLE Anne est infirmière.
> ◆ C'est une infirmière calme.

1. Delphine est avocate.
2. Rémi est assistant social.
3. Virginie est médecin.
4. Max est représentant de commerce.
5. Coralie est musicienne.
6. Florian et Sylvie sont informaticiens.
7. Hugo et Jessica sont serveurs.
8. Sandra et Alex sont professeurs.

3-28 Identification. Identify the nationality and profession of each of the following famous people. Choose from: **américain/e** or **français/e**.

MODÈLE Jules Verne
> ◆ C'est un écrivain français.

1. Gustave Eiffel
2. Barbra Streisand
3. Gérard Depardieu
4. Louis Pasteur
5. Ruth Bader Ginsburg
6. Christiane Amanpour
7. Frank Lloyd Wright
8. Toni Morrison

3-29 Quelle est leur profession ? With a partner, tell what some of the people you know well do for a living.

MODÈLE votre mère
> É1 Ma mère est technicienne de laboratoire.
> É2 Ma mère travaille à la maison ; c'est une femme au foyer (*homemaker*).

1. votre mère
2. votre père
3. votre frère ou sœur
4. les amis de vos parents
5. votre oncle
6. votre tante

2. *Les verbes* devoir, pouvoir *et* vouloir

◆ The verbs **devoir**, **pouvoir**, and **vouloir** are irregular.

DEVOIR	*must, to have to, to be supposed to*		
SINGULIER		**PLURIEL**	
je	dois	nous	dev**ons**
tu	dois	vous	dev**ez**
il elle on	doit	ils elles	doiv**ent**

POUVOIR   *can, to be able*

SINGULIER		PLURIEL	
je	peux	nous	pouv**ons**
tu	peux	vous	pouv**ez**
il		ils	
elle }	peut	elles }	peuv**ent**
on			

VOULOIR   *to want*

SINGULIER		PLURIEL	
je	veux	nous	voul**ons**
tu	veux	vous	voul**ez**
il		ils	
elle }	veut	elles }	veul**ent**
on			

◆ These verbs are often used:

  ◆ With an infinitive:

Tu **dois** travailler ?	*Do you have to work?*
Je **veux** arriver demain matin.	*I want to arrive tomorrow morning.*
Tu ne **peux** pas arriver ce soir ?	*Can't you arrive this evening?*

  ◆ To soften commands and make suggestions. Compare:

Travaillez plus !	*Work more!*
Vous **devez** travailler plus.	*You must work more.*
Fermez la porte !	*Shut the door!*
Vous **voulez** bien fermer la porte ?	*Will you shut the door?*
Vous **pouvez** fermer la porte ?	*Can you shut the door?*

◆ The verb **devoir** also has the meaning *to owe*:

Il **doit** 50 € à mon frère.	*He owes my brother 50 euros.*
Combien est-ce que je vous **dois** ?	*How much do I owe you?*

◆ **Vouloir** is used in a number of useful expressions:

Tu **veux** aller avec nous au ciné ?	*You want to go to the movies with us?*
Je **veux** bien.	*OK.*
Qu'est-ce que vous **voulez** (tu **veux**) dire ?	*What do you mean?*
Qu'est-ce que ça **veut** dire ?	*What does that mean?*

3-30 Poli ou impoli ? Jean-Marc is a department manager. See his instructions to employees below, and decide in each case whether he is being polite or impolite.

	poli	impoli
MODÈLE Vous pouvez aider ces messieurs ?	✓	
1. Apportez-moi les rapports !		
2. Vous voulez bien préparer un mémorandum ?		
3. Vous pouvez attendre un instant ?		
4. Vous voulez bien lire ce message ?		
5. Téléphonez à ces clients !		
6. Vous pouvez répondre à ces questions ?		
7. Vous voulez téléphoner au directeur ?		
8. Fermez la porte du bureau !		

Politeness is one indicator that a person is dealing well with stress; how is Jean-Marc doing today? Explain your response.

3-31 Une future profession. What can these people do for a living? With a partner, suggest possibilities.

MODÈLE Sarah veut gagner beaucoup d'argent, mais elle ne veut pas faire des études supérieures.
    É1 Elle peut devenir (*become*) actrice de cinéma, par exemple.
    É2 Elle peut aussi devenir chanteuse.

1. Adrien ne veut pas travailler dans un bureau ; il aime travailler en plein air.
2. Gaëlle et Alexandra veulent travailler avec les enfants.
3. Je veux voyager et je suis assez sociable.
4. Nous voulons un contact avec le public et nous préférons travailler le soir.
5. Jean-Baptiste veut aider les gens et il n'est pas doué pour les sciences.
6. Audrey est très douée pour la musique et très disciplinée.
7. Simon et David ne veulent pas un travail avec beaucoup de stress.

3-32 Vouloir, c'est pouvoir. What are your plans for the future? Compare your ideas with those of your partner.

MODÈLE faire comme travail
    É1 Qu'est-ce que tu veux faire comme travail ?
    É2 Moi, je veux être médecin ou dentiste. Et toi ?
    É1 Moi, je ne veux pas être médecin ni (*nor*) dentiste ; je veux être architecte.

1. faire comme travail
2. habiter
3. voyager
4. avoir des enfants
5. gagner de l'argent

3-33 Trouvez une excuse. You don't want to go out (*sortir*) with your classmate's friend, so you must come up with a good excuse!

MODÈLE ◄ Je ne peux pas sortir ce soir avec ton ami/e ; je dois préparer un examen et aller chez mes parents.

Lisons

3-34 Petites annonces

A. Avant de lire. The text below consists of several job ads from a newspaper. When you read ads like these, you typically will be looking for specific pieces of information. You can scan the text—assisted by the design and layout—to find relevant ads, then focus more intensively on information of interest. Scan to find an ad:

Stratégie

Scan a text by searching quickly to locate specific information that you need. Then, when you find the desired information, read it carefully.

1. for a teaching job
2. for a full-time permanent position
3. for a temporary position
4. for an office job
5. for which you need to speak two languages

B. En lisant. Now find the answers to the following questions.

1. Find a sentence that indicates that all jobs are offered to both men and women. In spite of this, one ad is clearly written with women in mind. Which ad is it? Which ad(s) make(s) it clear that both men and women are encouraged to apply?
2. Which job requires knowledge of computers? You can find it by looking for names of computer programs.
3. Which job specifies that working some weekends is required? The expression used to express "weekend" is different from the word used in France, **le week-end**. How is this expressed in Canadian French?

C. En regardant de plus près. Now that you have located particular pieces of information in the ads, focus on the following features.

1. Look more closely at the ad for a teaching job: Is this a full-time position? What qualifications are required, and what experience is desirable?
2. Based on their ad, what type of business is **Fruits & Parfums**?
3. If you wanted to apply for the job at **Fruits & Parfums**, what options do you have?
4. What particular personality traits does the technical writer need to exhibit?

D. Après avoir lu. Now discuss the following questions with your classmates.

1. Would you be qualified for any of the jobs listed? Explain why or why not. Do you find any of the jobs particularly interesting? Why?
2. Are these ads in any way different from ads for the same types of jobs in your own local newspaper?

Une vendeuse dans une parfumerie.

Venez chez nous ! Étudier et travailler en pays francophone

With the advent of globalization, many Americans now study and work overseas. Technology allows for rapid communication; universities encourage exchanges; and many businesses have international operations. Knowing even the basics of the French language increases opportunities for study and work across the globe. In this lesson we will explore what it is like to live, study, and work in a Francophone region.

NATO headquarters in Brussels, Belgium—what countries' flags do you recognize? Brussels serves, along with Strasbourg and Luxembourg, as one of the capitals of the European Union. Many internationals live and work there.

Observons

3-35 Études et travail

A. Avant de regarder. What profession are you considering? How will you prepare for this profession? List in French some of the positive and negative aspects of that field of work. In this video clip, you will hear Barbara describe her studies and her job. Barbara lives and works in Seillans, a small town in the south of France. Look at the picture here and guess what type of work she does.

Barbara au travail

B. En regardant. As you watch the video clip, answer the following questions.

1. Barbara works as a/an . . .
   a. journalist   b. architect   c. attorney   d. teacher

2. She completed her studies in the city of . . .
   a. Strasbourg   b. Toulon   c. Paris   d. Marseille

3. She studied at . . .
   a. la Faculté de Droit   b. l'École d'Architecture et des Beaux-Arts
   c. une Grande École   d. l'École d'Ingénieurs

4. With her studies and her specialization, Barbara has . . . years of professional training.
   a. three   b. five   c. seven   d. ten

5. Does Barbara enjoy her work?
   a. yes   b. no

6. Indicate her reasons for feeling the way she does about her job.
   a. She is available for her children.
   b. She has lots of responsibilities.
   c. She earns a good living.
   d. Her hours are flexible.
   e. Her work is interesting.

C. Après avoir regardé. Now discuss the following questions with classmates.

1. Would Barbara's job interest you? Why or why not?
2. Would you consider completing your own professional preparation in a foreign country? What might be some of the advantages or disadvantages of doing so?

Les francophones au Canada

Canada is officially bilingual, and almost seven million of the country's 31 million citizens speak French as their native language. Most French Canadians live in the province of Quebec, where approximately 80 percent of the inhabitants are native speakers of French. Montreal is the second largest Francophone city in the world, after Paris.

In 1977, the provincial legislature made French the sole official language of Quebec with Bill 101 (**la Loi 101**). All official documents, however, are published in English and French, and the rights of

Dans le vieux Montréal, la place Jacques Cartier et l'Hôtel de Ville

Anglophone minorities who are Canadian citizens are protected. The preamble to **la Loi 101** outlines its rationale and lists the five areas, in addition to the legal system, in which French will be used.

Charte de la langue française

[Sanctionnée le 26 août 1977]

Préambule

Langue distinctive d'un peuple majoritairement francophone, la langue française permet au peuple québécois d'exprimer son identité.

L'Assemblée nationale reconnaît la volonté des Québécois d'assurer la qualité et le rayonnement de la langue française. Elle est donc résolue à faire du français la langue de l'État et de la Loi aussi bien que la langue normale et habituelle du travail, de l'enseignement, des communications, du commerce et des affaires.

 # Lisons

3-36 Emménager à Montréal

A. Avant de lire. This excerpt is from an informational magazine called **Emménager à Montréal** (*Moving to Montreal*), which is a guide for people who are relocating to Montreal. Skim the three paragraphs of the text and answer the following questions:

1. What is the general topic of the excerpt?
2. Each paragraph addresses a specific aspect of the general topic; explain what that is in each case.

B. En lisant. As you read more carefully, look for the following information.

1. In the first paragraph, why is Bill 101 mentioned? What exception to the law is described?
2. The second paragraph describes two "parallel branches," or systems; what does this refer to?
3. How could you get more information about learning French if you were moving to Quebec?

Stratégie

It is often useful to skim a text quickly to get the gist. This will orient you to the topic and help you to understand the content more readily as you read again.

L'enseignement[1] au Québec

Au Québec, le ministère de l'Éducation est l'organisme gouvernemental responsable de la supervision de tous les niveaux[2] d'enseignement de la province. En 1977, la loi 101 – ou la Charte de la langue française — a été adoptée par le gouvernement du Québec. Selon la loi 101, tous les enfants doivent obtenir[3] leur éducation en français jusqu'au niveau post-secondaire. Il existe cependant des exceptions à cette règle[4]. Par exemple, les résidents temporaires du Québec peuvent fréquenter une école anglophone.

Le système scolaire, de la prématernelle et jusqu'à la cinquième année du secondaire, a deux branches parallèles, l'une anglophone et l'autre francophone. Les étudiants qui vont dans une école post-secondaire peuvent décider de la langue qu'ils désirent apprendre, et il n'est pas rare que des étudiants francophones choisissent de fréquenter une université de langue anglaise et vice-versa.

Bien s'exprimer en français

La vie de tous les jours peut s'avérer[5] compliquée si on ne possède pas au moins une connaissance[6] de base du français. Des cours sont offerts gratuitement aux nouveaux venus[7] en provenance d'un pays non francophone par le ministère des Relations avec les Citoyens et de l'Immigration. Pour de plus amples renseignements téléphonez au 514-864-9191 ou visitez www.immq.gouv.qc.ca.

[1]*teaching* [2]*all levels* [3]*obtain* [4]*rule* [5]*être* [6]*knowledge* [7]*newcomers*

Source: *Emménager à Montréal*, 2006–2007, www.movingto.com

C. En regardant de plus près. Now look more closely at the following features of the text.

1. In the second paragraph, Quebec's public education is described as « ... **de la prématernelle et jusqu'à la cinquième année du secondaire** ». What does this tell you about the length of public education in Canada?
2. Also in this paragraph, you see the verb **choisir : ils choisissent**. Based on the context, what do you think this verb means? There is another verb phrase in the same sentence with a similar meaning.
3. In the last paragraph, what is the meaning of **gratuitement** in the phrase « ... **des cours sont offerts gratuitement** » ?

D. Après avoir lu. Discuss the following questions with your classmates.

1. What is your opinion of the provision of **la Loi 101** mentioned in this excerpt? How do you think you would feel about this law and its provisions if you were going to be living in Quebec?
2. At this time, there is no national law specifying that English is the official language of the United States, although some groups have expressed support for such a law. Do you think an English-only law is necessary or would be beneficial? Why or why not?

Parlons

3-37 Une langue bien de chez nous

A. Avant de parler. When you travel in the French-speaking world, you can expect to encounter regional differences in the language, much as you would note variations in English as spoken in different places. Consider how the following brief French-Canadian conversation differs from a conversation in Standard French, the French you are learning. Are there words and turns of phrase that you are not familiar with?

ALEX : Allô Julie. Ça va ?
JULIE : Pas pire.
ALEX : Je te présente ma blonde, Sabrina.
JULIE : Salut, Sabrina.
SABRINA : Salut, Julie.
ALEX : Excuse-nous, Julie, on ne peut pas jaser, on doit travailler à la bibli.
JULIE : O.K., c'est beau. Moi, je vais dîner à la cafétéria. Bonjour Alex, bonjour Sabrina.
SABRINA : Salut. À prochaine.

Here are some common expressions in Québécois French:

au Québec	en France
allô	bonjour
pas pire	pas mal
c'est le fun	c'est amusant
ma blonde	ma petite amie
mon chum	mon petit ami
la fin de semaine	le week-end
jaser	discuter
dîner	déjeuner
O.K. c'est beau	d'accord, c'est bon
bienvenue	de rien
à prochaine	à la prochaine
bonjour	au revoir

B. En parlant. Use some of the Québécois words and expressions listed above to create a dialogue with one or two classmates. Choose from the scenarios suggested below, or create your own. Act out your dialogue for the class.

1. You run into a friend on campus and introduce him/her to your boyfriend/girlfriend.
2. You call a friend and invite him/her to do something fun. Your friend wants to come, but there is a problem.
3. You run into a former boyfriend/girlfriend and try to impress him/her.

C. Après avoir parlé. Can you think of some examples of regional differences in your native language? Why might regional language differences exist?

Écrivons

Stratégie

To write persuasively, use
factual information to
support your opinions. For
example, in building a case
for study abroad, research a
specific program that is of
interest and incorporate
relevant facts into your
presentation.

3-38 Les universités francophones

A. Avant d'écrire. Enlist your French professor's support for including
study abroad in your undergraduate program. Research a university that
interests you online, then present persuasively to your professor your reasons
for choosing to study there. He or she can become your strongest advocate!

1. Choose a university that you would like to know more about. Here are
   some possibilities:

   > Université de Montréal (UdeM)
   >
   > Université de Québec à Montréal (UQÀM)
   >
   > Université de Nice
   >
   > Université de Paris
   >
   > Université de Liège (Belgique)
   >
   > Université de Neuchâtel (Suisse)
   >
   > Université Cheikh Anta Diop de Dakar (Sénégal)
   >
   > Université Mohammed V de Rabat (Maroc)

Une chambre
d'étudiant en
France.

2. Next, find the information needed to complete the chart below in French.

> Nom de l'université : _____
>
> La langue des cours : _____
>
> Nombre d'étudiants : _____
>
> Nombre d'étudiants étrangers : _____
>
> Quelques majeures/spécialisations (une liste de 2 ou 3) : _____
> _____
>
> Quelques associations d'étudiants (une liste de 2 ou 3) : _____
> _____
>
> Équipes (*teams*) sportives : _____
>
> Ville et environs (*surrounding area*) : _____
> _____

B. En écrivant

1. Begin your paragraph by stating why you have decided you would like to study at the institution you chose:

MODÈLE ✒ Je veux étudier à l'UdeM parce que…

2. Continue your paragraph by mentioning the features you like about the university and its location.

MODÈLE ✒ L'UdeM est située à Montréal, et c'est une grande ville. J'aime beaucoup les grandes villes… .

3. Explain why it would be beneficial to you to study at this university, and conclude your paragraph with a summary statement.

MODÈLE ✒ Je veux travailler comme avocate internationale, donc je pense (*think*) que c'est important de passer un semestre à l'UdeM. Après un semestre au Québec, je vais parler assez bien le français !

C. En révisant.

As you revise your paragraph, think about the following questions and make any necessary changes.

1. Analyze the content: did you incorporate information from your research to explain your choice? Did you include an effective summary statement?
2. Analyze the style and form: does your paragraph read logically and persuasively? Did you use appropriate vocabulary related to university studies?

D. Après avoir écrit.

Share your paragraph with a small group of your classmates.

1. What are the most frequently mentioned reasons for study abroad? Which do you think your French professor and others would find most persuasive?
2. Which universities are most often mentioned, and why?

Now that you have completed *Chapitre 3*, can you do the following in French?

☐ Talk about and describe your university's campus?

☐ Talk about and describe your courses and studies?

☐ Talk about and describe a variety of professions?

☐ Express your preferences?

☐ Talk about higher education in France and in Quebec?

☐ Describe language policy in Canada and Quebec?

Leçon

à l'université, à la fac(ulté)	*at the university, at the school*
un amphithéâtre	*lecture hall*
des associations (f.) étudiantes	*student organizations*
la bibliothèque universitaire (la B.U.)	*university library*
des bureaux (m.) administratifs	*administrative offices*
le bureau des inscriptions	*registrar's office*
le bureau du professeur	*professor's office*
la cafétéria	*cafeteria*
le centre sportif	*sports complex*
le centre étudiant	*student center*
un centre informatique	*computer center*
un garage	*garage*
une infirmerie	*health center*
un labo(ratoire) de chimie, de langues	*chemistry, language lab*
une navette	*shuttle, bus*
un pavillon (principal)	*(main) building*
un permis	*permit*
un plan du campus	*campus map*
la résidence	*residence hall*
le restaurant universitaire (le resto U)	*dining hall*
une station de métro	*subway, metro stop*
un terrain de sport	*playing field, court*

prépositions de lieu	*prepositions*
à côté de	*next to, beside*
à droite de	*to the right of*
à gauche de	*to the left of*
dans	*in, inside*
derrière	*behind*
devant	*in front of*
en face de	*across from*
loin de	*far from*
près de	*close to, near*

adjectifs prénominaux	*adjectives that precede the noun*
beau/bel/belle	*beautiful, handsome*
bon/bonne	*good*
dernier/dernière	*last*
grand/e	*tall*
gros/se	*big, fat*
jeune	*young*
joli/e	*pretty*
mauvais/e	*bad*
nouveau/nouvel/ nouvelle	*new*
petit/e	*small, short*
premier/première	*first*
vieux/vieil/vieille	*old*

autres mots utiles	*other useful words*
après	*after*
un cours	*course*
ici	*here*
retrouver quelqu'un	*to meet someone*
se trouver	*to be located*
une voiture	*car*

Leçon 2

des cours (m.)	*courses*
l'allemand (m.)	*German*
le calcul	*calculus*
l'espagnol (m.)	*Spanish*

(See p. 116 for more courses)

les facultés (f.)	*colleges, schools, divisions*
les arts (m.) du spectacle	*performing arts*
les beaux-arts (m.)	*fine arts*
le droit	*law*
la gestion	*management*
le journalisme	*journalism*
les lettres (f.)	*humanities*
la médecine	*medicine*
les sciences (f. pl.) de l'éducation (f.)	*education*
les sciences (f. pl.) économiques	*economics*
les sciences (f. pl.) humaines	*social sciences*
les sciences (f. pl.) naturelles	*natural sciences*
les sciences (f. pl.) physiques	*physical sciences*

pour parler des études (f.)	*to talk about studies*
un bacc(alauréat) (en sciences économiques)	*B.A or B.S. degree (Can.) (in economics)*

verbes en -re	*-re verbes*
Voir à la page 113	*See page 113*

Vocabulaire

TEXT AUDIO CD 2 TRACKS 11–26

CHAPITRE 3 ◆ ÉTUDES ET PROFESSIONS

un dictionnaire	*dictionary*	un hôpital	*public hospital*
un diplôme (en beaux-arts)	*degree (in fine arts)*		

des métiers (m.) et des professions (f.) — **jobs and professions**

un acteur/une actrice	*actor/actress*
un/e agent/e de police	*police officer*
un/e architecte	*architect*
un/e artiste	*artist*
un/e assistant/e social/e	*social worker*
un/e avocat/e	*lawyer*
un chanteur/une chanteuse	*singer*
un/e comptable	*accountant*
un/e dentiste	*dentist*
un écrivain	*writer*
un facteur/une factrice	*mail carrier*
une femme/un homme d'affaires	*businesswoman/ businessman*
un/e fonctionnaire	*government worker*
un infirmier/une infirmière	*nurse*
un/e informaticien/ne	*programmer*
un ingénieur	*engineer*
un/e journaliste	*journalist*
un médecin	*physician*
un/e musicien/ne	*musician*
un/e pharmacien/ne	*pharmacist*
un professeur	*teacher, professor*
un/e représentant/e de commerce	*sales representative*
un/e secrétaire	*secretary*
un serveur/une serveuse	*server*
un/e technicien/ne	*lab technician*
un vendeur/une vendeuse	*sales clerk*

lire (je lis un roman)	*to read (I'm reading a novel)*
une majeure (en sociologie)	*major (Can.) (in sociology)*
une mineure (en français)	*minor (Can.) (in French)*
une note (avoir une note)	*grade (to have/receive a grade)*
préparer un diplôme (en chimie)	*to do a degree (in chemistry)*
un semestre	*semester*
une spécialisation (en français)	*major (in French)*
suivre un cours	*to take a course*
un trimestre	*trimester, quarter*

des devoirs (m.) — **assignments, homework**

un devoir	*essay, assignment*
un essai	*essay*
un examen	*exam*
passer un examen	*to take an exam*
réussir un examen	*to pass an exam*
un exposé	*oral presentation*
un projet	*project*

pour décrire les cours, les examens, les notes — **to describe courses, tests, grades**

difficile	*difficult*
ennuyeux/ennuyeuse	*boring, tedious*
facile	*easy*
final/e	*final*
intéressant/e	*interesting*
médiocre	*mediocre*
obligatoire	*required*

pour exprimer les préférences — **to express preferences**

adorer	*to adore*
aimer	*to like or to love*
aimer beaucoup	*to like or love a lot*
aimer bien	*to like fairly well*
détester	*to detest*
préférer	*to prefer*

verbes conjugués comme préférer — **verbs conjugated like préférer**

répéter	*to repeat*
suggérer	*to suggest*

quelques mots utiles — **some useful words**

l'argent (m.)	*money*
autonome	*independent*
une carrière	*career*
être doué/e	*to be talented*
les gens (m.)	*people*
en plein air	*outdoors*
le prestige	*prestige*
le public (un contact avec le public)	*the public (contact with the public)*
la responsabilité	*responsibility*
un salaire	*salary*
les services (m.)	*the service sector*
le travail	*work*

quelques verbes — **some verbs**

aider les gens	*to help people*
devoir	*must, to have to, should*
gagner (de l'argent)	*to earn (money), to win*
s'intéresser à	*to be interested in*
pouvoir	*to be able to, can*
vouloir	*to want, to wish*
voyager	*to travel*

Leçon 3

où on travaille — **where people work**

un bureau	*office*
une clinique	*private hospital*

4 Métro, boulot, dodo

—Voilà, une bonne journée qui commence !

DISCOVER
• Go to the *Chapitre 4*, Additional Practice folder in your MyFrenchLab course to watch the video on morning routine, and complete the related activities.

APPLY
• Video
• Activities : On démarre ! 04–01 to 04–02

Leçon 1 La routine de la journée

Leçon 2 À quelle heure ?

Leçon 3 Qu'est-ce qu'on met ?

Venez chez nous ! La vie de tous les jours à travers le monde francophone

After completing this chapter, you should be able to:

◆ Talk about your daily routine
◆ Tell time
◆ Make comparisons
◆ Describe clothing
◆ Compare daily routines and fashion in places where French is spoken

Leçon **1** La routine de la journée

POINTS DE DÉPART

TEXT AUDIO
CD 2 TRACK 27

La routine du matin

Il est huit heures du matin. La journée commence !

Chez les Bouchard, Thomas se réveille ; il va bientôt se lever.

Sa petite sœur Vanessa est déjà debout dans sa chambre ; elle se coiffe. Monsieur Bouchard est en train de se raser. Il va bientôt prendre une douche.

Madame Bouchard se maquille et elle s'habille pour aller au travail. Le bébé s'endort de nouveau.

Dans son appartement, Caroline se dépêche ; elle va bientôt à la fac. Elle se lave les mains et la figure, et elle se brosse les dents.

Chez les Morin, Madame Morin se douche et se lave les cheveux ; après, elle s'essuie. Son mari rentre à la maison. Lui, il travaille tard la nuit, donc il rentre tôt le matin pour se coucher. Il se déshabille, et il se couche.

Vie et culture

Métro, boulot, dodo

The expression **métro, boulot, dodo** epitomizes the daily routine of most Parisians. In the morning, many people take the **métro** (the highly efficient Paris subway), go to their **boulot** (a slang word for **un job / un travail**), then return home at night and crawl into bed to **faire dodo** (a child's expression for **se coucher / dormir**). In English, we often call this routine *the daily grind*. What does the expression **métro, boulot, dodo** lead you to believe about life in Paris? Describe a person whose daily routine could be summarized by this expression. Would this expression apply also to the daily routine of North Americans who live in big cities? Would it apply to life in your hometown?

Now watch the video clip *La routine du matin* as two girls describe their morning routine. Make a list of their activities, for example: **Elles se réveillent.** Is there anything that surprises you about their routine, or does it seem very familiar and logical?

du maquillage

du shampooing

une brosse à dents

un peigne

une brosse à cheveux

du dentifrice

un lavabo

un savon

un rasoir

une serviette de toilette

un gant de toilette

Les articles de toilette

◆ À vous la parole ◆

4-1 Ordre logique. In what order do most people complete the following activities?

MODÈLE on se coiffe, on se douche
▸ On se douche, et après on se coiffe.

1. on se lave, on s'habille
2. on se lave les cheveux, on se coiffe
3. on se lève, on se réveille
4. on se déshabille, on se couche
5. on mange, on se brosse les dents
6. on se couche, on se brosse les dents
7. on se couche, on s'endort
8. on s'essuie, on se lave

4-2 Suite logique. Tell what these people are going to do next, choosing a verb from the list.

se coiffer	s'essuyer	se laver les cheveux
se coucher	s'habiller	se lever
s'endormir	se laver	se raser

MODÈLE Margaux a un teeshirt et un jean.
▸ Elle va s'habiller.

1. Adrien a un rasoir.
2. Olivier va dans sa chambre.
3. Julie cherche le shampooing.
4. Fanny est très fatiguée.
5. Damien entend sa mère qui dit, « Allez, debout ! »
6. Grégory va prendre une douche.
7. Delphine termine sa douche.
8. Sandrine a un peigne.

4-3 Un questionnaire. Do you pay attention to how you look? A little? Too much? Not enough? Ask your partner the following questions and then add up the points. What are your conclusions?

1. Vous prenez une douche ou un bain tous les jours ?   **oui** **non**
2. Vous vous lavez les cheveux tous les jours ?   **oui** **non**
3. Vous vous brossez les dents après chaque repas *(meal)* ?   **oui** **non**
4. Vous vous coiffez trois ou quatre fois pendant la journée ?   **oui** **non**
5. Vous vous habillez différemment chaque jour ?   **oui** **non**
6. Vous vous maquillez/vous vous rasez tous les jours ?   **oui** **non**
7. Vous vous mettez du parfum/de l'eau de Cologne ?   **oui** **non**
8. Vous faites très attention de ne jamais grossir *(gain weight)* ?   **oui** **non**

Maintenant, marquez un point pour les réponses « oui », zéro pour les réponses « non » et ensuite additionnez vos points :
- Si vous avez 7 ou 8 points, vous vous intéressez peut-être un peu trop à votre apparence physique. Pensez un peu aux choses plus sérieuses.
- Si vous avez de 3 à 6 points, c'est bien. Vous faites attention à votre présentation, mais vous n'exagérez pas.
- Si vous avez moins de 3 points, attention ! Vous risquez de vous négliger.

Sons et lettres

TEXT AUDIO
CD 2 TRACKS 28–30

La voyelle /y/

The vowel /y/, as in **tu**, is generally spelled with the letter **u**. To pronounce /y/, your tongue must be forward and your lips rounded, protruding, and tense. As you pronounce /y/, think of the vowel /i/ of **ici**. It is important to make a distinction between /y/ and the /u/ of **tout**, as many words in French are distinguished by these two vowels.

 À vous la parole

4-4 Imitation. Be careful to round your lips when pronouncing /y/!

tu   du   zut   Luc   Jules   Bruno   Lucie   Suzanne

4-5 Contrastes. Be careful to distinguish between /y/ (spelled *u*) and /u/ (spelled *ou*).

tu	tout	bout	bu
du	doux	poux	pu
zut	tous	debout	début

4-6 Salutations. Practice greetings, using the following names.

MODÈLES Bruno
     ◄ Salut, Bruno.

Mme Dupont
     ◄ Bonjour, Madame Dupont.

1. Bruno
2. Lucie
3. Suzanne
4. Mme Dumont
5. M. Dumas
6. Mme Camus

Fiche pratique

The reflexive construction is used much more frequently in French than in English. In French, a reflexive verb is always accompanied by a reflexive pronoun. To remember that a verb is used reflexively, memorize its infinitive form along with the reflexive pronoun **se**. For example, learn **se laver** (*to wash up*) and **se raser** (*to shave*).

FORMES ET FONCTIONS

1. *Les verbes pronominaux et les pronoms réfléchis*

◆ Verbs like **s'essuyer** (*to dry oneself off*) and **se laver** (*to wash up*) include a reflexive pronoun as part of the verb. In English, the word *-self* is sometimes used to express this idea.

Je **m'essuie**.	*I'm drying myself off.*
On **se lave**.	*We're washing up.*
Tu **te lèves** ?	*Are you getting up?*

Here are the reflexive pronouns, shown with the verb **se laver**.

SE LAVER *to wash*					
SINGULIER			**PLURIEL**		
je	me	lave	nous	nous	lavons
tu	te	laves	vous	vous	lavez
il / elle / on	se	lave	ils / elles	se	lavent

◆ Some verbs may be used both with and without a reflexive pronoun. Compare:

Elle **lave** la figure de sa fille Clara. *She is washing the face of her daughter Clara.*

Elle **se lave** la figure. *She is washing her (own) face.*

The use of the reflexive pronoun means that the subject is acting upon himself or herself.

◆ Before a vowel sound, **me**, **te**, and **se** become **m'**, **t'**, **s'**.

Je **m'**essuie les mains. *I'm drying my hands.*
Tu **t'**habilles ? *Are you getting dressed?*
Il **s'**essuie la figure. *He wipes his face.*

◆ Note that reflexive pronouns always maintain their position near the verb, even in the negative and the immediate future.

Il ne **se** lave pas. *He's not washing up.*
Je ne vais pas **m'**habiller. *I'm not going to get dressed.*

◆ When a part of the body is specified, the definite article is used, since the reflexive pronoun already indicates whose body part is affected.

Elle se lave **les** cheveux. *She's washing her hair.*
Ils se brossent **les** dents. *They're brushing their teeth.*

◆ In an affirmative command, the reflexive pronoun follows the verb and is connected to it by a hyphen. Note the use of the stressed form **toi**. In negative commands, the reflexive pronoun precedes the verb.

Lave-**toi** les mains ! Ne **te** lave pas les mains !
Dépêchez-**vous** ! Ne **vous** dépêchez pas !

⬳ À vous la parole ⬱

4-7 C'est qui ? Read the sentences on the next page and indicate if the action Mathilde is performing in each case refers to herself (**elle-même**) or to someone else (**une autre personne**).

Mathilde est très occupée ce matin. Elle...

	elle-même	une autre personne
MODÈLE ... s'habille	✓	___
1. ... se lave	___	___
2. ... se coiffe	___	___
3. ... réveille son petit frère	___	___
4. ... coiffe sa sœur	___	___
5. ... se dépêche	___	___
6. ... brosse le chat	___	___

Based on your responses, did Mathilde spend more time today on herself or helping others?

4-8 Qu'est-ce qu'on fait ? Explain how people use the objects mentioned.

MODÈLE Moi, le shampooing ?
◄ Je me lave les cheveux.

1. Les enfants, le savon et un gant de toilette ?
2. Jules, son rasoir ?
3. Vous, la serviette de toilette ?
4. Toi, le pull-over ?
5. Moi, le dentifrice ?
6. Nous, un peigne ?
7. Julie, du maquillage ?

4-9 Fais ta toilette ! Your partner always has an excuse! Take turns asking and answering questions and making comments about grooming.

MODÈLE se raser

É1 Tu te rases ?
É2 Non, je n'ai pas de rasoir.
É1 Tiens, voilà un rasoir ; rase-toi donc !

1. se laver les mains
2. se laver la figure
3. s'essuyer les mains
4. se laver les cheveux
5. se brosser les dents
6. se coiffer

4-10 La routine chez vous. At your house or in your family, who does the following things? Compare your answers with those of a partner.

MODÈLE se lève en premier ?

É1 Qui se lève en premier chez toi ?
É2 Ma mère se lève en premier. Et chez toi ?
É1 Moi, je me lève en premier.

1. se lève en premier ?
2. se douche en premier ?
3. se maquille tous les jours ?
4. s'habille avec beaucoup d'attention ?
5. se lave les cheveux tous les jours ?
6. se couche tard le soir ?
7. se réveille facilement le matin ?

2. *Les adverbes : intensité, fréquence, quantité*

◆ The adverbs listed below indicate to what degree something occurs.

trop	Elle travaille **trop**.	*She works too much.*
beaucoup	Elle se douche **beaucoup**.	*She showers a lot.*
assez	Nous mangeons **assez**.	*We eat enough.*
un peu	Je me dépêche **un peu**.	*I hurry a little.*
ne... pas	Il **ne** se rase **pas**.	*He doesn't shave.*

◆ These same adverbs, followed by **de / d'** plus a noun, indicate quantities.

trop de	Il prend **trop de** douches.	*He takes too many showers.*
beaucoup de	Elle a **beaucoup d'**amis.	*She has lots of friends.*
assez de	Vous avez **assez d'**argent ?	*Do you have enough money?*
peu de	J'ai **peu de** maquillage chez moi.	*I don't have much makeup at my house.*
ne... pas de	Tu **n'**as **pas de** rasoir ?	*Don't you have a razor?*

◆ Other adverbs indicate frequency, how often something is done. Notice that these adverbs follow the verb, like those you learned in the first section above.

tous les...	Je me lave les cheveux **tous les** jours.	*I wash my hair every day.*
toutes les...	Nous avons un match **toutes les** semaines.	*We have a game every week.*
toujours	Je me lève **toujours** en premier.	*I always get up first.*
souvent	Il prend **souvent** le métro.	*He often takes the metro.*
quelquefois	Tu travailles **quelquefois** ici ?	*Do you work here sometimes?*
rarement	Elle se maquille **rarement**.	*She rarely wears makeup.*
ne... jamais	Il **ne** se coiffe **jamais**.	*He never combs his hair.*

◆ Another useful expression to indicate frequency is formed with the noun **fois** followed optionally by **par** and a time expression.

Il se rase **une fois par semaine**.	*He shaves once a week.*
Je me brosse les dents **deux fois par jour**.	*I brush my teeth twice a day.*
Ma petite sœur prend une douche **trois fois par semaine**.	*My little sister takes a shower three times a week.*

⬅ À vous la parole ⬅

4-11 Vos habitudes. Be precise! Compare your habits with those of your partner.

MODÈLE travailler le week-end

> É1 Moi, je travaille beaucoup le week-end.
> É2 Par contre, moi, je travaille rarement le week-end.

1. travailler le week-end
2. se réveiller tôt le matin
3. se brosser les dents
4. parler français
5. jouer au tennis
6. regarder la télé
7. aider les gens
8. se coucher de bonne heure (= tôt)

4-12 Combien ? How much or how many do you have? Compare your responses with those of your partner.

MODÈLE des livres

> É1 J'ai beaucoup de livres.
> É2 Moi, j'ai peu de livres.

1. des livres
2. des CD
3. des rasoirs
4. des serviettes
5. des peignes
6. du maquillage
7. des amis
8. de l'argent
9. des problèmes

4-13 Stéréotypes et réalité. What is the stereotype, and what is the reality? Compare ideas with your partner.

MODÈLE É1 les Américains : manger au McDo ?
> É2 Les Américains mangent très souvent au McDo.
> É1 Mais moi, je ne mange jamais au McDo.

1. les Américains : manger dans des fast-foods ?
2. les Américains : se dépêcher ?
3. les Africains : être décontractés (*relaxed*) ?
4. les Suisses : avoir beaucoup d'argent ?
5. les Français : jouer au football ?
6. les Français : manger de la quiche ?
7. les étudiants : se coucher tard ?
8. les étudiants : travailler ?
9. les professeurs : se lever tôt ?
10. les professeurs : donner des devoirs ?

Lisons

TEXT AUDIO
CD 2 TRACK 31

Stratégie

Pay attention to both the meaning and form of the text when you read a poem. In an effective poem, form and meaning work together, so that variations in form—the poem's rhythm or structure, for example—contribute to the impact of its message.

4-14 Familiale

A. Avant de lire. Jacques Prévert (1900–1977) has probably been the most popular and widely read French poet since Victor Hugo. Prévert's first book of poetry, *Paroles* (*Lyrics*), appeared in late 1945, just as World War II was ending. The poem you are about to read is taken from that collection.

In *Familiale*, Prévert uses the simple language of everyday life to make a profound statement about war and loss. He indicates in a matter-of-fact way what the three members of a family do:

La mère fait du tricot. / Elle tricote.	*The mother knits.*
Le père fait des affaires.	*The father does business.*
Le fils fait la guerre.	*The son wages war.*

As the poem reaches its climax, the poet's simple statements about the family members' lives are interrupted. The rhythm changes and verbs ultimately disappear from the narrative. Consider, as you read the poem, how these structural changes help evoke and reinforce the poet's troubling message.

B. En lisant. As you read silently or listen to the poem, which appears on the following page, answer these questions.

1. What is the nature of the characters' everyday life as conveyed in the first nine lines of the poem?
2. Like a play or a film, the poem builds to a climax. What is that climax? What happens afterward?

C. En regardant de plus près. Now look more closely at the structure of the poem.

1. The poem uses repetition to produce an effect and to convey meaning. For example, with what repeated phrase does Prévert suggest the characters' attitude toward their daily life? When this phrase recurs the third time, it has taken on new meaning and become associated with a terrible irony. Why? Can you point out some other instances of repetition that are significant in the poem?
2. What verb is used most frequently in the poem? What effect does this produce, and what is the effect when another verb is used instead? At what point do verbs disappear altogether?
3. Poetry is often characterized by a rhyme scheme. How would you describe the rhyme scheme in this poem? What might this type of rhyme scheme symbolize?
4. Look at the final line of the poem. How would you explain the seeming contradiction of the poet's reference to « La vie avec le cimetière » ?

FAMILIALE°

Family Life

La mère fait du tricot
Le fils fait la guerre
Elle trouve° ça tout naturel la mère   *thinks*
Et le père qu'est-ce qu'il fait le père ?
Il fait des affaires   5
Sa femme fait du tricot
Son fils la guerre
Lui des affaires
Il trouve ça tout naturel le père
Et le fils et le fils   10
Qu'est-ce qu'il trouve le fils ?
Il ne trouve rien° absolument rien le fils   *nothing*
Le fils sa mère fait du tricot son père des affaires lui la
    guerre
Quand il aura fini° la guerre   *finishes*
Il fera° des affaires avec son père   *will do*   15
La guerre continue la mère continue elle tricote
Le père continue il fait des affaires
Le fils est tué° il ne continue plus°   *killed; no longer*
Le père et la mère vont au cimetière
Ils trouvent ça tout naturel le père et la mère   20
La vie continue la vie avec le tricot la guerre les
    affaires
Les affaires la guerre le tricot la guerre
Les affaires les affaires et les affaires
La vie avec le cimetière.

Jacques Prévert, *Paroles.*
© Éditions Gallimard

D. Après avoir lu. Now discuss the following questions with your classmates.

1. Poetry is meant to be read aloud. With a partner, or with your class as a whole, practice reading aloud *Familiale*. Does this help you appreciate Prévert's efforts to convey meaning through the form and rhythm of his poem as well as through the words themselves?

2. Good literature has a timeless quality; readers in many different contexts can relate it to their circumstances. Do you believe Prévert's poem has this quality?

POINTS DE DÉPART

Je n'arrête pas de courir !

TEXT AUDIO
CD 2 TRACK 32

Delphine parle de sa journée :

Mon radio-réveil sonne à sept heures du matin. Mon premier cours commence à neuf heures, alors je quitte ma chambre à huit heures et demie pour aller à la fac.

Fiche pratique

As you develop your ability to speak in French, learn some phrases that you would like to use to express emotion; this will make your speech more natural and varied. Notice the phrases Delphine uses throughout her day, and select several to make part of your own vocabulary.

J'arrive en classe à neuf heures moins le quart. Super ! Je suis en avance ; je vais trouver une bonne place.

Le professeur arrive toujours à l'heure ; il entre dans la classe vers neuf heures moins cinq et il commence à parler.

À dix heures et quart, je regarde ma montre. Zut alors ! encore un quart d'heure ! Le cours continue jusqu'à dix heures et demie.

À onze heures moins vingt je prends un café. Je parle avec des camarades de classe pendant vingt minutes. Je regarde l'horloge. Mince, je suis en retard ! J'arrive au deuxième cours à onze heures dix. J'ai dix minutes de retard.

Entre midi et une heure de l'après-midi, je déjeune au resto U avec un ami, Jean-Baptiste.

L'après-midi, nous allons voir le nouveau film de Gérard Depardieu. On va à la séance de 14 h 55. C'est moins cher, et ça fait une petite pause dans une journée mouvementée. Ouf !

Vous avez l'heure ?

Il est deux heures et quart de l'après-midi.
(Il est quatorze heures quinze.)

Il est neuf heures et demie du soir.
(Il est vingt-et-une heures trente.)

Il est minuit moins le quart.
(Il est vingt-trois heures quarante-cinq.)

Il est minuit.
(Il est zéro heure.)

Il est deux heures moins le quart du matin.
(Il est une heure quarante-cinq.)

À vous la parole

4-15 Une journée bien mouvementée. Look at Sophie's agenda and tell what she is doing today.

MODÈLE ➤ À neuf heures du matin, elle a son cours de littérature.

4-16 Dans le monde francophone. Look at the map below showing world time zones and tell what time it is in each of the Francophone cities shown. Then, based on the time, indicate what people are most likely to be doing.

MODÈLE À Paris. On déjeune ou on se couche ?
➤ À Paris il est midi. On déjeune.

1. À La Nouvelle-Orléans. On se lève ou on travaille ?
2. À Cayenne. Les étudiants vont en classe ou ils rentrent chez eux ?
3. À Dakar. On va bientôt déjeuner ou on va bientôt dîner ?
4. À Marseille. On déjeune ou on fait la sieste ?
5. À Djibouti. On joue au foot ou on se douche ?
6. À Mahé. On nage ou on se couche ?
7. À Nouméa. On se couche ou on se réveille ?

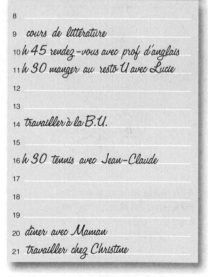

jeudi 15

(10) OCTOBRE   Th. d'Avila

8

9 cours de littérature

10 h 45 rendez-vous avec prof d'anglais

11 h 30 manger au resto U avec Lucie

12

13

14 travailler à la B.U.

15

16 h 30 tennis avec Jean-Claude

17

18

19

20 dîner avec Maman

21 travailler chez Christine

Vie et culture

Le système des 24 heures

In this lesson you have already seen examples of the 24-hour clock (sometimes called *military time* in English). What might be the advantage of using a 24-hour clock? The expressions **et quart**, **et demie**, and **moins le quart** are not used when reporting times using the 24-hour clock. Instead, give the exact number of minutes after the hour: for example, **15 h 15** is read as **quinze heures quinze**.

Find examples of the 24-hour clock in the photos. Can you restate the equivalents in conventional time? What can you learn about typical business hours in France from these photos? In what ways are these hours similar to and different from business hours in North America? Which system do you prefer and why?

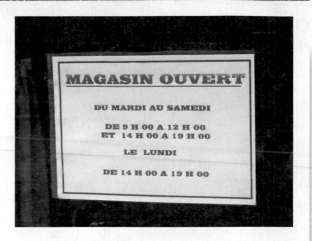

MAGASIN OUVERT

DU MARDI AU SAMEDI

DE 9 H 00 A 12 H 00
ET 14 H 00 A 19 H 00

LE LUNDI

DE 14 H 00 A 19 H 00

fnac.com

HORAIRES D'OUVERTURE
le lundi de 13h00 à 19h00
du mardi au vendredi
de 10h00 à 19h00
le samedi
de 9h30 à 19h00
↳ www.fnac.com

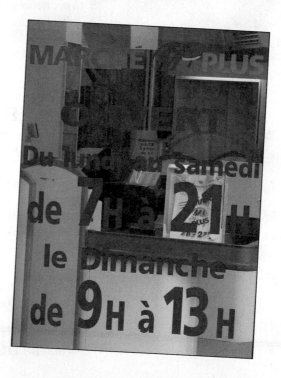

Du lundi au samedi
de 7 H à 21 H
le Dimanche
de 9 H à 13 H

Parallèles

On se dépêche.

Mathilde and Diandra are leaving home to start the day.

Mathilde quitte son appartement à Dijon

Diandra se trouve devant la station RER à la Courneuve

aller en cours de/au labo de…	regarder la télé
faire…	se coucher
jouer à…	se lever
manger…	téléphoner à…
parler à…	travailler

MODÈLE à huit heures du matin

> É1 Normalement, à huit heures du matin, je me lève. Et toi ?
> É2 Moi, à huit heures, je suis en classe.

1. à huit heures du matin
2. à dix heures du matin
3. à midi et demi
4. à quatre heures de l'après-midi
5. à six heures du soir
6. à huit heures du soir
7. à minuit
8. à deux heures du matin

FORMES ET FONCTIONS

1. *Les verbes en* -ir *comme* dormir

◆ You have learned that regular **-er** verbs have one stem and three spoken forms in the present indicative. Unless the verb begins with a vowel sound, you must use the context to tell the difference between the third-person singular and plural:

Mon frère ? **Il regarde** la télé.	*My brother? He's watching TV.*
Mes amis ? **Ils regardent** le match de foot.	*My friends? They are watching the soccer game.*
Ma sœur ? **Elle écoute** la radio.	*My sister? She's listening to the radio.*
Ses amies ? **Elles‿écoutent** un CD. /z/	*Her friends? They are listening to a CD.*

◆ Verbs like **dormir** (*to sleep*) have two stems and four spoken forms. Their singular endings are **-s, -s, -t**; these letters are usually silent. The stem for the plural forms contains the consonant heard in the infinitive.

dormir (*to sleep*)	Ils dor**m**ent tard.	Il dor**t** debout.
sortir (*to go out*)	Elles sor**t**ent souvent.	Elle sor**t** le week-end.

DORMIR *to sleep*	
SINGULIER	**PLURIEL**
je dors	nous dorm**ons**
tu dors	vous dorm**ez**
il elle } dor**t** on	ils elles } dorm**ent**

IMPÉRATIF : Dor**s** bien ! Dorm**ez** tard ! Dorm**ons** ici !

◆ Here is a list of verbs conjugated like **dormir**, along with the prepositions often used with some of these verbs.

dormir jusqu'à	Je **dors jusqu'à** huit heures.	*I sleep until eight o'clock.*
s'endormir	Ils **s'endorment** tout de suite.	*They go to sleep right away.*
partir avec	Je **pars avec** mes parents.	*I'm leaving with my parents.*
de	Nous **partons de** Montréal.	*We're leaving from Montreal.*
pour	Vous **partez pour** la France ?	*Are you going to France?*
sortir avec	Elle **sort avec** ses amies.	*She goes out with her girlfriends.*
	Elle **sort avec** David.	*She's dating David.*
de	Les étudiants **sortent du** labo.	*The students are leaving the lab.*
servir	Qu'est-ce qu'on **sert** ce soir ?	*What are they serving tonight?*
mentir	Ce n'est pas vrai ; elle **ment** !	*It's not true; she's lying!*
à	Il **ment** souvent **à** ses copains.	*He often lies to his friends.*

◆ Note that the **-ir** verb **courir** (*to run*) is irregular and does not have the same pattern as **dormir; courir** has only three spoken forms in the present tense, as illustrated below.

COURIR *to run*	
SINGULIER	**PLURIEL**
je cours	nous cour**ons**
tu cours	vous cour**ez**
il elle } cour**t** on	ils elles } cour**ent**

IMPÉRATIF : Vas-y, cour**s** ! Cour**ez** plus vite ! Cour**ons** !

⤝ À vous la parole ⤝

4-18 C'est fini le boulot ! These people are leaving their place of work; identify their workplace.

MODÈLE Mlle Morin est vendeuse.
   ⤝ Elle sort de la boutique.

1. Nous sommes pharmaciens.
2. Florian est comptable.
3. Vous êtes infirmière.
4. Je suis actrice.
5. Jérémy et Audrey sont professeurs.
6. Tu es ingénieur.
7. Claire et Marine sont serveuses.

4-19 Notre routine. Gaëlle is describing her family and friends. Use a logical verb in **-ir** to complete each description.

MODÈLE Mon frère, il n'est pas énergique. Le samedi matin, il...
   ⤝ Le samedi matin, il dort très tard.

1. Laure n'a pas de problèmes d'insomnie ; elle...
2. Gilles et toi, vous travaillez dans un café ; vous...
3. Mes amis et moi travaillons pendant la semaine. Mais le samedi soir, on . . .
4. Mes parents travaillent dans un bureau loin de la maison. Le matin, ils...
5. Karine se dépêche toujours ; pour aller à la fac, elle...
6. Tu vas au cinéma ce soir avec des amis ? Oui, je...
7. Mireille arrive ? Non, elle...
8. Les enfants disent toujours la vérité (*truth*) ? Non, quelquefois ils...

4-20 Je n'arrête pas de courir. Compare your weekly routine with your partner's. Then tell the class what you've learned.

MODÈLE Pendant la semaine, je dors jusqu'à...
   É1 Moi, pendant la semaine, je dors jusqu'à 7 h.
   É2 Moi, je dors jusqu'à 8 h 30 ; mon premier cours commence à 9 h.

1. Pendant la semaine, je dors jusqu'à...
2. Le week-end, je dors jusqu'à...
3. Le matin, je pars pour mon premier cours...
4. Souvent, je cours pour...
5. Je sors avec mes amis...
6. Je ne sors pas quand...
7. Le soir, je m'endors vers...

2. *Le comparatif et le superlatif des adverbes*

◆ You have learned to use adverbs to make your descriptions more precise.

Elle s'endort.	*She's falling asleep.*
Elle s'endort **tôt** le soir.	*She falls asleep early in the evening.*
Elle s'endort **facilement**.	*She falls asleep easily.*
Elle s'endort **souvent** en classe.	*She often falls asleep in class.*

◆ The expressions **plus... que** (*more than*), **moins... que** (*less than*) and **aussi... que** (*as much as*) can be used with adverbs to make comparisons.

plus... que	Je dors **plus** tard **que** mon frère.	*I sleep later than my brother.*
aussi... que	Tu joues **aussi** bien **que** Stéphane.	*You play as well as Stéphane.*
moins... que	Il sort **moins** souvent **que** moi.	*He goes out less often than I do.*

When a pronoun follows **que** in a comparison, it must be a stressed pronoun.

◆ The adverb **bien** has an irregular comparative form **mieux**, as shown below:

Je chante bien.	*I sing well.*
Je chante **aussi** bien **que** toi.	*I sing as well as you do.*
Je chante **moins** bien **que** lui.	*I don't sing as well as he does.*
Tu chantes **mieux que** nous.	*You sing **better** than we do.*

◆ When comparing amounts, **plus**, **moins**, and **autant** are followed by **de** and a noun:

plus de... que	Elle a **plus de** travail **que** nous.	*She has more work than we do.*
moins de... que	Il a **moins de** devoirs **que** vous.	*He has less homework than you.*
autant de... que	J'ai **autant d**'amis **que** vous.	*I have as many friends as you.*

◆ To express a superlative, use the definite article **le** and **plus**, **moins**, or **mieux**:

Elle sort **le moins souvent**.	*She goes out the least often.*
Il a **le plus d**'amis.	*He has the most friends.*
Tu chantes **le mieux**.	*You sing the best.*

◆ À vous la parole ◆

4-21 Comparaisons. Who does it better? Compare your answers with those of your partner.

MODÈLE Qui chante mieux, vous ou votre mère ?

    É1 Ma mère chante mieux que moi.

    É2 Moi aussi, je chante moins bien que ma mère.

1. Qui chante mieux, vous ou votre mère ?
2. Qui travaille mieux, vous ou votre meilleur/e (*best*) ami/e ?
3. Qui danse mieux, vous ou votre ami/e ?
4. Qui parle mieux le français, vous ou votre professeur ?
5. Qui mange mieux, vous ou votre père ?
6. Qui joue mieux au basket, vous ou votre frère/votre sœur ?
7. Qui s'habille mieux, vous ou votre meilleur/e ami/e ?

4-22 Plus ou moins ? Look in your backpack or book bag, and compare what you have with what your partner has.

MODÈLE Qui a le plus de stylos ?

     Moi, j'ai le plus de stylos ; j'ai trois stylos, et toi, tu as deux stylos.

    OU   Tu as moins de stylos que moi.

    OU   J'ai plus de stylos que toi.

1. Qui a le plus de stylos ?
2. Qui a le plus de livres ?
3. Qui a le plus de cahiers ?
4. Qui a le plus de crayons ?
5. Qui a le plus de devoirs ?
6. Qui a le plus d'argent ?
7. Qui a le plus de photos ?

4-23 Distribution des prix. In your French class, who excels in each of the following categories? Ask your classmates questions to find out. Can you get them to demonstrate their talents?

MODÈLE danser

    É1 Qui danse le mieux ?

    É2 Cindy danse le mieux.

1. danser
2. parler français
3. travailler
4. chanter
5. s'habiller
6. parler espagnol
7. écrire

Écrivons

4-24 La visite

A. Avant d'écrire. Imagine that your French friend Alexis, who is traveling in the United States, is planning to visit you for a long weekend and has sent you the following e-mail. Read Alexis's e-mail carefully and decide how you will respond:

1. Begin by listing the information Alexis is asking you to provide about your schedule and the plans you can make together.
2. Next, note down how you will answer each of Alexis's questions.
3. Finally, decide how you will organize your information. Will you answer Alexis's questions one by one, in the order in which they are raised? Or, will you be more systematic, describing first your Friday schedule and your weekend routine, then suggesting things the two of you can do together and when?

Stratégie

Before composing your response to a casual note, such as an e-mail from a friend, be sure to refer back to the original message to organize your answer.

De :	alexis253@hotmail.fr
À :	varsity.fan@gmail.com
Date :	lun. 14/04/09 15:23
Objet :	Ma prochaine visite

Salut,

Ça va ? Ici, tout va bien. Je suis très content parce que je pars bientôt pour venir chez toi. Alors, dis-moi, qu'est-ce qu'on va faire? J'arrive jeudi soir. Qu'est-ce que tu fais normalement le vendredi ? Tu te lèves tôt ? Tu as des cours ? Et le week-end ? J'imagine que ta routine est un peu différente le samedi et le dimanche. Alors, dis-moi tout !

Alexis

B. En écrivant. Draft your e-mail, using the information you have noted down and organizing it carefully, as you have planned.

MODÈLE

From:	varsity.fan@gmail.com
To:	alexis253@hotmail.fr
Date:	04/15/09 10:04 a.m.
Subject:	RE: Ma prochaine visite

Salut Alexis,

Tu arrives bientôt, c'est super ! Normalement le vendredi, je me lève assez tôt, vers 8 h 00, parce que mon cours de français commence à 9 h 00. J'ai cours jusqu'à 1 h 00. Souvent, je rentre chez moi pour manger et ensuite je pars travailler. Je travaille jusqu'à 6 h 30. Quelquefois le soir, je sors avec mes amis pour voir un film ou aller danser. Le week-end, c'est plus cool. Je dors jusqu'à 10 h 30 ou 11 h 00. Je fais du jogging et ensuite je mange un peu. L'après-midi, je…
Tu aimes faire du jogging ? On peut faire du jogging ensemble samedi matin et après…

C. En révisant. As you re-read your e-mail, think about the following questions and make any necessary changes.

1. Analyze the content: did you respond to Alexis's questions and describe your routine on Fridays and on the weekend? Did you suggest a few activities for the two of you to do during the visit? Have you stuck with your plan for organizing your information?
2. Analyze your description for style and form: do you use appropriate temporal expressions to describe your activities and to specify at what time of day each takes place?

D. Après avoir écrit. Exchange e-mails with a group of your classmates. Whose response(s) would probably be particularly appealing to Alexis? Why?

POINTS DE DÉPART

TEXT AUDIO
CD 2 TRACK 33

Les vêtements et les couleurs

un tee-shirt
un polo
un pull(-over)
une mini-jupe
un short
une veste

un pantalon
un jean

un maillot (de bain)

une casquette

un gilet

des lunettes (f.) de soleil
des chaussettes (f.)
des baskets (f.)
des sandales (f.)

Vêtements de sports

un parapluie
un imper(méable)
une écharpe
un blouson
un manteau
un chapeau
un anorak
des gants (m.)
un bonnet de laine
des bottes (f.)

Vêtements d'extérieur

noir/e
gris/e
jaune
blanc/blanche
orange
beige
rouge
marron
rose
vert/e
violet/te
bleu/e

une chemise en coton

un chemisier

un collant

un costume en laine

SOLDES

une cravate

un tailleur

un foulard

un sac en cuir

des chaussures (f.)
à talons

des mocassins (m.)

une robe en soie

Vêtements pour hommes et femmes

Deux amies regardent des vêtements dans la vitrine d'un grand magasin :

MANON : Je vais à un mariage, et je dois mettre une robe assez élégante pour la soirée. Regarde cette belle robe en soie. Elle est très chic, tu ne penses pas ?

AUDREY : Si, mais dis donc, elle est chère ; regarde le prix !

MANON : Ah oui ; mais j'ai envie d'être aussi belle que la mariée et de porter une robe magnifique.

AUDREY : Alors, achète la robe noire. Qu'est-ce que tu mets comme chaussures ?

MANON : Des chaussures à talons, bien sûr. J'ai des belles chaussures noires à la maison.

METTRE	*to put, to put on*		
SINGULIER		**PLURIEL**	
je	mets	nous	mett**ons**
tu	mets	vous	mett**ez**
il elle on	met	ils elles	mett**ent**

IMPÉRATIF : Met**s** tes bottes ! Mett**ez** un pull ! Mett**ons** un jean !

Vie et culture

Les compliments

The French do not usually compliment people they do not know well on their personal appearance. Among friends, the compliments and responses below are typical. What do you notice about the nature of the response in each case? How do you typically respond to compliments? Would you feel comfortable responding to compliments as the French do?

—Il est chic, ton pantalon !
—Tu trouves ?

—Your pants are really stylish!
—Do you think so?

—Elle est très jolie, ta robe !
—Oh, elle n'est pas un peu démodée ?

—Your dress is very pretty!
—Oh, isn't it a little old-fashioned?

—Tu parles très bien le français.
—Ah ! pas toujours !

—You speak French really well.
—Oh! not always!

🖥 La haute couture

Paris has long been an international fashion center with worldwide influence. When you think of French fashion, what images come to mind? Watch the video clip *La mode*, and see how many designers and styles you can recognize. Did you see the names of such great designers as Coco Chanel, Pierre Cardin, and Christian Lacroix?

Paris is not the only center of **la haute couture** in the Francophone world. Since 1998, **FIMA (le Festival International de la Mode Africaine)** has been held in Niger and features the largest fashion shows of African designers. In 1997 in Senegal, Oumou Sy launched **SIMOD (la Semaine Internationale de la Mode de Dakar)**, which has since become the annual Dakar Fashion Week. These events present the creations of designers such as Adama Amanda Ndiaye, Alphadi, Diouma Dieng Diakhaté, Ndiaga Diaw, and Oumou Sy, who showcase traditional African styles alongside European styles.

ET VOUS ?

1. Are you familiar with any the designers mentioned here? Who is your favorite designer?
2. What is the economic and cultural importance of fashion events such as these for the countries where they are held?

Une création de Catherine Bizoux à Niamey au 5e Festival International de la Mode Africaine

Un défilé de mode Lanvin à Paris, la haute couture

À vous la parole

4-25 Comment s'habiller ? Tell how people normally dress for each of the following occasions.

MODÈLE Pour aller en classe, je...
➤ Pour aller en classe, je mets un jean, un polo et des baskets.

1. Pour aller en classe, mes amis...
2. Pour courir dans un marathon, tu...
3. Pour faire des courses, ma mère...
4. Pour travailler dans le jardin, mes parents...
5. Pour faire du ski, je...
6. Pour nager, elles...
7. Pour manger au resto U, vous...
8. Pour sortir avec des amis, on...

4-26 Marier les vêtements. What goes well with each of the items mentioned? Work with a partner to decide.

MODÈLE avec une robe bleue en soie ?
É1 Avec une robe bleue en soie, on peut porter un foulard bleu et vert.
É2 Et des chaussures à talons.
É1 Oui, c'est bien.

1. avec une mini-jupe rouge
2. avec un costume bleu marine
3. avec un pantalon bleu
4. avec une veste noire
5. avec une belle jupe multicolore en soie
6. avec un tailleur marron
7. avec un jean
8. avec un pantalon noir en cuir

4-27 Préparez la valise. Imagine that you and the members of your group have just won a trip to one of the destinations indicated. Decide what items you will pack, and make a list.

MODÈLE huit jours à Tahiti
➤ trois maillots de bain, deux paires de sandales, des baskets, cinq shorts, sept tee-shirts, des lunettes de soleil

1. un long week-end à Québec, en février pour le Carnaval de Québec
2. quatre jours à Lafayette, en Louisiane, en juillet
3. huit jours à Grenoble, dans les Alpes, en janvier
4. six jours à Cannes pour le Festival International du Film
5. cinq jours à Dakar, au Sénégal
6. huit jours à Paris, en avril

Sons et lettres

TEXT AUDIO
CD 2 TRACKS 34–36

Les voyelles /ø/ et /œ/

To pronounce the vowel /ø/ of **deux**, start from the position of /e/ as in **des** and round the lips. The lips should also be tense and moved forward. It is important to lengthen the sound while continuing to keep the lips rounded, protruded, and tense. Typically, /ø/ occurs at the end of words and syllables and before the consonant /z/: **deux, jeu, peu, sérieuse,**

vendeuse. When it is pronounced, the *mute e* (in words like **le**, **me**, **ce**, and **vendredi**) is usually pronounced with the vowel /ø/ of **deux**.

To pronounce the vowel /œ/ of **leur**, start from the position of /ø/ and drop your jaw so that your mouth is open wider. Both vowels are usually spelled as **eu**. The vowel /œ/ is also spelled as **œu**, as in **sœur**. The vowel /œ/ of **leur** occurs before a pronounced consonant, except for /z/ as mentioned above.

/ø/	/œ/
bl**eu**	la coul**eur**
il p**eu**t	ils p**eu**vent
la vend**eu**se	le vend**eur**
vend**r**edi	un taill**eur**

◄ À vous la parole ◄

4-28 Contrastes. Compare the vowels in each pair of words.

/y/ vs /ø/	**/ø/ vs /œ/**
du / deux	ne / neuf
lu / le	eux / sœurs
du jus / deux jeux	la chanteuse / le chanteur

4-29 Au féminin. Provide the appropriate feminine form.

MODÈLE le vendeur
  ◄ la vendeuse

1. le chanteur
2. le chercheur
3. il est généreux

4. ils sont malheureux
5. il est paresseux

4-30 Phrases. Read each sentence aloud.

1. Des cheveux bleus ! Ce n'est pas sérieux !
2. Le neveu de Monsieur Meunier sort de l'immeuble (*building*) à neuf heures.
3. La sœur de Madame Francœur porte un tailleur à fleurs bleues.
4. Le vendeur suggère ces deux couleurs.
5. Depardieu est un acteur ; Montesquieu, un auteur.

FORMES ET FONCTIONS

1. *L'adjectif démonstratif*

◆ The demonstrative adjective is used to point out specific people or things that are close at hand. The singular form corresponds to *this* or *that* in English, the plural, to *these* or *those*.

Tu aimes **les robes** ?   *Do you like dresses (in general) ?*
Tu aimes **cette** robe ?   *Do you like this dress?*

♦ Note the masculine singular form used before a noun beginning with a vowel sound. It is pronounced like the feminine form but has a different spelling.

Regarde **ce** blouson !   *Look at this jacket!*
Regarde **cet** anorak !   *Look at that ski jacket.*
Regarde **cette** veste !   *Look at that suit jacket!*
Regarde **ces** bottes !   *Look at these boots!*

♦ Here are the forms of the demonstrative adjective.

	FÉMININ	MASCULIN	
		devant voyelle	*devant consonne*
SINGULIER	**cette** jupe	**cet** anorak	**ce** manteau
PLURIEL	**ces** écharpes	**ces** imperméables	**ces** maillots

⬸ À vous la parole ⬸

4-31 Dans l'immeuble. Read the descriptions of people who work in Clément's building and decide in each case if it's a man or a woman.

	un homme	une femme
MODÈLE Ce comptable est sociable.	✓	_____
1. Cette dentiste est sympa.	_____	_____
2. Ce secrétaire est conformiste.	_____	_____
3. Cet architecte est jeune.	_____	_____
4. Cette journaliste est dynamique.	_____	_____
5. Cette artiste est énergique.	_____	_____
6. Cet avocat est idéaliste.	_____	_____
7. Cet ingénieur est calme.	_____	_____
8. Ce fonctionnaire est timide.	_____	_____

Based on the information above, would you assume that more men or women work in Clément's building?

4-32 Regarde ça ! Imagine that you are window shopping with a friend in an exclusive shopping center and point out the clothes that you see.

MODÈLE   un tailleur violet
          ⬸ Regarde ce tailleur violet !

1. une belle chemise
2. des beaux mocassins
3. des chaussures à talons très hauts
4. des écharpes multicolores en laine
5. un jean en solde
6. des bottes magnifiques
7. un gros anorak
8. un beau pantalon marron

4-33 On s'organise. Imagine that you are helping a friend organize his or her closet. Based on the description, decide whether each item should be kept (**garder**) or thrown away (**jeter**).

Pour décrire les vêtements

long, longue	≠	court/e
large	≠	petit/e
fin/e		
à la mode	≠	démodé/e
chic		
cher, chère	≠	bon marché

MODÈLES un tee-shirt blanc avec le logo de l'université

    É1 Tu dois garder ce tee-shirt.
    É2 Oui, d'accord.

    une robe démodée

    É1 Tu dois jeter cette robe.
    É2 Oui, d'accord.

   OU Non, j'adore cette robe !

1. des bottes chic
2. une mini-jupe trop courte
3. des gants roses, violets et noirs
4. une chemise trop large
5. un pantalon trop court
6. une belle écharpe
7. des sandales fines à la mode
8. un gros anorak

2. *Le comparatif et le superlatif des adjectifs*

- In the previous lesson, you learned to use the expressions **plus... que**, **moins... que**, and **aussi... que** with adverbs to make comparisons.

Je dors **plus** tard **que** lui.	*I sleep later than he does.*
Tu joues **aussi** bien **que** moi.	*You play as well as I do.*
Il sort **moins** souvent **que** toi.	*He goes out less often than you do.*
Elle s'habille **mieux que** nous.	*She dresses better than we do.*

- To compare the qualities of two people or things, use these same expressions with an adjective. The adjective you use agrees with the first noun.

La robe est **plus** élégante **que** le tailleur.	*The dress is more elegant than the suit.*
Le pantalon est **moins** cher **que** la jupe.	*The pants are less expensive than the skirt.*
Les bottes noires sont **aussi** larges **que** les bottes marron.	*The black boots are as roomy as the brown boots.*

- When comparing people, remember to use stressed pronouns after **que**:

Christiane est plus grande que **moi**.	*Christiane is taller than I am.*
Vous êtes moins sociables qu'**eux**.	*You are not as outgoing as they are.*
Je suis aussi grand que **lui**.	*I'm as tall as he is.*

The adjective **bon** has an irregular comparative form **meilleur/e**, as shown below:

La qualité de cette robe est bonne.   *The quality of this dress is good.*
En fait, la robe est **meilleure** que   *In fact, the dress is **better** than the*
    la jupe.   *skirt.*
La qualité de la jupe est moins   *The quality of the skirt is less good.*
    bonne.

◆ To express the superlative, use the definite article **le**, **la**, or **les** with **plus**, **moins**, or **meilleur/e**:

La jupe rose est **la moins** chère.   *The pink skirt is the least expensive.*
Les bottes marron sont **les plus**   *The brown boots are the most*
    élégantes.   *elegant.*
Les gants noirs en cuir sont les   *The black leather gloves are the best.*
    meilleurs.

➤ À vous la parole ➤

4-34 Comparez les vêtements. Answer the questions, referring to the illustrations.

MODÈLE   Quel pantalon est plus long ?
    ➤ Le pantalon bleu est plus long que le pantalon noir.

1. Quelle robe est plus élégante ?
2. Quel blouson est plus large ?
3. Quelle jupe est plus courte ?
4. Quelles chaussures sont plus fines ?
5. Quelle chemise est plus à la mode ?

1.

2.

3.

4.

5.

4-35 Comparisons. Look at these people who are waiting for the metro and work with a partner to describe them. Use both comparative and superlative descriptions.

MODÈLES É1 Sabrina est plus petite que Marie-Ange.
É2 Oui, mais Marie-Ange est plus chic.
É1 D'accord, mais Sabrina est la plus mignonne (*cute*).

4-36 Les stars. Compare yourself to your classmates in groups of three or four. Who is . . .

MODÈLE le plus grand ?
É1 Qui est le plus grand de nous quatre ?
É2 Moi, je fais 1 m 75.
É3 Et moi, 1 m 80.
É1 Moi, je suis assez petite.
É4 Alors, Max est le plus grand.

1. le plus grand ?
2. le plus jeune ?
3. le moins sérieux ?
4. le plus sociable ?
5. le plus élégant ?
6. le moins doué pour le sport ?
7. le plus doué pour les langues étrangères ?
8. le meilleur musicien ?

 # Écoutons

TEXT AUDIO
CD 2 TRACK 37

4-37 Boutique Mode-Afrique. Imagine that you are monitoring the customer service operations of a company that sells African designers' clothes. Listen in on the following telephone conversations to determine if the service representatives are performing their job properly.

Seidnaly Alphadi, au centre, est un styliste nigérien qu'on surnomme « le magicien du désert ». C'est lui, le créateur du *Festival International de la Mode Africaine*.

A. Avant d'écouter. Before listening, answer the following questions.

1. Think about when you've ordered something on the phone. What did you say? What did the operator ask you? With a partner, make a list of expressions in French that one would probably hear in a conversation of this type.

2. You will hear the conversations of two clients who are looking for information or placing an order for clothes designed by an African designer.
   a. What kinds of questions do you think they will ask?
   b. Look at the photos and make a list of the type of clothes they may wish to order.

B. En écoutant. Listen to the two conversations and answer the following questions.

1. In the first call, what does the woman order?

   a. une veste   **b.** une robe pagne   **c.** un boubou brodé

2. How much is she going to pay?

   a. 95 euros   **b.** 85 euros   **c.** 115 euros

3. In the second call, what does the man wish to buy?

   a. une cravate et   **b.** un costume   **c.** un pantalon et une
   une chemise   chemise

4. How much does the shirt cost?

   a. 53 euros   **b.** 63 euros   **c.** 43 euros

5. Look again at the photos and decide which corresponds to:

   a. un pagne   **b.** un boubou   **c.** une chemise batik

C. Après avoir écouté. Now discuss these questions with classmates.

1. Did the operators each handle their call in a satisfactory way? Why or why not?
2. Would you be interested in buying something from an African designer? Why or why not?

Venez chez nous ! La vie de tous les jours à travers le monde francophone

La journée commence avec un arrêt chez le boulanger.

All over the Francophone world, people follow a daily routine; they get up in the morning, get dressed, get ready for work, school, or play, and spend their days in a variety of activities that tend to seem repetitive. Of course, people's daily activities, choice of clothes, type of work, and leisure activities may differ dramatically depending on where in the Francophone world they live and work.

Observons

4-38 Mon style personnel

A. Avant de regarder. In this video clip, watch as two women from different parts of the world describe the ways they dress for different situations and the ways in which they express their own style through their choice of clothing. Do you dress the same each day of the week? Make a list in French of the things you normally wear in a work situation and in a more casual situation.

B. En regardant. As you watch, look for answers to the following questions.

1. Marie-Julie describes the clothes she typically wears in three different contexts; list the contexts and the articles of clothing she names:

   Context #1: _____ clothing: _____
   Context #2: _____ clothing: _____
   Context #3: _____ clothing: _____

2. What article of clothing does she most enjoy personalizing? How would you describe her choices for this item of clothing?
3. Honorine and her friend model typical women's clothing from Bénin. She specifies that women dressed like this are...

   a. stared at   **b.** imitated   **c.** respected

4. In her country, women do not typically wear...
5. She demonstrates how to use an item of clothing called...

   a. un pagne   **b.** un boubou   **c.** une chemise batik

C. Après avoir regardé. Now discuss the following questions with your classmates.

1. In this video clip Marie-Julie and Honorine model and talk about their clothing. Does either woman also make a personal statement through her clothing? How?
2. Is it more typical to dress like Marie-Julie or Honorine where you live? Do you ever see women dressed like Honorine? If so, where, and in what situations? What do you typically wear in such situations?

3. In French there is a proverb, **L'habit ne fait pas le moine** (*monk*). Do you know a similar proverb in English? How is it different from the French example?

Écrivons

4-39 Une journée typique

A. Avant d'écrire. Choose one of the photos below or an image of your own representing a slice of daily life in a Francophone country or region. Select one of the people shown in the photo and imagine what a typical day in his or her life is like. Before you begin to write, complete the following steps.

1. List the important details of the person's identity: name, age, marital status, children, work, favorite hobbies, personality traits, living situation, etc.
2. Make a list of the person's likely activities in the course of a typical day.
3. Put the activities you've listed in chronological order and indicate at what time of day each is carried out. Provide a few adverbs to describe how each activity is performed.

Stratégie

To write a convincing description of someone's daily activities, begin by conceptualizing the person very clearly. Decide first on the essential details of his or her life and personality, then you can focus on his or her everyday experience.

en France   au Maroc   dans un village au Sénégal

B. En écrivant. Now write your description, using the notes that you have prepared.

MODÈLE ◄ Cette femme habite dans un village au Sénégal. Elle s'appelle Amina et elle n'est pas du tout paresseuse. Elle se lève tôt le matin parce qu'elle a beaucoup de travail. Elle se lève plus tôt que son mari et ses cinq enfants pour préparer à manger. Son mari part pour travailler à six heures et demie, et les enfants vont à l'école à sept heures. À dix heures, elle retrouve ses amis du village pour chercher de l'eau (*water*) et pour discuter un peu . . .

C. En révisant. As you revise your description, think about the following questions and make any necessary changes.

1. Analyze the content: Does your description provide a convincing sense of who the person in your photo is and what he or she is like? Have you provided a coherent, well-sequenced description of his or her activities throughout the day?
2. Analyze the style and form: have you used a variety of adjectives and adverbs to describe the person and his or her activities?

D. Après avoir écrit. Share your description with your classmates. Whose day seems most interesting or agreeable? Why? Whose day is the most like your own?

Parlons

4-40 Où aller pour faire du shopping?

A. Avant de parler. Depending on where you live, you have different options for buying daily necessities as well as items such as books, clothing, electronic items, and music. Not everyone shops in exclusive boutiques. Note, however, that **boutique** in French does not necessarily imply an exclusive shop; it is used to describe any specialized store, so that one might shop in **une boutique de presse** as well as **la boutique Lanvin**. The French have many shopping options; here are a few:

un centre commercial	le Forum des Halles à Paris, la Part-Dieu à Lyon
des grands magasins	les Galeries Lafayette, le Printemps, la FNAC
des grandes surfaces	E.Leclerc, Carrefour, Monoprix
des boutiques	Promod, Maison de la Presse, Habitat
objets « recyclés »	les puces, les marchés
en ligne	laredoute.fr, alapage.com

Do a little research online to discover what types of things you can purchase in each of these shopping locations and to identify their North American counterparts.

B. En parlant. With a partner...

1. describe the shopping option you see in each photo and the types of things you could buy there;

MODÈLE ◄ Voilà un grand magasin, la FNAC. À la FNAC, on peut trouver des livres, des CD, des DVD, des ordinateurs et...

2. indicate where you prefer to do your shopping, and why.

MODÈLE ◄ J'aime bien les grandes librairies, mais habituellement, j'achète mes livres en ligne... parce que c'est plus pratique et moins cher. Et toi ?

La FNAC, un grand magasin de livres et de médias

Le Forum des Halles, un centre commercial à Paris

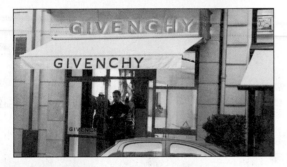

Une boutique de vêtements à Paris

Un marché aux puces

C. Après avoir parlé. Compare your own answers and those of your partner with the answers of the class as a whole. What conclusions can you draw about your shopping preferences?

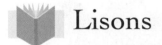 ## Lisons

4-41 Frère Jacques, dormez-vous ?

A. Avant de lire. Before reading this article about young people in France, answer the following questions.

1. Look at the title. What does it indicate that the article will be about?
2. Look at the subtitle: Have you yourself ever fallen into the "crazy rhythm" that is described (**se coucher tard, se lever tôt**)? If so, describe your experience.
3. Now, look at the photo that accompanies the article. Can you identify with the person depicted? Why or why not?

B. En lisant. As you read, answer the following questions.

1. What does Adèle say happens to her in the morning in class? According to the article, is she alone in this experience? Justify your answer.
2. How much sleep do 40 percent of young people get each night, according to the article? How does this compare with how much sleep they should be getting?
3. Paul says he gets tired at 11 P.M. Does he go to sleep then? Why or why not?

Stratégie

Before you read a text, think about the topic in terms of your own experience. This can help you better understand and respond to the ideas that are presented.

4. Name two reasons why almost half of all young people in France do not go to bed before 11 P.M.
5. According to the article, what is the consequence of constantly pushing back one's bedtime?
6. Dr. Brun says that these difficulties are not caused by insomnia. To what does he attribute the problem?

Frère Jacques, dormez-vous ?

« Je rêve[1] de dormir le matin quand je m'endors en cours », dit Adèle, 16 ans. Elle n'est pas la seule : d'après un sondage de TNS-Sofres, 50 % des 15-19 ans admettent qu'ils s'endorment au moins[2] une fois par semaine … dans le train, le bus ou le métro, ou même en classe. Ce n'est pas surprenant parce que 40% des jeunes dorment moins de huit heures par nuit ; c'est en moyenne une heure de moins que la quantité de sommeil[3] nécessaire pour être en forme.

Se coucher tard, se lever tôt... un rythme fou[4]

« Le soir vers onze heures, je suis fatigué, dit Paul, 19 ans. Mais je n'ai pas envie de dormir : je regarde la télé, je joue sur l'ordi… » Comme lui, 47% des 15-19 ans se couchent après 23 heures. Les modifications biologiques liées à la puberté expliquent en partie cette tendance, mais les causes sont aussi à chercher dans le rythme de vie[5] des jeunes. Après le travail scolaire, il reste très peu de temps pour les loisirs. Il est donc très tentant de réduire[6] le temps de sommeil en faveur d'autres activités plus intéressantes.

À force de différer[7] continuellement l'heure du coucher, certains sont incapables de s'endormir à une heure décente, et par conséquant de se lever tôt. « Ce syndrome fréquent chez l'adolescent et le jeune adulte s'appelle 'retard de phase'[8], explique le Docteur Georges Brun, spécialiste du sommeil. Ce n'est pas une insomnie, parce que le sommeil est normal en quantité et en qualité si la personne se couche et se réveille quand elle veut. C'est que la personne n'arrive[9] pas à s'adapter aux horaires imposés par la vie en société. »

[1]*dream about* [2]*at least* [3]*sleep* [4]*crazy* [5]*life* [6]*to reduce* [7]*to postpone* [8]*phase delay* [9]*manage*

C. En regardant de plus près. Now look more closely at the following features of the text.

1. You know that the expression **de taille moyenne** means of medium or average height. What do you think the expression **en moyenne** used in the text means?

2. Paul says that he likes to do other things besides sleep, such as **jouer sur l'ordi.** For which French word that you know is **l'ordi** an abbreviation?

3. Can you find a synonym in French for the expression **le travail scolaire**?

4. In the second and third paragraphs, there are several sophisticated expressions in French, such as « **les modifications biologiques liées à la puberté** » ; « **ce syndrome fréquent chez l'adolescent et le jeune adulte** » ; « **est normal en quantité et qualité** ». Use your knowledge of the reading topic and of cognates to determine what these expressions mean.

D. Après avoir lu. Discuss the following questions with your classmates.

1. Is it common, in your experience, for young people in North America to doze off on the way to school and/or in class? Why or why not?

2. Is the conclusion reached by Dr. Brun that the sleep rhythms of adolescents and young adults are not well suited to the schedule imposed by society a point of concern in your community? In what ways?

3. After reading the article, do you think that the sleeping habits of French students and North American students are similar or different? Explain your response.

Now that you have completed *Chapitre 4*, can you do the following in French?

☐ describe your daily routine?

☐ ask what time it is and tell time?

☐ make comparisons using adjectives and adverbs?

☐ talk about and describe clothing?

☐ talk about day-to-day life in some places where French is spoken?

Leçon

la routine de la journée — *the daily routine*

être debout	*to be up*
prendre une douche	*to take a shower*
se brosser les dents	*to brush one's teeth*
se coiffer	*to fix one's hair*
se coucher	*to go to bed*
se dépêcher	*to hurry*
se déshabiller	*to undress*
se doucher	*to shower*
s'endormir	*to fall asleep*
s'essuyer	*to dry off, wipe off*
s'habiller	*to get dressed*
se laver (les cheveux [m.], la figure [f.], les mains [f.])	*to wash (one's hair, one's face, one's hands)*
se lever	*to get up*
se maquiller	*to put on makeup*
se raser	*to shave*
se réveiller	*to wake up*
rentrer	*to return home*

les articles de toilette — *toiletries*

une brosse à dents/à cheveux	*toothbrush/hairbrush*
du dentifrice	*toothpaste*
un gant de toilette	*wash mitt*
du maquillage	*makeup*
un peigne	*comb*
un rasoir	*razor*
un savon	*soap*
une serviette de toilette	*towel*
du shampooing	*shampoo*

pour exprimer la fréquence — *to express frequency*

toujours	*always, still*
tous les... / toutes les...	*every . . .*
souvent	*often*
quelquefois	*sometimes*
rarement	*rarely*
ne... jamais	*never*
deux fois par jour	*twice a day*

autres mots utiles — *other useful words*

un appartement	*apartment*
une chambre	*bedroom*
déjà	*already*
de nouveau	*again*
être en train de (+ infinitif)	*to be busy (doing something)*
une journée	*day*
le lavabo	*bathroom sink*
la nuit	*at night*
tôt	*early*
tard	*late*
assez	*enough*

Leçon

pour parler de l'heure — *to talk about the time*

une horloge	*clock*
une montre	*watch*
un (radio-)réveil	*alarm clock (clock radio)*
être à l'heure	*to be on time*
être en avance	*to be early*
être en retard	*to be late*
Vous avez l'heure ?	*What time is it?*
pendant	*during, for*
jusqu'à	*until*
encore (un quart d'heure)	*another (quarter of an hour)*
entre	*between*
vers	*around, toward*
Il est une heure, huit heures.	*It is one o'clock, eight o'clock.*
et quart	00:15
et demi/e	00:30
moins vingt	00:40
moins le quart	00:45
du matin	*in the morning, A.M.*
de l'après-midi	*in the afternoon, P.M.*
du soir	*in the evening, P.M.*
midi	*noon*
minuit	*midnight*

quelques expressions utiles — *some useful expressions*

Mince !	*Shoot!*
Super !	*Great!*

Vocabulaire

TEXT AUDIO CD 2 TRACKS 38–52

Ouf !	*Whew!*
Zut (alors) !	*Darn!*

quelques verbes utiles	*some useful verbs*
chanter	*to sing*
commencer	*to begin*
courir	*to run*
dormir	*to sleep*
mentir	*to lie*
partir	*to leave*
quitter (ma chambre)	*to leave (my room)*
servir	*to serve*
sonner	*to ring, to alarm*
sortir	*to go out*
trouver	*to find*

pour comparer	*to compare*
aussi... que	*as . . . as*
autant de... que	*as many . . . as*
moins (de)... que	*less . . . than*
plus (de)... que	*more . . . than*
mieux que	*better than*
le mieux	*the best*

Leçon ③

les vêtements de sports et d'extérieur	*sportswear and outerwear*
un anorak	*ski jacket, parka*
un blouson	*heavy jacket*
un bonnet de laine	*knit/wool cap*
des bottes (f.)	*boots*
une casquette	*baseball cap*
un chapeau	*hat*
des chaussettes (f.)	*socks*
une écharpe	*scarf*
des gants (m.)	*gloves*
un gilet	*cardigan sweater*
un imper(méable)	*raincoat*
un jean	*jeans*
des lunettes (f.) (de soleil)	*(sun)glasses*
un maillot (de bain)	*swimsuit*
un manteau	*overcoat*
une (mini-)jupe	*(mini)skirt*
un pantalon	*pants/slacks*
un parapluie	*umbrella*
un polo	*polo shirt*
un pull(-over)	*pullover sweater*
des sandales (f.)	*sandals*
un short	*shorts*
un tee-shirt	*T-shirt*
des baskets (f.)	*sports shoes*
une veste	*jacket, suit coat*

les vêtements (m.) pour femmes	*women's clothing*
des chaussures (f.) à talons	*high-heeled shoes*
un chemisier	*blouse*
un collant	*pantyhose*
un foulard	*silk scarf*
une jupe	*skirt*
une robe	*dress*
un sac	*purse*
un tailleur	*woman's suit*

les vêtements pour hommes	*men's clothing*
une chemise	*man's shirt*
un costume	*man's suit*
une cravate	*tie*
des mocassins (m.)	*loafers*

les tissus (m.) et les matières (f.)	*fabrics and materials*
le coton	*cotton*
le cuir	*leather*
la laine	*wool*
la soie	*silk*

les couleurs	*colors*
Voir à la page 162	*See page 162*

au (grand) magasin	*at the (department) store*
avoir envie de (+ nom, + infinitif)	*to want (something, to do something)*
mettre	*to put, to put on*
penser	*to think*
porter (une robe)	*to wear (a dress)*
le prix	*price*
les soldes (f.)	*sales*
la vitrine	*display window*

pour décrire les vêtements	*to describe clothing*
à la mode	*stylish, fashionable*
bon marché	*inexpensive*
cher/chère	*expensive*
chic (inv.)	*stylish*
court/e	*short*
démodé/e	*old-fashioned, out-of-date*
fin/e	*thin, elegant*
large	*big, large, roomy*
long/ue	*long*
magnifique	*magnificent*
(le/la/les) meilleur/e/s	*better (the best)*

5 Du marché à la table

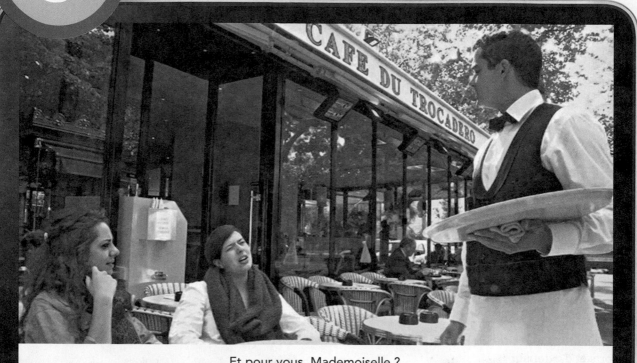

Et pour vous, Mademoiselle ?

DISCOVER

• Go to the *Chapitre 5*, Additional Practice folder in your MyFrenchLab course to watch the video on how to order food at a typical French café, and complete the related activities.

APPLY

• Video

• Activities : On démarre ! 05–01 to 05–02

Leçon 1 Qu'est-ce que vous prenez ?

Leçon 2 À table !

Leçon 3 Faisons les courses

Venez chez nous ! Traditions gastronomiques

After completing this chapter, you should be able to:

◆ Order food and drink in a restaurant

◆ Talk about meals and a wide variety of dishes

◆ Shop for food

◆ Specify quantities

◆ Tell about past actions or events

◆ Describe the importance of cuisine and regional dishes in the Francophone world

POINTS DE DÉPART

Au café

ROMAIN : J'ai faim. On va au McDo ?

HÉLÈNE : Des hamburgers, des frites et du coca, quelle horreur !
Allons au café, c'est plus sympa.

(au café)

LE SERVEUR : Qu'est-ce que je vous sers ?

HÉLÈNE : J'ai très soif. Je voudrais seulement quelque chose à boire.
Euh, une limonade, s'il vous plaît.

ROMAIN : Moi, j'ai faim. Je prends un croque-monsieur et une bière.

(plus tard)

ROMAIN : Monsieur ! ... L'addition, s'il vous plaît.

LE SERVEUR : J'arrive... Voilà.

HÉLÈNE : C'est combien ?

ROMAIN : Seize euros. On partage ?

HÉLÈNE : Sans problème.

Des boissons chaudes

une tasse de
chocolat
chaud (m.)

un café crème

un thé au lait

Des boissons rafraîchissantes

une cannette
de limonade (f.)

un Orangina

une bouteille
de coca (m.)

une cuillère

un verre de
jus d'orange (m.)

un citron
pressé

du sucre

de l'eau minérale

des glaçons

Des boissons alcoolisées

du vin rouge

une bière

Des casse-croûte

un sandwich au jambon

une pizza

des crudités

des frites

un croque-monsieur

une glace

une salade

Fiche pratique

To learn new vocabulary, such as the food-related vocabulary in this chapter, it is helpful to organize words and expressions into logically related groupings. For example, like the illustrations on this page, you can group together hot drinks, cold drinks, and snacks. Or, you can make lists of foods you typically eat at certain meals; foods you typically eat with certain courses; types of foods (for example, fruits, vegetables, and meats); foods you purchase in a particular type of container or amount (in a box, in a package, by the dozen, etc.).

⇐ À vous la parole ⇐

5-1 Proposez des boissons. Proposez des boissons…

MODÈLE chaudes

⇐ un café, un thé, un chocolat chaud

1. rafraîchissantes
2. gazeuses (*carbonated*)
3. alcoolisées
4. qui contiennent du jus de fruit
5. qui contiennent de la caféine
6. à prendre avec le dîner

5-2 Qu'est-ce que vous désirez ? Vous êtes au café avec un/e partenaire. Dites ce que vous préférez d'après la situation donnée.

MODÈLE Vous êtes au McDo.

É1 Pour moi, un cheeseburger et un coca.
É2 Un hamburger avec des frites et une limonade.

1. Vous êtes au café.
2. Vous n'avez pas faim.
3. Vous devez travailler très tard.
4. Il est 12 h 30.
5. C'est le matin.
6. Vous mangez une pizza et vous voulez boire quelque chose.
7. Vous avez très faim.
8. Vous avez très soif.

5-3 Au café. À tour de rôle, imaginez que vous êtes le serveur ou la serveuse. Vous prenez la commande de vos camarades qui sont les clients.

MODÈLE É1 Madame !
É2 Vous désirez ?
É1 Un café crème.
É2 Oui, et pour vous, mademoiselle ?
É3 Je voudrais un sandwich au jambon.
É2 C'est tout ?
É3 Non, une bière aussi, s'il vous plaît.
É2 Alors, pour monsieur, un café crème et pour mademoiselle un sandwich au jambon et une bière.

Vie et culture

La restauration à la chaîne

Aujourd'hui, les Français mangent moins souvent au restaurant. Les jeunes préfèrent les chaînes de restauration comme McDonald's (McDo), mais ils mangent plus de sandwichs que de hamburgers. Ils achètent leurs sandwichs surtout dans des chaînes spécialisées (**La Brioche Dorée, Paul, Point Chaud**) et pas nécessairement dans des cafés. Le nombre de cafés en France diminue, mais c'est encore un endroit agréable pour prendre un casse-croûte et discuter avec ses amis. Souvent, les cafés ont des terrasses où on aime prendre une boisson et regarder les gens passer.

ET VOUS ?

1. Est-ce qu'il y a beaucoup de cafés en Amérique du Nord ? Pourquoi ? Est-ce qu'il y a beaucoup de chaînes de restauration chez vous ?
2. Est-ce que vous allez habituellement au café pour discuter avec vos amis ? Expliquez votre réponse.

Qu'est-ce que vous désirez ?

Sons et lettres

Les voyelles nasales

Both English and French have nasal vowels. In English, any vowel followed by a nasal consonant is automatically nasalized, as in *man*, *pen*, *song*. In French, whether the vowel is nasal or not can make a difference in meaning. For example:

beau	/bo/	*handsome*	vs.	bon	/bɔ̃/	*good*
ça	/sa/	*that*	vs.	cent	/sɑ̃/	*a hundred*
sec	/sɛk/	*dry*	vs.	cinq	/sɛ̃k/	*five*

There are four nasal vowels in French. Use this phrase to remember them:

un /œ̃/   bon /bɔ̃/   vin /vɛ̃/   blanc /blɑ̃/   *a good white wine*

Nasal vowels are always written with a vowel letter followed by a nasal consonant (**m** or **n**), but that consonant is not usually pronounced: **mon, dans, cinq**.

◆ The vowel /ɔ̃/ is usually spelled **on: jambon, des glaçons**

◆ The vowel /ɑ̃/ is spelled **an** or **en: sandwich, prendre**

◆ For /ɛ̃/ there are several spellings: **le vin, l'examen, la faim, sympa**

◆ The vowel /œ̃/, which is rare and often pronounced like /ɛ̃/, is spelled **un: brun, lundi**

◆ Before **b** and **p**, nasal vowels are spelled with **m: combien, impossible**

   Note this exception: **le bonbon**

➤ À vous la parole ➤

5-4 Contrastes. Répétez et faites bien entendre les différences de prononciation.

beau / bon	allô / allons	sec / cinq
fine / fin	Jeanne / Jean	américaine / américain

5-5 Quelle voyelle nasale ? Faites attention à bien faire entendre les différences de prononciation entre ces voyelles nasales.

1. le vin / le vent *(the wind)*
2. cent pages / cinq pages
3. c'est long / c'est lent *(slow)*
4. il vend / ils vont
5. il est blond / il est blanc

5-6 Phrases. Répétez chaque phrase.

1. Voyons ! Pas de glaçons ?
2. On prend une boisson ? un thé au citron ?
3. Alain n'a pas faim, mais il prend du vin blanc.
4. On commande un sandwich au jambon.

FORMES ET FONCTIONS

1. *Les verbes* prendre *et* boire

The verbs **prendre** and **boire** are irregular.

PRENDRE	*to take*		
SINGULIER		**PLURIEL**	
je	prends	nous	prenons
tu	prends	vous	prenez
il / elle / on	prend	ils / elles	prennent

IMPÉRATIF : **Prends** un café ! **Prenez** du vin ! **Prenons** une pizza !

BOIRE	*to drink*		
SINGULIER		**PLURIEL**	
je	bois	nous	buvons
tu	bois	vous	buvez
il / elle / on	boit	ils / elles	boivent

IMPÉRATIF : Ne **bois** pas ça ! **Buvez** de l'eau ! Ne **buvons** pas trop !

◆ The verb **prendre** is used with foods or beverages.

Je **prends** un citron pressé.	*I'm having lemonade.*
—Qu'est-ce que vous **prenez** ?	*—What are you having?*
—Un coca.	*—A Coke.*
On **prend** un sandwich au jambon et des frites.	*We're having a ham sandwich and fries.*

◆ **Prendre** also means *to take.*

On **prend** le bus ou un taxi ?	*Shall we take the bus or a taxi?*
Tu **prends** ton sac ?	*Are you taking your bag?*
Elle **prend** une douche.	*She's taking a shower.*

◆ **Apprendre**, *to learn*, and **comprendre**, *to understand*, are formed like **prendre**.

Tu **apprends** l'italien ?	*You're learning Italian?*
Ils **comprennent** l'arabe.	*They understand Arabic.*

◆ **Boire** means *to drink*.

Qu'est-ce que tu **bois** ?	*What are you drinking?*
On **boit** du vin rouge.	*We're drinking red wine.*
Je ne **bois** pas trop de café.	*I don't drink too much coffee.*

⬥ À vous la parole ⬥

5-7 Quelle consommation ? Qu'est-ce que ces personnes prennent ou boivent ?

MODÈLE la dame âgée ?

⬥ Elle prend un café crème.

OU ⬥ Elle boit un café crème.

1. et le jeune homme ?	**3.** et les enfants ?	**4.** et le monsieur ?	**6.** et ces hommes ?
2. et son amie ?		**5.** et la petite fille ?	

5-8 C'est logique. Posez une question logique pour savoir quelles langues ces personnes comprennent ou apprennent. Voici la liste des langues :

l'allemand, l'espagnol, le français, l'italien, le portugais, le russe

MODÈLES Bruno habite au Portugal.

⬥ Alors il comprend le portugais ?

Je vais en Russie.

⬥ Alors tu apprends le russe ?

1. Isabella habite en Italie.
2. J'habite en Russie.
3. Franz habite en Allemagne.
4. Georges et moi, nous habitons en France.
5. Mes cousins habitent en Espagne.
6. Guillaume et Pierre vont à Moscou.
7. Paul et moi, nous allons au Mexique.
8. Mélanie va en Allemagne.
9. Je vais au Portugal.
10. Vous allez au Québec ?

5-9 Vos habitudes. Qu'est-ce que vous prenez dans ces situations ? Comparez votre réponse avec la réponse de votre partenaire.

MODÈLE le matin, avant (*before*) d'aller en classe ?

> É1 Moi, je prends un café noir.
> É2 Et moi, un jus d'orange.

1. pendant la journée ?
2. quand vous n'avez pas le temps de manger ?
3. le soir, quand vous ne pouvez pas dormir ?
4. quand vous regardez la télé ?
5. quand vous êtes au cinéma ?
6. quand vous sortez avec des amis ?
7. quand vous avez très soif ?

2. *L'article partitif*

◆ Look at the following examples:

J'aime le café, mais pas le thé.	*I like coffee, but not tea.*
J'adore les croissants, mais je déteste les bananes.	*I love croissants, but I hate bananas.*

Nouns are of two types in French and in English. *Count nouns* refer to things that can be counted, such as croissants and bananas. *Mass nouns* are things that normally are not counted, like coffee, tea, sugar, and water. Notice that, as in the examples above, count nouns can be made plural; mass nouns are normally used only in the singular.

◆ When you refer to a noun not previously specified, use the indefinite article if it is a count noun.

Il mange **un** sandwich.	*He's eating a sandwich.*
Je prends **une** pizza.	*I'm having a pizza.*
Elle achète **des** oranges.	*She's buying oranges.*

Use one of the three forms of the *partitive article* if it is a mass noun.

Tu veux **du** coca ?	*Do you want some Coke?*
Tu prends **de la** glace ?	*Do you want some ice cream?*
Je sers **de l**'eau minérale.	*I'm serving mineral water.*

◆ In the examples below, note the differences in meaning between the definite article on the one hand, and the indefinite and partitive articles on the other. Here the definite article denotes a specific or presupposed item. The indefinite or partitive article denotes an unspecified item.

Definite article	**Indefinite or partitive article**
Il prend l'orange.	Il prend **une** orange.
He's taking the orange. (*the specific orange*)	*He's taking an orange.* (*any orange*)
Vous voulez **les** sandwichs ?	Vous voulez **des** sandwichs ?
Do you want the sandwiches? (*these particular sandwiches*)	*Do you want sandwiches?* (*any sandwiches*)

Definite article	Indefinite or partitive article
Elle mange **le** pain.	Elle mange **du** pain.
She's eating the bread. (*this specific bread*)	*She's eating some bread.* (*any bread*)

◆ The definite article is also used when nouns are used in a general sense, to express preferences.

J'aime **le** vin, mais je n'aime pas **la** bière.	*I like wine, but I do not like beer.*

◆ In negative sentences, both the indefinite and the partitive articles are replaced by **de/d'**:

Il prend **un** Orangina ?	—Non, non, il ne prend pas **d'**Orangina.
Je peux avoir **des** glaçons ?	—On n'a pas **de** glaçons, mademoiselle.
Vous servez **du** thé ?	—Non, nous ne servons pas **de** thé, monsieur.

⇜ À vous la parole ⇜

5-10 Qu'est-ce que Chloé mange ? Regardez bien la liste des aliments suivants. Notez la forme de l'article dans chaque cas pour bien déterminer si Chloé prend les aliments suivants ou pas.

	Elle prend…	Elle ne prend pas…	
MODÈLE	_____	__✓__	… de glace.
1.	_____	_____	… du thé nature.
2.	_____	_____	… de café crème.
3.	_____	_____	… de la salade.
4.	_____	_____	… de l'eau minérale.
5.	_____	_____	… de frites.
6.	_____	_____	… de sucre.
7.	_____	_____	… des fruits.

D'après les habitudes de Chloé, est-ce qu'elle va probablement maigrir ou grossir ? Expliquez votre réponse.

5-11 Ce n'est pas logique ! Corrigez ces phrases illogiques.

MODÈLE Avec le café, je prends du vin blanc.
   ⇜ Avec le café, je ne prends pas de vin blanc ; je prends du sucre.

1. Comme dessert, je prends une pizza.
2. Avec une pizza, je prends du café.
3. Quand j'ai très soif, je prends du vin.
4. Généralement, je prends de la bière avec des glaçons.
5. Au mois de juillet, on prend souvent du chocolat chaud.
6. Dans un thé au lait, on met des frites.
7. Quand on veut manger quelque chose, on prend de la limonade.
8. Quand on veut boire quelque chose, on prend une pizza.

5-12 Au café. D'après les descriptions suivantes, imaginez ce que chaque personne prend au café.

MODÈLE Vincent n'a jamais assez de temps pour manger le matin.
◄ Il prend seulement un café noir.

1. Mme Sauvert fait très attention de manger correctement.
2. Sophie voudrait un dessert.
3. Claire n'a pas très faim.
4. Rémi a très soif.
5. Antoine est végétarien.
6. Le petit Nicolas a très faim.
7. M. Berger mange souvent au McDo.

5-13 Vos habitudes et préférences. Complétez chaque phrase et comparez votre réponse avec la réponse de votre partenaire.

MODÈLE Le matin, je prends toujours…

É1 Le matin, je prends toujours du café.
É2 Je déteste le café. Moi, je prends toujours du thé.

1. Le matin, je prends toujours…
2. Quand je vais au McDo, je prends toujours…
3. Le week-end, je prends…
4. Quand j'ai très soif, j'aime…
5. Quand je travaille très tard le soir, je prends souvent…
6. Ma boisson préférée, c'est…

 Parlons

5-14 Allons au café !

A. Avant de parler. Est-ce que vous allez souvent au café ? Qu'est-ce que vous prenez d'habitude comme boisson ou sandwich ? Discutez de ces questions avec deux camarades de classe.

B. En parlant. En groupes de trois, imaginez que vous êtes au café. Une personne est le serveur ou la serveuse. Appelez cette personne et donnez votre commande. Prenez votre boisson ou sandwich, discutez un peu avec votre camarade de classe et payez l'addition.

C. Après avoir parlé. Quels sont les boissons et les sandwichs les plus populaires ? Est-ce qu'il y a un café ou un restaurant français dans votre ville ? Pourquoi ne pas aller au café ou au restaurant avec votre professeur et vos camarades de classe un jour ? Fixez un rendez-vous avec eux !

Leçon 2 À table !

POINTS DE DÉPART

Les repas

TEXT AUDIO
CD 3 TRACK 6

un bol de chocolat chaud
un croissant
du lait
du sucre
du beurre
du pain
des céréales
un bol de café au lait
des tartines
de la confiture

Les Sangala habitent à Bordeaux ; ils prennent le petit-déjeuner vers huit heures.

une tasse de café noir
du bacon
une tranche de pain grillé /
une rôtie
un verre de jus d'orange
un œuf sur le plat
du sel
du poivre

Les Canadiens prennent souvent un petit-déjeuner copieux.

du poulet

des pommes de terre sautées

une tarte aux pommes

une carafe d'eau

une bouteille de vin rouge

des haricots verts

du fromage

Les Dupuis habitent une ferme en Touraine ; ils déjeunent chez eux à midi et demi.

un yaourt

une pomme

une poire

des fruits

une banane

des biscuits

du pain avec du chocolat

Marie-Christelle, Janique et Guillaume habitent en Belgique ; ils prennent le goûter vers quatre heures.

une carafe d'eau

du fromage

des fruits

des asperges

du riz

du poisson

M. et Mme Haddad habitent en Algérie ; ils dînent vers huit heures.

Vie et culture

Le déjeuner

Aujourd'hui beaucoup d'employés déjeunent au restaurant, près de leur travail. Regardez ces menus à l'entrée d'un petit restaurant : en quoi consiste un déjeuner typique ? D'abord[1], il y a une entrée ; indiquez une ou deux des entrées proposées. Ensuite[2], il y a un plat principal (de la viande ou du poisson) servi avec un légume. Après, on peut prendre un fromage ou un dessert. À la fin du repas, on prend le café. Quel menu et quels plats est-ce que vous préférez et pourquoi ?

Menu Express 15€
Soupe à l'oignon
Paté de campagne
Salade mixte

Faux filet grillé frites
Bœuf bourguignon
Spaghetti bolognese

Fromage ou Dessert

Boisson non comprise - Service Compris 15 % - TVA 19,6 comprise

Menu Gastronomique 21€
Soupe à l'oignon gratinée
6 escargots
Salade de gésiers ou tomates mozzarella

Entrecôte sauce au poivre
Confit de canard
Plat du jour

Fromage ou Dessert

Boisson non comprise - Service Compris 15 % - TVA 19,6 comprise

Le dîner

Le repas du soir, le dîner ou le souper, est normalement moins copieux. Il commence souvent par une soupe. Ensuite on peut avoir une omelette, des pâtes, de la viande ou du poisson avec un légume. Pour finir, il y a un peu de fromage, un yaourt ou des fruits. Le dîner en famille commence assez tard, vers huit heures. Souvent on regarde le journal télévisé[3] pendant le repas.

ET VOUS ?

1. Est-ce que vos habitudes sont semblables aux habitudes des Français ou différentes ? Par exemple, quel est le repas principal de la journée chez vous ? Expliquez votre réponse.
2. Est-ce que vous dînez plus tôt ou plus tard que les Français le soir ? Pourquoi ? Est-ce que vous regardez la télé quand vous mangez ?

Qui va déjeuner chez ses grands-parents ? À votre avis, est-ce que c'est un repas ordinaire ou un repas de fête ? En France, le grand repas de la semaine est le déjeuner du dimanche. Souvent on invite des membres de la famille ou des bons amis. Ces déjeuners sont très animés et très longs : ils peuvent durer entre deux et trois heures.

[1] first   [2] next   [3] T.V. news

Parallèles

Un repas en famille. 🎬

Mathilde et Diandra nous invitent à un repas chez elles.

Mathilde à table

Diandra à table

5-15 Quel repas ? Selon la description, identifiez le repas.

MODÈLE M. Maisonneuve prend des œufs sur le plat avec du jambon et des rôties.
  ⇐ Il prend le petit-déjeuner.

1. Mme Lopez donne des yaourts et des fruits à ses enfants.
2. Mme Leroux prend seulement du café et un croissant.
3. Nicolas prend un pain au chocolat et un jus de pomme.
4. M. et Mme Poirier prennent des œufs avec des rôties.
5. Il est une heure ; les Schumann mangent du poisson avec du riz.
6. Nous sommes à Montréal, le soir. Mme Ladouceur sert de la soupe.
7. Avant de retourner au bureau, Marion et Gaëlle prennent un hamburger et des frites au McDo.
8. Il est huit heures du soir, et les Deleuze mangent du rosbif et des pommes de terre.

5-16 Quels ingrédients ? Avec quoi est-ce qu'on fait les plats suivants ? Avec un/e partenaire, mettez-vous d'accord sur les ingrédients.

MODÈLE une omelette ?
  É1 Avec quoi est-ce qu'on fait une omelette ?
  É2 On fait une omelette avec des œufs, du lait et du beurre.
  É1 Et aussi avec du jambon et du fromage.

1. un citron pressé ?
2. une omelette ?
3. un sandwich ?
4. une salade de fruits ?
5. une tartine ?
6. un croque-monsieur ?
7. un café au lait ?
8. un pain au chocolat ?

5-17 Vos préférences. Qu'est-ce que vous prenez d'habitude dans les situations suivantes ? Comparez vos habitudes avec celles d'un/e camarade de classe.

MODÈLE comme boisson, au petit-déjeuner ?

      É1 D'habitude, je prends du café avec du sucre.

      É2 Moi, je ne prends pas de boisson au petit-déjeuner.

1. comme boisson, au petit-déjeuner ?
2. à manger, au petit-déjeuner ?
3. à manger, au déjeuner ?
4. comme goûter, l'après-midi ?
5. quand vous voulez prendre une boisson, l'après-midi ?
6. comme boisson, au dîner ?
7. quand vous êtes très occupé/e et vous dînez très tard le soir ?
8. quand vous êtes très stressé/e ?
9. comme boisson, quand vous avez des invités ?

Sons et lettres

TEXT AUDIO
CD 3 TRACKS 7–9

Les voyelles nasales et les voyelles orales plus consonne nasale

Compare the following pairs of words; the first ends with a final pronounced consonant (**-n** or **-m**) and the second ends in a nasal vowel. Only the second word contains a nasal vowel; notice the difference as you repeat after your instructor.

bonne/bɔn/	bon/bõ/
ma cousine/kuzin/	mon cousin/kuzẽ/
ils prennent/prɛn/	il prend/prã/
Jeanne/ʒan/	Jean/ʒã/

For words containing a nasal vowel, pronounce each syllable slowly, and do not pronounce **-m** or **-n** when it follows the nasal vowel:

sans	un sand-wich	sans moutarde
Jean	le jam-bon	un sand-wich au jam-bon
en	une en-trée	une en-trée froide

◄ À vous la parole ◄

5-18 Les groupes de mots. Attention de bien insister sur les voyelles nasales.

1. mon   mon-tagne
2. sans   sand-wich
3. camp   cam-ping
4. franc   fran-çaise
5. l'un   lun-di

5-19 Les phrases. Lisez chaque phrase.

1. Il a faim ; donc, il mange un sandwich.
2. Le matin, on prend des croissants, du pain et de la confiture.
3. Au restaurant, on prend du poisson.
4. Jean et Jeanne vont en Bourgogne en juin.
5. Marianne va en Louisiane chez son oncle et ses cousins.

FORMES ET FONCTIONS

1. *Le passé composé avec* avoir

◆ To express an action completed in the past, use the **passé composé**. The **passé composé** is a past tense composed of an auxiliary, or helping verb, and the past participle of the verb that expresses the action. Usually, the present tense of **avoir** is the helping verb.

J'**ai travaillé** hier au restaurant.	*I worked yesterday at the restaurant.*
Tu **as mangé** ?	*Did you eat?*
Il **a préparé** un sandwich.	*He made a sandwich.*
Nous **avons écouté** le serveur.	*We listened to the server.*
Vous **avez regardé** le menu ?	*Did you look at the menu?*
Ils **ont servi** une bonne soupe à l'oignon.	*They served a nice onion soup.*

◆ The specific meaning of the **passé composé** depends on the verb and on the context.

Hier on **a montré** un film à la télé.	*Yesterday they showed a film on TV.*
Mais j'**ai** déjà **fait** la vaisselle !	*But I have already done the dishes!*
La semaine dernière, il **a été** malade.	*Last week, he got sick.*
Mais j'**ai** beaucoup **travaillé** !	*But I did work a lot!*

◆ To form the past participle . . .
  ◆ for **-er** verbs, add **-é** to the base (the infinitive form minus the **-er** ending):

achet**er**	Ils ont achet**é** du lait et des œufs.	*They bought milk and eggs.*

  ◆ for **-ir** verbs, add **-i** to the base (the infinitive form minus the **-ir** ending):

serv**ir**	Tu as serv**i** le vin ?	*Did you serve the wine?*

  ◆ for **-re** verbs, add **-u** to the base (the infinitive form minus the **-re** ending):

attend**re**	Ils ont attend**u** devant le café.	*They waited in front of the café.*

◆ Here are past participles for irregular verbs that you know.

avoir	J'ai **eu** une bonne note.	*I got a good grade.*
boire	On a **bu** un bon vin blanc.	*We drank a nice white wine.*
courir	Elle a **couru** cinq kilomètres.	*She ran five kilometers.*
devoir	Il a **dû** travailler hier soir.	*He had to work last night.*
être	On a **été** surpris.	*We were surprised.*
faire	Il a **fait** la vaisselle.	*He did the dishes.*
mettre	J'ai **mis** du sel et du poivre.	*I put in salt and pepper.*
ouvrir	Tu as **ouvert** le paquet ?	*Did you open the package?*
pouvoir	J'ai **pu** sortir.	*I was able to go out.*
prendre	Elle a **pris** le poisson.	*She had the fish.*
vouloir	Elles n'ont pas **voulu** partir.	*They refused to leave.*

◆ In negative sentences, place **ne** and **pas** around the conjugated auxiliary verb.

Il **n'**a **pas** payé l'addition.	*He didn't pay the bill.*
Nos parents **n'**ont **pas** téléphoné.	*Our parents didn't call.*

◆ The following expressions are useful for referring to the past.

hier	*yesterday*
avant-hier	*the day before yesterday*
samedi dernier	*last Saturday*
l'année dernière	*last year*
il y a longtemps	*a long time ago*
il y a deux jours	*two days ago*
ce jour-là	*that day*
à ce moment-là	*at that moment*

◆ À vous la parole ◆

5-20 Qu'est-ce qu'on a mangé ? Selon la situation, qu'est-ce que les gens ont probablement mangé, bu ou servi ?

MODÈLE M. et Mme Jourdain ont fêté dix ans de mariage hier.
◆ Ils ont bu du champagne.
OU ◆ Ils ont servi du champagne à leurs invités.

1. Sébastien a pris un petit-déjeuner copieux ce matin.
2. Marie-Laure a rencontré son copain au café avant-hier.
3. Georges a fait la cuisine pour ses amis le week-end dernier.
4. Mme Sauvert a préparé un déjeuner très simple à midi.
5. Les enfants ont pris un goûter après l'école.
6. Suzanne et moi, nous avons invité nos grands-parents à déjeuner dimanche.
7. On a servi un très bon dessert.

5-21 Mais c'est logique ! Avec un/e partenaire, imaginez ce que ces gens ont fait à l'endroit mentionné. Combien de possibilités est-ce que vous pouvez trouver ?

MODÈLE Qu'est-ce que Julie a fait dans le magasin hier ?

◄ Elle a trouvé une jolie robe.

OU ◄ Elle a travaillé ; c'est une vendeuse.

1. Qu'est-ce que vous avez fait au restaurant hier ?
2. Qu'est-ce que les Brunet ont fait à la piscine l'été dernier ?
3. Qu'est-ce que tu as fait au supermarché hier ?
4. Qu'est ce qu'on a fait en cours hier matin ?
5. Qu'est-ce que tu as fait chez toi hier soir ?
6. Qu'est-ce que David a fait au café avant-hier ?
7. Qu'est-ce que vos camarades ont fait chez eux le week-end dernier ?
8. Qu'est-ce que le prof a fait dans son bureau ce matin ?

5-22 Normalement, mais… Racontez à votre partenaire vos habitudes et aussi les exceptions !

MODÈLE dormir

◄ Normalement, je dors jusqu'à sept heures, mais samedi dernier j'ai dormi jusqu'à dix heures.

1. dormir
2. manger
3. quitter la maison
4. travailler
5. jouer
6. regarder la télé
7. boire

2. *Les verbes comme* acheter *et* appeler

◆ You have learned that for verbs like **préférer** (*to prefer*), the second vowel in the singular forms and the third-person plural form of the present tense are spelled and pronounced like the **è** in **mère**:

Je préf**è**re le poisson.   Ils préf**è**rent le poulet.

◆ Verbs like **acheter** (*to buy*) and **appeler** (*to call*) similarly show changes in the singular forms and in the third-person plural. The final vowel in these forms is also pronounced like the /ɛ/ in **mère**.

  ◆ This pronunciation change is reflected in the spelling by the use of the **accent grave** in verbs like **acheter**.

acheter	*to buy*	Qu'est-ce que tu **achètes** ?
se lever	*to get up*	Elle se **lève** à huit heures.

  ◆ Verbs like **appeler** reflect the pronunciation change by doubling the final consonant of the base in the singular and the third-person plural forms:

appeler	*to call*	J'**appelle** le restaurant pour réserver ?
épeler	*to spell*	Il **épelle** son nom.
jeter	*to throw* (*out*)	Elle ne **jette** pas les bananes.

◆ The **nous** and **vous** forms for these verbs are two syllables long:

nous ach**e** tons   vous app**e** lez

ACHETER *to buy*	
SINGULIER	**PLURIEL**
j' achète	nous achetons
tu achètes	vous achetez
il elle on } achète	ils elles } achètent

IMPÉRATIF : **Achète** des haricots !
Achetez une belle tarte !
Achetons des asperges !

PASSÉ COMPOSÉ : J'**ai acheté** des belles tomates.

APPELER *to call*	
SINGULIER	**PLURIEL**
j' appelle	nous appelons
tu appelles	vous appelez
il elle on } appelle	ils elles } appellent

IMPÉRATIF : **Appelle** le serveur !
Appelez le médecin !
Appelons ton copain !

PASSÉ COMPOSÉ : On **a appelé** leurs parents.

◆ À vous la parole ◆

5-23 Des achats. Quels produits est-ce qu'on achète ?

MODÈLE Je prépare un plateau de fromages.
◆ J'achète du brie, du camembert et du chèvre *(goat cheese)*.

1. Nous, on prépare un petit-déjeuner copieux.
2. Mes amis vont faire un pique-nique.
3. David a envie d'un fruit.
4. Maryse n'aime pas le poisson comme plat principal.
5. Vous êtes invité chez des amis pour dîner.
6. Christiane cherche des épices.
7. Tu veux des légumes ?
8. Je voudrais un beau dessert.

5-24 Mais pourquoi ? Imaginez que vous avez un/e colocataire impossible. Demandez-lui pourquoi il/elle fait les choses suivantes.

MODÈLE jeter les bananes

      É1 Pourquoi est-ce que tu jettes les bananes ?

      É2 Je n'aime pas les bananes.

1. acheter tous ces biscuits
2. ne pas appeler tes parents
3. ne pas te lever avant midi
4. ne pas épeler correctement mon nom
5. acheter toujours des chips et du chocolat
6. jeter les tomates
7. appeler tous tes amis

5-25 Une interview. Interviewez un/e partenaire pour apprendre s'il ou si elle…

MODÈLE jette ses vieux tickets de concerts

      É1 Est-ce que tu jettes tes vieux tickets de concerts ?

      É2 Oui, je jette mes vieux tickets de concerts.

1. appelle ses parents tous les week-ends
2. achète beaucoup de légumes
3. achète des fruits
4. se lève toujours avant huit heures
5. jette ses vieux tickets de concerts
6. jette toujours ses devoirs et examens corrigés (*graded*)
7. ne se lève pas avant midi le week-end

 # Lisons

TEXT AUDIO
CD 3 TRACK 10

5-26 Déjeuner du matin

A. Avant de lire. The title of the poem that you are going to read is *Déjeuner du matin*. What does it lead you to expect the poem will be about, at a literal and perhaps subjective level? How might a poem with this focus be organized? As you read, consider the series of events that comprise the **déjeuner du matin**. Try to determine why the poet, Jacques Prévert, is focusing on this simple meal.

B. En lisant. Ce poème est une narration. Un personnage décrit une série d'actions pendant le déjeuner du matin. Pour comprendre son histoire, considérez les questions suivantes.

1. Il y a combien de personnages dans le poème ? Qui sont ces personnes, à votre avis ?
2. Qui raconte cette histoire, et comment ? Notez que Prévert a commencé sa carrière dans le cinéma.
3. Résumez les activités. Par exemple, (a) le monsieur a bu une tasse de café, (b)…

C. En regardant de plus près. Maintenant répondez aux questions suivantes.

1. Les personnages du poème n'ont pas de nom : ils sont simplement **il** et **je**. Qui sont ces personnages, à votre avis ?
2. Le poème décrit en général les actions d'un personnage masculin. Quels sont les actions et les sentiments de l'autre personnage ?
3. Quel est le ton du poème : gai, triste (*sad*) ? Quelles techniques est-ce que Prévert utilise pour communiquer cela ?

D. Après avoir lu. Maintenant que vous avez lu et discuté du poème :

1. Imaginez :
   a. les actions avant le début du poème
   b. les actions après la fin du poème
2. Le titre du poème est *Déjeuner du matin*. Est-ce que le petit-déjeuner est en réalité le sujet du poème ? Pourquoi est-ce que Prévert a donné ce titre au poème ?

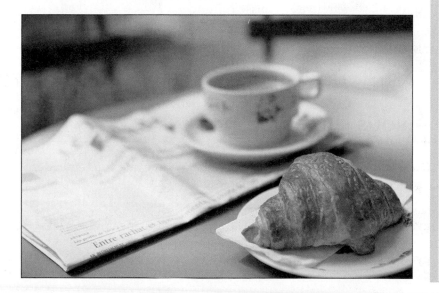

DÉJEUNER DU MATIN

Il a mis le café
Dans la tasse
Il a mis le lait
Dans la tasse de café
Il a mis le sucre   5
Dans le café au lait
Avec la petite cuiller
Il a tourné
Il a bu le café au lait
Et il a reposé la tasse   10
Sans me parler
Il a allumé
Une cigarette
Il a fait des ronds
Avec la fumée   15
Il a mis les cendres
Dans le cendrier
Sans me parler
Sans me regarder
Il s'est levé   20
Il a mis
Son chapeau sur sa tête
Il a mis son manteau de pluie
Parce qu'il pleuvait
Et il est parti   25
Sous la pluie
Sans une parole
Sans me regarder
Et moi j'ai pris
Ma tête dans ma main   30
Et j'ai pleuré.

Jacques Prévert, *Paroles*.

© Éditions Gallimard

POINTS DE DÉPART

Allons au supermarché

C'est samedi. Les Mathieu font les courses à Super U. Ils se trouvent au rayon fruits et légumes.

M. MATHIEU :	Qu'est-ce qu'on prend comme fruits ? Des cerises ? Elles sont belles !
MME MATHIEU :	Mais elles sont trop chères. Sept euros le kilo !
M. MATHIEU :	Alors, prenons des pommes !
MME MATHIEU :	D'accord. Tu veux passer au rayon crèmerie ? On a besoin d'une douzaine d'œufs, d'une bouteille de lait, d'un morceau de cantal et aussi peut-être d'un bon camembert. Moi, je vais au rayon charcuterie pour chercher quelques tranches de jambon et du pâté. On se retrouve à la caisse ?

(quelques minutes plus tard)

M. MATHIEU :	Regarde, chérie, j'ai trouvé cette boîte de sardines, un pot de moutarde à l'ancienne et ce paquet de chips bio.
MME MATHIEU :	Tu es incorrigible ! C'est pas sur la liste, tout ça !

◄ À vous la parole ►

5-27 Quel rayon ? On est au supermarché. Où est-ce que vous entendez cela ? Choisissez vos réponses dans cette liste.

au rayon crèmerie	au rayon boulangerie-pâtisserie
au rayon charcuterie	au rayon fruits et légumes
au rayon viandes et poissons	au rayon surgelés
	à la caisse

MODÈLE Je voudrais une demi-douzaine de petits pains, s'il vous plaît.
◄ C'est au rayon boulangerie-pâtisserie.

1. Je mets les croissants dans un sac ?
2. Qu'est-ce que tu préfères, le pâté de campagne ou le jambon ?
3. Vous avez des sardines ?
4. Comme dessert, on prend de la glace ou un sorbet ?
5. Je vous recommande le brie, madame.
6. Il y a des côtelettes d'agneau et du poulet.
7. La pâtissière fait des gâteaux délicieux !
8. Les melons sont beaux, mais ils sont chers.
9. Donne-moi mon sac, chéri ; on doit payer maintenant.

de la charcuterie

un rôti de porc

du thon

du saumon

une crevette

du bifteck haché

du rosbif

une côtelette d'agneau

une pâtisserie

une baguette

un pain de campagne

un pain de mie

un gâteau

du pâté

Le rayon charcuterie-poissonnerie-boucherie

Le rayon boulangerie-pâtisserie

une tarte

un plat préparé

un petit pain

une carotte

une tomate

un concombre

une pêche

des petits pois (m.)

un oignon

des épinards (m.)

Les surgelés

La caisse

Le rayon fruits et légumes

une cerise

un champignon

un melon

du vinaigre

de l'huile (f.)

du raisin

une fraise

de la moutarde

des pâtes (f.)

Vie et culture

Les petits commerçants et les grandes surfaces

Regardez ces photos de magasins d'alimentation[1]. Qu'est-ce que vous pouvez acheter dans chaque magasin ? Où est-ce que vous préférez faire les courses et pourquoi ?

Pour faire les courses, les Français ont beaucoup de possibilités. Ils peuvent aller chez les petits commerçants ou faire leurs courses une fois par semaine dans les grandes surfaces. Par exemple, le matin, beaucoup de Français achètent la baguette du petit-déjeuner chez le boulanger. Pour les repas de fête, ils vont à la pâtisserie où ils achètent un gâteau ou des tartelettes. Mais la majorité des Français font les courses une ou deux fois par semaine dans les supermarchés comme Casino ou les hypermarchés comme Intermarché ou Carrefour. Comme les supermarchés, les hypermarchés offrent toutes sortes d'aliments. Mais en plus, on y trouve des vêtements, des livres, des CD, des appareils électroniques (comme des télés, des lecteurs DVD, des ordinateurs, etc.) et différentes choses pour la maison.

Les marchés

Regardez ces photos de marchés en France et en Guyane. Qu'est-ce que vous pouvez acheter dans ces marchés ? Est-ce qu'il y a des marchés

Voilà l'épicier devant son magasin.

On trouve de tout dans une grande surface.

Expressions de quantité			
une assiette de	une bouteille de	un litre de	un pot de
une boîte de	une douzaine de	un morceau de	une tranche de
un bol de	un kilo de	un paquet de	un verre de

5-28 Des achats. Qu'est-ce que ces gens ont acheté et en quelles quantités ? Avec un/e partenaire, suggérez un ou deux produits.

MODÈLE Pauline se trouve au rayon boulangerie.

É1 Elle a acheté une baguette.
É2 Et aussi une demi-douzaine de petits pains.

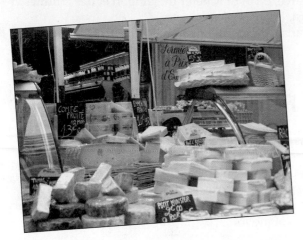

Le fromager vend une grande variété de fromages.

Un marché en Guyane

là où vous habitez ? Si oui, est-ce que vous allez souvent au marché pour faire des achats ? Quels sont les avantages d'acheter certains produits au marché ?

Pour acheter des fruits et des légumes frais[2] ou biologiques, les Français aiment faire leur marché, en particulier le samedi et le dimanche. Il est vrai que les marchés sont moins pratiques que les supermarchés, en particulier au mois de janvier ! Alors pourquoi est-ce que les gens préfèrent les marchés ? C'est parce que les produits sont plus frais et les marchés sont plus animés. On y trouve une grande variété de couleurs, d'odeurs et de bruits[3].

[1]*food* [2]*fresh* [3]*noises*

Un marché en plein air à Nîmes

1. Nicolas a trouvé un beau dessert.
2. M. Dumas va faire une salade.
3. Mme Ducastel se trouve au rayon fruits et légumes pour acheter des fruits.
4. M. et Mme Camus veulent servir du jambon.
5. Matthieu a seulement pris des surgelés.
6. Gaëlle a été au rayon crèmerie.
7. Christophe va préparer des spaghettis.
8. Lucie veut faire une vinaigrette.

5-29 Un grand dîner. Avec un/e partenaire, planifiez un grand dîner avec des amis. Quelle occasion est-ce que vous allez fêter ? Qu'est-ce que vous allez servir comme entrée ? comme plat principal ? comme légume ? comme fromage ? comme boisson ? comme dessert ?

MODÈLE É1 Comme entrée, on peut acheter du jambon et des crudités.
É2 Je déteste ça. Je préfère les crevettes.
É1 C'est cher, mais d'accord. Et comme plat principal ? ...

FORMES ET FONCTIONS

1. *Le passé composé avec* être

◆ To tell what you did in the past, you have already learned that most French verbs form the **passé composé** with the present tense of **avoir**. However, some verbs use the present tense forms of **être** as an auxiliary. These are usually verbs of motion:

aller	*to go*	Tu **es allé** au restaurant ce week-end ?
arriver	*to arrive*	Je **suis arrivé** en ville vers 10 heures du matin.
venir	*to come*	Il **est venu** avec nous pour faire un pique-nique.
revenir	*to return*	Elle **est revenue** au bureau hier matin.
devenir	*to become*	Elle **est devenue** chef.
entrer	*to go/come in*	Anne **est entrée** dans le café.
rentrer	*to go/come back*	Nous **sommes rentrés** tard après le travail.
retourner	*to go back*	Elles **sont retournées** en France.
partir	*to leave*	Vous **êtes parties** ensemble à Lyon ?
sortir	*to go out*	Rémy **est sorti** avec Juliette pour voir un film.
passer	*to go/come by*	On **est passés** chez toi hier.
rester	*to stay*	Ils **sont restés** chez eux tout l'après-midi.
tomber	*to fall*	Elle **est tombée** dans le supermarché.
monter	*to go up*	Lucie **est montée** dans sa chambre.
descendre	*to go down*	On **est descendues** en ville pour dîner.
naître	*to be born*	Elle **est née** en 1988.
mourir	*to die*	Il **est mort** l'été dernier.

◆ For verbs that form the **passé composé** with **être**, the past participle agrees in gender and number with the subject.

Mon frère est arrivé hier.   *My brother arrived yesterday.*
Ma sœur est arrivée ce matin.   *My sister arrived this morning.*
Ses cousins sont allés au musée.   *Her cousins went to the museum.*
Ses cousines sont descendues   *Her cousins went downtown too.*
   en ville aussi.

Fiche pratique

You have learned that you can use a mnemonic device to recall facts that must be memorized. The list of verbs conjugated with **être** in the **passé composé** is easy to remember if you use a mnemonic device such as the acronym "Dr. & Mrs. Vandertrampp" (each letter stands for a verb conjugated with **être**).

♦ Pronominal verbs also use **être** in the **passé composé**. Note, however, that when a noun follows the verb, no past participle agreement is made.

Il s'est endormi.	*He fell asleep.*
Ils se sont couché**s**.	*They went to bed.*
Elle s'est lavé**e**.	*She washed up.*
Elle s'est lavé les cheveux.	*She washed her hair.*

♦ To narrate a series of events or actions, use the following expressions.

D'abord elle s'est lavée et **ensuite** elle s'est habillée.	*First she washed up and then she got dressed.*
Puis, elle a pris un café et **enfin** elle est partie au travail.	*Then, she had coffee and finally, she left for work.*

Pour faire un récit				
d'abord	ensuite	après	puis	enfin
first	*next*	*after*	*then*	*finally*

◄ À vous la parole ◄

5-30 La vie des serveurs. Il est difficile de travailler comme serveur dans un restaurant. Lisez attentivement les phrases suivantes pour déterminer si elles décrivent les serveurs maintenant ou au passé.

Les serveurs…

		maintenant	au passé
MODÈLE	… sont stressés.	✓	
1.	… sont arrivés à l'heure.		
2.	… sont énergiques.		
3.	… sont entrés dans le bar.		
4.	… sont assez jeunes.		
5.	… sont devenus des amis.		
6.	… sont fatigués.		
7.	… sont sortis ensemble.		
8.	… sont réservés.		
9.	… sont allés au cinéma.		

À votre avis, est-ce que c'est mieux d'être serveur maintenant ou dans le passé ? Pourquoi ?

5-31 L'après-midi de M. Dumont. Racontez l'après-midi de M. Dumont au passé.

Cet après-midi M. Dumont va sortir faire une promenade. Sa femme va rester à la maison pour préparer le dîner. Alors, M. Dumont va sortir avec son chien, Castor. Ils vont partir vers trois heures, et ils vont passer d'abord chez un ami de M. Dumont. Ensuite ils vont aller au parc, et ils vont entrer au zoo. Après, ils vont descendre par l'avenue principale et ils vont s'arrêter au café où M. Dumont va prendre un thé. Finalement, ils vont rentrer à la maison vers six heures.

MODÈLE ◄ Hier après-midi, M. Dumont est sorti faire une promenade.

5-32 Le samedi de Guillaume. Racontez comment Guillaume a passé la journée samedi. Utilisez les expressions pour faire un récit : **d'abord, ensuite, après, puis, enfin.**

MODÈLE D'abord, Guillaume a quitté sa chambre à huit heures. Ensuite, il...

OU ◆ D'abord, Guillaume est sorti à huit heures. Après, il...

a. b. c.

d. e. f. g.

5-33 Et vous ? Qu'est-ce que vous avez fait hier ? Où est-ce que vous êtes allé/e ? Avec qui ? Qu'est-ce que vous avez fait ? Racontez à un/e partenaire.

MODÈLE ◆ Hier, dimanche, je ne suis pas allé/e à la fac. J'ai quitté mon appartement vers neuf heures et ensuite...

2. *Les expressions de quantité et le pronom* en

◆ The pronoun **en** replaces nouns used with the partitive article or the plural indefinite article **des**:

Vous avez acheté **de l'huile** ?   *Did you buy oil?*
—Oui, j'**en** ai acheté.   *—Yes, I bought some.*

Il n'y a pas **de sucre** ?   *There isn't any sugar?*
—Si, il y **en** a.   *—Yes, there is some.*

Qui veut **des fraises à la crème** ?   *Who wants strawberries with cream?*
—Jérémy **en** veut. Elles sont   *—Jeremy wants some. They're delicious.*
délicieuses.

◆ The pronoun **en** can be used to replace nouns modified by an expression of quantity (including numbers). In this case, the expression of quantity is placed at the end of the sentence.

Il faut beaucoup de sucre pour
cette recette?
—Oui, il **en** faut beaucoup.

Do you need a lot of sugar for this
recipe?
—Yes, you need a lot (of it).

Tu as pris **du vin rouge** ?
—Oui, j'**en** ai bu un verre.

Did you have some red wine?
—Yes, I drank a glass (of it).

Combien de **melons** est-ce que
vous allez prendre ?
—Nous allons **en** prendre trois.

How many melons are you going
to take?
—We'll take three (of them).

As the examples above show, **en** is placed immediately before the conjugated verb of a sentence, unless there is an infinitive. In that case, it precedes the infinitive.

◄ À vous la parole ◄

5-34 Qu'est-ce qu'il a acheté ? David achète des provisions. D'après les indications, qu'est-ce qu'il a acheté ? Avec un/e partenaire, trouvez des possibilités.

MODÈLE Il en a acheté une douzaine.

É1 Il a acheté une douzaine d'œufs.
É2 Il a acheté une douzaine de citrons.

1. Il en a pris un pot.
2. Il en a acheté un morceau.
3. Il en a pris une douzaine.
4. Il en a acheté une bouteille.
5. Il en a pris deux paquets.
6. Il en a demandé deux.
7. Il en a pris beaucoup.
8. Il en a acheté un kilo.
9. Il en a demandé dix tranches.
10. Il en a acheté une boîte.

5-35 Elle en prend combien ? Voici la liste des provisions que Mme Serres achète pour sa famille. Quelles quantités est-ce qu'il lui faut ?

MODÈLE des carottes
◄ Elle en achète un kilo.

- carottes
- oignons
- petits pains
- pâtes
- moutarde
- vin
- eau minérale
- lait
- œufs
- saumon

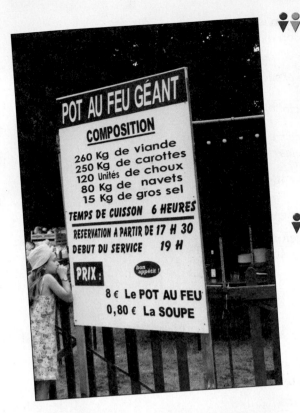

5-36 Un pot-au-feu. Qu'est-ce qu'il faut pour faire un pot-au-feu ? Regardez l'image du « pot-au-feu géant » préparé pour un festival d'été en Bretagne. Avec un/e partenaire, décidez de quelle quantité il faut pour préparer un pot-au-feu pour votre famille.

MODÈLE É1 Pour un pot-au-feu géant, il faut 260 kg de viande ! Et pour ta famille ?

É2 Pour ma famille, il faut seulement un kilo de viande...

É1 On est huit chez moi, il en faut deux kilos.

5-37 Vous en avez combien ? Donnez une réponse logique et personnalisée, et comparez-la avec la réponse de votre partenaire. Ensuite, comparez vos réponses avec les autres étudiants dans votre cours.

MODÈLE des sœurs ?

É1 J'en ai une.

É2 Je n'en ai pas.

1. des sœurs ?
2. des frères ?
3. des amis ?
4. des problèmes ?
5. de l'argent ?
6. des devoirs ?
7. des responsabilités ?
8. des vacances ?

 Écrivons

5-38 Vous avez bien mangé hier ?

A. Avant d'écrire. Qu'est-ce que vous avez mangé hier ? Quand ? Décrivez vos repas et vos casse-croûte et décidez si vous avez bien mangé.

1. Pour organiser vos idées, complétez ce tableau.

Stratégie

To narrate past events effectively, clearly establish the sequence in which they took place by using appropriate adverbial expressions.

L'heure	Les aliments
MODÈLE *vers 9 h*	*un café et un croissant*
à midi	*un sandwich, de la soupe*

2. Ensuite, évaluez ce que vous avez mangé : Est-ce que vous avez mangé très mal ? assez bien ? bien ? très bien ? Expliquez pourquoi : par exemple, est-ce que vous n'avez pas mangé assez de fruits et de légumes ? Est-ce que vous avez trop couru pendant la journée ?

B. En écrivant.

1. Expliquez ce que vous avez mangé et quand.
2. Dans votre description, utilisez des mots qui permettent d'indiquer une série d'actions : par exemple, **le matin, l'après-midi, le soir** ; ou **d'abord, ensuite, après.**
3. Faites une évaluation : comment est-ce que vous avez mangé ? Expliquez pourquoi vous pensez cela.

MODÈLE ◂ *Hier*, j'ai mangé très mal. *Le matin*, je n'ai pas déjeuné parce que j'ai dormi jusqu'à sept heures et demie et j'ai dû me dépêcher pour arriver à mon cours de huit heures. *Après* mon premier cours, vers dix heures, j'ai bu un café et j'ai pris un croissant. *Ensuite,* je suis allé(e) à un autre cours. *À midi*, je me suis arrêté(e) au restaurant universitaire ; j'ai pris seulement...

C. En révisant. Réfléchissez aux questions suivantes et puis faites tous les changements nécessaires.

1. Relisez votre paragraphe pour analyser le contenu : est-ce que vous avez décrit tout ce que vous avez mangé hier ? Est-ce que vous avez fait une évaluation ?
2. Relisez de nouveau votre paragraphe pour analyser le style et la forme : est-ce que vous avez bien indiqué une série d'actions avec une variété d'expressions ? Est-ce que les verbes au passé composé sont bien formés ?

D. Après avoir écrit. Échangez votre paragraphe avec quelqu'un dans votre classe. Qui a mangé le mieux ? Pourquoi ?

Les Niçois et les touristes aiment prendre une bonne pizza en plein air dans ces deux pizzerias qui se trouvent face à face dans la rue Masséna à Nice.

Venez chez nous ! Traditions gastronomiques

 Parlons

5-39 Les plats régionaux

A. Avant de parler. Les Français ont la réputation de bien manger et boire. C'est une réputation bien méritée. La cuisine française est très variée. Chaque région a ses plats particuliers qui dépendent de son climat, de ses produits et de ses traditions culturelles. Voici une liste de quelques spécialités régionales en France :

- la bouillabaisse marseillaise
- la choucroute alsacienne
- la quiche lorraine
- les crêpes bretonnes
- le coq au vin bourguignon
- la fondue savoyarde

Est-ce que vous avez déjà goûté certains de ces plats ?

B. En parlant. Avec un/e partenaire, regardez ces images de spécialités et de plats régionaux. Décrivez chaque photo et identifiez le plat.

MODÈLE É1 Regarde cette image. C'est une soupe.
  É2 Oui, une soupe de poisson. Il y a différents poissons.
  É1 Oui, et aussi des tomates parce que la soupe est rouge.
  É2 C'est la bouillabaisse marseillaise ?
  É1 C'est possible. Oui, c'est ça.

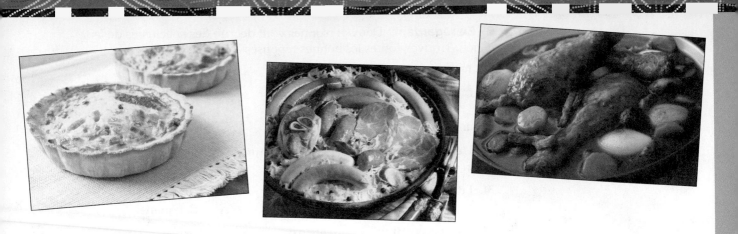

C. Après avoir parlé. Est-ce que vous et votre partenaire avez identifié tous les plats ? Comparez vos réponses aux réponses de vos camarades de classe.

Observons

5-40 Voici des spécialités de chez nous

Voici un buffet plein de spécialités du Bénin.

Un bon couscous. Est-ce que vous avez déjà mangé du couscous ? Où ?

A. Avant de regarder. Est-ce que vous avez déjà dîné dans un restaurant marocain ? africain ? Si oui, quelles sont les spécialités que vous avez goûtées ? Regardez la photo du buffet — est-ce que vous avez mangé certains de ces plats du Bénin ? Quels sont les ingrédients nécessaires pour préparer ces plats ? Regardez le couscous ; quels sont les ingrédients nécessaires ?

B. En regardant. Deux personnes vont décrire des spécialités de leur région. Trouvez toutes les bonnes réponses à chaque question.

1. Bienvenu décrit des spécialités du...
   a. Mali.
   b. Bénin.
   c. Cameroun.

2. D'abord, c'est de l'épinard avec...
   a. du poulet.
   b. du porc.
   c. des crevettes.

3. L'épinard est accompagné de pâte faite de...
   a. riz.
   b. maïs.
   c. plantain.

4. Le plantain, c'est une forme de...
   a. céréales.
   b. légume.
   c. banane.

5. Fadoua décrit une spécialité du...
   a. Maroc.
   b. Tchad.
   c. Midi de la France.

6. Pour préparer ce plat, il faut...
   a. un grand four.
   b. un couscoussier.
   c. une casserole.

7. Comme ingrédients, on peut mettre...
   a. de la viande.
   b. du poisson.
   c. des tomates.
   d. des carottes.
   e. des oignons.
   f. des navets (*turnips*).
   g. des concombres.

8. Pour servir, on met un bol avec du bouillon pour...
   a. boire.
   b. mélanger (*mix*) les ingrédients.
   c. mouiller (*moisten*) le plat.

C. Après avoir regardé. Est-ce que vous avez déjà goûté un de ces plats ? Est-ce que vous avez aimé ce plat ? Pourquoi ? Quel plat est-ce que vous voulez essayer et pourquoi ?

Lisons

5-41 Une recette louisianaise

A. Avant de lire. When you think of Louisiana, what types of food come to mind? Jambalaya? Gumbo? Crayfish étouffé? These typical dishes are made with local products, using traditional methods of preparation. Look at the recipe on the following page and the photo that accompanies it: have you ever eaten pralines, another specialty of Louisiana? What will probably be among the main ingredients? Follow the text step-by-step, making sure you understand the procedures, the ingredients, and the quantities involved.

Stratégie

Read a text such as a recipe intensively: make sure you understand each step as it is outlined before you proceed.

B. En lisant. Trouvez les réponses aux questions suivantes.

1. La recette est divisée en trois parties — quelles sont ces trois parties ?
2. Dressez une liste des ingrédients, par exemple : du sucre brun clair, ...

Pralines aux pacanes

Mark Thomas/Getty Images, Inc. — Foodpix

Temps de préparation :
10 minutes
Temps de cuisson :
20 minutes
Difficulté : très facile
Quantité obtenue :
45 morceaux

Voici une recette traditionnelle de la Nouvelle Orléans avec en vedette les noix de pécans ou pacanes, qu'on trouve partout dans le sud des États-Unis.

Ingrédients :

350 g de sucre blanc
350 g de sucre brun clair
180 g de crème
100 g de lait
90 g de beurre

350 g de pacanes, légèrement grillées et hachées grossièrement
1 c à thé de sel
1 c à thé d'extrait de vanille

Préparation :

1. Mélanger les sucres, la crème, le lait et le beurre dans une casserole. Chauffer jusqu'à 110 C / 230 F (utiliser un thermomètre) ; remuer continuellement.
2. Ajouter les pacanes et le sel ; continuer la cuisson jusqu'à 114 C / 237 F, toujours en remuant.
3. Retirer du feu et ajouter la vanille. Laisser refroidir jusqu'à 100 C / 212 F.
4. Remuer vigoureusement le mélange avec une cuillère de bois jusqu'à ce qu'il prenne une texture crémeuse, soit environ une minute.
5. Déposer les pralines sur des plaques graissées et laisser refroidir avant de servir.
6. Mettre quelques pralines dans une boîte hermétique[1] et la cacher, sinon elles vont disparaître très vite !

[1] air-tight container

C. En regardant de plus près. Maintenant examinez quelques caractéristiques du texte.

1. Quand on prépare une recette, il est très important de bien mesurer les ingrédients. Quel est le sens exact des mots et des abréviations suivantes ?
   a. g
   b. c à thé
   c. 110 C / 230 F

2. Les verbes suivants indiquent les méthodes de préparation. Quel est le sens de chaque verbe ?
   a. mélanger
   b. chauffer
   c. remuer
   d. ajouter
   e. retirer
   f. laisser refroidir
   g. déposer

3. Les adjectifs expliquent aussi la préparation ; quel est le sens des expressions suivantes ?
   a. des pacanes **grillées** et **hachées** grossièrement
   b. une plaque **graissée**

D. Après avoir lu. Discutez de ces questions avec vos camarades de classe.

1. Pourquoi est-ce que c'est un bon exemple d'un plat louisianais ?
2. Est-ce que vous connaissez une autre recette qui ressemble à celle-ci ? Quelle est cette recette ?
3. Essayez cette recette, et apportez des pralines à votre professeur et à vos camarades de classe !

 Écrivons

5-42 Une spécialité de chez vous

A. Avant d'écrire.
Écrivez la recette d'une spécialité de votre famille ou de votre région et notez les traditions associées à ce plat.

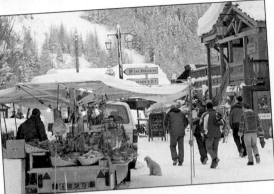

Voici un marché dans les Alpes où vous pouvez acheter du fromage à raclette.

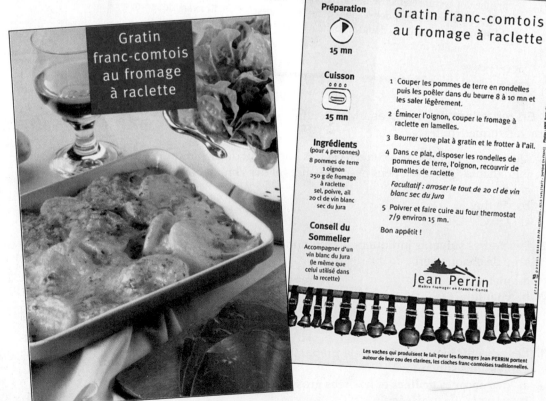

Gratin franc-comtois au fromage à raclette

Préparation

15 mn

Cuisson

15 mn

Gratin franc-comtois au fromage à raclette

1. Couper les pommes de terre en rondelles puis les poêler dans du beurre 8 à 10 mn et les saler légèrement.

2. Émincer l'oignon, couper le fromage à raclette en lamelles.

3. Beurrer votre plat à gratin et le frotter à l'ail.

4. Dans ce plat, disposer les rondelles de pommes de terre, l'oignon, recouvrir de lamelles de raclette

   Facultatif : arroser le tout de 20 cl de vin blanc sec du Jura

5. Poivrer et faire cuire au four thermostat 7/9 environ 15 mn.

Bon appétit !

Ingrédients
(pour 4 personnes)

8 pommes de terre
1 oignon
250 g de fromage
à raclette
sel, poivre, ail
20 cl de vin blanc
sec du Jura

Conseil du Sommelier

Accompagner d'un vin blanc du Jura (le même que celui utilisé dans la recette)

Jean Perrin
Maître Fromager en Franche-Comté

Les vaches qui produisent le lait pour les fromages Jean PERRIN portent autour de leur cou des clarines, les cloches franc-comtoises traditionnelles.

1. D'abord, faites une petite liste des plats typiques de votre région ou des spécialités de votre famille. Quel plat est-ce que vous allez décrire ?
2. Ensuite, analysez la recette pour les **Pralines aux pacanes** ou la recette pour le **Gratin franc-comtois au fromage à raclette**. Comment est-ce que la recette est organisée ? Quels sont les mesures et les verbes importants pour expliquer comment préparer la recette ?
3. Notez les ingrédients nécessaires pour préparer votre plat.
4. Enfin, notez les traditions associées à ce plat. Est-ce qu'on mange ce plat pour une fête ? Avec qui est-ce qu'on le mange ?, etc.

B. En écrivant. Maintenant écrivez la recette d'une spécialité régionale ou familiale.

1. Suivez l'organisation de la recette modèle ; numérotez les étapes à suivre ; précisez les quantités.
2. N'oubliez pas d'expliquer pourquoi cette recette est importante pour votre famille ou votre région.

C. En révisant. Réfléchissez aux questions suivantes et puis faites tous les changements nécessaires.

1. Relisez votre recette pour analyser sa forme. Est-ce que vous avez noté : le temps de préparation et de cuisson ; les ingrédients ; les quantités ; toutes les étapes à suivre ?
2. Trouvez une belle photo pour illustrer votre recette !

D. Après avoir écrit. Avec vos camarades de classe, comparez vos recettes. Est-ce qu'il y a des recettes similaires, par exemple avec les mêmes ingrédients ou la même méthode de préparation ? Est-ce que les recettes sont typiques de votre région, ou est-ce qu'elles reflètent des traditions culinaires différentes ?

Stratégie

Some texts, such as recipes, require a specific format and careful sequencing of the information. Be sure to keep these conventions in mind as you write.

Now that you have completed *Chapitre 5*, can you do the following in French?

☐ order something to eat and drink in a restaurant and ask for the bill?

☐ describe what you typically eat in a day?

☐ shop for food, specifying the quantities you need?

☐ read a recipe, or write one?

☐ relate a series of actions or events in the past?

☐ describe some regional French specialties and tell why they are typical of the region?

Leçon 1

au café ou au restaurant — *in the cafe or in the restaurant*

l'addition (f.)	*bill*
avoir faim	*to be hungry*
avoir soif	*to be thirsty*
boire	*to drink*
prendre	*to have (to eat or drink)*

des boissons chaudes — *hot drinks*

un café (crème)	*coffee (with cream)*
un chocolat chaud	*hot chocolate*
un thé (au lait)	*tea (with milk)*

des boissons rafraîchissantes — *cold drinks*

un citron pressé	*lemonade*
un coca(-cola)	*cola*
de l'eau (f.) (minérale)	*water (mineral water)*
un jus d'orange	*orange juice*
une limonade	*lemon-lime soft drink*
un Orangina	*orange soda*

des boissons alcoolisées — *alcoholic drinks*

une bière	*beer*
du vin (rouge, blanc, rosé)	*(red, white, rosé) wine*

des casse-croûte (m. inv.) — *snacks*

un croque-monsieur	*grilled ham-and-cheese sandwich*
des crudités (f.)	*cut-up raw vegetables*
des frites (f.)	*French fries*
une glace	*ice cream*
un *hamburger	*hamburger*
une pizza	*pizza*
une salade verte	*green salad*
un sandwich (au jambon, au fromage)	*(ham, cheese) sandwich*

quelques expressions utiles — *some useful expressions*

apprendre	*to learn*
une bouteille	*bottle*
une cannette	*(soda) can*
commander	*to order*
comprendre	*to understand*
des glaçons (m.)	*ice cubes*
une cuillère	*spoon*
je voudrais…	*I would like . . .*
partager	*to share*
quelle horreur !	*how awful!*
quelque chose (à manger, à boire)	*something (to eat, to drink)*

sans problème	*no problem*
seulement	*only*
du sucre	*sugar*
une tasse	*cup*
un verre	*glass*

Leçon 2

les repas — *meals*

le petit-déjeuner	*breakfast*
le déjeuner	*lunch; breakfast (Can.)*
le goûter	*afternoon snack*
le dîner	*dinner; lunch (Can.)*
le souper	*dinner (Can.)*

au petit-déjeuner — *at breakfast*

prendre le petit-déjeuner	*to have breakfast*
le bacon	*bacon*
le beurre	*butter*
un café au lait	*coffee with milk*
des céréales (f.)	*cereal*
la confiture	*jam*
un croissant	*croissant*
un œuf (sur le plat/au plat)	*(fried) egg*
du pain	*bread*
un pain au chocolat	*chocolate croissant*
une rôtie	*piece of toast (Can.)*
une tartine	*slice of bread*
une tranche de pain grillé	*slice of toast*

au déjeuner — *at lunch*

une entrée	*appetizer or starter*
un plat principal	*main dish*
un dessert	*dessert*

des aliments (m.) — *foods*

une asperge	*asparagus*
un biscuit	*cookie*
le fromage	*cheese*
les *haricots verts (m.)	*green beans*
un légume	*vegetable*
des pâtes (f.)	*pasta*
le poisson	*fish*
une pomme de terre	*potato*
le poulet	*chicken*
le riz	*rice*
une soupe	*soup*
une tarte aux pommes	*apple pie*
la viande	*meat*
un yaourt	*yogurt*

des fruits (m.) — *fruits*

une banane	*banana*

Vocabulaire

TEXT AUDIO
CD 3 TRACKS 13–34

une poire	*pear*	une carotte	*carrot*
une pomme	*apple*	un champignon	*mushroom*
		un concombre	*cucumber*
des épices (f.)	**spices**	les épinards (m.)	*spinach*
le poivre	*pepper*	les *haricots (m.)	*beans*
le sel	*salt*	un oignon	*onion*
		les petits pois (m.)	*peas*
d'autres mots utiles	**other useful words**	une tomate	*tomato*
un bol (de café au lait)	*bowl (of coffee with hot milk)*	le rayon poissonnerie	*fish counter*
		une crevette	*shrimp*
une carafe (d'eau)	*carafe (of water)*	du saumon	*salmon*
		du thon	*tuna*
pour décrire	**to describe**	le rayon surgelés	*frozen foods aisle*
copieux	*copious, hearty*	les surgelés (m.)	*frozen foods*
grillé/e	*grilled, toasted*		
		des condiments	**condiments**
pour parler du passé	**to talk about the past**	l'huile (f.)	*oil*
hier	*yesterday*	la moutarde	*mustard*
avant-hier	*the day before yesterday*	le vinaigre	*vinegar*
samedi dernier	*last Saturday*		
l'année dernière	*last year*	**pour faire les courses**	**to shop for food**
il y a longtemps	*a long time ago*	un/e commerçant/e	*shopkeeper, merchant*
il y a deux jours	*two days ago*	une épicerie	*small grocery*
ce jour-là	*that day*	une grande surface	*superstore*
à ce moment-là	*at that moment*		
		des quantités (f.)	**quantities**
quelques verbes utiles	**some useful verbs**	une assiette de (crudités)	*plate of (crudités)*
acheter	*to buy*	une boîte de (sardines)	*can of (sardines)*
appeler	*to call*	une douzaine d'(œufs)	*dozen (eggs)*
épeler	*to spell*	un kilo de (pommes)	*kilo of (apples)*
faire la vaisselle	*to do the dishes*	un litre de (lait)	*liter of (milk)*
jeter	*to throw, to throw away*	un morceau de (fromage)	*piece of (cheese)*
lever	*to raise*	un paquet de (riz, céréales, biscuits)	*package of (rice, cereal, cookies)*
		un pot de (moutarde)	*jar of (mustard)*
		une tranche de (pâté)	*slice of (pâté)*

Leçon 3

les rayons du supermarché	**supermarket aisles**	**quelques verbes conjugués avec être au passé composé**	**some verbs conjugated with être in the passé composé**
le rayon boulangerie-pâtisserie	*bakery/pastry aisle*	Voir à la page 206	*See page 206*
une baguette	*long, thin loaf*	**pour faire un récit**	**to construct a narrative**
un pain de campagne	*round loaf of bread*	d'abord	*first*
un pain de mie	*loaf of sliced bread*	ensuite	*next*
une pâtisserie	*pastry*	après	*after, after that*
des petits pains (m.)	*rolls*	puis	*then*
une tarte	*pie*	enfin	*finally*
le rayon boucherie	*meat counter*		
du bifteck haché	*ground beef*	**d'autres expressions utiles**	**other useful expressions**
une côtelette d'agneau	*lamb chop*	avoir besoin de	*to need*
du rosbif	*roast beef*	J'ai besoin d'huile.	*I need (some) oil.*
le rayon charcuterie	*deli counter*	il faut	*to need*
du pâté	*pâté*	Il faut quatre oeufs.	*We need four eggs.*
des plats (m.) préparés	*prepared dishes*	biologique	*organic*
un rôti (de porc)	*(pork) roast*	une tomate bio(logique)	*organic tomato*
le rayon fruits et légumes	*produce aisle*	la caisse	*cash register*
une cerise	*cherry*	d'accord	*O.K., alright*
une fraise	*strawberry*	délicieux/-euse	*delicious*
un melon	*cantaloupe*	demander	*to ask (for)*
une pêche	*peach*		
du raisin	*grapes*		

6 Nous sommes chez nous

—Et voici la cuisine avec une petite table pour faire déjeuner les enfants.

DISCOVER
• Go to the *Chapitre 6*, Additional Practice folder in your MyFrenchLab course to watch the video providing an apartment tour, and complete the related activities.

APPLY
• Video
• Activities : On démarre ! 06–01 to 06–02

After completing this chapter, you should be able to:

◆ Talk about where you live
◆ Specify dates, distances, and prices
◆ Identify geographical features
◆ Make suggestions
◆ Describe situations and settings in the past
◆ Understand concepts of home and regionalism in France

POINTS DE DÉPART

TEXT AUDIO
CD 3 TRACK 35

Chez les Santini

Les Santini habitent dans le dix-huitième arrondissement, près de Montmartre, un quartier animé de Paris. M. et Mme Santini ont deux enfants, Nicolas et Véronique. Ils habitent un bel immeuble dans une rue tranquille d'un quartier résidentiel.

L'appartement des Santini est au sixième étage — on peut prendre les escaliers ou l'ascenseur. C'est un cinq-pièces, avec une grande salle de séjour, une salle à manger et trois chambres. Chaque enfant a sa propre chambre. Il y a aussi une salle de bains, des toilettes (des W.-C.) et une grande cuisine.

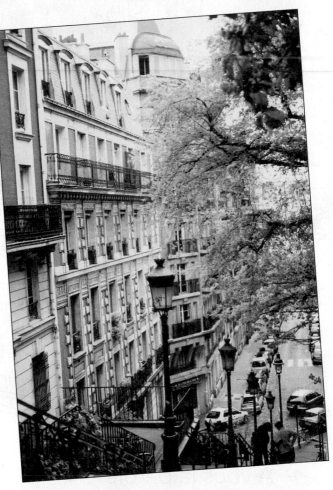

L'appartement a un grand balcon qui donne sur la rue, et dans la chambre de M. et Mme Santini il y a même un petit balcon qui donne sur la cour. Au sous-sol, il y a un garage où les Santini garent leur voiture. Ils ont des voisins sympathiques au cinquième étage.

un immeuble
le sixième étage
un ascenseur
des escaliers
le premier étage
le rez-de-chaussée
une rue
le sous-sol
un garage
une cour
une terrasse

une cuisine
une chambre
un balcon
une salle de bains
des toilettes
un couloir
une salle à manger
une entrée
une salle de séjour
un ascenseur
un balcon

⬤ À vous la parole ⬤

6-1 Où est-ce qu'ils sont ? Expliquez où sont ces gens.

MODÈLE Nicolas fait ses devoirs.
⬤ Il est dans sa chambre.

1. Mme Santini prépare le dîner pour la famille.
2. Véronique met la table.
3. M. Santini regarde un film à la télé.
4. Nicolas prend une douche.
5. Les enfants jouent aux cartes.
6. M. Santini regarde les voitures qui passent.
7. Le voisin frappe à la porte.
8. M. Santini prépare le café.
9. Véronique fait la sieste.
10. Mme Santini gare la voiture.

6-2 Où allez-vous ? Où est-ce que vous préférez faire les choses suivantes ? Comparez vos préférences avec celles de vos camarades de classe.

MODÈLE   faire la sieste

    É1   J'aime aller dans ma chambre pour faire la sieste.
    É2   Je préfère faire la sieste dans la salle de séjour, devant la télé.
    É3   Moi, j'aime aller sur la terrasse.

1. faire la sieste
2. regarder un film
3. faire les devoirs
4. prendre le petit-déjeuner

5. écouter de la musique
6. travailler sur l'ordinateur
7. parler avec des amis

Vie et culture

Où habitent les Français ?

Environ[1] 56 % des familles en France habitent une maison individuelle, mais dans les centres urbains les appartements sont plus nombreux. La majorité des Français (57 %) sont propriétaires de leur maison ou appartement ; 40 % sont locataires, c'est-à-dire qu'ils paient un loyer chaque mois. Quelquefois les charges (l'électricité et le gaz) sont comprises[2] dans le loyer et quelquefois c'est en supplément.

    Dans les quartiers résidentiels des grandes villes, beaucoup de familles habitent un appartement dans un grand immeuble. En France, le nombre de pièces (sans compter la cuisine, la salle de bains ou les toilettes) détermine la classification des appartements et des maisons. Un studio est un appartement avec une seule pièce (plus éventuellement[3] cuisine, salle de bains et toilettes). Est-ce que la majorité des Américains habitent des maisons individuelles ou des appartements ?

À quel étage ?

Regardez l'immeuble à la page 222 et surtout **le rez-de-chaussée** et **le premier étage**. Est-ce que c'est le même système où vous habitez ? En

Voici une maison typiquement française en Côte d'Or, près de Dijon.

France, quand vous entrez dans un bâtiment ou un immeuble, vous êtes au **rez-de-chaussée** et **le premier étage** se trouve au-dessus[4]. Si vous descendez un étage, vous êtes au **sous-sol**.

RdeCh	rez-de-chaussée	11e	onzième
1er	premier	12e	douzième
2e	deuxième	...	
3e	troisième	20e	vingtième
...		21e	vingt-et-unième

[1]approximately   [2]included   [3]peut-être   [4]above

6-3 Une comparaison. Avec un/e partenaire, comparez l'endroit (*place*) où vous habitez avec l'appartement des Santini.

MODÈLE Les Santini habitent un appartement de cinq pièces.

   É1 Moi, j'habite un deux-pièces.
   É2 Moi, j'ai une chambre à la résidence.

1. Les Santini habitent une grande ville.
2. Ils habitent un quartier animé.
3. Ils habitent un bel immeuble.
4. Ils sont propriétaires.
5. Ils habitent au sixième étage.
6. Il y a un ascenseur et aussi des escaliers dans l'immeuble.
7. Les Santini habitent un appartement de cinq pièces.
8. Chez les Santini, il y a une grande cuisine.
9. Il y a trois chambres chez eux.
10. Ils ont deux balcons.

6-4 Trois appartements. Voici trois appartements. Avec un/e partenaire, décrivez chaque appartement et choisissez l'appartement que vous préférez.

MODÈLE ◆ Le premier appartement est un deux-pièces. Il y a une petite chambre et un séjour. Il y a une terrasse, etc. … Je préfère… , parce que…

Appartement n° 1

Appartement n° 2

Appartement n° 3

Sons et lettres

TEXT AUDIO
CD 3 TRACKS 36–39

La consonne *l*

Say the English word *little*. Notice how your tongue moves from the front to the back of your mouth. In English, we have two ways of producing the consonant **l**: a front **l**, with the tongue against the upper front teeth and a final **l**, pronounced with the tongue pulled back. To pronounce a French **l**, however, always keep your tongue against your upper front teeth, just like the English front **l**. Compare the differences in pronunciation of a final **-l** in English and French:

English	French
ill	il
bell	belle
bowl	bol

La prononciation de *-ill-*

The combination of letters **-ill-** has two pronunciations: with the /l/ sound of **il** or the /j/ sound at the end of **travail**. It is difficult to predict how that combination is to be pronounced in a given word; the pronunciation of individual words must be memorized. Compare:

/l/		/j/	
mille	un million	la fille	la famille
la ville	le village	se maquiller	elle se maquille
tranquille		s'habiller	il s'habille

◢ À vous la parole ◣

6-5 Répétitions. Répétez les mots et les groupes de mots suivants.

pas mal	résidentiel	la salle	la ville
un bel hôtel	elle s'appelle	tranquille	Jules
une ville calme	dans quelle salle	le journal idéal	

6-6 Des phrases. Lisez chaque phrase.

1. La famille de Cyril et Nicole Blondel habite en ville.
2. Clément Lemont, Gaëlle LeBrun et leurs deux filles habitent un village tranquille.
3. Paul et Emmanuelle Morel habitent un quartier résidentiel qui est idéal pour les enfants.
4. Amélie Lalonde s'excuse mille fois ; elle a oublié le journal dans la salle de classe.
5. M. et Mme Villeneuve sont descendus dans un hôtel élégant ; Michel s'habille et Camille se maquille pour leur grande soirée dansante.

6-7 La lettre « L ». Voici un petit poème du livre *Comptines en forme d'alphabet* de Jo Hoestlandt. Répétez cette strophe.

Quelle Belle de nuit en colère,
A lancé son collier de perles là-haut,
Son céleste collier d'étoiles
Dans la Voie lactée ?

Vincent van Gogh (1853–1890), « La nuit étoilée » 1889.
Oil on canvas, 29 × 36 1/4" (73.7 × 92.1 cm). Acquired through the Lillie P. Bliss Bequest. (472.1941). The Museum of Modern Art, NY, U.S.A. Digital Image © The Museum of Modern Art/Licensed de Vincent Van Gogh.

FORMES ET FONCTIONS

1. *Les verbes en* -ir *comme* choisir

◆ Like other **-ir** verbs, verbs like **choisir** have four spoken forms. The final /s/ of the plural form is dropped in the singular.

ils **choisissent**/ʃwazis/le deux-pièces   il **choisit**/ʃwazi/le studio

To form the present indicative of verbs like **choisir**, add **-iss-** to the base for the plural forms: **chois ir → chois -iss-**.

CHOISIR	*to choose*		
SINGULIER		**PLURIEL**	
je	chois**is**	nous	chois**issons**
tu	chois**is**	vous	chois**issez**
il elle on	chois**it**	ils elles	chois**issent**

IMPÉRATIF : Ne **chois**is pas ça ! **Choisissez** le studio ! **Choisissons** un appartement !
PASSÉ COMPOSÉ : J'ai déjà **choisi**.

- Some **-ir/-iss-** verbs are derived from common adjectives. They express the meaning that someone or something is becoming more like the adjective:

maigre	*thin, skinny*	**maigrir**	*to lose weight*
grosse	*large, fat*	**grossir**	*to gain weight*
grande	*large, tall*	**grandir**	*to grow taller, to grow up (for children)*
rouge	*red*	**rougir**	*to blush*
pâle	*pale*	**pâlir**	*to become pale*

- Some other common verbs conjugated like **choisir** are:

finir	*to finish*	Tu **as fini** la visite de l'appartement ?
obéir à	*to obey*	**Obéis à** ta mère ! Pas de chocolat dans le séjour !
désobéir à	*to disobey*	Ces enfants **désobéissent** toujours **à** leur père.
punir	*to punish*	Tu **punis** ton fils parce qu'il n'a pas bien garé la voiture ?
réfléchir à	*to think*	Je **réfléchis à** l'appartement que je préfère.
réussir à	*to succeed*	Elle ne **réussit** pas **à** appeler l'ascenseur.
	to pass	Il **a** bien **réussi à** son examen de maths. (OU Il **a réussi** son examen de maths.)

⬥ À vous la parole ⬥

6-8 Des enfants modèles ? Est-ce que ces enfants obéissent ou désobéissent à leurs parents ?

MODÈLE Delphine ne s'essuie pas quand elle sort de la douche.
  ⬥ Elle désobéit à ses parents.

1. Fabien mange du chocolat dans sa chambre.
2. Laetitia et Fabien font leurs devoirs devant la télé.
3. Tu manges bien tous les matins avant d'aller à l'école.
4. Fabien et Delphine jouent au basket sur la terrasse.
5. Laetitia ne mange jamais dans sa chambre.
6. Vous ne sortez pas quand vous avez un examen à préparer.
7. Delphine et vous, vous mettez la musique très fort.
8. J'aide mes parents à préparer le dîner.

6-9 Le choix est à vous ! Qu'est-ce que vous choisissez ? En groupes de trois ou quatre, comparez votre réponse avec la réponse de vos partenaires.

MODÈLE entre un appartement au rez-de-chaussée et un appartement au cinquième étage
  É1 Moi, je choisis l'appartement au rez-de-chaussée ; c'est pratique pour sortir.
  É2 Pas moi ! Je choisis l'appartement au cinquième, j'aime avoir une belle vue.
  É3 Moi aussi, donc toi et moi, on choisit l'appartement au cinquième.

1. entre un appartement en centre-ville et un appartement dans un quartier tranquille
2. entre un grand studio et un petit deux-pièces
3. entre l'ascenseur et les escaliers
4. entre une grande cuisine et une grande salle de bains
5. entre une belle terrasse qui donne sur la rue et un petit balcon qui donne sur la cour
6. entre un appartement avec une grande chambre et un appartement avec deux petites chambres
7. entre un appartement avec un jardin et un appartement avec un garage

 6-10 Trouvez une personne. Dans votre salle de classe, trouvez une personne qui...

MODÈLE   finit toujours ses devoirs avant d'arriver en classe

    É1 Est-ce que tu finis toujours tes devoirs avant d'arriver en classe ?

    É2 Non, je ne finis pas toujours mes devoirs avant d'arriver en classe.

    OU Oui, je finis toujours mes devoirs avant d'arriver en classe.

1. rougit toujours quand il/elle parle devant un groupe
2. finit toujours ses devoirs avant d'arriver en classe
3. grossit toujours en hiver
4. grandit toujours (*still*)
5. réfléchit toujours avant de répondre
6. réussit toujours à ses examens
7. maigrit quand il/elle est stressé/e
8. grossit quand il/elle est stressé/e
9. ne désobéit jamais à ses parents

2. *Les pronoms compléments d'objet direct* le, la, l', les

◆ A direct object receives the action of a verb, answering the question *whom* or *what*. For example, **la voiture** is the direct object in the following sentence: **Elle gare la voiture.** A direct-object pronoun can replace a direct-object noun; it agrees in gender and number with the noun it replaces.

Elle gare **la voiture** ?	Oui, elle **la** gare.	*Yes, she is parking it.*
Elle regarde **le voisin** ?	Oui, elle **le** regarde.	*Yes, she is looking at him.*
Elle achète **l'appartement** ?	Oui, elle **l'**achète.	*Yes, she is buying it.*
Elle aime bien **les voisins** ?	Oui, elle **les** aime bien. /z/	*Yes, she likes them.*

◆ Here are the forms of the direct-object pronouns. In the plural, liaison /z/ is pronounced before a vowel sound.

	SINGULIER	PLURIEL
masc	le	les
m/ f + voyelle	l'	les‿ /z/
fém	la	les

◆ Normally, direct-object pronouns precede the conjugated verb:

—Vous aimez l'appartement en centre-ville ?

—Oui, on l'aime bien. Ce n'est pas trop cher.

—*Do you like the downtown apartment?*

—*Yes, we like it. It's not too expensive.*

—Où sont les escaliers ?

—Je ne sais pas, je ne **les** ai pas remarqués.

—*Where are the stairs?*

—*I don't know, I didn't notice them.*

◆ A direct-object pronoun precedes an infinitive:

—Tu vas payer les charges ?

—Mais bien sûr, je vais **les** payer ; on doit **les** payer tous les mois.

—*Are you going to pay the utilities?*

—*Well, of course I'm going to pay them; we have to pay them every month.*

◆ The negative **ne** never comes between an object pronoun and verb:

Les voisins, on ne **les** voit jamais.

L'appartement, je ne **l'**ai pas acheté.

La voiture, je ne vais pas **la** garer.

... we never see them.

... I didn't buy it.

... I'm not going to park it.

◆ To point out people or objects, the direct-object pronouns precede **voilà**:

Sylvie ? **La** voilà.

Mes CD ? **Les** voilà.

Sylvie? There she is.

My CDs? There they are.

◆ Note the placement of direct-object pronouns in commands:

In negative commands, the object pronoun precedes the conjugated verb:

Cet appartement ? Ne **le** montrez pas !

... Don't show it!

In affirmative commands, an object pronoun is placed after the conjugated verb and is joined to it by a hyphen:

Le nouveau studio ? Montrez-**le** à Susan !

... Show it to Susan!

◆ In the **passé composé**, the past participle agrees in gender and number with a preceding direct-object pronoun:

J'ai donné **le CD** à Justine.

J'ai donné **la lampe** à Yann.

J'ai donné **les livres** à Coralie.

J'ai donné **les affiches** à Thibaut.

Je l'ai donné à Justine.

Je l'ai donnée à Yann.

Je **les** ai donnés à Coralie.

Je **les** ai données à Thibaut.

Fiche pratique

In French you cannot emphasize a word by adding stress to it, as in English: "Did you see *John* or *Bill*?" "I saw *John*." One way to emphasize a word or phrase in French is to place it at the very beginning of the sentence, and put a pronoun equivalent in its place: **Les voisins, tu les** aimes ?

6-11 On joue à cache-cache. Cécile joue à cache-cache (*hide-and-seek*) avec sa sœur, son frère et ses chats. Pour chaque phrase, décidez si elle cherche (ou trouve) sa sœur, son frère ou ses chats.

Je...

	sa sœur	son frère	ses chats
MODÈLE ... la cherche dans la cour.	✓	____	____
1. ... les cherche dans le séjour.	____	____	____
2. ... le cherche dans la cuisine.	____	____	____
3. ... la cherche sur la terrasse.	____	____	____
4. ... le cherche partout (*everywhere*).	____	____	____
5. ... les trouve sur le balcon.	____	____	____
6. ... la trouve dans sa chambre.	____	____	____
7. ... le cherche encore.	____	____	____

Qui a trouvé le meilleur endroit (*place*) pour se cacher ? Pourquoi ?

6-12 Les opinions sont partagées ! Décidez avec un/e partenaire si vous êtes d'accord ou non.

MODÈLES On les aime : les films ou les examens ?

É1 Les films, on les aime.
É2 Oui, et les examens, on ne les aime pas.

On les aide souvent : les amis ou les parents ?

É1 Les amis, on les aide souvent.
É2 Oui, mais les parents, on les aide souvent aussi.

1. On l'aime beaucoup : la danse ou le théâtre ?
2. On l'aime bien : le golf ou le football ?
3. On les écoute toujours : les parents ou les professeurs ?
4. On les déteste : les examens ou les essais ?
5. On les regarde souvent : les films ou les documentaires ?
6. On la visite souvent : la ville de New York ou la France ?
7. On l'adore : le français ou la musique ?
8. On les aime : les pique-niques ou les vacances ?

6-13 Où est-ce que c'est rangé ? David s'installe dans un nouvel appartement, mais il ne trouve plus rien ! Jouez les rôles de David et de son copain avec un/e partenaire.

MODÈLE É1 Où sont mes bols ?
É2 Les voilà dans la cuisine.

1. Où est ma télé ?
2. Où sont mes livres ?
3. Où sont mes verres ?
4. Où sont mes CD ?
5. Où est mon mixer ?
6. Où sont mes photos ?
7. Où est mon ordinateur ?
8. Où est mon affiche de Paris ?

6-14 Les occupations et les loisirs. Quels sont les occupations et les loisirs de vos camarades de classe ? Posez des questions à deux camarades, et ensuite comparez les réponses.

MODÈLE faire la cuisine

É1 Tu aimes faire la cuisine ?
É2 Oui, j'aime la faire. Et toi ?
É3 Non, je n'aime pas la faire.

1. faire la cuisine
2. faire les courses
3. mettre la table
4. faire les devoirs
5. inviter tes amis
6. préparer les repas
7. regarder la télé pendant le dîner
8. faire la vaisselle

Parlons

6-15 À la recherche d'un appartement

A. Avant de parler. Imaginez que vous cherchez un appartement. Quelles sont les questions que vous posez à un agent immobilier (*real estate agent*) à propos d'un appartement à louer ? Si vous êtes un agent immobilier, comment persuader un/e client/e de prendre l'appartement ? D'abord, créez une liste de questions pour le/la client/e et une liste de commentaires possibles pour l'agent immobilier.

B. En parlant. Maintenant, jouez avec un/e partenaire les deux rôles : client/e et agent immobilier.

MODÈLE agent immobilier : J'ai un très bel appartement au cinquième étage.
client/e : Il a combien de pièces ? Je voudrais un deux-pièces…

Ensuite, échangez les rôles.

C. Après avoir parlé. Présentez votre dialogue aux autres.

Voici deux immeubles d'appartements à Nice et à Rennes. Quel appartement est-ce que vous choisissez ?

POINTS DE DÉPART

**TEXT AUDIO
CD 3 TRACK 40**

Chez Christelle

Voici l'immeuble où se trouve le studio de Christelle.

Christelle habite un vieil immeuble rénové dans le centre-ville de Nice. Son studio se trouve sous les toits : il n'est pas très chic, mais il est agréable. En plus, il n'est pas cher : son loyer est de seulement 480 euros par mois. Le studio est meublé : il y a une belle armoire ancienne pour ranger ses vêtements et une petite étagère pour ranger ses livres. Les autres meubles sont un peu abîmés, mais ils sont confortables, surtout le lit et le fauteuil. Par terre il y a un beau tapis, et il y a des rideaux neufs à la fenêtre. Il y a des affiches aux murs. Le coin cuisine est petit mais bien équipé : il y a un petit réfrigérateur à côté de l'évier, une cuisinière avec un petit four. Il y a aussi des grands placards — c'est très pratique pour mettre ses affaires. Il y a aussi une salle de bains moderne et des W.-C.

Vie et culture

🖥 Le quartier

Dans les grandes villes, c'est le quartier qui donne un aspect plus personnel à la vie urbaine souvent trop impersonnelle. Chaque quartier est comme une petite communauté : il y a le café du coin[1] et les petits commerçants. On peut faire les courses tous les jours. Il y a souvent un marché certains jours de la semaine.

Regardez la séquence vidéo *Mon quartier*, où une jeune Parisienne décrit son quartier. Quels aspects de son quartier est-ce qu'elle aime en particulier ? Et vous, est-ce que vous habitez aussi dans un quartier ? Est-ce que vous avez aussi le sentiment de faire partie d'une petite communauté ? Pourquoi ?

[1]*corner*

Pauline achète son pain à la boulangerie du coin.

◂ À vous la parole ▸

6-16 Chez Christelle. Décrivez l'appartement où habite Christelle en choisissant un adjectif approprié.

MODÈLE L'immeuble est neuf ou vieux ?
　　　◂ L'immeuble est vieux.

1. Le studio est spacieux ou petit ?
2. Le loyer est cher ou pas cher ?
3. Le fauteuil est confortable ou pas confortable ?
4. La salle de bains est ancienne ou moderne ?
5. L'armoire est neuve ou ancienne ?
6. Les rideaux sont neufs ou vieux ?
7. Le tapis est abîmé ou beau ?
8. La cuisine est bien équipée ou mal équipée ?

6-17 La chambre de Van Gogh. Van Gogh (1853–1890), un artiste néerlandais bien connu, a habité en France. Voici un de ses tableaux ; c'est sa chambre en Provence. Décrivez cette chambre en cinq ou six phrases.

MODÈLE ◄ Dans cette chambre, il y a un petit lit. À côté du lit, il y a...

Parallèles

Chez moi. 🎬

Mathilde nous montre son appartement et Diandra nous fait visiter son quartier.

Mathilde nous fait visiter sa petite salle de bains.

Diandra nous présente son quartier.

Vincent Van Gogh, « La chambre de Van Gogh à Arles », 1889. Oil on canvas. 57.5 × 74 cm. Musée d'Orsay, Paris, France. Erich Lessing/Art Resource, NY.

6-18 Ma chambre. Avec un/e partenaire, décrivez votre chambre à la résidence, dans votre maison ou votre appartement, ou chez vos parents. N'oubliez pas de parler de ce que vous avez fait pour rendre votre environnement plus personnel.

Des suggestions :

Quels meubles est-ce qu'il y a ?

Qu'est-ce qu'il y a aux murs ? par terre ?

Quels objets personnels — des photos, des plantes — est-ce qu'il y a ?

Quelles couleurs est-ce que tu as mises dans la chambre ?

MODÈLE É1 J'habite une grande chambre dans la résidence universitaire. Dans ma chambre, il y a deux lits, deux bureaux et des étagères.

É2 Moi aussi, j'habite une chambre dans la résidence. Qu'est-ce que tu as fait pour rendre ta chambre plus personnelle ?

É1 J'ai mis des plantes ; j'adore les plantes. Et toi ?

É2 Moi j'ai mis un beau tapis par terre et beaucoup d'affiches aux murs. C'est très bien chez moi.

Sons et lettres

La consonne *r*

The French /r/ has no equivalent sound in English. To pronounce /r/ in French, begin by saying **aga**; then move your tongue up and back until you pronounce a continuous sound: **ara**. Practice by alternating the two sounds: **aga/ara**, **aga/ara**, etc.

Note the pronunciation of /r/ in **liaison** and linking across words (**enchaînement**).

Liaison :	le premier‿étage	le dernier‿immeuble
Enchaînement :	un séjour‿agréable	Il sort‿avec moi.

À vous la parole

6-19 Répétitions. Répétez les mots suivants.

la rue	la route	la rose	la terrasse	arriver
Paris	la gare	première	servir	maigrir

6-20 La forme correcte. Donnez les formes de la troisième personne (singulier et pluriel) du présent de l'indicatif des verbes suivants.

MODÈLE servir
  ➤ elle sert, elles servent

sortir	partir	dormir	maigrir	servir

6-21 Phrases. Répétez chaque phrase.

1. La terrasse donne sur la rue.
2. L'ascenseur s'arrête au dernier étage.
3. Marie achète l'autre appartement.

FORMES ET FONCTIONS

1. *Les pronoms compléments d'objet indirect* lui *et* leur

- ◆ You have learned that nouns that function as direct objects answer the question *whom?* or *what?*; they follow the verb directly and can be replaced by a direct-object pronoun.

Tu prends **cet appartement** ?	—Oui, je **le** prends.
Elle attend **le propriétaire** ?	—Oui, elle **l'**attend.
Vous aimez **ces appartements** ?	—Non, on ne **les** aime pas.

◆ In French, nouns that function as indirect objects are generally introduced by the preposition **à**; they often answer the question *to whom?* and always refer to a person:

Je donne le loyer **à la propriétaire.**　　*I'm giving the rent **to the landlady**.*
　　　　　　　　　　　　　　　　　　　(OR *I'm giving **the landlady** the rent.*)
Tu as répondu **à tes parents** ?　　　*Did you answer **your parents**?*

In the sentences above, the indirect-object pronouns **lui** (*to him, to her*) and **leur** (*to them*) can be substituted for **à la propriétaire** and **à tes parents**.

Je **lui** donne le loyer.　　　*I'm giving the rent **to him/her**.*
Tu **leur** as répondu ?　　　*Did you answer **them**?*

◆ Like other object pronouns, **lui** and **leur** are placed immediately before the conjugated verb, unless there is an infinitive. If there is an infinitive in the sentence, **lui** and **leur** precede the infinitive.

Je **lui** parle du loyer.　　　　　*I'm speaking **to him/her** about the rent.*
Nous **leur** avons téléphoné.　　*We called **them** up.*
Tu vas **lui** donner l'argent pour　*Are you going to give **him/her** the*
　les charges ?　　　　　　　　　　　*money for utilities?*
Elle peut **leur** expliquer combien　*She can explain **to them** how much it*
　ça coute par mois.　　　　　　　　*costs per month.*

◆ In affirmative commands, **lui** and **leur** are placed immediately after the verb and joined to it by a hyphen:

Donne-**lui** ta nouvelle adresse.　　*Give her/him your new address.*
Téléphone-**leur** à propos de　　　　*Call them about the apartment.*
　l'appartement.

In negative commands, **lui** and **leur** are placed immediately before the conjugated verb:

Ne **lui** prête pas l'appartement.　　*Don't loan the apartment to him/her.*

◆ Two main groups of verbs take indirect objects.
　◆ Verbs of communication:

demander	to ask	On va **leur** demander l'adresse.
dire	to tell	Dites-**lui** la vérité !
écrire	to write	Vous **leur** écrivez souvent ?
expliquer	to explain	Tu peux **lui** expliquer le problème ?
montrer	to show	Qui va **lui** montrer la chambre ?
parler	to speak	Je **leur** parle souvent au téléphone.
répondre	to answer	Elle ne **leur** a pas répondu.
téléphoner	to phone	Nous **leur** avons téléphoné hier.

◆ Verbs of transfer:

acheter	*to buy*	Je **leur** ai acheté un petit appartement.
apporter	*to bring*	La propriétaire **lui** a apporté la lettre.
donner	*to give*	On peut **leur** donner l'adresse.
emprunter	*to borrow*	Je **lui** emprunte la voiture.
offrir	*to give (a gift)*	Elle **lui** offre un cadeau pour son anniversaire.
prêter	*to lend*	Tu **leur** prêtes ton appartement ?
remettre	*to hand in/over*	On **lui** a remis le loyer.
rendre	*to give back*	Je **lui** ai rendu le livre.

◆ À vous la parole ◆

6-22 À qui est-ce qu'on parle ? Romain parle de ses habitudes. Pour chaque phrase, décidez s'il parle à sa copine ou à ses parents.

Normalement, je…

	à sa copine	à ses parents
MODÈLE … lui téléphone une ou deux fois par jour.	✓	
1. … leur téléphone le week-end.		
2. … lui parle quand je suis frustré.		
3. … lui parle quand je me lève le matin.		
4. … lui téléphone quand j'ai des problèmes.		
5. … leur parle quand j'ai besoin d'argent.		
6. … lui téléphone quand je veux sortir.		
7. … leur parle quand c'est bientôt les vacances.		

D'après ces descriptions, à qui est-ce qu'il parle le plus souvent ?

6-23 Qu'est-ce qu'on peut offrir ? Les personnes suivantes ont acheté un nouvel appartement. D'après les indications, qu'est-ce qu'on pourrait leur offrir comme cadeau ?

MODÈLE Ma sœur n'a pas grand-chose aux murs.
➤ Je lui offre une belle affiche.

1. Mes parents ont un nouveau lecteur DVD.
2. Mon oncle adore faire la cuisine.
3. Ma tante adore les plantes et les fleurs (*flowers*).
4. Ma cousine aime les livres.
5. Mes grands-parents aiment la musique.
6. Mon cousin n'a pas de colocataire.
7. Mes amis ont une belle terrasse.

6-24 Rarement, souvent ou jamais ? Interviewez un/e camarade de classe pour savoir avec quelle fréquence il/elle fait les choses suivantes : **rarement**, **souvent** ou **jamais** ?

MODÈLE prêtes tes vêtements à ta/ton colocataire

> É1 Est-ce que tu prêtes tes vêtements à ta colocataire ?
> É2 Non, je ne lui prête jamais mes vêtements.
> OU Oui, je lui prête souvent mes pull-overs.

1. rends les devoirs au professeur
2. expliques tes problèmes à tes parents
3. parles à tes parents
4. offres des cadeaux à tes amis
5. demandes de l'argent à tes parents
6. empruntes des vêtements à tes amis
7. achètes des bonbons pour tes nièces et tes neveux
8. empruntes de l'argent à tes amis

2. *Les nombres à partir de mille*

To express numbers larger than 999, use the following terms:

1 000	mille	1 000 000	un-million
2 000	deux-mille	2 000 000	deux-millions
1 000 000 000	un-milliard	2 000 000 000	deux-milliards

◆ As the examples above show, add **-s** after **million** and **milliard** in the plural. No **-s** is ever added after **mille**.

◆ Dates prior to the twenty-first century can be expressed in either of two ways:

On a acheté la maison en mille-neuf-cent-quatre-vingt-neuf (1989).

We bought the house in 1989.

Ils louent cet appartement depuis dix-neuf-cent-quatre-vingt-dix-neuf (1999).

They've been renting that apartment since 1999.

Dates in the twenty-first century and beyond are expressed with **deux-mille**:

Elle habite là depuis deux-mille-neuf (2009).

She's been living there since 2009.

◆ A comma is used in French where we would use a decimal point.

Environ trente-sept virgule neuf pour cent (37,9 %) des Français sont locataires.

About thirty-seven point nine percent (37.9%) of the French are renters.

◆ Use a space or a period to separate out thousands and other large numbers.

De Lille à Ajaccio (en Corse), ça
   fait 1 061 kilomètres.
De Paris à Montréal, ça fait 5 511
   kilomètres.

From Lille to Ajaccio (in Corsica)
   is 1,061 kilometers.
From Paris to Montreal is 5,511
   kilometers.

◆ Use **de/d'** after **million**:

À Paris, il y a plus de 11 000 000
   d'habitants.

The city of Paris has more than
   11,000,000 inhabitants.

➤ À vous la parole ➤

6-25 Maisons de rêve. Regardez ces annonces pour des belles propriétés
à vendre en France. Dites combien coûte chaque maison ou appartement.

MODÈLE   Normandie : maison ancienne avec vue sur la mer ; Prix : 775.000 €
   ➤ La maison en Normandie coûte sept-cent-soixante-quinze-
   mille euros.

> 1. **CÔTE D'OR :** une ferme restaurée ; **Prix : 371.650 €**
> 2. **BRETAGNE :** propriété de charme près de la mer ; **Prix : 636.000 €**
> 3. **LOIRE-ATLANTIQUE :** la vue sur l'océan ; **Prix : 768.000 €**
> 4. **ALPES-MARITIMES :** un charme fou ; **Prix : 1.280.000 €**
> 5. **CHARENTE-MARITIME :** grand appartement, excellent état ;
>   **Prix : 247.850 €**
> 6. **TARN-ET-GARONNE :** maison ancienne, à rénover ; **Prix : 110.000 €**

6-26 Un peu d'histoire. Est-ce que vous êtes doué/e en histoire ? Avec
un/e partenaire, trouvez la bonne date pour chaque évènement.

MODÈLE   1804
   ➤ En mille-huit-cent-quatre les Haïtiens déclarent leur
   indépendance.

1066	Les Haïtiens déclarent leur indépendance.
1492	La Révolution française commence.
1776	Les Normands arrivent en Angleterre.
1789	Les Américains vont sur la Lune.
1804	La Première Guerre mondiale commence.
1860	Les attentats du 11 septembre ont lieu.
1914	La Seconde Guerre mondiale commence.
1939	La Guerre de Sécession commence.
1969	Jefferson écrit la Déclaration d'Indépendance américaine.
2001	Christophe Colomb découvre l'Amérique.

6-27 Chiffres importants. Exchange the following information about yourself with a partner.

MODÈLES date de naissance (*birth*)

> É1 C'est le quatorze février, mille-neuf-cent-quatre-vingt-sept. (14/02/1987)

> numéro de téléphone
> É2 C'est le cinq-cent-cinquante-cinq, zéro huit, trente-sept. (555-0837)

1. date de naissance   2. numéro de téléphone   3. code postal

 Écoutons

TEXT AUDIO
CD 3 TRACK 44

6-28 Deux appartements

A. Avant d'écouter. Imaginez que vous cherchez un appartement. Faites une liste de vos critères de sélection, c'est-à-dire, ce que vous voulez trouver dans l'appartement.

B. En écoutant. Maintenant, écoutez Damien, qui décrit deux appartements qu'il a visités.

1. Pour chaque appartement, cochez les critères qu'il mentionne.

Appartement	n° 1	n° 2
en centre-ville		
deux pièces		
cuisine équipée		
salle de bains		
W.-C.		
balcon		
meublé		

2. Écoutez une deuxième fois pour vérifier que vous avez coché tous les détails que Damien a mentionnés.

C. Après avoir écouté. Discutez de ces questions avec vos camarades de classe.

1. D'après la description des deux appartements, est-ce que Damien va probablement louer le premier ou le second ? Pourquoi ?
2. Est-ce que Damien a les mêmes critères que vous pour un appartement ?
3. Et vous, quel appartement est-ce que vous préférez ? Pourquoi ?

POINTS DE DÉPART

TEXT AUDIO
CD 3 TRACK 45

Tout près de la nature

Les Santini possèdent une petite villa qui se trouve en Haute-Normandie. C'est loin de Paris et à une heure de la mer. Ils ont passé le week-end dernier là-bas. M. Santini en parle avec son collègue M. Deleuze.

M. DELEUZE : Qu'est-ce que vous avez fait le week-end dernier ?

M. SANTINI : On est allés à la campagne où nous avons une petite maison.

M. DELEUZE : C'était bien ?

M. SANTINI : Formidable ! C'était calme, j'ai bricolé, je suis allé à la pêche et avec les enfants, on s'est promenés dans le bois. Dimanche, on est allé à Honfleur et on a fait un pique-nique au bord de la mer.

M. DELEUZE : Vous avez un jardin aussi ?

M. SANTINI : Oh, on a un petit potager et quelques arbres fruitiers, c'est tout. C'est ma femme qui s'occupe de tout cela.

M. DELEUZE : Alors, il me semble que vous avez passé un week-end agréable.

M. SANTINI : En effet, on se détend toujours quand on est à la campagne.

La résidence secondaire des Santini en Haute-Normandie ; ils peuvent bricoler et faire du jardinage le week-end et pendant les vacances.

une montagne · un sapin · une forêt · un arbre · un bateau à voile · une plage · un lac · une rivière · la mer · une vallée · une colline · un champ · une ferme · un potager · un arbre fruitier

Vie et culture

La diversité géographique de la France

Pour les Français, la France a la forme d'une figure géométrique. Quand vous regardez la carte, quelle figure géométrique est-ce que vous voyez ? Oui, c'est un hexagone. C'est un hexagone équilibré, avec trois côtés bordés par des mers et trois côtés limités par d'autres pays[1]. Est-ce que vous pouvez nommer les mers et les pays qui bordent la France ? Regardez les huit villes de France qui sont indiquées sur la carte ; toutes ces grandes villes se trouvent à proximité de la mer ou d'un fleuve. Regardez bien et nommez ces huit villes et la mer ou le fleuve dans chaque cas. Regardez encore une fois la carte. Est-ce qu'il y a des montagnes ? Où ? Est-ce que vous pouvez les nommer ?

Pour un pays qui est un peu moins grand que l'état du Texas, la France a une variété géographique impressionnante. Chaque région a ses attractions : en Bretagne on trouve des côtes sauvages. En Auvergne, on peut descendre dans une grotte préhistorique ou monter au sommet d'un puy[2], site d'un ancien volcan. Sur la côte ouest, on peut se bronzer[3] sur les plages blanches de l'Atlantique. Dans les Alpes et les Pyrénées on trouve les plaisirs de la montagne : le ski en hiver, la marche et la pêche en été. Sur la côte méditerranéenne, on trouve des panoramas magnifiques et des belles plages. Si vous préférez la ville, la campagne, la montagne ou la mer, il y en a en France pour tous les goûts !

ET VOUS ?

1. Quelles sont les particularités géographiques de votre région ? Est-que vous devez aller loin pour trouver de la diversité géographique (par exemple, combien de temps est-ce qu'il vous faut pour aller à la montagne ou à la mer) ? Quels sont les avantages d'un pays comme la France où l'on trouve beaucoup de variation géographique dans un espace réduit ?

2. Est-ce que les villes principales en Amérique du Nord se trouvent près de la mer ou d'un fleuve ? Pourquoi à votre avis ?

[1]country   [2]mountaintop   [3]to tan

➤ À vous la parole ➤

6-29 Où aller ? Suggérez le meilleur endroit pour chaque activité mentionnée.

MODÈLE pour faire de la pêche

➤ Allons au bord d'une rivière.

OU   Allons au bord de la mer.

OU   Allons au lac.

1. pour faire du ski
2. pour faire un pique-nique
3. pour nager
4. pour se promener dans la nature
5. pour chercher des tomates et des carottes
6. pour faire du camping
7. pour faire du bateau

6-30 Projets pour une sortie. Avec deux ou trois camarades de classe, faites des projets pour une sortie le week-end. Choisissez une destination et des activités.

MODÈLE É1 On va à la montagne ?

É2 Je préfère aller au bord d'un lac.

É3 Moi aussi. On peut nager...

6-31 Plaisirs de la ville, plaisirs de la campagne. Vous préférez habiter la ville ou la campagne ? Pourquoi ? Discutez de votre préférence avec un/e partenaire et dressez une liste des avantages et des inconvénients.

MODÈLE É1 Moi, je préfère habiter la ville ; il y a beaucoup de bons restaurants et de cinémas.

É2 Il y a trop d'activité et trop de voitures en ville ; je préfère le calme à la campagne...

la ville : avantages = les restaurants, les cinémas, ...
       inconvénients = les voitures, ...
la campagne : avantages = le calme, ...

6-32 La maison de vos rêves. Imaginez que vous pouvez acheter une résidence secondaire. Décrivez-la d'après vos préférences, et comparez vos idées avec celles d'un/e partenaire.

1. Elle se trouve au bord de la mer ? à la montagne ? à la campagne ?
2. C'est une grande ou une petite maison ? simple ou élégante ?
3. Qu'est-ce que vous faites quand vous allez dans votre résidence secondaire ?

MODÈLE ➤ Ma résidence secondaire se trouve à la montagne. C'est un petit chalet, très simple mais confortable. J'adore la nature. J'aime me promener et faire de la marche.

FORMES ET FONCTIONS

1. *Faire des suggestions avec l'imparfait*

◆ The imperfect (**l'imparfait**) is a tense that is used in a variety of ways. For example, it is used with **si** to make suggestions and to soften commands.

Si on **faisait** une promenade ?	*Shall we take a walk?*
Si tu **allais** à la pêche ?	*Why don't you go fishing?*
Si on allait à la montagne ?	*How about going to the mountains?*

◆ To form the **imparfait**, drop the **-ons** ending of the **nous** form of the present tense and add the **imparfait** endings. The only exception to this rule is the verb **être**, which has an irregular stem, **ét-**, as shown below.

L'IMPARFAIT					
INFINITIVE	jouer	partir	finir	descendre	être
NOUS FORM	jouons	partons	finissons	descendons	
IMPARFAIT STEM	**jou-**	**part-**	**finiss-**	**descend-**	**ét-**
je	jou**ais**	part**ais**	finiss**ais**	descend**ais**	ét**ais**
tu	jou**ais**	part**ais**	finiss**ais**	descend**ais**	ét**ais**
il elle on }	jou**ait**	part**ait**	finiss**ait**	descend**ait**	ét**ait**
nous	jou**ions**	part**ions**	finiss**ions**	descend**ions**	ét**ions**
vous	jou**iez**	part**iez**	finiss**iez**	descend**iez**	ét**iez**
ils elles }	jou**aient**	part**aient**	finiss**aient**	descend**aient**	ét**aient**

➤ À vous la parole ➤

6-33 Un week-end à la campagne. Transformez ces ordres en suggestions.

MODÈLE Jouons au golf !
➤ Si on jouait au golf ?

1. Faisons de la marche !
2. Travaille dans le jardin !
3. Descendez au bord du lac !
4. Organisons un pique-nique !
5. Faites une promenade dans la forêt !
6. Cherchons des tomates !
7. Fais du bricolage !
8. Allons à la pêche !

6-34 Pour une sortie. En groupes de trois personnes, organisez une petite sortie. Mettez-vous d'accord sur l'endroit et les distractions. Utilisez les verbes indiqués.

> **MODÈLE** aller ; apporter ; faire
>
> > É1 Si on allait à la plage ? (ou chez Tracy ?, etc.)
> > É2 Si tu apportais ta guitare ?
> > É3 Si on faisait un pique-nique ?

1. aller
2. apporter
3. acheter
4. jouer
5. faire
6. inviter

6-35 Projets pour le week-end. Avec un/e partenaire, faites des projets pour un week-end dans la nature. Décidez de la destination et des activités.

> **MODÈLE** É1 Si on allait dans la forêt ?
> > É2 Oui, et si on faisait des promenades le matin ?
> > É1 Bonne idée ! Si on faisait un pique-nique à midi ?, etc.

2. *L'imparfait : la description au passé*

◆ You have just learned to use the **imparfait** to make suggestions. You can also use this tense to describe situations and settings in the past.

> ◆ To indicate the time:

Il **était** une heure du matin.	*It was one o'clock in the morning.*
C'**était** au mois de mai.	*It was during the month of May.*

> ◆ To describe the weather:

Il **faisait** beau.	*It was nice.*
Il y **avait** du soleil.	*It was sunny.*

> ◆ To describe people and places:

C'**était** une belle maison.	*It was a nice house.*
La dame **avait** les cheveux roux.	*The woman had red hair.*
Elle **portait** un manteau noir.	*She was wearing a black coat.*

> ◆ To express feelings or describe emotions:

On **avait** faim.	*We were hungry.*
Ils **étaient** contents.	*They were happy.*

◆ Use the **imparfait** to express habitual actions in the past:

Tous les week-ends on **faisait** une promenade dans les bois.	*Every weekend we would take (we took) a walk in the woods.*
Quand j'étais petit, on **passait** les vacances chez mes grands-parents.	*When I was little, we used to spend vacations at my grandparents'.*

Here are some expressions often used with the **imparfait** to describe things that were done on a routine basis:

quelquefois	*sometimes*
souvent	*often*
d'habitude	*usually*
toujours	*always*
le lundi, le week-end	*every Monday, every weekend*
tous les jours, tous les soirs	*every day, every evening*
toutes les semaines	*every week*

➤ À vous la parole ➤

6-36 Un après-midi en famille. Regardez l'image de cette famille à Biarritz et complétez les phrases pour décrire leur après-midi.

MODÈLE Ce / être le mois de juin
➤ C'était le mois de juin.

1. les enfants / jouer dans le jardin
2. le grand-père / parle avec sa petite-fille
3. le fils / jouer au foot
4. leur mère et leur tante / boire un jus d'orange
5. les femmes / regarder les enfants et leur père
6. leur frère / préparer le repas
7. le chien et les chats / dormir

6-37 Votre premier cours de langue. Avec un/e partenaire, parlez de votre premier cours de langue. Est-ce que vous aviez des expériences semblables ou pas ?

MODÈLE le prof
É1 Mon premier prof de français s'appelait M. Dell. Il était grand et assez mince. Il était très dynamique et assez drôle. Et toi ?
É2 Mon premier prof d'espagnol s'appelait Señora Glatis. Elle était très sympa et très énergique. Je l'adorais !

1. l'heure du cours
2. l'endroit (le bâtiment, la salle de classe ou le campus...)
3. le prof
4. les autres étudiants ou élèves
5. vos émotions/sentiments
6. le travail
7. les activités habituelles

6-38 Votre enfance. Posez des questions à un/e camarade de classe pour savoir ce qu'il/elle faisait pendant son enfance.

MODÈLE habiter ici
      É1 Est-ce que tu habitais ici ?
      É2 Non, j'habitais à Chicago avec mes parents.

1. habiter ici
2. avoir des animaux
3. aimer aller à l'école
4. faire du sport
5. jouer d'un instrument
6. aller souvent chez des amis
7. partir souvent en vacances
8. avoir une résidence secondaire

 Lisons

6-39 Quand j'étais toute petite

A. Avant de lire. J.M.G. Le Clézio, a well known and prolific French author, was awarded the Nobel Prize for Literature in 2008. The excerpt you are about to read is from *Printemps et autres saisons,* a collection of short stories. Each one is set in a different season and tells the story of a particular woman. In this excerpt, Zinna, a young woman who has left her home in Morocco for the South of France, describes her childhood home in the **Mellah** (the Jewish quarter). Before you begin reading, skim the text and make a list of all characters mentioned; take note especially of an essential character who figures prominently in the story: Zinna's elderly neighbor, **la tante Rahel**. Consider as you read why Rahel, whom Zinna never actually encounters in person, is very important to her narrative.

Stratégie

To understand a narrative, identify the main characters and the nature of their relationship with each other. Then as you read and reread the passage, focus on defining the significance of each character and how he or she figures in the story.

B. En lisant. Répondez aux questions suivantes.

1. Ce texte est principalement une conversation. À qui est-ce que Zinna parle ? Quand est-ce qu'elle raconte son histoire ? Où ?
2. Zinna décrit deux maisons ; ce sont les maisons de qui ? Décrivez chaque maison : elles sont grandes ou petites ? Elles ont combien de pièces ? Combien d'étages ? Est-ce qu'il y a d'autres détails intéressants ?
3. Qui habite la deuxième maison ? Cette personne est comment ? Pourquoi est-ce que Zinna la trouve fascinante ?

« Tu sais, Gazelle, quand j'étais toute petite, il n'y avait pas de plus beau quartier que le Mellah. »

Zinna commençait toujours ainsi. Elle s'asseyait sur la plage, et Tomi se mettait à côté d'elle. C'était généralement le matin…   5

« Alors, nous habitions une maison très vieille, étroite, juste une pièce en bas où couchait mon père avec mon oncle Moché, et moi j'étais dans la chambre du haut. Il y avait une échelle[1] pour grimper[2] sur le toit, là où était le lavoir[3]. C'était moi   10
qui lavais le linge, quelquefois Khadija venait m'aider, elle était grosse, elle n'arrivait pas à grimper l'échelle, il fallait[4] la pousser. À côté de chez nous, il y avait la maison bleue. Elle n'était pas bleue, mais on l'appelait comme ça parce qu'elle   15
avait une grande porte peinte en bleu, et les fenêtres à l'étage aussi étaient peintes en bleu. Il y avait surtout une fenêtre très haute, au premier, qui donnait sur un balcon rond. C'était la maison d'une vieille femme qu'on appelait la tante Rahel, mais elle n'était   20
pas vraiment notre tante. On disait qu'elle était très riche, qu'elle n'avait jamais voulu se marier. Elle vivait[5] toute seule dans cette grande maison, avec ce balcon où les pigeons venaient se percher. Tous les jours, j'allais voir sa maison. De son balcon, je   25
rêvais[6] qu'on pouvait voir tout le paysage, la ville, la rivière avec les barques qui traversaient, jusqu'à la mer. La vieille Rahel n'ouvrait jamais sa fenêtre, elle ne se mettait jamais au balcon pour regarder… »

[1]*ladder* [2]*climb* [3]*washtub* [4]*it was necessary* [5]*lived* [6]*imagined*

Extrait de : J.M.G. Le Clézio « Zinna », *Printemps et autres saisons*. © Éditions GALLIMARD.

C. En regardant de plus près. Maintenant, considérez la structure et la signification de ce texte.

1. Au début, comment est-ce que nous savons que Tomi (Gazelle) a l'habitude d'entendre des histoires de la vie de Zinna dans le Mellah ?
2. Zinna a un souvenir très précis du toit de sa maison d'enfance : décrivez les activités et les personnes qui font partie de cette mémoire.
3. Zinna compare le toit de sa maison avec le balcon de sa voisine, Rahel. Qu'est-ce que nous apprenons de la vie de Rahel ? Zinna n'a pas visité le balcon de la maison de Rahel. Quelles sortes de choses est-ce qu'elle imagine être possible du balcon de Rahel ?

D. Après avoir lu. Discutez de ces questions avec vos camarades de classe.

1. Quelles sont les différences entre Zinna et Rahel ? Pourquoi est-ce que ces différences sont importantes ?
2. Est-ce que vous avez le souvenir d'un endroit lié avec une personne qui a marqué votre imagination ? Quelle idée est-ce que vous associez à cet endroit ?

La naissance de la France

On ne peut pas donner une date précise à la naissance de la France. Les frontières de la France d'aujourd'hui ne sont pas des frontières naturelles. En fait, l'Hexagone est le résultat de guerres[1] et d'autres évènements[2] politiques qui ont réuni[3] peu à peu des peuples de langues et de cultures différentes, par exemple, les Alsaciens, qui parlent encore des dialectes allemands, et les Corses, qui parlent une langue proche[4] de l'italien.

Le royaume[5] de France s'est constitué aux XIᵉ et XIIᵉ siècles[6] autour de Paris. Ensuite, le royaume de France s'est étendu[7] vers le sud où l'on trouve encore des gens qui parlent des dialectes occitans[8]. Puis, d'autres régions ont été ajoutées[9] à ce nouvel ensemble[10] : la Bretagne en 1532 ; le Pays Basque en 1620 ; le Roussillon (la région autour de Perpignan) en 1659 ; la Flandre en 1713 ; l'Alsace en 1681 ; la Corse en 1768 ; la Savoie et la région de Nice en 1860.

[1]*wars*   [2]*events*   [3]*brought together*   [4]*close*   [5]*kingdom*   [6]*centuries*   [7]*extended*
[8]*dialects spoken in the South of France*   [9]*added*   [10]*entity*

Lisons

6-40 L'identité de la France : la pluralité culturelle

A. Avant de lire. This excerpt from a history-geography textbook for French high school students discusses the cultural diversity apparent in the various regions in France. Follow the progression of the passage by identifying the main idea of each paragraph; at the end, you should be able to articulate the essential points of this discussion. Then fill in the details about regional differences and similarities that complement the main ideas.

Stratégie

In a long passage, identify the main idea of each paragraph as you read. This will help you understand each paragraph's overall content and ultimately the progression and meaning of the passage as a whole.

B. En lisant. Trouvez la réponse (ou les réponses) à chaque question.

1. Quelle est l'idée principale du premier paragraphe ?
   a. La France est un pays uniforme et homogène.
   b. Chaque région de France est un peu différente à cause du contact entre les peuples qui sont arrivés plus récemment et les peuples qui étaient déjà là.
   c. Il faut respecter les habitudes et les coutumes des peuples qui sont originaires de chaque région.

2. Le deuxième paragraphe parle principalement des différences...
   a. linguistiques   b. culturelles   c. sociales

3. Selon le troisième paragraphe, les régions de France...
   a. sont toutes assez similaires.
   b. ont leurs propres identités.
   c. ont leurs propres coutumes.

4. Le dernier paragraphe conclut que la distinction principale en France actuelle peut se résumer à la différence entre...
   a. le Nord et le Sud.
   b. la langue d'oc et la langue d'oïl.
   c. l'Est et l'Ouest.

Un village aux toits de tuiles rondes à Roquebrune sur la Côte d'Azur.

Des maisons aux toits de tuiles plates en Normandie.

Un village aux toits d'ardoise en Bretagne.

La pluralité culturelle

Des apports multiples

La France est un creuset[1] humain et culturel…. Les peuples qui se sont installés dans une région y ont imposé certaines de leurs habitudes, mais ils ont aussi transformé leurs usages au contact des populations autochtones[2]…

Certains contrastes anciens ont aujourd'hui disparu…. Les divisions linguistiques se sont atténuées[3] et si quelques langues régionales comme le breton, le basque et le corse se maintiennent, la généralisation du français et le brassage[4] des populations ont minimisé l'opposition entre pays de langue d'oïl[5] et pays de langue d'oc[6].

France du Nord, France du Sud

La France forme une mosaïque complexe de provinces, qui ont une identité historique forte et des modes de vie assez homogènes. On identifie encore, à juste titre, les Normands, les Bourguignons, les Angevins, les Provençaux ou les Béarnais, et chacune de leurs régions a sa propre cuisine, son folklore, ses proverbes et ses coutumes pour les grands moments de la vie sociale (comme les baptêmes ou les mariages).

À l'échelle[7] nationale cependant[8], la division Nord-Sud semble s'imposer plus que toute autre…. On utilise toujours la tuile plate[9] dans la France du Nord, la tuile ronde[10] dans le Sud et l'ardoise[11] dans l'Ouest armoricain[12], mais plus importantes sont les différences de comportement[13] : par exemple, … dans le domaine sportif : grandes villes exceptées, une France méridionale[14] du rugby s'oppose à une France septentrionale[15] du football ; et dans le domaine culinaire : une France du beurre au nord fait face à une France de l'huile au sud.

[1]melting pot [2]indigenous [3]diminished [4]mixing [5]name given to the languages (where oïl meant oui) spoken in the North of France [6]name given to the languages (where oc meant oui) spoken in the South of France [7]scale [8]however [9]flat roofing tile [10]rounded roofing tile [11]slate roofing [12]Bretagne [13]behavior [14]du Sud [15]du Nord

Extrait de: *Geographie 1er: La France en Europe et dans le monde.* Sous la direction de J.L. Mathieu. © Larousse–Bordas.

C. En regardant de plus près. Maintenant examinez quelques caractéristiques du texte.

1. D'après le texte, quelles langues régionales est-ce qu'on parle toujours ? Identifiez la région de chaque langue sur la carte.
2. D'après le troisième paragraphe, qu'est-ce qui distingue les régions différentes ?
3. Complétez le tableau avec les principales différences entre le Nord et le Sud de la France.

	le Nord	le Sud
la langue		
la construction des maisons		
la cuisine		
le sport		

D. Après avoir lu. Discutez de ces questions avec vos camarades de classe.

1. Est-ce que vous pouvez identifier des caractéristiques particulières d'une ou de plusieurs régions aux États-Unis ou au Canada ? Trouvez des exemples avec un/e partenaire.
2. Est-ce qu'il y a aux États-Unis, comme en France, une division majeure entre le Nord et le Sud ? Expliquez votre réponse.

Les régions et les langues de France

Les habitants des régions françaises ont conservé une partie de leur culture à travers la musique, les fêtes et la cuisine régionales. La diversité culturelle se manifeste aussi par la langue. Dans ces régions, on entend encore parler les langues traditionnelles. Les communautés locales font un effort pour préserver ces langues, et on commence à enseigner les langues régionales à l'école. Voici quelques exemples de la langue de ces régions qui, tous, veulent dire : « Venez chez nous en… ! »

- En Bretagne, le breton : **Deit genomb é Breizh !**
- Dans la région de Dunkerque, le flamand : **Kom bij ons in Vlanders !**
- En Alsace et en Lorraine, des dialectes allemands : **Komme zü uns ens Elsass !**
- En Corse, le corse : **Venite in Corsica !**
- Dans le Roussillon, une variété de catalan : **Vine a veure'ns al Roselló !**
- Au Pays Basque, le basque : **Zatozte Euskal herrirat !**
- Dans tout le Midi, des dialectes occitans : **Venetz en Occitania !**

ET VOUS ?

1. Avec un/e partenaire, faites une liste des régions des États-Unis. Quelles sortes de spécialités (la cuisine, la musique, les fêtes) est-ce qu'on trouve dans ces régions ?
2. D'après vous, est-ce qu'il existe des langues régionales aux États-Unis comme en France ? Expliquez.

Un bel exemple du folklore régional : le « Mai » ou la fête de Nice, sur la Côte d'Azur ; en niçois (une variété de l'occitan) : lu « Mai » o lu festin de Nissa.

Combien de régions différentes est-ce que vous pouvez associer aux images sur ces beaux timbres ?

Observons

6-41 Visitons Seillans

A. Avant de regarder. Dans cette séquence vidéo, nous allons « visiter Seillans ». Seillans se trouve dans le Midi de la France, pas très loin de la Côte d'Azur. Regardez la photo de Seillans pour répondre à ces questions.

1. Qui est la personne qui va faire le guide dans la séquence vidéo, à votre avis ?
2. Seillans, c'est un centre urbain, une grande ville ou un petit village ?
3. À votre avis, quels aspects de Seillans est-ce que le guide va nous montrer ?

B. En regardant. Maintenant, regardez la séquence vidéo pour trouver la bonne réponse.

1. Seillans se trouve dans quelle région de la France ?
2. Seillans, c'est un village classé : pourquoi ?
3. À Seillans, vous allez remarquer (cochez les bonnes réponses) :

_____ des belles fontaines   _____ des églises romanes

_____ des villas magnifiques   _____ des collines boisées

_____ des petites places avec   _____ des paysages spectaculaires
des arbres

4. Quels sont les produits locaux bien appréciés ?

_____ le vin   _____ les olives

_____ la lavande   _____ le coton

C. Après avoir regardé. D'après la description, est-ce que Seillans est un endroit que vous voudriez visiter ? Pourquoi ?

Écrivons

6-42 La ville de...

A. Avant d'écrire. Préparez une brochure publicitaire sur une ville de France qui vous intéresse. Pour commencer, identifiez les personnes pour qui vous allez préparer la brochure : est-ce qu'elles sont sportives, artistiques, gastronomes, adultes, étudiants, enfants... ? Ensuite, en fonction de leurs intérêts, répondez aux questions suivantes en consultant des guides, des vidéos touristiques et des sites Internet.

1. Où se trouve cette ville en France ? (près de la mer ? à côté de Paris ? à la montagne ?)
2. Quels sont les sites touristiques les plus intéressants dans cette ville ? Décrivez-les.
3. Quelles activités est-ce qu'on peut y pratiquer ? Est-ce qu'il y a des activités, par exemple, pour les personnes qui aiment le sport, les beaux-arts, l'histoire ? pour les enfants, les jeunes, les personnes âgées ?

B. En écrivant. Maintenant, utilisez vos informations pour rédiger un texte (quatre petits paragraphes) qui décrit la ville. N'oubliez pas les personnes pour qui vous préparez la brochure. Regardez comme modèle la brochure pour Nice à la page suivante qui a comme public les sportifs et les gens qui aiment l'histoire. Pour élaborer votre projet, vous pouvez ajouter des images (photos, dessins, tableaux) de la ville. Donnez un titre à votre brochure.

C. En révisant. Réfléchissez aux questions suivantes et faites tous les changements nécessaires.

1. Relisez votre brochure pour analyser le contenu : est-ce que vous avez décrit des sites et des activités qui vont probablement intéresser votre public ?
2. Relisez de nouveau votre brochure pour analyser le style et la forme : est-ce que vous donnez une description vive et colorée de la région ? Est-ce que vous avez inclus des photos, des tableaux ou des dessins ?

D. Après avoir écrit. Présentez votre ville à vos camarades de classe et essayez de les persuader de la visiter.

 Parlons

6-43 Un voyage en France.
Imaginez qu'avec deux de vos amis, vous décidez de faire un voyage de quinze jours en France cet été. Mais dans le groupe, il y a des personnalités très différentes :

1. Une personne est très sportive. Il/Elle adore assister à des matchs de tennis et de foot et il/elle aime bien faire de la marche, du canoë et du kayak.
2. Une personne se spécialise en histoire de l'art. Il/Elle veut visiter tous les musées possibles.
3. Une personne est très pantouflarde. Il/Elle veut faire le moins possible et surtout se détendre au maximum.

Stratégie

When preparing a promotional brochure, think about who your readers will be and how best to reach them with well-chosen content and an enticing presentation.

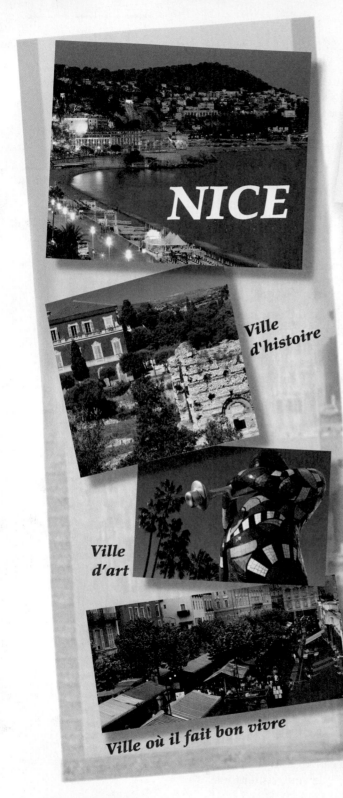

Ville
d'histoire

Ville
d'art

Ville où il fait bon vivre

NICE

Il y a 400 000 ans, les hommes vivent déjà à Nice. Vers 400 ans av. J–C, les Grecs viennent par la mer pour établir Nikai « la victorieuse ». En 14 av. J.C., les Romains fondent Cemenelum (Cimiez) sur une colline. Actuellement, on peut y visiter les arènes, un bel amphithéâtre et les thermes publics. Pas loin, on peut apprécier l'art contemporain avec le Musée Matisse.

Nice est devenue une grande ville touristique, appréciée autant pour ses sites historiques et son art que pour son port et ses belles plages.

À Découvrir, à Visiter

Les Monuments

La colline du château Bus Ligne (32), Tramway Ligne (T1)

Site choisi par les Grecs il y a quelques millénaires et la fondation de la ville de Nice.

La Cathédrale Sainte–Reparate Tramway Ligne (T1)

Le plus vaste sanctuaire dans le Vieux–Nice, son bel et somptueux intérieur est inspiré de la Basilique St Pierre à Rome.

Le Cours Saleya Tramway Ligne (T1)

Zone piétonne au cours du Vieux–Nice avec des terrasses de restaurants, le marché aux fleurs et aux légumes, le marché aux antiquaires.

Les Musées

Musée Matisse Bus Ligne (17), Ligne (22), Ligne (15)

Dans une belle villa de XVIIIe, la collection personnelle de l'artiste qui a séjourné à Nice de 1917 jusqu'à sa mort en 1954.

Musée national Marc Chagall Bus Ligne (22), Ligne (15)

Musée créé et construit à la demande de l'artiste pour exposer les 17 grands tableaux présentant son Message Biblique.

Musée et site Archéologique de Nice–Cemenelum Bus Ligne (17), Ligne (22), Ligne (15)

Visiter les arènes, l'amphithéâtre, les thermes publics et un musée qui expose les objets datant de l'âge des métaux jusqu'au Moyen Âge.

Musée de Paléontologie humaine de Terra Amata Bus Ligne (T32), Ligne (81)

Musée installé sur un campement préhistorique qui date de 400 000 ans, près du port.

Le phare de Ploumanach, sur la côte de granit rose en Bretagne.

Le château de Castelnaud, au-dessus de la Dordogne en Aquitaine.

A. Avant de parler. Choisissez le rôle que vous allez jouer, et réfléchissez à vos projets préférés. Faites une petite liste des possibilités.

MODÈLE É1 Il faut s'arrêter d'abord à Paris pour voir les musées et les monuments, par exemple, Le Louvre, …

B. En parlant. En groupes de trois, jouez les rôles. Essayez de persuader vos amis de visiter les sites qui vous intéressent et de faire les activités que vous préférez. Créez un itinéraire qui plaît à tout le monde.

MODÈLE É1 On s'arrête d'abord à Paris où je peux assister au tournoi de tennis Roland-Garros.
É2 Oui, et quand tu es aux matchs, je visite les musées, par exemple, …
É3 Et moi, je peux m'installer à la terrasse d'un café pour regarder les gens.
É1 Et après trois jours, nous allons à…

C. Après avoir parlé. Partagez votre itinéraire avec les autres étudiants. Qui a l'itinéraire le plus intéressant ? Qui visite le plus grand nombre de villes ? Qui fait le plus de kilomètres ?

Now that you have completed *Chapitre 6*, can you do the following in French?

☐ describe where you live?

☐ state dates, distances, and numbers over a thousand?

☐ use direct- and indirect-object pronouns to avoid repetition?

☐ make suggestions using the **imparfait**?

☐ describe situations and habitual actions in the past using the **imparfait**?

☐ describe the notion of regionalism in France and describe various geographical features of France?

pour décrire un immeuble — *to describe a building*

un ascenseur	*elevator*
un bâtiment	*building*
une cour	*courtyard*
des escaliers (m.)	*staircase, stairs*
un étage	*floor (of a building)*
un garage	*garage*
garer la voiture	*to park the car*
le rez-de-chaussée	*ground floor*
le sous-sol	*basement*
un/e voisin/e	*neighbor*

pour situer un immeuble — *to situate a building*

animé/e	*lively, animated*
un quartier (résidentiel)	*(residential) neighborhood*
une rue	*street*
tranquille	*quiet, tranquil*

pour parler d'un appartement — *to talk about an apartment*

un balcon	*balcony*
une chambre	*bedroom*
les charges (comprises) (f. pl.)	*utilities (included)*
un cinq-pièces	*3-bedroom apartment with living room and dining room*
un couloir	*hallway*
une cuisine	*kitchen*
donner sur	*to look onto or lead out to*
une entrée	*entrance, foyer*
un/e locataire	*renter*
louer	*to rent*
le loyer	*the rent*
un/une propriétaire	*homeowner; landlord/landlady*
une salle à manger	*dining room*
une salle de bains	*bathroom*
un séjour, une salle de séjour	*living room*
un studio	*studio apartment*
une terrasse	*terrace*
des toilettes (f.), des W.-C. (m.)	*toilet, water closet*

verbes en -*ir* comme *choisir* — *verbs ending in -ir like choisir*

choisir	*to choose*
désobéir à	*to disobey*
finir	*to finish*
grandir	*to grow taller, to grow up (for children)*
grossir	*to gain weight*
maigrir	*to lose weight*
obéir à	*to obey*
pâlir	*to become pale*
punir	*to punish*
réfléchir à	*to think*
réussir à	*to succeed/to pass*
rougir	*to blush*

autres mots utiles — *other useful words*

chaque	*each*
même	*even, same*
pâle	*pale*
propre	*own*

à quel étage ? — *on what floor?*

RdeCh	rez-de-chaussée	*ground floor*
1er	premier	*first*
2e	deuxième	*second*
3e	troisième	*third*
10e	dixième	*tenth*
11e	onzième	*eleventh*
12e	douzième	*twelfth*
13e	treizième	*thirteenth*
19e	dix-neuvième	*nineteenth*
20e	vingtième	*twentieth*
21e	vingt-et-unième	*twenty-first*

Leçon 2

des meubles (m.) — *furniture*

une armoire	*armoire, wardrobe*
un canapé	*couch*
une cuisinière	*stove*
une étagère	*bookcase, (book)shelf*
un évier	*sink*
un fauteuil	*armchair*
un four	*oven*
une lampe	*lamp*
un lit	*bed*
des placards (m.)	*cupboards, kitchen cabinets*
un réfrigérateur	*refrigerator*

Vocabulaire

TEXT AUDIO CD 3 TRACKS 46–59

des rideaux (m.)	curtains
une table basse	coffee table
un tapis	rug

pour décrire un appartement ou un meuble — *to describe an apartment or a piece of furniture*

abîmé/e	worn, worn-out
agréable	pleasant
ancien/ne	old, antique
le centre-ville	downtown
avec coin cuisine	with a kitchenette
confortable	comfortable (said of objects or places)
équipé/e	equipped
meublé/e	furnished
moderne	modern
un mur	wall
neuf/neuve	brand-new
par terre	on the floor
pratique	practical
rénové/e	renovated
sous les toits	in the attic
sous	under
sur	on top of
le toit	roof

autres mots utiles — *other useful words*

des affaires (f.)	belongings, things
coûter	to cost
ranger	to put up, to put away
surtout	above all

quelques verbes de communication et de transfert — *some verbs of communication and transfer*

apporter	to bring
emprunter	to borrow
expliquer	to explain
offrir (un cadeau)	to give (a gift)
prêter	to lend
remettre	to hand in/over

Leçon ③

la vie à la campagne — *life in the country*

aller à la pêche	to go fishing
se détendre	to relax

faire un pique-nique	to picnic
une ferme	farm
un jardin	garden, yard
un potager	vegetable garden
se promener	to take a walk
une villa	house in a residential area, villa

la nature — *nature*

un arbre (fruitier)	(fruit) tree
un bateau (à voile)	(sail) boat
un bois	woods
un champ	field
une colline	hill
un fleuve	river (leading to the sea)
une forêt	forest
un lac	lake
la mer	sea
une montagne	mountain
une plage	beach
une rivière	large stream or river (tributary)
un sapin	evergreen tree
une vallée	valley

quelques mots utiles — *some useful words*

au bord (du lac)	on the shore (of the lake)
au bord de la mer	at the seashore
un endroit	place
en effet	yes, indeed
formidable	great
il me semble	it seems to me
là(-bas)	there
s'occuper de	to take care of
posséder	to own
les vacances (f. pl.)	vacation

pour parler des activités habituelles dans le passé — *to talk about habitual activities in the past*

d'habitude	usually
le lundi	every Monday, on Mondays
quelquefois	sometimes
souvent	often
toujours	always
tous les jours/les soirs	every day/evening
toutes les semaines	every week
le week-end	on weekends, every weekend

7 Les relations personnelles

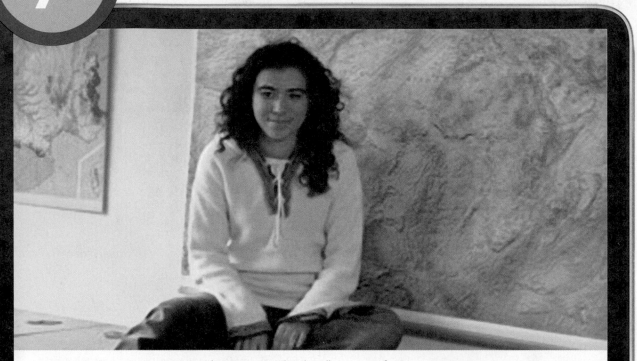

—Moi, j'ai des origines multiculturelles ; je suis franco-marocaine.

DISCOVER
• Go to the *Chapitre 7*, Additional Practice folder in your MyFrenchLab course to watch the video in which a French student describes her family background, and complete the related activities.

APPLY
• Video
• Activities : On démarre ! 07–01 to 07–02

Leçon 1 Les jeunes et la vie

Leçon 2 Les grands évènements de la vie

Leçon 3 Les émotions

Venez chez nous ! Les rites et les rituels

After completing this chapter, you should be able to:

◆ Describe and narrate past events
◆ Report what others say and write
◆ Express opinions
◆ Express emotions
◆ Understand and describe ethnic diversity, rites, and rituals in the Francophone world

Leçon ❶ Les jeunes et la vie

POINTS DE DÉPART

TEXT AUDIO
CD 4 TRACK 1

Les jeunes parlent

discussions | blogs | mes sujets | mes messages | mes favoris | mes blogues | mon profil | messages échangés

---

Forum de discussion > Famille > Nos racines | Afficher réaction

Auteur	Message
Pierre **le mar. 7 avr. 13 à 15h08**	Sur le temple d'Apollon à Delphes on trouve l'inscription « Connais-toi toi-même »[1]. Une façon de se connaître, c'est d'examiner ses racines. Quelles sont les expériences et les personnes qui vous ont influencées le plus ? Pour moi, mes parents ont divorcé quand j'avais cinq ans, et j'ai ressenti l'absence de mon père. Heureusement, mon grand-père était là. Ancien professeur, il m'a appris à aimer les livres, en particulier les livres d'histoire. Ma mère était toujours très autoritaire, très exigeante — et moi, j'étais un enfant rebelle. Mais aujourd'hui, à 22 ans, je prépare un diplôme en histoire et une carrière de professeur.
Sarah **le mar. 7 avr. 13 à 18h38**	Je fais partie d'une famille assez « traditionnelle » : mon père travaille et ma mère, c'est une femme au foyer. J'ai des bons rapports avec mes parents. Ils m'ont donné une morale, une vision du monde, le goût du travail et une présence très sécurisante. Je n'ai pas de complexes ; je suis bien dans ma peau.
Alima **le mer. 8 avr. 13 à 9h10**	Je suis franco-marocaine. J'ai commencé par refuser mes racines maghrébines, mais après j'ai compris que ces racines multiples (arabes, juives, françaises) sont une richesse fabuleuse. Par exemple, je ne suis pas vraiment pratiquante, mais je ne rate jamais le ramadan. Ce n'est pas une pratique imposée par ma famille, mais c'est une épreuve personnelle qui me permet de réfléchir, d'avancer dans la connaissance de ma personne. Être français, ce n'est pas se couler dans le moule[2] de la culture dominante. Tous avec nos racines, nous pouvons participer aux changements de la culture française et européenne.

[1]*Know thyself*   [2]*to pour oneself into the mold*

Vie et culture

La famille à la carte

Qu'est-ce qu'une « famille » ? Avec ou sans enfants ? Deux parents, un seul, davantage[1] ? De quel sexe ? Nos idées sur la famille évoluent, et le vocabulaire le signale : on parle de familles monoparentales, de pères et de mères célibataires, de mères travailleuses et de pères absents, de familles recomposées, d'unions libres et de couples pacsés. En fait, le mariage « traditionnel », où la femme reste au foyer, est un phénomène devenu assez rare en France aujourd'hui : 83 % des Françaises de 25 à 49 ans travaillent. Et au lieu de[2] se marier, 20 % des couples en France choisissent de vivre ensemble en « union libre » ; c'est un couple sur cinq. Actuellement, la majorité des enfants (52 %) sont nés hors du mariage, à des mères célibataires ou à des couples vivant en union libre.

À votre avis, est-ce que le mariage « traditionnel » est aussi rare en Amérique du nord qu'en France ? Justifiez votre réponse.

La diversité ethnique en France

Regardez à la page suivante quelques photos prises à Paris. Qu'est-ce qu'elles suggèrent sur l'origine des habitants de la capitale ? Il est difficile de préciser les chiffres[3] de l'immigration, mais la région parisienne, surtout les banlieues[4], accueille[5] un grand nombre d'étrangers et d'immigrés. Cette nouvelle réalité démographique est en même temps un défi[6] et une richesse pour la France. Un défi parce que ces populations ne s'intègrent pas toujours bien à la société française : le chômage[7] est en particulier un problème très grave pour les jeunes des banlieues. Une richesse aussi, parce que ces populations rajoutent leur cuisine, leur musique et leurs traditions à la culture de la France. On peut parler d'un « métissage culturel »[8] en France aujourd'hui, ce qui suggère l'image d'une tapisserie, tissée[9] de couleurs très variées.

[1]plus   [2]instead of   [3]les statistiques   [4]areas around Paris where recent immigrants live   [5]welcome   [6]challenge   [7]unemployment   [8]cultural mixing   [9]woven

---

Pour parler de la famille et des racines

un père/une mère célibataire
un homme/une femme au foyer
un père/une mère absent/e
une famille monoparentale/recomposée/étendue
un beau-père, une belle-mère, un beau-frère, une belle-sœur, les demi-frères et sœurs
les parents : être autoritaire, exigeant/e, indulgent/e
les enfants : être rebelle, être bien dans sa peau, avoir des complexes
avoir des bons rapports avec quelqu'un
avoir des racines multiculturelles

Un agent de police.

Des étudiants.

ET VOUS ?

1. Quelle est l'importance de l'immigration dans votre région ? Est-ce qu'on accueille un grand nombre d'immigrés ?

2. Est-ce que l'immigration constitue une richesse ou un défi pour votre région ? Quelles difficultés est-ce que les immigrés rencontrent chez vous ? Par exemple, est-ce qu'ils ont des difficultés à s'intégrer ou à trouver du travail ? Quels éléments culturels est-ce qu'ils apportent à votre région ?

Un jeune couple.

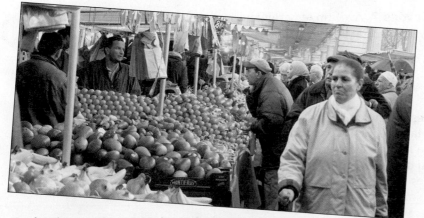

On fait des courses au marché Barbès (18e).

⪻ À vous la parole ⪻

7-1 Définitions. Trouvez une définition pour chaque expression.

MODÈLE une mère célibataire
⪻ C'est une mère qui n'a pas de partenaire.

1. une mère célibataire
2. un homme au foyer
3. les racines
4. un père absent
5. une famille monoparentale
6. une famille recomposée
7. l'union libre

a. un couple qui vit ensemble sans être marié
b. un père qui n'habite pas avec ses enfants
c. une famille avec un seul parent
d. une famille avec des demi-frères ou sœurs
e. une mère qui n'a pas de partenaire
f. les origines
g. un père qui reste à la maison et s'occupe de ses enfants

7-2 D'accord ou pas d'accord ? Est-ce que vous êtes d'accord avec les assertions suivantes ? Parlez-en avec un/e partenaire et expliquez votre réponse.

MODÈLE Grandir dans une famille monoparentale, c'est une tragédie pour l'enfant.
É1 Si la famille étendue est là, ce n'est pas une tragédie.
É2 Voilà, et les amis peuvent aider la famille aussi. Donc, on n'est pas d'accord.

1. La famille exerce très peu d'influence sur les jeunes.
2. On apprécie toujours des parents autoritaires.
3. Les racines multiples, c'est une richesse.
4. Les jeunes veulent toujours être différents de leurs parents.
5. Une femme au foyer, c'est mieux pour les enfants.
6. Être français, c'est s'assimiler à la culture dominante.
7. Le divorce n'a pas d'impact sur les enfants.
8. Les enfants qui grandissent dans une famille monoparentale ont toujours des complexes.

7-3 Et vous ? Avec un/e partenaire, complétez les phrases suivantes selon votre propre expérience.

MODÈLE Mes parents m'ont appris...
É1 Mes parents m'ont appris à aimer la musique classique.
É2 Et moi, mon père m'a appris à apprécier la nature.

1. Mes parents m'ont appris...
2. J'étais un enfant...
3. Ma famille, c'est une famille...
4. J'ai des bons rapports avec...
5. Mes racines sont...
6. Je suis bien dans ma peau parce que...

FORMES ET FONCTIONS

1. *Les verbes de communication* écrire, lire *et* dire

◆ Here are three useful verbs of communication: **écrire**, *to write*; **lire**, *to read*; **dire**, *to say, to tell*.

SINGULIER		PLURIEL	
je/j'	écris	nous	écrivons
	lis		lisons
	dis		disons
tu	écris	vous	écrivez
	lis		lisez
	dis		**dites**
il ⎫	écrit	ils ⎫	écrivent
elle ⎬	lit	⎬	lisent
on ⎭	dit	elles ⎭	disent

IMPÉRATIF :	Écris !	Écrivons !	Écrivez !
	Lis !	Lisons !	Lisez !
	Dis !	Disons !	**Dites** !
PASSÉ COMPOSÉ :	il a **écrit**	il a **lu**	il a **dit**

◆ **Décrire**, *to describe*, is conjugated like **écrire**.
◆ All these verbs may take direct and indirect objects.

J'écris **une lettre à mes parents**.	*I'm writing a letter to my parents.*
Tu **leur** dis **bonjour** de ma part ?	*Will you say hello to them for me?*
Tu **lui** as écrit ?	*Did you write to him?*
Décris **ton cousin à Gabriel**.	*Describe your cousin to Gabriel.*
Vous écrivez **votre rapport** pour demain ?	*Are you writing your report for tomorrow?*
Elles ne mentent jamais ; elles disent toujours **la vérité**.	*They never lie; they always tell the truth.*
Elle lit **ses poèmes à ses amis**, mais elle ne **les** lit pas **à ses parents**.	*She reads her poems to her friends, but she doesn't read them to her parents.*

⬤ À vous la parole ⬤

7-4 Étudiants étrangers. Tout le monde est d'accord ! Comment est-ce que ces étudiants disent « oui » ? Choisissez un mot de la liste : **oui**, **da**, **ja**, **sì**, **sí**, **yes**.

MODÈLE Maria est espagnole.
⬤ Elle dit « sí ».

1. Peter et Helmut sont allemands.
2. Louis-Jean est haïtien.
3. Moi, je suis russe.
4. Isabel est mexicaine.
5. Michèle et moi, nous sommes belges.
6. Toi, tu es américaine.
7. Georges et toi, vous êtes suisses.
8. Alan, il est anglais.

7-5 Qu'est-ce qu'ils écrivent ? Choisissez dans la liste ce qu'écrivent ces jeunes gens.

MODÈLE Marc travaille pour le journal de l'université.
⬤ Il écrit des articles.

des articles	des critiques	des essais	des lettres
des poèmes	des programmes	des recettes	

1. Amélie et moi, nous étudions l'informatique.
2. Maxime et toi, vous êtes bons correspondants.
3. Je suis étudiant en littérature.
4. Laetitia aime faire la cuisine.
5. Jessica et Florian sont poètes.
6. Tu travailles pour un magazine.
7. Adrien va souvent au théâtre.

7-6 Sondage. Trouvez une personne qui...

MODÈLE lit le journal tous les jours
É1 Est-ce que tu lis le journal tous les jours ?
É2 Oui, je lis le *New York Times*.
OU Non, je ne lis pas le journal.

1. lit le journal tous les jours
2. écrit souvent à ses parents
3. dit toujours la vérité
4. écrit pour le journal de l'université
5. a lu une biographie récemment
6. va écrire des e-mails ce soir
7. lit son horoscope tous les jours
8. a écrit un poème

2. *Imparfait et passé composé : description et narration*

Both the **passé composé** and the **imparfait** express past actions and states. They serve different functions in a narrative, however.

◆ The **passé composé** indicates that an event in the past has been completed. In a story or narrative, the **passé composé** is used to recount actions or events that move the story forward. In other words, the **passé composé** advances the plot; it answers the question, *What happened?* Consider the opening sentences of the following narrative:

Bruno **a terminé** ses études en juin. Il **a quitté** la fac.

Bruno finished his studies in June. He left the university.

◆ In contrast, the **imparfait** provides background information. It describes the setting or situation and answers the questions: *What were the circumstances? What was going on?* Compare the use of the **passé composé** and the **imparfait** as the narrative about Bruno's experience continues:

Bruno **était** fatigué. Il **voulait** prendre des vacances. Mais il n'**avait** pas d'argent. Il **devait** trouver un emploi. Alors il **a lu** les petites annonces. Et il **a écrit** des lettres. Enfin, un jour, il **a eu** une réponse. Il **était** très heureux.

Bruno was tired. He wanted to take a vacation. But he didn't have any money. He needed to find work. So he read the newspaper ads. And he wrote letters. Finally one day he got a response. He was very happy.

◆ Use the **imparfait** to describe time, weather, ongoing actions, physical characteristics, psychological states and feelings, intentions, and thoughts. The following verbs, when used in the past, will more often appear in the **imparfait**.

avoir	Elle **avait** vingt ans en 2009.
devoir	Elle **devait** travailler comme serveuse.
être	Ils **étaient** contents de terminer leurs études.
penser	Je **pensais** qu'elle avait des bons rapports avec ses parents.
pouvoir	Ils ne **pouvaient** pas trouver d'emploi.
vouloir	Il ne **voulait** pas habiter avec ses parents.

Fiche pratique

Certain verbs, when used in the past, generally occur in the **imparfait**. When these verbs are used in the **passé composé**, they have a specific meaning. Compare, for example : **Elle avait dix ans.** (She was ten years old.) and **Elle a eu dix ans.** (She turned ten / celebrated her tenth birthday.)

◆ À vous la parole ◆

7-7 Des excuses. Pourquoi est-ce que ces gens ne sont pas venus en classe ? Expliquez la situation ou l'évènement, selon le cas.

MODÈLE Vanessa : elle / être malade
◆ Vanessa n'est pas venue parce qu'elle était malade.

David : il / tomber dans les escaliers
◆ David n'est pas venu parce qu'il est tombé dans les escaliers.

1. Ben : sa mère / téléphoner
2. Adrien : il / rater l'autobus
3. Marie : elle / dormir
4. Guillaume : son chien / manger ses devoirs
5. Annick : elle / préparer un examen
6. Grégory : il / travailler à la bibliothèque
7. Claire : elle / avoir un accident
8. Koffi : il / devoir terminer un rapport

7-8 Un accident de voiture. Racontez cette histoire au passé ; employez le passé composé ou l'imparfait, selon le cas.

MODÈLE Il est huit heures du soir.
◄ Il était huit heures du soir.

(1) Il fait très froid. (2) Il y a du verglas (*ice*) sur la route. (3) Je vais un peu vite (*fast*). (4) Soudain, une autre voiture passe devant moi. (5) J'essaie de m'arrêter, mais je ne peux pas. (6) Je heurte (*hit*) l'autre voiture. (7) Deux hommes sortent de cette voiture. (8) Ils ne sont pas contents. (9) Mais moi, je suis content parce que personne n'est blessé (*injured*). (10) Je téléphone à la police. (11) Ils arrivent tout de suite après.

7-9 Racontez une histoire. Racontez la journée d'Adrien d'après les dessins et en utilisant les mots-clés.

MODÈLE ◄ Hier, c'était samedi. Adrien s'est réveillé à huit heures, etc.

A. être samedi, se réveiller, ne pas avoir cours

B. être à table, le téléphone/sonner, être Julie, vouloir jouer au tennis, dire oui

C. l'après-midi, jouer au tennis, tomber, être anxieuse

D. aller à l'hôpital, le médecin / dire / ne pas être sérieux

Maintenant, racontez votre journée d'hier à un/e partenaire.

7-10 Vérifier des alibis. On a volé (*stole*) le gâteau d'anniversaire du professeur entre midi et treize heures ! Avec un/e partenaire, préparez un alibi. Mettez-vous d'accord sur tous les détails. Attention ! Vos camarades de classe vont vous séparer et ensuite essayer de casser votre alibi en vous posant des questions très détaillées !

MODÈLE É1 Où étiez-vous hier à midi ?
     É2 Mon copain et moi, nous étions au gymnase.
     É3 Qu'est-ce que vous faisiez ?
     É2 Moi, je jouais au basket et lui aussi.

 # Parlons

7-11 Notre famille

A. Avant de parler. Pensez à votre famille et réfléchissez à cette question : Quelle est l'importance de la famille pour vous ? Utilisez le schéma pour prendre des notes avant de parler. Regardez bien le modèle.

ma famille	**Modèle** *ma mère, mon père, mes deux sœurs*
nos rapports	*on s'entend bien*
nos activités ensemble	*passer des vacances à la plage*
mes parents m'ont appris à...	*aimer la nature et les voyages*

B. En parlant. Maintenant, à l'aide de vos notes, parlez de votre famille.

MODÈLE É1 Je suis d'une famille nombreuse ; nous sommes cinq personnes. Et toi ?
     É2 Moi non ; je suis fille unique — je n'ai pas de frères ou sœurs. Tu as de la chance d'avoir des frères et des sœurs. Tu t'entends bien avec eux ?
     É1 J'ai deux sœurs. Je m'entends bien avec ma grande sœur, mais je me dispute souvent avec ma petite sœur. ...

C. Après avoir parlé. Comparez vos idées sur l'importance de la famille avec celles de vos camarades de classe. Est-ce que vous avez des expériences et des opinions différentes ?

POINTS DE DÉPART

TEXT AUDIO
CD 4 TRACK 2

Les grands évènements

La mère de Sophie regarde son album de photos.

Le 9 mai 1985, Sophie est née ; elle était adorable !

Voilà Sophie à son baptême, avec sa marraine et son parrain.

Le jour de Noël 1987 : Sophie avait 2 ans.
Que de cadeaux !

C'était l'anniversaire de Sophie : 6 bougies sur le gâteau !

L'été 2000, Sophie a passé les grandes vacances
à la plage avec son amie Virginie.

Le mariage de Sophie et Arnaud. La cérémonie civile
a eu lieu à la mairie et ensuite la cérémonie religieuse,
à l'église ; la mariée était en blanc, le marié en smoking !

Vie et culture

Les fêtes religieuses et officielles

Certains jours fériés en France sont des fêtes traditionnelles catholiques et d'autres sont des fêtes nationales.

Noël est la plus grande fête de l'année. On décore le sapin et on échange des cadeaux. Le soir du 24 décembre, on prépare un grand repas, le réveillon.

Le jour de l'An est précédé par le réveillon de la Saint-Sylvestre, la nuit du 31 décembre.

Le jour des Rois (l'Épiphanie) a lieu le 6 janvier. On partage un gâteau, la galette des rois, dans lequel on a caché la fève — un petit personnage en plastique ou en céramique. La personne qui trouve la fève dans sa part de galette est nommée le roi ou la reine[1] et porte une couronne en papier.

La Chandeleur, c'est le 2 février. Traditionnellement, on mange des crêpes. Si vous faites sauter[2] une crêpe et si elle retombe dans la poêle[3], vous allez avoir de la chance toute l'année.

Pâques. Pour Pâques, en France on peut voir des œufs et des poules[4] en chocolat dans les vitrines de toutes les pâtisseries et les confiseries. Le lundi de Pâques est un jour férié.

La fête du Travail. Le premier mai, on organise des défilés et l'on offre du muguet[5] aux membres de sa famille. C'est aussi un jour férié.

La fête nationale. Cette grande fête célèbre le début de la Révolution le 14 juillet 1789. Le matin, les Parisiens assistent au grand défilé militaire sur les Champs-Élysées, retransmis en direct à la télévision. Le soir, toutes les villes organisent un bal populaire et l'on tire un feu d'artifice.

La Toussaint. Le 1er novembre, on honore les morts de la famille en mettant des fleurs, surtout des chrysanthèmes, sur leurs tombes.

ET VOUS ?

1. Regardez la séquence vidéo, *Les rites et les rituels*. Quelles occasions est-ce qu'on fête ?
2. Est-ce que vous célébrez certaines de ces fêtes dans votre région ? Est-ce que vos traditions sont différentes des traditions des Français ? Expliquez pourquoi.
3. À votre avis, est-ce que les fêtes nationales sont plus importantes chez vous que chez les Français ? Et les fêtes religieuses ?

[1]*king or queen*   [2]*flip*   [3]*frying pan*   [4]*hens*   [5]*lily of the valley*

Les vœux

Meilleurs vœux !	*Best wishes!*	Bonne année !	*Happy New Year!*
Félicitations !	*Congratulations!*	Bon voyage !	*Have a good trip!*
Bon/Joyeux anniversaire !	*Happy Birthday!*	Bonnes vacances !	*Have a good vacation!*
Joyeux Noël !	*Merry Christmas!*		

Parallèles

Joyeux anniversaire !

Mathilde et Diandra fêtent chacune leur anniversaire.

Mathilde reçoit un cadeau d'anniversaire de ses parents.

Diandra fête ses vingt ans avec sa grand-mère, sa sœur Paula et sa mère.

◄ À vous la parole ►

7-12 Qu'est-ce qu'on dit ? Qu'est-ce que vous dites dans les situations suivantes ?

MODÈLE C'est l'anniversaire de votre mère.
　　　◄ Je dis, « Bon anniversaire, maman ! »

1. Vos amis ont eu un enfant.
2. C'est le 25 décembre.
3. C'est la Saint-Sylvestre.
4. Vous assistez à un mariage.
5. Votre ami fête ses 20 ans.
6. Vos parents fêtent leurs 25 ans de mariage.
7. C'est le jour de l'An.
8. Vos cousins partent en voyage.

7-13 Jeu d'association. À quelle occasion est-ce que vous associez ces choses ou ces personnes ? Parlez-en avec un/e partenaire.

MODÈLE un voyage
　　　É1　Ce sont les grandes vacances.
　　　É2　C'est un mariage.

1. un gâteau
2. des cadeaux
3. un document officiel
4. un grand dîner
5. un défilé militaire
6. des fleurs
7. la marraine
8. le maire (*mayor*)
9. le prêtre (*priest*), le pasteur, le rabbin, l'imam
10. un bébé

7-14 Tous les éléments. Quels sont les éléments importants pour une fête ? Avec un/e partenaire, décrivez une fête d'après les éléments suivants : **l'endroit, les gens importants, les vêtements/les accessoires, les activités.**

MODÈLE un anniversaire

É1 On peut fêter un anniversaire à la maison ou dans un restaurant, par exemple.

É2 Normalement, la famille et les amis sont présents. Il y a presque toujours un gâteau avec des bougies.

É1 Oui, on chante et on offre des cadeaux.

1. Noël
2. un mariage
3. un baptême

4. la fête nationale
5. les grandes vacances

Sons et lettres

TEXT AUDIO CD 4 TRACKS 3–6

La semi-voyelle /j/

When the letter **i** immediately precedes a vowel sound, it is pronounced /j/, as in the English word *yes*. It forms a single syllable with the following vowel. Compare:

le mar**i** / le mar**ié**   étud**ie** / étud**iez**   boug**ie** / chang**iez**

Note that when **i** is preceded by a group of consonants and followed by a vowel sound, it is pronounced /i/ and forms a separate syllable. Compare:

le lien / le cli-ent   bien / ou-bli-er

The letter **y** is often pronounced /j/:

joyeux   foyer   Lyon

≽ À vous la parole ≼

7-15 Imitation. Répétez ces mots ou expressions qui contiennent la semi-voyelle /j/ devant une voyelle orale.

mieux	le mariage	officiel	la mariée
l'union	traditionnelle	génial	monsieur
la société	un-million	vous chantiez	nous voulions

7-16 Contrastes. Comparez les deux mots ou expressions.

1. la vie / les vieux   le mari / le mariage
2. l'ami / le mieux   elle étudie / elle va étudier
3. le cri / crier   c'est une bougie / c'est génial

7-17 Phrases. Maintenant lisez ces phrases.

1. La cérémonie officielle pour le mariage a lieu le 3 février.
2. Ces étudiantes étudiaient les sciences économiques à Lyon l'an dernier.
3. Dans la société actuelle, il y a des familles traditionnelles avec des femmes au foyer mais aussi des couples qui vivent en union libre.

FORMES ET FONCTIONS

1. *L'imparfait et le passé composé : d'autres contrastes*

As you have seen, the choice of the **imparfait** or the **passé composé** to express an action in the past often depends on the context and the speaker's view of the action or situation.

- ◆ Use the **passé composé** to express:
  - ◆ an action or state that occurred at a specific point in time:

Elle est née **le jeudi 9 mai 1991**.	*She was born on Thursday, May 9, 1991.*

  - ◆ an action or state that occurred a specified number of times:

Elle a visité le Canada **deux fois**.	*She visited Canada twice.*

- ◆ Use the **imparfait** to express:
  - ◆ enduring states in the past:

Cécile était une enfant très sérieuse.	*Cécile was a very studious child.*

  - ◆ habitual actions in the past:

D'habitude la famille allait au parc **le dimanche**.	*Usually the family would go to the park on Sundays.*

- ◆ Use the **imparfait** to express an ongoing action or state interrupted by another action, which is expressed by the **passé composé**.

Sophie **regardait** la télé quand sa marraine **a téléphoné**.	*Sophie was watching TV when her godmother called.*
Ils **quittaient** l'église quand elle **est arrivée**.	*They were leaving the church when she arrived.*

- ◆ Finally, some actions or states can be expressed either in the **passé composé** or the **imparfait**, depending on what the speaker means to say.

Elle était malade pendant les vacances.	*She was sick during the vacation.* (emphasis on her state of being sick)
Elle a été malade pendant les vacances.	*She got sick during the vacation.* (emphasis on the act of getting sick)
Il avait peur.	*He was afraid.*
Il a eu peur.	*He got scared/Something scared him.*

≼ À vous la parole ≽

7-18 Hier, ça n'allait pas ! Chloé a eu des problèmes hier. Les choses n'ont pas marché comme d'habitude. Expliquez !

MODÈLE arriver en avance

    ≼ D'habitude, elle arrivait en avance.

    ≼ Mais hier elle n'est pas arrivée en avance.

1. quitter la maison à 8 h
2. arriver la première
3. apporter son cahier
4. réviser sa leçon
5. finir ses devoirs
6. apporter ses livres
7. travailler à la bibliothèque
8. appeler ses amis

7-19 Qu'est-ce qu'ils faisaient ? Décrivez ce que ces gens faisaient quand Solange est arrivée à la fête.

MODÈLE ≼ Quand Solange est arrivée, Marc travaillait dans sa chambre.

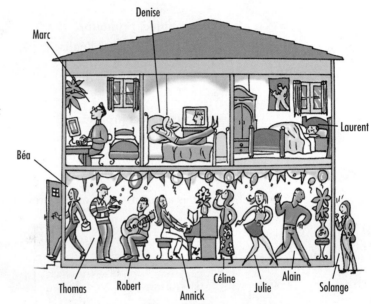

7-20 Mes quinze ans. Avec un/e partenaire, parlez de vos quinze ans. Comment étiez-vous ? Qu'est-ce que vous faisiez ? Qu'est-ce que vous avez fait ?

MODÈLES le caractère

    É1 Moi, à quinze ans, j'étais très timide.

    É2 Moi, à quinze ans, j'étais très indépendant et individualiste.

    les voyages

    É1 À quinze ans, je suis allée à Washington, D.C. visiter les monuments et les musées.

    É2 Et moi, je suis allé en Floride avec ma famille.

1. le caractère
2. le physique
3. les amis
4. le sport
5. les voyages
6. les études
7. la musique
8. les projets d'avenir

2. *Les pronoms complément d'objet*
me, te, nous *et* vous

◆ You have learned that nouns that function as direct objects answer the
question *whom?* or *what?*; they follow the verb directly and can be
replaced by a direct-object pronoun.

Tu entends **les enfants** ?　　　　　　Oui, je **les** entends.

◆ Nouns that function as indirect objects are generally introduced by the
preposition **à**; they often answer the question *to whom?* and they
generally refer to a person.

Tu donnes des chips **aux enfants** ?　　　　Oui, je **leur** donne des chips.

◆ The pronouns **me/m'**, **te/t'**, **nous**, and **vous** function as direct-object
pronouns, corresponding to **le**, **la**, **l'**, and **les**. They also serve as indirect-
object pronouns, corresponding to **lui** and **leur**.

Direct-object pronouns

Tu **m'**attends devant l'église ?　　　*Will you wait for me in front of
the church?*

Je vais **vous** inviter à dîner.　　　*I'm going to invite you to
dinner.*

Indirect-object pronouns

Je **te** souhaite un bon anniversaire.　　*I wish you a Happy Birthday.*
Il **nous** a offert un cadeau.　　　*He gave us a gift.*

◆ Here is a summary of object pronouns:

	PERSONNE	DIRECT	INDIRECT
SINGULIER	1ère	me/m'	
	2^{e}	te/t'	
	3e *m.*	le/l'	lui
	f.	la/l'	
PLURIEL	1ère	nous	
	2^{e}	vous	
	3^{e}	les	leur

➤ À vous la parole ➤

7-21 Esprit de contradiction ou pas ? Vous allez proposer quelque chose. Un/e de vos partenaires va donner son accord, l'autre va refuser.

MODÈLE É1 Tu m'attends ?
É2 Oui, je t'attends.
É3 Non, je ne t'attends pas.

1. Tu vas m'aider à préparer le dîner ?
2. Tu me téléphones ce soir ?
3. Tu m'invites chez toi ce week-end ?
4. Tu me prêtes ton beau pull ?
5. Tu vas me répondre rapidement ?
6. Tu vas me montrer tes cadeaux ?
7. Tu vas m'accompagner à la fête ?

7-22 Du chantage. Répondez à votre partenaire que vous êtes d'accord.

MODÈLE Je t'invite à dîner si tu me prêtes de l'argent.
➤ Alors, je te prête de l'argent.

1. Je t'envoie une carte postale si tu me donnes ton adresse.
2. Je te téléphone si tu me donnes ton numéro de téléphone.
3. Nous t'invitons au réveillon si tu nous accompagnes à l'église.
4. Nous t'offrons une bouteille de vin si tu nous prépares un pique-nique.
5. Je t'invite au cinéma si tu me prêtes ta voiture demain.
6. Je t'accompagne au défilé militaire si tu m'accompagnes au bal.
7. Nous te prêtons de l'argent si tu nous offres du muguet.

7-23 Qu'est-ce qu'ils font ? Qu'est-ce que ces gens font pour vous ? Parlez-en avec un/e camarade, et ensuite comparez vos réponses avec celles des autres étudiants.

MODÈLE vos parents
É1 Qu'est-ce que tes parents font pour toi ?
É2 Ils me téléphonent le week-end ; ils me prêtent de l'argent pour payer mes études ; ils m'offrent des cadeaux.

1. votre frère ou sœur
2. votre colocataire
3. votre meilleur/e ami/e
4. votre copain/copine ou votre mari/femme
5. vos professeurs
6. vos parents

Écrivons

7-24 Un souvenir marquant

A. Avant d'écrire. Pensez à un souvenir très marquant. Pour vous aider à organiser vos pensées, réfléchissez aux questions suivantes. Attention au temps du verbe : passé composé ou imparfait ?

Quelle **était** l'occasion ?	
C'est un souvenir heureux ou triste ?	
Qui **était** là ?	
Qu'est-ce que vous **avez fait** ?	
Quelles **étaient** vos émotions ?	

B. En écrivant. Maintenant, composez votre texte sous forme de paragraphe(s) :

MODÈLE ◢ Mon souvenir le plus marquant, c'est un souvenir heureux. J'avais cinq ans, et j'étais fille unique. Un jour, mes parents m'ont dit qu'ils allaient à l'hôpital me chercher un petit frère ou une petite sœur. Ma grand-mère est venue à la maison pour rester avec moi. Deux jours après, quand j'ai entendu la voiture de mon père, j'ai crié, « Voici notre bébé ! Voici notre bébé ! ». C'était ma petite sœur. Et maintenant, c'est toujours ma meilleure amie.

C. En révisant. Réfléchissez aux questions suivantes et puis faites tous les changements nécessaires.

1. Relisez votre paragraphe pour analyser le contenu : est-ce que vous avez décrit une expérience marquante, en expliquant la situation et les évènements ?
2. Relisez de nouveau votre paragraphe pour analyser le style et la forme : est-ce que votre narration a une introduction et une conclusion ? Est-ce que vous avez employé le passé composé et l'imparfait dans des contextes appropriés ? Est-ce que les verbes sont bien formés ?
3. Donnez un titre à votre texte, par exemple « L'arrivée de ma sœur ».

D. Après avoir écrit. Comparez votre paragraphe avec celui de vos camarades de classe. Quelles sortes d'expériences est-ce que vous avez décrites ?

Leçon **3** Les émotions

POINTS DE DÉPART

TEXT AUDIO
CD 4 TRACK 7

Pour exprimer les sentiments et les émotions

MÉLANIE : Tu as l'air content, toi !

ANTOINE : En effet, je suis ravi. Écoute la bonne nouvelle : mon frère s'est fiancé. Il va se marier au mois de juin.

MÉLANIE : C'est super. Elle est comment, sa fiancée ?

ANTOINE : Elle est très sympa ; on s'entend bien. Mais dis-moi, qu'est-ce que tu as, toi ? Tu n'as pas l'air heureuse. Tu te fais du souci ?

MÉLANIE : Eh bien, je suis assez inquiète ; je n'ai pas de nouvelles de ma sœur. Elle a eu un bébé le mois dernier et elle se dispute beaucoup avec son mari. Elle doit se reposer, mais c'est elle qui fait tout le travail.

ANTOINE : Calme-toi. Elle est probablement trop occupée pour t'appeler. Téléphone-lui.

Les sentiments

être heureux/-euse, content/e, ravi/e
être inquiet/inquiète, anxieux/-euse
être furieux/-euse, fâché/e, en colère
être amoureux/-euse ; tomber amoureux/-euse
être sensible
être triste, malheureux/-euse
être surpris/e
être embarrassé/e, gêné/e
être jaloux/-ouse

Vie et culture

Les Français s'expriment

Il y a beaucoup d'expressions fixes que les Français utilisent pour exprimer les émotions. (L'accent et l'intonation sont très importants aussi !) Est-ce que vous pouvez marier les expressions de la colonne de droite aux émotions de la colonne de gauche ?

1. la joie
2. la colère
3. l'indifférence
4. la tendresse
5. l'embarras
6. la surprise
7. la frustration
8. l'inquiétude

a. Mon Dieu ! Oh, là, là !
b. Super ! Sensationnel ! Formidable !
c. Excusez-moi ! Oh, pardon ! Je suis désolé/e !
d. Oh, zut ! Mince !
e. Bof ! Ça m'est égal.
f. Ma chérie/mon chéri, mon cœur, ma puce
g. C'est pas vrai ! Pas possible ! Incroyable !
h. Espèce d'imbécile ! Crétin ! Quel idiot !

Qu'est-ce qu'on dit quand on perd son sang-froid ?

ET VOUS ?

Le mot juste. Qu'est-ce que vous dites dans les situations suivantes ?

1. Vous avez perdu vos devoirs.
2. Vous avez eu une bonne note à un examen très difficile.
3. Vos amis hésitent entre le cinéma ou un DVD ; vous n'avez pas d'opinion.
4. Vous regardez un enfant adorable, votre nièce ou votre neveu.
5. Votre colocataire a emprunté votre livre de français et l'a perdu.
6. Vous avez fait tomber un vase chez la grand-mère de votre ami.
7. Vous apprenez que votre ami/e a eu un accident de voiture.

⬤ À vous la parole ⬤

7-25 Lire les expressions du visage. Est-ce que vous et votre partenaire savez lire les émotions peintes sur le visage d'une personne ?

MODÈLE   É1   Cette dame a l'air malheureuse ; peut-être qu'elle a entendu des mauvaises nouvelles.

         É2   Je pense qu'elle est anxieuse parce qu'elle n'a pas de nouvelles de son ami.

1.
2.
3.
4.

7-26 Des conseils. Quels conseils est-ce que vous et votre partenaire pouvez donner aux personnes suivantes ?

> **MODÈLE** Votre colocataire a des soucis.
> ◄ Ne t'en fais pas ! Ça va s'arranger.

1. Une amie est très anxieuse avant un examen.
2. Votre ami est furieux parce qu'il pense qu'on l'a insulté.
3. Un monsieur se fâche parce qu'il n'y a pas de place dans l'autobus.
4. Votre amie a tendance à être un peu jalouse.
5. Votre petit frère pleure parce qu'il ne trouve pas son DVD préféré.
6. Une femme est furieuse et elle crie très fort.
7. Vos copains sont anxieux avant un match de tennis.
8. Vos camarades s'inquiètent de leurs notes d'examens ce semestre.

7-27 Les sentiments. Expliquez à votre partenaire dans quelle/s situation/s vous ressentez les sentiments suivants.

> **MODÈLE** la tristesse
> ◄ Je suis triste quand mes parents se disputent.

1. le bonheur
2. la jalousie
3. l'inquiétude
4. l'anxiété
5. la colère
6. la surprise
7. la frustration

Sons et lettres

TEXT AUDIO
CD 4 TRACKS 8–10

Les semi-voyelles /w/ et /ɥ/

The semivowel /w/ is always followed by a vowel, and that vowel is very often /a/. To pronounce /w/, start from the word "tweet" in English: *tweet* / **toi**.

When followed by the sound /a/, the semivowel is usually spelled **oi**, as in **moi, trois**. It can also be spelled **ou**, as in **oui** or **jouer**. The spelling **oy** represents the sound /waj/, as in **employé** or **royal**. The semivowel /w/ also occurs in combination with the nasal vowel /ɛ̃/. In this case, it is spelled **oin**: **loin** or **moins**.

To pronounce the semivowel /ɥ/, as in **lui**, start from the /y/ of **du** but pronounce it together with the following vowel: **lu** / **lui**.

The sound /ɥ/ is frequently followed by the vowel /i/: **huit, je suis, la nuit, bruit**, but not exclusively: **nuage, ennuyeux, s'essuyer**. It is always spelled with the letter **u** followed by another vowel.

◄ À vous la parole ◄

7-28 Contrastes. Comparez les paires de mots suivantes.

la **joi**e	**joy**eux	un m**ois**	m**oins**
le **roi**	**roy**al	la l**oi**	l**oin**
l'empl**oi**	empl**oy**er		

Maintenant, comparez les mots avec /w/ et /ɥ/.

oui	**h**uit	**Lou**is	**lui**
joint	**j**uin	le s**oir**	ess**uie**

7-29 Comptine. Écoutez cette comptine et ensuite lisez-la à haute voix.

Tr**ois** petits princes
Sortant du Paradis, bisc**uit**
Clarinette, clarinette
Nos souliers°, ont des lunettes   chaussures

Un, deux tr**ois**, Vive la reine°   *queen*
Un deux tr**ois**, Vive le r**oi**°   *king*

FORMES ET FONCTIONS

1. *Les verbes pronominaux idiomatiques*

◆ Certain verbs change meaning when combined with a reflexive pronoun:

appeler	J'appelle mon chien.	*I'm calling my dog.*
s'appeler	Je **m'appelle** David.	*My name is David.*
entendre	J'entends un bruit.	*I hear a noise.*
s'entendre avec	Je **m'entends** bien **avec** eux.	*I get along well with them.*

◆ Here are some additional idiomatic pronominal verbs:

s'amuser	Ils **se sont** bien **amusés**.	*They had a lot of fun.*
s'arranger	Ça va **s'arranger** !	*It will be all right!*
se calmer	**Calmez-vous**, voyons !	*Look here, calm down!*
se dépêcher	Il ne **se dépêchait** jamais.	*He never hurried.*
se détendre	Tu devrais **te détendre**.	*You should relax.*
se disputer	Ils **se disputent** tout le temps.	*They argue all the time.*
s'ennuyer	Je **m'ennuie** !	*I'm bored!*
se fâcher	Elle **se fâche** contre lui.	*She's getting angry at him.*
s'inquiéter	Ne **t'inquiète** pas !	*Don't worry!*
s'intéresser à	Tu **t'intéresses** à la musique ?	*Are you interested in music?*
s'occuper de	Tu **t'occupes de** lui ?	*Are you taking care of him?*
se passer	Qu'est-ce qui **se passe** ?	*What's happening?*
se promener	Elle **se promène** souvent.	*She often takes a walk.*
se rappeler	Je ne **me rappelle** pas.	*I don't remember.*
se reposer	On **se repose**.	*We're resting.*
se retrouver	On **se retrouve** ici ?	*Shall we meet here?*

◆ Many verbs can be used with a reflexive pronoun to show that the action is mutual, or reciprocal. In English we sometimes use the phrase *each other* to express this idea.

se téléphoner	Nous **nous** sommes téléphoné.	*We phoned each other.*
se rencontrer	On **s'**est rencontrés cet été.	*We met this summer.*
s'embrasser	Ils **se** sont embrassés.	*They kissed.*
se fiancer	Ils **se** sont fiancés.	*They got engaged.*
se marier	Ils **se** sont mariés.	*They got married.*
se séparer	Ils **se** sont séparés.	*They separated.*

◆ À vous la parole ◆

7-30 À la maternelle. Christophe se rappelle sa classe à l'école maternelle. Pour compléter ses descriptions, choisissez un verbe qui convient dans la liste ci-dessous.

MODÈLE La maîtresse était toujours calme.
➤ Elle ne se fâchait jamais.

s'amuser	se dépêcher	s'ennuyer	s'entendre
se fâcher	s'occuper de	se rappeler	se reposer

1. Pendant la récréation, les enfants jouaient ensemble.
2. À midi, on n'avait pas beaucoup de temps pour aller à la cantine.
3. Une vieille femme préparait le déjeuner.
4. Après le déjeuner, tout le monde faisait la sieste.
5. Jacques et moi, nous étions des bons amis.
6. Je trouvais nos activités en classe très intéressantes.
7. Jacques n'oubliait jamais ses leçons.

7-31 Histoire d'amour. Racontez cette histoire d'amour en vous servant des verbes indiqués.

MODÈLE se rencontrer
➤ Ils se sont rencontrés au cinéma.

1. se parler de
2. tomber amoureux
3. se fiancer
4. se marier
5. s'entendre bien
6. se disputer
7. se séparer
8. divorcer

7-32 Trouvez une personne. Trouvez une personne qui...

MODÈLE s'entend bien avec ses parents
        É1 Est-ce que tu t'entends bien avec tes parents ?
        É2 Non, je ne m'entends pas bien avec eux.
        OU Oui, je m'entends bien avec eux.

1. s'entend bien avec ses parents
2. se rappelle son premier jour à l'école
3. s'amuse quelquefois pendant le cours de français
4. s'occupe toujours du dîner le soir
5. ne se fâche jamais
6. s'est dépêchée ce matin
7. va se détendre ce week-end
8. se rappelle les heures de bureau du professeur

7-33 Quand ? Avec un/e partenaire, expliquez quand cela vous arrive de...

MODÈLE vous fâcher
        É1 Quand est-ce que tu te fâches ?
        É2 Je me fâche quand ma sœur emprunte mes affaires.

1. vous fâcher
2. vous inquiéter
3. vous amuser
4. vous dépêcher
5. vous reposer
6. vous ennuyer
7. vous détendre

2. *Les verbes* voir *et* croire *et la conjonction* que

◆ Here are the forms of the irregular verbs **croire** and **voir**.

CROIRE	*to believe*		VOIR	*to see*	
SINGULIER			**PLURIEL**		
je	crois	vois	nous	croy**ons**	voy**ons**
tu	crois	vois	vous	croy**ez**	voy**ez**
il elle on	croit	voit	ils elles	croi**ent**	voi**ent**

IMPÉRATIF : **Crois**-moi ! **Croyez**-nous ! **Croyons** aux jeunes ! **Voyons** !
PASSÉ COMPOSÉ : J'ai **cru** qu'il partait. J'ai **vu** ce film.

♦ Use the verb **croire**:

♦ to indicate that you believe someone or something:

Je **crois** Jean.   *I believe John.*
Cette histoire ? Nous la **croyons**.   *This story? We believe it.*

♦ to indicate that you believe in something. In this case, use **croire** along with the preposition **à**.

Nous **croyons à** l'avenir.   *We believe in the future.*
Ils **croient au** Père Noël.   *They believe in Santa Claus.*

♦ Note, however, the following expression.

Nous **croyons en** Dieu.   *We believe in God.*

♦ Here are some common expressions using **croire**:

Je crois. / Je crois que oui.   *I think so.*
Je ne crois pas. / Je crois que non.   *I don't think so.*

♦ To express an opinion, use a verb such as **croire** or **penser** plus the conjunction **que**. Notice that the conjunction is not always expressed in English but must be present in French.

Je **pense que** Suzanne est furieuse.   *I think (that) Suzanne is furious.*
Je **crois que** tu as raison.   *I think (that) you are right.*

♦ Use the verb **dire** plus the conjunction **que** to report what someone says.

Elle dit **qu'**elle se fait du souci.   *She says (that) she's worried.*
Il dit **que** son frère va se fiancer.   *He says (that) his brother is getting engaged.*

⬄ À vous la parole ⬄

7-34 Les croyances. À quoi croient ces personnes ? Pour chaque phrase, choisissez dans la liste suivante la réponse qui convient.

MODÈLE Mme Martin achète des billets de LOTO chaque semaine.
⬄ Elle croit à la chance.

Réponses possibles :		
l'amour	Dieu	le Père Noël
l'avenir	la discipline	le plaisir
la chance	la médecine	

1. Je voudrais avoir beaucoup d'enfants.
2. Anne a six ans, son frère a quatre ans.
3. Geoffrey est un jeune homme sentimental.
4. M. Leblanc va à l'église toutes les semaines.
5. Nous sortons jusqu'à trois heures du matin tous les soirs.
6. M. Gervais a trois enfants et il est très autoritaire.
7. Quand ça ne va pas bien, Alex va tout de suite voir le médecin.

7-35 Que de choses à voir ! Expliquez ce que chaque personne voit—attention au temps du verbe !

MODÈLES Nous avons visité Paris.
   ◄ Nous avons vu la tour Eiffel.

   Les Davy allaient souvent au zoo.
   ◄ Ils voyaient souvent des lions, des tigres et des éléphants.

1. Je vais aller à Nice pour les vacances.
2. Vous êtes allés au Québec ?
3. Ils vont visiter Washington.
4. Tu visites la Guadeloupe ?
5. Elles allaient souvent à Paris.
6. Nous sommes allés à New York le mois dernier.
7. Ma copine va aller au centre-ville.

7-36 Dialogue des générations. Est-ce que la vie est meilleure aujourd'hui qu'à l'époque (*time*) de vos parents ? Discutez-en avec un/e partenaire. Ensuite, comparez vos idées avec les idées des autres étudiants de votre classe.

MODÈLE le bonheur et les adolescents
   É1 Je crois que les ados sont moins heureux aujourd'hui qu'à l'époque de mes parents. Ils sont plus stressés par les examens et le travail.
   É2 Je ne pense pas. Mes parents disent qu'ils travaillaient très dur et qu'ils avaient plus de responsabilités à notre âge. Je crois que nous avons beaucoup de chance parce que nous avons plus de temps libre pour nous amuser.

1. le bonheur et les adolescents
2. le problème de la drogue
3. les études universitaires
4. la musique
5. les rapports familiaux

Stratégie

Put yourself in the writer's place to better understand his/her point of view. Consider whether there may be aspects of the writer's background or experience that have shaped his or her perspective, reactions, and focus.

Lisons

TEXT AUDIO CD 4 TRACK 11

7-37 Je suis cadien

A. Avant de lire. The title of this poem, *Je suis cadien*, gives you essential information about the identity of the poet, Barry Ancelet (who takes the pen name Jean Arceneaux). He speaks **le français cadien**, and he is a descendent of French speakers who fled to Louisiana in the eighteenth century from the former French colony of **Acadie** (the present-day Canadian provinces of Nova Scotia and New Brunswick). After **Acadie** was ceded to England, the Acadians refused allegiance to the British crown. Since the poet has announced his Cajun French identity at the outset, are you surprised, looking at the first lines of his poem, to see that they are in English? Why do you think the poem is written in two languages, French and English? Can you put yourself in the poet's place, identifying with his feelings as a Louisiana schoolboy? What message do you think he will attempt to convey?

Voici le poète, Barry Ancelet. Pourquoi, à votre avis, est-ce qu'il est habillé ainsi ?

B. En lisant. Le poète exprime les pensées et les émotions d'un enfant cadien qui va à l'école publique en Louisiane. En lisant un extrait de ce poème, répondez aux questions suivantes.

1. Pourquoi est-ce que le poète répète la première phrase plusieurs fois ? À quelle punition pendant « leur temps de recess » est-ce qu'il fait référence ?
2. Le poète écrit au vers (*line*) 9, « Ça fait mal ; ça fait honte ». Quelle situation est-ce qu'il décrit ?
3. Dans les vers 25 à 42, on explique à l'enfant pourquoi il doit parler anglais. Est-ce que vous pouvez résumer les arguments ?
4. L'enfant n'est pas convaincu. Comment est-ce que les derniers vers (52 à 57) montrent cela ?

JE SUIS CADIEN (*suite poétique*)

	I will not speak French on the school grounds.	
	I will not speak French on the school grounds.	
	I will not speak French...	
	I will not speak French...	
	I will not speak French...	5
bastards	Hé ! Ils sont pas bêtes, ces salauds°.	
	Après mille fois, ça commence à pénétrer	
anybody's head	Dans n'importe quel esprit°.	
makes you ashamed	Ça fait mal ; ça fait honte°.	
	Et on ne speak pas French on the school grounds	10
	Et ni anywhere else non plus.	
	Jamais avec des étrangers.	
You never know	On sait jamais° qui a l'autorité	
damned	De faire écrire ces sacrées° lignes	
	À n'importe quel âge.	15
	Surtout pas avec les enfants.	
	Faut jamais que eux, ils passent leur temps de recess	
	À écrire ces sacrées lignes.	
	I will not speak French on the school grounds.	
	I will not speak French on the school grounds.	20
They shouldn't have to	Faut pas qu'ils aient besoin° d'écrire ça	
	Parce qu'il faut pas qu'ils parlent français du tout.	
It shows; nothing but	Ça laisse voir° qu'on est rien que° des Cadiens.	
	Don't mind us, we're just poor coonasses,	
gotta hide it	Basse classe, faut cacher ça°.	25
	Faut dépasser ça.	
	Faut parler en anglais.	
	Faut regarder la télévision en anglais.	
	Faut écouter la radio en anglais	
	Comme de bons Américains.	30
	Why not just go ahead and learn English,	

Don't fight it, it's much easier anyway,
No bilingual bills, no bilingual publicity.
No danger of internal frontiers.
35 Enseignez l'anglais aux enfants.
Rendez-les tout le long°,   *Take them all the way*
Tout le long jusqu'aux discos,
Jusqu'au Million Dollar Man.
On a pas réellement besoin de parler français quand même°.   *anyway*
40 C'est les États-Unis ici.
Land of the Free.
On restera toujours° rien que des poor coonasses.   *will always be*

I will not speak French on the school grounds.
I will not speak French on the school grounds.

45 Coonass, non, non, ça gêne pas°.   *that doesn't bother us*
C'est juste un petit nom.
Ça veut rien dire.
C'est pour s'amuser, ça gêne pas.
On aime ça, c'est cute.
50 Ça nous fait pas fâchés°.   *That doesn't make us mad.*
Ça nous fait rire°.   *laugh*
Mais quand on doit rire, c'est en quelle langue qu'on rit ?
Et pour pleurer, c'est en quelle langue qu'on pleure ?
Et pour crier ?
55 Et chanter ?
Et aimer ?
Et vivre ?

—Jean Arceneaux, de « Je suis Cadien », *Suite du loup*,
Éditions Perce-Neige, 1998.

C. En regardant de plus près. Le poète permet au lecteur (*reader*) de s'identifier avec l'enfant cadien.

1. Pourquoi est-ce que le poème mélange (*mix*) l'anglais et le français ?
2. Dans le texte, on utilise un nom péjoratif : quelle est la réaction de l'enfant quand il entend ce nom ? Quelle est votre réaction quand vous le lisez ? Quelle réaction est-ce que le poète cherche, à votre avis ?
3. Le poème finit par une série de questions ; quel est l'effet de ces questions sur le lecteur ?

D. Après avoir lu. Discutez de ces questions avec vos camarades de classe.

1. Est-ce que vous pouvez vous identifier avec le point de vue et les émotions exprimés dans ce poème ? Pourquoi ?
2. Est-ce que vous connaissez un peu l'histoire des immigrés qui sont arrivés aux États-Unis à la fin du XIXe et au début du XXe siècle ? Est-ce que l'expérience de l'enfant cadien décrite dans ce poème ressemble à l'expérience des enfants de ces immigrés, ou non ?

Venez chez nous ! Les rites et les rituels

Après la cérémonie de mariage en France, il y a souvent du champagne à boire et une pièce montée à déguster.

Chaque culture exprime ses valeurs à travers ses rites et ses rituels. Voici quelques exemples de rituels du monde francophone.

Observons

7-38 Rites et traditions

A. Avant de regarder. Vous allez écouter des personnes qui parlent d'évènements importants dans leur vie. Quels sont les évènements les plus importants dans la vie d'une personne ? Préparez une liste avec vos camarades de classe.

MODÈLE ◄ la naissance (*birth*) d'un enfant, le baptême, la bar et bat mitsva…

B. En regardant. Pour chaque personne, répondez aux questions.

Marie-Julie

1. Marie-Julie explique qu'au Québec, lorsqu'elles se marient, les femmes doivent garder...
   a. leur nom de jeune fille
   b. le nom de leur mari
   c. les deux noms

2. C'est...
   a. une vieille coutume
   b. une loi récente
   c. une tradition dans certaines familles

Monsieur le maire de Seillans et Barbara

3. Pour le maire de Seillans, le mariage est un acte...
   a. de foi (*faith*).   b. familial.   c. officiel.

4. Les participants à la cérémonie sont : le maire, les mariés, et...
   a. leurs parents.   b. leurs amis.   c. leurs témoins
   (*witnesses*).

5. Pour Barbara, son mariage était un peu spécial parce que... était le maire.
   a. sa mère
   b. sa future belle-mère
   c. son futur mari

C. Après avoir regardé. Maintenant discutez des questions suivantes avec vos camarades de classe.

1. Est-ce que les femmes qui se marient chez vous peuvent choisir leur nom ? Quelles sont les traditions dans votre communauté ?
2. En quoi est-ce que les mariages chez vous sont semblables aux mariages en France ? En quoi est-ce qu'ils sont différents ?

Les rituels du mariage dans le monde francophone

Les rituels du mariage varient d'un pays[1] à l'autre. Comme vous le savez, en France on se marie d'abord à la mairie et après lors d'une cérémonie religieuse si les mariés le désirent. Les robes que les mariées portent en France et au Québec sont souvent blanches et ressemblent aux robes de mariée que vous avez sans doute vues aux États-Unis. En Afrique francophone, les mariées de familles aisées[2] dans les grandes villes peuvent s'habiller de la même façon[3] ou elles peuvent se vêtir[4] de robes plus traditionnelles. Quelquefois, il y a même deux mariages : un mariage à l'européenne et un mariage traditionnel à l'africaine. Au Maroc, il y a un rituel précis pour la mariée : les femmes décorent les mains de la future mariée avec du henné pour la protéger du mal[5] et pour lui porter bonne chance[6] et lui apporter de la fertilité.

[1]*country*   [2]*riches*   [3]*the same way*   [4]*s'habiller*   [5]*protect from evil*   [6]*luck*

Parlons

7-39 Le mariage

A. Avant de parler. Examinez les photos de mariage dans le monde francophone et lisez les légendes (*captions*). N'oubliez pas la photo d'un mariage en France au début de la leçon **Venez chez nous !** à la page 288.

Au Maroc, on décore les mains de la mariée au henné.

Un mariage au Mali, où la mariée et le marié arrivent sur le dos d'un dromadaire.

À la fin d'une cérémonie juive en Bourgogne, le marié brise un verre.

B. En parlant. Avec un/e partenaire, décrivez chaque image. Par exemple, qui sont ces personnes ? Qu'est-ce qu'elles font ? Qu'est-ce qu'elles portent ?

MODÈLE ✦ Sur cette photo, je pense que la femme se prépare pour aller à son mariage. Elle porte...

C. Après avoir parlé. À quel mariage est-ce que vous voudriez assister ? Qu'est-ce qui vous intéresse en particulier sur ces photos ? Comparez vos réactions à celles de vos camarades de classe.

Lisons

7-40 Les noces

Stratégie

Draw on your personal experience to better understand and respond to the events and emotions expressed by a writer. For example, when you know the topic of a reading passage, think about it, before you read, in terms of your own memories, expectations, and associations.

A. Avant de lire. The excerpt you are about to read is from the novel *L'Assommoir* written in the late nineteenth century by Émile Zola. It is one in a series of twenty novels that tell the story of a family known as **Les Rougon Macquart**. In this novel, Zola presents the lives of working-class people in Paris, in particular as they are touched by alcoholism and the downward spiral it engenders. In 1876, the novel was considered scandalous in large part because of the author's use of working-class language and linguistic forms to portray his characters in a realistic manner. This excerpt describes plans for the wedding (**les noces**) and the wedding ceremony of the main characters Gervaise, **une blanchisseuse** (laundress), and Coupeau, **un zingueur** (roofer). Gervaise, who already has two children fathered by a lover who deserted her shortly after their move to Paris, is reluctant to have a wedding celebration. Can you imagine some of her feelings? Why might she hesitate? Have you known friends or family members who have wondered whether a big celebration for a particular event was appropriate?

The writer uses two past tenses to tell the story: the **imparfait** and the **passé simple**. The latter is a literary tense that has generally the same meaning as the **passé composé**. Here are some examples you will see in the text; find their equivalent:

il organisa	elle a eu
elle s'arrangea	leur tour est venu
le mariage fut décidé	il a organisé
fit des heures en plus	ils sont arrivés
elle eut	elle s'est arrangée
ils arrivèrent	ont été expédiés
leur tour vint	a fait des heures en plus
furent expédiés	le mariage a été décidé

B. En lisant. Répondez à ces questions.

1. Donnez deux raisons pour lesquelles Gervaise ne voulait pas fêter son mariage avec Coupeau.
2. Son futur mari, par contre, est assez enthousiaste pour faire une fête. Pourquoi ?
3. Comment est-ce qu'ils décident finalement de fêter le mariage ?
4. Combien de personnes sont invitées ? Pourquoi est-ce que c'est un bon nombre d'après Coupeau ?
5. Finalement, le marié et la mariée font, tous deux, très attention à leurs vêtements pour les noces. Décrivez l'ensemble que Coupeau va porter. Et l'ensemble de Gervaise ? Ils sont assez pauvres. Comment est-ce qu'ils arrivent à se payer de nouveaux vêtements pour le mariage ?
6. Le mariage à la mairie ne se passe pas tout à fait comme prévu. Pourquoi ?
7. Il y avait trois autres mariages ce matin. Comment est-ce que ces mariages étaient différents du mariage de Gervaise et Coupeau ?
8. Qui est Bibi-la-Grillade ? Quelle est son importance pour l'histoire ?

C. En regardant de plus près. Lisez encore une fois cet extrait en faisant attention à comment Zola arrive à situer le milieu social de Coupeau et Gervaise.

1. Coupeau parle **d'aller tordre le cou à un lapin**. De façon littérale, il parle d'aller tuer un lapin, mais il veut simplement dire **aller manger**. Qu'est-ce que vous pensez de cette façon de parler ?
2. Quelles sont les autres indications dans le texte montrant que Coupeau et Gervaise viennent de la classe ouvrière ?

Gervaise ne voulait pas de noce. À quoi bon dépenser de l'argent ? Puis, elle restait un peu honteuse[1] ; il lui semblait inutile d'étaler[2] le mariage devant tout le quartier. Mais Coupeau se récriait[3] : on ne pouvait pas se marier comme ça, sans manger un morceau ensemble... Oh ! quelque chose de tout simple, un petit tour de balade[4] l'après-midi, en attendant d'aller tordre le cou[5] à un lapin...

Le zingueur... décida la jeune femme... Alors, il organisa un pique-nique à cent sous[6] par tête, chez Auguste, au *Moulin-d'Argent*, boulevard de la Chapelle... Tout compte fait, on se trouverait quinze à table. C'était assez. Quand on est trop de monde, ça se termine toujours par des disputes.

Cependant, Coupeau n'avait pas le sou... Il emprunta[7] cinquante francs à son patron. Là-dessus, il acheta d'abord l'alliance, une alliance d'or[8] de douze francs... Il se commanda ensuite une redingote[9], un pantalon et un gilet...

Gervaise, elle aussi, tenait à être propre[10]. Dès que le mariage fut décidé, elle s'arrangea, fit des heures en plus, le soir, arriva à mettre trente francs de côté[11]. Elle avait une grosse envie d'un petit mantelet[12] de soie, affiché treize francs, rue du Faubourg-Poissonnière. Elle se le paya, puis racheta pour dix francs... une robe de laine gros bleu, qu'elle refit complètement à sa taille. Avec les sept francs qui restaient, elle eut une paire de gants de coton, une rose pour son bonnet et des souliers[13] pour son aîné Claude. Heureusement les petits avaient des blouses possibles...

Le mariage à la mairie était pour dix heures et demie... Pour ne pas être regardés, les mariés, la maman et les quatre témoins[14] se séparèrent en deux bandes...

Tout en marchant très lentement, ils arrivèrent à la mairie une grande demi-heure trop tôt. Et, comme le maire fut en retard, leur tour vint seulement vers onze heures... Alors, ils assistèrent à trois mariages, perdus[15] dans trois noces bourgeoises, avec des mariées en blanc, des fillettes frisées[16], des demoiselles à ceintures[17] roses, des cortèges interminables de messieurs et de dames sur leur trente-et-un[18], l'air très comme il faut[19]. Puis, quand on les appela, ils faillirent[20] ne pas être mariés, Bibi-la-Grillade ayant disparu. Boche le retrouva en bas, sur la place, fumant une pipe... Et les formalités, la lecture du Code, les questions posées, la signature des pièces[21], furent expédiées si rondement[22], qu'ils se regardèrent, se croyant volés[23] d'une bonne moitié de la cérémonie... Tous s'étaient appliqués sur le registre[24], dessinant leurs noms en grosses lettres boiteuses[25], sauf le marié qui avait tracé une croix, ne sachant[26] pas écrire...

[1]*ashamed* [2]*to display, to flaunt* [3]*protested* [4]*une promenade* [5]*to wring a rabbit's neck* [6]*unit of money*, cent sous = cinq francs [7]*borrowed* [8]*gold wedding band* [9]*long and wide vest (from English* riding coat*)* [10]*insisted on doing it right, correctly* [11]*aside* [12]*cape* [13]*chaussures* [14]*witnesses for the marriage ceremony* [15]*lost* [16]*with nicely curled hair* [17]*belts* [18]*dressed in their Sunday best* [19]*proper* [20]*almost, nearly* [21]*documents* [22]*briskly, promptly* [23]*robbed* [24]*official register with names of all couples married in town* [25]*awkward* [26]*knowing*

D. Après avoir lu. Enfin, discutez de ces questions avec vos camarades de classe.

1. Est-ce que vous vous identifiez à Gervaise et Coupeau lorsqu'ils se préparent pour leur mariage ? Est-ce que leurs émotions sont universelles à votre avis, ou est-ce que ce récit reflète la situation bien particulière d'un certain milieu à la fin du dix-neuvième siècle ?

2. En lisant l'extrait, est-ce que vous remarquez des différences entre les personnalités de Coupeau et de Gervaise ? Lesquelles ? Est-ce que vous pensez que ces différences vont jouer un rôle dans leur futur mariage ? Comment ?

Les rites religieux et les fêtes populaires

Le ramadan

Le ramadan est un rituel pratiqué par les musulmans, les gens qui croient en la religion islamique. Ils sont environ cinq millions en France, où l'islam est la deuxième religion après le catholicisme. Au Maghreb (au Maroc, en Algérie et en Tunisie), les musulmans sont en vaste majorité.

Le ramadan, le neuvième mois de l'année lunaire du calendrier islamique, est une période de jeûne[1]. Pendant ce mois, les musulmans ne peuvent ni manger, ni[2] boire pendant la journée. Mais au coucher du soleil, les familles et les amis partagent des grands repas. Il y a aussi des fêtes foraines[3] où les gens s'amusent à la tombée de la nuit. À la fin du ramadan, il y a trois jours de fête qui s'appellent **Aïd-el-fitr** (qui veut dire **la fête de la rupture du jeûne**).

La fête de Aïd-el-fitr marque la fin de ramadan.

Le carême : Carnaval et Mardi gras

Les Chrétiens ont aussi un rituel de jeûne, la période du Carême[4] (les quarante jours qui précèdent Pâques). Avant cette période assez stricte, il y a des fêtes importantes. En France, le Carnaval de Nice a lieu au mois de février. En Louisiane, à la Nouvelle-Orléans, on fête le Mardi gras avec de la musique, de la danse et des déguisements[5]. Dans les petites villes comme Eunice, Basile et Mamou, on participe au « Courir de

Le Courir de Mardi Gras à Basile, en Louisiane.

Mardi Gras », où les gens vont de maison en maison en demandant des ingrédients pour faire un gombo communal. Ces fêtes, à l'origine des fêtes religieuses, sont maintenant célébrées de façon[6] séculaire.

[1]*fasting*   [2]*neither, nor*   [3]*traveling fairs*   [4]*Lent*   [5]*costumes, disguises*   [6]*in a way*

Écrivons

7-41 Une tradition importante

A. Avant d'écrire. Lisez les textes au sujet du rituel islamique, le ramadan et les fêtes du Carnaval et de Mardi gras. Pensez maintenant aux rituels que vous pratiquez. Est-ce qu'il y a des rituels importants dans votre famille ? votre religion ? votre région ? votre université ? Choisissez un rituel avec des traditions que vous voulez décrire et faites une liste des éléments importants de ce rituel. Pensez à la dernière fois que vous avez participé à ce rituel, et indiquez des détails essentiels.

MODÈLE La fête de *Homecoming*

Éléments importants	Détails
un match de football américain	*L'année dernière notre équipe a gagné contre l'université X.*
des chars décorés avec des fleurs	*Le char préparé par mes amis et moi était un désastre. Les fleurs n'étaient pas bien fixées sur le char.*
un bal	*1. Je suis allé au bal avec Samantha, ma copine.*
	2. Nous avons dansé jusqu'à une heure du matin.

B. En écrivant. Maintenant, écrivez un paragraphe pour décrire la dernière fois que vous avez participé à ce rituel. N'oubliez pas de donner des détails et d'utiliser le passé composé et l'imparfait !

MODÈLE La fête de *Homecoming*

    Une des traditions sur mon campus, c'est la fête de *Homecoming*. L'année dernière je me suis bien amusé avec mes amis. Notre équipe de football américain a bien joué et elle a gagné le match ! Mais, le corso de chars pendant la mi-temps était un désastre pour mes amis et moi. Les fleurs n'étaient pas bien fixées sur le char et elles ont toutes commencé à tomber. Le soir, il y avait un grand bal et j'ai dansé avec ma copine Samantha jusqu'à une heure du matin.

C. En révisant. Réfléchissez aux questions suivantes et puis faites tous les changements nécessaires.

1. Relisez votre paragraphe pour analyser le contenu : est-ce que vous avez choisi trois ou quatre éléments importants ? Est-ce que vous avez décrit chacun de ces éléments ?
2. Relisez de nouveau votre paragraphe pour analyser le style et la forme : est-ce que vous avez utilisé un vocabulaire simple ? Est-ce que vous avez bien utilisé le passé composé et l'imparfait pour exprimer les évènements au passé ?

D. Après avoir écrit. Échangez votre texte avec un/e camarade de classe pour comparer vos expériences. Est-ce que certaines personnes ont choisi de décrire le même évènement ?

Now that you have completed *Chapitre 7*, can you do the following in French?

☐ Talk about your family background, beliefs, and values?

☐ Describe significant holiday celebrations and events?

☐ Construct a coherent narrative in French, using the **passé composé** and **imparfait**?

☐ Express your own opinions and report what others say and believe?

☐ Express your emotions appropriately?

☐ Describe rites and rituals across the Francophone world?

Leçon 1

pour parler de la famille | to talk about the family

un beau-frère	*brother-in-law*
une belle-sœur	*sister-in-law*
un demi-frère	*half-brother, step brother*
une demi-sœur	*half-sister, step sister*
divorcer	*to divorce*
une famille étendue	*extended family*
une famille monoparentale	*single-parent family*
une famille recomposée	*blended family*
une femme/un homme au foyer	*stay-at-home mother/father*
un père/une mère célibataire	*single father/mother*
l'union libre (f.)	*cohabitation*

pour décrire une personne | to describe a person

absent/e	*absent, missing*
ancien/ne	*former (placed before the noun)*
autoritaire	*authoritarian*
avoir des bons rapports avec quelqu'un	*to get along well with someone*
avoir des racines (f.) juives maghrébines multiculturelles	*to have roots Jewish North African multicultural*
avoir des complexes	*to have issues*
avoir une vision du monde	*to have a worldview*
être bien dans sa peau	*to have confidence in oneself*
être pratiquant/e	*to practice a faith*
exigeant/e	*strict, demanding*
indulgent/e	*indulgent, lenient*
rebelle	*rebellious*
sécurisant/e	*reassuring*
traditionnel/le	*traditional*
travailleur/-euse	*working; hardworking*

pour parler des études et du travail | to talk about studies and work

apprendre à	*to teach, to learn*
avoir le goût du travail	*to have a strong work ethic*

verbes de communication | verbs of communication

décrire	*to describe*
dire	*to say, to tell*
écrire	*to write*
lire	*to read*

autres mots utiles | other useful words

la connaissance	*knowledge, understanding*
une épreuve	*test*
faire partie de	*to belong to*
heureusement	*fortunately*
permettre (de + inf)	*to allow (to + verb)*
rater	*to miss*
ressentir	*to feel, be affected by*
terminer	*to end*
la vérité	*truth*
vivre	*to live*

Leçon 2

les grands évènements de la vie | major life events

un anniversaire	*birthday, anniversary*
un baptême	*baptism*
une bougie	*candle*
un cadeau	*gift*
une cérémonie civile	*civil ceremony*
une fête religieuse	*religious holiday*
un gâteau	*cake*
les grandes vacances (f.)	*summer vacation*
un mariage	*wedding*
un/e marié/e	*groom/bride*
une marraine	*godmother*
un parrain	*godfather*

des vœux | wishes

un vœu	*wish*
Meilleurs vœux !	*Best wishes!*
Félicitations !	*Congratulations!*
Bon/Joyeux anniversaire !	*Happy Birthday!*
Joyeux Noël !	*Merry Christmas!*
Bonne année !	*Happy New Year!*
Bon voyage !	*Have a good trip!*
Bonnes vacances !	*Have a good vacation!*

Vocabulaire

TEXT AUDIO
CD 4 TRACKS 13–26

pour parler des fêtes	to talk about holidays
avoir lieu	to take place
un bal populaire	a street dance
cacher	to hide
un défilé	parade
fêter	to celebrate
un feu d'artifice	fireworks
une fleur	flower
une galette	type of cake
un jour férié	public holiday
le muguet	lily of the valley
un œuf en chocolat	chocolate egg

Leçon 3

les sentiments	feelings
avoir l'air (d'être) + adj.	to seem, to appear (to be) + adj.
Qu'est-ce que tu as ?	What's wrong?
amoureux/-euse	in love
tomber amoureux/-euse	to fall in love
anxieux/-euse	anxious
content/e	happy
embarrassé/e	embarrassed
en colère	angry
fâché/e	angry
furieux/-euse	furious
gêné/e	bothered, embarrassed
heureux/-euse	happy
inquiet/inquiète	uneasy, anxious, worried
jaloux/-ouse	jealous
malheureux/-euse	unhappy
ravi/e	delighted
sensible	sensitive
surpris/e	surprised
triste	sad

pour exprimer les sentiments	to express feelings
crier	to yell
perdre son sang-froid	to lose one's composure
pleurer	to cry

quelques verbes pronominaux	some pronominal verbs
s'amuser	to have fun
s'appeler	to be named, called

s'arranger	to work out, to be all right
se calmer	to calm down
se disputer	to argue
s'ennuyer	to become bored
s'entendre (avec)	to get along (with)
se fâcher (contre)	to get angry (at, with)
se faire du souci	to worry
Ne t'en fais pas !/ Ne vous en faites pas !	Don't worry!
s'inquiéter	to worry
s'intéresser à	to be interested in
se passer	to happen
se rappeler	to remember
se reposer	to rest
se retrouver	to meet
se téléphoner	to phone each other

dans la vie sentimentale	in one's emotional life
se disputer	to argue, to fight
s'embrasser	to kiss
se fiancer	to get engaged
se marier	to get married
se rencontrer	to meet (for the first time)
se séparer	to separate

autres verbes utiles	other useful verbs
croire (à)	to believe (in)
voir	to see

quelques expressions utiles	some useful expressions
Ce n'est pas grave.	It's not serious.
fort (adv.)	loudly
Je crois. / Je crois que oui.	I think so.
Je ne crois pas. / Je crois que non.	I don't think so.
Je crois que…	I think / believe that . . .
une nouvelle	piece of news
si	whether, if
Soyez calme !	Be calm!
Ne sois pas furieuse !	Don't be angry!
Voyons !	See here!

8 Activités par tous les temps

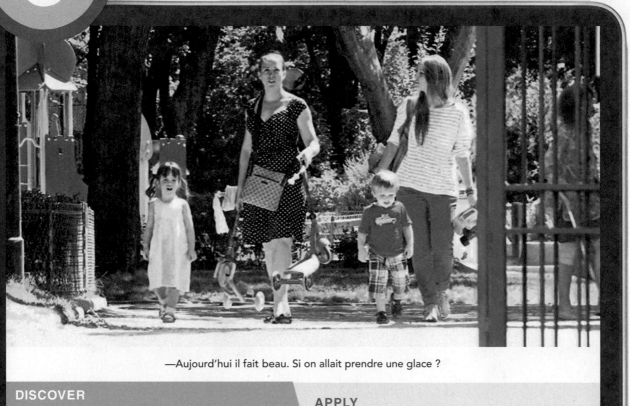

—Aujourd'hui il fait beau. Si on allait prendre une glace ?

DISCOVER
• Go to the *Chapitre 8*, Additional Practice folder in your MyFrenchLab course to watch the video on weather and activities, and complete the related activities.

APPLY
• Video
• Activities : On démarre ! 08–01 to 08–02

Leçon 1 Il fait quel temps ?

Leçon 2 On part en vacances !

Leçon 3 Je vous invite

Venez chez nous ! Vive les vacances !

After completing this chapter, you should be able to:

◆ Talk about the weather and vacation activities

◆ Extend, accept, and refuse invitations

◆ Tell about past actions or events

◆ Ask for specific information

◆ Identify vacation spots and cultural activities in places where French is spoken

Leçon ① Il fait quel temps ?

POINTS DE DÉPART

TEXT AUDIO
CD 4 TRACK 27

Le temps à toutes les saisons

En été, il fait chaud et lourd.   **Il fait beau. Il y a du soleil et le ciel est bleu.**   **Le ciel est couvert ; il y a des nuages. Il va pleuvoir.**

Au printemps, il fait frais et il y a du vent.   **En automne, il fait mauvais. Il pleut et il y a du brouillard.**

Il y a un orage : il y a des éclairs et du tonnerre.   **En hiver, il gèle ; il y a du verglas.**   **Il fait froid et il neige.**

Vie et culture

Proverbes

> ### En avril, ne te découvre pas d'un fil
>
> *Attention aux gelées. Une masse d'air froid de Scandinavie bat tous les records.*

Regardez ce titre de journal apparu au mois d'avril ; c'est un proverbe pour présenter un article sur le temps. La plupart des langues ont des proverbes qui parlent du temps ; mais comme vous l'avez découvert pour d'autres aspects de la langue française, on ne peut pas traduire les proverbes mot à mot. Pour comprendre ce proverbe, examinez bien le contexte. Regardez les mots en dessous du titre « **En avril, ne te découvre pas d'un fil** »; quels mots indiquent le temps prévu ? Avec toutes ces informations, est-ce que vous pouvez trouver le sens du proverbe ?

ET VOUS ?

1. Est-ce que vous pouvez donner un exemple d'un proverbe en anglais qui parle du temps ?
2. Pourquoi, à votre avis, est-ce qu'il y a beaucoup de proverbes qui parlent du temps ?

To indicate that a person feels cold or hot, use the verb **avoir**:

Il fait 30°C ; j'**ai** très **chaud**.	*It's 86 degrees; I'm very hot.*
Il commence à neiger ; nous **avons froid**.	*It's starting to snow; we're cold.*

Fiche pratique

In Francophone countries and throughout much of the world, temperature is measured in degrees Celsius. To make things easy, just remember a few key expressions that correspond to certain temperatures. For example, look at the thermometer and these expressions:

➤ À vous la parole ➤

8-1 Quel temps fait-il ?
D'après le journal, dites
quel temps il fait dans ces
villes francophones.

MODÈLE Paris
➤ À Paris, il fait
assez frais et le
ciel est couvert.

1. Cayenne
2. Alger
3. Dakar
4. Montréal
5. Nice
6. La Nouvelle-Orléans
7. Papeete
8. Fort-de-France
9. Tunis

PRÉVISIONS POUR LE 2 AVRIL

Ville par ville, les minima/maxima de température et l'état du ciel.

S : soleil ; C : couvert ; P : pluie ; V : vent fort ; O : orages ; N : neige

AMÉRIQUES			FRANCE d'outre-mer		
BRASILIA	19/28	S	CAYENNE	23/27	P
CHICAGO	7/21	S	FORT-DE-FR.	23/28	S
MEXICO	10/24	S	PAPEETE	25/31	P
MONTRÉAL	−6/0	N	**AFRIQUE**		
NEW YORK	5/14	C	ALGER	13/21	S
LA NOUVELLE-			DAKAR	20/26	O
ORLÉANS	10/26	S	KINSHASA	23/29	P
TORONTO	2/13	C	LE CAIRE	16/27	S
			TUNIS	15/26	P
FRANCE métropole					
AJACCIO	9/19	S			
BIARRITZ	8/16	P			
CAEN	3/10	C			
LILLE	3/11	C			
NICE	9/16	S,V			
PARIS	3/12	C			

8-2 Prévisions météorologiques. Voilà le temps qu'on annonce pour la
France. Demandez à votre partenaire quel temps il va faire et la
température.

MODÈLE à Lyon
É1 Quel temps est-ce qu'il va faire à Lyon ?
É2 À Lyon, il va pleuvoir.
É1 Et la température ?
É2 Il va faire onze degrés, donc il va faire
assez frais.

1. à Paris
2. à Bordeaux
3. à Perpignan
4. à Brest
5. à Nice
6. à Grenoble
7. à Lille
8. à Strasbourg
9. à Bastia

8-3 Vos préférences. Avec un/e partenaire, posez les questions suivantes pour découvrir quand votre partenaire préfère faire ces activités. Ensuite, comparez vos réponses avec celles de vos camarades de classe.

MODÈLE   É1 Quand est-ce que tu n'aimes pas aller en classe ?
             É2 Je n'aime pas aller en classe quand il pleut ou quand il y a un orage.

1. Quand est-ce que tu aimes rester dans le jardin ?
2. Quand est-ce que tu aimes faire du shopping ?
3. Quand est-ce que tu aimes faire du sport ?
4. Quand est-ce que tu préfères rester chez toi ?
5. Quand est-ce que tu aimes aller au cinéma ?
6. Quand est-ce que tu n'aimes pas voyager ?

Les saisons de l'année

le printemps (au printemps) : mars, avril, mai

l'été (en été) : juin, juillet, août

l'automne (en automne) : septembre, octobre, novembre

l'hiver (en hiver) : décembre, janvier, février

8-4 Nous sommes en quelle saison ? Pour chaque phrase, décidez avec un/e partenaire de quelle saison on parle.

> **MODÈLE** En Bretagne le ciel est souvent couvert, il y a souvent de la pluie, mais il fait bon. On peut jouer au tennis ou au golf.
>
> É1 C'est le printemps ou peut-être l'automne.
> É2 Je pense que c'est le printemps parce qu'il y a beaucoup de pluie.

1. En France, on célèbre la fête nationale. Mais c'est la saison des orages : il y a des éclairs et du tonnerre.
2. Il y a souvent du brouillard en Bourgogne. Il gèle et il y a du verglas.
3. À Paris, c'est la rentrée et le temps est variable. Souvent, il y a du vent et le ciel est gris.
4. À la Martinique, il fait très chaud et lourd et il y a des nuages. Il pleut souvent.
5. On est sûr d'avoir du soleil et un temps chaud en France. Voilà pourquoi les Français partent en vacances.
6. Il y a beaucoup de soleil à Tahiti. On porte un maillot de bain.
7. Partout en France c'est la belle saison. Le ciel est bleu et il fait très beau. Mais les étudiants sont stressés parce que les examens vont bientôt commencer.
8. Il fait beau à la Guadeloupe. Il ne fait pas trop chaud. C'est le temps parfait pour aller à la plage.

8-5 Quel est le climat chez vous ? Posez des questions à votre partenaire pour découvrir quel temps il fait d'habitude chez elle/lui et chez les membres de sa famille, pendant la saison indiquée.

> **MODÈLE** en hiver, chez ses parents
>
> É1 Quel temps fait-il en hiver chez tes parents ?
> É2 Chez mes parents, en Louisiane, il fait assez frais et le ciel est souvent couvert en hiver.

1. en été, chez elle/lui
2. en hiver, chez elle/lui
3. au printemps, chez ses parents
4. en automne, chez ses grands-parents

L'été en Bretagne. Il fait chaud et il y a du soleil.

Quel temps fait-il ? Téléphonez pour savoir !

Sons et lettres

TEXT AUDIO
CD 4 TRACKS 28–31

La prononciation de la lettre *e*

You know that the letter **e** at the end of a word is usually not pronounced; it tells you that the consonant it follows is pronounced. Compare:

un anglais   vs.   une anglaise

However, final **e** may be pronounced in one-syllable words such as the pronouns **je**, **me**, **te**, **se**, and **le**, the definite article **le**, the preposition **de** and the negative marker **ne**.

Within a word, the letter **e** is pronounced in several different ways:

◆ Like the sound in **deux** [ø]

  ◆ when followed by a single consonant letter:

       un semestre   premier   une partenaire   vous prenez

  ◆ when followed by a consonant plus **r** or **l**:

       regretter   un secret   degrés

◆ Like the sound in **mère** [ɛ]

  ◆ in the final syllable of a word, when it is followed by one or more pronounced consonants:

       sert   couvert   hiver   lunettes de soleil   cet

  ◆ in a non-final syllable, when it is followed by two consonants (but see the exception below for double consonants):

       du verglas   mercredi   quelque

  ◆ in a non-final syllable, when followed by an **x** (that letter represents the consonant groups **gz** or **ks**)

       un exemple   expliquer   un examen

◆ Like the sound in **thé** [e]

  ◆ when it is followed by a double consonant or the combination **sc** in a non-final syllable of a word:

       pressé   un effort   descendre

  ◆ in one-syllable function words such as **les**, **des**, **ces**, **ses**, **tes**.

◆ Sometimes, in one-syllable function words like **je**, **te**, **le**, **de**, **ce**, etc., and in words like **samedi** and **mademoiselle**, the letter **e** in the middle of the word is not pronounced; it *is elided*. For this reason a letter **e** pronounced with the vowel of **deux** is called an **unstable e**.

Compare the following two words. Look especially at the number of consonants before the unstable **e**:

     vendredi   samedi

An unstable **e** is usually dropped within words when it comes after only one pronounced consonant. In **samedi**, it comes after a single consonant, /m/, so it is dropped. But in **vendredi**, it comes after two pronounced consonants /dr/, so it is retained.

➤ À vous la parole ➤

8-6 Comparez. Comparez la prononciation du **e** dans chaque colonne.

[ø] comme dans *deux*	[ɛ] comme dans *mère*
1. prenez	prennent
2. demain	hier
3. devoir	détester
4. petit	exemple
5. degrés	verglas
6. demande	accepte

8-7 Contrastes. Comparez la chute et le maintien du **e** instable. Répétez :

samedi	vendredi
rarément	quelquefois
achétez	prenez

8-8 Quel son ? Lisez les phrases suivantes en faisant attention à la lettre **e** prononcée comme la voyelle de **thé**, ou de **mère**, ou de **deux**. Faites tomber aussi les **e** instables. Les **e** instables qui ne tombent pas sont prononcés comme la voyelle de **deux**.

1. Vous mettez vos tennis ? Il fait beau dehors cet après-midi.
2. Il fait moins deux degrés et il y a du verglas. Mettez ce bonnet, mademoiselle !
3. Restons à la maison : le ciel est couvert et il va y avoir du tonnerre.
4. Je dois faire un effort demain pour me lever tôt ; j'ai un examen à huit heures.
5. Appelez mercredi ou vendredi, jamais le samedi.
6. Elle explique les prévisions météorologiques à sa partenaire allemande.

FORMES ET FONCTIONS

1. *Les questions avec* quel *et* lequel

◆ The interrogative adjective **quel** is used to ask *which?* or *what?* Although **quel** agrees in number and gender with the noun it modifies, it is always pronounced the same, unless a plural form, **quels** or **quelles**, modifies a noun beginning with a vowel and liaison occurs.

Quel écrivain est-ce que tu préfères ?	*Which writer do you prefer?*
Quelle musique est-ce qu'il préfère ?	*What type of music does he prefer?*
Quels cours est-ce que tu suis ?	*Which courses are you taking?*
Quelles affiches est-ce que tu vas acheter ?	*Which posters are you going to buy?*

- **Quel** is used in a number of fixed interrogative expressions:

Quel temps fait-il ?	*What's the weather like?*
Quelle heure est-il ?	*What time is it?*
Quelle est la date aujourd'hui ?	*What's today's date?*
Quel âge est-ce que tu as ?	*How old are you?*

- **Quel** can also be used before a form of the verb **être**, followed by the noun it modifies:

Quelle est ta saison préférée ?	*What's your favorite season?*
Quelles sont les meilleures résidences ?	*Which are the best residence halls?*

- Use a form of the interrogative pronoun **lequel** to ask about someone or something that has already been mentioned. **Lequel**—which asks *which one?* or *which?*—agrees in number and gender with the noun it replaces.

—Tu as cours cet après-midi ?	—*Do you have class this afternoon?*
—Oui.	—*Yes.*
—**Lequel** ?	—*Which one?*
—Il sort avec l'une des sœurs de Sophie.	—*He's going out with one of Sophie's sisters.*
— Ah bon ? Avec **laquelle** ?	—*Really? With which one?*
Il fait froid. Voici des gants noirs, des gants rouges et des gants marron. **Lesquels** est-ce que tu préfères ?	*It's cold. Here are some black gloves, some red gloves, and some brown gloves. Which (ones) do you prefer?*

◆ À vous la parole ◆

8-9 Petite épreuve. Posez des questions à un/e partenaire, qui doit répondre correctement !

MODÈLE les jours de la semaine
   É1 Quels sont les jours de la semaine ?
   É2 Lundi, mardi,...

1. les jours de la semaine
2. les mois de l'année
3. les saisons de l'année
4. la date de la fête nationale française
5. la date de ton anniversaire
6. ta saison préférée

8-10 Une interview. Interviewez un/e partenaire pour découvrir ses préférences.

MODÈLE la saison

    É1 Quelle saison est-ce que tu préfères ?
    É2 Je préfère l'automne. Et toi, quelle est ta saison préférée ?
    É1 Moi, j'adore le printemps.

1. la saison
2. la ville
3. l'artiste
4. les acteurs
5. le sport
6. la musique
7. les écrivains

8-11 Préférences alimentaires. Discutez de vos préférences alimentaires avec un/e partenaire, en utilisant des questions avec **lequel**.

MODÈLES les fruits

    É1 Je mange beaucoup de fruits.
    É2 Lesquels est-ce que tu préfères ?
    É1 Je préfère les fraises et les pêches. Et toi ?

1. les fruits
2. les légumes
3. les desserts
4. les boissons
5. les jus de fruits
6. les casse-croûte

2. Les expressions de nécessité

◆ You have learned to use a form of the verb **devoir** plus an infinitive to describe what one *must* or *should* do.

Pour maigrir, tu **dois suivre** un régime.	*To lose weight, you must go on a diet.*
Elle **doit travailler** plus si elle veut réussir.	*She must work more if she wants to succeed.*

◆ The following expressions that include the impersonal subject **il** can be used with an infinitive to express obligation in a more general way:

il faut	*you have to/must*
il ne faut pas	*you must not*
il est nécessaire de	*it is necessary to*
il est important de	*it is important to*
il est utile de	*it is useful to*

Il faut porter des gants et un bonnet quand il fait moins de zéro degré Celsius.	*You must wear gloves and a hat when the temperature is below zero degrees Celsius.*
Il ne faut pas sortir sous la pluie sans son parapluie.	*You mustn't go out in the rain without an umbrella.*
En été, **il est important de porter** des lunettes de soleil.	*In summer, it's important to wear sunglasses.*

À vous la parole

8-12 Bien s'habiller pour le temps qu'il fait. Quand est-ce qu'il faut mettre ces vêtements ? Précisez le temps ou la saison.

MODÈLE   un anorak ?
◆ Il faut le mettre quand il fait froid.

une mini-jupe ?
◆ Il faut la mettre en été.

1. des chaussettes en laine ?
2. un pull-over ?
3. des gants ?
4. des sandales ?
5. un imperméable ?
6. des lunettes de soleil ?
7. des bottes ?
8. une écharpe ?

8-13 Oui ou non ? Quand il fait beau et on a un examen et des devoirs importants à préparer, est-ce qu'il faut faire les choses suivantes ?

MODÈLE   aller à la plage ?
◆ Non, il ne faut pas aller à la plage. Il faut aller à la bibliothèque.

1. travailler sérieusement ?
2. appeler les copains pour sortir ?
3. faire un pique-nique avec des amis ?
4. aller au parc pour se promener ?
5. bien manger ?
6. sortir avec ses amis ?
7. se coucher tôt ?

8-14 S.O.S. étudiants ! Avec un/e partenaire, à tour de rôle, imaginez que vous donnez des conseils aux nouveaux étudiants sur le campus.

MODÈLE   É1 Je travaille tout le temps et je suis assez stressé.
É2 Est-ce que tu te détends quelquefois ?
É1 Pas beaucoup.
É2 Ah, il est important de te détendre. Il faut sortir un peu avec tes amis ou écouter de la musique pour te changer les idées (*for a change*).

1. Je ne peux pas me lever tôt pour aller à mon cours de neuf heures du matin.
2. Je n'ai pas beaucoup d'amis ici.
3. Je vais grossir si je mange au resto U.
4. Je n'ai pas assez de temps pour finir tous mes devoirs.
5. Je ne m'entends pas bien avec mes colocataires.
6. Il fait trop froid ici. Ce n'est pas comme chez moi.

Lisons

TEXT AUDIO
CD 4 TRACK 32

Stratégie

Discover by reading aloud
how sounds and rhythm
affect the musicality of a
poem. Consider in turn what
the music of language may
be suggesting about a
poem's meaning, and what
the impact is on your own
reactions.

8-15 Il pleure dans mon cœur

A. Avant de lire. The poet Paul Verlaine (1844–1896) believed that the
music of language is more important than the actual words, and that
suggestion is more important than statement. The effect of his poetry is like
that of Impressionist art or music, and his poems are often compared with
the paintings of Claude Monet or the music of Claude Debussy (who set
sixteen of Verlaine's poems to music).

Verlaine often used free verse (that is, unrhymed lines of unequal
length) and the sounds and rhythms of French to create richly musical
poems, like *Il pleure dans mon cœur*, which even listeners who do not know
French can appreciate. Listen as the poem is read aloud and think about
how its sounds and rhythm suggest the poet's melancholy sadness on a
rainy day. Next, read the poem and complete the related work.

Ce tableau de Claude Monet, « Impression : soleil levant », a
donné son nom au mouvement impressionniste.

B. En lisant. Cherchez les réponses à ces questions.

1. Dans ce poème, la nature reflète les sentiments du poète. Expliquez
   comment.
2. Dans les deux premières strophes (*verses*), le poète parle du temps et
   aussi de ses propres sentiments. Quelles expressions est-ce qu'il
   emploie pour le faire ?
3. Dans les dernières strophes, le poète parle plus de ses propres
   sentiments. Il est surtout…

   a. confus   **b.** triste   **c.** fâché

4. Résumez l'action du poème en une ou deux phrases.

IL PLEURE DANS MON CŒUR...

Il pleut doucement sur la ville.
Arthur Rimbaud

It's crying; heart	Il pleure° dans mon cœur°
	Comme il pleut sur la ville ;
	Quelle est cette langueur
	Qui pénètre mon cœur ?
soft sound	Ô bruit doux° de la pluie 5
ground	Par terre° et sur les toits !
is troubled	Pour un cœur qui s'ennuie°
song	Ô le chant° de la pluie !
	Il pleure sans raison
is discouraged	Dans ce cœur qui s'écœure°. 10
no betrayal	Quoi ! nulle trahison° ?...
sadness	Ce deuil° est sans raison.
worst pain	C'est bien la pire peine°
not knowing	De ne savoir° pourquoi
hate	Sans amour et sans haine° 15
so much	Mon cœur a tant de° peine !

Paul Verlaine

C. En regardant de plus près. Maintenant, examinez les aspects suivants du poème.

1. Trouvez deux phrases répétées dans le poème qui ont presque la même prononciation et qui ont une signification semblable. Comment est-ce que ces phrases communiquent le message du poète ?
2. Notez la répétition de certains sons dans le poème, surtout de la voyelle dans le mot **cœur**. Trouvez tous les mots avec ce son ; est-ce que ces mots sont importants pour les rimes ? Quel effet est-ce que la répétition de cette voyelle produit ? Quel sentiment est-ce qu'elle évoque ? Si vous voulez, écoutez de nouveau le poème.

D. Après avoir lu. Discutez de ces questions avec vos camarades de classe.

1. Regardez le tableau de Monet à la page précédente. Est-ce que ce tableau est semblable au poème de Verlaine ? Comment ? Par exemple, est-ce que le tableau et le poème suggèrent un sentiment concret ou plutôt une impression ? Comment est-ce que vous pourriez caractériser l'approche de l'artiste et du poète ?
2. Ce poème a un ton très mélancolique. Comment est-ce qu'on peut produire les effets de mélancolie dans la musique : avec des accords majeurs ou mineurs (*major or minor keys*) ? avec un tempo rapide ou lent ?

POINTS DE DÉPART

Des activités par tous les temps

À la plage, on peut faire…
du ski nautique
du surf
de la voile
de la planche à voile,
et on peut bronzer.

À la campagne, on peut faire…
des pique-niques
du cheval
du vélo
de la moto.

À la montagne, on peut faire...
du camping
de l'alpinisme
des randonnées
du ski
du surf des neiges
de la motoneige.

En ville, on peut faire...
du tourisme
un tour dans le quartier
un tour au parc
des courses
des achats,
et on peut visiter des musées
et des monuments.

Projets de vacances

M. KELLER :	Cette année, on va pas aux sports d'hiver.
MAX :	Ah, non, c'est pas vrai ! Zut alors !
M. KELLER :	Si, cette année vous n'allez pas faire du ski en février, mais du ski nautique.
CAROLINE :	Chouette ! Alors on va aux Antilles ? À Tahiti ?
M. KELLER :	Pas tout à fait, ma grande. J'ai des billets d'avion pour aller à la Réunion, dans l'Océan Indien.
MAX :	Bravo ! Vive la Réunion !
CAROLINE :	Et la voile, la planche à voile !
M. KELLER :	Et vive la pêche et le repos !

➤ À vous la parole ➤

8-16 Qu'est-ce qu'on peut faire ? Suggérez des activités logiques.

MODÈLE à la montagne, quand il y a de la neige ?

É1 Qu'est-ce qu'on peut faire à la montagne, quand il y a de la neige ?

É2 On peut faire du ski ou du surf des neiges.

1. à la plage, en été ?
2. à la campagne, quand il fait beau ?
3. à la plage, quand il y a un beau soleil ?
4. à la montagne, au printemps ?
5. au lac, quand il y a du vent ?
6. en ville, quand il fait très chaud ?
7. en ville, quand il fait beau ?
8. en ville, quand il fait mauvais ?

8-17 Suggestions. Proposez une activité à votre partenaire ; il/elle va donner sa réaction.

MODÈLE Vous êtes à la montagne.

É1 On va faire une randonnée.

É2 Super ! J'adore la nature !
Zut alors ! Je n'ai pas de bonnes chaussures !

1. Vous êtes à la montagne.
2. Vous êtes à la plage.
3. Vous êtes à la campagne.
4. Vous êtes en ville.

8-18 À l'Office de Tourisme. En parlant avec un/e partenaire, expliquez ce que les vacanciers peuvent faire dans votre région.

MODÈLE É1 J'habite à Asheville, en Caroline du Nord. Nous sommes à la montagne. Il fait beau en été et on peut faire du camping et des randonnées. En hiver, il neige et on peut faire du ski. Et toi ?

É2 Moi, j'habite à Baltimore, dans le Maryland. C'est près de la mer. Il y a un port et un grand aquarium,...

8-19 Les vacances idéales. Demandez à un/e camarade quelles sont ses vacances idéales, et ensuite dites ce que vous préférez.

MODÈLE É1 Moi, je préfère aller à la plage, où il fait chaud. J'aime bien nager et jouer au volley-ball. Et toi ?

É2 Pour moi, les vacances idéales, c'est la montagne en hiver. J'adore faire du ski et du surf des neiges. Mon copain aime bien la motoneige.

Parallèles

La pluie et le beau temps. 🎬

Diandra et Mathilde décrivent des endroits qu'elles aiment visiter.

Le bois de Vincennes

Le Musée des Beaux-Arts de Dijon

Vie et culture

Les vacances des Français

Regardez ce calendrier des vacances scolaires pour les élèves des écoles primaires, des collèges et des lycées. La France est divisée en trois zones, et pour certaines périodes de vacances, les dates sont différentes selon la zone. Est-ce que vous pouvez donner une explication possible pour ces différences ? Par exemple, quand est-ce que ces vacances ont lieu ? Qu'est-ce que les Français pourraient faire pendant ces périodes ?

Depuis 1982, tous les employés en France ont le droit[1] à cinq semaines de congés payés[2] tous les ans. Depuis l'arrivée de la semaine de 35 heures en 2000, les Français commencent à partir pour des vacances plus fréquentes et plus courtes, par exemple, pour un voyage de week-end qui dure trois ou quatre jours. Cependant, si vous êtes en France pendant l'été, vous

VACANCES SCOLAIRES

ZONE A
Caen	Montpellier
Clermont-Ferrand	Nancy-Metz
Grenoble	Nantes
Lyon	Rennes
	Toulouse

ZONE B
Aix-Marseille	Nice
Amiens	Orléans-Tours
Besançon	Poitiers
Dijon	Reims
Lille	Rouen
Limoges	Strasbourg

ZONE C
Bordeaux	Paris
Créteil	Versailles

© Copyright Agenda QUO VADIS 2007

calendrier scolaire arrêté par le recteur

FORMES ET FONCTIONS

1. *Les questions avec les pronoms interrogatifs :* qui, que, quoi

◆ To ask *what*, use **qu'est-ce qui** and **qu'est-ce que**:

   ◆ **Qu'est-ce qui** is used as the subject of a question and is followed by a verb:

Qu'est-ce qui se passe ?	*What's happening?*
Qu'est-ce qui est sur la photo ?	*What's in the photo?*

   ◆ **Qu'est-ce que** is used as the direct object and is followed by the subject of the sentence:

Qu'est-ce que vous faites ?	*What are you doing?*
Qu'est-ce que tu as mis dans la valise ?	*What did you put in the suitcase?*
Qu'est-ce qu'il y a sur la photo ?	*What's in the photo?*

ZONE A
Caen, Clermont-Ferrand, Grenoble, Lyon, Montpellier, Nancy-Metz, Nantes, Rennes, Toulouse

Rentrée scolaire des élèves	Toussaint	Noël	Hiver	Printemps	Début des vacances d'été
le mercredi 02-09-09	du samedi 24-10-09 au jeudi 05-11-09	du samedi 19-12-09 au lundi 04-01-10	du samedi 13-02-10 au lundi 01-03-10	du samedi 10-04-10 au lundi 26-04-10	le vendredi 02-07-10

ZONE B
Aix-Marseille, Amiens, Besançon, Dijon, Lille, Limoges, Nice, Orléans-Tours, Poitiers, Reims, Rouen, Strasbourg

Rentrée scolaire des élèves	Toussaint	Noël	Hiver	Printemps	Début des vacances d'été
le mercredi 02-09-09	du samedi 24-10-09 au jeudi 05-11-09	du samedi 19-12-09 au lundi 04-01-10	du samedi 06-02-10 au lundi 22-02-10	du samedi 03-04-10 au lundi 19-04-10	le vendredi 02-07-10

ZONE C
Bordeaux, Créteil, Paris, Versailles

Rentrée scolaire des élèves	Toussaint	Noël	Hiver	Printemps	Début des vacances d'été
le mercredi 02-09-09	du samedi 24-10-09 au jeudi 05-11-09	du samedi 19-12-09 au lundi 04-01-10	du samedi 20-02-10 au lundi 08-03-10	du samedi 18-04-10 au lundi 03-05-10	le vendredi 02-07-10

Le départ en vacances a lieu après la classe, la reprise des cours le matin des jours indiqués.

allez remarquer qu'un certain nombre d'établissements (des restaurants, des salons de coiffure, des petits magasins, des boulangeries, par exemple) ferment pour trois ou quatre semaines pendant les mois de juillet et d'août.

ET VOUS ?

1. Aux États-Unis, en général, les employés et les ouvriers ont combien de semaines de congés payés ? Comparez cette situation avec la France. Comment est-ce que vous pouvez expliquer ces différences ?
2. Le droit aux congés payés a souvent été très important dans les négociations des syndicats[3] en France. Qu'est-ce que cela nous dit sur l'importance des vacances pour les Français ? Est-ce que vous pensez que les Américains donnent autant d'importance aux vacances ? Pourquoi ?

[1]*have the right to* [2]*paid vacation* [3]*labor unions*

◆ To ask *who* or *whom*, use **qui**:
  ◆ When **qui** is the subject, it is followed directly by the verb:

Qui va à la plage ?	*Who's going to the beach?*
Qui n'aime pas partir à la montagne ?	*Who doesn't like going to the mountains?*

  ◆ When **qui** is the direct object, use **est-ce que** before the subject of the sentence:

Qui est-ce que tu aimes ?	*Who do you like?*
Qui est-ce qu'ils regardent ?	*Who are they looking at?*

  ◆ When a verb requires a preposition, that preposition precedes **qui**:

À qui est-ce que tu parles ?	*Who are you talking to?*
Avec qui est-ce que tu pars en vacances ?	*Who are you going on vacation with?*

◆ After prepositions, use **quoi** to ask *what*:

Avec quoi est-ce qu'on écrit ?	*What are we writing with?*
De quoi est-ce qu'il va parler ?	*What is he going to speak about?*

Fiche pratique

To help learn whether to use **qu'est-ce qui/ qu'est-ce que** or **qui/qui est-ce que** to ask a question, practice repeating simple questions with short answers out loud. For example, **Qu'est-ce qui est sur la table ? —un livre ; Qui est sur la table ? —le prof ! Qu'est-ce que tu regardes ? —le tableau. Qui est-ce que tu regardes ? —la prof**.

➤ À vous la parole ➤

8-20 La curieuse. La petite sœur d'Élodie est très curieuse et lui pose beaucoup de questions. Pour chaque question, indiquez si elle parle d'une chose ou d'une personne.

	une chose	une personne
MODÈLE Qu'est-ce que tu fais ?	✓	
1. Qu'est-ce que tu regardes ?	_____	_____
2. Qui est-ce que tu préfères ?	_____	_____
3. Qui est-ce que tu attends ?	_____	_____
4. Qui est-ce que tu vois ?	_____	_____
5. De quoi est-ce que tu parles ?	_____	_____
6. Avec qui est-ce que tu vas partir ?	_____	_____
7. Qu'est-ce que tu veux voir ?	_____	_____
8. De qui est-ce que tu parles ?	_____	_____

À votre avis, est-ce que la sœur d'Élodie s'intéresse plus aux personnes ou aux objets ? Pourquoi ?

8-21 Projets de vacances. La famille Dupont part en vacances. Mme Dupont est très anxieuse et n'arrête pas de poser des questions pour avoir tous les détails. Avec un/e partenaire, suivez le modèle et jouez les rôles de Mme Dupont et de son mari.

MODÈLES É1 Dis, chéri, *Damien* a acheté les billets ?
É2 Mais non.
É1 Alors, *qui* a acheté les billets ?

É2 Dis, chéri, on va dîner *chez ta cousine* ?
É1 Mais non, ma chérie.
É2 Alors, *chez qui est-ce qu'*on va dîner ?

1. On a demandé *à Suzanne* de garder le chien ?
2. *Damien* va porter nos sacs ?
3. Stéphane va inviter *sa fiancée* ?
4. On va acheter *des cartes postales* comme souvenirs ?
5. On va faire *du vélo* ?
6. *Ta secrétaire* va téléphoner à l'hôtel ?
7. On va payer *avec la carte de crédit* ?

8-22 Jéopardy ! Avec deux partenaires, jouez au Jéopardy. La première personne va donner une réponse au hasard. Les deux autres vont consulter la liste des verbes pour pouvoir poser une question logique. La première à poser sa question peut donner la réponse suivante.

admirer	écouter	manger	parler	regarder	réviser	téléphoner

É1 de la musique classique
É2 Qu'est-ce que vous écoutez ?
É1 C'est bon. Alors, c'est à toi.

É2 à mes parents
É3 À qui est-ce que tu téléphones ?
É2 Oui, à toi alors !

la télévision	la sociologie
Bill et Melinda Gates	le manuel de français
de la pizza	de politique
à mon copain	Carrie Underwood

8-23 On va tout savoir. Interviewez un/e partenaire pour connaître tous les détails de sa vie universitaire.

MODÈLES habiter
◄ Où est-ce que tu habites ? Avec qui est-ce que tu habites ?

faire comme études
◄ Qu'est-ce que tu fais comme études ?

1. habiter
2. faire comme études
3. manger le matin
4. sortir le soir
5. faire le week-end

2. *Les verbes* connaître *et* savoir

The irregular verbs **connaître** and **savoir** both mean *to know*, but they are used in somewhat different ways.

◆ **Connaître** means *to be acquainted with* or *to be familiar with* and usually refers to places and persons; **connaître** is always followed by a noun:

Je **connais** bien sa famille.	*I know his/her family well.*
Il ne **connaît** pas les Antilles.	*He is not familiar with the West Indies.*
Vous **connaissez** ce poème ?	*Are you familiar with this poem?*

◆ When used in the **passé composé** with persons, **connaître** means *to have met*.

J'**ai connu** mon copain l'été dernier.   *I met my boyfriend last summer.*

CONNAÎTRE *to know, to be familiar with*		
SINGULIER		**PLURIEL**
je	connais	nous connaissons
tu	connais	vous connaissez
il elle on	connaît	ils elles connaissent

PASSÉ COMPOSÉ : J'**ai connu** Jamila l'été dernier.

- **Savoir** generally means *to know facts, information,* or *how to do something.* It can be used in five types of constructions:
  - Followed by an infinitive:

Tu **sais** faire de la voile ?	*Do you know how to sail?*
Ma mère ne **sait** pas se détendre.	*My mother doesn't know how to relax.*

  - Followed by a noun:

Il **sait** sa leçon par cœur.	*He knows his lesson by heart.*
Je ne **sais** pas tout.	*I don't know everything.*
Nous **savons** la réponse.	*We know the answer.*

  - Followed by a sentence introduced by **que**:

Je **sais qu'**ils préfèrent la mer.	*I know that they prefer the seashore.*
Elle **sait qu'**on adore les pique-niques.	*She knows that we love picnics.*

  - Followed by a sentence introduced by a question word or **si** (*whether*).

Je ne **sais** pas **comment** sa copine s'appelle.	*I don't know his girlfriend's name.*
Tu **sais si** elle va venir ?	*Do you know if she's coming?*

  - Used alone:

Qu'est-ce qu'elles **savent** ?	*What do they know?*
Je **sais**.	*I know.*

- When used to talk about the past, **savoir** in the **imparfait** means *knew.*

Elle **savait** que nous faisions du camping.	*She knew that we were camping.*

- When used in the **passé composé**, **savoir** means *to have learned* or *found out.*

J'**ai su** qu'elle est partie à la montagne.	*I found out that she went to the mountains.*

SAVOIR *to know*			
SINGULIER		**PLURIEL**	
je	sais	nous	sav**ons**
tu	sais	vous	sav**ez**
il elle on	sait	ils elles	sav**ent**

PASSÉ COMPOSÉ : J'**ai su** qu'ils ont acheté un appartement au bord le la mer.

| CHAPITRE 8 ◢ ACTIVITÉS PAR TOUS LES TEMPS

À vous la parole

8-24 Les connaissances de famille. Avec un/e partenaire, précisez qui vous connaissez et qui vous ne connaissez pas dans la famille des personnes indiquées.

MODÈLE votre beau-frère/belle-sœur

Je connais la sœur de mon beau-frère, mais je ne connais pas sa mère.

1. votre beau-frère/belle-sœur
2. votre colocataire
3. vos voisins
4. votre prof de français
5. votre meilleur/e ami/e
6. votre ami/e
7. votre femme/mari/fiancé/e

8-25 L'espion international. L'Interpol recherche Claude Martin, un grand espion. Est-ce que vous le connaissez ? Qu'est-ce que vous savez à son sujet ? Faites des phrases en employant **connaître** ou **savoir**.

MODÈLES où il travaille

Je sais où il travaille.

la ville où il est né

Je connais la ville où il est né.

1. M. Martin
2. qu'il parle portugais
3. les noms de ses camarades
4. sa femme
5. quand il est parti d'Italie
6. qu'il parle allemand
7. où M. Martin habite
8. pourquoi il est allé en Belgique
9. ses amis à Liège
10. quand il va repartir

8-26 Trouvez une personne. Trouvez quelqu'un parmi vos camarades de classe qui sait/connaît... Comparez vos notes à la fin pour bien connaître vos camarades de classe !

MODÈLE jouer de la guitare

Est-ce que tu sais jouer de la guitare ?

1. parler italien
2. une personne célèbre
3. le président de l'université
4. faire du ski
5. la ville de Washington, D.C.
6. la Belgique
7. jouer d'un instrument
8. le prénom du professeur
9. combien d'étudiants il y a à l'université

Stratégie

A postcard calls for a brief, informal communication: begin with an appropriate greeting, share a few interesting or amusing details about what you are doing, and close informally.

8-27 Une carte postale

A. Avant d'écrire. Quand vous êtes en vacances, est-ce que vous écrivez des cartes postales ? À qui est-ce que vous écrivez ? Qu'est-ce que vous décrivez ? Faites une liste en français de trois ou quatre choses que vous écrivez normalement sur une carte postale.

B. En écrivant. Choisissez quelqu'un dans votre classe à qui vous allez envoyer votre carte postale.

1. Utilisez la liste que vous avez préparée dans l'exercice A pour rédiger votre message.
2. Commencez votre carte postale avec une salutation comme **Cher papa** ou **Chère Suzanne** ou utilisez une expression moins formelle comme **Salut** ou **Bonjour de Paris !** Pour terminer, choisissez une de ces formules: **Amitiés, Bisous, Gros bisous, À bientôt**.

C. En révisant. Réfléchissez aux questions suivantes et puis faites tous les changements nécessaires.

1. Relisez votre carte postale pour analyser le contenu : est-ce que vous avez décrit quelques activités intéressantes ou amusantes ?
2. Relisez de nouveau votre carte pour analyser le style et la forme. Est-ce que vous avez commencé et terminé la carte avec une salutation appropriée ? Est-ce que vous avez utilisé des mots appropriés pour parler du temps et de vos activités ?

D. Après avoir écrit. « Envoyez » votre carte postale à un/e camarade de classe ou à votre professeur. Si vous avez de la chance, vous allez recevoir une carte postale aussi.

Leçon ③ Je vous invite

POINTS DE DÉPART

Qu'est-ce qu'on propose ?

TEXT AUDIO
CD 4 TRACK 35

—On organise une petite fête
samedi soir ; tu es libre ?
—Non, désolée, je ne peux pas.

—Vous êtes libres samedi ? J'ai des
places pour un ballet, « Coppélia »
de Delibes.
—Ah oui, c'est très gentil à vous !

—On ne joue pas au tennis à cause de la
pluie, alors, je peux t'accompagner à
l'exposition.
—Super ; on se retrouve devant le musée ?

—Alors, rendez-vous au Palais des
Congrès pour voir le concert de rock ?
—Oui, à 19 h 30.

—Tu veux nous accompagner au théâtre ?
On va voir une pièce de Molière.
—Volontiers ! J'adore le théâtre.

—Il pleut, donc qu'est-ce qu'on fait cet après-midi ?
—Il y a un bon film à la Cinémathèque.
—Super ! On y va ensemble ?

—On va passer une soirée tranquille chez nous.
—Je regrette, je ne peux pas venir. Je dois
travailler.

Pour inviter quelqu'un

Tu es/vous êtes libre/s ?
On y va ensemble ?
Tu veux/voudrais m'accompagner ?/Vous voulez/voudriez nous accompagner ?

Pour accepter une invitation

Oui, je suis libre.
(J'accepte) Avec plaisir.
C'est gentil à toi/vous.
Je suis ravi/e.
Volontiers.

Pour refuser une invitation

Je suis désolé/e...   je ne suis pas libre.
Je regrette...   je suis pris/e.
C'est dommage,...   j'ai déjà un rendez-vous.

Vie et culture

Les pratiques culturelles

Ce document présente les résultats d'un sondage récent du Ministère de la Culture en France. Les résultats indiquent le nombre de Français qui ont participé à des activités culturelles au cours des douze mois précédents. Regardez le titre : est-ce qu'on décrit les pratiques culturelles des adultes ? des ados ? des enfants ? Ensuite, regardez les chiffres donnés dans le tableau (qui sont des pourcentages) et répondez aux questions suivantes :

1. Quelles sont les trois activités les plus populaires pour les Français ?
2. Quelle est l'activité la moins populaire ?
3. Pensez aux activités culturelles de vos amis et des membres de votre famille ; est-ce qu'elles ressemblent aux activités des Français ? Pourquoi ? Quelles sont les différences ?

PRATIQUES CULTURELLES

Sur 100 Français de 15 ans et plus, au cours des douze derniers mois :

70	ont lu au moins un livre
59	ont lu au moins un magazine
67	ont écouté la radio tous les jours ou presque
34	ont écouté de la musique tous les jours ou presque
87	ont regardé la télévision tous les jours ou presque
57	sont allés au cinéma
30	ont visité un musée ou une exposition
10	sont allés à un concert de rock ou un spectacle musical
19	sont allés au théâtre ou café-théâtre

Les Français aiment bien aller au concert, au cinéma et aux expositions avec des amis et la famille pendant le week-end et aussi pendant leurs vacances. Est-ce que vous participez à ce genre d'activités avec votre famille pendant les vacances ?

← À vous la parole ←

8-28 Qu'est-ce qu'on peut faire ? Le Centre Pompidou est un musée à Paris qui a aussi des salles de cinéma, de conférences et de spectacles. Avec un/e partenaire, regardez le programme à droite et décrivez les activités possibles.

MODÈLE É1 Le cinq mai, il y a un concert de musique contemporaine.

É2 Et regarde, du 5 mars au 2 juin, il y a une exposition à la Galerie d'art graphique.

8-29 Oui ou non ? Avec un/e camarade de classe, imaginez les situations suivantes. Qu'est-ce que vous allez dire ?

MODÈLE On vous invite à aller au musée demain. Vous ne voulez pas y aller.

É1 Tu veux aller au musée avec moi ? Il y a une bonne exposition.

É2 Je regrette (OU Désolé), je ne suis pas libre.

1. On vous invite à un concert. Vous êtes ravi/e d'y aller.
2. On vous invite à aller au théâtre. Vous demandez quelle pièce on joue.
3. On vous invite à faire une randonnée, mais vous n'aimez pas les promenades.
4. On cherche quelqu'un pour jouer au bridge. Vous aimez ce jeu.
5. On a des places pour un concert de rock. Vous aimez ce type de musique, mais vous avez un rendez-vous ce jour-là.
6. On a deux places pour un ballet. Vous demandez, « C'est pour quel soir ? », et puis vous acceptez.

AGENDA
TOUTES LES MANIFESTATIONS
CENTRE POMPIDOU – Art, culture, musée, expositions, cinémas, conférences, débats, spectacles, concerts.

EXPOSITIONS

Louise Bourgeois
Cette exposition présente plus de 200 œuvres, sculptures, peintures, dessins, gravures, de 1940 à 2007, en insistant sur les dix dernières années de création de cette artiste de 96 ans qui ne cesse de renouveler son langage artistique.

5 mars – 2 juin
11 h 00 – 21 h 00
Galerie d'art graphique Niveau 4

Accrochage « Histoire de l'Atelier Brancusi »
Une reconstitution de l'atelier parisien, où vécut l'un des maîtres de la sculpture moderne.

7 mars – 6 octobre
14 h 00 – 18 h 00
Galerie de l'Atelier Brancusi

VISITES COMMENTÉES

Promenades urbaines
Des parcours en compagnie d'architectes, d'urbanistes, de créateurs, de conservateurs, d'universitaires et d'acteurs de la vie associative.

29 mars – 29 juin

CINÉMAS

Vers l'Olympe, Être fan des Rolling Stones
Cinéma documentaire

10 – 12 avril
20 h 30 – 14 h 30 (90 mn)
Cinéma 1 Niveau 1

Kijû Yoshida, Visions de la beauté

26 mars – 19 mai
Cycle – « Seuls les corps parviennent à raconter des histoires vraies parce qu'ils font apparaître tout le refoulé d'un pays à la surface de la peau. Cherchant à enregistrer les angoisses de ses contemporains, Yoshida s'est ainsi fait le cinéaste de l'extrême corps. »
Antoine de Baecque
19 h 00 – *Beauté de la beauté : Goya, Kijû Yoshida, 1974–1978 – Cinéma 2*
20 h 30 – *Promesse, Kijû Yoshida, 1986 – Cinéma 1*

SPECTACLES–CONCERTS

Olivia Grandville, My Space
Danse-performance
Accompagnée des musiciens Jérôme Noetinger et Tom Mays, la chorégraphe Olivia Grandville explore grâce à un dispositif informatique de capture du geste les interactions entre les mouvements et le son. Dans My Space, il s'agit d'« écouter ce que l'on a l'habitude de voir, voir ce qu'on a l'habitude d'entendre. Matérialiser ce qu'est réellement l'espace : une architecture de temps, une géométrie turbulente. » Olivia Grandville

24 – 26 avril

Mot(et)s Cachés, Ensemble Vocal Exaudi
Musique contemporaine
Pour sa première apparition en France, l'ensemble vocal anglais Exaudi réunit Brian Ferneyhough et Thomas Tallis.

5 mai

8-30 Les distractions du week-end dernier. Découvrez comment vos camarades de classe ont passé le week-end dernier. Faites le tour de la classe pour obtenir les renseignements suivants et essayez d'obtenir quelques détails supplémentaires. Après, faites un compte-rendu.

MODÈLE organiser une fête

> É1 Est-ce que tu as organisé une fête ?
> É2 Oui, j'ai organisé une fête avec ma colocataire.
> É1 Tu as invité beaucoup de personnes ?
> É2 Seulement cinq ou six amis.

> *plus tard:*

> É1 Julie a organisé une petite fête avec sa colocataire. Elle a invité quelques amis…

1. aller à un concert ou au théâtre
2. faire une randonnée ou du camping
3. aller à un évènement sportif
4. aller au musée ou aller voir une exposition
5. inviter quelqu'un
6. organiser ou aller à une fête

 8-31 Des invitations. Vous allez inviter des camarades de classe. Ils vont accepter ou refuser selon leurs préférences.

1. D'abord, faites une liste de trois activités que vous voulez proposer et une liste de trois personnes que vous voulez inviter. N'oubliez pas le professeur !
2. Ensuite, proposez vos activités à trois personnes différentes qui vont accepter ou refuser vos invitations selon leurs préférences. Bien sûr, vos camarades de classe vont vous inviter aussi et vous devez accepter ou refuser à votre tour.
3. Pour terminer : Qui est-ce que vous avez invité ? Pour quelle activité ? Est-ce qu'on a accepté ou refusé ?

Sons et lettres

Le *h* aspiré et le *h* muet

In French the letter **h** does not represent any sound. Most words beginning with **h** behave as if they began with a vowel, in other words *elision* and *liaison* are normally made. These words are said to contain **un h muet**.

l'hiver	l'histoire	
les_hommes	les_habitudes	avant_hier
/z/	/z/	/t/
pas d'huile	s'habiller	

Other words beginning with **h** behave as if they began with a consonant: there is neither *elision* nor *liaison*. These words contain **un h aspiré**. In the glossary at the end of this textbook and in the vocabulary lists in each chapter, these words are preceded by an asterisk (*).

un *hamburger	la *Hollande	le *huitième mois
les *haricots verts	le *hockey	

Some words that begin with a vowel letter, in particular **un** and **onze**, also behave as if they contain **un h aspiré**.

le nombre *un   le *onze novembre

⬅ À vous la parole ⬅

8-32 Contrastes. Comparez les deux mots ou expressions.

1. les *haricots verts   les hommes
2. la *Hollande   l'habitude
3. un *hamburger   un hôpital
4. en *haut   en hiver

8-33 Phrases. Répétez chaque phrase.

1. J'aime les haricots verts avec de l'huile d'olive et du citron.
2. Hier et avant-hier, il a neigé ; c'est parfait pour les sports d'hiver.
3. On part à la mer le onze juillet à huit heures.
4. D'habitude, je ne mange pas au fast-food, mais j'aime bien les hamburgers.

FORMES ET FONCTIONS

1. *La modalité :* devoir, pouvoir *et* vouloir

◆ You saw in **Chapitre 3**, **Leçon 3**, that the verbs **devoir**, **pouvoir**, and **vouloir** can be used to soften commands and make suggestions. Compare:

Attendez-moi devant le café !	*Wait for me in front of the café!*
Vous **devez** m'attendre devant le café.	*You must wait for me in front of the café.*
Vous **pouvez** m'attendre devant le café.	*You can wait for me in front of the café.*
Vous **voulez** m'attendre devant le café ?	*Will you wait for me in front of the café?*

◆ The conditional forms of the three verbs make orders or suggestions sound even more polite. The conditional forms are generally equivalent to *should, could,* and *would like to.*

Vous **devriez** voir cette pièce.	*You should see that play.*
Ils **pourraient** réserver des places.	*They could reserve tickets.*
Tu **voudrais** nous accompagner au spectacle ?	*Would you like to go with us to the show?*

◆ Here are the conditional forms for **devoir**, **pouvoir**, and **vouloir**.

SINGULIER		PLURIEL	
je	dev**rais**	nous	dev**rions**
	pour**rais**		pour**rions**
	voud**rais**		voud**rions**
tu	dev**rais**	vous	dev**riez**
	pour**rais**		pour**riez**
	voud**rais**		voud**riez**
il	dev**rait**	ils	dev**raient**
elle	pour**rait**	elles	pour**raient**
on	voud**rait**		voud**raient**

⬤ À vous la parole ⬤

8-34 Une soirée élégante. Mme Élaguais organise une soirée très chic chez elle. Décidez si les instructions qu'elle donne à ses enfants, à son mari et aux serveurs sont du style « ordre direct » ou « suggestion/conseil ».

	ordre direct	suggestion/conseil
MODÈLE Mets cette plante près de la porte !	✓	_____
1. Tu devrais bien t'habiller chéri !	_____	_____
2. Apportez ces plats à la cuisine !	_____	_____
3. Cherchez les jolies assiettes !	_____	_____
4. Vous pourriez servir le vin ici.	_____	_____
5. Tu voudrais montrer le salon à cette dame ?	_____	_____
6. Mettez les manteaux ici !	_____	_____
7. Tu pourrais aider Loïc dans la cuisine ?	_____	_____
8. Vous devriez servir les hors-d'œuvre maintenant.	_____	_____

À votre avis, est-ce que Mme Élaguais donne plus de suggestions, ou plus d'ordres ?

8-35 Qu'est-ce qu'on devrait faire ce week-end ? Offrez une suggestion à chaque personne selon le cas.

MODÈLE Stéphanie aime bien la danse.
　　　⬤ Elle devrait aller voir un ballet.
　OU　⬤ Elle pourrait voir un spectacle de danse.

1. Mathieu n'aime pas le théâtre.
2. Nous adorons les concerts en plein air.
3. Jessica est très sociable.
4. M. et Mme Dulac voudraient voir cette exposition.
5. Je voudrais voir un bon film.
6. On n'aime pas le rock.
7. Jonathan et Ben vont à la campagne.
8. Je vais au bord de la mer.

8-36 Bonnes résolutions. Avec un/e partenaire, comparez vos bonnes résolutions pour ce semestre.

MODÈLE finir tous les devoirs avant les cours

　　　É1　Est-ce que tu finis tous tes devoirs avant les cours?

　　　É2　Pas toujours, mais ce semestre je voudrais finir tous mes devoirs avant les cours. Et toi ?

　　　É1　Moi aussi, je devrais les finir avant les cours.

　　　É2　C'est bien. On va avoir des bonnes notes ce semestre !

1. finir tous les devoirs avant les cours
2. travailler à la bibliothèque
3. assister régulièrement aux cours
4. manger des repas équilibrés
5. faire régulièrement du sport
6. se détendre de temps en temps
7. regarder la télévision
8. dormir toujours assez

2. *Les expressions indéfinies et négatives*

◆ Look at the following exchanges:

—Tu fais **quelque chose** ce week-end ? —*Are you doing something this weekend?*

—Non, je **ne** fais **rien**. —*No, I'm not doing anything.*

—Il y a **quelqu'un** à la porte ? —*Is there someone at the door?*
—Non, il **n'**y a **personne**. —*No, there's no one there.*

—Tu vas **quelquefois** au musée ? —*Do you go to the museum sometimes?*

—Non, je **ne** vais **jamais** au musée. —*No, I never go to the museum.*

As you can see in the exchanges above, the negative expressions are composed of two parts: **ne...** plus another element carrying the specific meaning.

◆ These negative expressions may also be used alone:

—Qu'est-ce que tu as ? —**Rien**.

—Qui vient ce soir ? —**Personne**.

—Tu es allé voir un ballet ? —**Jamais**.

◆ **Rien** and **personne** may be used as the subject of a sentence; **ne** still precedes the verb:

Rien ne s'est passé hier. *Nothing happened yesterday.*

Personne n'est venu. *No one came.*

The following chart summarizes indefinite and negative expressions referring to time, things, and persons:

indéfini	négatif
quelquefois	ne... jamais
quelque chose	ne... rien
quelqu'un	ne... personne

◆ Note the placement of negative and indefinite expressions in the **passé composé** and **futur proche**:

—Tu **n'as rien** vu ?

—Si, j'ai vu **quelque chose**.

—Tu **n'as jamais** dîné ici ?

—Si, j'ai mangé ici **quelquefois**.

—Tu **n'as** vu **personne** ?

—Si, j'ai vu **quelqu'un**.

—Il **ne** va **rien** acheter ?

—Si, il va acheter **quelque chose**.

—Il **ne** va **jamais** nous accompagner ?

—Si, il va nous accompagner **quelquefois**.

—Il **ne** va inviter **personne** ?

—Si, il va inviter **quelqu'un**.

◆ À vous la parole ◆

8-37 Au négatif. Répondez avec une expression négative.

MODÈLE Qu'est-ce que tu regardes ?
◆ Rien. Je ne regarde rien.

1. Qu'est-ce que tu écoutes ?
2. Qui nous invite à dîner?
3. Quand est-ce qu'ils sont venus à la soirée ?
4. Qu'est-ce qu'il y a dans ton sac ?
5. Qui est-ce que tu écoutes ?
6. Qu'est-ce que tu prends ?
7. Quand est-ce que tu vas au cinéma ?
8. Qui est-ce que tu accompagnes ?

8-38 Une petite contradiction.   Dites le contraire dans vos réponses !

MODÈLE Est-ce qu'il y a quelqu'un au théâtre ?
◆ Non, il n'y a personne.

Vous ne vous détendez jamais ?
◆ Si, je me détends quelquefois.

1. Il y a quelque chose sur la table ?
2. Est-ce qu'elle invite quelqu'un ?
3. Vous achetez quelque chose ?
4. Vous ne mangez rien ?
5. Personne n'a téléphoné ?
6. Il ne va jamais au musée ?
7. Vous allez quelquefois aux concerts ?
8. Il y a quelqu'un à la porte ?

8-39 Des situations. Pour chaque situation, discutez avec un/e partenaire de ce que vous faites. Utilisez **ne... jamais**, **ne... personne**, **ne... rien** et leurs contraires **quelquefois**, **quelqu'un** et **quelque chose**.

MODÈLE quand vous allez au cinéma
    É1 Qu'est-ce que tu fais quand tu vas au cinéma ?
    É2 Je n'achète jamais de pop-corn parce que je ne l'aime pas. Je regarde toujours les publicités avant le film, etc. Et toi ?
    É1 Moi, je ne regarde jamais les publicités. C'est ennuyeux. Et je n'achète rien à manger au cinéma parce que c'est trop cher.

1. quand vous allez au cinéma
2. quand vous allez au musée
3. quand vous sortez avec des amis le week-end
4. quand vous partez en vacances en famille
5. quand vous avez beaucoup de travail à la fac
6. quand vous organisez une fête pour des amis
7. quand vous êtes en cours de français
8. quand vous n'avez pas beaucoup d'argent

Écoutons

TEXT AUDIO
CD 4 TRACK 39

8-40 Des invitations

Aurélie a beaucoup d'amis et elle sort beaucoup. Écoutez les messages sur son répondeur.

A. Avant d'écouter. Quand vous écoutez vos messages sur le répondeur, quel type d'informations est-ce que vous pensez entendre ?

B. En écoutant. Complétez le tableau avec les détails importants de chaque message.

1. La première fois que vous écoutez ces messages, décidez pourquoi chaque personne a appelé : **pour inviter Aurélie**, **pour accepter une invitation**, **pour refuser une invitation**, **pour confirmer un rendez-vous**.
2. Écoutez encore et notez les détails pour **Activité**, **Quand** et **Où**.
3. Écoutez une dernière fois et notez d'autres détails importants pour chaque message.

Qui	Sylvain	Cécile	Florian	Maman
Pourquoi	*pour inviter*		*pour confirmer*	
Activité				
Quand				
Où	*chez Patrick et Delphine*			
D'autres détails importants				

C. Après avoir écouté. Imaginez que vous êtes Aurélie. À qui est-ce que vous allez téléphoner d'abord ? Pourquoi ? Et ensuite ? Comparez vos réponses avec les réponses de vos camarades de classe.

La Réunion, un département et une région d'outre-mer. Regardez la carte du monde francophone au début de votre livre et essayez de trouver les différents départements, collectivités et territoires d'outre-mer. Combien y en a-t-il ?

La France d'outre-mer

« Où vont les Français pour trouver du soleil au mois de février ? » Attention ! La bonne réponse n'est pas « sur la Côte d'Azur » car[1] en hiver dans le Midi de la France il ne fait pas assez chaud pour bronzer à la plage ou nager dans la mer. Une meilleure réponse, c'est « aux Antilles, à la Réunion ou à Tahiti ». Ce sont des bonnes destinations touristiques si vous voulez trouver le soleil en hiver et des plages, et si vous voulez entendre parler français !

En fait, vous pouvez voyager aux quatre coins du globe et rester toujours en contact avec la France car ce pays comprend des départements, des régions et des territoires d'outre-mer. Ce sont des anciennes colonies françaises qui continuent à être associées administrativement et politiquement à la France. Depuis 1946, la Guadeloupe, la Martinique, la Guyane et la Réunion ont le statut de **départements d'outre-mer** (DOM) et depuis 1982 de **régions d'outre-mer** (ROM). À ce titre, elles ont la même organisation administrative que les départements et régions de la France métropolitaine, et leurs habitants sont des citoyens français. Le 31 mars 2011, Mayotte est devenue le cinquième département d'outre-mer. À la Réunion, en Martinique et en Guadeloupe on parle créole et français, en Guyane française, créole, français et des langues amérindiennes, à Mayotte, français et des langues africaines proches du swahili. Il y a également[2] des **collectivités d'outre-mer** (COM) ; ce sont les îles de St-Pierre-et-Miquelon (à l'est du Canada), Saint-Barthélemy et Saint-Martin (aux Antilles) et deux archipels[3] dans l'océan Pacifique : la Polynésie française (où se trouve l'île de Tahiti) et Wallis et-Futuna. Ces territoires ont une plus grande autonomie administrative que les départements/régions d'outre-mer.

[1] parce que   [2] aussi   [3] *archipelago, group of islands*

Et vous ?

1. Est-ce que les États-Unis possèdent des territoires d'outre-mer comme la France ?
2. Comme vous l'avez remarqué sur la carte, la France a des territoires partout (*everywhere*) dans le monde. Est-ce que c'est un avantage pour la France ? Expliquez.
3. Est-ce que c'est un avantage pour les départements/régions et les collectivités d'outre-mer ? Expliquez.
4. Pour quelles raisons historiques est-ce que la France a développé des liens (*ties*) avec ces territoires ?

Lisons

8-41 Guadaloupe : Guide du voyageur

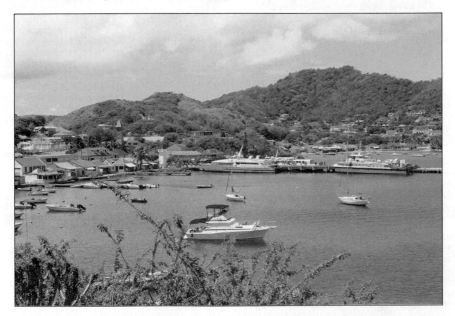

Terre-de-Haut dans l'archipel des Saintes en Guadeloupe

Stratégie

Use the title and subtitles of a text as clues to understanding its focus and organization. You can learn what kind of information is likely to be included and what the major subsections are. With this approach, you will know a great deal about the content even before you read the passage as a whole.

A. Avant de lire. The following passage is excerpted from a travel guide for Guadeloupe. Before reading, look at the title and the various subtitles to get a sense of the focus and organization of this passage.

1. The title of the booklet is **Guadeloupe : Guide du voyageur**. Who do you think is the intended audience for a **Guide du voyageur**? What kind of information would you expect to be included in a "traveler's guide"?
2. Now look at the two major subtitles that appear in red type. They establish the two major divisions of this text. What is the focus of each?
3. Finally, look at the eight black subheadings. These indicate the topic of each paragraph. Considering these subheadings together with what you have determined about the focus and organization of the text, summarize what you know already about its content.

B. En lisant. Trouvez les réponses aux questions suivantes.

1. Quelle est la capitale administrative de la Guadeloupe ? et la capitale économique ?
2. Il y a combien de kilomètres entre la Guadeloupe et la France ?
3. Quel est le climat en Guadeloupe ?
4. Il y a deux saisons en Guadeloupe. Comment s'appelle la saison sèche ? C'est à quel moment de l'année ? Et comment s'appelle l'autre saison ? Quel temps est-ce qu'il fait pendant cette saison ?
5. Quels sont trois produits importants de la Guadeloupe ?
6. Quelles langues sont parlées en Guadeloupe ?
7. Est-ce qu'il est nécessaire pour les voyageurs d'Amérique du Nord d'avoir un visa pour entrer en Guadeloupe ? Qu'est-ce qu'il leur faut ?
8. Quels vêtements est-ce qu'il faut apporter pour une visite en Guadeloupe ?

Guadeloupe : Guide du voyageur

Informations générales

Histoire et administration
Le 4 novembre 1493 Christophe Colomb débarque sur la Guadeloupe qui depuis 1635, à l'exception de courtes périodes d'occupation anglaise, fait partie de la France. Département depuis 1946 et Région depuis 1982, la Guadeloupe a les mêmes institutions politiques que les régions de France métropolitaine. La ville de Basse-Terre est le siège[1] de la préfecture ainsi que la capitale administrative et historique ; la ville de Pointe-à-Pitre est la sous-préfecture et la capitale économique.

Géographie
La Guadeloupe est en fait un archipel composé de deux îles principales (Grande-Terre et Basse-Terre) et de plusieurs îlets : Marie-Galante, la Désirade et les Saintes. Les deux grandes îles sont séparées par un petit bras de mer[2] qui s'appelle la Rivière salée ; on dit que la Guadeloupe ressemble à un papillon[3] posé sur la mer. Cet archipel fait partie du groupe des petites Antilles. Il se trouve à environ 7.000 km de la France, à l'est et au sud d'Haïti, ainsi qu'au nord de la Martinique.

Climat
La Guadeloupe bénéficie d'un climat tropical maritime. La température moyenne est d'environ 27°C, mais peut monter jusqu'à 32°C. Il y a deux saisons : la saison sèche[4] s'appelle Carême et dure de décembre à mai. De juin à novembre, c'est la saison d'hivernage où des pluies fréquentes et intenses ne sont pas rares. Ne planifiez surtout pas vos vacances en Guadeloupe entre août et fin septembre si vous voulez vous assurer du beau temps : c'est la période des cyclones.

Ressources économiques
Les principaux produits de la Guadeloupe sont la banane, la canne à sucre et le rhum. Le tourisme joue également un rôle important dans le secteur économique. Les produits locaux les plus appréciés des touristes (à part la bouteille de rhum) sont les savoureuses confitures aux fruits et les délicieux punch aux fruits (fruit de la passion, banane, coco, goyave).

Langue
Le français en tant que langue officielle est parlé et compris par toute la population mais le créole guadeloupéen est omniprésent et très largement utilisé. Apprenez quelques expressions créoles comme *Ki jan ou yé* ? (Comment allez-vous ?) pour faciliter le contact avec les Guadeloupéens.

Informations pratiques

Formalités d'entrée
Les îles de la Guadeloupe font partie de la France. Les Français et les membres de l'Union Européenne peuvent y entrer avec leur carte nationale d'identité ou leur passeport. Les ressortissants des États-Unis, du Canada et du Mexique n'ont pas besoin d'un visa pour un séjour inférieur à 90 jours. Un passeport en cours de validité est toutefois requis.

Conseils vestimentaires
Au pays où il fait toujours chaud, apportez des vêtements légers et décontractés pour vos excursions : maillot de bain, short et sandales pour la plage, bonnes chaussures de marche et imperméable léger pour les randonnées. N'oubliez pas des lunettes de soleil, un chapeau et de la crème solaire. Pour les soirées et les visites des lieux de culte[5], prévoyez des tenues plus habillées et un lainage pour les soirées d'hiver.

Monnaie
La monnaie légale est l'euro. Les cartes de crédit sont acceptées presque partout et on peut également trouver de nombreux distributeurs automatiques de billets.

[1]*seat* [2]*channel* [3]*butterfly* [4]*dry* [5]*houses of worship*

C. En regardant de plus près. Maintenant examinez de plus près les aspects suivants du guide.

1. Regardez le nom **les ressortissants** dans la section **Formalités d'entrée**. Est-ce que ce mot ressemble à un verbe en **-ir** que vous connaissez ? Lequel ? D'après la signification du verbe et le contexte, quelle est la signification du mot **ressortissants** ?
2. Le mot **vestimentaires** dans la section **Conseils vestimentaires** est lié à un autre mot en français que vous connaissez. Quel mot ? D'après le contexte, quelle est la signification de l'adjectif **vestimentaires** ?
3. Dans la même section, vous voyez le mot **un lainage**. Quel mot en français est-ce que vous voyez dans ce mot ? Quel est un synonyme en français pour **un lainage** ?

D. Après avoir lu. Discutez de ces questions avec vos camarades de classe.

1. Avant de lire le **Guide**, vous avez fait un résumé du texte en considérant les titres et les sous-titres. Est-ce que ce résumé vous a aidé à comprendre le texte ? Qu'est-ce que vous avez appris même avant de lire ? Qu'est-ce que vous avez appris de plus en lisant le texte lui-même ?
2. Est-ce que vous pouvez suggérer d'autres informations importantes qu'on devrait ajouter au **Guide** pour les visiteurs en Guadeloupe ?
3. Après avoir lu le **Guide**, est-ce qu'une visite en Guadeloupe vous intéresse ? Pourquoi ?

Observons

8-42 Des superbes vacances

A. Avant de regarder. Dans cette séquence vidéo, Corinne et Édouard parlent de leurs superbes vacances. D'après les photos ainsi que les phrases et expressions suivantes, où est-ce qu'ils sont allés ? Qu'est-ce qu'ils ont fait ?

Corinne :

J'ai pu voir des crocodiles…

…ils ont un beau hamac.

…j'en ai profité pour faire des photos avec Mickey, Daisy, Donald…

Édouard :

…je suis parti en croisière en bateau à voile.

…on a découvert… toutes les îles italiennes.

B. En regardant. Regardez et écoutez la séquence pour répondre aux questions suivantes.

1. Pour chaque personne, indiquez les endroits mentionnés :

Corinne :

____ la Californie ____ les États-Unis ____ les Everglades ____ la Floride
____ Miami ____ New York ____ Orlando ____ Paris

Édouard :

____ Antibes ____ la Corse ____ la France ____ la Grèce
____ l'île Maurice ____ Naples ____ Nice ____ Rome

2. Avec qui est-ce que Corinne et Édouard ont passé leurs vacances ?
3. Qu'est-ce qu'ils ont vu pendant leur voyage ?

C. Après avoir regardé. Discutez de ces questions avec vos camarades de classe.

1. Pourquoi, à votre avis, est-ce que Corinne et Édouard considèrent que ce sont des superbes vacances ?
2. Est-ce que vous avez visité les endroits mentionnés par Corinne ou Édouard ? Si oui, qu'est-ce que vous avez vu et qu'est-ce que vous avez fait ?
3. Pour vous personnellement, qu'est-ce que c'est des superbes vacances ?

Parlons

8-43 Les vacances d'hiver

A. Avant de parler. Comme vous le savez, beaucoup de Français prennent des vacances d'une ou deux semaines au mois de février. Imaginez que vous avez des vacances vous aussi en février. Où est-ce que vous voudriez aller ? Pensez à vos vacances idéales et partagez vos idées avec un/e partenaire. Regardez les images pour avoir des idées.

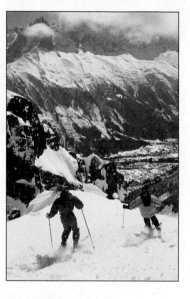

On fait du ski à Chamonix dans les Alpes françaises.

On visite le Musée d'Orsay à Paris.
Musée D'Orsay, Paris, interior, main floor. Gae Aluenti architect, 1986. John Brooks/Liaison Agency, Inc./ Getty Images

On fait du bateau à l'île Curieuse aux Seychelles.

B. En parlant. En groupes de quatre ou cinq personnes, parlez de vos vacances d'hiver idéales. Expliquez aux membres de votre groupe le climat que vous préférez, les vêtements que vous voulez porter et les activités que vous voulez faire. Les autres vont vous suggérer des endroits possibles pour ce voyage dans le monde francophone.

C. Après avoir parlé. Comparez les vacances proposées dans votre groupe avec les autres groupes dans la classe. Est-ce que vous voulez tous aller au même endroit ou est-ce que vous avez des camarades de classe qui veulent aller partout dans le monde francophone ?

Écrivons

8-44 Mes meilleurs souvenirs de vacances

A. Avant d'écrire. Racontez des vacances mémorables que vous avez passées.

1. Répondez à ces questions générales avant d'écrire :

   Où est-ce que vous êtes allé/e ? Avec qui ? Quand ?

   Quel temps est-ce qu'il faisait ?

   Comment était cet endroit ? *tropical, pittoresque, tranquille, calme, animé...*

2. Maintenant, pensez à ce que vous avez fait. Quels sont les deux ou trois évènements les plus mémorables ? Faites une liste.

B. En écrivant. Utilisez vos réponses aux questions générales et la liste que vous avez préparée dans l'exercice A, et rédigez deux ou trois paragraphes pour décrire vos vacances. N'oubliez pas d'utiliser le passé composé et l'imparfait.

MODÈLE L'été dernier, je suis allée au Québec avec ma famille. La ville de Québec était très pittoresque ; il y avait des petits magasins avec des fleurs, des cafés et des restaurants en plein air et beaucoup d'animation... Un jour, nous avons fait une promenade en bateau pour voir des baleines (*whales*). Il faisait frais sur le bateau, mais on a vu plusieurs baleines. C'était super. On s'est bien amusés au Canada.

C. En révisant. Réfléchissez aux questions suivantes et puis faites tous les changements nécessaires.

1. Relisez votre description pour le contenu. Est-ce que vous avez inclus une description générale pour situer votre récit : l'endroit, le temps, les dates ? Est-ce que vous avez décrit deux ou trois évènements mémorables ?

2. Maintenant, relisez votre description pour le style et la forme. Soulignez tous les verbes. Vérifiez que vous avez fait le bon choix entre le passé composé et l'imparfait pour chaque verbe. Vérifiez aussi que vous avez fait un bon choix entre les auxiliaires **être** et **avoir** pour les verbes au passé composé et que vous avez utilisé la forme correcte des verbes à l'imparfait.

D. Après avoir écrit. Échangez votre travail avec vos camarades de classe. Qui a passé les vacances les plus intéressantes ?

Now that you have completed *Chapitre 8*, can you do the following in French?

☐ discuss and ask about the weather?

☐ describe the four seasons and seasonal activities at the seashore, in the mountains, or in the city?

☐ ask questions to find out specific information?

☐ extend an invitation to a French-speaking person and politely accept or refuse an invitation?

☐ make suggestions and give orders in an indirect manner, using the conditional of the verbs **vouloir/pouvoir/devoir**?

☐ describe various French-speaking vacation destinations?

Stratégie

When you write an account of an event in the past, set the scene first, and then focus on narrating a few exciting or interesting things that happened.

Leçon 1

le temps à toutes les saisons (f.)
the weather in all seasons

Quel temps fait-il ?	*What's the weather like?*
Il fait beau.	*It's beautiful weather.*
Il y a du soleil.	*It's sunny.*
Le ciel est bleu.	*The sky is blue.*
Il y a du brouillard.	*It's foggy.*
Il y a des nuages (m.).	*It's cloudy.*
Le ciel est couvert.	*The sky is overcast.*
Le ciel est gris.	*The sky is gray.*
Il y a du vent.	*It's windy.*
Il fait mauvais.	*The weather's bad.*
Il fait lourd.	*It's humid.*
Il neige. (neiger)	*It's snowing. (to snow)*
Il y a du verglas.	*It's icy, slippery.*
Il y a un orage.	*There is a (thunder)storm.*
Il y a des éclairs (m.).	*There is lightning.*
Il y a du tonnerre.	*There is thunder.*
Il pleut. (pleuvoir) (la pluie)	*It's raining. (to rain) (rain)*

pour parler de la température
to talk about the temperature

Il fait 10 degrés (m.).	*It's 10 degrees.*
Il fait bon.	*It's warm (weather).*
Il fait chaud.	*It's hot (weather).*
Il fait frais.	*It's cool (weather).*
Il fait froid.	*It's cold (weather).*
Il gèle. (geler)	*It's freezing. (to freeze)*
J'ai chaud/froid.	*I'm hot/cold.*
la météo(rologie)	*weather, weather report*

les saisons (f.)
the seasons

au printemps (m.)	*in the spring*
en été (m.)	*in the summer*
en automne (m.)	*in the fall*
en hiver (m.)	*in the winter*

pour poser une question
to ask a question

lequel/laquelle/ lesquels/lesquelles	*which one/s*
quel/s, quelle/s	*which*
Quelle est votre saison préférée?	*What is your favorite season?*

expressions de nécessité
expressions of necessity

il faut	*you have to/must*
il ne faut pas	*you must not*
il est important de	*it is important to*
il est nécessaire de	*it is necessary to*
il est utile de	*it is useful to*

Leçon 2

les vacances (f. pl.)
vacation

partir en vacances	*to go on vacation*
un billet (d'avion)	*(plane) ticket*
une carte postale	*postcard*
des destinations (f.)	*destinations*
la campagne	*countryside*
la mer	*sea*
la montagne	*mountains*
l'océan	*ocean*
la plage	*beach*
la ville	*city*
des projets (m.) de vacances	*vacation plans*
le repos	*rest*
les sports (m.) d'hiver	*winter sports*

des activités (f.)
activities

bronzer	*to sunbathe*
faire...	
des achats (m.)	*to shop*
de l'alpinisme (m.)	*to go mountain climbing*
du camping	*to camp, to go camping*
du cheval	*to go horseback riding*
de la moto	*to ride a motorcycle*
de la motoneige	*to go snowmobiling*
de la planche à voile	*to windsurf*
une randonnée	*to take a hike*
du ski	*to ski*
du ski nautique	*to water ski*
du surf	*to go surfing*
du surf des neiges	*to go snowboarding*
du tourisme	*to go sightseeing*
de la voile	*to go sailing*
visiter des musées ou des monuments	*to visit museums or monuments*

Vocabulaire

TEXT AUDIO
CD 4 TRACKS 40–55

quelques expressions utiles	some useful expressions	Je suis ravi/e.	I am delighted.
		Volontiers.	With pleasure, gladly.
Bravo !	Great! Well done!		
C'est pas vrai !	It can't be!	**pour refuser une invitation**	*to refuse an invitation*
Chouette !	Neat!		
Pas tout à fait !	Not quite!	Je suis désolé/e...	I am sorry . . .
Vive... (les vacances) !	Hurray for . . . (vacation)!	C'est dommage...	It's too bad . . .
		Je regrette...	I'm sorry . . .
pour poser une question	*to ask a question*	Je ne suis pas libre.	I'm not free.
qu'est-ce que/qui...?	what . . .?	Je suis pris/e.	I'm busy.
qui ?	who?	J'ai déjà un rendez-vous.	I already have a meeting/date/appointment.
quoi ?	what?		
des verbes utiles	*some useful verbs*	**des distractions (f.)**	*amusements/diversions*
connaître	to know, be familiar with	aller à un concert	to go to a concert
savoir	to know	voir/jouer une pièce	to watch/perform a play
		passer une soirée tranquille	to spend a quiet evening
		une place	seat, place

Leçon ③

pour inviter quelqu'un	to invite someone
Tu es/Vous êtes libre(s) ?	Are you free?
On y va ensemble ?	Shall we go (there) together?
Tu veux/voudrais m'accompagner ?	Would you like to come with me?
Vous voulez/voudriez m'accompagner ?	Would you like to come with me?

pour accepter une invitation	to accept an invitation
Oui, je suis libre.	Yes, I am free.
(J'accepte) Avec plaisir.	(I accept) With pleasure.
C'est gentil à toi/vous.	That's kind (of you).

quelques expressions indéfinies et négatives	some indefinite and negative expressions
quelque chose	something
quelquefois	sometimes
quelqu'un	someone
ne... jamais	never
ne... personne	no one
ne... rien	nothing

une expression utile	a useful expression
à cause de	because of

9 Voyageons !

—Le vélib, c'est super pratique pour se déplacer à Paris.

DISCOVER
• Go to the *Chapitre 9*, Additional Practice folder in your MyFrenchLab course to watch the video on how people get around in France, and complete the related activities.

APPLY
• Video
• Activities : On démarre ! 09–01 to 09–02

Leçon 1 Projets de voyage

Leçon 2 Destinations

Leçon 3 Faisons du tourisme !

Venez chez nous ! Paris, Ville Lumière

After completing this chapter, you should be able to:

◆ Describe future plans

◆ Make travel plans

◆ Make arrangements for lodging

◆ Describe places and people

◆ Describe some major French cities, especially Paris

POINTS DE DÉPART

TEXT AUDIO
CD 5 TRACK 1

Comment y aller ?

M. et Mme Mathieu partent en vacances en Tunisie. Ils prennent un taxi pour aller à la gare, et puis le train pour aller à l'aéroport pour prendre leur vol. Ils ont beaucoup de valises.

MME MATHIEU :	Tu as tout ? On n'a rien oublié ?
M. MATHIEU :	Voyons. On a besoin de nos passeports et de nos billets. Tout est là. Non, je n'ai rien oublié. Et toi, tu n'as rien oublié ?
MME MATHIEU :	Mais si ! J'ai laissé mon appareil photo sur la table dans la cuisine, zut !
M. MATHIEU :	Ne t'en fais pas. J'ai mon nouvel appareil photo numérique ; je te le prête si tu veux.
MME MATHIEU :	Merci, mon chéri, c'est très gentil.

une valise

un sac à dos

un plan de ville

un portefeuille

des lunettes (f.) de soleil

un porte-monnaie

un appareil photo numérique

une carte bancaire

un portable

un passeport

un permis de conduire

des clés (f.)

un carnet d'adresses

une carte de crédit

Les moyens de transport			
l'avion (m.)	le car	la moto	le tramway
le bateau	le métro	le taxi	le vélo
le bus	la mobylette	le train	la voiture

When specifying a means of transportation, use . . .

- **prendre** plus the means of transportation preceded by an article or possessive:

Je prends **le** métro.	*I'm taking the subway.*
Ils prennent **un** taxi.	*They're taking a taxi.*
Elle prend **son** vélo.	*She's taking her bike.*

- verbs of travel such as **aller**, **partir**, or **voyager** followed by the preposition **en** or **à**, as specified below. In these cases, no article is used.

---

en avion, **en** bateau, **en** bus, **en** car, **en** métro, **en** taxi, **en** train, **en** tram, **en** voiture, **à** mobylette, **à** moto, **à** pied, **à** vélo

---

Nous partons **en** avion pour le Mali.	*We're leaving by plane for Mali.*
Moi, je vais au travail **en** métro, mais Christine va au travail **à** pied.	*I take the subway to work, but Christine goes to work on foot.*
Ils préfèrent voyager **en** train.	*They prefer to travel by train.*

À vous la parole

9-1 Qu'est-ce qu'il faut ? De quoi est-ce que les touristes ont besoin ?

MODÈLE pour trouver les monuments dans une grande ville ?
⮜ Ils ont besoin d'un plan de la ville.

1.	pour payer l'hôtel ?	**4.**	pour prendre des photos ?
2.	pour louer une voiture ?	**5.**	pour aller dans un pays étranger ?
3.	pour ranger leur argent ?	**6.**	pour rentrer dans leur chambre d'hôtel ?

9-2 Quel moyen de transport ? D'après les indications, quel/s moyen/s de transport est-ce que les personnes suivantes vont probablement utiliser ?

MODÈLE Adeline habite près de Paris ; elle va faire des courses à Paris.
⮜ Elle va prendre le train pour aller à Paris, et ensuite le métro ou l'autobus pour faire ses courses.

1. Mme Duclair habite à Paris ; elle va rendre visite à sa grand-mère à Lyon.
2. Les Lefranc vont quitter la France pour passer des vacances aux Antilles.
3. La petite Hélène va à l'école primaire près de chez elle.
4. Robert habite une ville moyenne ; il va au centre-ville pour faire des courses.
5. M. Rolland doit traverser Paris pour aller au travail.
6. Maxime et Amélie vont faire un pique-nique à la campagne.
7. Mme Antonine voyage pour son travail : elle va à Lyon, à Rome et à Berlin.
8. Les Leclair vont visiter les îles grecques pendant les vacances.

Vie et culture

Voyager en train en France

Regardez la séquence vidéo, *On prend le train*. Comment sont les trains français ? Pourquoi, à votre avis, est-ce que les Français, et les Européens en général, voyagent plus souvent en train que les Nord-Américains ?

En France, l'acteur majeur du système ferroviaire[1] est l'entreprise SNCF (Société Nationale des Chemins de Fer Français). Avec TGV® (Train à Grande Vitesse), il est possible d'aller de Lyon à Paris en environ deux heures, soit près de 400 kilomètres. Le TGV® est un des trains les plus rapides au monde.

Regardez la carte du réseau TGV® : Quelles sont les régions desservies par TGV® ? Où est-ce que vous voudriez voyager avec TGV® ?

Depuis 1994, on peut traverser la Manche entre la France et l'Angleterre, en passant par le « Chunnel ». Ce tunnel est important car il relie l'Angleterre au continent européen. Ainsi, au départ de Lyon, il faut seulement cinq heures pour arriver en Angleterre.

TGV® est une marque déposée de SNCF. Tous droits de reproduction réservés.

[1]*railway*

Parallèles

Pour me déplacer. 🎬

Mathilde et Diandra expliquent comment elles se déplacent en ville.

Dans le centre-ville de Dijon, il y a la marche, le vélo et le bus, si on n'a pas de voiture.

Dans la région parisienne, on prend le RER, le métro ou le bus.

9-3 Comment y aller ? Avec un/e partenaire, discutez de ces questions. Ensuite, comparez vos réponses et vos conclusions avec les conclusions de vos camarades de classe.

1. Comment est-ce que vous allez à vos cours ? Comment est-ce que vous faites vos courses ?
2. Est-ce qu'il y a un service de bus dans votre ville ? Un métro ? Comment est-ce que les habitants de votre ville vont au travail habituellement ?
3. Comment est-ce que vous rentrez chez vous pour les vacances ?
4. Est-ce que vous avez une voiture ? Si oui, quelle sorte de voiture : une voiture française, japonaise, américaine ? Est-ce que c'est une voiture hybride ?
5. Est-ce que le train passe par votre ville ? Où est-ce qu'on peut aller en train en partant de votre ville ?
6. Comment sont les trains américains comparés aux trains français ? Est-ce qu'il existe un TGV aux États-Unis ?
7. Pour voyager aux États-Unis, quel est votre moyen de transport préféré ? Pourquoi ?

Sons et lettres

TEXT AUDIO
CD 5 TRACKS 2–3

La liaison obligatoire

You will recall that liaison consonants are pronounced only when the word that follows begins with a vowel. The pronunciation of these consonants is called **liaison**. Liaison is always accompanied by **enchaînement**: the liaison consonant is pronounced as part of the following word: **nous allons** /nu za lɔ̃/.

Liaison is not always made. In addition to occurring before a vowel, liaison depends on grammatical factors. Cases where liaison must always be made are called **liaisons obligatoires**. They are relatively limited. In this lesson and in Lesson 2 we list the cases of **liaisons obligatoires**.

Liaison /z/ is the most common liaison consonant because it indicates the plural. It is usually spelled **-s**, but in some cases it is spelled **-x**. Always pronounce liaison /z/:

◆ After the plural form of articles and adjectives that precede the noun:

les‿hôtels   des‿autos   ces‿étages
/z/   /z/   /z/
les‿anciennes‿églises   les grands‿immeubles   ces beaux‿avions
/z/   /z/   /z/   /z/

◆ After the singular adjectives **gros** and **mauvais**:

un gros‿homme   un mauvais‿hôtel
/z/   /z/

◆ After numerals:

trois‿heures   quatre-vingts‿ans   le six‿avril
/z/   /z/   /z/

◆ After the plural subject pronouns **nous, vous, ils, elles**:

nous‿habitons   vous‿utilisez   ils‿ont payé   elles‿adorent
/z/   /z/   /z/   /z/

- After the plural possessive adjectives **mes, tes, ses, vos, nos, leurs**:

mes‿amis   leurs‿enfants   nos‿itinéraires
/z/   /z/   /z/

- After one-syllable adverbs and prepositions (**pas, plus, très ; dans, sans, sous**) and the combination of the preposition **à** and **de** with the plural definite articles (**aux, des**):

très‿intéressant   dans‿un appartement   aux‿Antilles   sans‿argent
/z/   /z/   /z/   /z/

◆ À vous la parole ◆

9-4 Contrastes. Remplacez le premier nom par le second.

MODÈLE   un gros bateau / avion

É1   Tu as dit un gros bateau ?
É2   Non, un gros avion.

1. un mauvais quartier / endroit
2. deux trains / avions
3. les billets / appareils photos
4. des villes / îles
5. les belles Françaises / Américaines
6. les belles rues / avenues
7. ces beaux musées / hôtels
8. nous louons / achetons
9. ils partent / arrivent

9-5 Phrases. Répétez chaque phrase.

1. Vous allez aux Antilles ou en Afrique ?
2. Mes autres amis habitent aux États-Unis.
3. Cet avion part à trois heures et arrive à six heures.
4. C'est un mauvais endroit pour construire des grands immeubles.
5. En Italie, il y a des très anciennes églises et des beaux hôtels.

FORMES ET FONCTIONS

1. *Le futur*

- One may express future events in French using the **futur proche** or the **futur**. The two grammatical structures do not carry precisely the same meaning for French speakers. Compare:

a. Ma tante **va avoir** un enfant.   *My aunt's going to have a baby.*
b. Ils vont se marier et ils **auront**   *They're going to get married,*
   beaucoup d'enfants.   *and they'll have lots of kids.*

In **a.** we assume that the aunt is expecting. In **b.** it is not certain that the couple to be married will have *any* children, let alone many.

- The difference between the **futur proche** and the **futur** is not primarily one of nearness or remoteness of the future event, but of its degree of certainty or definiteness. Compare:

Je **ferai** la cuisine plus tard.	*I'll do the cooking later (perhaps).*
Je **vais faire** la cuisine.	*I'm going to cook (right away).*
L'été prochain je **vais aller** en Suisse.	*Next summer I'm going to Switzerland (definite).*
Un jour, j'**irai** en Afrique.	*Someday I'll go to Africa (indefinite).*

- Use the **futur** to soften instructions and emphatic commands.

Vous **traverserez** l'avenue et vous **tournerez** à gauche dans la rue Colbert.	*You cross the avenue and turn left at Colbert Street.*

- To form the future tense, add the future endings to the future stem. The future stem of regular verbs is the infinitive (for verbs ending in **-re**, remove the final **-e** from the infinitive).

LE FUTUR

INFINITIVE ENDING:	**-ER**	**-IR**	**-RE**
FUTURE STEM:	**CHANTER-**	**PARTIR-**	**VENDR-**
je	chanter**ai**	partir**ai**	vendr**ai**
tu	chanter**as**	partir**as**	vendr**as**
il elle on	chanter**a**	partir**a**	vendr**a**
nous	chanter**ons**	partir**ons**	vendr**ons**
vous	chanter**ez**	partir**ez**	vendr**ez**
ils elles	chanter**ont**	partir**ont**	vendr**ont**

- The following verbs have irregular future stems:

acheter	j'**achèter**ai	devoir	je **devr**ai	pleuvoir	il **pleuvr**a
aller	j'**ir**ai	être	je **ser**ai	pouvoir	je **pourr**ai
appeler	j'**appeller**ai	faire	je **fer**ai	savoir	je **saur**ai
avoir	j'**aur**ai	préférer	je **préfèrer**ai	vouloir	je **voudr**ai

⮜ À vous la parole ⮞

9-6 C'est sérieux ou pas ? Adèle parle de ses projets. Pour chaque activité décrite, notez si c'est sûr qu'elle va la faire, ou non.

Adèle...	sûr	pas sûr
MODÈLE va téléphoner à sa copine.	✓	
fera ses devoirs.		✓

1. terminera son projet. _____ _____
2. préparera son exposé oral. _____ _____
3. va sortir avec des amis. _____ _____
4. va regarder la télé. _____ _____
5. ira à la B.U. pour travailler. _____ _____
6. va dîner en ville. _____ _____
7. aura une bonne note en chimie. _____ _____

Est-ce qu'Adèle est une étudiante sérieuse ou pas ? Pourquoi ?

9-7 Préparatifs de voyage. La famille Meunier part en voyage. Mme Meunier organise les taches à accomplir. Qu'est-ce qu'elle dit à chaque personne ?

MODÈLE acheter les billets, Thomas
⮜ Thomas, tu achèteras les billets !

1. réserver une chambre, Thomas
2. préparer la voiture, Thomas
3. faire les valises, les enfants
4. ranger la salle à manger, Fred
5. fermer les fenêtres, Hélène
6. mettre un beau pantalon, Fred
7. prendre cette valise, Fred
8. appeler un taxi, Thomas

9-8 Prévisions météo. Voici les prévisions météo pour le Canada et pour le monde entier. Quel temps est prévu pour les villes indiquées ?

Au Pays		Demain	Le monde		Demain
Vancouver	Averses	14/8	Berlin	Ensoleillé	14/3
Victoria	Averses	13/8	Bruxelles	Ensoleillé	16/5
Edmonton	P/Nuageux	15/2	Buenos Aires	Nuageux	15/11
Calgary	P/Nuageux	19/3	Honolulu	P/Nuageux	29/23
Saskatoon	Ensoleillé	12/1	Lisbonne	Ensoleillé	27/14
Régina	P/Nuageux	11/2	Londres	P/Nuageux	19/8
Winnipeg	Nuageux	12/5	Los Angeles	Ensoleillé	23/12
Ottawa	Ensoleillé	18/6	New Delhi	P/Nuageux	34/23
Québec	Ensoleillé	18/5	New York	P/Nuageux	17/11
Moncton	Ensoleillé	17/6	Paris	Ensoleillé	19/6

MODÈLE à Ottawa
⮜ Demain, il fera beau. La température sera de 18 degrés. Ce soir, elle descendra jusqu'à 6 degrés.

1. à Québec
2. à Winnipeg
3. à Calgary
4. à Vancouver
5. à Paris
6. à Bruxelles
7. à Londres
8. à Honolulu

9-9 Boule de cristal. Imaginez que vous allez chez une voyante. Voici ses prédictions. Avec un/e partenaire, tirez-en des conclusions. Voyons si vous avez compris la même chose.

MODÈLE Je vois que beaucoup d'argent passe entre vos mains.

> É1 Alors je serai très riche.
> É2 Alors je travaillerai dans une banque.

1. Je vois que vous voyagez beaucoup à cause du travail.
2. Je vois beaucoup d'enfants dans votre avenir.
3. Je vous vois devant une grande maison.
4. Je vous vois en compagnie d'une belle femme/d'un bel homme.
5. Je vois que vous avez beaucoup d'amis.
6. Je vois que vous êtes très célèbre.

2. *Le pronom* y

◆ The pronoun **y** means *there*. It refers back to the name of a place, which can be introduced by a preposition such as **à**, **en**, **chez**, **devant**, or **à côté de**, for example.

—Tu es allé **en** Provence l'été dernier ?	—*You went to Provence last summer?*
—Oui, j'**y** suis allé avec mes parents.	—*Yes, I went there with my parents.*
—Tes cousins habitent **au** Canada ?	—*Your cousins live in Canada?*
—Non, ils n'**y** habitent plus.	—*No, they don't live there anymore.*
—Qui va aller **chez** Cécile ?	—*Who's going to Cécile's house?*
—Pas moi ; je n'aime pas **y** aller.	—*Not me; I don't like going there.*

◆ Like the other object pronouns, **y** is placed immediately before the conjugated verb, unless there is an infinitive. When there is an infinitive, the pronoun goes immediately in front of it.

Tu **y** vas ?	*Are you going there?*
Cet hôtel est abominable. Je ne peux plus **y** rester.	*This hotel is awful. I can't stay here any longer.*
Paris ? Oui, nous **y** sommes allés l'été dernier.	*Paris? Yes, we went there last summer.*

⤝ À vous la parole ⤜

9-10 C'est logique. De quelle ville francophone est-ce qu'on parle probablement ? Il y a souvent plusieurs possibilités.

> **En Afrique** : Dakar, Abidjan, Bamako
> **En Amérique du Nord** : Québec, Montréal, La Nouvelle-Orléans
> **Les DOM** : Fort-de-France (Martinique), Pointe-à-Pitre (Guadeloupe), Cayenne (Guyane)
> **En Europe** : Paris, Genève, Bruxelles, Nice

MODÈLE On y va pour les sports d'hiver.
⤝ À Genève.
OU ⤝ À Montréal.

1. On y trouve des belles plages.
2. Les gens y parlent créole.
3. On y parle anglais et français.
4. On y parle wolof et français.
5. On y parle flamand et français.
6. On y va pour le Carnaval.
7. Les Américains y vont pour parler français sans quitter l'Amérique du Nord.

9-11 Les voyageurs. En choisissant l'expression appropriée dans la colonne B, dites pourquoi les personnes suivantes visitent les endroits indiqués. Attention au temps du verbe !

MODÈLE Arnaud va aller à Paris.
⤝ Il va y aller pour visiter la tour Eiffel.

A	B
1. Les Kerboul sont allés à La Nouvelle-Orléans.	**a.** acheter du bon vin
2. Les Dupuis vont aller dans les Alpes.	**b.** voir le Carnaval
3. Raymond veut aller à la Guadeloupe.	**c.** visiter les pyramides
4. Arnaud va aller à Paris.	**d.** visiter la tour Eiffel
5. Les Brunet sont allés sur la Côte d'Azur.	**e.** apprendre l'espagnol
6. Christiane voudrait aller au Mexique.	**f.** apprendre le créole
7. Les Santini vont en Égypte.	**g.** nager et se bronzer
8. M. Lescure va aller dans la région de Bordeaux.	**h.** faire du ski

9-12 Vos habitudes. Demandez à votre partenaire s'il ou si elle va aux endroits suivants pendant les vacances. Il/Elle doit vous donner une raison pour justifier sa réponse.

MODÈLE dans des bons restaurants
        É1 Tu vas quelquefois dans des bons restaurants ?
        É2 Non, je n'y vais jamais.
        É1 Pourquoi ?
        É2 Parce qu'ils sont très chers et je n'ai pas assez d'argent pour y aller.

1. au théâtre
2. à des concerts
3. à Disneyland Paris
4. au musée
5. en Louisiane
6. en Europe
7. aux Antilles
8. dans un pays francophone

TEXT AUDIO
CD 5 TRACK 4

 # Écoutons

9-13 Votre attention, s'il vous plaît !

A. Avant d'écouter. Quand on voyage, on entend souvent des annonces à l'aéroport, à la gare, à la station de métro, dans le métro ou le tram. Regardez les photos. Où sommes-nous ? Quelles sortes d'annonces est-ce que vous entendez typiquement dans ces endroits ?

B. En écoutant. Écoutez ces annonces adressées aux voyageurs et complétez le tableau suivant.

1. La première fois que vous écoutez, dites où se trouvent les gens qui entendent l'annonce — **à l'aéroport**, à la gare, **à la station de métro**, **dans le métro** — et complétez la première colonne.
2. Ensuite, complétez la deuxième colonne. Déterminez si le message est adressé aux gens qui sont déjà dans l'avion ou le train, ou qui attendent un vol ou un train.
3. Dans la troisième colonne, indiquez ce que les gens qui entendent l'annonce doivent faire.
4. Enfin, notez dans la quatrième colonne, d'autres détails importants pour chaque annonce.

Fiche pratique

When listening to an announcement, you may find it difficult to understand every word. Use the context and key words to make intelligent guesses about the content of the announcement. Also, don't panic! In an airport or train station, announcements are usually repeated so you can listen more than once for information you may have missed.

On se dépêche pour prendre le train.

	Où	Pour qui ?	Action à prendre	Autres détails importants
1.	*la gare*	*les voyageurs dans le train*	*descendre*	*deux minutes d'arrêt*
2.				
3.			*s'éloigner du quai*	
4.				
5.			*faire attention*	
6.				

C. Après avoir écouté. Est-ce que vous avez déjà entendu des annonces de ce style ? Où ? Est-ce que vous les écoutez attentivement ? Pourquoi ?

On attend le métro à Paris.

Une bouche de métro, style art nouveau, dans le Quartier latin à Paris.

POINTS DE DÉPART

Où est-ce qu'on va ?

Je m'appelle David Diouf. Je suis du Sénégal et j'étudie à Paris. Ma langue maternelle, c'est le wolof, mais je parle aussi français. Je vais bientôt prendre l'avion pour aller à Dakar. Je vais passer les vacances chez moi, au Sénégal, cet été.

Je suis Denise Duclos. Je suis suisse. J'habite à Lausanne. Je parle allemand aussi bien que français. Je prends l'avion pour aller à Bruxelles pour une réunion de travail. Je vais rentrer en Suisse ce soir.

Mon nom, c'est Pierre Piron. Je suis belge et j'habite à Bruxelles. Je retourne au Mali, où je vais reprendre mon travail pour Médecins sans Frontières.

Continents	Pays	Adjectif de nationalité
L'Afrique	l'Algérie	algérien/algérienne
	le Cameroun	camerounais/e
	la Côte d'Ivoire	ivoirien/ivoirienne
	le Maroc	marocain/e
	le Sénégal	sénégalais/e
L'Asie	la Chine	chinois/e
	la Corée	coréen/coréenne
	l'Inde	indien/indienne
	le Japon	japonais/e
	le Vietnam	vietnamien/vietnamienne
L'Océanie	l'Australie	australien/australienne
L'Amérique	le Canada	canadien/canadienne
...du Nord	les États-Unis	américain/e
	le Mexique	mexicain/e
...du Sud	l'Argentine	argentin/e
	le Brésil	brésilien/brésilienne
	la Colombie	colombien/colombienne
L'Europe	l'Allemagne	allemand/e
	l'Angleterre	anglais/e
	l'Autriche	autrichien/autrichienne
	la Belgique	belge
	l'Espagne	espagnol/e
	la France	français/e
	l'Italie	italien/italienne
	les Pays-Bas	néerlandais/e
	le Portugal	portugais/e
	la Suisse	suisse

⤛ À vous la parole ⤜

9-14 C'est quel pays ? Décidez quel pays on visite, d'après la description.

MODÈLE On visite le palais de Buckingham et le *British Museum*.
⤛ C'est l'Angleterre.

1. On s'installe à la terrasse d'un café pour admirer la tour Eiffel.
2. On boit un cappuccino et on regarde les gondoles qui passent.
3. Il y a des pyramides aztèques.
4. On peut visiter les souks (*les marchés*) de Marrakech.
5. On visite le château Frontenac à Québec.
6. Là-bas, il y a l'administration centrale de l'Union européenne.
7. C'est le seul pays d'Europe où l'on parle espagnol.

Vie et culture

Les organisations internationales humanitaires

Comité International

Certaines organisations non gouvernementales internationales à but humanitaire ont été créées dans des pays francophones. En voici quelques-unes :

Le Comité international de la Croix-Rouge, créé en 1863, est une organisation indépendante et neutre qui apporte une protection et une assistance humanitaires aux victimes de la guerre[1] ou de la violence armée. Le CICR intervient de manière impartiale en faveur des prisonniers, des blessés[2] et des malades, ainsi que[3] des civils[4] touchés par un conflit armé. Le CICR, qui a son siège[5] à Genève (en Suisse), est présent dans environ 80 pays et compte plus de 12 000 collaborateurs. Le CICR est à l'origine du Mouvement international de la Croix-Rouge et du Croissant-Rouge ainsi que du droit international humanitaire, en particulier des Conventions de Genève.

Médecins sans frontières a été créé en 1971 par des médecins français. L'organisation offre une assistance médicale d'urgence[6] dans des cas de conflits armés, de catastrophes naturelles, d'épidémies et de famine. À la différence de la Croix-Rouge, **MSF** estime que la politique de neutralité est une erreur ; cette association allie[7] aide humanitaire et actions de sensibilisation[8] auprès des médias et des institutions politiques.

Pharmaciens sans frontières, créé en 1985, est la plus grande association humanitaire pharmaceutique mondiale. **PSF** aide certains pays en développement[9] à mettre en place un système d'approvisionnement[10] et de distribution de médicaments essentiels de qualité. **Pharmaciens sans frontières** a ses bureaux à Bordeaux ; depuis sa création, elle a opéré dans plus de 43 pays.

ET VOUS ?

1. Qu'est-ce que vous savez sur les bonnes actions des organisations décrites ici ?
2. Quelles sont les organisations internationales humanitaires créées aux États-Unis ? Est-ce que vous connaissez des gens qui ont fait partie d'une de ces organisations ? Quelles ont été leurs expériences ?

[1]*war*   [2]*injured*   [3]*as well as*   [4]*civilians*   [5]*headquarters*
[6]*emergency*   [7]*combines*   [8]*consciousness raising*   [9]*developing*
[10]*supply*

9-15 Présentations. Selon l'endroit où chaque personne habite, indiquez sa nationalité et des langues possibles.

MODÈLE Luc Auger habite à Québec.
　　　　　 ◂ Il est canadien. Il parle français et probablement un peu anglais.

1. Maria Garcia est de Buenos Aires.
2. Sylvie Gerniers habite à Bruxelles.
3. Chantal Dupuis est de Genève.
4. Paolo Dos Santos habite à Rio de Janeiro.
5. Helmut Müller est de Berlin.
6. Maria Verdi habite à Milan.
7. Jin Lu ? Elle est de Pékin.

9-16 Un voyage. Avec un/e partenaire, imaginez que vous partez visiter un pays lointain. Quel pays est-ce que vous choisirez ? Qu'est-ce que vous y ferez ?

MODÈLE É1 Je visiterai la Suisse, parce que j'ai des cousins là-bas. Je ferai du ski dans les Alpes.
　　　　　 É2 Et moi, je visiterai l'Égypte. J'irai voir les pyramides.

Sons et lettres

TEXT AUDIO
CD 5 TRACK 6

La liaison avec *t*, *n* et *r*

After /z/, the next most common liaison consonant is /t/. It is usually spelled **-t**, but in some cases it is spelled **-d**.

◆ Pronounce liaison /t/ after the adjectives **petit** and **grand**, the form **cet**, and the numbers **huit**, **vingt**, **cent**:

un petit‿animal　　　un grand‿immeuble　　cet‿hiver
　　　/t/　　　　　　　　　　/t/　　　　　　　　/t/
il a huit‿ans　　　　　vingt‿heures　　　　　cent‿appartements
　　/t/　　　　　　　　　　/t/　　　　　　　　　　/t/

◆ Liaison /t/ must also be pronounced in certain fixed phrases:

Quel temps fait‿-il ?　 Quelle heure est‿-il ?　 Comment‿allez-vous ?
　　　　　/t/　　　　　　　　　　/t/　　　　　　　　　/t/

◆ Although it is not obligatory, liaison is often made after the verb forms **ont**, **sont**, **vont**, and **font**. These are cases of optional liaison:

ils sont‿ici　　　　　elles font‿un voyage　　elles vont‿en Afrique
　　　/t/　　　　　　　　　　/t/　　　　　　　　　　/t/

◆ Liaison /t/ is *never* pronounced after the word **et**:

Pierre et Alain　　　　vingt‿-et-un
　　　　　　　　　　　　　/t/

Liaison /n/ occurs in the following cases:

◆ after **un** and the possessives **mon**, **ton**, **son**:

un‿hôtel　　　mon‿église　　　ton‿auto　　　son‿itinéraire
　/n/　　　　　　/n/　　　　　　/n/　　　　　　/n/

◆ after the pronouns **on** and **en**, and the preposition **en**:

on‿y va   il en‿a   en‿octobre
  /n/   /n/   /n/

◆ after the adjectives **bon**, **certain**, **prochain**:

un bon‿avion   un certain‿itinéraire   le prochain‿arrêt
   /n/   /n/   /n/

Liaison /R/ occurs in **dernier** and **premier**:

le premier‿étage   le dernier‿avion
    /R/   /R/

➤ À vous la parole ➤

9-17 Des beaux voyages. Indiquez quel pays on visitera. Faites bien la liaison avec **on** et **en**.

MODÈLE   Le Caire
             ➤ On ira en Égypte.

1. Londres   4. New Delhi   7. Rome
2. Madrid   5. Berlin   8. Buenos Aires
3. Alger   6. Sydney

9-18 Pardon ? Vous n'entendez pas bien ? Votre partenaire va vous corriger.

MODÈLE   le prochain bateau / avion
             É1   Tu as dit le prochain bateau ?
             É2   Non, le prochain avion.

1. le dernier train / avion
2. le premier juin / août
3. le prochain taxi / arrêt
4. un certain voyage / itinéraire
5. un grand restaurant / hôtel
6. le petit bateau / avion
7. un mauvais lecteur CD / appareil photo
8. un gros monsieur / homme

FORMES ET FONCTIONS

1. *Les prépositions avec des noms de lieux*

◆ You have learned to use the prepositions **à** (meaning *to*, *at*, or *in*) and **de** (meaning *from*) with the names of cities.

Elle arrive **à** Paris.   *She's arriving in Paris.*
Nous allons **à** Lille.   *We're going to Lille.*
Ils viennent **de** Québec.   *They're coming from Quebec City.*

◆ To express *to*, *at*, *in*, or *from* with the name of countries and continents, use the following prepositions in French:

	FEMININE COUNTRY OR CONTINENT	MASCULINE COUNTRY BEGINNING WITH A VOWEL	MASCULINE COUNTRY BEGINNING WITH A CONSONANT	PLURAL COUNTRY
to, at, in	**en** Suisse	**en** Haïti	**au** Maroc	**aux** Pays-Bas
from	**de** Belgique **d'**Afrique	**d'**Iran	**du** Canada	**des** États-Unis

◆ The names of all the continents are feminine. As a general rule, country names that end in **-e** are feminine, but you should note the following exceptions: **le Mexique**, **le Mozambique**. In general, names of countries that end in any letter other than **-e** are masculine: **le Canada**, **le Brésil**, **les États-Unis**, **les Pays-Bas**.

Ils habitent **en** Amérique latine.
Nous sommes allés **en** Australie.
Sakiko a fait ses études **au** Canada.
Mon collègue va **aux** Pays-Bas.

They live in Latin America.
We went to Australia.
Sakiko studied in Canada.
My colleague is going to the Netherlands.

Je viens **du** Sénégal.

I'm from Senegal.

◆ À vous la parole ◆

9-19 Vos connaissances en géographie. Dites dans quel continent sont situés ces pays.

MODÈLE le Brésil
◆ C'est en Amérique.

1. le Mexique
2. la Corée
3. le Nigéria
4. la Suisse
5. le Canada
6. l'Afrique du Sud
7. la Chine
8. les États-Unis

9-20 Escales. Quelquefois il n'y a pas de vol direct entre deux villes. Dites dans quel pays les personnes suivantes doivent s'arrêter pour arriver à leur destination.

MODÈLE Mlle Schmidt : Berlin–Madrid–Lisbonne
◆ Elle doit s'arrêter en Espagne.

1. M. Ducret : Paris–Lisbonne–Abidjan
2. M. Thompson : Londres–Montréal–Chicago
3. Mme Smith : Londres–Paris–Barcelone
4. Mme Marconi : Marseille–Genève–Casablanca
5. Mlle Schmidt : Berlin–Londres–Québec
6. Mlle Bordes : Paris–New York–Mexico
7. M. Noyau : Marseille–Rome–Moscou

9-21 Vos origines. Beaucoup d'Américains ont des parents ou des grands-parents qui sont nés dans un pays étranger. Est-ce que certains membres de votre famille ou certains de vos camarades sont nés à l'étranger ?

MODÈLE É1 Tes parents ou tes grands-parents sont nés dans un pays étranger ?

É2 Oui, ma grand-mère. Elle est née en Chine. Et toi, où est-ce que tu es né ?

É1 Moi, je suis né aux États-Unis, en Californie...

2. *Le verbe* venir

◆ The verb **venir** means *to come* or *to come from*:

VENIR *to come, to come from*		
SINGULIER		**PLURIEL**
je	vien**s**	nous	ven**ons**
tu	vien**s**	vous	ven**ez**
il elle on }	vien**t**	ils elles }	vienn**ent**

IMPÉRATIF : **Viens ! Venez** ici ! **Venons** voir ces cartes !

PASSÉ COMPOSÉ : Je **suis venu/e** hier.

FUTUR : Je **viendr**ai demain.

◆ **Devenir** (*to become*), **revenir** (*to come back*), **tenir** (*to hold*), **retenir** (*to hold, to book*), **maintenir** (*to affirm, to uphold*), **soutenir** (*to support*), and **obtenir** (*to obtain*) are conjugated like **venir**:

Qu'est-ce que vous **devenez** maintenant ?	*What's new with you these days?*
Quand est-ce que tu **reviens** de Genève ?	*When are you coming back from Geneva?*
Il **tenait** son billet à la main.	*He held his ticket in his hand.*
On va **retenir** des places dans l'avion.	*We're going to book plane tickets.*
Je **maintiens** que c'est vrai.	*I affirm that it's true.*
Le Sénat **soutient** le Président.	*The Senate is supporting the President.*
J'ai **obtenu** mon diplôme.	*I got my degree.*

◆ To express an event that has just occurred, use **venir de** plus an infinitive.

Le train **vient de partir**.	*The train has just left.*
Nous **venons d'acheter** nos billets.	*We've just purchased our tickets.*

➤ À vous la parole ➤

9-22 L'apprentissage des langues. Dites d'où ces personnes reviennent.

MODÈLE Elles ont appris le portugais.
➤ Elles reviennent du Portugal ou du Brésil.

1. Elle a appris l'italien.
2. Il parle bien espagnol.
3. Nous avons appris l'anglais.
4. Je parle coréen.
5. Ils ont appris l'allemand.
6. Elles parlent chinois.
7. Il a appris le français.

9-23 Changement de caractère. Comment est-ce que ces gens changent ?
Choisissez l'adjectif qui convient dans la liste :

adorable	désagréable	discipliné	égoïste
paresseux	populaire	sociable	

MODÈLE J'ai de plus en plus d'amis.
➤ Je deviens populaire.

1. Tu ne travailles pas beaucoup ces jours-ci.
2. Roger écoute de plus en plus ses parents.
3. Nous sommes furieux.
4. Mes chats sont plus gentils aujourd'hui.
5. Je ne donne rien aux autres. Cela suffit !
6. Vous parlez à plus de gens maintenant.

9-24 Avant de venir en classe. Qu'est-ce que vous venez de faire, juste avant d'arriver en classe ? Expliquez-le à un/e partenaire.

MODÈLE É1 Moi, je viens de déjeuner au resto U. Et toi ?
É2 Moi, je viens de travailler au labo de langues. Je viens de terminer mes devoirs.

Lisons

9-25 Le Tour du monde en quatre-vingts jours

A. Avant de lire. Connaissez-vous ce roman populaire, écrit au XIXᵉ siècle par l'écrivain français Jules Verne ? Le personnage principal, Phileas Fogg, est un Anglais flegmatique et excentrique qui mène une vie réglée comme une montre. Le mercredi 2 octobre 1872, dans son Reform-Club, il soutient qu'avec les moyens de transport modernes, on peut maintenant parcourir la Terre en quatre-vingts jours seulement. Il lance un pari (*makes a wager*) : s'il n'est pas de retour le samedi 21 décembre à huit heures quarante-cinq du soir, il perd tout. Avant de lire le passage que nous reproduisons ici, réfléchissez aux questions suivantes :

1. Cette histoire se passe en 1872. Quels moyens de transport est-ce que Phileas Fogg va probablement utiliser pendant son voyage ? Faites-en une liste.

Phileas Fogg, dessiné par Alphonse de Neuville pour l'édition de 1873 du *Tour du monde en 80 jours.*

2. À votre avis, comment est-ce que Phileas Fogg pourra prouver à ses amis qu'il aura fait le tour du monde ?

3. Est-ce que Phileas Fogg est une personne à prendre des risques ? Comment va-t-il probablement organiser son voyage autour du monde ?

4. Dans l'extrait que vous allez lire, vous verrez quelques verbes au **passé simple**, un temps littéraire. Le **passé simple** exprime une action au passé, comme le **passé composé**. Pour chaque verbe indiqué au **passé simple**, trouvez son équivalent au **passé composé** :

Verbes au passé simple	Verbes au passé composé
répondit	s'est arrêté
répondirent	a demandé
demanda	sont entrés
montèrent	a fait
s'arrêta	s'est mis
entrèrent	sont montés
fit	ont pris
prirent	ont répondu
se mit	a répondu

B. En lisant. Trouvez les réponses aux questions suivantes.

1. Phileas Fogg parie qu'il fera le tour du monde en quatre-vingts jours, c'est-à-dire, en combien d'heures ? combien de minutes ?

2. Quand est-ce qu'il partira ?

3. Quels moyens de transport est-ce qu'il prendra au départ ?

4. Quand est-ce qu'il sera de retour et où ?

5. Qui l'accompagnera ?

6. Où est-ce qu'ils s'arrêteront d'abord ?

7. Comment est-ce que Phileas Fogg propose de prouver qu'il a bien fait le tour de la Terre ?

8. À quelle heure est-ce que les voyageurs quittent la gare de Charing-Cross ?

LE TOUR DU MONDE EN QUATRE-VINGTS JOURS

—Un bon Anglais ne plaisante[1] jamais, quand il s'agit d'une chose aussi sérieuse qu'un pari[2], répondit Phileas Fogg. Je parie vingt-mille livres contre qui voudra que je ferai le tour de la terre en quatre-vingts jours ou moins, soit[3] dix-neuf-cent-vingt heures ou cent-quinze-mille-deux-cents minutes. Acceptez-vous ?

—Nous acceptons, répondirent MM. Stuart, Fallentin, Sullivan, Flanagan et Ralph, après s'être entendus.

—Bien, dit Mr. Fogg. Le train de Douvres part à huit heures quarante-cinq. Je le prendrai.

—Ce soir même ? demanda Stuart.

—Ce soir même, répondit Phileas Fogg. Donc, ajouta-t-il en consultant un calendrier de poche, puisque c'est aujourd'hui mercredi 2 octobre, je devrai être de retour à Londres, dans ce salon même du Reform-Club, le samedi 21 décembre, à huit heures quarante-cinq du soir… [Phileas Fogg retourne à la maison pour se préparer et chercher son domestique Jean Passepartout.]

Une station de voitures se trouvait à l'extrémité de Saville-row. Phileas Fogg et son domestique montèrent dans un cab, qui se dirigea rapidement vers la gare de Charing-Cross… À huit heures vingt, le cab s'arrêta devant… la gare. Passepartout sauta à terre[4]…

Mr. Fogg et lui entrèrent aussitôt dans la grande salle de la gare. Là, Phileas Fogg donna à Passepartout l'ordre de prendre deux billets de première classe pour Paris. Puis, se retournant, il aperçut[5] ses cinq collègues du Reform-Club.

« Messieurs, je pars, dit-il, et les divers visas apposés sur un passeport que j'emporte à cet effet vous permettront, au retour, de contrôler mon itinéraire…

—Vous n'oubliez pas que vous devez être revenu ? … fit observer Andrew Stuart.

—Dans quatre-vingts jours, répondit Mr. Fogg, le samedi 21 décembre 1872, à huit heures du soir. Au revoir, messieurs. »

À huit heures quarante, Phileas Fogg et son domestique prirent place dans le même compartiment. À huit heures quarante-cinq… le train se mit en marche.

Source : Jules Verne, *Le tour du monde en quatre-vingts jours*

[1]raconte des histoires drôles [2]*a bet, a wager* [3]*in other words* [4]est descendu [5]a vu

C. En regardant de plus près. Examinez le texte plus en détail.

1. Phileas Fogg est accompagné de son domestique, Jean « Passepartout ». Pourquoi est-ce que c'est un nom amusant ?
2. Le texte nous indique quelle sorte de personne est Phileas Fogg ; dans chaque cas, trouvez un exemple qui illustre la description.

MODÈLE Phileas Fogg est un homme riche.
    ← Il prend des billets de train de première classe.

a. Il habite un beau quartier de Londres.
b. Il est très ponctuel.
c. Il aime la précision.
d. Il prend rapidement des décisions.

D. Après avoir lu. Discutez des questions suivantes avec vos camarades de classe.

1. Voici l'itinéraire de Phileas Fogg publié dans le journal britannique *The Morning Chronicle*. Est-ce que vous pensez qu'il est vraiment possible pour Fogg d'accomplir son voyage en l'espace de quatre-vingts jours ? Pourquoi ?

LE TOUR DU MONDE EN QUATRE-VINGTS JOURS	
De Londres à Suez par le Mont-Cenis et Brindisi, railways et paquebots	7 jours
De Suez à Bombay, paquebot	13 jours
De Bombay à Calcutta, railway	3 jours
De Calcutta à Hong-Kong (Chine), paquebot	13 jours
De Hong-Kong à Yokohama (Japon), paquebot	6 jours
De Yokohama à San Francisco, paquebot	22 jours
De San Francisco à New York, railroad	7 jours
De New York à Londres, paquebot et railway	9 jours
Total	80 jours

2. Est-ce que vous avez lu en traduction anglaise un roman de Jules Verne ou vu un film basé sur un de ses romans ? Parmi ses romans on trouve : *Vingt mille lieues sous les mers, L'île mystérieuse, Voyage au centre de la Terre,* et *De la Terre à la Lune.* Si vous en connaissez un, discutez-en avec vos camarades de classe.
3. Si vous aimez la science-fiction, cherchez un de ces romans à la bibliothèque ou louez un DVD—peut-être même une adaptation du *Tour du monde en quatre-vingts jours* !

POINTS DE DÉPART

TEXT AUDIO
CD 5 TRACK 7

Le logement et les visites

La place Plumereau à Tours.

Les Francard, une famille de touristes belges, viennent d'arriver à Tours. Ils rentrent dans l'Office de Tourisme pour chercher des renseignements et trouver un logement.

LA RÉCEPTIONNISTE :	Bonjour, monsieur. Bonjour, madame.
M. FRANCARD :	Bonjour, madame. Nous cherchons un logement pas trop cher pour trois nuits.
LA RÉCEPTIONNISTE :	Oui, vous êtes combien ?
M. FRANCARD :	Quatre personnes, donc nous aurons besoin de deux chambres.
LA RÉCEPTIONNISTE :	Je peux vous proposer un petit hôtel deux étoiles en centre-ville. C'est 75 euros par chambre.
M. FRANCARD :	Ça nous convient très bien.
LA RÉCEPTIONNISTE :	Bon, alors, je vais faire une réservation sur Internet pour les deux chambres pour trois nuits.

…

LA RÉCEPTIONNISTE :	Bon, vous serez à l'Hôtel Château Fleuri ; ce n'est pas très loin d'ici.
M. FRANCARD :	L'hôtel se trouve où exactement ?

LA RÉCEPTIONNISTE : Tenez, voici un plan du centre-ville. En sortant d'ici, vous allez prendre le boulevard. Ensuite vous tournez à droite dans la rue de Buffon. Continuez tout droit ; vous allez traverser la rue Émile Zola et ensuite prendre la rue de la Scellerie à gauche. L'hôtel se trouve au 7, rue de la Scellerie.

M. FRANCARD : Alors, à droite dans la rue de Buffon et à gauche dans la rue de la Scellerie. Merci, madame, et au revoir.

LA RÉCEPTIONNISTE : Je vous en prie, monsieur, au revoir.

Tours, le centre-ville

Pour indiquer le chemin

prendre la rue, l'avenue, le boulevard, la première/la deuxième à droite...

traverser la place...

tourner à droite/à gauche dans le boulevard...

continuer tout droit jusqu'à la rue...

Vie et culture

Le logement

Si vous cherchez un logement pas cher en France, vous avez différents choix selon vos désirs et votre budget. Quels sont les avantages et les inconvénients de chaque option ? Quel type de logement est-ce que vous préférez et pourquoi ? Est-ce que vous avez les mêmes possibilités de logement dans votre pays ?

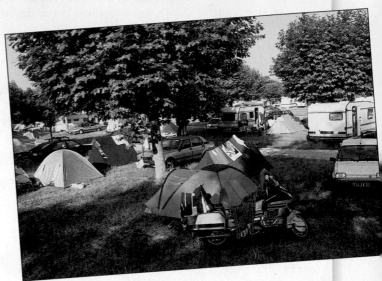

Pendant l'été en France, les campings sont pleins de gens qui voyagent avec des caravanes, des camping-cars ou simplement une tente.

Si on est jeune, on peut rester dans une auberge de jeunesse.

Une autre possibilité est de rester chez l'habitant, dans un gîte rural à la campagne. C'est surtout une bonne option si on veut établir un contact avec les gens du pays.

Des sites historiques et culturels

un village perché · un château fort · une abbaye · un château · une cathédrale · un village médiéval · un spectacle son et lumière · une grotte préhistorique · une cave · un théâtre romain

◄ À vous la parole ◄

9-26 Où est-ce qu'ils vont loger ? D'après la description des touristes suivants, dites où ils vont probablement loger.

MODÈLE Les Merten voudraient établir un contact avec les gens de la région.
◄ Ils vont loger dans un gîte rural.

1. Les Martini voudraient une chambre avec minibar, télévision et téléphone.
2. Christelle va passer trois jours à Bordeaux, mais c'est une étudiante et elle a un budget modeste.
3. Les Garcia voyagent avec leur caravane.
4. Max et ses copains veulent passer plusieurs semaines en Suisse sans dépenser (*spending*) trop d'argent.
5. Sébastien aime la nature ; il voyage avec son vélo et sa tente.
6. Les Smith aiment la campagne, et ils voudraient pratiquer leur français.
7. Les Bénini voyagent en train et voudraient rester en ville.

9-27 Les bonnes indications. Imaginez que vous êtes devant la gare de Tours. Suivez les indications données et dites où vous arrivez. Choisissez votre destination dans la liste suivante.

MODÈLE
É1 Vous tournez à gauche dans le boulevard Heurteloup, ensuite à droite dans la rue Nationale et à droite dans la rue de la Scellerie. Vous arrivez au coin (*corner*) de cette rue et de la rue Voltaire.
É2 À gauche dans le boulevard Heurteloup ? et ensuite à droite dans la rue Nationale ?
É1 Oui, c'est ça. Et après, à droite dans la rue de la Scellerie.
É2 C'est le Grand Théâtre ?
É1 Voilà.

Fiche
pratique

When someone gives you directions, it is helpful to confirm that you have understood by repeating or summarizing briefly what you have been told.

la cathédrale	la Basilique Saint-Martin
le Grand Théâtre	les Halles
le musée des Beaux-Arts	la place Plumereau
la préfecture de police	la poste

1. Vous traversez le boulevard Heurteloup. Vous prenez la rue Bernard Palissy et vous continuez tout droit. À la place François Sicard, vous tournez à droite.
2. Vous tournez à gauche dans le boulevard Heurteloup et vous traversez la place Jean-Jaurès. C'est sur votre droite à côté du Palais de Justice.
3. Vous tournez à gauche dans le boulevard Heurteloup, vous traversez la rue Nationale et vous continuez tout droit. Vous prenez la deuxième rue à droite. Vous arrivez dans la rue Néricault Destouches. C'est là, en face de vous.
4. Le plus facile, c'est de suivre la rue Nationale jusqu'à la Loire et de prendre la rue des Tanneurs juste avant le quai de Pont-Neuf. Ensuite, vous tournez à gauche en face de la fac dans une petite rue piétonnière (*pedestrian street*).
5. Traversez le boulevard Heurteloup et prenez la rue de Buffon. Tournez à droite à la place de la Préfecture et continuez tout droit. C'est au coin de la rue Bernard Palissy sur votre droite.
6. Traversez le boulevard Heurteloup, prenez la rue de Buffon, tournez à gauche dans la rue de la Scellerie et continuez tout droit. Traversez la rue Nationale. Suivez la rue des Halles. C'est au bout (*at the end*) sur votre gauche.

9-28 À l'Office de Tourisme. Avec un/e partenaire, quelles visites est-ce que vous recommandez à ces touristes ?

MODÈLE Jérôme et Camille sont très sportifs et ils aiment les beaux paysages.
É1 Ils peuvent faire du cyclotourisme.
É2 Oui. Comme ça, ils se promèneront dans la nature et ils visiteront tous les petits villages.

1. Les Martin sont fascinés par la préhistoire.
2. Sophie aime tout ce qui est spectacle.
3. Mme Francard s'intéresse aux arts décoratifs.
4. M. Francard aime surtout l'architecture de la Renaissance.
5. Pierre a étudié l'histoire des religions.
6. M. Dupin voudrait goûter les meilleurs vins de la région.
7. Audrey se passionne pour la peinture et la sculpture.
8. Vincent voudrait découvrir la France profonde.

FORMES ET FONCTIONS

1. *Les relatifs* où *et* qui

◆ A relative allows you to introduce a clause, called a subordinate clause, that provides additional information about a person, place, or thing. The relative connects the subordinate clause to the main clause of the sentence. In the examples below, the subordinate clause, introduced by the relative pronoun **qui**, is set off by brackets.

David est un guide [**qui** a beaucoup de talent].

David is a tour guide [who is very talented].

Rome est une ville [**qui** est connue pour son architecture].

Rome is a city [that is known for its architecture].

In these examples the relative pronoun **qui**, which refers to a guide or a city, respectively, is the subject of the subordinate clause. **Qui**, the equivalent of the English *who* or *which/that*, always functions as the subject of the clause it introduces and is always followed by a verb.

◆ **Où** is used to introduce a place or a time; it is equivalent to the English *where* or *when*.

C'est une ville [**où** il y a beaucoup de monuments historiques].

It's a city [where there are many historical monuments].

L'automne en France, c'est la saison [**où** il commence à faire froid].

Autumn in France is the season [when it starts to get cold].

◄ À vous la parole ◄

9-29 En quelles saisons ? En quelles saisons est-ce qu'on peut faire les activités suivantes ?

MODÈLE On va à la campagne chercher des pommes.
◄ L'automne est la saison où on va à la campagne chercher des pommes.

1. On peut faire un pique-nique à la montagne.
2. On peut faire du ski.
3. On va souvent au bord de la mer.
4. On fait des randonnées dans la forêt.
5. On commence à faire du jardinage.
6. On admire les fleurs à la campagne.
7. On va voir les matchs de football américain.
8. On a envie de voyager dans les pays chauds.

9-30 Les grandes villes. Avec un/e partenaire, est-ce que vous pouvez décrire ces grandes villes ?

MODÈLE New York

É1 New York est une ville où il y a beaucoup de grands magasins.

É2 New York est aussi une ville qui a beaucoup de théâtres et de cinémas.

1. San Francisco
2. Paris
3. La Nouvelle-Orléans
4. Los Angeles
5. Washington D.C.
6. Dakar
7. Québec
8. Genève

9-31 Quelles sont vos préférences ? Pour le logement, les vacances, les gens ? Discutez de cela avec un/e partenaire.

MODÈLE J'aime les hôtels…

É1 J'aime les hôtels qui sont très modernes.

É2 Moi, j'aime surtout les hôtels où il y a une piscine.

1. J'aime les hôtels…
2. Je préfère les villes…
3. Je n'aime pas les musées…
4. J'aime les vacances…
5. J'aime surtout visiter les endroits…
6. J'aime les gens…
7. Je n'aime pas beaucoup les gens…

2. *Le pronom relatif* que

◆ As you have just learned, a relative enables you to introduce a clause, called a subordinate clause, that provides additional information about a person, place, or thing. The relative pronoun **qui** functions as the subject of the clause it introduces and is followed by the verb of the subordinate clause.

Le guide [**qui** nous a fait visiter le château] était bien informé.

The guide [who gave us a tour of the château] was well-informed.

◆ **Que** is used when the relative is the direct object of the subordinate clause. Use **qu'** before words beginning with a vowel.
The subject of the subordinate clause usually follows **que/qu'**.

C'est une ville. J'aime beaucoup cette ville.

C'est une ville [**que** j'aime beaucoup].

It's a city [that I like a lot].

Like **qui**, the relative pronoun **que/qu'** can refer either to a person or a thing.

Le guide **que** j'ai eu était très enthousiaste.

The guide whom/that I had was very enthusiastic.

Nous avons visité le musée **que** Mme Lerond a recommandé.

We visited the museum (that) Mrs. Lerond recommended.

> Be careful! In English the words *whom* or *that* may be left out, but in French, **que** must always be used.

◆ When you use the **passé composé**, the past participle agrees in number and gender with the preceding direct-object pronoun. In both examples below, **que/qu'** refers to a feminine plural noun, and the feminine plural form of the past participle is used.

Voilà les cartes postales **que** j'ai écrit**es**.

Here are the postcards (that) I wrote.

Vous connaissez les musiciennes **qu'**ils ont invité**es** à jouer ?

Do you know the musicians (that) they invited to play?

⇐ À vous la parole ⇐

9-32 Un bibliophile à Paris. Complétez ces phrases avec le relatif qui convient : **qui**, **que** ou **où**.

MODÈLE La Maison de la Presse _____ je connais le mieux se trouve boulevard Auguste Blanqui à Paris et ouvre à 6 h 30 du matin.
⇐ La Maison de la Presse que je connais le mieux se trouve boulevard Auguste Blanqui à Paris et ouvre à 6 h 30 du matin.

1. Quand je visite Paris, je vais toujours à la FNAC _____ on peut trouver beaucoup de livres et de CD pas chers.
2. Pour acheter des journaux, les Français _____ habitent une grande ville peuvent aller à un kiosque.
3. Gibert Jeune est une librairie _____ les étudiants visitent régulièrement pour trouver des livres pour leurs cours à la fac.
4. Chez Gibert Jeune, on peut également trouver beaucoup de livres d'occasion (*used*) _____ les étudiants aiment acheter parce qu'ils sont moins chers.
5. À Paris, on peut trouver une librairie anglophone _____ s'appelle Shakespeare & Company.
6. Les bouquinistes _____ se trouvent au bord de la Seine près de Notre Dame sont très populaires avec les touristes.
7. La bibliothèque municipale _____ est ouverte de mardi à samedi est un bon endroit pour emprunter des livres et même des DVD.
8. À la bibliothèque universitaire, vous trouverez beaucoup d'ouvrages de référence _____ on peut consulter sur place.

9-33 Le mot juste. Le voyageur a besoin d'un vocabulaire précis. Dans les définitions, on emploie souvent des propositions relatives. Est-ce que vous et votre partenaire pouvez définir les choses suivantes ?

MODÈLES un lecteur DVD

      É1 C'est un appareil qu'on utilise pour regarder un DVD.

     un théâtre

      É2 C'est un endroit où on joue des pièces de théâtre.

     un guide

      É1 C'est une personne ou un livre qui explique l'histoire des monuments.

1. un appareil photo numérique
2. un lecteur CD
3. un ordinateur portable
4. un musée
5. un office de tourisme
6. une agence de voyages
7. une réceptionniste
8. un agent de police

 9-34 Vous connaissez ? Est-ce que vous connaissez ces villes ou ces sites ? Parlez-en avec un/e partenaire.

MODÈLE la statue de la Liberté

      É1 C'est un monument que je connais.
      É2 Moi aussi, c'est un monument que j'ai visité avec mes parents.

1. New York
2. la statue de la Liberté
3. Washington D.C.
4. le Smithsonian

5. Paris
6. la tour Eiffel
7. Londres
8. le *British Museum*

 # Écrivons

9-35 Projets pour un voyage

A. Avant d'écrire. Présentez des projets de voyage dans un pays francophone. Tout d'abord, préparez un plan. Quels détails est-ce qu'il faudra planifier ? Organisez vos idées. Ensuite, faites les recherches nécessaires pour détailler votre voyage et prenez des notes.

MODÈLE   I. La destination : la ville de Québec

            A. une ville historique : …

            B. …

       II. Les moyens de transport

            A. l'avion (jusqu'à Montréal)

            B. le car (jusqu'à Québec)

Stratégie

When you need to research and present a topic, prepare a basic outline before you begin, then fill it in as you gather information. This will provide you with a complete, orderly plan to follow when you begin to write.

III. Le logement et les repas
   A. un petit hôtel dans le centre-ville : ...
   B. ...

IV. Activités
   A. ...
   B. ...

B. En écrivant. Maintenant, utilisez votre plan pour écrire la description de vos projets de voyage.

MODÈLE ◀ Je voudrais visiter Québec, une ville francophone qui n'est pas très loin de chez moi. C'est une ville historique et très pittoresque. La ville de Québec a plus de 400 ans, et la vieille ville est entourée par un grand mur. Pour aller à Québec, je prendrai l'avion jusqu'à Montréal et ensuite le car jusqu'à Québec. Je pourrai obtenir les billets d'avion en ligne ; c'est moins cher. À Québec, on logera dans un petit hôtel dans la vieille ville. L'auberge J.A. Moisan se trouve dans la rue St-Jean. C'est un petit hôtel charmant qui offre le petit-déjeuner. Il y aura beaucoup de choses à faire : par exemple, ...

C. En révisant. Réfléchissez aux questions suivantes et puis faites tous les changements nécessaires.

1. Relisez votre paragraphe pour analyser le contenu : est-ce que vous avez utilisé les informations que vous avez trouvées pour détailler vos projets de voyage ?
2. Relisez de nouveau votre paragraphe pour analyser le style et la forme : est-ce que vous avez bien suivi votre plan ? Est-ce que les verbes au futur sont bien formés ?

D. Après avoir écrit. Partagez votre description avec vos camarades de classe. Après la discussion, quels endroits est-ce que vous avez envie de visiter ? Pourquoi ?

Je voudrais visiter le Maroc. Je ferai un circuit des villes impériales. Le premier jour, j'irai à Marrakech et je logerai dans un hôtel quatre étoiles, l'hôtel le Marrakech. Ensuite j'irai à Meknes et à Fes.

Venez chez nous ! Paris, ville lumière

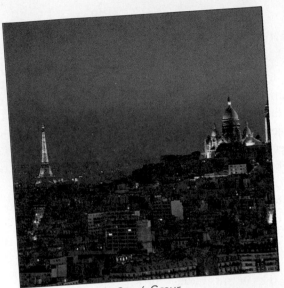

La tour Eiffel et le Sacré-Cœur

Notre-Dame de Paris

Paris, comme vous le savez, est la capitale de la France. C'est aussi la ville la plus visitée du monde. C'est une belle ville remplie[1] d'histoire, de monuments intéressants, d'églises, de bons restaurants et de grands magasins et de petites boutiques de spécialités. Il y en a pour tous les goûts.

Paris est connue sous le nom de *Ville Lumière*. D'où cette désignation vient-elle ? C'est parce qu'à la fin du dix-neuvième siècle et au début du vingtième, Paris était le centre artistique et culturel du monde et la capitale de l'élégance, du luxe et des plaisirs. Beaucoup d'écrivains, de musiciens et d'artistes passaient au moins un an dans la *Ville Lumière* pour apprendre leur métier ou trouver de l'inspiration. Voilà pourquoi on appelle la fin du dix-neuvième siècle en France *la Belle Époque*.

[1] *full*

Observons

9-36 Mes impressions de Paris

A. Avant de regarder. Même si vous n'avez jamais visité Paris, quelle idée est-ce que vous avez de cette ville célèbre ? Dans cette séquence, vous allez entendre deux Niçois qui décrivent leurs impressions de Paris.

B. En regardant. Trouvez la réponse (ou les réponses) à chaque question.

1. Fabienne dit qu'il y a toujours un petit conflit entre…
   a. les Français et les Américains.
   b. les Parisiens et les Niçois.
   c. les hommes et les femmes.

2. Pour elle, ce n'est pas un problème parce qu'elle…
   a. est mariée avec un Parisien.
   b. adore les Américains.
   c. est née à Paris.

3. À Paris, elle aime surtout…
   a. la tour Eiffel.
   b. le climat.
   c. le shopping.

4. Édouard est allé à Paris pour…
   a. voir sa famille.
   b. travailler.
   c. passer des vacances.

5. Il a découvert beaucoup de monuments, par exemple :

____ l'Opéra de Paris ____ l'arc de Triomphe ____ la place de la Concorde

____ le Louvre ____ la tour Eiffel ____ la Bibliothèque
François-Mitterrand

La Bibliothèque nationale de France, site François-Mitterrand.

C. Après avoir regardé. Maintenant discutez de ces questions avec vos camarades de classe.

1. Fabienne remarque qu'il y a un petit conflit entre les gens du Nord (les Parisiens) et les gens du Sud (les Niçois). Comment pourriez-vous expliquer ce conflit ? Est-ce qu'il existe des tensions ou de la concurrence (*competition*) entre les gens de régions différentes chez vous ? Si oui, pourquoi ?

2. Fabienne n'est pas très impressionnée quand elle voit la tour Eiffel pour la première fois. Pourquoi ? Est-ce que vous avez déjà eu cette expérience, de voir un monument ou une œuvre d'art célèbre pour la première fois et puis d'être déçu/e (*disappointed*) ?

3. Est-ce que les impressions de Fabienne et Édouard vous étonnent (*surprise*) ? Pourquoi ? Est-ce qu'elles diffèrent de vos propres impressions de Paris ?

Parlons

9-37 La visite d'un monument

Une façon agréable de voir les monuments de Paris est de prendre un bateau-mouche. Ces bateaux font des circuits touristiques avec des commentaires sur tous les monuments qui se trouvent au bord de la Seine. Regardez ce détail d'un plan de Paris et identifiez les monuments que vous reconnaissez.

A. Avant de parler. Maintenant, c'est à vous de jouer le rôle d'un/e guide à bord d'un bateau-mouche à Paris. D'abord, choisissez un monument. Voici quelques possibilités :

1. l'Hôtel de Ville
2. la Conciergerie
3. les jardins des Tuileries
4. le musée d'Orsay
5. l'obélisque de la Concorde
6. le Pont Neuf
7. la tour Eiffel
8. Notre-Dame de Paris
9. les Invalides
10. le Louvre
11. le Grand Palais
12. l'Institut de France

Ensuite, préparez une description de votre monument ; considérez les questions suivantes :

1. Où se trouve ce monument ? Dans quel arrondissement ? Dans quelle rue ? À côté de quels autres sites importants ? Est-ce qu'il y a une station de métro à proximité ?
2. Quand est-ce que ce monument a été construit ? Par qui ? Pourquoi est-ce que ce monument est important aujourd'hui ?

Pour trouver des renseignements, consultez Internet, des encyclopédies et des guides touristiques.

B. En parlant. Présentez votre monument à vos camarades de classe. N'oubliez pas d'apporter des images (des photos, des affiches, etc.) de votre monument !

C. Après avoir parlé. Quelles sont les présentations les plus intéressantes ? Quels monuments est-ce que vous voudriez visiter maintenant ?

Lisons

9-38 Premières impressions de Paris

A. Avant de lire. Le texte que vous allez lire est un extrait de l'ouvrage **Lettres persanes** de Montesquieu, publié en 1721. Cet ouvrage prend la forme d'une série de lettres écrites par deux hommes perses, Usbek et Rica, qui voyageaient à Paris entre 1712 et 1720. Ce procédé permet à Montesquieu de décrire la vie ordinaire à Paris du point de vue des étrangers. Ainsi, il peut présenter l'absence de bon sens d'un grand nombre de conventions parisiennes, et il peut traiter ce qui est normal comme extraordinaire. Cela lui permet de montrer que la vérité est quelquefois relative et certainement locale.

Dans la lettre que vous allez lire, Rica arrive à Paris et note ses premières impressions. Imaginez ce qui pourrait impressionner un jeune homme de l'Orient qui arrive au début du XVIIIe siècle dans une grande capitale européenne comme Paris. Faites une liste de choses qu'il pourrait mentionner. Par exemple, est-ce que les moyens de transport seront similaires ou différents ?

B. En lisant. Trouvez la réponse aux questions suivantes.

1. Combien de temps est-ce que Rica a passé à Paris quand il écrit cette lettre ?
2. Qu'est-ce qui surprend Rica concernant les maisons ? Pour lui, quelle sortes de personnes y habitent ? Pourquoi est-ce qu'il pense cela ?
3. Rica prétend (*claims*) qu'à Paris personne ne marche. D'après lui, comment est-ce que les Parisiens se déplacent ?
4. Est-ce qu'il a changé sa manière de marcher pour s'adapter à la vie à Paris ? Comment ?
5. En conséquence, qu'est-ce qui lui arrive quand il se promène ?

Lettre 24
Rica à Ibben, à Smyrne

Nous sommes à Paris depuis un mois, et nous avons toujours été dans un mouvement continuel…

Paris est aussi grand qu'Ispahan[1]. Les maisons y sont si hautes qu'on jugerait qu'elles ne sont habitées que par des astrologues. Tu juges bien qu'une ville bâtie en l'air, qui a six ou sept maisons les unes sur les autres, est extrêmement peuplée, et que, quand tout le monde est descendu dans la rue, il s'y fait un bel embarras. 5

Tu ne le croirais pas peut-être : Depuis un mois que je suis ici, je n'y ai encore vu marcher personne. Il n'y a point de gens au monde qui tirent mieux parti[2] de leur machine[3] que les Français : ils courent ; ils volent[4]. 10 Les voitures lentes d'Asie, le pas réglé[5] de nos chameaux[6], les feraient tomber en syncope[7]. Pour moi, qui ne suis point fait à ce train[8], et qui vais souvent à pied sans changer d'allure, j'enrage quelquefois comme un Chrétien : car encore passe qu'on m'éclabousse[9] depuis les pieds jusqu'à la tête, mais je ne puis pardonner les coups de coude[10] que je reçois 15 régulièrement et périodiquement. Un homme qui vient après moi, et qui me passe, me fait faire un demi-tour[11], et un autre, qui me croise de l'autre côté, me remet soudain où le premier m'avait pris ; et je n'ai pas fait cent pas, que je suis plus brisé[12] que si j'avais fait dix lieues[13].

Source : *Lettres persanes*, 1721. Montesquieu

[1]la plus grande ville de Perse   [2]*take better advantage of*   [3]*body*   [4]*fly*   [5]*measured step*   [6]*camels*   [7]*faint*   [8]*rhythm*   [9]*splatter me*   [10]*jabs from the elbow*   [11]*make a U-turn*   [12]*broken, worn down*   [13]environ 40 kilomètres

Paris au début du XVIIIe siècle.

C. En regardant de plus près. Maintenant examinez quelques caractéristiques du texte.

1. Examinez l'expression, **il s'y fait un bel embarras**, qui se trouve à la fin du deuxième paragraphe. D'après le contexte, qu'est-ce qu'**un bel embarras** pourrait être ?

2. Dans cet extrait, vous trouvez la structure négative **ne… que** dans l'expression **ne sont habités que par les astrologues**. Cette structure a le même sens que **seulement**. Trouvez une autre structure négative, employée deux fois, qui a le même sens que **ne… pas**.

D. Après avoir lu. Discutez de ces questions avec vos camarades de classe.

1. Avec un/une partenaire, cherchez plusieurs passages amusants dans cet extrait. À votre avis, pourquoi est-ce qu'ils sont amusants ?

2. Est-ce que vous pensez que la description de Rica de ses promenades à Paris est réaliste ? Pourquoi ? Comment est-ce que Montesquieu utilise l'exagération pour exprimer son point de vue ?

3. Si vous venez d'une petite ville, pensez à vos impressions quand vous avez visité une grande ville pour la première fois. Comment est-ce qu'elles étaient pareilles à la réaction de Rica ? Comment est-ce qu'elles étaient différentes ? Partagez vos impressions avec un/une partenaire.

Écrivons

9-39 Des Américains à Paris

C'est Thomas Jefferson qui a dit : « *Every man has two countries, his own and France.* » Jefferson, comme tant d'autres Américains, était fasciné par la France et par la ville de Paris. Nommé Ambassadeur des États-Unis en France, il y va en 1784, succédant à Benjamin Franklin, et il y reste cinq ans. Depuis longtemps, Paris attire non seulement des diplomates, mais aussi des artistes, des ingénieurs, des écrivains et des chanteurs. À Paris, ils trouvent une certaine liberté, personnelle et artistique, qui manque à leur vie américaine. Ils découvrent aussi une autre façon de voir le monde, une autre ouverture culturelle.

Benjamin Franklin est Ambassadeur des États-Unis en France de 1776 jusqu'en 1785.

Joséphine Baker, une vedette des Folies Bergères pendant les années vingt et trente.

A. Avant d'écrire. Préparez une description de la vie parisienne d'un/e Américain/e. D'abord, choisissez une personne dans une des catégories indiquées. Ensuite, cherchez des renseignements sur son séjour (ou ses séjours) à Paris. Pour trouver des renseignements, cherchez en ligne ou consultez des encyclopédies et des biographies.

Diplomates	Ingénieurs/Aventuriers	Écrivains	Musiciens	Danseurs/Comédiens
John Adams	Thomas Edison	e.e. cummings	Louis Armstrong	Fred Astaire
Benjamin Franklin	Robert Fulton	Ernest Hemingway	Aaron Copland	Joséphine Baker
Thomas Jefferson	Charles Lindbergh	Katherine Anne Porter	Duke Ellington	Ada 'Bricktop' Smith
Franklin Roosevelt	Samuel Morse	Gertrude Stein	George Gershwin	Isadora Duncan
Woodrow Wilson	Orville & Wilbur Wright	Mark Twain	Cole Porter	Buster Keaton

Pour préparer votre description, répondez aux questions suivantes :

1. Quand et pourquoi est-ce que cet/te Américain/e va à Paris ?
2. Combien de temps est-ce qu'il/elle y reste ? Pourquoi ?
3. Qu'est-ce qu'il/elle fait à Paris ?
4. Quelles sont ses impressions de Paris ?

B. En écrivant. Rédigez deux paragraphes qui expliquent le séjour à Paris de cet/te Américain/e. Dans le premier paragraphe, donnez des détails sur son séjour (questions 1–3). Dans le deuxième paragraphe, parlez de ses impressions de Paris (question 4), et terminez votre texte avec une phrase qui résume l'importance du séjour parisien dans la vie de cette personne.

C. En révisant. Réfléchissez aux questions suivantes et puis faites tous les changements nécessaires.

1. Relisez vos paragraphes pour analyser le contenu : est-ce que vous avez bien répondu aux questions dans la partie A ? Est-ce que vous avez bien résumé l'importance de Paris pour cet individu ?
2. Relisez de nouveau votre paragraphe pour analyser le style et la forme : est-ce que vous avez mis les verbes au présent, en mettant des dates pour indiquer la période historique ? Est-ce que vous avez respecté l'ordre chronologique des évènements ?

D. Après avoir écrit. Lisez votre texte à vos camarades de classe. Qui sont les individus les plus intéressants qui ont visité Paris, à votre avis ? Pourquoi ?

Now that you have completed *Chapitre 9*, can you do the following in French?

☐ talk about various means of transportation, travel destinations, and lodgings?
☐ talk about your future plans?
☐ describe your travel experiences?
☐ follow and give directions in a city?
☐ describe train travel in France?
☐ describe some tourist destinations in the cities of Paris and Tours?

Leçon 1

moyens de transport (m.) — *means of transportation*

à pied	*on foot*
un avion	*plane*
un bus	*city bus*
un car	*excursion bus, intercity bus*
un métro	*subway*
une mobylette	*moped, motorscooter*
une moto	*motorcycle*
un taxi	*taxi*
un tram(way)	*tram*
un train	*train*

pour faire un voyage — *to take a trip*

un aéroport	*airport*
un appareil photo	*camera*
un appareil (photo) numérique	*digital camera*
un carnet d'adresses	*address book*
une carte bancaire	*debit card*
une carte de crédit	*credit card*
une clé, une clef	*key*
un passeport	*passport*
un permis de conduire	*driver's licence*
un plan de ville	*city map*
un portable	*cell phone*
un portefeuille	*wallet*
un porte-monnaie *(inv.)*	*change purse*
un sac à dos	*backpack*
une valise	*suitcase*
un vol	*flight*

d'autres mots utiles — *other useful words*

un billet	*(train, plane) ticket*
un ticket	*(subway) ticket*
tout	*everything*
Voyons...	*Let's see . . .*

Leçon 2

les continents (m.) — *continents*

l'Afrique (f.)	*Africa*
l'Amérique (f.) du Nord	*North America*
l'Amérique (f.) du Sud	*South America*

l'Asie (f.)	*Asia*
l'Europe (f.)	*Europe*
l'Océanie (f.)	*Pacific*

des pays (m.) — *countries*

Voir à la page 351	*See page 351*

des nationalités — *nationalities*

Voir à la page 351	*See page 351*

d'autres mots utiles — *other useful words*

aussi bien que	*as well as*
une frontière	*border*
une langue maternelle	*native language*
une réunion	*meeting*

quelques verbes utiles — *some useful verbs*

devenir	*to become*
maintenir	*to affirm, to uphold*
obtenir	*to obtain*
retenir	*to hold, to book*
revenir	*to come back*
soutenir	*to support*
tenir	*to hold*
venir	*to come*
venir de + *inf.*	*to have just done something*

Leçon 3

le logement — *lodgings*

aller sur Internet	*to go online*
une auberge (de jeunesse)	*inn, (youth) hostel*
un camping	*campground*
un camping-car	*recreational vehicle*
une caravane	*trailer*
Cela vous convient ?	*Does this suit you?*
un gîte (rural)	*(rural) bed and breakfast*
loger (dans un hôtel)	*to stay (in a hotel)*
une étoile	*one star*

pour se renseigner — *to get information*

un guide	*guide (tour guide or guide book)*
Je vous en prie.	*You're welcome.*
un office de tourisme	*tourism office*
des renseignements (m.)	*information*

Vocabulaire

TEXT AUDIO
CD 5 TRACKS 8–19

pour indiquer le chemin	to give directions	une cathédrale	cathedral
une avenue	an avenue	une cave	wine cellar
un boulevard	a boulevard	un château	chateau
le chemin	the way	un château fort	fortress
continuer (tout droit)	to keep going (straight ahead)	une grotte préhistorique	prehistoric cave
tourner à (droite/ gauche)	to turn (right/left)	un spectacle son et lumière	sound and light historical production
traverser	to cross	un théâtre romain	Roman theater
		un village médiéval	medieval village
des sites (m.) historiques et culturels	**historical and cultural sites**	un village perché	village perched on a hillside
une abbaye	abbey		

10 La santé et le bien-être

—Ça défoule quand même de faire du sport.
—Oui, mais moi, je préfère aller au cinéma ou boire un verre avec des amis pour me détendre.

DISCOVER

• Go to the *Chapitre 10*, Additional Practice folder in your MyFrenchLab course to watch the video in which friends talk about what they do to relax, and complete the related activities.

APPLY

• Video

• Activities : On démarre ! 10–01 to 10–02

After completing this chapter, you should be able to:

◆ Discuss health and well-being

◆ Give advice

◆ Express emotions

◆ State opinions

◆ Discuss civic engagement and the political process in France

◆ Discuss environmental and ecological concerns in the Francophone world

POINTS DE DÉPART

TEXT AUDIO
CD 5 TRACK 20

Santé physique et morale

Baptiste et Charlotte font très attention à leur santé. Ils n'ont pas beaucoup de temps libre parce qu'ils travaillent beaucoup, mais ils essayent de bien manger et de faire régulièrement de l'exercice. Charlotte aime bien les cours de fitness. Son mari est handicapé ; il doit se servir d'un fauteuil roulant, mais il est très sportif. Il fait souvent de la musculation, et il joue au basket-fauteuil avec des copains.

le cœur

les poumons (m.)

l'estomac (m.)

Vous avez mal ?

To indicate the location of body pains in French, use the expression **avoir mal à** plus the definite article and the body part. Remember that the preposition **à** contracts with the definite article **le**, **la**, **les**, in some cases:

J'**ai mal à la** tête.   *I have a headache.*
Il **a mal au** cœur.   *He's nauseated.*
Elle **a mal aux** pieds.   *Her feet hurt.*
Tu **as mal au** ventre ?   *Do you have a stomachache?*
J'**ai mal partout**.   *I hurt everywhere.*

◄ À vous la parole ◄

10-1 J'ai mal ! Dites où ces personnes ont mal.

MODÈLE Christiane
◄ Christiane, elle a mal au dos.

Thérèse

Denis

Mme Parizeau

M. Dubosc

Paul

Christiane

Êtes-vous en forme ?
Faites le test
pour le savoir.

1.	Je consulte régulièrement le médecin.	☐ vrai ☐ faux		**2.**	Je fais souvent du sport ou de l'exercice.	☐ vrai ☐ faux
3.	Je ne fume pas.	☐ vrai ☐ faux		**4.**	Je mange des repas équilibrés.	☐ vrai ☐ faux
5.	Je ne saute jamais de repas.	☐ vrai ☐ faux		**6.**	Je me détends de temps en temps.	☐ vrai ☐ faux
7.	Je ne suis pas de régimes trop stricts.	☐ vrai ☐ faux		**8.**	Je bois de l'alcool avec modération.	☐ vrai ☐ faux
9.	Je grignote peu entre les repas.	☐ vrai ☐ faux		**10.**	Je dors huit heures par nuit.	☐ vrai ☐ faux

Pour découvrir votre profil, comptez un point pour chaque « vrai ».

8 à 10 points :   Bravo ! Vous êtes en super bonne forme.
5 à 7 points :   Ça va, mais vous pouvez mieux faire !
3 à 4 points :   Franchement, vous avez du travail pour retrouver la forme !
0 à 2 points :   Oh là là, la crise ! Il faut passer à l'action.

Vie et culture

La médecine en France

Quels aspects de la vie contribuent à notre sens du bien-être ? Un facteur important, c'est l'accès aux soins médicaux[1]. Les Français ont un excellent système médical. Ils sont assurés[2] par un système de Sécurité sociale qui couvre les dépenses[3] médicales de presque toute la population. Les malades doivent payer le médecin et le pharmacien, mais la plupart[4] des frais[5] médicaux sont remboursés. La vaste majorité (89 %) des Français se disent en bonne santé, mais paradoxalement, les Français sont les plus gros consommateurs de médicaments d'Europe. Comment est-ce que le système médical chez vous diffère du système français ?

📺 Le stress

Regardez la séquence vidéo *On se stresse et on se détend*.

1. Quelles sont les sources de stress mentionnées ? Quelles sont les méthodes employées par les gens que vous observez pour réduire le stress ?

2. Est-ce que vous pensez que le stress se manifeste en Amérique du Nord de la même façon qu'en France ? Pourquoi ?

[1]*medical care* [2]*insured* [3]*expenses* [4]*la majorité* [5]*fees*

10-2 Des bons conseils. Avec un/e partenaire, offrez des conseils à chaque personne.

MODÈLE J'ai grossi de cinq kilos.

> É1 Il faut suivre un régime.
> É2 Et il ne faut pas grignoter entre les repas !

1. Je suis toujours fatigué.
2. J'ai très mal au dos.
3. Je voudrais maigrir un peu.
4. Je suis très stressé.
5. J'adore les chips et le coca, mais j'ai tendance à grossir.
6. J'ai très mal aux dents.
7. Je fume un paquet de cigarettes par jour.
8. Je n'ai pas le temps de manger le matin.

10-3 Pour combattre le stress. Avec un/e partenaire, dressez une liste de choses qui sont sources de stress pour vous. Ensuite, établissez une autre liste de solutions pour combattre le stress. Comparez vos listes avec celles de vos camarades de classe. Qu'est-ce qui cause le stress chez les étudiants en général ? Quelles sont les solutions les plus efficaces pour combattre le stress, selon vous ?

MODÈLE les causes du stress

> É1 Pour moi, ce sont les examens qui causent du stress.
> É2 Et pour moi, c'est la famille et…

> les solutions

> É1 Moi, pour réduire le stress, je fais du sport.
> É2 Et moi, j'écoute de la musique et…

Qu'est-ce qu'elles font pour combattre le stress ?

Sons et lettres

TEXT AUDIO
CD 5 TRACKS 21–23

Les consonnes *s* et *z*

The letter **s** may represent either the sound /s/ or the sound /z/. A number of word pairs are distinguished by these two consonant sounds. In the middle of words, **-ss-** is pronounced as /s/ and **-s-** as /z/:

le de**ss**ert	*dessert*	le dé**s**ert	*desert*
le cou**ss**in	*cushion*	le cou**s**in	*cousin*
le poi**ss**on	*fish*	le poi**s**on	*poison*

At the beginning of words, the letter **s** is pronounced /s/; in liaison it is pronounced /z/. Compare:

ils **s**ont/ils‿ont   vous **s**avez/vous‿avez

After a nasal vowel written with **n**, the letter **s** is pronounced /s/:

con**s**ervation   pen**s**er   en**s**emble

Next to a consonant, **s** is pronounced /s/:

rembour**s**er   re**s**ter   l'e**s**tomac   re**s**pirer

But note the exception **Alsace**, where **s** is pronounced /z/.

The letter **c** is also pronounced /s/ before the letters **e** and **i** or when spelled with a cedilla.

cent   **c**igarette   ça   gar**ç**on

The letter **x** is pronounced:

◆ /s/ in: **six**   **soix**ante   Bru**x**elles
◆ liaison /z/ in: six‿hommes   dix‿aspirines
◆ /gz/ in: l'e**x**amen   e**x**agérer   e**x**actement
◆ /ks/ in: le ta**x**i   l'e**x**périence   e**x**cellent

◆ À vous la parole ◆

10-4 Contrastes. Prononcez chaque groupe de mots.

passé / basé   ils passent / ils se taisent
les Écossaises / les Anglaises   Alceste / l'Alsace
soixante / exacte   exotique / dix

10-5 Proverbes. Répétez ces proverbes.

1. Poisson sans boisson, c'est poison.
2. Santé passe richesse.
3. Si jeunesse savait, si vieillesse pouvait.

FORMES ET FONCTIONS

1. *Le subjonctif des verbes réguliers avec les expressions de nécessité*

◆ You have learned to use the indicative mood to state facts and ask questions, the imperative to express commands, and the conditional (with **devoir**, **pouvoir**, and **vouloir**) to make suggestions. When you wish to express obligation, wishes, emotions, or doubt in a complex sentence—a sentence that has two parts, or clauses, each with a different subject—you will need to use the *subjunctive* mood in the second clause. Compare the use of the present indicative and the present subjunctive in the sentences below. Note that the second clause is always introduced by **que/qu'**.

Tu **dors** six heures par nuit.	*You sleep six hours a night.*
Il est important que tu **dormes** huit heures par nuit.	*It is important that you sleep eight hours a night.*
Vous **consultez** rarement le médecin.	*You rarely see a doctor.*
Il vaut mieux que vous **consultiez** le médecin régulièrement.	*It's best that you see the doctor on a regular basis.*

◆ Some common expressions of obligation or necessity used with the subjunctive include:

il faut que	*you have to/must*
il ne faut pas que	*you must not*
il est nécessaire que	*it is necessary that*
il est important que	*it is important that*
il est utile que	*it is useful that*
il est urgent que	*it is urgent that*
il vaut/vaudrait mieux que	*it is/would be better (best) that*

◆ Remember that impersonal expressions of obligation can also be used with an infinitive in sentences with a single subject.

Il est important de se détendre.	*It's important to relax.*
Il ne faut pas grignoter entre les repas.	*You must not snack between meals.*

Parallèles

Santé et bien-être. 🎬

Mathilde se détend et Diandra se fait soigner.

Mathilde se détend au cinéma.

Diandra se fait soigner chez le kiné.

◆ All verbs take the same set of present subjunctive endings. These endings are added to the present stem, which is found by dropping the present indicative ending **-ent** from the **ils/elles** form.

LE SUBJONCTIF				
INFINITIVE ENDING:	**-er**	**-ir**	**-ir/-iss-**	**-re**
ILS/ELLES FORM:	**mang**ent	**dorm**ent	**finiss**ent	**descend**ent
Il faut que...				
je	mang**e**	dorm**e**	finiss**e**	descend**e**
tu	mang**es**	dorm**es**	finiss**es**	descend**es**
il elle on	mang**e**	dorm**e**	finiss**e**	descend**e**
nous	mang**ions**	dorm**ions**	finiss**ions**	descend**ions**
vous	mang**iez**	dorm**iez**	finiss**iez**	descend**iez**
ils elles	mang**ent**	dorm**ent**	finiss**ent**	descend**ent**

☙ À vous la parole ☙

10-6 C'est logique. Qu'est-ce qu'on dit dans chaque cas ? Travaillez avec un/e partenaire, et choisissez des verbes dans la liste suivante.

MODÈLE une mère à son enfant
      É1 Il faut que tu manges tes carottes !
      É2 Il ne faut pas que tu joues dans la rue !

arrêter	finir	jouer	manger	parler
payer	rendre	réserver	téléphoner	travailler

1. un professeur à ses élèves
2. une étudiante à sa colocataire
3. un agent de police à un automobiliste
4. une sœur à son petit frère
5. un médecin à un patient
6. une jeune femme à son mari
7. une patronne (*boss*) à son employée
8. un agent de voyage à son client

10-7 Pour être en meilleure santé. Avec un/e partenaire, dites à ces gens ce qu'il faut faire.

> **MODÈLE** Mes filles veulent sortir, mais elles n'ont pas fini leurs devoirs.
> É1 Mais il ne faut pas qu'elles sortent.
> É2 Tu as raison (*You're right*), il vaut mieux qu'elles ne sortent pas.

1. On ne fait pas beaucoup d'exercice.
2. Pierre ne maigrit pas.
3. Fatmah ne veut pas manger de légumes.
4. Nous ne consultons jamais le médecin.
5. Je ne consulte pas le dentiste.
6. Ma sœur continue à grossir.
7. Mon fils a mal au ventre, mais il mange beaucoup de chocolat.

10-8 Obligations. Qu'est-ce que vous avez à faire ? Pour chaque verbe de la liste, précisez vos obligations en discutant avec un/e partenaire. Ensuite, comparez vos responsabilités avec celles de vos camarades de classe.

> **MODÈLE** lire
> É1 Il faut que je lise un article pour mon cours de philo.
> É2 Et moi, il faut que je lise trois chapitres pour mon cours d'anglais.

1. lire	3. rendre	5. téléphoner
2. préparer	4. finir	6. sortir

2. *Le subjonctif des verbes irréguliers*

◆ A small number of verbs have a special stem for the subjunctive.

faire	**fass-**	Il vaut mieux qu'elle **fass**e un régime.
pouvoir	**puiss-**	Il faut qu'il **puiss**e dormir.
savoir	**sach-**	Il est important qu'elles **sach**ent le nom du médecin.
pleuvoir	**pleuv-**	Il vaut mieux qu'il ne **pleuv**e pas le week-end.

◆ **Avoir** and **être** show many irregularities:

	AVOIR	ÊTRE
j'/je	**ai**e	**soi**s
tu	**ai**es	**soi**s
il elle on	**ai**t	**soi**t
nous	**ay**ons	**soy**ons
vous	**ay**ez	**soy**ez
ils elles	**ai**ent	**soi**ent

10-9 Prendre des bonnes habitudes. Expliquez comment Thomas doit changer certaines de ses habitudes pour améliorer sa santé.

MODÈLE Il n'est pas raisonnable.

➤ Il vaut mieux qu'il soit raisonnable.

1. Il ne fait pas de repas équilibrés.
2. Il ne dort pas assez.
3. Il ne fait pas de sport.
4. Il ne sait pas son taux (*level*) de cholestérol.
5. Il n'a pas de vacances.
6. Il ne sait pas se détendre.
7. Il n'est pas très énergique.
8. Il ne fait pas attention à sa santé.

10-10 Pour combattre le stress. Imaginez que vous conseillez une personne qui voudrait combattre le stress. Regardez le modèle et donnez vos conseils d'une manière plus personnelle.

MODÈLE Il est important d'avoir du temps libre.

➤ Il est important que vous ayez du temps libre.

1. Il faut avoir des loisirs.
2. Il faut être plus relax.
3. Il est utile de faire du yoga.
4. Il est important de savoir comment se détendre.
5. Il vaut mieux être patient/e.
6. Il est important d'avoir des amis.
7. Il vaut mieux faire du sport aussi.
8. Il faut pouvoir dormir sept ou huit heures par nuit.

 10-11 Solutions. Comment est-ce qu'on pourrait résoudre les problèmes suivants ? Discutez des solutions possibles avec des camarades.

MODÈLE É1 Je ne réussis pas dans mes études ; j'ai toujours des mauvaises notes.
É2 Il faut que tu fasses plus d'efforts, et que tu en parles avec tes profs.
É3 Oui, et il est important que tu sois toujours en classe et que tu lises les textes.

1. Je ne réussis pas dans mes études ; j'ai toujours des mauvaises notes.
2. J'ai des mauvaises relations avec mes parents.
3. Je ne suis pas en forme ; je suis toujours fatigué/e.
4. Je suis très stressé/e par tous mes problèmes.
5. J'ai besoin de maigrir, mais j'ai beaucoup de difficulté à le faire.

Lisons

TEXT AUDIO
CD 5 TRACK 24

Stratégie

Use your familiarity with a particular literary genre to help you predict the content and structure of a text. What might you expect, for example, in reading a scene from a play as opposed to a prose passage? How can you adjust your own approach to the text accordingly?

10-12 Le Malade imaginaire

A. Avant de lire. Vous allez lire un extrait d'une pièce de théâtre, *Le Malade imaginaire*, écrit par Molière en 1673. « Molière » est le nom de plume de Jean-Baptiste Poquelin, né en 1622 à Paris d'une famille bourgeoise. Les comédies de Molière sont toujours très appréciées et continuent à être jouées en France et dans le monde entier. Molière observait de manière précise les gens, et il a créé des personnages types comme l'avare (*the miser*), l'hypocrite et l'aristocrate arrogant. Par contre, il célèbre les gens de condition modeste qui sont souvent représentés dans ses pièces par le domestique qui est plus intelligent que son maître. Dans cette scène, le malade imaginaire (*hypochondriac*), Argan, parle avec sa domestique, Toinette, qui s'est déguisée en médecin. Avant de lire la scène, répondez à ces questions.

1. Dressez une liste des différences qui existent entre une pièce de théâtre et un texte littéraire.
2. D'après le titre de la pièce, *Le Malade imaginaire*, et le fait que c'est une comédie, qu'est-ce que vous imaginez comme scénario ?

B. En lisant. Examinez quelques aspects comiques de cet extrait en répondant aux questions suivantes.

1. Quelles sont les maladies préférées du « docteur » ?
2. Complétez le schéma avec les symptômes d'Argan et le diagnostic correspondant de Toinette. Pourquoi est-ce que cet échange est amusant ?

Les symptômes	Le diagnostic
des lassitudes par tous les membres	

3. Comment est-il possible qu'Argan ne reconnaisse pas sa servante Toinette ?

Scène X.— TOINETTE, en médecin ; ARGAN

TOINETTE : Vous ne trouverez pas mauvais, s'il vous plaît, la curiosité que j'ai eue de voir un illustre malade comme vous êtes ; et votre réputation qui s'étend[1] partout, peut excuser la liberté que j'ai prise.

ARGAN : Monsieur, je suis votre serviteur....

TOINETTE : Je suis médecin passager, qui vais de ville en ville, de province en province, de royaume en royaume, pour chercher d'illustres matières à ma capacité, pour trouver des malades dignes[2] de m'occuper.... Je veux des maladies d'importance, de bonnes fièvres continues..., de bonnes pestes[3], ... de bonnes pleurésies[4], avec des inflammations de poitrine ; c'est là que je me plais[5], c'est là que je triomphe.... Donnez-moi votre pouls. Allons donc, que l'on batte comme il faut. Ah ! Je vous ferai bien aller comme vous devez. Ouais ! Ce pouls-là fait l'impertinent[6] ; je vois bien que vous ne me connaissez pas encore. Qui est votre médecin ?

ARGAN : Monsieur Purgon.

TOINETTE : ... De quoi dit-il que vous êtes malade ?

ARGAN : Il dit que c'est du foie[7], et d'autres disent que c'est de la rate[8].

TOINETTE : Ce sont tous des ignorants. C'est du poumon que vous êtes malade.

ARGAN : Du poumon ?

TOINETTE : Oui. Que sentez-vous ?

ARGAN : Je sens de temps en temps des douleurs[9] de tête.

TOINETTE : Justement, le poumon.

ARGAN : Il me semble parfois que j'ai un voile[10] devant les yeux.

TOINETTE : Le poumon.

ARGAN : J'ai quelque fois des maux de cœur.

TOINETTE : Le poumon.

ARGAN : Je sens parfois des lassitudes par tous les membres.

TOINETTE : Le poumon.

ARGAN : Et quelquefois il me prend des douleurs dans le ventre, comme si c'était des coliques.

TOINETTE : Le poumon. Vous avez appétit à ce que vous mangez ?

ARGAN : Oui, Monsieur.

TOINETTE : Le poumon. Vous aimez à boire un peu de vin ?

ARGAN : Oui, Monsieur.

TOINETTE : Le poumon. Il vous prend un petit sommeil après le repas, et vous êtes bien aise de dormir ?

ARGAN : Oui, Monsieur.

TOINETTE : Le poumon, le poumon, vous dis-je.

---

[1]*reaches*   [2]*worthy*   [3]*plagues*   [4]*lung diseases*   [5]*j'aime*   [6]*is acting impertinent*   [7]*liver*   [8]*spleen*   [9]*des maux*   [10]*a curtain*

Extrait de : Molière, *Le Malade imaginaire*, Acte III, Scène X.

C. En regardant de plus près. Maintenant examinez les aspects suivants du texte.

1. Toinette dit en bon médecin, **Donnez-moi votre pouls.** Qu'est-ce qu'elle va faire ensuite ? (Pensez à un mot en anglais qui ressemble au mot français, **pouls**.)

2. Ensuite, Toinette dit, **Ouais !** Cette prononciation correspond au mot...
   a. où   **b.** oui   **c.** une

3. Argan ressent « des lassitudes par tous les membres ». Qu'est-ce que ça signifie, « les membres » ?
   a. les yeux   **b.** les oreilles   **c.** les bras et les jambes

D. Après avoir lu. Discutez des questions suivantes avec vos camarades de classe.

1. Molière a écrit beaucoup de pièces comiques au dix-septième siècle. Dans cette pièce, il se moque (*makes fun of*) des médecins de son époque. Pourquoi est-ce que nous trouvons aujourd'hui que c'est toujours amusant ?

2. Quelles techniques rendent ce dialogue comique, à votre avis ?

3. Imaginez comment les acteurs peuvent jouer cette scène. Avec un/e partenaire, jouez les rôles de Toinette et d'Argan vous-mêmes !

Argan discute de ses problèmes médicaux avec son frère.
Toinette écoute attentivement.

POINTS DE DÉPART

**TEXT AUDIO
CD 5 TRACK 25**

Pour protéger la Terre

La planète va mal

Le réchauffement climatique est un problème sérieux, et les humains ont une grande part de responsabilité. La température augmente à cause des gaz à effet de serre, surtout le dioxyde de carbone, ou CO_2.

Quelques problèmes et leurs causes :

La pollution atmosphérique
- les gaz carboniques rejetés par des usines
- les gaz d'échappement des voitures et des avions
- la déforestation (lorsqu'on brûle le bois)

La pollution sonore
- le bruit des moteurs, des sirènes
- le bruit de la musique trop fort

La pollution de l'eau et du sol
- les déchets industriels
- les déchets domestiques
- la déforestation (à cause de l'érosion)

Quelques conséquences graves

- Les glaciers fondent au Groenland et dans l'Antarctique.

- Il y a de plus en plus d'ouragans, de tornades, de pluies abondantes, d'inondations.

- Les écosystèmes sont menacés, par exemple, les ours blancs et le corail sont en péril.

La circulation sur le Périphérique à Paris.

Qu'est-ce qu'on peut faire pour sauver la Terre ?

- réduire son empreinte écologique* : consommer moins et de préférence des produits locaux, recycler, réutiliser

- utiliser des sources d'énergie renouvelables : le soleil, le vent, les vagues, les ordures

- se déplacer autrement : les vélos en libre-service, la marche à pied, les transports en commun, le covoiturage, les tramways électriques, les voitures hybrides

* une estimation des ressources naturelles que chaque personne consomme selon son mode de vie.

Vie et culture

La France et l'environnement

En France on réfléchit aux problèmes de l'environnement depuis longtemps. Regardez ces images avec un/e partenaire, et expliquez comment chaque photo représente une mesure écologique. En général, les Français ont des voitures plus petites qui consomment moins d'essence[1], se servent plus souvent des transports en commun et utilisent moins d'électricité que les Américains.

Dans plusieurs villes en France, on peut se déplacer[2] en tramway électrique ou en vélo avec les nouveaux services de location de vélo en libre-service. Vous prenez un abonnement[3] et puis vous pouvez prendre un vélo à une station et le retourner dans une autre. Ce n'est pas étonnant[4] que l'empreinte écologique du Français moyen soit presque la moitié[5] de l'empreinte écologique de l'Américain moyen.

En juin 2007, le président Nicolas Sarkozy a créé le ministère de l'Écologie, de l'Énergie, du Développement durable[6] et de l'Aménagement[7] du territoire. En juillet 2007 il a lancé un grand débat national au sujet de l'environnement. Cette initiative a regroupé des représentants du gouvernement, des industriels, des militants écologistes et des scientifiques pour discuter des problèmes et des projets qui concernent l'environnement pour les cinq ans à venir.

ET VOUS ?

1. Qu'est-ce qu'on fait dans votre ville ou sur votre campus pour réduire l'empreinte écologique ?
2. Les Américains consomment le plus de ressources naturelles et produisent le plus de pollution sur le plan mondial. Quelles en sont les raisons, à votre avis ? Qu'est-ce qu'on peut faire pour changer cette situation ?

[1]gas [2]voyager [3]subscription [4]surprising [5]half
[6]sustainable development [7]management

Le tramway à Montpellier   « Vélib » à Paris   « Une Smart »

⋘ À vous la parole ⋙

10-13 Contre chaque nuisance, il y a des solutions ! Pour chaque problème indiqué, trouvez une solution sur le poster suivant en travaillant avec un/e partenaire. Attention ! Quelquefois il y a plus qu'une solution.

DES ÉCO-GESTES POUR LA CONSOMMATION ET LE DÉVELOPPEMENT DURABLE

- Ne jetez pas tous les déchets domestiques à la poubelle ; triez-les et recyclez les emballages en plastique, les boîtes de conserve, le papier, le carton, les bouteilles en verre.
- Privilégiez les transports en commun, le vélo, le covoiturage.
- Utilisez au maximum la lumière naturelle et les ampoules basse consommation.
- Ne laissez pas les lumières allumées et les appareils électriques en veille[1] ; éteignez-les !
- Prenez une douche rapide au lieu d'un bain pour ne pas gaspiller l'eau ; économisez entre 150 et 200 litres d'eau ! Coupez l'eau du robinet quand vous vous brossez les dents, vous rasez ou vous lavez les mains.
- Utilisez des paniers ou des sacs réutilisables pour faire vos courses ; refusez des sacs en plastique et des emballages non biodégradables.
- Utilisez le papier recyclé et n'imprimez[2] pas tous vos e-mails.
- Ne jetez pas les huiles de cuisine ou de moteur usagées dans l'évier ; elles empêchent[3] l'oxygénation de la faune et de la flore. Apportez-les à la déchèterie.

[1] on stand-by   [2] print   [3] prevent

MODÈLE   É1   La déforestation est un problème sérieux.
            É2   Utilisez du papier recyclé !

1. La température continue à augmenter.
2. Il y a trop de sacs en plastique et d'emballages non biodégradables.
3. Nous gaspillons l'électricité.
4. Nous utilisons trop d'eau. Bientôt il n'y aura plus d'eau potable.
5. Il y a trop de gaz carbonique dans l'atmosphère ; l'air de la ville est vraiment pollué.
6. Nous produisons trop de déchets.
7. L'eau devient très polluée.

10-14 Changeons le comportement des gens. Avec un/e partenaire, suggérez des alternatives moins polluantes. Voici quelques verbes utiles : **économiser, gaspiller, recycler, trier, utiliser**.

MODÈLE   Je prends ma voiture pour aller en ville.
  É1   Mais non ! Il faut prendre les transports en commun !
  É2   Ou bien, il faut y aller à vélo.

1. Je prends ma moto pour aller à la bibliothèque.
2. Je vais prendre un bon bain très chaud.
3. J'ai besoin d'un nouveau cahier et de papier pour mes cours.
4. Jetons l'huile usagée dans l'évier.
5. Mettons ces emballages et ces boîtes de conserve à la poubelle.
6. J'utilise toujours des sacs en plastique pour mes courses.

10-15 Les soucis écologiques chez vous. Quels sont les problèmes liés à l'environnement chez vous et qu'est-ce qu'on fait pour les réduire ? Parlez-en avec un/e partenaire.

MODÈLE   la pollution atmosphérique
  É1   Chez moi, il y a beaucoup de pollution atmosphérique, surtout l'été quand il fait chaud et lourd. Certains jours, les jeunes et les personnes âgées ne doivent pas sortir. Je crois qu'on devrait utiliser plus de transports en commun.
  É2   Je suis d'accord. Il faut réduire notre consommation d'énergie et surtout les émissions de gaz produits par les voitures.

1. la pollution atmosphérique
2. les écosystèmes menacés
3. la déforestation
4. le gaspillage d'énergie
5. les déchets non biodégradables

Sons et lettres

TEXT AUDIO
CD 5 TRACKS 26–28

La consonne *gn*

The consonant /ɲ/, as in **campagne** or **oignon**, is pronounced with the tip of the tongue placed against the lower front teeth with the tongue body touching the hard palate. It is as if you were pronouncing /n/ and /j/ simultaneously. It is always spelled **gn**.

➤ À vous la parole ➤

10-16 Répétition. Répétez chaque mot.

le si**gn**e	il ga**gn**e	ga**gn**er	l'Espa**gn**e	les Espa**gn**oles
le poi**gn**et	la monta**gn**e	la bai**gn**oire	l'Allema**gn**e	les oi**gn**ons

10-17 Phrases. Maintenant, répétez les phrases suivantes.

1. Il y a beaucoup de vignes magnifiques en Champagne et en Bourgogne.
2. Digne, Cagnes et Cannes sont en Provence.
3. Les Montaigne vont en Allemagne et en Espagne.
4. Diagnostic : votre nièce a mal au poignet.
5. Renseigne-toi ! L'omelette, c'est aux champignons ou aux oignons ?

FORMES ET FONCTIONS

1. *Le subjonctif avec les expressions de volonté*

◆ When the main verb of a sentence expresses a desire or wish, the verb of the following subordinate clause is usually in the subjunctive.

Elles souhaitent qu'il **parte**.   *They wish that he would leave.*
Il exige qu'on **attende** jusqu'à   *He demands that we wait until*
  demain.   *tomorrow.*

Here are some verbs used to express desires or wishes that are followed by the subjunctive:

aimer	désirer	souhaiter
aimer mieux	exiger	vouloir
demander	préférer	

◆ When the subject is the same for both parts of the sentence, use an infinitive construction instead of the subjunctive. Compare the following examples.

Il voudrait **rester** ici.   *He'd like to stay here.*
Il voudrait **que ses enfants restent** ici.   *He'd like his children to stay here.*
Moi, je voudrais **dormir** et je veux **que**   *As for me, I'd like to sleep, and I'd like*
  toi, **tu te couches** bientôt aussi.   *for you to go to bed soon as well.*

◆ À vous la parole ◆

10-18 Une soirée tranquille. Vous avez prévu de passer la soirée avec votre colocataire, mais il/elle rentre tard après une journée très stressante. Imaginez ses réponses à vos questions.

MODÈLE Alors, qu'est-ce qu'on fait ? On pourrait sortir ce soir ou rester chez nous.

    ◆ Je voudrais rester chez nous.
  OU   ◆ Je voudrais qu'on sorte.

1. On invite des amis ou on passe une soirée tranquille ?
2. Et pour manger ? On prépare des pâtes ou on commande une pizza ?
3. Et après, tu veux finir tes devoirs ou tu veux regarder la télé ?
4. Il y a un match de foot et un film à la télé. Qu'est-ce que tu préfères regarder ?
5. On attend le film de 21 h 30 ou on regarde *Star Academy* tout de suite ?
6. Tu as soif ? Tu veux prendre un thé ou un jus de fruit ?

10-19 Les désirs écologiques d'Olivier. Olivier est un père de famille très écolo, mais ses enfants ont des mauvaises habitudes. Avec un/e partenaire, imaginez les réponses d'Olivier à ses enfants.

MODÈLE   Le recyclage est trop difficile ; ça prend trop de temps.
　　　　　← Mais moi, je veux que tu fasses du recyclage.

1. Je n'aime pas prendre le bus pour aller à la fac ; je veux prendre ma voiture.
2. Je n'aime pas aller à l'école avec les voisins dans leur voiture.
3. C'est inutile de recycler le plastique.
4. Je ne veux pas éteindre les lumières dans ma chambre.
5. Ce n'est pas juste. Je ne veux pas baisser (*turn down*) ma chaîne stéréo. Je ne peux rien entendre comme ça.
6. Je n'aime pas les douches. C'est plus agréable de prendre un bon bain.
7. Je ne vais pas prendre ces sacs réutilisables quand je vais au supermarché, c'est trop compliqué.
8. Je mets les boîtes de conserve dans la poubelle. C'est plus facile et je ne dois pas les rincer.

10-20 Harmonie ou conflit. Parlez-en avec un/e partenaire : pour chaque catégorie, dites si vous et vos parents partagez les mêmes souhaits, désirs, etc.

MODÈLE   votre future profession : votre souhait
　　　　　É1   Je souhaite être actrice. Mes parents veulent que je sois médecin.
　　　　　É2   Mes parents veulent que je sois architecte et moi aussi. J'adore dessiner et je veux travailler comme architecte.

1. vos études : votre souhait
2. vos projets pour l'été prochain : votre préférence
3. votre prochaine voiture : votre désir
4. votre futur/e mari ou femme : votre préférence
5. vos futurs enfants : votre souhait
6. votre lieu de résidence éventuel : votre désir

2. D'autres verbes irréguliers au subjonctif

◆ A few verbs have two stems in the subjunctive: one for the singular forms and the third-person plural, the other for the **nous-** and **vous-** forms. The second stem is based on the **nous-**form of the present indicative. The regular subjunctive endings are used for all of these verbs.

Il faut que tu **boives** de l'eau.	*You must drink some water.*
C'est dommage que vous ne **preniez** pas plus souvent le bus.	*It's a shame that you don't take the bus more often.*
Il faut que tu **ailles** au centre de recyclage.	*You must go to the recycling center.*
Elle veut que vous y **alliez**.	*She wants you to go there.*

LE SUBJONCTIF DE QUELQUES VERBES IRRÉGULIERS

Il faut que...	BOIRE	DEVOIR	PRENDRE	VENIR	ALLER	VOULOIR
je	boive	doive	prenne	vienne	**aille**	**veuille**
tu	boives	doives	prennes	viennes	**ailles**	**veuilles**
il elle on	boive	doive	prenne	vienne	**aille**	**veuille**
nous	**buv**ions	**dev**ions	**pren**ions	**ven**ions	allions	**voul**ions
vous	**buv**iez	**dev**iez	**pren**iez	**ven**iez	alliez	**voul**iez
ils elles	boivent	doivent	prennent	viennent	**aillent**	**veuillent**

◆ Verbs in **-er** that have two stems in the present indicative show the same pattern in the subjunctive. As is the case for all **-er** verbs, only the **nous** and **vous** forms of the subjunctive are different from the indicative forms.

Il faut que nous **achetions** du papier recyclé. | *We have to buy recycled paper.*

Il vaut mieux qu'ils **appellent** un journaliste. | *It's best they call a reporter.*

Il est urgent que vous **nettoyiez** cette rivière polluée. | *It's urgent that you clean up this polluted river.*

Fiche pratique

To learn irregular verb forms, try writing them down or repeating them out loud. Whichever technique works best for you, focus both on exceptional forms and on any patterns that you see.

LE SUBJONCTIF DES VERBES EN –ER AVEC DES CHANGEMENTS ORTHOGRAPHIQUES

Il faut que...	PRÉFÉRER	ACHETER	APPELER	NETTOYER
je	**préfère**	**achète**	**appelle**	**nettoie**
tu	**préfères**	**achètes**	**appelles**	**nettoies**
il elle on	**préfère**	**achète**	**appelle**	**nettoie**
nous	**préfér**ions	**achet**ions	**appel**ions	**nettoy**ions
vous	**préfér**iez	**achet**iez	**appel**iez	**nettoy**iez
ils elles	**préfèr**ent	**achèt**ent	**appell**ent	**nettoi**ent

◆ À vous la parole ◆

10-21 C'est important ! Pour sauver la planète, qu'est-ce qu'il est important de faire ?

MODÈLE les employés de la ville / nettoyer les rivières
◆ Il est essentiel que les employés de la ville nettoient les rivières.

1. les familles / prendre des douches rapides et pas de bains
2. la ville / pouvoir établir un programme de recyclage
3. nous / aller apporter les huiles usagées à la déchèterie
4. vous / acheter des produits recyclables
5. les étudiants / ne pas venir sur le campus en voiture individuelle
6. nous / prendre les transports en commun
7. tu / devenir plus écologique
8. nous / aller régulièrement au centre de recyclage
9. vous / maintenir vos bonnes habitudes écologiques
10. les jeunes / vouloir sauver la planète

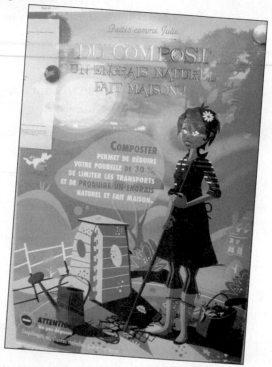

Pour sauver la planète, faites du compost !

10-22 Nos préférences. Avec un/e partenaire, décidez si vos préférences sont les mêmes que les préférences de votre professeur. Comparez vos réponses avec les réponses de vos camarades de classe.

MODÈLE parler toujours en français en classe
É1 Je n'aime pas parler toujours en français.
É2 Moi ça va. Et le prof préfère que nous parlions toujours en français.

1. faire les devoirs
2. acheter un bon dictionnaire
3. prendre des notes
4. aller au labo de langues
5. venir en classe tous les jours
6. faire des crêpes
7. aller voir des films français
8. ne pas boire de vin
9. apprendre tout le vocabulaire
10. vouloir parler comme des Français

Écoutons

TEXT AUDIO
CD 5 TRACK 29

10-23 Micro-trottoir sur le réchauffement climatique

A. Avant d'écouter. Un micro-trottoir est une technique journalistique où on pose la même question à plusieurs personnes dans la rue pour avoir leurs réponses spontanées. Avant d'écouter, dressez une liste de deux ou trois questions qu'un journaliste pourrait poser au sujet de l'environnement.

B. En écoutant. Écoutez le micro-trottoir et répondez aux questions suivantes.

1. D'abord, notez **en anglais** les questions que le journaliste pose dans la première colonne.
2. Pour chaque question, complétez le tableau avec les réponses des gens interviewés.

	Jeune femme	**Homme**	**Femme**
Question n° 1 :	*C'est un problème ; il faut réagir*		
Question n° 2 :			
Question n° 3 : *What will happen in twenty years?*			

3. Qui est le plus optimiste ? le plus pessimiste ? Pourquoi ?

C. Après avoir écouté. Discutez de ces questions avec vos camarades de classe.

1. Poscz ces trois questions à vos camarades de classe. Est-ce que vous avez d'autres opinions et d'autres solutions ? Lesquelles ?
2. Avec quelle personne interviewée est-ce que vous êtes d'accord ? Pourquoi ?

POINTS DE DÉPART

On s'engage

Ce sont les élections étudiantes pour les représentants aux conseils universitaires. Tous les étudiants inscrits sur la liste électorale ont le droit de voter. Ils se rendent au bureau de vote, prennent un bulletin de vote et votent pour leurs candidats préférés. Les étudiants élus ont un mandat de deux ans.

Ces citoyens se mobilisent dans les rues de Paris contre les reformes proposées par le gouvernement français ; c'est une journée de grèves et de manifestations partout en France pour protester contre la réduction de postes dans le secteur public y compris les hôpitaux.

Gisèle travaille comme bénévole dans un centre de distribution pour « Restaurants du Cœur ». C'est une association humanitaire qui distribue de la nourriture et sert des repas chauds aux personnes en difficulté.

Vie et culture

Les Français face à leurs responsabilités civiques

Dans un pays démocratique, une des principales responsabilités civiques est de voter aux élections.

Savez-vous...

- que le Président de la République française est élu pour cinq ans ?
- qu'il y a deux tours dans la plupart des élections en France, le premier tour servant à déterminer les deux candidats qui vont se battre lors du second tour ?
- que les Français votent toujours le dimanche ?
- que le taux de participation aux élections présidentielles françaises de 2012 était de 81 % ?
- qu'il y a une loi sur la parité politique en France qui date de l'an 2000 et qui précise qu'il faut avoir autant de candidats du sexe féminin que du sexe masculin ?

Est-ce que vous connaissez la moyenne du taux de participation aux élections présidentielles récentes aux États-Unis ? Il se situe autour de 60 %. À votre avis, quelles sont les raisons de cette différence de participation dans la vie civique des Français et des Américains ?

Les associations bénévoles

La notion de solidarité est très importante pour les Français, et il y a beaucoup d'associations humanitaires qui s'occupent de donner du soutien aux personnes en difficulté. Il y a des banques alimentaires pour aider les gens qui n'ont pas les moyens de se nourrir et plusieurs associations comme S.O.S. Amitié où des bénévoles répondent aux coups de téléphone des gens avec des problèmes divers qui ont besoin d'une écoute sympathique. Il y a aussi des associations qui s'occupent des visites à domicile pour les personnes âgées ou handicapées. Si vous étudiez en France, une bonne façon de vous intégrer dans votre communauté d'accueil[1] est de devenir bénévole.

ET VOUS ?

1. Est-ce que les Américains font beaucoup de bénévolat ? Dans quels domaines ?
2. À votre avis, est-ce que la notion de solidarité joue un rôle dans la culture nord-américaine ? Comment ?

[1]*host*

Des jeunes Français se mobilisent contre la guerre (*war*).

À vous la parole

10-24 La vie civique. Trouvez l'expression qui correspond le mieux à chaque définition.

MODÈLE pour voter, il faut vous y inscrire
→ la liste électorale

1. pour voter, il faut vous y inscrire
2. un endroit où on stocke et distribue les aliments aux personnes qui en ont besoin
3. un arrêt de travail pour protester
4. une personne qui est née dans un pays et qui y a le droit de voter
5. la période du temps pendant laquelle un élu garde son poste
6. une personne qui fait don de ses services pour aider les gens ou les animaux
7. le papier sur lequel on marque son vote
8. une démonstration collective organisée pour exprimer une opinion

   a. une manifestation
   b. la liste électorale
   c. un bulletin de vote
   d. une banque alimentaire
   e. un/e bénévole
   f. un citoyen/une citoyenne
   g. une grève
   h. un mandat

10-25 Vous êtes engagé/e ? En groupes de trois ou quatre, parlez de votre niveau d'engagement dans la vie politique et dans la vie de votre communauté en comparant vos réponses aux questions suivantes.

MODÈLE Est-ce que vous avez déjà voté ? Quand ? Où ? Pour quelles élections ?

   É1 Moi, j'ai voté pour la première fois dans les élections présidentielles de 2008. Je me suis inscrite sur la liste électorale quand j'ai eu 18 ans. Et toi ?

   É2 Je n'ai jamais voté. Je n'avais pas 18 ans pendant les dernières élections présidentielles, et les élections locales ne m'intéressent pas.

   É3 C'est dommage que tu ne participes pas aux élections municipales. Je trouve que la politique locale est très importante pour notre qualité de vie. Moi, je vote toujours.

1. Est-ce que vous avez déjà voté ? Quand ? Où ? Pour quelles élections ?
2. Est-ce que vous vous êtes présenté/e comme candidat/e pour des élections (peut-être comme délégué/e de classe, par exemple) ? Lesquelles ? Est-ce que vous avez gagné ?
3. Est-ce que vous avez travaillé dans une campagne électorale ? Pour qui ? Quand ? Est-ce que votre candidat a gagné ?
4. Est-ce que vous avez participé ou assisté à une manifestation ? Pour quelle cause ? Quand ?
5. Quelles sont vos expériences avec le bénévolat ? Est-ce que vous avez été obligé/e de faire du bénévolat quand vous étiez au collège ou au lycée ? Si oui, est-ce que cette expérience a été positive ou négative ?

10-26 Posters et slogans. Imaginez que vous préparez un poster ou un slogan pour une manifestation sur le campus. Les posters et les slogans prennent souvent la forme d'une phrase impérative ou alors ils contiennent les expressions **À bas...** (*Down with . . .*), **Plus de...** (*No more . . .*), **Vive...**, **Non à...** . Organisez-vous en groupes de trois ou quatre et trouvez des slogans intéressants pour protester contre les situations indiquées ou pour encourager les gens à changer leur comportement.

MODÈLES l'utilisation des transports en commun

➤ Vive le tramway et le métro !

➤ Oui au covoiturage !

➤ À bas les grosses voitures !

1. la construction de nouvelles résidences avec l'énergie solaire
2. la réduction de nombre de postes de professeurs dans votre université
3. le développement d'un programme de recyclage sur le campus
4. le gaspillage de papier
5. l'augmentation des frais de scolarité dans votre université
6. le remplacement des cours avec des profs par des cours en ligne
7. les semestres plus longs et les vacances plus courtes

FORMES ET FONCTIONS

1. *Le subjonctif avec les expressions d'émotion*

◆ When the main clause of a sentence expresses an emotion, such as anger, fear, joy, or sadness, the verb of the subordinate clause is always in the subjunctive.

Je regrette que vous **partiez** si tôt.	*I'm sorry (that) you're leaving so soon.*
Elle est contente que tu **viennes** avec nous.	*She's happy (that) you're coming with us.*

Here are some verbs and expressions that convey emotion and are followed by the subjunctive:

avoir peur	être fâché/e	être triste
être content/e	être furieux/-euse	Il est/C'est dommage que
être déçu/e	être heureux/-euse	Il est/C'est étonnant que
être désolé/e	être inquiet/inquiète	Il est/C'est malheureux que
être enchanté/e	être ravi/e	regretter
être étonné/e	être surpris/e	

◆ When the subject is the same for both parts of a sentence, use an infinitive construction preceded by **de** instead of the subjunctive. Compare the following examples.

Elle est contente **de voter** dans ces élections.	*She's happy to vote in these elections.*
Elle est contente **que vous votiez** dans votre première élection présidentielle.	*She's happy (that) you are voting in your first presidential election.*
Je regrette **de ne pas pouvoir** participer.	*I'm sorry to not be able to participate.*
Je regrette **que tu ne puisses pas** participer.	*I'm sorry (that) you will not be able to participate.*

◅ À vous la parole ◅

10-27 Votre réaction. Exprimez votre réaction face à ces situations.

MODÈLES Souvent, les jeunes ne votent pas en grand nombre.
◅ Je suis déçue que les jeunes ne votent pas en grand nombre.

Vous travaillez comme bénévole pour une campagne électorale.
◅ Je suis ravi de travailler comme bénévole pour une campagne électorale.

1. Vous faites du bénévolat.
2. Vos voisins sont très engagés dans la politique locale.
3. Vous n'avez pas le temps d'aider votre association humanitaire préférée ce semestre.
4. Vos parents font beaucoup d'éco-gestes.
5. Vos amis ne participent jamais aux manifestations sur le campus.
6. Votre ami/e se présente aux élections comme délégué/e de classe.
7. Votre voisin/e n'est pas inscrit/e sur la liste électorale.

10-28 Que d'émotions ! Avec un/e partenaire, réagissez à ces annonces de votre professeur. Comparez vos réactions avec les réactions de vos camarades de classe.

MODÈLES Il n'y a pas de devoirs ce soir.
É1 Je suis surpris qu'il n'y ait pas de devoirs.
É2 Je suis contente qu'il n'y ait pas de devoirs.

Vous aurez un examen vendredi.
É1 C'est dommage qu'on ait un examen vendredi.
É2 Oui, je suis étonnée d'avoir un autre examen.

1. Il n'y aura pas cours demain.
2. Tout le monde ira au restaurant ensemble ce week-end.
3. Je vous achèterai un souvenir en France cet été.
4. Vous n'aurez pas d'examen final.
5. Les résultats du dernier examen sont excellents.
6. Vous faites beaucoup de progrès en français.

10-29 On va tout savoir. Comparez vos réponses avec celles de vos camarades de classe.

MODÈLE Nommez une chose qui vous rend heureux/-euse.

É1 Je suis heureuse que ma petite sœur vienne me voir ce week-end. Et toi ?

É2 Je suis heureux que mon cours de biologie finisse la semaine prochaine. Et toi ?

É3 Je suis heureux d'avoir une bonne note pour l'examen de français !

1. Nommez une chose qui vous rend heureux/-euse.
2. Nommez une chose qui vous inquiète.
3. Nommez une chose qui vous surprend.
4. Nommez une chose qui vous rend triste.
5. Nommez une chose que vous regrettez.
6. Nommez une chose qui vous fait peur.
7. Nommez une chose qui vous fâche.

Fiche pratique

One way to be sure that you have learned something well is to teach it to someone else. Try to explain the various uses of the subjunctive and the rules for its formation to a classmate or roommate. If you have trouble explaining certain aspects, go back to the textbook and look over the explanations and examples until you can explain it clearly.

2. *Le subjonctif avec les expressions de doute*

◆ As you've learned, the subjunctive is used in the subordinate clause of a sentence after expressions of obligation, emotion, and desire. It is also used in the subordinate clause when the main verb expresses doubt or uncertainty. The verb most often used to indicate doubt is **douter**:

Je doute que ce candidat **ait** une solution réaliste à ce problème.

I doubt that this candidate has a realistic solution for this problem.

◆ Doubt can also be expressed by verbs of opinion, such as **croire, penser, estimer, trouver, être sûr/e,** and impersonal expressions, such as **il est évident, il est sûr, il est vrai,** when they are used in questions or negative statements. These expressions of doubt are followed by the subjunctive in the subordinate clause.

Est-ce que vous pensez toujours qu'il **puisse** gagner cette élection ?

Do you still think he can win this election?

Je ne pense pas que ce **soit** possible.

I don't think that's possible.

Est-ce que vous trouvez que le problème du réchauffement climatique **soit** une priorité ?

Do you believe that the problem of global warming is a priority?

On n'est pas sûrs que ce **soit** la meilleure solution.

We are not sure that this is the best solution.

Il n'est pas évident que les gens **soient** prêts à changer leurs

It is not obvious that people are ready to change their habits.

◆ To indicate certainty or to express an opinion, use the indicative with verbs like **penser, croire, trouver, estimer, être sûr/e** and impersonal expressions such as **il est clair que, il est évident que, il est vrai que, il est sûr que.**

Il est vrai que nous **devons** changer nos habitudes pour résoudre ce problème.

It is true (that) we must change our habits to resolve this problem.

Je pense que vous **avez** raison.

I think (that) you are right.

10-30 Débat politique. Imaginez un débat entre deux candidats qui ne sont pas d'accord ; répondez donc avec une phrase qui dit le contraire.

MODÈLE Je pense que c'est une bonne solution sur le plan économique.
← Je ne pense pas que ce soit une bonne solution sur le plan économique.

1. Je trouve que nous pouvons réduire le nombre de voitures en ville.
2. Je suis sûr que nous trouverons une solution.
3. Je pense que la parité politique est une bonne idée.
4. Il est évident que les individus sont prêts à modifier leurs comportements.
5. Je suis sûre que le gouvernement peut établir un règlement efficace.
6. Il est évident qu'on doit interdire la circulation des voitures en centre-ville.
7. Nous devons réduire le budget pour résoudre la crise économique.

10-31 Interview. Imaginez que vous interviewez un/e candidat/e, et posez-lui des questions d'après vos notes. Avec un/e partenaire, jouez les rôles du journaliste et du candidat.

MODÈLE É1 Madame, est-ce que vous pensez que le rôle de la femme dans la politique soit plus important aujourd'hui que dans le passé?
É2 Mais oui, il est évident que le rôle de la femme dans la politique est plus important aujourd'hui.
OU É2 Non, je ne pense pas que le rôle de la femme dans la politique soit plus important aujourd'hui que dans le passé. Elles ont toujours joué un rôle important.

1. Le rôle de la femme dans la politique est plus important aujourd'hui que dans le passé ?
2. L'environnement est une question de première importance ?
3. Le gouvernement peut résoudre tous les problèmes sociaux ?
4. Les soins médicaux doivent être gratuits pour tout le monde ?
5. Les entreprises sont responsables pour le nettoyage des rivières ?
6. Les différences entre les pays pauvres et les pays riches grandissent ?
7. La biogénétique peut réduire la faim dans le monde ?

10-32 Le plus grand problème. Quel est, pour vous, le plus grand problème dans les domaines suivants ? Comparez votre opinion avec celle de vos camarades de classe.

MODÈLE l'environnement

> É1 Je pense que le plus gros problème, c'est le réchauffement climatique. Si les glaciers fondent, le niveau de la mer va augmenter et nous aurons plus d'inondations. En fait, certains pays peuvent disparaître.
>
> É2 Tout à fait d'accord. Mais je ne suis pas très optimiste. Je ne pense pas que les gens soient prêts à changer leurs mauvaises habitudes.
>
> É3 Il est évident que le gouvernement doit prendre des mesures pour réduire les émissions de gaz à effet de serre.

1. l'environnement
2. la situation économique
3. l'aide aux personnes en difficulté
4. la situation politique

 # Parlons

10-33 Les opinions sont partagées

Est-ce que vous avez déjà participé à un débat ? Il faut donner des arguments pour ou contre une affirmation. Le professeur va vous diviser en deux groupes, donner à chaque groupe une affirmation et vous dire si vous êtes « pour » ou « contre ».

A. Avant de parler. Dans vos groupes, élisez une personne pour être le responsable du groupe et une personne pour être secrétaire et prendre des notes. Le responsable lira votre affirmation et votre position « pour » ou « contre ». Ensuite, tous les membres du groupe travailleront ensemble pour trouver tous les arguments possibles pour soutenir votre position. Faites une liste de ces arguments et décidez ensemble de l'ordre de vos arguments.

MODÈLE Affirmation : Il faut interdire l'utilisation des voitures sur le campus. POUR

> ◆ il y a trop de circulation sur le campus
> ◆ le campus est dangereux pour les piétons (*pedestrians*)
> ◆ il faut un campus avec moins de pollution et plus d'espaces verts
> ◆ …

B. En parlant. Après dix minutes de préparation, les membres de chaque équipe donnent leurs arguments devant la classe.

MODÈLE ◢ Nous estimons qu'il faut interdire l'utilisation des voitures sur le campus parce que le campus est devenu dangereux pour les étudiants qui essayent d'aller à leurs cours à pied. Nous avons peur qu'un accident sérieux ait lieu un de ces jours…

C. Après avoir parlé. Après avoir entendu tous les arguments, le professeur et la classe décident quel groupe avait les meilleurs arguments et les a présentés de la manière la plus convaincante.

Venez chez nous ! L'écologie

Dans le monde entier, des gens font des efforts pour protéger l'environnement, pour sauver les écosystèmes et les animaux menacés et pour lutter contre le réchauffement climatique. Par exemple, en Suisse, des initiatives ont été prises pour réduire la pollution atmosphérique et pour encourager les gens à utiliser les transports en commun au lieu de la voiture individuelle. Ces efforts ont porté leur fruit, et selon l'Indice de performance environnementale, la Suisse a été classée en janvier 2008 comme le premier pays du monde. En Afrique, au Sénégal et en Côte d'Ivoire, il y a de nombreux parcs naturels pour la protection des animaux sauvages. Ces parcs servent aussi de centres de recherche pour l'histoire naturelle et la conservation de la nature. Voici donc des exemples, dans le monde francophone, de réponses face aux problèmes écologiques actuels.

Ce Québécois écolo fait pousser des légumes dans un jardin sur le toit de son immeuble à Montréal.

Observons

10-34 L'environnement et nous

A. Avant de regarder. Vous allez entendre deux personnes parler de l'environnement.

1. Fabienne travaille dans une grande ville, mais elle habite à la campagne. Pourquoi, à votre avis, est-ce qu'elle a pris cette décision ?
2. Jean-Claude est de Madagascar. Il trouve que c'est dommage que les habitants de cette île détruisent le paysage. Pourquoi est-ce qu'ils font cela, à votre avis ?
3. Maintenant écoutez et regardez pour trouver les réponses.

B. En regardant. Entourez toutes les bonnes réponses.

1. Fabienne dit…
   a. qu'elle a trouvé la bonne solution contre la pollution.
   b. qu'elle n'a pas de leçon à donner.
   c. que c'est le gouvernement qui devrait s'occuper du problème.

2. Elle habite à la campagne parce qu'elle…
   a. adore la nature.　　b. déteste la ville.　　c. a des animaux.

3. Elle trouve qu'en ville, il y a trop de…
   a. circulation.　　b. gens.　　c. bruit.

4. Le seul inconvénient d'habiter la campagne, c'est...
   a. le manque d'activités.　　**b.** la distance.　　**c.** la solitude.

5. Jean-Claude est né à Madagascar. Il dit que c'est...
   a. une grande ville.
   b. une île magnifique.
   c. une région montagneuse.

6. Selon lui, il faut surtout protéger...
   a. l'eau des rivières.
   b. la terre.
   c. les plantes et les animaux.

7. Les habitants détruisent leur environnement pour avoir...
   a. de l'argent.　　**b.** des maisons.　　**c.** des usines.

C. Après avoir regardé. Est-ce que les problèmes mentionnés par Fabienne et Jean-Claude sont les mêmes problèmes écologiques que chez vous ? Dans quelles autres régions du monde est-ce que ces problèmes existent ? Quelles sont les solutions possibles à ces problèmes ?

 Parlons

10-35 **Quelques problèmes écologiques et des solutions**

A. Avant de parler. Dans la Leçon 2 et dans *Venez chez nous !*, il y a quelques photos de problèmes écologiques et/ou de leurs solutions possibles. En groupes de deux ou trois, choisissez une de ces photos ou trouvez une autre photo qui illustre un problème écologique ou une solution dans le monde francophone.

B. En parlant. Identifiez et décrivez le/s problème/s représenté/s sur votre image. Ensuite proposez quelques solutions possibles. Enfin, considérez d'une façon critique vos solutions : ont-elles une portée (*reach*) universelle ou sont-elles plutôt limitées à une certaine région ou à un certain pays ? Expliquez pourquoi.

MODÈLE ◄ Cette photo montre une réserve naturelle à Madagascar. Ces réserves offrent une solution au problème de la déforestation. À Madagascar, on perd une partie des forêts tous les ans. Cette destruction cause des problèmes d'érosion mais aussi la disparition de plusieurs types d'animaux et de plantes. Le gouvernement et des organismes internationaux ont créé un certain nombre de réserves naturelles qui sont protégées. Ces réserves sont importantes pour sauvegarder les plantes et les animaux locaux. Nous pensons que c'est une bonne solution qui peut s'appliquer à d'autres pays. Mais, dans certains pays où il n'y a pas assez de terre pour toute la population, cette solution peut être difficile.

La déforestation à Madagascar.

On étudie les lémurs dans une réserve naturelle à Madagascar.

C. Après avoir parlé. Maintenant, partagez votre image et vos solutions avec vos camarades de classe. Quel groupe a le problème le plus difficile à résoudre ? Quel groupe a trouvé la meilleure solution à son problème ?

Lisons

TEXT AUDIO
CD 5 TRACK 31

Stratégie

Use your familiarity with the folktale genre to understand the style and purpose of folktales from another culture. For example, do you know any tales in your own language in which animals are the main characters? How are the animals presented and what role do they have?

10-36 L'arbre nourricier

A. Avant de lire. Dans les contes folkloriques, les animaux peuvent parler et ressemblent beaucoup aux êtres humains. Ce conte présente deux personnages bien connus dans le folklore de l'Afrique et des Caraïbes, Oncle lièvre (*hare*) et Oncle hyène. Oncle hyène n'est pas très intelligent et il est goulu (*gluttonous*) ; Oncle lièvre par contre représente l'intelligence. La cupidité (*greed*) d'Oncle hyène le rend vulnérable aux ruses d'Oncle lièvre, et cela mène à sa fin. Est-ce que ces personnages vous font penser à d'autres personnages de contes folkloriques que vous connaissez ?

L'adaptation de ce conte du peuple soninké au Sénégal s'adresse au problème de la déforestation dans la région aride du Sahel, entre le désert du Sahara et les forêts équatoriales. Dans la tradition soninké, ce sont les personnes plus âgées qui racontent les contes aux jeunes, surtout à la tombée de la nuit. Ces contes sont souvent interactifs ; il faut que le public réponde aux questions rituelles d'une façon bien déterminée. Voici la raison pour laquelle ce conte commence avec le conteur qui dit « **Xay** » (prononcé comme le mot *Hi* en anglais) ; le public répond « **Xay** » et le conteur commence à raconter son histoire.

B. En lisant. Cherchez les réponses aux questions suivantes.

1. Dans la première partie du conte :
   a. Oncle Hyène et Oncle Lièvre vont chercher de la nourriture pour leurs familles : qu'est-ce qu'ils trouvent ?
   b. À quelles parties de l'arbre est-ce qu'Oncle Lièvre goûte ?
   c. Quelle est l'importance du mot magique « dunwari » ?

2. Dans la deuxième partie du conte :
   a. Qu'est-ce qu'Oncle Hyène doit dire quand il arrive sous l'arbre ?
   b. Qu'est-ce qu'Oncle Hyène décide de faire avec l'arbre ?

3. Dans la troisième partie du conte :
   a. Pourquoi est-ce qu'Oncle Hyène appelle sa famille et puis la moitié du village ?
   b. Comment est-ce qu'Oncle Hyène meurt ?
   c. Qu'est-ce qui se passe avec l'arbre ?

C. En regardant de plus près. Maintenant, examinez les aspects suivants du texte.

1. En étudiant le contexte, expliquez le sens des expressions suivantes :
   a. il a mangé à sa faim
   b. mettre un coussinet sur sa tête
   c. cet arbre merveilleux

2. Vous connaissez sans doute le premier mot dans chaque paire de mots apparentés ci-dessous. Quel est le sens du deuxième mot dans chaque cas ?
   a. porter / un porteur
   b. appeler / un appel
   c. parler / la parole

D. Après avoir lu. Discutez des questions suivantes avec vos camarades de classe.

1. Un conte, c'est surtout un texte oral ; il faut l'écouter. Quelles caractéristiques d'un texte oral est-ce que vous remarquez dans ce conte ?
2. Quel est le rôle des animaux dans ce conte ? Pourquoi, à votre avis, est-ce que le narrateur a choisi ces animaux comme personnages principaux ?
3. Quelle est la morale du conte ?
4. Comparez le message écologique donné dans ce conte avec celui de la liste de recommandations que vous trouvez dans la Leçon 2. Quel message est le plus efficace ? Pourquoi, à votre avis ?

L'arbre nourricier

Dites-moi « xay » !

–Xay !

Il y avait la famine au village. Oncle Hyène et Oncle Lièvre ont décidé d'aller chercher de la nourriture pour leurs familles. Oncle Hyène est parti mais n'a rien trouvé. Oncle Lièvre s'est mis aussi en route[1]. Après avoir marché longtemps il a rencontré un arbre. Il s'est arrêté sous son ombre[2] et a dit :

–Arbre, que ton ombre est fraîche !

–Tu as goûté mon ombre mais tu n'as pas goûté mes feuilles[3].

Alors Lièvre a pris plusieurs feuilles et les a goûtées.

–Arbre, que tes feuilles sont bonnes !

–Tu as goûté mes feuilles mais tu n'as pas encore goûté mon écorce[4].

Lièvre a pris un bout d'écorce et l'a mis dans sa bouche. Il a dit :

–Arbre, que ton écorce est bonne !

–Tu as goûté mon écorce mais tu n'as pas goûté ce qu'il y a dans mon ventre.

–Comment faire pour en avoir ?

–Si tu dis « dunwari », je m'ouvrirai.

Lièvre a dit « dunwari » et l'arbre s'est ouvert. Il y est entré et a mangé à sa faim. Quand il avait assez mangé, il a pris de la nourriture pour sa famille.

De retour au village, Oncle Lièvre a dit à Oncle Hyène qu'il avait rencontré un arbre, qu'il avait mangé à sa faim et qu'il avait rapporté de la nourriture à sa famille. Oncle Hyène lui a dit :

–Montre-moi où tu as trouvé cet arbre merveilleux. J'irai à mon tour demain matin. Quand j'aurai mangé à ma faim, je rapporterai de la nourriture à ma famille.

–D'accord, lui a répondu Lièvre, demain matin je te montrerai cet arbre.

Il se sont mis en route le lendemain[5], et Lièvre a indiqué le chemin à Hyène :

–Tu marcheras, marcheras jusqu'à cet arbre là-bas. Tu t'arrêteras dessous et tu diras « que ton ombre est bonne ! »

Hyène est allé jusqu'à l'arbre, et il lui a dit :

–Arbre, que ton ombre est bonne !

–Tu as goûté mon ombre mais tu n'as pas goûté mes feuilles.

Hyène a pris plusieurs feuilles et les a goûtées.

–Arbre, que tes feuilles sont bonnes !

–Tu as goûté mes feuilles mais tu n'as pas goûté mon écorce.

Hyène a pris un bout d'écorce et l'a mis dans sa bouche. Il a dit :

–Que ton écorce est bonne !

–Tu as goûté mon écorce mais tu n'as pas goûté ce qu'il y a dans mon ventre.

–Comment faire pour en avoir ?

–Si tu dis « dunwari », je m'ouvrirai.

Hyène a dit « dunwari » et l'arbre s'est ouvert. Il y est entré et a mangé à sa faim. Quand il avait assez mangé, il a pris de la nourriture pour sa famille.

Oncle Hyène s'est dit alors : « Ah ! Si j'avais quelqu'un pour m'aider je rapporterais cet arbre au village. » L'arbre lui a répondu :

–Tu n'as pas besoin de porteurs, je peux t'aider moi-même. Mets ton coussinet[6] sur la tête.

Hyène a mis son coussinet sur la tête, puis a porté l'arbre sur sa tête, et l'a emporté au village. Arrivé là, il a appelé :

–Venez vite ! J'ai rapporté quelque chose de la forêt ! Venez m'aider à déposer ce lourd fardeau[7] !

Sa femme et ses enfants sont venus mais n'ont pas réussi à déposer l'arbre.

–Eh bien ! Appelez la moitié du village !

La moitié du village est venue mais sans résultat.

–Alors, appelez tout le village !

Le village entier est venu mais sans succès.

Écrasé[8] sous le poids[9] de l'arbre, Hyène est mort. Alors l'arbre est parti et est retourné à sa place dans la forêt. Je remets le conte là où je l'ai trouvé.

---

[1]est parti [2]shade [3]leaves [3]bark [5]le jour suivant [6]small cushion [7]burden [8]crushed [9]weight

Stratégie

To write persuasively—to inspire people to take action for the public good, for example—it is very effective to come up with an attention-getting slogan. Use the slogan to attract attention, then present your message.

10-37 Une brochure

A. Avant d'écrire. Le gouvernement québécois publie souvent des brochures qui contiennent des conseils pour préserver l'environnement. Imaginez que vous faites partie d'une équipe qui doit préparer une de ces brochures. Voici quelques sujets possibles :

1. l'utilisation des transports en commun
2. le tri et le recyclage des déchets
3. la conservation des ressources énergétiques
4. la conservation des forêts et des rivières
5. la consommation des produits locaux

D'abord, choisissez votre sujet et trouvez un slogan qui va attirer l'attention du lecteur. Ensuite, notez deux ou trois aspects du problème et deux ou trois solutions possibles.

B. En écrivant. Maintenant, rédigez votre brochure.

1. Utilisez les notes que vous avez préparées et incorporez votre slogan.
2. Pensez à la présentation de votre brochure : des couleurs, des graphiques, des illustrations, etc.

MODÈLE

Réduire pour un Québec plus propre !

Savez-vous que les Québécois produisent assez de déchets pour remplir 5 millions de sacs poubelles chaque jour ?

Recyclons ensemble pour une meilleure qualité de vie au Québec !

Il faut réduire nos déchets !

Pensez à recycler le papier, le plastique, le verre, le carton et les boîtes de conserve.

C. En révisant. Réfléchissez aux questions suivantes et puis faites tous les changements nécessaires.

1. Relisez votre brochure pour analyser le contenu : est-ce que vous avez bien placé votre slogan ? Est-ce que vous avez inclus des statistiques et une brève description des problèmes et des solutions possibles ?

2. Relisez de nouveau votre brochure pour analyser le style et la forme : est-ce que votre brochure va attirer l'attention des gens ? Est-ce que vous avez inclus de la couleur, des dessins ou des illustrations pour la rendre plus attirante ? Est-ce que vous avez utilisé des phrases à l'impératif ou au subjonctif, et est-ce que ces phrases sont bien formées ?

D. Après avoir écrit. Imprimez votre brochure et distribuez-la à vos camarades de classe. Qui a la brochure avec le meilleur slogan ? Quelle brochure explique le mieux le/s problème/s ? Quelle brochure propose les solutions les plus innovatrices ? les mieux adaptées au problème ?

Now that you have completed *Chapitre 10*, can you do the following in French?

☐ discuss issues of physical and emotional well-being?

☐ give advice about improving one's health or environment?

☐ state opinions and express desires and emotions using the subjunctive when necessary?

☐ describe in simple terms the civic life of the French?

☐ describe environmental problems and potential solutions in the Francophone world and beyond?

Leçon

le corps humain — *the human body*

la bouche	*mouth*
le bras	*arm*
la cheville	*ankle*
le cœur	*heart*
le cou	*neck*
le coude	*elbow*
les doigts (m.)	*fingers*
le dos	*back*
l'épaule (f.)	*shoulder*
l'estomac (m.)	*stomach*
le genou	*knee*
la gorge	*throat*
la jambe	*leg*
la langue	*tongue*
les lèvres (f.)	*lips*
le nez	*nose*
l'œil (m.) (les yeux)	*eye (eyes)*
l'oreille (f.)	*ear*
le pied	*foot*
le poignet	*wrist*
la poitrine	*chest*
les poumons (m.)	*lungs*
la taille	*waist*
la tête	*head*
le ventre	*belly, abdomen*

des maux, un mal — *ache/s and pain/s*

avoir mal à (la tête)	*to hurt (to have a headache)*
avoir mal partout	*to hurt everywhere*
avoir mal au cœur	*to be nauseated*
avoir mal au ventre	*to have a stomachache*

pour parler des *handicaps — *to talk about handicaps*

le basket-fauteuil	*wheelchair basketball*
être *handicapé/e	*to be handicapped*
un fauteuil roulant	*a wheelchair*

pour rester en forme — *to stay in shape*

consulter le médecin	*to see a doctor*
essayer (de bien manger)	*to try (to eat well)*
faire de l'exercice	*to exercise*
faire de la musculation	*to do strength/resistance training/lift weights*

faire/suivre un régime	*to (be on a) diet*
un repas équilibré	*well-balanced meal*
réduire le stress	*to reduce stress*
la santé	*health*

choses à éviter pour rester en forme — *things to avoid to stay in shape*

l'alcool (m.)	*alcohol*
fumer	*to smoke*
grignoter	*to snack*
sauter (un repas)	*to skip (a meal)*

expressions de nécessité — *expressions of necessity*

Il est important que	*It is important that*
Il est nécessaire que	*It is necessary that*
Il est urgent que	*It is urgent that*
Il est utile que	*It is useful that*
Il faut que/Il ne faut pas que	*You must/must not*
Il vaut/vaudrait mieux que	*It is/would be better (best) that*

Leçon

bon pour l'environnement — *good for the environment*

une ampoule basse consommation	*energy-saving lightbulb*
couper l'eau du robinet	*to turn off the running water (from the faucet)*
le covoiturage	*carpooling*
un éco-geste	*ecological act or gesture*
économiser	*to save, economize*
l'énergie renouvelable (l'énergie solaire)	*renewable energy (solar power)*
éteindre (les lumières)	*to turn off (the lights)*
nettoyer (les rivières)	*to clean (the rivers)*
un panier	*basket*
protéger	*to protect*
le recyclage	*recycling*
recycler	*to recycle*
sauver, sauvegarder	*to protect*
les transports (m.) en commun	*public transportation*
trier	*to sort*
utiliser	*to use*

Vocabulaire

TEXT AUDIO
CD 5 TRACKS 32–47

mauvais pour l'environnement	*bad for the environment*	**quelques verbes de volonté qui exigent le subjonctif** (voir aussi à la page 396)	*some verbs of volition that require the subjunctive*
le bruit	*noise*	aimer mieux	*to prefer*
le CO$_2$ (dioxyde de carbone)	*carbon dioxide*	désirer	*to desire, to want*
la déchèterie	*waste collection center*	exiger	*to require, to demand*
les déchets (m.) domestiques/industriels	*household/industrial waste, refuse*	souhaiter	*to hope, to wish*
la déforestation	*deforestation*		
gaspiller	*to waste*		
un gaz (à effet de serre)	*(greenhouse) gas*		

Leçon 3

le gaz (m.) carbonique	*carbon gas*		
les gaz (m. pl.) d'échappement	*exhaust fumes*	**pour s'engager**	*to get involved*
l'huile (f.) usagée	*waste (used) oil*	un bulletin de vote	*ballot*
laisser les lumières allumées	*to leave the lights on*	un bureau de vote	*polling station*
non biodégradable	*nonbiodegradable*	un/e candidat/e	*candidate*
les ordures (f.)	*trash, waste*	un/e citoyen/-enne	*citizen*
polluer	*to pollute*	élire	*to elect*
la pollution (atmosphérique/sonore)	*(air/noise) pollution*	le gouvernement	*government*
le réchauffement climatique	*global warming*	s'inscrire sur la liste électorale	*to register to vote*
un sac en plastique	*plastic sack/bag*	un mandat	*term (of office)*
une usine	*factory*	voter	*to vote*

des choses menacées par la pollution	*things threatened by pollution*	**les manifestations (f.)**	*protests*
l'air (m.)	*air*	une grève	*strike*
l'eau (f.) potable	*drinking water*	se mobiliser (contre)	*to organize (against)*
un écosystème	*ecosystem*	protester	*to protest*
l'environnement (m.)	*environment*	une réduction	*reduction*
un glacier	*glacier*		
un ours blanc	*polar bear*	**le bénévolat**	*volunteering*
la planète	*planet*	une association humanitaire	*humanitarian association*
une ressource naturelle	*natural resource*	une banque alimentaire	*food bank*
la terre (la Terre)	*earth (the Earth)*	un/e bénévole	*volunteer*

autres mots utiles	*other useful words*	**quelques expressions d'émotion qui exigent le subjonctif** (voir aussi à la page 404)	*some expressions of emotion that require the subjunctive*
un appareil électrique	*electrical appliance*		
augmenter	*to increase*		
brûler	*to burn*	avoir peur que	*to be afraid*
consommer	*to consume*	être déçu/e que	*to be disappointed*
se déplacer	*to get around, to travel*	être désolé/e que	*to be sorry*
une empreinte écologique	*ecological footprint*	Il est/C'est dommage que	*It's too bad, a shame*
un emballage	*packaging*	être étonné/e que	*to be surprised*
fondre	*to melt*	Il est/C'est étonnant que	*It's surprising*
une inondation	*flood*		
un moteur	*engine*	**d'autres mots utiles**	*other useful words*
un ouragan	*hurricane*	douter	*to doubt*
une poubelle	*trash can*	estimer	*to consider, believe, judge*
une tornade	*tornado*	résoudre	*to solve*
une vague	*(ocean) wave*	y compris	*including*

11 Quoi de neuf ?
cinéma et médias

—Alors, ce film. C'était bien, non ?
—J'adore ce film ; je suis fan de Godard.

DISCOVER

• Go to the *Chapitre 11*, Additional Practice folder in your MyFrenchLab course to watch the video in which moviegoers react to films they've just seen, and complete the related activities.

APPLY

• Video

• Activities : On démarre ! 11–01 to 11–02

Leçon 1 Le grand et le petit écran

Leçon 2 Êtes-vous branché ?

Leçon 3 On s'informe

Venez chez nous ! Le cinéma

After completing this chapter, you should be able to:

◆ Express opinions about the media

◆ Express hypothetical situations and possible results

◆ Describe simultaneous and sequential events in the past, present, and future

◆ Describe and narrate events in the past

◆ Discuss cinema, television, and computer use in the French-speaking world

POINTS DE DÉPART

TEXT AUDIO
CD 6 TRACK 1

Qu'est-ce qu'il y a à la télé ?

Lundi **2** juin

TF1

20.50

La main blanche
Série de suspense.
Épisode 3, Saison 1
Avec Ingrid Chauvin, Bruno Madinier, Frank Geney. 0h52mn

21.45

La main blanche
Série de suspense. 1h00mn

22.50

Grey's Anatomy
Série hospitalière.
Épisode 2, Saison 2
Donnant donnant.
Avec : Patrick Dempsey, Ellen Pompeo, Katherine Heigl, Justin Chambers. 0h52mn

france 2

20.50

Retrouver Sara
Téléfilm dramatique de Claude d'Anna. 2005.
Avec : Sophie de la Rochefoucauld, Maher Kamoun, Agathe Bouissières, Liliane Rovère. 1h30mn

22.25

FBI : portés disparus
Série policière
Épisode 5, Saison 5
Le mauvais exemple.
Avec : Anthony LaPaglia, Poppy Montgomery, Mark Pellegrino, Mireille Enos, Eric Close, Roselyn Sanchez, Enrique Murciano. 0h52mn

france 3

20.55

La santé polluée : vos questions, nos réponses

Magazine de la santé. Présenté par Marina Carrère d'Encausse, Michel Cymes, Jamy Gourmaud, Nicolas Angel. 2h00mn

23.00

Soir 3
Journal. Présenté par Marie Drucker. 0h25mn

 M6

20.50

Armageddon
Film d'action de Michael Bay. 1998. États-Unis. VF. Avec Bruce Willis, Billy Bob Thornton, Liv Tyler, Ben Affleck, Will Patton, Steve Buscemi, William Fichtner. 2h40mn

23.35

Highlander Endgame
Film d'action de Douglas Aarniokoski. 2000. États-Unis. VF. Avec : Christophe Lambert, Adrian Paul, Bruce Payne, Lisa Barbuscia, Donnie Yen, Ian Paul Cassidy, Peter Wingfield. 1h45mn

CHRISTELLE : Qu'est-ce qu'il y a à la télé ce soir ?

THOMAS : Attends, je vais regarder le programme. ... Bon, sur TF1, il y a deux épisodes d'une série française. Sur France 2, il y a un téléfilm français à 20 h 50 et une série policière à 22 h 25. Sur France 3, il y a un magazine qui a l'air intéressant sur l'effet de la pollution sur la santé.

CHRISTELLE : Bof ! Il n'y pas d'autres films ? J'ai plutôt envie de voir un bon film ce soir.

THOMAS : Si, sur M6 il y a deux films américains, *Armageddon* à 20 h 50 et *Highlander Endgame* à 23 h 35. Lequel est-ce que tu préfères ?

CHRISTELLE : Tu rigoles ? Tu sais bien que je n'aime pas les films d'action. Et en plus, tous les films américains qui passent sur M6 sont doublés. J'aime pas ça ; je préfère les regarder en V.O. pour pratiquer mon anglais.

THOMAS : Pas moi. J'ai horreur des sous-titres. Alors, si on regardait le téléfilm sur France 2 ? C'est un film français. Tu peux allumer la télé ?

CHRISTELLE : Mais, c'est toi qui as la télécommande !

Des genres d'émissions	
un dessin animé	un film
un divertissement	un jeu télévisé
un documentaire	le journal télévisé (le JT),
une émission de musique	les informations (les infos)
une émission sportive	un magazine
une émission de téléachat	un reportage
une émission de téléréalité	une série
un feuilleton	

◄ À vous la parole ◄

11-1 Quel genre d'émission ? Imaginez que vous lisez un magazine télé. Selon ces descriptions partielles, déterminez avec un/e partenaire le genre de chaque émission.

MODÈLE dernier épisode
> É1 C'est peut-être une série.
> É2 S'il y a des épisodes, c'est probablement un feuilleton.

1. avec notre invitée, la chanteuse…
2. l'astrologie face à la science
3. le journal de la semaine
4. à gagner cette semaine : un voyage à Tahiti
5. série américaine
6. Coupe de France. Quart de finale.
7. des recettes : ris de veau, fumet aux vieux cèpes, galette de pommes de terre

11-2 Les émissions d'aujourd'hui. Qu'est-ce qu'on peut regarder aujourd'hui ? Avec un/e partenaire, jouez les rôles de deux amis. Consultez le magazine télé à la page suivante et discutez de vos choix.

MODÈLE É1 J'ai envie de regarder un documentaire.
> É2 Si on regardait le documentaire sur France 2 ?

1. J'aime bien les films étrangers.
2. J'adore les séries américaines.
3. Il n'y a pas de magazine sur France 3 ce soir ?
4. Pourquoi pas un film ce soir ?
5. J'ai envie de regarder quelque chose de différent.
6. J'ai mal à la tête, alors rien de sérieux pour moi ce soir !
7. Il y a une série policière ce soir ?
8. J'aime bien les émissions de téléréalité.

Lundi 7 juillet

TF1

14.55 Ma recette pour l'amour. Téléfilm américain d'Andy Wolk (2005). Avec Shiri Appleby. Avec Eyal Podell. **16.30** Méthode Zoé. Zoé voit rouge. **17.25** Ugly Betty. Amies amies ? **18.15** Secret Story. **19.05** Une famille en or. **20.00** Journal.

20.50 Une famille formidable

Téléfilm français de Joël Santoni (2005). L'enfer au paradis. Avec Anny Duperey, Bernard Le Coq.

22.40 Grey's Anatomy
Série hospitalière. Code noir (Saison 2, 16/27). Avec Christina Ricci, Ellen Pompeo.

france 2

14.25 Tour de France 2008: le direct. 3e étape : Saint-Malo - Nantes (208 km). EN DIRECT. **17.25** L'après Tour. **18.15** 26 minutes pour rire. **18.50** N'oubliez pas les paroles. **20.00** Journal.

20.50 Rendez-vous en terre inconnue

Documentaire de Pierre Stine (2007). Adriana Karembeu chez les Amharas.

22.35 La Crim'
Série policière. Camarade P38 (Saison 7, 5/12). Avec Jean-François Garreaud, Sabine Haudepin.

france 3

14.50 Soko, section homicide. Le sourire du traître. **16.30** Duo de maîtres. **17.15** C'est pas sorcier. Les cités englouties d'Egypte. **17.50** Des chiffres et des lettres. **18.25** Questions pour un champion. **19.05** Le 19/20. **20.25** Plus belle la vie.

20.55 Intervilles Jeu. Tarbes/Pau.

Présenté par Julien Lepers, Tex, Nathalie Simon et Olivier Alleman, avec la participation de Philippe Corti et Alessandro di Sarno.

23.40 Soir 3.
0.10 Carnets des festivals.
0.20 L'heure de l'opéra
Magazine. Carmen. Présenté par Alain Duault. Invitée : Béatrice Uria-Monzon.

M6

15.30 Le bonheur à nouveau. Téléfilm. **17.15** Le rêve de Diana. **17.55** Un dîner presque parfait. **18.50** 100% Mag. **19.50** Six. **20.00** Pas de secrets entre nous. **20.35** I love...

20.50 L'amour est dans le pré

Téléréalité. Présenté par Véronique Mounier. Les prétendants continuent à découvrir la vie à la ferme et à chercher leur bonheur.

22.20 Recherche appartement ou maison
Téléréalité. "Eloa et Olivier"
Ces jeunes veulent louer un appartement, mais il faut absolument que ce soit à Paris.

france 5

14.45 Tant qu'il y aura des rêves. Chine. **15.35** S.O.S. maison. **15.45** Echappées belles. Corée du Sud. **16.50** Question maison. **17.45** C dans l'air. Lire notre article. **19.00** Le magazine de la santé. **19.55** Bonsoir les zouzous.

20.40 Einstein: 1905, année lumière

Documentaire de Philippe Tourancheau (2005).

21.30 À visage découvert
Documentaire de Ludovic Fossard et Catherine Berthillier (2006). Romano Prodi.

Vie et culture

La télévision en France

Les Français passent en moyenne trois heures et 24 minutes par jour devant la télé. Depuis fin novembre 2011, tous les ménages[1] ont accès à la télévision numérique ; la télévision analogique n'existe plus en France. La TNT (Télévision numérique terrestre) permet aux Français de recevoir gratuitement à l'aide d'un adaptateur spécial 18 chaînes nationales et 32 chaînes locales ainsi que neuf chaînes payantes ; les autres services (câble, satellite ou ADSL) proposent plusieurs centaines[2] de chaînes.

Regardez l'extrait du magazine télé pour répondre à ces questions : À quelle heure est-ce que le journal télévisé passe ? Quels genres d'émissions est-ce qu'on peut voir pendant l'après-midi ? la soirée ?

L'influence de la télé américaine est très répandue[3] en France. On y trouve un grand nombre de films et séries américains doublés en français. Trouvez quelques exemples dans cet extrait. Avec la télé numérique et les émissions en V.M. (version multilingue), les Français peuvent regarder des émissions internationales en V.F. (version française), en V.O. (version originale) ou en V.O.S.T.F. (version originale sous-titrée en français).

ET VOUS ?

1. Est-ce que ce les Français regardent les mêmes genres d'émissions que vous ?
2. Même avec des centaines de chaînes, 59 % des téléspectateurs français sont insatisfaits. Ils trouvent que le niveau de la télé est « moins bon qu'avant ». Est-ce que vous êtes satisfait/e de la télévision chez vous ? Pourquoi ?

[1]*households*   [2]*hundreds*   [3]*widespread*

Des genres de films

une comédie	raconte les mésaventures amusantes des gens
une comédie dramatique	raconte une histoire pleine de drames mais avec des moments assez drôles
une comédie musicale	raconte une histoire dansée et chantée
une comédie romantique	raconte les histoires d'amour des personnages
un dessin animé	est fait surtout pour les enfants à partir d'images dessinées et puis filmées ; il met en vedette, par exemple, des animaux qui parlent
un documentaire	est un reportage sur la société, l'histoire, la nature, la science, la religion, etc.
un drame	raconte une histoire sérieuse
un drame psychologique	examine les relations entre les gens
un film d'action	raconte une histoire avec beaucoup de scènes d'action, quelquefois avec de la violence
un film d'animation	n'est pas fait avec des acteurs mais avec des effets spéciaux, des images dessinées, des images faites sur ordinateur, etc.
un film d'aventures	raconte les aventures d'un personnage courageux
un film d'espionnage	est plein de suspense, avec des agents secrets qui partent en mission
un film historique	raconte des évènements historiques ou la vie d'un personnage historique
un film d'horreur	doit faire peur aux gens ; il y a des monstres, des fantômes, des vampires ou bien des psychopathes
un film policier	raconte un crime et l'enquête (*investigation*) pour retrouver le criminel
un film de science-fiction	raconte des évènements futuristes et imaginaires
un western	est un film d'aventures avec des cow-boys dans le Far West

En 2008, Gérard Depardieu et Marion Cotillard jouent dans le film *La Vie en Rose*. Ce film raconte la vie de la célèbre chanteuse française Édith Piaf. Cotillard a remporté l'Oscar de la meilleure actrice pour ce rôle.

Dany Boon, le réalisateur de *Bienvenue chez les Ch'tis*, devant une affiche du film. Kad Merad joue le rôle de Philippe, un fonctionnaire provençal qui est muté (*transferred*) dans le Nord de la France. Dany Boon est Antoine, un facteur local avec qui Philippe devient ami. Ce film comique traite les différences entre les gens du Nord et les gens du Sud. Il a battu tous les records en France du plus gros succès au box-office pour un film français.

11-3 Films préférés. Quels genres de films est-ce que vous préférez ? Classez ces films par ordre de préférence et parlez-en avec un/e camarade de classe.

MODÈLE moi

1. comédies romantiques
2. films historiques
3. drames psychologiques

mon partenaire

1. films d'aventure
2. westerns
3. films policiers

É1 J'aime surtout les comédies romantiques. Mais je regarde aussi des films historiques et des drames psychologiques. Et toi ?

É2 J'aime les films d'aventure, surtout les westerns. J'aime aussi les films policiers. Je regarde des séries policières toutes les semaines.

11-4 Ça dépend des jours. Quelquefois on préfère un type de films, d'autres fois on préfère un autre type. Quel type de films est-ce que vous et votre partenaire préférez voir dans les situations suivantes ?

MODÈLE quand vous êtes triste ?

É1 Moi, je préfère les drames psychologiques.
É2 Moi non ; j'aime plutôt les comédies.

1. quand vous êtes heureux/heureuse ?
2. quand vous avez un problème que vous voulez oublier ?
3. quand vous venez de passer un examen ?
4. quand vous êtes avec votre petit frère ou un autre petit garçon ?
5. quand vous êtes avec votre petite sœur ou une autre petite fille ?
6. quand vous êtes avec vos parents ?
7. quand vous êtes avec votre copain/copine ?

Sons et lettres

TEXT AUDIO
CD 6 TRACKS 2–4

Le *e* instable et les groupes de consonnes

In Chapitre 8 you learned that, generally speaking, an unstable **e** is dropped within words when it occurs after only one pronounced consonant (**un feuilleton**) but that it is retained when it occurs after two pronounced consonants (**le gouvernement**). This general rule also applies across words in phrases. Compare:

dans ce film	avec ce film
On peut regarder.	Elles peuvent regarder.
C'est le journal télévisé.	On préfère le journal télévisé.
beaucoup de chaînes	quelques chaînes

Within words, unstable **e** is retained when it occurs after a group of consonants ending in /r/ or /l/. Compare:

nous monterons	nous montrerons
facilement	simplement

Unstable **e** occurs in many one-syllable function words: the pronouns **je**, **te**, **me**, **se**, **le**; the negative particle **ne**; the determiners **le**, **ce**; the preposition **de**; the conjunction **que**. In these words, the unstable **e** is usually retained when it occurs at the beginning of a phrase. Compare:

je peux	Mais je peux sortir.
Ne fais rien.	On ne fait rien.
ce documentaire	C'est ce documentaire.

This principle also applies to combinations of two one-syllable words. Note that when two unstable **e**'s occur in succession, one of them is generally deleted.

Je ne sais pas.	On ne le veut pas.
Ne le regarde pas.	De ne pas le faire est triste.

◆ À vous la parole ◆

11-5 Comptons les consonnes ! Indiquez les **e** instables qui devraient être prononcés.

MODÈLES ◆ nous devons   nous montrerons

1. le petit écran
2. une vedette
3. le festival de Cannes
4. une série de films
5. l'autre chaîne
6. Arrête de parler.
7. J'aime ce magazine.
8. Tu ne regardes pas ?
9. Pas de sous-titres.

11-6 Comptine. Écoutez cette comptine et puis lisez-la à haute voix.

> Pomme de reinette et pomme d'api,
> D'api d'api rouge.
> Pomme de reinette et pomme d'api,
> D'api d'api gris.
> C'est à la halle°
> Que je m'installe
> C'est à Paris que je vends mes fruits.
> Pomme de reinette et pomme d'api,
> D'api d'api gris.

marché

FORMES ET FONCTIONS

1. *L'emploi des temps avec certaines conjonctions*

◆ To talk about two events that occur at the same time, use the following conjunctions:

quand, lorsque	*when*
dès que, aussitôt que	*as soon as*
pendant que	*while*

◆ To describe ongoing or habitual actions, both verbs are in the present:

Je mets le DVD **pendant qu'**il cherche ses lunettes.	*I'm putting in the DVD while he's looking for his glasses.*
Quand j'ai du temps libre le week-end, je vais toujours au cinéma.	*When I have free time on the weekend, I always go to the movies.*

◆ To talk about future events that will occur at the same time, French uses the future tense in both clauses. Note that this is different from English usage.

On verra ce film français **quand** il **passera** à Washington.	*We'll see that French film when it is shown in Washington.*
Dès que l'émission **commencera,** tu m'appelleras, non ?	*As soon as the show starts, you'll call me, won't you?*

Note that with the imperative, either the present or the future tense can be used:

C'est tard. Éteins la télé **dès que** le documentaire **se terminera.**	*It's late. Turn off the TV as soon as the documentary ends.*
Quand ils **arrivent** à la gare, faites-moi signe.	*When they arrive at the train station, let me know.*

♦ When talking about simultaneous events in the past, use a past tense for both verbs:

On a regardé une émission intéressante l'autre soir **quand** ils étaient chez nous.

We watched an interesting show the other evening when they were at our house.

➤ À vous la parole ➤

11-7 D'une pierre deux coups. On est tous pressés. Pour gagner du temps, suggérez des activités que ces personnes peuvent faire pendant qu'elles font autre chose.

MODÈLE Pendant qu'elle lit le journal, ma mère…
➤ boit son café.

1. Pendant qu'elle regarde la télé, ma sœur…
2. Quand je fais du sport…
3. Pendant que mon professeur déjeune…
4. Quand je parle au téléphone…
5. Pendant que je vérifie mon e-mail…
6. Quand mes parents sont dans la voiture, ils…
7. Pendant que mon colocataire fait ses devoirs…
8. Quand je suis dans l'avion ou dans le train…
9. Pendant qu'il prend sa douche, mon frère…

11-8 Les vacances du passé. Complétez les phrases pour parler de vos vacances dans le passé. Comparez vos souvenirs avec un/e partenaire.

MODÈLE Quand j'étais petit/e, …
É1 Quand j'étais petit/e, nous passions toujours l'été dans le Maine.
É2 Tu avais de la chance. Moi, je devais rester chez moi et souvent je suivais des cours d'été.

1. Quand j'étais petit/e, …
2. Quand j'allais au lycée, …
3. Quand les vacances arrivaient, …
4. Pendant que je m'amusais, …
5. Pendant que mes parents travaillaient, …
6. Quand il faisait très chaud, …
7. Quand les vacances se sont terminées, …

11-9 Des projets. Qu'est-ce que vous ferez dans les situations suivantes ? Avec un/e partenaire, parlez de vos projets.

MODÈLE quand tu seras en vacances ?
É1 Qu'est-ce que tu feras quand tu seras en vacances ?
É2 J'irai en Californie pour travailler. Et toi ?
É1 Pas moi, je resterai chez mes parents.

1. quand tu seras en vacances ?
2. quand tu auras ton diplôme ?
3. quand tu auras un emploi ?
4. quand tu seras riche ?
5. quand tu auras 50 ans ?

2. *Quelques prépositions avec les expressions de temps*

◆ There are two distinct prepositions in French, **pour** and **pendant**, which correspond to the English preposition *for* followed by a time expression.

   ◆ **Pendant** is used to express *for* when it expresses a specific time duration and has the meaning of *during*. It is most often used with verbs in the past tense but can be used with verbs in the present or the future tense, as illustrated in the following examples:

Elles ont regardé la télé **pendant** cinq heures d'affilée hier après-midi.	*They watched television for five straight hours yesterday afternoon.*
Ma grand-mère regarde ses feuilletons **pendant** une heure et demie tous les jours.	*My grandmother watches her soap operas for an hour and a half every day.*
Elle sera au cinéma **pendant** deux heures.	*She will be at the movie theater for two hours.*

   ◆ **Pour** is used when *for* refers to some period of time to come in the future. It is most often used with present or past tense forms of verbs such as **aller, partir, sortir, venir.**

Ils vont en France **pour** trois semaines et demie cet été.	*They are going to France for (a period of) three and a half weeks this summer.*
Agathe vient chez nous **pour** le week-end.	*Agathe is coming to our house for the weekend.*
Elle est partie faire des études à Nice **pour** un semestre.	*She left to study in Nice for a semester.*

◆ Likewise, two distinct prepositions in French, **dans** and **en**, correspond to the English preposition *in* followed by an expression of time.

   ◆ **En** is used to express the amount of time needed to accomplish an action, while **dans** is used to express when a future action will take place.

Le dernier candidat de *Star Academy* a interprété cette chanson **en** trois minutes vingt-cinq secondes.	*The last contestant on Star Academy performed this song in three minutes twenty-five seconds.*
Je vais le faire **dans** cinq minutes. Un peu de patience, voyons !	*I'm going to do it in five minutes. Be patient!*

Fiche pratique

When two French words correspond to a single English word, such as *in* used with a time expression, create contrasting examples to help remember which French word to use. For example, you might use the sentences: **J'ai terminé les devoirs de maths <u>en</u> vingt minutes. Je vais commencer les devoirs de français <u>dans</u> cinq minutes.**

⟵ À vous la parole ⟶

11-10 Le Festival de Cannes. Complétez ces phrases qui parlent du Festival international du film à Cannes.

MODÈLE Les grandes stars partiront à Cannes…
⟵ e. pour quinze jours.

1. Les grandes stars partiront à Cannes…
2. Cette actrice ne se presse pas ; elle se maquille et s'habille pour la grande soirée…
3. Le réalisateur parle aux journalistes…
4. Ce jeune acteur sans argent est allé à Cannes…
5. Il restera chez des amis…
6. Les professionnels du cinéma visionnent énormement de films…
7. Les invités d'honneur sortiront après la projection du film…
8. Quand il fait beau, les stars se promènent quelquefois sur la plage…

a. pendant les douze jours du Festival.
b. pendant deux nuits.
c. pour toute la soirée.
d. pendant trente-cinq minutes.
e. pour quinze jours.
f. pour seulement trois jours.
g. pendant l'après-midi.
h. pendant des heures et des heures.

 11-11 Chez Sophie et Guy. Sophie est une jeune fille dynamique qui accomplit tout assez rapidement. Par contre, son papa Guy est très occupé en ce moment et il remet (*puts off*) tout à plus tard. Imaginez leurs réponses aux situations suivantes en jouant les rôles de Sophie et de Guy avec un/e partenaire.

MODÈLES Guy : appeler le médecin pour fixer un rendez-vous

É1 (Sophie) « Papa, tu as appelé le médecin pour me fixer un rendez-vous ? »
É2 (Guy) « Non, chérie, mais je vais l'appeler dans dix minutes. »

Sophie : finir tes devoirs

É2 (Guy) « Sophie, tu as fini tes devoirs ? »
É2 (Sophie) « Oui, papa, je les ai finis en 20 minutes. »

1. Sophie : mettre la table
2. Sophie : promener le chien
3. Guy : préparer le dîner
4. Sophie : ranger ta chambre
5. Guy : écrire un mot pour le prof
6. Guy : signer l'autorisation parentale pour la sortie à l'école
7. Sophie : préparer une salade

11-12 Projets de vacances. C'est bientôt la fin du semestre. En groupes de trois ou quatre, parlez de vos projets. Voici quelques idées pour vous aider.

Quelques possibilités :

aller à la plage/à la montagne
faire du bénévolat
partir à l'étranger
partir en vacances

rendre visite à la famille/aux amis
se reposer
suivre des cours
travailler

MODÈLE É1 Moi, je vais me reposer pendant quelques jours et ensuite je dois travailler. Et toi, Rachel ?

É2 Moi, je compte me reposer pendant une semaine et ensuite, je vais travailler pendant trois semaines. Et toi, Nathan ?

É3 Je ne suis pas paresseux comme vous deux ! Je ne vais pas me reposer du tout. Je vais partir étudier en France pour trois semaines et après je voyagerai en Europe pendant dix jours avant de retourner aux États-Unis.

 # Parlons

11-13 Opinions sur la télévision. Quelles sont vos opinions et les opinions de vos camarades de classe au sujet de la télévision dans notre société ?

A. Avant de parler. Mettez-vous en groupes de quatre ou cinq et choisissez dans cette liste un sujet de discussion. Avant de discuter, réfléchissez sur vos opinions et écrivez les points essentiels.

◆ La télé doit informer les gens et les enrichir au niveau culturel.

◆ Les émissions violentes à la télé poussent les gens à la violence quotidienne.

◆ La télé joue un rôle dans le problème de l'obésité chez les enfants et les adultes.

◆ Les séries américaines donnent une image fausse (*false*) de la vie américaine.

◆ Tout le monde devrait avoir un accès gratuit à la télé numérique.

◆ Les émissions de téléréalité ont baissé (*lowered*) la qualité de la télévision en général.

B. En parlant. Maintenant, partagez vos opinions avec les autres membres de votre groupe pour découvrir ce qu'ils pensent. Voici quelques expressions utiles.

Pour exprimer votre opinion	Pour réagir aux opinions des autres
Je pense/Je crois/Je trouve que...	Je (ne) suis (pas) (tout à fait) d'accord...
À mon avis, ...	Au contraire...
Pour moi, ...	D'un autre côté, ...

MODÈLE É1 Je crois qu'à cause de la télévision on accepte de plus en plus la violence dans la vie de tous les jours.

É2 Je suis tout à fait d'accord avec Kathleen. On voit de la violence non seulement pendant le journal télévisé, mais aussi dans tous les feuilletons et séries les plus populaires. Même les émissions pour enfants...

É3 Je ne suis pas tout à fait d'accord avec vous. À mon avis, ce n'est pas parce que les gens regardent la violence qu'ils deviennent violents.

C. Après avoir parlé. Est-ce que les membres de votre groupe étaient tous d'accord ou est-ce qu'il y avait des différences d'opinion ? Faites un résumé de votre discussion pour vos camarades de classe.

Leçon ② Êtes-vous branché informatique ?

POINTS DE DÉPART

Êtes-vous technophile ou technophobe ?

Voulez-vous savoir où vous en êtes dans la révolution informatique ? Alors, répondez aux questions suivantes pour découvrir si vous êtes technophile ou technophobe.

Première partie :

1. Qu'est-ce que vous faites pour acheter vos livres au début du semestre ?
   a. Je les cherche et je les commande avec mon smartphone.
   b. Je fais de la recherche en ligne (avec un navigateur web bien sûr) pour voir où je peux trouver les livres les moins chers et je les commande avec une carte bancaire sur un site web.
   c. Je vais à la librairie et je demande de l'aide au libraire.

2. Qu'est-ce que vous faites quand vous devez faire un exposé devant la classe ?
   a. Je surfe sur Internet pour trouver des informations et je prépare une présentation multimédia avec de la musique, du texte et des clips vidéo. Bien sûr, je sauvegarde le fichier sur ma clé USB et je m'envoie une copie par e-mail en pièce jointe avant l'exposé.
   b. Je prépare un beau poster avec des jolies images que j'ai scannées et imprimées à la maison avec mon imprimante multifonction. J'ajoute aussi quelques photos numériques que j'ai retouchées avec un logiciel sur ordinateur.
   c. J'écris mon plan et les idées importantes dans mon cahier. Je fais ma présentation à l'oral devant la classe.

3. Comment est-ce que vous communiquez avec vos amis et vos parents ?
   a. Je me sers d'un ordinateur portable et d'une webcam. C'est génial. On peut se voir en même temps qu'on se parle et ça ne coûte pas cher.
   b. On s'échange souvent des textos, des photos et des vidéos avec nos portables. Et on s'envoie des liens pour des sites web intéressants.
   c. Je leur téléphone de temps en temps et j'écris des cartes postales une fois par mois.

4. Qu'est-ce que vous faites pour vous détendre ?
   a. Je télécharge des clips vidéo et des émissions de télé ou je surfe sur Internet avec mon iPad en écoutant de la musique bien sûr.
   b. J'écoute de la musique avec le lecteur CD de mon ordi portable et je mets à jour mon compte Facebook.
   c. Je lis un roman ou des bandes dessinées et quelquefois je me promène s'il fait beau.

Comptez vos points pour la première partie : Les réponses a= 2 points ; b= 1 point ; c=0

Deuxième partie :
Maintenant, ajoutez un point pour chaque item de la liste ci-dessous que vous possédez.

- ❏ un baladeur MP3 ou un iPod
- ❏ un clavier sans fil
- ❏ une clé USB
- ❏ un disque dur externe
- ❏ une imprimante

- ❏ une tablette tactile comme le iPad
- ❏ un lecteur/graveur CD/DVD
- ❏ un moniteur avec un écran plat
- ❏ un ordinateur
- ❏ un ordinateur portable

- ❏ un smartphone
- ❏ un réseau sans fil (le wi-fi)
- ❏ une souris optique sans fil
- ❏ un téléphone portable
- ❏ une webcam

Maintenant, additionnez les points pour la première et la deuxième partie.

Quel est votre score ?

20–23 *Vous êtes vraiment technophile. Vous adorez les nouveaux gadgets et vous êtes parmi les premiers à essayer chaque nouvelle technologie. Mais vous passez peut-être un peu trop de temps devant l'écran. Pensez à sortir un peu respirer l'air frais.*

15–19 *Vous aimez bien la technologie et vous savez vous en servir pour faciliter la vie. Attention de ne pas devenir trop dépendant de ces nouvelles technologies.*

6–14 *Vous semblez avoir trouvé le bon équilibre entre le virtuel et le réel. Vous vous servez de la technologie mais vous n'oubliez pas non plus qu'il y a plus que la technologie et la nouveauté dans la vie.*

0–5 *Oh là là, vous n'êtes vraiment pas dans la révolution technologique. Vous ne comprenez pas pourquoi tout le monde semble adorer ces ordinateurs et cet Internet auxquels vous résistez toujours. Mais attention ! Il y a des bons éléments de la technologie qui pourraient vous simplifier la vie. À vous de les trouver.*

◄ À vous la parole ◄

11-14 Définitions. Trouvez le mot qui correspond à chaque définition.

MODÈLE C'est un appareil qu'on utilise pour imprimer un texte.
◄ C'est une imprimante.

1. C'est très pratique pour sauvegarder votre travail et le transporter.
2. C'est un ordinateur qu'on peut facilement transporter.
3. C'est sur cette partie de l'ordinateur qu'on tape (*types*).
4. C'est un téléphone mobile qu'on peut utiliser pour se connecter à Internet.
5. C'est pratique si on veut consulter ses mails, lire le journal ou voir une vidéo en se déplaçant.
6. C'est nécessaire pour se connecter à Internet à partir d'un ordinateur portable.
7. C'est ce que vous faites quand vous sauvegardez la musique d'un site Internet.
8. Si vous voulez utiliser un ordinateur pour téléphoner à quelqu'un, c'est plus agréable d'en avoir une.

Avec un ordinateur portable, on peut travailler n'importe où ; même dans un canoë en Polynésie française.

Vie et culture

Les Français et Internet

Combien d'heures par jour est-ce que vous passez devant un ordinateur ou connecté à Internet avec un ordinateur, une tablette ou un smartphone ? Quand vous avez du temps libre, est-ce que vous aimez surfer sur le Web, télécharger de la musique ou communiquer avec vos amis avec la messagerie instantanée, votre compte Facebook ou des mails ? Est-ce que vous pensez que les Français passent autant de temps que vous sur Internet ? D'après un sondage récent (Ipsos MediaCT Profiling 2011), 72 % des Français (soit 36,6 millions) sont des internautes (c'est-à-dire des usagers d'Internet). En plus, 1 sur 3 de ces internautes sont également des mobinautes (c'est-à-dire qu'ils se connectent à Internet avec leurs gadgets mobiles (téléphone, tablette,…). Est-ce que vous êtes mobinaute ? Et vos amis et les membres de votre famille ? Pourquoi ?

Le sondage fait par Ipsos a également demandé à un certain nombre d'internautes âgés

Avec un ordi portable et une connexion wi-fi, on peut se connecter n'importe où.

de 15 ans ou plus d'indiquer les opérations qu'ils ont effectuées sur Internet dans les trente derniers jours. Ce tableau montre une partie des résultats. Comment est-ce que ces usages diffèrent de vos usages ou des usages de vos proches ?

Opérations effectuées via Internet dans les 30 derniers jours (en % des 13 488 internautes sondés, résidants en France et âgés de 15 ans ou plus)

Opération	%
Consulter/envoyer e-mails personnels ou professionnels	86.7
Recherche d'informations pratiques (météo, trafic, …)	84.5
Consulter ou gérer vos comptes bancaires	69.7
Réaliser achat, commande ou réservation	55.8
Consulter site réseau social (Facebook, Myspace, Twitter, …)	54.3
Consultation de vidéo en ligne	42.3
Messagerie instantanée (de type ICQ, MSN Messenger, …)	38.2
Téléchargement de logiciels	31.9
Consulter un blog	31.0
Regarder la télévision	25.7
Téléchargement de musique (MP3, …)	20.3
Téléchargement de vidéo, de film	18.4
Téléphoner en ligne	16.5
Laisser des commentaires sur un blog	13.7

11-15 La technologie et vous. Combien de ces appareils est-ce que vous savez utiliser ? Comment est-ce que vous les utilisez ? Comparez vos réponses avec les réponses d'un/e partenaire.

MODÈLE un lecteur DVD

É1 Mon ordinateur portable a un lecteur DVD. Je regarde beaucoup de DVD, et quelquefois je télécharge des films.

É2 Moi aussi, j'aime les DVD. Je les regarde avec mon lecteur DVD et souvent je regarde des émissions de télévision sur Internet.

1. une clé USB
2. une souris sans fil
3. une webcam
4. un lecteur DVD

5. une tablette
6. un iPod ou un baladeur MP3
7. un clavier sans fil
8. un appareil numérique

11-16 Internet et vous. Faites un sondage dans votre classe pour déterminer le pourcentage de gens qui utilisent Internet pour les activités suivantes.

MODÈLE pour envoyer et recevoir des mails

É1 Qui utilise Internet pour envoyer des mails ?

É2 Un, deux, trois, quatre, cinq. Cinq personnes dans notre groupe envoient et reçoivent des mails.

(plus tard)

É3 Cinq personnes ou 100 % des membres de notre groupe envoient des mails. Quatre personnes ou 80 % utilisent les réseaux sociaux.

1. pour envoyer et recevoir des mails
2. pour participer à des réseaux sociaux (comme Facebook)
3. pour obtenir des informations pratiques
4. pour accéder à un compte bancaire
5. pour faire des achats ou réserver des places
6. pour lire ou écrire un blog ou faire des commentaires sur un blog
7. pour téléphoner
8. pour voir des films
9. pour regarder des émissions de télé

Sons et lettres

Le *e* instable et les groupes consonne + /j/

TEXT AUDIO
CD 6 TRACK 5

Unstable **e** is pronounced when it occurs before groups consisting of a consonant plus the semivowel /j/. Compare the corresponding present indicative versus imperfect or present subjunctive **nous** and **vous** forms:

nous app**é**lons	nous app**e**lions
vous d**é**vez	vous d**e**viez
vous ach**é**tez	il faut que vous ach**e**tiez
nous j**é**tons	il est nécessaire que nous j**e**tions

These groups also occur in the conditional **nous** and **vous** forms. Compare the corresponding future and conditional forms:

nous mang**é**rons	nous mang**e**rions
vous trouv**é**rez	vous trouv**e**riez

Recall that **i** is pronounced as the vowel /i/ rather than the semivowel /j/ after consonant groups ending with /r/ or /l/, for example: **le cl<u>i</u>ent**, **cr<u>i</u>er**. Such combinations occur especially in the **nous** and **vous** forms of the conditional of **-re** verbs. Compare:

vous prendrez	vous prendr**i**ez
nous nous détendrons	nous nous détendr**i**ons

⯇ À vous la parole ⯇

11-17 Plus ça change. Mettez chaque verbe à l'imparfait.

MODÈLE vous jetez
⯇ vous j**e**tiez

1. nous amenons
2. vous achetez
3. vous devez
4. nous épelons
5. nous appelons
6. vous vous rappelez

11-18 Ce n'est pas sûr. Mettez chaque verbe au conditionnel.

MODÈLE nous accepterons
⯇ nous accepter**i**ons

1. nous regarderons
2. nous passerons
3. vous ferez
4. nous aiderons
5. vous porterez
6. vous voyagerez
7. vous vous fâcherez
8. nous nous laverons

FORMES ET FONCTIONS

1. *Le conditionnel*

◆ You have used the conditional forms of **devoir**, **pouvoir**, and **vouloir** to express obligation, to soften commands, and to make suggestions.

Tu **pourrais** lui envoyer un mail.	*You could send him an e-mail.*
On **devrait** acheter une webcam.	*We should buy a webcam.*

◆ Here are some additional uses of the conditional:

  ◆ to express events or situations that are hypothetical or conjectural:

J'**aimerais** acheter un smart-phone, mais c'est cher.	*I'd like to buy a smartphone, but it's expensive.*
Tu **vendrais** vraiment ton iPod ?	*Would you really sell your iPod?*
Nous **voudrions** être riches !	*We would like to be rich!*

  ◆ to express future events or situations in relation to the past. Compare the uses of the future with the present and the conditional with the **passé composé** in the following pair of sentences:

Future event with relation to the present:

Il **dit** qu'il n'**achètera** jamais d'ordinateur.	*He says that he will never buy a computer.*

Future event with relation to the past:

Il **a dit** qu'il n'**achèterait** jamais d'ordinateur.	*He said that he would never buy a computer.*

◆ The conditional is formed by adding the imperfect endings to the future stem.

SINGULIER		PLURIEL	
je	donner**ais**	nous	donner**ions**
tu	donner**ais**	vous	donner**iez**
il elle on	donner**ait**	ils elles	donner**aient**

Here are the conditional forms of the main verb groups.

VERB GROUP	INFINITIVE	CONDITIONAL
-er	parler	je **parlerais**
-ir	partir	je **partirais**
-re	vendre	je **vendrais**

Verbs that have an irregular future stem use that same stem in the conditional: **j'irais, j'aurais, je serais, je me lèverais, je jetterais, je préfèrerais**, etc.

◆ À vous la parole ◆

11-19 Projet ou rêve. Julien a beaucoup de projets pour l'avenir et beaucoup de rêves (*dreams*). Pour chacune de ses idées, indiquez si c'est un rêve ou un projet d'avenir.

	rêve	projet d'avenir
MODÈLE J'irais en Suisse.	✓	_____
1. J'irais au Festival de Cannes.	_____	_____
2. Je regarderai le Festival à la télé.	_____	_____
3. J'achèterai un smartphone.	_____	_____
4. Je ferais le tour du monde.	_____	_____
5. Je travaillerai beaucoup.	_____	_____
6. Je travaillerais pour Apple.	_____	_____
7. J'achèterais une imprimante laser couleur.	_____	_____

Est-ce que Julien est plus rêveur ou plus réaliste ? Pourquoi ?

11-20 Vous aussi ? Avec plus d'argent, qu'est-ce que vous feriez ? Êtes-vous d'accord avec ces gens ?

MODÈLE Je m'achèterais une nouvelle voiture.

      ◄ Moi aussi, je m'achèterais une nouvelle voiture.

OU ◄ Moi non, je m'achèterais un grand bateau.

1. Je voyagerais tout le temps.
2. Je ne travaillerais plus.
3. Je partagerais l'argent avec ma famille.
4. Je prêterais de l'argent à mes amis.
5. Je m'achèterais un château en France.
6. J'irais dîner dans les meilleurs restaurants.
7. Je donnerais de l'argent aux personnes en difficulté.

Avec plus d'argent, je m'achèterais un bateau et une résidence secondaire dans le sud de la France.

11-21 Des bons conseils. Quel conseil est-ce que vous et votre partenaire donneriez à ces personnes ?

MODÈLE Je ne suis pas très bien informé.

    É1 À ta place, je regarderais les infos en ligne tous les jours.

    É2 Tu devrais surfer sur Internet plus souvent.

1. Ma fille regarde trop la télé.
2. J'ai envie de me détendre ce soir.
3. Nous partons bientôt en vacances.
4. Dans ma famille, on se dispute toujours pour se servir de notre nouvelle tablette.
5. J'ai envie de voir un bon film ce week-end.
6. J'ai du mal à choisir un candidat au moment des élections.

11-22 Vous avez le pouvoir ! Avec un/e partenaire, imaginez que vous êtes dans les situations suivantes. Qu'est-ce que vous feriez ? Ensuite, comparez vos idées avec celles de vos camarades de classe.

MODÈLE Vous êtes le professeur de votre cours de français.

    É1 Je donnerais moins de devoirs.

    É2 Je ne permettrais pas aux étudiants de parler anglais.

1. Vous êtes le professeur de votre cours de français.
2. Vous êtes le président/la présidente de votre université.
3. Vous êtes un acteur/une actrice célèbre.
4. Vous êtes le directeur/la directrice d'une grande chaîne de télévision.
5. Vous êtes le maire de votre ville.
6. Vous êtes le président/la présidente des États-Unis.

2. *L'ordre des évènements*

◆ To order events in time, you can use the expression **avant de** plus an infinitive. This expression can be used whether the time frame is past, present, or future.

Avant de partir travailler, je vérifie mes mails. *Before going to work, I check my e-mail.*

Avant de me coucher, j'ai lu un peu. *Before going to bed, I read a little.*

Le ministre va y réfléchir **avant de répondre** aux journalistes. *The minister will think about it before responding to the journalists.*

◆ The expression **après avoir/après être** plus the past participle can be used in a similar way to order events. Choose **avoir** or **être** based on how the particular verb is conjugated in the **passé composé**. Remember that when verbs are conjugated with **être**, the past participle must agree in number and gender with the subject.

Après avoir entendu la nouvelle, j'ai téléphoné à ma sœur. *After hearing the news, I called my sister.*

Le soir, je surfe sur Internet **après avoir dîné**. *In the evening, I surf the Internet after eating.*

Après s'être installée, la sénatrice se réunira avec son personnel. *After getting settled in, the senator will meet with her staff.*

⤝ À vous la parole ⤜

11-23 Une journée typique. Déterminez l'ordre des évènements décrits.

MODÈLES Après avoir mangé, je me brosse les dents.
   ⤝ 1. manger ; 2. me brosser les dents

   Avant de me brosser les dents, je bois mon café.
   ⤝ 1. boire mon café ; 2. me brosser les dents

1. Avant de m'habiller, je prends une douche.
2. Après être sortie, je mets mes gants et mon foulard.
3. Je vais acheter un journal avant d'arriver au bureau.
4. Après avoir travaillé un peu, j'ai déjeuné avec des amis.
5. Avant de quitter le bureau, j'ai téléphoné au chef de section.
6. Après avoir quitté le bureau, je suis allé au supermarché.
7. Avant de préparer à manger, j'ai cherché une recette sur Internet.
8. J'ai regardé un film sur mon ordi avant de me coucher.

11-24 Vos activités. Avec un/e partenaire, parlez de vos activités passées, actuelles et futures.

MODÈLE Avant de venir en classe aujourd'hui, …
   È1 Avant de venir en classe aujourd'hui, j'ai travaillé à la B.U.
   È2 Et moi, avant de venir en classe, j'ai déjeuné au resto U.

1. Avant de venir en classe aujourd'hui, …
2. Après avoir fait les devoirs hier soir, …
3. Avant de me coucher, normalement…
4. Avant de sortir avec mes amis le week-end, …
5. Après avoir passé mes examens ce semestre, …
6. Après avoir terminé mes études, …
7. Avant de prendre ma retraite (*to retire*), …

11-25 Dernières nouvelles. Imaginez le reportage d'un journaliste, qui doit utiliser un style plus sophistiqué.

MODÈLE Le président a parlé avec le ministre. Ensuite, il a donné une conférence de presse.

⮜ Après avoir parlé avec le ministre, le président a donné une conférence de presse.

OU ⮜ Avant de donner une conférence de presse, le président a parlé avec le ministre.

1. Le ministre a parlé devant le Sénat, mais d'abord il a lu la proposition.
2. L'ambassadeur a annoncé la nouvelle, mais d'abord il a téléphoné au président.
3. Le sénateur se réunira (*will meet*) avec son personnel et ensuite il annoncera son plan économique.
4. Le ministre annoncera sa réforme éducative, mais d'abord il va prévenir (*to inform*) la presse.
5. Le journaliste a interviewé le président et ensuite il a écrit son article.

11-26 Narration. Expliquez à votre partenaire ce que vous avez fait hier, et ce que vous allez faire demain. Voici quelques expressions utiles.

d'abord	avant de + infinitif	après avoir ⎫
ensuite	enfin	après être ⎭ + participe passé

MODÈLE ⮜ Hier, c'était dimanche. Je me suis levé très tard. D'abord, j'ai pris mon petit-déjeuner. Après avoir mangé, j'ai pris une douche. Avant de sortir, j'ai passé une ou deux heures sur Facebook…

Stratégie

Familiarize yourself with the conventions of the genre in which you are writing. For example, if you will be writing a futuristic piece, you may want to look at some typical examples of science fiction writing before you begin.

Écrivons

11-27 Ma vie en 2050

A. Avant d'écrire. Imaginez votre vie en 2050 et écrivez deux ou trois paragraphes qui décrivent une journée typique pour vous. Pour rendre cette description plus intéressante, n'oubliez pas de parler des innovations technologiques qui feront partie de votre vie de tous les jours. Faites du remue-méninges (*brainstorming*) avec des camarades de classe pour imaginer les innovations futures. Pour vous donner quelques idées, consultez des œuvres de science-fiction ou futuristes.

B. En écrivant. Maintenant, rédigez quelques paragraphes qui décrivent votre journée typique dans l'avenir et les innovations technologiques qui vous entourent. N'oubliez pas d'écrire une phrase d'introduction et de terminer avec une brève conclusion.

MODÈLE ◢ Nous voilà en l'an 2050. Voici une journée typique pour moi. Comme tous les jours en semaine, je me lève à sept heures du matin quand je sens l'odeur du café préparé par mon robot domestique. Je prends mon smartphone qui est aussi grand qu'une carte bancaire ! Mon empreinte digitale (*thumbprint*) sert de mot de passe et le smartphone se met en marche (*starts up*). Pendant que je bois mon café, j'écoute les infos que le smartphone a selectionées pour moi selon mes centres d'intérêt et il me précise quel itinéraire je devrais prendre ce matin pour éviter les accidents de la route et les embouteillages (*traffic jams*). Avant de quitter mon travail le soir, j'envoie un message, par tablette, à mon robot domestique pour indiquer que je dînerai à sept heures et demie ce soir et que j'amènerai une amie qui n'aime pas les haricots...

C. En révisant. Réfléchissez aux questions suivantes et puis faites tous les changements nécessaires.

1. Relisez votre description pour analyser le contenu : est-ce que vous avez décrit une journée typique en 2050 ? Combien d'innovations technologiques est-ce que vous avez mentionnées ?
2. Relisez de nouveau votre texte pour analyser le style et la forme : est-ce que la description de votre journée contient des éléments fantastiques ou futuristes ? Avez-vous inclus suffisamment de détails pour rendre votre description intéressante ? Est-ce que vous avez inclus des phrases d'introduction et de conclusion ? Vérifiez que vous avez bien utilisé le vocabulaire nécessaire pour décrire la technologie.

D. Après avoir écrit. Partagez votre description avec vos camarades de classe. Qui a la vision la plus futuriste ? la plus réaliste ? la moins probable ?

POINTS DE DÉPART

TEXT AUDIO
CD 6 TRACK 6

La lecture et vous

Qu'est-ce qu'elle lit ?

Quelles sont vos habitudes de lecture ? Complétez le questionnaire pour en savoir plus ! D'après vos résultats, est-ce que vous êtes un lecteur sérieux, un lecteur occasionnel ou un lecteur pragmatique ? Comparez vos réponses aux réponses de vos camarades de classe.

Indiquez vos trois types de lecture préférés :
- les journaux (nationaux, régionaux, spécialisés—sport, économie)
- les magazines (d'information, de télévision, féminins ou familiaux)
- les romans (d'amour, historiques, policiers, de science-fiction)
- les livres de loisirs (de cuisine, de sport, de bricolage, de jardinage)
- les livres d'art (sur la peinture, l'architecture, le cinéma)
- les livres d'histoire ou les biographies
- les blogs, les forums de discussion et les journaux en ligne
- les poésies
- les bandes dessinées (les BD)
- les ouvrages de référence (le dictionnaire, l'atlas, l'encyclopédie)

Comment choisissez-vous un livre ?
- les recommandations des critiques dans la presse ou en ligne
- les recommandations d'amis
- la réputation de l'auteur
- la publicité

Comment obtenez-vous les livres ?
- vous les empruntez à une bibliothèque
- vous les empruntez à des amis
- vous les achetez dans une librairie
- vous êtes abonné/e à un club lecture
- vous les téléchargez sur votre ordinateur
- vous les téléchargez sur votre lecteur ebook

Pourquoi lisez-vous ?
- pour vous détendre
- pour vous instruire
- pour vous distraire

Où lisez-vous ?
- en vacances
- en voyage
- dans les transports en commun
- à la bibliothèque
- chez vous
- en écoutant de la musique
- au lit pour vous endormir
- devant l'ordinateur

Fiche pratique

To remember new words or expressions that may cause some confusion, associate a meaningful example with each one. For example: **une bande dessinée** : *Astérix* ; **un dessin animé** : *Les 101 Dalmatiens* ; **un film d'animation** : *Madagascar 3.*

⬥ À vous la parole ⬥

11-28 De la lecture pour tout le monde. Quel type de livre, de magazine ou de site Web est-ce qu'on pourrait conseiller à chaque personne décrite ici ?

MODÈLE un enfant
> ⬥ On pourrait lui suggérer une histoire d'enfants ou une bande dessinée.

1. un étudiant qui prépare son diplôme en journalisme
2. quelqu'un qui adore l'art mais qui n'a pas souvent l'occasion d'aller au musée
3. quelqu'un qui aime bricoler
4. quelqu'un qui apprend l'anglais
5. quelqu'un qui regarde souvent la télévision
6. quelqu'un qui s'intéresse à l'histoire
7. quelqu'un qui adore la science-fiction
8. quelqu'un qui fait beaucoup de sport

Vie et culture

🖳 La presse française

Regardez la séquence vidéo, *Je lis la presse*, où Pauline montre et décrit ses journaux et magazines préférés. D'après sa description, qu'est-ce qu'un quotidien ? un hebdomadaire ? un mensuel ?

Pauline achète *Le Monde,* mais elle est abonnée[1] au quotidien *Libération.* Comment est-ce qu'elle décrit son magazine préféré, *Le Nouvel Observateur* ? Quel autre hebdomadaire est-ce qu'elle achète, et pourquoi ? Pauline a acheté un mensuel, *Géo* au kiosque ; pourquoi ?

Voici la liste des dix hebdomadaires et bimensuels les plus lus en France pour la période de juillet 2009 à juin 2010. Pour chaque magazine, identifiez son genre : par exemple, est-ce que c'est un magazine féminin ? un magazine de télévision ? Qu'est-ce que vous pouvez déduire des priorités ou des goûts des gens qui les achètent ?

[1]*subscribes*

Le Top Ten des hebdomadaires les plus lus

Par l'ensemble (en milliers de lecteurs)

Magazine	Lecteurs
TV Magazine	17323
Version Femina	9236
Télé Z	5955
Télé 7 Jours	5679
Femme Actuelle	5387
Paris Match	5375
Télé Star	4783
Télé Loisirs	4624
Closer	4069
Voici	3977

11-29 D'après le titre. D'après le titre, c'est quel genre de livre, de journal ou de magazine ?

MODÈLE *Marie Claire Maison*

◄ C'est probablement un magazine féminin.

1. *Télérama*
2. *Info-Matin*
3. *Elle*
4. *Cahiers du Football*
5. *Bien-Être & Santé*
6. *Lucky Luke dans le Far West*
7. *Le Guide Pratique du Droit*
8. *Cuisine Minceur*

11-30 Et vous ? Quelles sont vos habitudes ? Comparez-les avec les habitudes d'un/e camarade de classe.

1. Qu'est-ce que vous lisez tous les jours ? — le journal, des magazines ? quel journal et quels magazines ? les infos en ligne ? les profils de vos amis sur Facebook ? les tweets de vos amis ou de quelques célébrités ?
2. Quels ouvrages de référence est-ce que vous consultez chez vous ? à la bibliothèque ? en ligne ?
3. Qu'est-ce que vous lisez pour vos cours ? Est-ce que vous avez beaucoup de lectures en ligne à faire ? Est-ce que vous avez accès à des ebooks pour quelques cours ? Comment est-ce que vous les lisez, en ligne, sur une tablette, avec un lecteur ebook comme Kindle ou Fnacbook ?
4. Qu'est-ce que vous lisez pour vous informer ? pour vous détendre ?
5. Qu'est-ce que vous lisez quand vous êtes en vacances ?
6. Comment est-ce que vous préférez lire pour vous détendre, avec un livre classique, en ligne ou avec un lecteur ebook ?

FORMES ET FONCTIONS

1. *Les phrases avec* si...

The conjunction **si** is used in a clause that expresses a condition. It is often accompanied by another clause that expresses the result.

◆ Use **si** plus the present tense to express a condition that, if fulfilled, will result in a certain action (stated in the present or future).

Si je **trouve** ce nouveau roman, je l'**achète**/je l'**achèterai**.	*If I find this new novel, I'm buying it/I will buy it.*
Elle nous **accompagne**/ **accompagnera** au cinéma **si** elle **a** le temps.	*She is going/will go with us to the movies if she has the time.*

◆ Use **si** plus the imperfect if the situation is hypothetical; the result clause will then be in the conditional.

Si j'**avais** assez d'argent, je m'**achèterais** un nouvel ordinateur portable.	*If I had enough money, I would buy my-self a new laptop.*
Ils **pourraient** répondre plus rapidement **s'**il leur **envoyait** un mail.	*They could respond more quickly if he sent them an e-mail.*

➤ À vous la parole ➤

11-31 Pour vous informer et vous distraire en ligne. David explique à son amie Céline comment se servir plus d'Internet. Terminez chaque phrase d'une façon logique.

MODÈLE Si tu achètes un ordinateur portable avec une connexion Wi-Fi, …
➤ Si tu achètes un ordinateur portable avec une connexion Wi-Fi, tu pourras travailler n'importe où.

1. Si tu as besoin de lire un article en ligne, …
2. Si tu veux rester en contact avec tes amis, …
3. Si tu veux écouter de la musique, …
4. Si tu cherches un numéro de téléphone, …
5. Si tu veux avoir les dernières nouvelles, …
6. Si tu as le temps de jouer, …
7. Si tu veux regarder un film, …

11-32 Choix de profession. Quelques jeunes gens ne peuvent pas décider quelle profession choisir. Qu'est-ce qu'ils feraient s'ils choisissaient une profession dans les arts ou dans les médias ?

MODÈLE journaliste
➤ Si vous étiez journaliste, vous pourriez écrire des articles pour un journal ou un magazine.

1. présentateur/présentatrice à la télé
2. acteur/actrice
3. réalisateur/réalisatrice
4. chanteur/chanteuse
5. photographe
6. informaticien/ne
7. musicien/ne
8. écrivain

11-33 Des rêves et des projets. Qu'est-ce que vous ferez ou feriez dans les situations suivantes ? Avec un/e partenaire, parlez de vos projets et de vos rêves (*dreams*).

MODÈLE être une actrice/un acteur célèbre
É1 Si tu étais une actrice célèbre, qu'est-ce que tu ferais ?
É2 Je serais très riche et j'habiterais à Hollywood.

1. avoir ton diplôme demain
2. être millionnaire
3. trouver un emploi aujourd'hui
4. aller en Suisse
5. être en France
6. être le président/la présidente des États-Unis
7. avoir 50 ans

Parallèles

On aime lire. 🎬

Mathilde et Diandra nous expliquent ce qu'elles aiment lire.

Diandra achète des magazines dans un kiosque à Paris.

Mathilde apprécie beaucoup la lecture.

2. *Les expressions* depuis *et* il y a... que

Depuis and **il y a... que** are used with an expression of time and the present tense to indicate that an event that began in the past is still going on in the present.

◆ **Depuis** is used with an expression of time to indicate how long an event has been going on. To ask how long something has been going on, use **depuis combien de temps ?**

—**Depuis combien de temps** est-ce que tu écris des poèmes ?
—*How long have you been writing poems?*

—J'écris des poèmes **depuis** trois ans.
—*I've been writing poems for three years.*

◆ **Depuis** can also be used to indicate specifically when an event began. Use **depuis quand ?** to ask when an event started.

—**Depuis quand** est-ce que tu travailles ici ?
—*Since when have you been working here?*

—Je travaille ici **depuis** 2012.
—*I've been working here since 2012.*

◆ To emphasize the length of time that something has been going on, use **il y a**, plus a time expression, plus **que**.

—**Il y a combien de temps que** tu as cet ordinateur ?
—*How long have you had this computer?*

—**Il y a deux mois.**
—*For two months.*

◆ À vous la parole ◆

11-34 Ça fait longtemps ! Mettez l'accent sur la durée en utilisant **il y a... que**.

MODÈLE Julie est à la fac depuis trois ans.
◆ Il y a trois ans que Julie est à la fac.

1. Elle étudie les sciences de l'information depuis deux ans.
2. Elle fait un stage à la B.U. depuis trois mois.
3. Elle a un ordinateur portable depuis dix semaines.
4. Elle a un blog depuis un mois.
5. Elle lit l'autobiographie d'Eleanor Roosevelt depuis quelques semaines.
6. Elle cherche un article pour son cours de journalisme depuis quarante-cinq minutes.

11-35 La biographie d'un journaliste. Avec un/e partenaire, parlez de la carrière de David en précisant depuis quand ou depuis combien de temps il fait les choses suivantes.

MODÈLE 1998   David devient photographe.

      É1 Depuis quand est-ce que David est photographe ?
      É2 Il est photographe depuis 1998.
  ou É1 Depuis combien de temps est-ce que David est photographe ?
      É2 Il est photographe depuis [seize] ans.

1998	David devient photographe.
2000	David étudie l'anglais.
2002	David travaille pour un magazine.
2004	David voyage pour le travail.
2005	David gagne des prix pour ses reportages.
2008	David a son bureau à Londres.
2010	David visite les États-Unis tous les ans.
2012	David est chef de bureau.

 11-36 Et vous ? Posez des questions à un/e partenaire pour savoir s'il/si elle fait les choses suivantes, et si oui, depuis combien de temps.

MODÈLES pratiquer un sport

    É1 Est-ce que tu pratiques un sport ?
    É2 Oui, je joue au basket.
    É1 Depuis combien de temps est-ce que tu joues au basket ?
    É2 Depuis sept ans.

1. pratiquer un sport
2. jouer d'un instrument
3. lire le journal
4. habiter la résidence ou un appartement
5. travailler
6. avoir un blog
7. avoir un ordi portable
8. être fiancé/e ou marié/e ou divorcé/e

Écoutons

TEXT AUDIO
CD 6 TRACK 7

11-37 Revue de presse

A. Avant d'écouter. En France, vous pouvez entendre régulièrement à la radio ou même à la télévision le matin, une revue de presse. Dans ces émissions, un journaliste résume et commente des articles récents qu'il a sélectionnés. Dans cette revue de presse, vous allez entendre un journaliste qui parle de quatre thèmes différents : **le sport**, **la politique**, **les régions** et **la culture**. Avec un/e partenaire, pensez aux mots-clés que le journaliste pourrait employer pour parler de chaque thème. Par exemple, pour le thème **de la politique**, on pourrait entendre des mots comme **élections**, **président**, **parti politique**. Quand vous écoutez cette revue de presse, utilisez les mots-clés que vous avez identifiés pour vous aider à comprendre.

B. En écoutant. Complétez le tableau en écoutant la revue de presse.

1. Pendant la première écoute, indiquez dans la première colonne, le thème (**sport**, **politique**, **région**, **culture**) pour chaque partie.
2. Écoutez de nouveau et entourez les magazines ou journaux mentionnés dans chaque partie. Il peut y avoir plusieurs sources pour chaque thème. (Attention : pour le premier thème, seulement un des journaux mentionnés a été sélectionné comme modèle. C'est à vous de trouver les autres.)
3. Écoutez une dernière fois et complétez la troisième colonne avec un fait intéressant que vous avez appris pour chaque thème.

Thème	Source(s)		Un fait intéressant
1. *la politique*	Le Figaro Libération Le Monde	Le Parisien La Nouvelle République	*Les élections européennes sont dans deux semaines.*
2.	La Montagne Les Echos	La Voix du Nord L'Équipe	
3.	L'Express Le Nouvel Observateur	Le Point	
4.	Géo Prima	Première Marie Claire	

C. Après avoir écouté. Maintenant, répondez aux questions suivantes avec vos camarades de classe.

1. Après avoir écouté cette revue de presse, est-ce que vous avez envie de lire un de ces articles ? Quel(s) article(s) vous intéresse(nt) particulièrement ? Pourquoi ?
2. Est-ce que vous aimeriez écouter une revue de presse chez vous ? Pourquoi ?

Quels journaux et magazines est-ce que vous reconnaissez dans ce kiosque qui se trouve à Marrakech au Maroc ?

Venez chez nous ! Le cinéma

Les Français ont joué un grand rôle dans le développement du cinéma.
C'est en 1895 à Lyon que les frères Lumière inventent le cinématographe,
une machine qui permet de produire les premiers films. Deux ans après, le
premier studio cinématographique est construit à Montreuil, près de Paris.
Depuis, le film français est devenu un véhicule important de la culture
francophone.

Louis et Auguste Lumière ont présenté le premier film de l'histoire
du cinéma en 1895 : *la Sortie des usines Lumière*.

Voyage dans la Lune, tourné
en 1902 par Georges Méliès,
est le premier film de science-
fiction. Georges Melies/The
Metropolitan Museum of Art,
New York, NY, U.S.A. Image
copyright © The Metropolitan
Museum of Art.

 ## Observons

11-38 Réflexions sur le cinéma

A. Avant de regarder. Si vous habitiez les environs de Cannes, qu'est-ce
que vous pourriez faire au moment du Festival International du Film ?
Faites une liste d'activités possibles. Vous allez entendre une Niçoise qui
décrit sa propre expérience, puis un étudiant à l'Université de Nice qui
décrit ses préférences cinématographiques.

B. En regardant. Trouvez toutes les bonnes réponses possibles à chaque question.

1. Selon Fabienne, des célébrités viennent à Cannes...
   a. de tous les pays.
   b. à tous les moments.
   c. pour les vacances.
   d. pour la promotion de leurs films.

2. Fabienne... à Cannes au moment du festival.
   a. ne va jamais
   b. est souvent
   c. va tous les ans

3. Elle a eu l'occasion... quelques célébrités.
   a. de voir
   b. de dîner avec
   c. d'interviewer

4. Édouard va au cinéma...
   a. aussi souvent que possible.
   b. très souvent.
   c. tous les soirs.

5. Le dernier film qu'il a vu, c'était un film...
   a. américain.
   b. espagnol.
   c. français.

6. Pour lui, un grand classique du cinéma, c'est...
   a. *Harry, un ami qui vous veut du bien.*
   b. *L'auberge espagnole.*
   c. *Le Seigneur des anneaux.*
   d. *Matrix.*

C. Après avoir regardé. Maintenant discutez des questions suivantes avec vos camarades de classe.

1. Est-ce qu'il est possible pour les gens chez vous de côtoyer (*to get close to*) des célébrités comme le fait Fabienne à Cannes ? Pourquoi est-ce que les gens aiment cela, à votre avis ?
2. Est-ce que vous êtes d'accord avec Édouard quand il nomme des « grands classiques » ? Quels sont les grands films classiques pour vous ?

Les festivals internationaux de films

Il y a de nombreux festivals de films chaque année. Un des plus connus est en France, à Cannes. Tous les ans, pendant quinze jours au mois de mai, la charmante ville touristique de Cannes devient la capitale cinématographique du monde. Le Festival International du Film est surtout un congrès professionnel : producteurs, réalisateurs et vedettes y viennent pour se rencontrer, pour échanger des idées, pour essayer de vendre leurs nouveaux films et pour distribuer des « Palmes » pour les meilleurs films de l'année.

Le Palais des Festivals à Cannes.

Pour savoir quels sont les meilleurs films canadiens, vous pouvez regarder Le Gala des Jutra. C'est le festival cinématographique qui a lieu chaque année au mois de mars au Québec. Pour le cinéma africain, le FESPACO (le Festival Panafricain du Cinéma et de la Télévision de Ouagadougou) a lieu tous les deux ans à Ouagadougou, au Burkina Faso. Ce grand festival a pour objectif de favoriser la diffusion de toutes les œuvres du cinéma africain. Est-ce que vous connaissez des films africains ? Lesquels ?

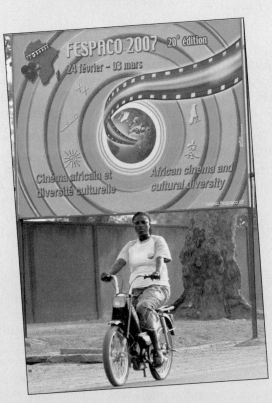

Une femme à mobylette devant une affiche qui annonce le Festival Panafricain du Cinéma et de la Télévision de Ouagadougou.

11-39 Critiques d'un film

Regardez cette photo du film franco-canadien *La vie secrète des gens heureux*. Qu'est-ce qui se passe dans le film, à votre avis ?

A. Avant de lire. De nos jours, on peut visiter plusieurs sites Web où les cinéphiles affichent leurs opinions sur les films récents. Voici quatre critiques du film québécois *La vie secrète des gens heureux*. Avant de les lire, pensez aux critiques de film que vous avez lues récemment.

1. Quels types de renseignements est-ce que vous y avez trouvés ? Par exemple, dans chacune de ces critiques, on parlera probablement de l'intrigue et des personnages et il y aura aussi une appréciation du film. Quelles autres conventions seront respectées dans ces critiques ?
2. Étant donné que ces critiques se trouvent sur un site Web, comment est-ce qu'elles seront différentes des autres critiques ?

B. En lisant. Cherchez les réponses aux questions suivantes.

1. En général, est-ce que les critiques de ce film sont positives ou négatives ? Qu'est-ce qui a influencé votre réponse ?
2. Trouvez un extrait dans une des critiques qui résume le scénario du film.
3. Identifiez les personnages principaux et les acteurs principaux.
4. Qui est le réalisateur du film ? Comment est-ce que vous le savez ?
5. Pour Cassandra, quels sont les points forts du film ? Et pour Richard ?
6. Pour Marie-Ange, quels sont les points faibles du film ?

lavie **secrète** des**gens** heureux

★★★ **3.27**

Canada, 2006

De Stéphane Lapointe

Avec Marc Paquet, Gilbert Sicotte, Catherine de Léan, Marie Gignac, Gilles Renaud, Anne Dorval

Drame, 1 h 42, Général

Critique de **Cassandra**
Stéphane Lapointe...réalisateur et scénariste brillant ! ★★★★★

J'ai adoré ce film. Stéphane Lapointe a écrit un scénario absolument magnifique. Je suis passée par la colère, la tristesse, le rire, la joie...franchement c'est très bien réussi. Marc Paquet et Catherine de Léan sont beaux à voir et ce sont de tellement bons acteurs. Et c'est bien de revoir Gilbert Sicotte au cinéma ! Il tient bien sa place. J'ai beaucoup aimé.

Critique de **Marie-Ange**
Une déception ! ★★

Un des films québécois les plus décevants[1] que j'aie vu ces dernières années. Non seulement il est ennuyeux, mais en plus il dure trop longtemps. En plus, les personnages ne sont pas crédibles et leur profil psychologique est un peu trop simpliste.

Critique de **Richard**
Beauté québécoise ! ★★★★

D'après le réalisateur Stéphane Lapointe *La vie secrète des gens heureux* est inspirée du film Oscarisé American Beauty. Eh oui mais avec cette touche québécoise ce film devient très original. C'est l'histoire de Thomas, mal dans sa peau, qui habite chez ses parents qui lui mettent (de) la pression[2] pour qu'il réussisse. Il a l'impression d'être un raté par rapport à son père prospère et sa mère enseignante qui sait tout. Comment peut-on réussir quand on sait qu'on est rien à côté d'eux ? Le film va nous montrer que le chemin de la réussite n'est pas toujours si simple et que les apparences peuvent être trompeuses[3]. Merveilleux film magnifiquement interprété par un groupe d'excellents acteurs. Bravo à ce film qui est une grande réussite à tous les points de vue ! Bravo au cinéma québécois...

Critique de **Christine**
Le bonheur total ★★★

Le gazon est toujours plus vert chez le voisin, surtout quand ce voisin semble mener une vie parfaite, avec une famille parfaite. C'est le cas des Dufresne et leur fils adulte, Thomas (Marc Paquet). Celui-ci étudie l'architecture et n'a malheureusement pas de copine, car il est d'une timidité extrême. Ne voulant pas que leur fils abandonne tout juste avant la remise de son diplôme, les parents Dufresne décident d'engager une certaine Audrey (Catherine de Léan) pour lui redonner la motivation nécessaire pour finir ses études. Elle aura tout l'effet souhaité, et même plus, parce que sa présence viendra peu à peu bouleverser[4] la vie de tous les membres de la famille. Comme quoi la vie nous réserve parfois des mauvaises surprises.

[1]*disappointing*   [2]*pressure*   [3]*deceiving*   [4]*completely disrupt*

C. En regardant de plus près. Maintenant examinez les aspects suivants de ces critiques.

1. Quels sont les éléments communs à ces quatre critiques ?
2. Chaque personne organise sa critique d'une manière personnelle. Par exemple, la première personne a) donne son évaluation ; b) donne une liste des points forts du film ; c) parle des acteurs. Comment est-ce que les autres critiques sont organisées ?
3. Dans les trois premières critiques, trouvez une phrase ou une expression qui résume l'opinion de la personne qui l'a écrite.

D. Après avoir lu. Discutez des questions suivantes avec vos camarades de classe.

1. Est-ce que vous pouvez résumer l'opinion de chaque critique ? Quelle critique vous semble la plus convaincante et pourquoi ?
2. D'après ce que vous avez lu, quelle impression est-ce que vous avez de ce film ? Est-ce que vous voudriez le voir ? Pourquoi ? Est-ce que vous avez déjà vu un film semblable ? Si oui, décrivez-le.

 Écrivons

11-40 La critique d'un film

A. Avant d'écrire. Choisissez un film que vous avez vu récemment et écrivez une petite critique. D'abord, pensez aux éléments importants d'une bonne critique en répondant aux questions suivantes :

1. Notez le nom du réalisateur et des acteurs principaux. Quels rôles est-ce qu'ils jouent ?
2. Faites un résumé assez bref de l'intrigue. Pour vous guider, pensez aux critiques de films que vous avez déjà lues.
3. Enfin, quelle est votre opinion de ce film ?

B. En écrivant. Écrivez votre critique avec les détails que vous avez notés dans l'exercice A, et n'oubliez pas de donner votre opinion du film. Utilisez le vocabulaire que vous connaissez.

C. En révisant. Réfléchissez aux questions suivantes et puis faites tous les changements nécessaires.

1. Relisez votre critique pour analyser le contenu : est-ce que vous avez inclus tous les éléments nécessaires : le titre du film, le nom du réalisateur et des acteurs principaux, un résumé de l'intrigue avec quelques précisions sur l'histoire et votre opinion ?
2. Relisez de nouveau votre critique pour analyser le style et la forme : est-ce que vous avez utilisé les expressions appropriées pour donner votre opinion du film ? Est-ce que votre résumé du film est bref mais suffisamment clair ? Est-ce que le lecteur aura une bonne idée s'il faut aller voir ce film ou pas après avoir lu votre critique ?

D. Après avoir écrit. Échangez votre critique avec un/e camarade de classe ou lisez votre critique pour vos camarades de classe. Ne donnez pas le titre du film. Les autres vont essayer de deviner de quel film il s'agit (*it's about*).

Parlons

11-41 Un questionnaire sur le cinéma

A. Avant de parler. Tout le monde aime le cinéma, n'est-ce pas ? Peut-être pas. En groupes de quatre ou cinq, préparez un questionnaire et puis faites un sondage dans votre classe pour savoir les opinions de vos camarades de classe à propos du cinéma. D'abord, il faut préparer trois ou quatre questions et les réponses possibles. Vous pouvez poser des questions, par exemple, sur le genre de films que les gens préfèrent voir (les films d'action, les comédies romantiques, ...), sur la fréquence avec laquelle ils voient des films (régulièrement, de temps en temps, rarement, jamais...), sur l'endroit où ils ont l'habitude de voir des films (à la maison en DVD, au cinéma, sur ordinateur...). Voici une question modèle et ses réponses pour vous aider :

MODÈLE Parmi les choses suivantes, qu'est-ce qui vous donne le plus envie d'aller voir un film ?
  ☐ les acteurs
  ☐ le réalisateur
  ☐ le sujet
  ☐ les critiques
  ☐ les opinions de mes amis qui ont déjà vu le film
  ☐ les publicités à la télé ou les bandes-annonces dans les salles de cinéma

B. En parlant. Maintenant, faites votre sondage en posant les questions que vous avez préparées à vos camarades de classe. Notez leurs réponses.

C. Après avoir parlé. Avec votre groupe, analysez vos réponses et présentez-les à vos camarades de classe. Comparez les résultats du sondage de chaque groupe. Est-ce que les différents groupes ont beaucoup de similarités ou beaucoup de différences ?

Now that you have completed *Chapitre 11*, can you do the following in French?

☐ talk about television, films, and the print media?
☐ talk about the use of electronic media and equipment?
☐ talk about hypothetical situations using the conditional?
☐ express concurrent and consecutive events in the past, present, and future?
☐ discuss the use of the Internet in France?
☐ discuss cinema in the French-speaking world?

Leçon

des genres d'émissions	**kinds of programs**
un dessin animé	cartoon, animated film
un divertissement	variety show
un documentaire	documentary
une émission de musique	music program
une émission sportive	sports event
une émission de téléachat	infomercial
une émission de téléréalité	reality show
un feuilleton	soap opera
un jeu télévisé	game show
le journal télévisé (le JT)	news broadcast
les informations (les infos)	news
un magazine	news magazine
un reportage	special report
une série	series
un téléfilm	made-for-TV movie

pour regarder la télévision	**to watch TV**
allumer	to turn on (an appliance)
une chaîne	TV station
un écran	screen
un épisode	episode
un magazine télé	listing of TV programs
une télécommande	remote control

des genres de films	**types of films**
une comédie	comedy
une comédie dramatique	dark comedy
une comédie musicale	musical
une comédie romantique	romantic comedy
un drame (psychologique)	(psychological) drama
un film d'action	action film
un film d'animation	animated film
un film d'aventures	adventure film

un film d'espionnage	spy film
un film historique	historical movie
un film d'horreur	horror movie
un film policier	detective/police movie
un film de science-fiction	science fiction movie
un western	western

pour parler des films	**to talk about films**
célèbre	famous
doublé/e	dubbed
le personnage (principal)	(main) character
plein de	full of
raconter (une histoire)	to tell (a story)
un réalisateur/une réalisatrice	film director
des sous-titres (m.)	subtitles
tourner (un film)	to shoot (a film)
une vedette	a movie star
en version originale (en V.O.)/en version originale avec des sous-titres en français (en V.O.S.T.F.)	in the original language / in the original language with French subtitles

quelques conjonctions	**some conjunctions**
aussitôt que	as soon as
dès que	as soon as
lorsque	when
pendant	during, for
pendant que	while

pour exprimer (et réagir à) une opinion	**to express (and react to) an opinion**
Je pense / Je crois / Je trouve que...	I think / I believe / I find that . . .
À mon avis, ...	In my opinion, . . .
Pour moi, ...	For me, . . .
Je suis (tout à fait) d'accord...	I agree (completely)
Je ne suis pas (tout à fait) d'accord...	I do not (completely) agree
Au contraire, ...	On the contrary, . . .
D'un autre côté, ...	On the other hand, . . .

Vocabulaire

TEXT AUDIO CD 6 TRACKS 8–22

Leçon

la technologie	**technology**
un baladeur MP3	*MP3 player*
un clavier (sans fil)	*(wireless) keyboard*
une clé USB	*USB key drive, flash drive*
un disque dur (externe)	*(external) hard drive*
un graveur CD/DVD	*CD/DVD burner*
une imprimante (multifonction)	*(multi-function) printer*
un moniteur (avec un écran plat)	*(flat screen) monitor*
un (ordinateur) portable	*laptop (computer)*
un smartphone	*smart phone*
une souris (sans fil)	*(wireless) mouse*
une tablette tactile	*touch screen tablet*
une webcam	*webcam*

pour se servir de la technologie	**to use technology**
un clip (vidéo)	*(video) clip*
une connexion sans fil	*wireless connection/card*
en ligne	*online*
un fichier	*computer file*
un/e internaute	*Internet user*
un lien	*(Web) link*
un logiciel	*software program*
un mail	*e-mail message*
la messagerie instantanée	*instant messaging*
un/e mobinaute	*one who accesses the Internet via a mobile device*
multimédia	*multimedia*
un navigateur (web)	*(Web) browser*
par e-mail	*by e-mail (as medium)*
une pièce jointe	*attachment*
la recherche	*research*
un réseau (sans fil), le wi-fi	*(wireless) network, wifi*
un réseau social	*social network*
un site web	*Web site*
un texto	*text message*

quelques verbes utiles	**useful verbs**
connecter	*to connect*
échanger	*to exchange*
envoyer	*to send*
essayer	*to try*
imprimer	*to print*
retoucher	*to edit a picture, to touch up*
sauvegarder (un fichier)	*to save (a file)*
se servir de (quelque chose)	*to use (something)*
surfer sur Internet	*to surf the Internet*
télécharger	*to download, to upload, to stream*

autres mots utiles	**other useful words**
C'est génial !	*It's great!*
tout le monde	*everyone*

pour situer l'action dans le temps	**to order events in time**
avant de + inf. ...	*before . . .*
après avoir/être + participe passé ...	*after having . . .*

Leçon

à lire	**to read**
un atlas	*atlas*
une bande dessinée (une BD)	*comics, comic book*
une biographie	*biography*
une encyclopédie	*encyclopedia*
un hebdomadaire	*weekly (publication)*
un journal (des journaux)	*newspaper(s)*
un lecteur e-book	*e-book reader/device*
un livre d'art	*art book*
un livre de cuisine	*cookbook*
un livre d'histoire	*history book*
un livre de loisirs	*book on leisure time or hobbies*
un magazine	*magazine*
un mensuel	*monthly (publication)*
un ouvrage de référence	*reference book*
la poésie	*poetry*
la presse	*the press*
une publicité (une pub)	*advertisement, commercial*
un quotidien	*daily (publication)*
un roman	*novel*

pour choisir un livre	**to choose a book**
un auteur	*author*
un critique	*(movie, literary) critic*
une critique	*(critical) review*
une recommandation	*recommendation*

pour exprimer la durée	**to express duration**
depuis combien de temps ?	*for how long?*
depuis quand ?	*since when?*
il y a... que	*it's been . . ., for . . .*

quelques mots utiles	**some useful words**
se distraire	*to amuse oneself*
s'informer	*to get information*
s'instruire	*to educate oneself, to improve one's mind*

12 Les beaux-arts

—Je vous présente le groupe… *Macadam.*

DISCOVER

• Go to the *Chapitre 12*, Additional Practice folder in your MyFrenchLab course to watch the video about a group of musicians playing during *la Fête de la Musique*, and complete the related activities.

APPLY

• Video 🎬

• Activities : On démarre ! 12–01 to 12–02

Leçon 1 Fêtons la musique !

Leçon 2 L'art et ses formes d'expression

Leçon 3 Allons voir un spectacle !

Venez chez nous ! Modes d'expression artistique

After completing this chapter, you should be able to:

◆ Talk about the arts

◆ Narrate events in the past, present, and future

◆ Use pronouns appropriately to avoid redundancy

◆ Discuss the arts in the French speaking world

POINTS DE DÉPART

TEXT AUDIO
CD 6 TRACK 23

Tu es musicien ?

Claire arrive au café avec son violon.

BEN :	Tiens, je ne savais pas que tu étais musicienne !
CLAIRE :	Bof, pas vraiment. Je joue pour le plaisir.
BEN :	Tu fais partie d'un orchestre ?
CLAIRE :	Non, je joue quelquefois avec des copains, c'est tout.
BEN :	De la musique classique ?
CLAIRE :	Non, c'est surtout de la musique traditionnelle ou folklorique.
BEN :	Ah, c'est intéressant ! Tu me diras quand tu feras un concert ?
CLAIRE :	C'est entendu. Mais est-ce que ça t'intéresserait de jouer avec nous ? On a une répétition demain soir chez moi.
BEN :	Tu plaisantes ! Avec mon saxophone ?
CLAIRE :	Et pourquoi pas ?

Quelques instruments

le violon

la flûte traversière

le violoncelle

Nous jouons dans un trio de musique classique.

le saxophone

la clarinette

le trombone

la trompette

le piano

Ils font partie d'un groupe de jazz.

la batterie

le clavier

la guitare électrique

la guitare basse

Eux, ils ont formé un groupe de rock.

◄ À vous la parole ◄

12-1 Ils jouent de quel instrument ? De quel instrument est-ce que ces personnes jouent ?

MODÈLE ◄ Marie-Hélène joue de la clarinette.

Marie-Hélène

1. **Claire et moi**

2. **Thomas**

3. **Sylvie et toi**

4. Adrien

5. Fred

6. Vanessa et David

Vie et culture

La Fête de la Musique

Regardez cette affiche pour la Fête de la Musique en France. Où est-ce que cette fête se déroule[1] ? Quelle est la date de la fête ? Pourquoi, à votre avis, est-ce que l'on a choisi cette date ?

En 1982, Maurice Fleuret, ancien Directeur de la musique et de la danse au Ministère de la Culture, a remarqué que cinq millions de Français, y compris un jeune sur deux[2], jouaient d'un instrument. Son rêve[3], c'était de créer un jour où tous les Français pourraient fêter la musique ensemble — non seulement dans les salles de spectacle, mais aussi chez eux, dans les cafés et dans la rue. Alors en 1982, la première Fête de la Musique a eu lieu en France. Pendant toute la journée et toute la soirée, vous pouvez entendre des musiciens amateurs et professionnels qui jouent de la musique dans les parcs et les cafés, dans la rue ou chez des gens. Maintenant la Fête de la Musique est devenue internationale, présente dans plus de 100 pays sur les cinq continents, de Katmandou à Kalamazoo. Est-ce que cela existe chez vous ? Aimeriez-vous participer à la Fête de la Musique ?

[1]*take place*   [2]*one out of two young people*   [3]*dream*

12-2 Des musiciens célèbres. Avec un/e partenaire, identifiez ces musiciens célèbres.

MODÈLE Ella Fitzgerald

    É1 C'était une chanteuse américaine.
    É2 Oui, elle chantait du jazz.

1. Luciano Pavarotti
2. Lady Gaga
3. Yo Yo Ma
4. Adele
5. Stevie Wonder

6. Justin Bieber
7. Kenny G
8. Louis Armstrong
9. Sting

12-3 Choisir un concert. Regardez cet extrait de journal pour choisir un concert avec votre partenaire, selon la situation décrite.

MUSIQUE

L'heure musicale au Marais À 15 h : Gérôme Simon, violon, Juliana Laska, violoncelle, Yumiko Yamaji, piano. Œuvres de Ravel. À 17 h : Choko Gamo, piano. Œuvres de Schumann, Chopin. Cathédrale Sainte-Croix des Arméniens. Entrée libre.

Orchestre National de France Dir : Kurt Masur. Katia Skanavi, piano. Cycle Beethoven. 20 h. Théâtre des Champs-Élysées. Pl : 8 à 65 €.

Chœur et orchestre Paul Kuentz Dir : Paul Kunetz. Kristina Vahrenkamp, Joëlle Fleury, soprano, Yété Queiroz, alto, Henner Leyhe, ténor, Philip Langshaw, basse. Mozart : Messe du Couronnement et la Grande messe en ut mineur. 20 h 30. Église Saint-Germain-des-Prés. Pl : 20 à 40 €.

Festival « À fleur de note » Raquele Maghales, flûte, Romain Garioud, violoncelle, Pieter-Jelle de Boer, piano. Œuvres de Duruflé, Weber, Haydn. 18 h. Eglise réformée du Saint-Ésprit. Pl : 15 et 25 €.

MODÈLE Vous voulez écouter de la musique pendant l'après-midi.

    É1 Est-ce que nous pouvons assister à un concert pendant l'après-midi ?
    É2 Oui, à la Cathédrale Sainte-Croix il y a un concert à 15 heures et aussi à 17 heures.

1. Vous voudriez assister à un concert avec plusieurs styles de musique.
2. Vous aimez entendre un grand orchestre.
3. Vous aimez les concerts de piano et surtout la musique classique.
4. Vous adorez écouter des gens qui chantent.
5. Vous préférez la flûte.
6. Vous aimez la musique, mais vous n'avez pas beaucoup d'argent.

FORMES ET FONCTIONS

Vue d'ensemble : les verbes suivis de l'infinitif

Many verbs in French can be followed by an infinitive. Some are followed directly by an infinitive, and some require a preposition before the infinitive.

◆ As you have learned, the **futur proche** is one case where the verb **aller** is directly followed by an infinitive.

Elle **va chanter** avec sa chorale
mercredi prochain.

*She is going to sing with her chorus
next Wednesday.*

◆ Verbs expressing likes and dislikes, including **adorer**, **aimer**, **désirer**, **détester**, and **préférer**, are also directly followed by the infinitive.

J'**aime** bien **écouter** de la musique
classique, mais mon copain
préfère écouter du jazz.

*I like listening to classical music, but
my boyfriend prefers listening to
jazz.*

◆ The verbs **devoir**, **pouvoir**, and **vouloir** are directly followed by an infinitive.

—Tu **veux venir** avec nous à un concert ce soir ?

—*Do you want to come with us to a
concert tonight?*

—Malheureusement, je ne **peux** pas
venir. Je **dois travailler** ce soir.

—*Unfortunately, I can't come. I have to
work tonight.*

◆ Other verbs directly followed by the infinitive are: **espérer**, **falloir** (**il faut**), and **savoir**.

—Vous **savez jouer** du violon ?

—*Do you know how to play the violin?*

—Non, mais **j'espère apprendre** bientôt.

—*No, but I hope to learn soon.*

◆ Many other verbs require a preposition, either **à** or **de**, before the infinitive. The particular preposition required for each verb must be memorized. Here are some of the most frequently used verbs.

These verbs, among others, require **à** before an infinitive:

aider à	*to help*	Il m'**aide à chanter** mieux.
apprendre à	*to learn*	J'**apprends à jouer** du piano.
commencer à	*to begin*	Elle **a commencé à jouer** de la flûte traversière quand elle avait neuf ans.
continuer à	*to continue*	Nous **continuons à apprécier** le jazz.
inviter à	*to invite*	Je t'**invite à aller** à un concert avec moi.
réussir à	*to succeed*	Vous **avez réussi à jouer** du piano.

These verbs, among others, require **de** before an infinitive:

accepter de	*to agree*	Il **a accepté de jouer** avec nous.
arrêter de	*to stop*	J'**ai arrêté de jouer** du piano il y a longtemps.
décider de	*to decide*	Ils **ont décidé de former** un orchestre ensemble.
essayer de	*to try*	Je vais **essayer de chanter** plus.
finir de	*to finish*	Elle **finit de suivre** des cours lundi.
oublier de	*to forget*	J'**ai oublié d'apporter** ma clarinette à la répétition.
refuser de	*to refuse*	La diva **refuse de chanter** cette aria.
rêver de	*to dream of*	Elle **rêve d'être** musicienne professionnelle.

Note that **venir** can also be followed by **de** but that this expression has a special meaning: *to have just done something.*

Je **viens d'apprendre** cette chanson.	*I've just learned that song.*

 À vous la parole

12-4 Des détails. Pour chaque phrase, ajoutez un verbe logique pour donner plus de détails.

MODÈLE Adrien apprend la flûte à l'école.
＊ Adrien apprend à jouer de la flûte à l'école.

1. Elle finit ses devoirs pour le prof de piano.
2. Je continue mes leçons de chant.
3. Tu as oublié le concert hier soir ?
4. Delphine arrête la danse.
5. Nous adorons le jazz.
6. J'essaie le saxophone.
7. Vous commencez avec ce groupe folklorique ?
8. Tu préfères quel type de musique ?

 12-5 Les talents et les projets musicaux. Identifiez qui dans votre classe a des talents et des projets musicaux. Posez des questions à vos camarades de classe pour découvrir qui fait quoi. N'oubliez pas d'inclure le professeur !

MODÈLE savoir jouer d'un instrument
É1 Est-ce que tu sais jouer d'un instrument ?
É2 Non, je ne sais pas jouer d'un instrument.
OU Oui, je sais jouer un peu de piano, mais j'aimerais apprendre à jouer du saxophone.

1. savoir jouer d'un instrument
2. aimer chanter
3. commencer récemment à jouer d'un instrument
4. vouloir faire partie d'un groupe musical
5. rêver d'être chanteur/euse de rock (de rap, de jazz, d'opéra)
6. refuser d'écouter du rap
7. réussir à chanter de l'opéra
8. essayer de jouer d'un instrument

12-6 Pendant les vacances. C'est bientôt les vacances. Avec un/e partenaire, discutez de vos projets.

MODÈLE Pendant les vacances, je refuse…
    É1 Pendant les vacances, je refuse de me lever tôt. Et toi ?
    É2 Et moi, je refuse de travailler. Je voudrais me reposer à la plage.

1. Pendant les vacances, j'ai accepté…
2. Je vais certainement …
3. Mais, j'ai aussi décidé …
4. J'aimerais apprendre …

5. Si j'avais le temps, je voudrais …
6. Je pourrais toujours …
7. En fait, je rêve …
8. Finalement, je sais que je vais réussir …

Écoutons

TEXT AUDIO
CD 6 TRACK 24

12-7 À la claire fontaine

A. Avant d'écouter. Est-ce que vous connaissez des chansons traditionnelles en anglais — *Auld lang syne*, ou *Greensleeves*, par exemple ? Est-ce que vous connaissez aussi des chansons traditionnelles françaises ? Si oui, quelles chansons ? Quels sont souvent les sujets ou les thèmes des chansons traditionnelles ?

Daniel Le Mée qui chante « À la claire fontaine »

Dans cette chanson, *À la claire fontaine*, il s'agit d'une personne — Pierre ; d'une fleur — la rose ; et d'un oiseau — le rossignol (*nightingale*). Souvent, dans les chansons traditionnelles, il y a beaucoup de répétitions, et c'est le cas pour cette chanson. Il y a un refrain, mais d'autres vers (*lines*) dans chaque strophe (*verse*) se répètent aussi. Ces répétitions vont vous aider à comprendre la chanson.

B. En écoutant. Trouvez les réponses aux questions suivantes.

1. Identifiez les instruments que vous entendez.
2. Identifiez la voix que vous entendez : est-ce que c'est une voix…

   a. de baryton ?   **b.** de ténor ?   **c.** de basse ?

3. Quels sont les thèmes de la chanson ?

   a. l'amour   **b.** la nature   **c.** le regret

4. Dans cette chanson, il y a plusieurs couplets et un refrain ; quel est le refrain ?
5. Dans cette chanson, il y a beaucoup de répétitions. Quels sont les vers (*lines*) répétés ? Pourquoi, à votre avis ?

Une fontaine dans le village de Nérac dans le sud-ouest de la France.

C. Après avoir écouté. Discutez de ces questions avec vos camarades de classe.

1. Quelle est votre réaction à cette chanson ? Est-ce que elle vous a plu ? Pourquoi ?
2. Les chansons traditionnelles sont très populaires parmi les Français. On les chante pendant les fêtes et surtout aux mariages. À quels moments est-ce qu'on chante des chansons traditionnelles (ou d'autres chansons) chez vous ?

POINTS DE DÉPART

Les artistes et leurs œuvres d'art

Les artistes au travail

un sculpteur

une sculpture

un tableau

un peintre

un portrait

une photographie (une photo)

un dessin

une dessinatrice

un pastel

un dessinateur

une photographe

Jean-Baptiste Siméon Chardin a peint cette nature morte. Cette composition représente des objets de cuisine. C'est un tableau réaliste avec des couleurs assez sombres.

Jean-Baptiste Siméon Chardin (1699–1779), *Menu de gras et ustensiles de cuisine*, Louvre. Paris, France. Bridgeman Art Library.

Henri Rousseau a peint ce tableau dans le style primitif. Le sujet de ce tableau est une femme qui se promène dans une forêt exotique avec des fleurs et des arbres immenses. Les couleurs sont très vives.

Henri J.F. Rousseau (1844–1910), *Femme se promenant dans une forêt fantastique*, 1905. Oil on canvas/The Barnes Foundation, Merion, Pennsylvania, USA/The Bridgeman Art Library.

Éléments mécaniques, 1918–1923 (Oil on canvas) by Fernand Léger (1881–1955). Kunstmuseum, Basle, Switzerland/ Peter Willi/Bridgeman Art Library.

Ce tableau abstrait et cubiste de Fernand Léger s'intitule *Éléments mécaniques*. C'est un bon exemple d'art moderne avec ses formes géométriques qui se répètent.

Claude Monet (1840–1926) a peint ce paysage d'hiver. Regardez l'utilisation de la lumière et surtout ses reflets sur la neige. Monet a été le grand maître des impressionnistes.

Claude Monet (1840–1926), *La pie*, *Effet de neige*, Musée d'Orsay. Paris.

Note that the verb **peindre** is irregular:

—Qu'est-ce que vous **peignez** en ce moment?

—Je **peins** une nature morte avec des belles fleurs.

PEINDRE	*to paint*		
je	pein**s**	nous	peign**ons**
tu	pein**s**	vous	peign**ez**
il elle on	pein**t**	ils elles	peign**ent**

PASSÉ COMPOSÉ : Renoir **a peint** beaucoup de portraits.

Vie et culture

Les musées à Paris

Testez votre connaissance des musées à Paris : Quel est le plus grand musée du monde qui s'y trouve ? Quel musée d'art parisien était autrefois[1] une gare ? Dans quel musée est-ce que vous pouvez voir des sculptures dans un beau jardin ? Dans quel musée est-ce que vous pouvez admirer les tableaux *les Nymphéas* de Monet ? Des musées, il y en a pour tous les goûts à Paris. Par exemple :

Le musée du Louvre et sa pyramide.

Le Centre Pompidou	l'art moderne et l'art contemporain
Le musée de Cluny	l'art médiéval et les tapisseries de *la Dame à la Licorne*[2]
Le musée d'Orsay	les impressionnistes et les post-impressionnistes
Le musée des Arts décoratifs	les meubles, les céramiques, les tapisseries, les textiles
L'Orangerie	les impressionnistes et surtout *les Nymphéas* de Monet
Le musée Picasso	des œuvres des maîtres modernes, surtout Picasso
Le musée Rodin	une collection de sculptures de l'artiste, exposées dans le jardin et la maison

Trouvez des renseignements sur un des musées mentionnés sur Internet et parlez-en avec vos camarades de classe. Pourquoi est-ce que vous aimeriez visiter ce musée ?

[1]*formerly*   [2]*unicorn*

➤ À vous la parole ➤

12-8 Qu'est-ce que c'est ? Identifiez ces œuvres d'art.

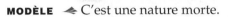

MODÈLE ➤ C'est une nature morte.

1.

2.

3.

4.

5.

6.

7.

8.

12-9 Artistes célèbres. Avec un/e partenaire, choisissez un/e artiste qui vous intéresse dans la liste suivante. Faites quelques recherches et présentez-le devant la classe. Parlez du style de l'artiste et de ses œuvres d'art. Si possible, montrez une photo d'une de ses œuvres à vos camarades de classe.

Vincent Van Gogh, *Autoportrait*, 1889, Musée d'Orsay, Paris.

MODÈLE É1 Nous avons choisi Vincent Van Gogh.

É2 Van Gogh était un peintre néerlandais de style post-impressionniste. Il a peint surtout des paysages et des portraits.

É1 Il a aussi fait trente-cinq autoportraits. Voici un autoportrait qu'il a peint vers la fin de sa vie.

1. Marc Chagall
2. Eugène Delacroix
3. Mary Cassatt
4. Pablo Picasso
5. Berthe Morisot
6. Camille Claudel
7. Auguste Rodin
8. Georges Braque
9. Robert Doisneau
10. Henri Matisse
11. Auguste Renoir
12. Claude Lorrain

12-10 Une œuvre d'art que vous aimez. Apportez en classe une œuvre d'art ou une reproduction d'œuvre d'art. Présentez-la à vos camarades de classe. N'oubliez pas de parler de l'artiste, du type d'art et de dire pourquoi vous l'aimez.

MODÈLE Voici une œuvre d'Henri Matisse. C'est un collage qui s'appelle *Les bêtes de la mer*. C'est assez abstrait et très coloré. J'aime la technique de Matisse et le sujet de ce collage. Les couleurs sont très vives et très intenses. Il y a beaucoup d'énergie exprimée dans ce collage.

les bêtes de la mer...
H. matisse 50

FORMES ET FONCTIONS

Vue d'ensemble : l'emploi des temps verbaux

◆ The present indicative is the most versatile tense in French. As you know, it is used to express habitual actions or states and ongoing actions or events. When used with an appropriate time expression, the present can also be used to recount past events and describe future ones:

Il **parle** français couramment.	*He speaks French fluently.*
Elle **peint** une nature morte pour l'anniversaire de sa mère.	*She is painting a still life for her mother's birthday.*
En 1874, Monet, Degas, Renoir et d'autres artistes **exposent** leurs tableaux. C'**est** le début de l'impressionnisme.	*In 1874, Monet, Degas, Renoir and other artists exhibited their paintings. It was the beginning of Impressionism.*
Nous **allons** au musée **demain**.	*We're going to the museum tomorrow.*

◆ You have learned two of the tenses that can be used in French to express the past: **le passé composé** and **l'imparfait**. As you know, **l'imparfait** is used to express repeated or continuous actions; mental states and emotions; and descriptions of people, places, or the weather in the past. In a narrative, it provides background information, while **le passé composé** expresses completed actions that advance the storyline. Consider these examples from texts you may have read in *Chez nous*.

En 1815, M. Charles-Francois-Bienvenu Myriel était évêque de Digne. C'était un vieillard d'environ soixante-quinze ans. (Hugo, *Les Misérables*, Chapitre 2)

> Il s'est levé
> Il a mis
> Son chapeau sur sa tête
> Il a mis
> Son manteau de pluie
> Parce qu'il pleuvait
> Et il est parti. ...
>   (Prévert, « Déjeuner du Matin », *Paroles*, Chapitre 5)

Zinna commençait toujours ainsi. Elle s'asseyait sur la plage, et Tomi se mettait à côté d'elle. C'était généralement le matin ... (Le Clézio, *Printemps et autres saisons*, Chapitre 6)

Il y avait la famine au village. Oncle Hyène et Oncle Lièvre ont décidé d'aller chercher de la nourriture pour leurs familles. Oncle Hyène est parti mais n'a rien trouvé. Oncle Lièvre s'est mis aussi en route. (*L'arbre nourricier*, Chapitre 10)

➤ À vous la parole ➤

12-11 Bien dit. Déterminez si chaque phrase évoque le présent, le futur ou le passé et suggérez d'autres façons de dire la même chose si c'est possible.

MODÈLE On va au musée ce week-end pour voir la nouvelle exposition.
➤ On pourrait dire : On va aller au musée pour voir la nouvelle exposition.

1. Elle vient nous voir la semaine prochaine.
2. Il apprend le français à la fac.
3. Le jeune artiste s'installe à Paris à l'âge de 23 ans pour y faire fortune.
4. Ce week-end, je travaille samedi et dimanche.
5. On part cet après-midi.
6. Elle termine sa sculpture.
7. En ce moment, il peint un tableau abstrait.
8. Ils arrivent en France le 18 mai.

12-12 Toujours le sport. Racontez cette histoire au passé ; employez le passé composé ou l'imparfait, selon le cas.

MODÈLE C'est un samedi après-midi au début du mois de juin.
➤ C'était un samedi après-midi au début du mois de juin.

(1) Il y a un match de football à deux heures de l'après-midi. (2) Il fait très chaud et lourd. (3) Le ciel est gris. (4) Les parents sont anxieux. (5) Ils pensent qu'il va pleuvoir. (6) On fait nos derniers préparatifs quand il commence à pleuvoir très fort. (7) L'arbitre (*referee*) nous dit qu'on doit jouer sous la pluie. (8) Les spectateurs ne sont pas contents. (9) Nous allons commencer le match quand on voit un éclair à l'horizon. (10) Juste après, on entend du tonnerre. (11) L'arbitre siffle (*whistles*). (12) Tout le monde doit quitter le terrain. (13) On attend une demi-heure dans les voitures des spectateurs mais la pluie ne s'arrête pas. (14) Finalement, le match est annulé et on rentre à la maison. (15) Je ne suis pas heureux. Quelle mauvaise journée !

12-13 Histoire à suivre. En groupes de cinq ou six, choisissez un début et puis imaginez la suite de l'histoire. Chaque membre du groupe va ajouter une phrase à tour de rôle.

MODÈLE Il faisait sombre.
É1 Il pleuvait depuis trois jours et …
É2 … les petits chats n'étaient pas contents parce que …
É3 … ils avaient faim.
É4 Ils cherchaient à manger quand soudainement …
É5 … un gros chien est arrivé.
É1 Les petits chats …

1. Il faisait sombre …
2. C'était une journée ordinaire …
3. Il faisait beau et le soleil brillait …
4. C'était la première fois que …
5. Ils ont toujours voulu …

Parlons

12-14 Visites de musées

Avec un/e partenaire, présentez un musée d'un pays francophone à vos camarades de classe. Choisissez un musée de la liste ci-dessous, ou trouvez un autre musée qui vous intéresse particulièrement :

en Afrique :

le musée Manéga [au Burkina Faso]

le musée national du Mali

le musée d'art africain de Dakar [au Sénégal]

au Canada :

le musée d'art contemporain de Montréal

le musée des beaux-arts de Montréal

le musée national des beaux-arts du Québec

en Europe :

le musée d'art moderne et d'art contemporain de Liège [en Belgique]

le musée de l'art wallon [en Belgique]

le musée d'art et d'histoire de Genève [en Suisse]

le musée d'art et d'histoire de Neuchâtel [en Suisse]

le musée d'art moderne Lille Métropole [en France]

le musée Marc Chagall à Nice [en France]

la Fondation Maeght [en France]

Une visite guidée de l'exposition ¡ Cuba ! Art et histoire de 1868 à nos jours au musée des beaux-arts de Montréal. Avec plus de 400 œuvres, c'était la plus grande exposition de l'art cubain jamais réalisée.

A. Avant de parler. Cherchez des renseignements dans les catégories suivantes :

◆ Description générale :

MODÈLE ◢ Le musée national des beaux-arts de Montréal contient plus de 35 000 objets de l'Antiquité jusqu'à l'époque moderne.

◆ Informations pratiques : l'adresse du musée, les jours et les heures d'ouverture, les tarifs

MODÈLE ◢ Le musée se trouve dans la rue Sherbrooke dans la ville de Montréal. Il est ouvert de 11 h à 17 h le mardi, de 11 h à 21 h le mercredi, le jeudi et le vendredi et de 10 h à 17 h le samedi et le dimanche. Le musée est fermé le lundi. L'entrée à la collection du musée est gratuite ; il faut seulement payer pour les expositions temporaires. C'est 15 $ pour les adultes et 7,50 $ pour les étudiants de moins de 30 ans avec une carte d'étudiant.

◆ Les collections et les expositions

MODÈLE ◢ Il y a des collections de cultures anciennes, d'art canadien et européen, d'arts décoratifs et d'art contemporain.

◆ Une ou deux œuvres d'art (ou une exposition) que vous allez présenter avec plus de précision.

MODÈLE ◢ Nous avons choisi une sculpture et un paysage. Le tableau s'appelle *Arbre déraciné* et Marc-Aurèle Fortin l'a peint vers 1928. C'est un tableau d'un gros arbre qui …

◆ Votre commentaire personnel

MODÈLE ◢ Nous pensons que ce musée serait intéressant à visiter. On peut y voir des œuvres d'artistes connus comme Cézanne, Matisse et Renoir et aussi des artistes canadiens qui ne sont pas très connus en dehors (*outside of*) du Canada.

B. En parlant. Avec votre partenaire, faites votre exposé à vos camarades de classe. Pensez à rendre votre exposé plus intéressant avec quelques images du musée et des œuvres d'art qu'on y trouve.

C. Après avoir parlé. Considérez les questions suivantes avec vos camarades.

1. Quels étaient les musées les plus intéressants ?
2. Quels musées est-ce que vous aimeriez visiter ? Pourquoi ?

Parallèles

Musée et galerie d'art.

Diandra se trouve devant un musée et Mathilde devant une galerie d'art.

Voici la galerie d'art Interface à Dijon.

Voici Beaubourg, ou le Centre Pompidou, à Paris.

POINTS DE DÉPART

TEXT AUDIO
CD 6 TRACK 26

Le spectacle

Christian et sa femme vont souvent au Théâtre National de Nice pour voir des spectacles. Ils y sont abonnés. Ce théâtre est assez moderne ; il a été construit en 1989.

Pour voir un ballet ou un opéra, vous pouvez aller au palais Garnier à Paris. Le palais Garnier est un chef-d'œuvre de l'architecture théâtrale du XIXe siècle. Dans la salle de spectacle, le plafond (*ceiling*) a été peint par Marc Chagall en 1964.

Rémi et Sophie planifient leur week-end.

SOPHIE :	Alors, qu'est-ce qu'on fait samedi soir ?
RÉMI :	Je ne sais pas. Tu as acheté *Pariscope* ?
SOPHIE :	Bien sûr, mais ... il y a beaucoup de choix. Qu'est-ce que tu veux faire ? voir un film ? aller à un concert ? aller au musée ?
RÉMI :	Un spectacle plutôt, pourquoi pas une pièce de théâtre ?
SOPHIE :	Ou un opéra ... ou même un ballet ! Ça fait longtemps qu'on n'est pas allé voir un spectacle de danse.
RÉMI :	Eh, pas si vite ! Tu sais bien que je ne suis pas un fanatique de danse. Regarde les pièces qui passent en ce moment.
SOPHIE :	Eh bien, il y a les classiques à la Comédie-Française : *Le Misanthrope* de Molière et *Cyrano de Bergerac* d'Edmond Rostand.
RÉMI :	Bof. Ça me dit rien.

Sophie :	Tiens, à l'Opéra Bastille, il y a *La flûte enchantée* de Mozart ; j'aimerais bien voir ça !
Rémi :	Ah oui, moi aussi. Tu crois qu'il y aura encore des places ?
Sophie :	Je vais téléphoner pour voir s'il en reste. Mais ça risque d'être assez cher.
Rémi :	Ça ne fait rien. Pour un bon opéra, ça vaut le coup. Après tout, c'est bientôt ton anniversaire. On va se faire un petit plaisir.

Vie et culture

Pariscope

Pariscope, c'est un périodique indispensable pour planifier une visite à Paris. Il sort tous les mercredis. Son nom est un mot-valise qui combine « Paris » et « périscope ». Regardez le sommaire pour découvrir ce que vous pourriez faire à Paris.

ET VOUS ?

1. Quels renseignements est-ce que vous y trouvez ? Qu'est-ce que vous choisiriez de faire ?
2. Est-ce qu'il y a un magazine semblable pour votre ville ou votre région ? Qu'est-ce que vous faites pour trouver des idées et des renseignements, quand vous avez envie de sortir ?

sommaire
du mercredi 25 juin au mardi 1er juillet 2008

À vous la parole

12-15 Sorties à la Villette. Regardez les pages *la Villette* de *Pariscope* qui proposent une gamme d'activités pour toute la famille au Parc de la Villette, un énorme complexe dans le 19e arrondissement de Paris. Suggérez une ou deux possibilités de sorties dans les catégories suivantes :

MODÈLE cinéma

⮜ On pourrait voir *Sauvegardons notre planète* au cinéma Louis-Lumière.

1. cinéma
2. théâtre
3. concerts
4. spectacles de danse
5. expositions

Musique, danse...
La Villette vit au rythme de l'Afrique !

« Afrique[s] »
Concerts, danse, colloque
du 24 juin au 12 juillet - Grande Halle de la Villette
Une invitation au voyage au cœur des cultures africaines.
Un rendez-vous unique !
Programme détaillé sur www.villette.com

À ne pas manquer
cette semaine :

jusqu'au 28 juin 20 h *« 2147, l'Afrique »*
Moïse Touré, Jean-Claude Gallotta, Rokia Traoré.
Une mise en récit par la danse, le théâtre et la musique
de l'Afrique à l'horizon 2147.
15 €/TR 10 € Carte Villette 9 € - 16 ans 8 €

27 juin 10 h-18 h *Colloque*
« La création artistique en Afrique et ses liens avec l'Europe »
Accès libre.

Afrique[s]
continue avec :

3 juillet 21 h 30 *Salif Keita*
25 €/TR et Carte Villette 20 €

8 et 9 juillet 21 h 30 *Les lauréats 2008 des Rencontres*
« Danse l'Afrique danse »
12 €/TR et Carte Villette 9 €

du 8 au 12 juillet 20 h *« Le Sacre du Printemps »*
Une reprise contemporaine du chef-d'œuvre classique
de Stravinsky, 14 danseurs livrent une danse brute,
colorée et efficace. Chorégraphie de Heddy Maalem
15 €/TR 10 €/Carte Villette 9 €/-16 ans 8 €

la villette
Pour petits et grands, expos, animations, spectacles...

Cité des sciences
Les expositions de la Cité sont une invitation à découvrir
l'univers des sciences et des techniques : jouez avec la lumière,
décodez votre carte génétique, faites parler la Joconde, plongez au
cœur de mises en scène sonores, montez à bord d'un vrai
sous-marin... Autant d'expériences qui vous font explorer les secrets
de la science.

Nouvelles
expositions

Le grand récit de l'Univers
Une vaste enquête interactive sur l'origine de la matière, la lumière et
l'énergie, un voyage de 13,7 millards d'années, de la Terre jusqu'au
vide extragalactique. Permanent.

Expo 2CV
Plein feux sur la grande histoire d'une petite voiture populaire.
Jusqu'au 30 novembre.

Les expositions : 8 €
Les expositions + le planétarium : 11 €
Sous-marin Argonaute : 3 € (gratuit - de 7 ans)

Spectacles

– **Au planétarium : À l'aube de la conquête spatiale** ou la
rétrospective, en images, de cinquante années d'exploration.

– **Au cinéma Louis-Lumière : Paroles d'insecte et Sauvegardons
notre planète,** deux films en relief.

– **À la Géode :** avec un écran hémisphérique de 1000 m2, plongez
dans l'image I Programme (voir pages cinéma). *Géode : 9 €*

12-16 Qu'est-ce qu'on fait ? Avec un/e partenaire, proposez quelques sorties pour ce week-end.

MODÈLE   É1   Qu'est-ce qu'on fait ce week-end ?
            É2   Pourquoi pas aller au cinéma ? Il y a un nouveau film avec Nicole Kidman que j'aimerais voir.
            É1   Non, ça me dit rien. Je n'aime pas cette actrice. Un concert plutôt ?
            É2   Peut-être, mais …

12-17 Les sorties. Avec un/e partenaire, discutez de vos préférences culturelles.

MODÈLE   Est-ce que vous préférez le théâtre, le cinéma, la danse ou l'opéra ?
            É1   J'adore l'opéra. Je sais que c'est un peu curieux parce que beaucoup d'étudiants n'aiment pas l'opéra. Mais moi, j'adore ça.
            É2   Pas moi. J'aime plutôt la danse. Je fais de la danse classique depuis 12 ans et j'aime bien aller à des spectacles de danse.
            É1   Tu y vas beaucoup ? Moi, je ne vais pas très souvent à l'opéra parce que c'est cher.
            É2   Je vais assez souvent à des spectacles de danse sur le campus. Tu sais, ce n'est pas très cher et ça vaut vraiment le coup …

1. Est-ce que vous préférez le théâtre, le cinéma, la danse ou l'opéra ?
2. Est-ce que vous assistez régulièrement à des spectacles ? Combien de fois par semaine, par mois ou par an ? Avec qui est-ce que vous y allez ?
3. Combien d'argent est-ce que vous consacrez (*devote*) aux sorties culturelles par semaine ou par mois ?
4. Est-ce qu'il y a des spectacles sur votre campus qui ne sont pas très chers pour les étudiants ? Est-ce que vous y allez ? Pourquoi ?
5. Est-ce que vos habitudes culturelles sont différentes des habitudes de vos parents ? Est-ce qu'ils sont abonnés à un théâtre ou à un opéra par exemple ? Et vous ?
6. Est-ce que vous avez les mêmes préférences pour les spectacles de musique et de danse, les pièces de théâtre et les films que vos parents ou que vos amis ?

Au Théâtre des Bouffes du Nord à Paris, Carole Bouquet et Lambert Wilson répètent une scène de la pièce *Bérénice*, écrite par Racine.

FORMES ET FONCTIONS

Vue d'ensemble : les combinaisons de pronoms compléments d'objet

You have learned about direct- and indirect-object pronouns **le**, **la**, **les**, **lui**, **leur**, **me**, **te**, **nous**, **vous**, the reflexive pronoun **se**, the partitive pronoun **en**, and the locative pronoun **y**. As you know, these pronouns are used to avoid repetition and are generally placed before the conjugated verb. There are some special rules to learn when you use two pronouns in the same sentence.

◆ Certain pronoun combinations are quite common in French:

  ◆ The expression **il y en a**:

—Il y a des places qui restent à 25 euros ?   *—Are there any seats left for 25 euros?*

—Oui, **il y en a** quelques-unes, mais il faut vous dépêcher.   *—There are a few (of them) left, but you must hurry.*

  ◆ Combinations involving a person and a thing (or things):

Tu **me le** prêtes ?	*Will you lend it to me?*
Je **te** l'offre.	*I'm giving it to you.*
Il **me** l'a déjà dit.	*He already told me.*
Tu pourrais **me** l'apporter ?	*Could you bring it to me?*
Ne **leur en** donne pas !	*Don't give them any!*

◆ When two object pronouns (direct, indirect, reflexive) occur together, their order is as follows:

subject	me te se nous vous	le/l' la les	lui leur	y	en	**verb**

◆ In affirmative commands, the order is somewhat different:

Voilà mon billet ; apporte-**le-moi** !	*There's my ticket; bring it to me!*
Donnez-**nous-en** !	*Give us some!*

verb	le la les	moi/m' toi/t' lui nous vous leur	y	en

♦♦ À vous la parole ♦♦

♦♦ 12-18 À un concert. Vous écoutez des gens qui parlent pendant l'entracte (*intermission*) d'un concert de musique classique. Avec un/e partenaire, imaginez de quoi ils parlent probablement.

MODÈLE Il y en a beaucoup.

      É1 Il y a beaucoup de musiciens.
      É2 Il y a beaucoup de violons.

1. Tenez, je vous le donne.
2. Non, il n'y en a pas.
3. Vous m'en donnez deux, s'il vous plaît ?
4. Est-ce que vous le lui avez donné ?
5. Passez-les-moi, s'il vous plaît.
6. Pas de problème ; il y en a pour tout le monde.

♦♦ 12-19 Il y en a combien ? Avec un/e partenaire, trouvez la bonne réponse.

MODÈLES musiciens dans un trio

      É1 Il y a combien de musiciens dans un trio ?
      É2 Il y en a trois.

      francophones au Québec

      É1 Il y a combien de francophones au Québec ?
      É2 Il y en a environ six-millions.

1. musiciens dans un quartette
2. flûtes traversières dans un orchestre
3. semaines dans un semestre/trimestre
4. examens pour le cours de français
5. étudiants dans le cours de français
6. ordinateurs dans le labo de langues
7. étudiants à l'université
8. personnes dans votre ville

12-20 Qui en prend ? Après le concert, il y a une réception pour les musiciens et leurs invités. On arrose (*toast*) l'évènement avec du champagne. À qui est-ce qu'on en sert ?

MODÈLE au chef d'orchestre ?

    ♦ Oui, on lui en sert.

1. à sa mère ?
2. à son fils de sept ans ?
3. au pianiste ?
4. à ses amis ?
5. à sa femme ?
6. à sa petite fille ?
7. aux membres de l'orchestre ?

12-21 Donnant donnant. Est-ce que vous faites les choses suivantes pour votre colocataire ou votre meilleur/e ami/e et est-ce qu'il ou elle les fait pour vous ?

MODÈLES prêter l'iPod

> É1 Tu lui prêtes ton iPod ?
> É2 Non, je ne le lui prête jamais.
> É1 Et il te prête son iPod ?
> É2 Non, il ne me le prête jamais.

1. prêter l'iPod
2. prêter le dictionnaire de français
3. prêter des vêtements
4. prêter des livres
5. emprunter des CD
6. envoyer une carte d'anniversaire
7. s'offrir des cadeaux
8. demander des conseils

 # Lisons

Stratégie

When reading dialogue from a play, be alert to changes in pace and tone that signal development in the characters and the plot. When such changes occur, ask yourself what they mean and how they reinforce the buildup of dramatic tension.

12-22 La Leçon

A. Avant de lire.
Depuis plus de cinquante ans, dans une petite rue du Quartier latin à Paris, le **Théâtre de la Huchette** présente les deux pièces les plus connues d'Eugène Ionesco (1909–1994) : *La cantatrice chauve* (*The Bald Soprano*) et *La Leçon* (tous deux publiés en 1953). Dans ce petit théâtre de quatre-vingt-dix places, des millions de spectateurs ont vu ces deux œuvres modèles du théâtre de l'absurde, un

L'intérieur du Théâtre de la Huchette. Est-ce que vous aimeriez voir une pièce dans cette salle ?

genre littéraire qui a fleuri après la Seconde Guerre mondiale. Le théâtre de l'absurde rejette la structure, les personnages (*characters*) et la logique du théâtre conventionnel dans l'objectif d'exposer un monde à l'envers (*upside down*).

Vous allez lire un extrait de *La Leçon*. Cet échange entre un professeur et son élève semble bizarre, mais il y a une progression dans le ton et le style qui prédit l'évènement violent, un meurtre, qui sera la fin dramatique de la pièce. Pour bien saisir la tension qui monte, remarquez le changement dans les répliques du professeur et de son élève du début à la fin de cette scène.

B. En lisant. Lisez le texte et ensuite répondez aux questions suivantes.

1. Identifiez quelques aspects comiques de cet extrait.

MODÈLE ◄ Le professeur est très surpris parce que l'élève sait combien
font un et un ; ...

2. Quelle est l'attitude de l'élève au début : est-ce qu'elle est timide ou
est-ce qu'elle est sûre d'elle ? Comment est-ce que ses réponses
évoluent pendant la leçon ? Pourquoi ?

3. Comment est le professeur au début : est-ce qu'il est poli et patient, par
exemple ? Comment est-ce qu'il change d'attitude au cours de la leçon ?
Pourquoi ?

4. Comment est-ce que la relation entre le professeur et son élève a changé
à la fin ?

LE PROFESSEUR :	Bon. Arithmétisons donc un peu.
L'ÉLÈVE :	Oui, très volontiers, Monsieur.
LE PROFESSEUR :	Cela ne vous ennuierait pas de me dire ...
L'ÉLÈVE :	Du tout[1], Monsieur, allez-y.
LE PROFESSEUR :	Combien font un et un ?
L'ÉLÈVE :	Un et un font deux.
LE PROFESSEUR :	*émerveillé*[2] *par le savoir de l'Élève :* Oh, mais c'est très bien. Vous me paraissez[3] très avancée dans vos études. Vous aurez facilement votre doctorat total, Mademoiselle.
L'ÉLÈVE :	Je suis bien contente. D'autant plus que[4] c'est vous qui le dites.
LE PROFESSEUR :	Poussons plus loin : combien font deux et un ?
L'ÉLÈVE :	Trois.
LE PROFESSEUR :	Trois et un ?
L'ÉLÈVE :	Quatre.
LE PROFESSEUR :	Quatre et un ?
L'ÉLÈVE :	Cinq.
LE PROFESSEUR :	Cinq et un ?
L'ÉLÈVE :	Six.
LE PROFESSEUR :	Six et un ?
L'ÉLÈVE :	Sept.
LE PROFESSEUR :	Sept et un ?
L'ÉLÈVE :	Huit.
LE PROFESSEUR :	Sept et un ?
L'ÉLÈVE :	Huit ... *bis.*
LE PROFESSEUR :	Très bonne réponse. Sept et un ?
L'ÉLÈVE :	Huit *ter.*
LE PROFESSEUR :	Parfait. Excellent. Sept et un ?
L'ÉLÈVE :	Huit *quater.* Et parfois neuf.

Line numbers in right margin: 5, 10, 15, 20, 25.

[1]*Not at all*   [2]*amazed*   [3]*seem, appear*   [4]*All the more so because*

LE PROFESSEUR : Magnifique. Vous êtes magnifique. Vous êtes exquise. Je vous félicite chaleureusement[5], Mademoiselle. Ce n'est pas la peine[6] de continuer. Pour l'addition, vous êtes magistrale. Voyons la soustraction. Dites-moi, seulement, si vous n'êtes pas épuisée[7], combien font quatre moins trois ?

L'ÉLÈVE : Quatre moins trois ? ... Quatre moins trois ?

LE PROFESSEUR : Oui. Je veux dire : retirez[8] trois de quatre.

L'ÉLÈVE : Ça fait ... sept ?

LE PROFESSEUR : Je m'excuse[9] d'être obligé de vous contredire[10]. Quatre moins trois ne font pas sept. Vous confondez[11] : quatre plus trois font sept, quatre moins trois ne font pas sept... Il ne s'agit plus[12] d'additionner, il faut soustraire maintenant.

L'ÉLÈVE : *s'efforce de comprendre :* Oui ... oui...

LE PROFESSEUR : Quatre moins trois font ... Combien ? ... Combien ?

L'ÉLÈVE : Quatre ?

LE PROFESSEUR : Non, Mademoiselle, ce n'est pas ça.

L'ÉLÈVE : Trois, alors.

LE PROFESSEUR : Non plus, Mademoiselle ... Pardon, je dois le dire ... Ça ne fait pas ça ... mes excuses.

L'ÉLÈVE : Quatre moins trois ... Quatre moins trois ... Quatre moins trois ? ... Ça ne fait tout de même pas dix ?

LE PROFESSEUR : Oh, certainement pas, Mademoiselle. Mais il ne s'agit pas de deviner[13], il faut raisonner. Tâchons[14] de le déduire ensemble. Voulez-vous compter ?

L'ÉLÈVE : Oui, Monsieur. Un ... , deux ... , euh ...

LE PROFESSEUR : Vous savez bien compter ? Jusqu'à combien savez-vous compter ?

L'ÉLÈVE : Je puis[15] compter ... à l'infini.

LE PROFESSEUR : Cela n'est pas possible, Mademoiselle.

L'ÉLÈVE : Alors, mettons[16] jusqu'à seize.

LE PROFESSEUR : Cela suffit[17]. Il faut savoir se limiter[18]. Comptez donc, s'il vous plaît, je vous en prie.

L'ÉLÈVE : Un ... , deux ... , et puis après deux, il y a trois ... quatre ...

LE PROFESSEUR : Arrêtez-vous, Mademoiselle. Quel nombre est plus grand ? Trois ou quatre ?

L'ÉLÈVE : Euh ... trois ou quatre ? Quel est le plus grand ? Le plus grand de trois ou quatre ? Dans quel sens le plus grand ?

LE PROFESSEUR : Il y a des nombres plus petits et d'autres plus grands. Dans les nombres plus grands il y a plus d'unités que dans les petits ...

L'ÉLÈVE : ... Que dans les petits nombres ?

LE PROFESSEUR : À moins que[19] les petits aient des unités plus petites. Si elles sont toutes petites, il se peut qu'[20]il y ait plus d'unités dans les petits nombres que dans les grands ... s'il s'agit d'autres unités ...

L'ÉLÈVE : Dans ce cas, les petits nombres peuvent être plus grands que les grands nombres ?

LE PROFESSEUR : Laissons cela[21]. Ça nous mènerait beaucoup trop loin ...

---

[5]*warmly* [6]*There's no point* [7]*exhausted* [8]*take away* [9]*I am sorry* [10]*to contradict* [11]*confuse* [12]*It's no longer a question* [13]*to guess*
[14]*Essayons* [15]*peux* [16]*Disons* [17]*That's enough* [18]*We have to know our limits* [19]*Unless* [20]*it may be that* [21]*Let's drop it*

Extrait de : Eugène Ionesco, *La Leçon*. © Éditions Gallimard.

C. En regardant de plus près. Maintenant examinez quelques caractéristiques du texte.

1. Observez la rapidité du dialogue : à quel moment est-ce que les questions et les réponses se suivent très rapidement ? À quel moment est-ce que les réponses ralentissent (*slow down*) ? Qu'est-ce que cela signale ?

2. Examinez les répliques (*lines*) du professeur et de l'élève séparément : qu'est-ce que cela révèle sur le développement de chaque personnage ?

D. Après avoir lu. Discutez des questions suivantes avec vos camarades de classe.

1. Dans cet extrait, il s'agit d'un dialogue absurde entre le professeur et l'élève. Est-ce que c'est, à votre avis, une critique du système éducatif ? Dans quel sens ?

2. Comment sont les relations entre les professeurs et les élèves, d'après Ionesco ?

3. À la fin de la pièce, il y a un meurtre ; qui va tuer qui, à votre avis ? Expliquez votre réponse.

Le Théâtre de la Huchette à Paris. À quelle date est-ce que la première représentation de *La Leçon* a eu lieu ?

Le Théâtre de la Huchette se trouve dans le Quatier Latin près de la place St. Michel. Qu'est-ce qu'on peut visiter aussi dans ce quartier ?

Venez chez nous ! Modes d'expression artistique

Un artiste dessine devant une sculpture au Louvre.

Partout dans le monde, les gens s'expriment à travers l'art. Dans le monde francophone, on trouve une grande variété de modes d'expression artistique : des grands maîtres de l'impressionnisme français aux masques et sculptures africains en passant par l'art de style primitif haïtien. Côté musique, on trouve le zydeco en Louisiane, l'Afropop à Madagascar ou en Guinée ainsi que des grands compositeurs comme Bizet, Debussy et Ravel et les rappeurs de nos jours. Il y a également des nombreux artisans. Ce sont des personnes qui travaillent pour eux-mêmes et qui produisent des choses qui, sans être des œuvres d'art, ont une valeur artistique.

Observons

12-23 L'art et l'artisanat

A. Avant de regarder. Est-ce que vous connaissez des artistes ou des artisans ? De quelles sortes ? Où est-ce qu'ils vendent leurs créations ? Écoutez Sylviane, une artiste sérigraphe à Seillans, qui nous montre son art, son atelier et son magasin à côté.

B. En regardant. Entourez toutes les réponses possibles.

1. Sylviane dit qu'elle est ...
   a. une sérigraphe parmi (*among*) beaucoup d'autres en France.
   b. une des dernières sérigraphes manuelles en France.
   c. la meilleure artiste sérigraphe en France.

2. La sérigraphie moderne se fait ...
   a. à la main.
   b. dans les usines.
   c. avec des machines sophistiquées.

3. Sylviane travaille comme ...
   a. les Chinois il y a 3000 ans.
   b. les artisans du Moyen Âge.
   c. ses parents il y a 30 ans.

4. Elle réalise ses créations ...
   a. chez elle dans une petite pièce.
   b. chez des amis qui ont un bon atelier.
   c. dans un atelier à côté de son magasin.

5. Elle peut faire des choses ...
   a. personnalisées.
   b. dans le style demandé par ses clients.
   c. très sophistiquées.

6. Pour ses motifs, elle s'inspire …
   a. des fruits et légumes.
   b. du folklore.
   c. de la nature.
   d. des enfants.
   e. des animaux.

C. Après avoir regardé. Maintenant discutez des questions suivantes avec vos camarades de classe.

1. Est-ce que vous connaissiez la sérigraphie ? Qu'est-ce que vous pensez des objets que vous avez vus dans la vidéo ? Est-ce que vous aimeriez avoir un tee-shirt ou un foulard décoré selon la technique de la sérigraphie?
2. Sylviane dit qu'elle est « **artisan ou artiste sérigraphe** ». Quelle est la différence à votre avis ? Est-ce que vous pensez qu'elle est artiste ou plutôt artisan ? Pourquoi ?

L'artisanat

Les artisans peuvent avoir un métier très créatif. En France, comme dans d'autres pays francophones, les artisans travaillent à leur compte[1] et gagnent leur vie avec la vente des œuvres qu'ils ont créées. Dans certains cas, il peut être assez difficile de déterminer s'il s'agit[2] d'art ou d'artisanat, parce qu'après tout, le mot « artisan » contient bien le mot « art ». Par exemple, est-ce que les masques africains sont considérés comme de l'artisanat ou comme des œuvres d'art, ou comme les deux à la fois[3] ? Il est certain que ces masques ont inspiré des artistes modernes comme Pablo Picasso et Henri Matisse. Ils font partie aussi des grandes collections d'art dans certains musées du monde et dans des collections privées.

[1]*are self-employed*   [2]*if it's about*   [3]*at the same time*

Au Bénin, on peut trouver des belles tapisseries comme ce « Lion dans la forêt ».

Cet artisan haïtien vend ses tableaux aux amateurs (*aficionados*) d'art folklorique.

Stratégie

Use what you know about the famous people, historical events, and general subject matter of an expository text to better understand the content. If you are not familiar with some of the people or events mentioned, consider doing some preliminary research before you tackle the text.

12-24 La découverte de l'art africain

Des masques africains.

En 1907, Pablo Picasso lance un nouveau style, le cubisme, avec ce tableau, *Les demoiselles d'Avignon*. Regardez le visage de ces femmes. Quelle est la ressemblance avec les masques africains ?

Pablo Picasso, *Les demoiselles d'Avignon*. 1907. Art Resource. NY.

A. Avant de lire. Ce passage décrit des artistes connus, des mouvements artistiques et des époques historiques. Avant de le lire, examinez rapidement le texte pour identifier les deux siècles (*centuries*) indiqués par des chiffres romains. D'après le texte, comment est-ce que la connaissance du continent africain par les Européens a changé à travers les siècles ? Ensuite, trouvez le nom de quatre artistes dans le texte. Est-ce que vous les connaissez ? Finalement, trouvez le mouvement artistique qui est cité dans ce texte. Quels artistes faisaient partie de ce mouvement ? Maintenant, lisez le texte en vous servant de ces connaissances qui vont vous aider à bien comprendre.

B. En lisant. Répondez aux questions suivantes.

1. D'après le texte, qui a découvert l'art africain et quand ?
2. Au vingtième siècle, plusieurs artistes ont reconnu les qualités de l'art africain. D'après le texte, quelles sont ces qualités ?
3. D'après le texte, quand est-ce que les grandes collections privées ont commencé ?
4. Où est-ce qu'on peut voir de l'art africain de nos jours ?

La découverte de l'art africain

À partir du XVe siècle les navigateurs portugais explorent l'Afrique et l'Europe et découvrent peu à peu l'art africain ...

La véritable rencontre de l'art africain et de l'Europe se fait au XXe siècle.

Il y est décelé[1] une nouvelle écriture qui va répondre pour certains artistes comme Matisse, Picasso, Gauguin, Vlaminck, à leur préoccupation[2] et marquer le point de départ de la rupture avec les normes académiques. Ces artistes occidentaux sont les premiers à reconnaître autant de valeurs humanistes chez les artistes africains. Ils admirent la puissante abstraction de cette expression, la richesse, la variété, la vitalité qui rayonnent[3] dans cet art. Ils y trouvent une nouvelle source d'inspiration et même un style nouveau, le Cubisme, art abstrait qui casse le carcan[4] des lois imposées aux artistes depuis la Renaissance.

5

10

Enfin, les objets d'art africain vont être regardés comme des œuvres d'art. Il n'était plus[5] question de beauté, de laideur, mais bien d'une émotion directe, d'une manifestation spontanée.

15

L'engouement[6] pour l'art africain caractérise « les années folles ». C'est aussi bien sûr le temps des grandes collections privées.

De nos jours, des centaines d'expositions d'art africain sont organisées chaque année dans le monde. Des musées, des galeries d'art et des collectionneurs privés s'arrachent[7] ces œuvres dans les grandes ventes aux enchères[8] internationales et atteignent[9] des prix records.

20

[1]*revealed* [2]*concerns* [3]*shine forth* [4]*yoke* [5]*no longer* [6]*l'enthousiasme* [7]*grab up* [8]*auctions* [9]*reach*

Source : Babette Gazeau, http://www.danse-africaine.net

C. En regardant de plus près. Maintenant, examinez les aspects suivants du texte.

1. Regardez l'expression **une nouvelle écriture** à la ligne 4. Vous savez que le mot **écriture** a un rapport avec le verbe **écrire**. Normalement, ce mot veut dire « les signes graphiques qu'on utilise pour écrire ». Mais ici ce mot a une autre signification. Quelle est la signification du mot **écriture** dans ce texte ?

2. Regardez le verbe **reconnaître** à la ligne 7. Vous remarquez sans doute le verbe **connaître** dans ce verbe. Si vous considérez en plus le contexte, qu'est-ce que ce verbe veut dire en anglais ?

3. À la ligne 14, on parle de **beauté** et de **laideur**. Ces deux noms sont dérivés d'adjectifs qui décrivent l'apparence physique. Quel est l'adjectif qui correspond à **beauté** ? Si vous savez que **laid** est un synonyme de l'adjectif **moche**, quelle est la signification de **laideur** ?

4. Regardez le mot **centaines** à la ligne 18. Quel chiffre est-ce que vous remarquez dans ce mot ? D'après cela, que veut dire la phrase : **des centaines d'expositions** ?

D. Après avoir lu. Discutez des questions suivantes avec vos camarades de classe.

1. Est-ce que vous avez déjà vu des expositions d'art africain dans un musée ou dans une galerie ? Qu'est-ce que vous pensez des œuvres d'art que vous avez vues ?
2. À votre avis, est-ce que les civilisations africaines ont eu une influence sur d'autres mouvements artistiques en Occident ? Dans quels domaines ? Est-ce que cette influence est toujours reconnue ? Pourquoi, à votre avis ?

 # Écrivons

12-25 L'art chez moi

A. Avant d'écrire. Pensez aux œuvres d'art et à leurs reproductions qu'il y a dans votre chambre, dans votre appartement ou chez vos parents et faites-en une petite liste. Est-ce que vous pouvez identifier un style ou des préférences pour un certain type d'art ou pour un certain artiste ? Quel est l'œuvre d'art que vous préférez ?

B. En écrivant. Rédigez un texte de trois ou quatre paragraphes qui décrivent le(s) type(s) d'art que vous préférez et une œuvre chez vous que vous aimez en particulier.

1. Pour commencer, complétez ce tableau qui va vous aider à organiser votre texte.

Introduction	**MODÈLE**	VOUS :
Pour écrire une bonne introduction : ◆ Identifiez les œuvres d'art qu'il y a chez vous. ◆ Donnez-en quelques exemples précis. ◆ Indiquez vos préférences (pour le style, les matières, les artistes, les œuvres). ◆ Indiquez votre œuvre préférée.	◆ l'art africain chez mes parents ◆ des masques, des sculptures, des batiks, des tableaux ◆ j'adore les petites sculptures et les batiks ◆ je préfère le grand batik au-dessus (*above*) de la cheminée	
Paragraphe 2 Décrivez votre œuvre d'art préférée.	**MODÈLE** ◆ le grand batik a beaucoup de couleurs très vives ... ◆ c'est une scène de village	VOUS :

Paragraphe 3	MODÈLE	VOUS :
Dites pourquoi vous aimez cette œuvre et expliquez son importance pour vous.	◆ c'est un souvenir du village de ma grand-mère au Ghana	
Conclusion Écrivez deux ou trois phrases pour terminer votre essai.	MODÈLE ◢ L'art africain est très important pour mon père et aussi pour moi. Quand j'étais petite, je ne l'aimais pas beaucoup parce que c'était différent de l'art chez mes amis. Mais maintenant, je l'apprécie.	VOUS :

2. Maintenant, utilisez vos notes pour rédiger votre texte. Si vous voulez, vous pouvez accompagner votre texte d'une image ou d'une photo.

MODÈLE ◢ J'aime bien l'art africain. Mon père vient du Ghana et donc nous avons chez nous beaucoup d'œuvres d'art qui viennent de son pays. Il y a des masques, des sculptures, des batiks et des tableaux. J'aime surtout un grand batik que nous avons au-dessus de la cheminée.

Mon batik préféré montre une scène de village avec des petites maisons, des baobabs, des femmes qui préparent à manger, des enfants qui jouent, des hommes qui travaillent dans les champs. Il y a beaucoup de couleurs très vives surtout dans des tons jaunes et orange. Je peux contempler ce batik pendant des heures ...

Ce batik me rappelle le village de ma grand-mère au Ghana et quand je le regarde, je pense à elle ...

L'art africain est très important pour mon père et aussi pour moi. Quand j'étais petite je ne l'aimais pas beaucoup parce que c'était différent de l'art chez mes amis. Mais maintenant, j'apprécie beaucoup.

C. En révisant. Réfléchissez aux questions suivantes et puis faites tous les changements nécessaires.

1. Relisez votre texte pour en analyser le contenu : est-ce que vous avez utilisé les notes que vous avez prises pour décrire l'art chez vous ?
2. Relisez de nouveau votre texte pour analyser le style et la forme : est-ce que vous avez bien organisé votre information en paragraphes logiques qui se suivent, y compris une bonne introduction ? Est-ce que vous avez utilisé une variété de mots ou d'expressions pour décrire les œuvres d'art que vous mentionnez ?
3. Donnez un titre à votre texte et si vous avez une photo ou un dessin, écrivez une légende (*caption*).

D. Après avoir écrit. Échangez votre texte avec vos camarades de classe. Est-ce que vous avez les mêmes goûts artistiques ou est-ce que vos goûts sont différents ?

Les musiques cadienne et zydeco en Louisiane

Les musiques cadienne et zydeco sont très populaires aux États-Unis comme en Europe pour danser et faire la fête. Mais il faut être en Louisiane pour aller à une soirée « fais dodo » où l'on peut manger les spécialités locales, écouter de la bonne musique, danser et s'amuser. Quelle est la différence entre ces deux musiques louisianaises ?

La musique cadienne est la musique des descendants d'Acadiens. Les Acadiens ont quitté le Canada et sont arrivés en Louisiane au dix-huitième siècle. Ils ont été chassés de leur région, l'Acadie (aujourd'hui le Nouveau-Brunswick et la Nouvelle-Écosse), parce qu'ils refusaient de se soumettre totalement à l'autorité du gouvernement britannique. Cette musique a été influencée par la valse, la mazurka et la polka qui venaient d'Europe, et par la musique folklorique, country et swing d'Amérique du Nord. Les deux instruments essentiels sont le violon et l'accordéon. On y entend aussi souvent le triangle ou ti-fer (petit fer).

La musique zydeco, au rythme syncopé, a été créée par des Louisianais d'origine africaine. Ses influences sont plutôt le blues, le jazz et le rock. Au lieu du violon, c'est la guitare qui est l'instrument de base du zydeco à côté de l'accordéon. On y trouve aussi des guitares et des contrebasses électriques et même de la batterie.

BeauSoleil, un groupe de musiciens cadiens, en concert en Louisiane. Michael Doucet joue du violon, Jimmy Breaux joue de l'accordéon et David Doucet joue de la guitare.

 Parlons

12-26 La musique que je préfère

Quel type de musique est-ce que vous préférez ? le jazz ? la musique pop ? le rock ? le rap ? la musique punk ? Qui est votre musicien/ne préféré/e ? Préparez un exposé sur la musique que vous aimez et présentez-le à votre classe.

A. Avant de parler. Pour faire un bon exposé oral, il faut se préparer à l'avance :

1. D'abord, pensez à la musique et au musicien ou à la musicienne que vous voudriez présenter.
2. Ensuite, pensez aux choses que vous aimeriez dire : par exemple, vous pourriez décrire le style de musique, parler un peu de son histoire et donner ses caractéristiques. Si vous présentez un/e musicien/ne ou un groupe, vous pourriez mentionner quelques aspects de sa biographie, parler de sa musique et dire pourquoi vous l'appréciez.
3. Il est important que vos camarades de classe puissent comprendre votre exposé, donc ne cherchez pas de mots compliqués dans le dictionnaire. Essayez plutôt d'utiliser des mots que vous connaissez et d'accompagner votre exposé de supports visuels.
4. Pour rendre votre présentation plus intéressante, pensez aussi à apporter quelques extraits que vous pouvez faire écouter aux autres.

B. En parlant. Présentez votre exposé à vos camarades.

MODÈLE ◢ D'habitude, je préfère le rock, mais la semaine dernière, je suis allée à un concert de *BeauSoleil* avec mes parents et j'ai décidé de faire mon exposé sur ce groupe cadien. Le musicien principal du groupe s'appelle Michael Doucet, il joue du violon et chante. Son frère, David Doucet, fait partie du groupe aussi. Lui, il joue de la guitare. Bien sûr, il y a un accordéon dans ce groupe ; c'est Jimmy Breaux, le petit-fils d'un célèbre joueur d'accordéon cadien, qui joue de l'accordéon pour *BeauSoleil.* Les autres musiciens du groupe jouent de la batterie, de la guitare électrique et aussi du violon.

Les musiciens de *BeauSoleil* jouent ensemble depuis plus de 30 ans. Ils font de la musique traditionnelle et composent aussi des nouvelles chansons …

Le concert était super. Il y avait beaucoup d'énergie et d'enthousiasme. En fait, Michael Doucet a encouragé tout le monde à danser …

Voici un extrait d'une de leurs dernières chansons …

C. Après avoir parlé. Quelles présentations ont été particulièrement intéressantes ? Pourquoi ? Est-ce que vous aimeriez en savoir plus sur un style de musique ou sur un/e musicien/ne en particulier ?

Now that you have completed *Chapitre 12*, can you do the following in French?

☐ talk about the performing and visual arts?

☐ tell stories and recount events using the past, present, and future as appropriate?

☐ describe various artistic movements, artists, and practices in the Francophone world?

Leçon

la musique — *music*

... classique — *classical music*
  folklorique — *folk music*
  traditionnelle — *traditional music*
un chœur — *chorus*
un opéra — *opera*
un orchestre — *orchestra*
une répétition — *rehearsal*
une représentation — *production*
un trio — *trio*

quelques instruments (m.) — *some instruments*

la clarinette — *clarinet*
le clavier — *keyboards*
la flûte traversière — *flute*
la guitare basse — *bass guitar*
la guitare électrique — *electric guitar*
le trombone — *trombone*
la trompette — *trumpet*
le violon — *violin*
le violoncelle — *cello*

quelques verbes suivis de *à* ou *de* devant l'infinitif — *verbs followed by* à *or* de *before an infinitive*

accepter de — *to accept*
aider à — *to help*
apprendre à — *to learn*
arrêter de — *to stop*
commencer à — *to begin*
continuer à — *to continue*
décider de — *to decide*
essayer de — *to try*
finir de — *to finish*
inviter à — *to invite*
oublier de — *to forget*
refuser de — *to refuse*
réussir à — *to succeed*
rêver de — *to dream of*
venir de + inf. — *to have just (done something)*

d'autres mots utiles — *other useful words*

C'est entendu — *It's understood; OK*
espérer — *to hope*
pourquoi pas ? — *why not?*

Leçon

les artistes et leur art — *artists and their art*

un dessin — *sketch/drawing*
un dessinateur / une dessinatrice — *draftsman/woman*
un maître — *master*
une nature morte — *still life*
une œuvre d'art — *work of art*
un pastel — *pastel*
un paysage — *landscape*
peindre — *to paint*
un/e peintre — *painter*
un/e photographe — *photographer*
une photo(graphie) — *photo(graph)*
un portrait — *portrait*
un sculpteur — *sculptor*
un tableau — *painting*
une tapisserie — *tapestry*

pour parler d'art — *to talk about art*

la composition — *composition*
une couleur — *color*
  sombre — *somber, dark*
  vive — *bright, vivid*
l'utilisation de la lumière — *use of light*
s'intituler — *to be titled*
un reflet — *reflection*
le style — *style*
  abstrait — *abstract*
  cubiste — *cubist*
  impressionniste — *Impressionist*
  primitif — *primitive*
le sujet — *subject*

Vocabulaire

TEXT AUDIO CD 6 TRACKS 28–35

Leçon 3

quelques expressions pour se décider	*expressions used in deciding*
après tout	*after all*
ça (ne) me dit rien	*I'm not interested in that*
ça (ne) fait rien	*that doesn't matter*
ça vaut le coup	*it's worth it (fam.)*
un choix	*choice*
être fanatique de	*to be a fan of*
pas si vite	*not so fast*

planifier	*to plan*
plutôt	*rather*
risquer de …	*to run the risk of . . .*
se faire un petit plaisir	*to treat oneself*

d'autres mots utiles	*other useful words*
s'abonner, être abonné/e	*to subscribe. to buy season tickets/to be subscribed, to have season tickets*
un chef-d'œuvre, des chefs-d'œuvre	*masterpiece(s)*
un spectacle	*show*

Appendices

Appendice 1

L'ALPHABET PHONÉTIQUE INTERNATIONAL

a	**à**, **la**	b	le **b**ureau
e	**é**coutez	k	le **c**ahier, **qu**i, **k**ilo
ɛ	**e**lle	ʃ	la **ch**aise
i	**i**l, le styl**o**	d	**d**ans
o	le styl**o**, bient**ô**t, le tabl**eau**	f	la **f**emme
ɔ	la g**o**mme	g	le **g**arçon
u	n**ou**s	ɲ	espa**gn**ol
y	d**u**	ʒ	le **j**our, **g**entil
ø	d**eu**x	l	**l**a, vi**ll**age
œ	l**eu**r, la s**œu**r	m	**m**adame
ɑ̃	l'**en**f**an**t	n	**n**euf
ɛ̃	le cous**in**	ŋ	le campi**ng**
ɔ̃	b**on**jour	p	le **p**ère
œ̃	**un**	r	la **r**ègle
j	la n**i**èce, la f**ill**e, le cra**y**on	s	**s**alut, **c**inq, françai**s**, la bro**ss**e
ɥ	l**ui**	t	la **t**ante
w	m**oi**, **j**ouer, le **w**eek-end	v	**v**oici
		z	**z**éro, la cou**s**ine

Appendice 2

LE PLUS-QUE-PARFAIT

You have learned that the **passé composé** and the **imparfait** are used to narrate events in the past. Another past tense, the **plus-que-parfait**, is used as indicated below.

◆ Use the **plus-que-parfait** to order events in the past or to describe an event in the past that occurred before another past event (even an implied event).

J'ai appris que l'exposition sur Renoir **avait** déjà **finie**.	*I learned that the Renoir exhibit had already finished.*
Quand on est arrivé, le spectacle **avait** déjà **commencé**.	*When we arrived, the show had already begun.*
Elles ne **s'étaient** jamais **rencontrées**.	*They had never met.*

◆ To form the **plus-que-parfait**, use the imperfect of **avoir** or **être** and the past participle.

j'**avais** joué	nous **avions** joué
tu **avais** joué	vous **aviez** joué
il	ils
elle } **avait** joué	elles } **avaient** joué
on	
j'**étais** parti/e	nous **étions** parti/e/s
tu **étais** parti/e	vous **étiez** parti/e/s
il **était** parti	ils **étaient** partis
elle **était** partie	elles **étaient** parties
on **était** partis	

◆ The **plus-que-parfait**, as in the second example below, is also used to report what someone said she *had done* in the past. Note that in the first example, the imperfect is used to report what someone said she *was doing* in the past.

Elle dit : « Je lis le programme. »	Elle a dit qu'elle lisait le programme.
Elle dit : « J'ai lu le programme. »	Elle a dit qu'elle **avait lu** le programme.

➤ À vous la parole ➤

A2-1 Histoire d'amour. Voici quelques moments dans la vie de Camille Claudel et d'Auguste Rodin, deux sculpteurs français qui étaient ensemble pendant dix ans. Ils se sont séparés définitivement en 1898. Est-ce que les actions suivantes se sont passées avant ou après cette rupture ?

MODÈLE Camille Claudel était allée à Paris pour sculpter.
➤ avant la rupture

1. Ils s'étaient souvent disputés.
2. Ils s'étaient rencontrés à Paris.
3. Elle a sculpté *La Vague*.
4. Elle avait commencé à travailler dans l'atelier (*studio*) de Rodin.
5. Ils étaient tombés amoureux.
6. Camille Claudel avait beaucoup influencé l'œuvre de Rodin.
7. Auguste Rodin est retourné à sa maîtresse Rose Beurct.
8. Camille Claudel est morte à l'âge de 79 ans.

A2-2 Une sortie. Un après-midi, Pierre et Nathalie sont sortis ensemble. Pour chaque phrase, indiquez l'ordre des évènements.

MODÈLE Ils étaient arrivés au café quand Nathalie a suggéré d'aller voir une exposition.

1. Ils sont arrivés au café.   2. Nathalie a suggéré d'aller voir une exposition.

1. Ils avaient fini de boire leur café quand ils ont décidé d'aller au musée.
2. Avant de choisir une exposition, ils avaient acheté *Pariscope*.
3. Quand ils sont entrés dans le musée, la visite guidée avait déjà commencé.
4. Pierre avait déjà vu l'exposition, mais il n'a rien dit.
5. Après avoir vu l'exposition, ils sont allés chez Nathalie.
6. Ils avaient parlé de l'exposition avant de manger.
7. Pierre avait rangé la cuisine un peu avant de partir.

A2-3 Explications. Complétez ces phrases avec un verbe au **plus-que-parfait** choisi de la liste suivante pour mieux expliquer la situation.

acheter	commencer	étudier	jouer
lire	manger	répéter	terminer

MODÈLE Le groupe s'est arrêté de chanter plus tôt que prévu parce qu'il … à pleuvoir.
➤ avait déjà commencé

1. Nous sommes arrivés tellement en retard que le concert…
2. Quand le nouveau réalisateur est finalement arrivé, les acteurs … pendant trois semaines.
3. C'est dommage mais quand il a téléphoné pour m'inviter au restaurant, j'…
4. J'ai perdu le *Pariscope* que mon copain…
5. Quand nous avons vu cet opéra, nous … le livret (*libretto*).
6. Quand elle est allée au Louvre, elle … l'histoire de l'art.
7. Il ne savait pas que ce groupe … ta chanson préférée.

Appendice 3

LE FUTUR ANTÉRIEUR

◆ You have learned that when two future events are simultaneous, the future tense is used in both clauses.

Dès que j'**aurai** vingt-et-un ans, j'**irai** au nouveau club.	*As soon as I'm twenty-one, I'll go to the new club.*

◆ When one future event will have been completed before a second future event occurs, use the **futur antérieur** to convey the order of these events. Use the **futur antérieur** in a clause introduced by an expression such as **aussitôt que**, **dès que**, **quand**, or **lorsque** to express the earlier event.

Quand Rachid **aura terminé** cette sculpture, il la montrera à sa femme.	*When Rachid has finished this sculpture, he'll show it to his wife.*
Nous irons voir l'exposition **aussitôt qu'**il **aura terminé** ses devoirs.	*We will go to see the exhibit as soon as he has finished his homework.*
Dès que nous **aurons dîné**, nous sortirons.	*As soon as we have eaten, we will go out.*

◆ The **futur antérieur** can also be used with a temporal expression to indicate that an action will have been finished at that moment.

En l'an 2050 on **aura** tout **vu**.	*In the year 2050, we will have seen it all.*
J'espère que la pièce **aura fini avant dix heures et demie**.	*I hope that the play will have ended by 10:30.*

◆ To form the **futur antérieur**, use the future tense of **avoir** or **être** plus the past participle.

j'**aurai** joué	nous **aurons** joué
tu **auras** joué	vous **aurez** joué
il elle } **aura** joué on	ils elles } **auront** joué
je **serai** parti/e	nous **serons** parti/e/s
tu **seras** parti/e	vous **serez** parti/e/s
il **sera** parti	ils **seront** partis
elle **sera** partie	elles **seront** parties
on **sera** partis	

⬱ À vous la parole ⬱

A3-1 Des projets. Qu'est-ce que vous ferez dans les situations suivantes ? Avec un/e partenaire, parlez de vos projets.

MODÈLE Dès que j'aurai terminé mes devoirs ce soir, ...

    É1 Dès que j'aurai terminé mes devoirs ce soir, je regarderai un peu la télé.

    É2 Pas moi. Je préfère dormir. Dès que j'aurai terminé mes devoirs, je me coucherai.

1. Aussitôt que je me serai réveillé/e demain matin, je...
2. Dès que le week-end sera arrivé, je...
3. Lorsque j'aurai fini avec les examens finals, je...
4. Quand les grandes vacances seront arrivées, je...
5. Lorsque j'aurai terminé mes études, je...
6. Quand j'aurai trouvé un bon travail, je...
7. Quand j'aurai rencontré le/la partenaire idéal/e, je...
8. Quand j'aurai eu des enfants, je...

A3-2 Allons au musée. Complétez chaque phrase logiquement en employant le **futur antérieur**.

MODÈLE Il y aura des critiques dans le journal dès que l'exposition...

    ⬱ Il y aura des critiques dans le journal dès que l'exposition aura commencé.

1. Il y aura des critiques dans le journal dès que l'exposition...
2. J'obtiendrai mon billet avec une réduction aussitôt que je...
3. Nous achèterons le programme quand nous...
4. Vous pourrez entrer dans le musée lorsque vous...
5. Vous pourrez visiter librement les salles quand la visite guidée...
6. Nous sortirons dans le jardin dès qu'on...
7. On prendra un café dès qu'on...
8. On achètera des cartes postales lorsqu'on...
9. Je mettrai ma nouvelle affiche au mur dès que...

    a. arriver dans la boutique du musée
    b. arriver devant la caféteria
    c. terminer
    d. montrer ma carte d'étudiant
    e. visiter toutes les salles
    f. acheter des billets à l'entrée
    g. rentrer à la maison
    h. commencer
    i. arriver à la caisse

A3-3 En l'an 2030. Qu'est-ce que vous aurez fait en l'an 2030 ? Parlez de votre avenir avec un/e partenaire.

MODÈLE É1 En l'an 2030, j'aurai terminé mes études et je serai médecin. Je me serai marié et j'habiterai à New York avec ma femme.

       É2 Et moi, en l'an 2030, j'aurai gagné un million de dollars avec ma propre société et je serai très riche. J'aurai acheté un appartement à Paris, une grande maison à Long Island et une maison en Floride pour les vacances.

Appendice 4

LE PASSÉ DU CONDITIONNEL

◆ Use the past conditional to express a hypothetical action or event in the past. In this case, the past conditional is often used with such expressions as **à ta place**, **à votre place**, or with the stressed pronouns **moi**, **nous**.

À ta place, je n'**aurais** pas **dépensé** 60 euros pour une place à l'opéra.	*If I were you, I wouldn't have spent 60 euros for an opera ticket.*
Moi, je **serais sortie** quand même.	*I still would have gone out.*

◆ To express what should have or could have been done in the past, use the past conditional of **devoir** or **pouvoir**.

Il s'est trompé pendant le concert. Il **aurait dû** répéter plus.	*He made a mistake during the concert. He should have practiced more.*
Je ne suis pas allée au théâtre parce que j'avais du retard, mais j'**aurais pu**.	*I didn't go to the theater because I was late, but I could have.*

◆ You have learned that the conjunction **si** is used in a clause expressing a condition that is followed by another clause expressing the result. To express a past hypothetical situation, use **si** plus the **plus-que-parfait** followed by the result in the past conditional.

Si j'**avais su**, je ne **serais** pas **venu**.	*If I had known, I would not have come.*
Si on **avait eu** de l'argent, on **aurait acheté** des places pour l'opéra.	*If we had had money, we would have bought tickets for the opera.*

◆ To form the past conditional, use the conditional of **avoir** or **être** plus the past participle. The forms of the past conditional are illustrated with the verbs **devoir** and **partir**.

j'**aurais** dû	nous **aurions** dû
tu **aurais** dû	vous **auriez** dû
il elle on } **aurait** dû	ils elles } **auraient** dû
je **serais** parti/e	nous **serions** parti/e/s
tu **serais** parti/e	vous **seriez** parti/e/s
il **serait** parti	ils **seraient** partis
elle **serait** partie	elles **seraient** parties
on **serait** partis	

➤ À vous la parole ➤

A4-1 Pour être un grand artiste. Dites ce que ces gens auraient dû faire ou auraient pu faire pour être un grand artiste.

MODÈLE Sophie n'a pas pris de leçons de chant.
➤ Elle aurait dû prendre des leçons de chant.
OU Elle aurait pu prendre des leçons de chant.

1. Hélène n'a pas beaucoup joué de violon quand elle était petite.
2. Ces peintres n'ont pas utilisé beaucoup de couleurs.
3. Je ne suis pas allée à toutes les répétitions.
4. Les garçons n'ont pas bien appris leurs rôles.
5. Suzanne n'a pas considéré l'opinion des critiques.
6. Elle n'a pas eu le temps de se concentrer.
7. Nous n'avons pas trouvé d'inspiration.

A4-2 Des conseils tardifs. Vos amis n'ont pas de chance. Ils ont raté un bon spectacle pour des raisons diverses. Dites ce qu'ils auraient pu faire pour pouvoir y aller.

MODÈLE J'avais perdu les billets pour le spectacle.
➤ Tu aurais pu les garder dans un endroit sûr.

1. Elle ne savait pas à quelle heure le spectacle commençait.
2. Nous n'avions pas assez d'argent.
3. Janique avait trop de devoirs à faire.
4. Mes amis ne savaient pas où se trouvait le théâtre.
5. Mon père ne voulait pas que j'y aille un mardi soir.
6. Nous sommes arrivés en retard pour le premier acte.
7. Elles ne savaient pas le prix des billets.

A4-3 Des regrets. Ce week-end ne s'est pas bien passé. Avec un partenaire, dites ce que ces personnes auraient pu faire selon les cas suivants.

MODÈLE S'il avait fait beau ce week-end...

É1 ... j'aurais joué au tennis avec ma copine.

É2 ... et moi, j'aurais fait de la planche à voile.

1. Si j'avais eu de l'argent...
2. Si j'avais eu plus de temps libre...
3. Si je n'avais pas eu cet examen de philosophie à préparer...
4. Si mes parents étaient venus ce week-end...
5. Si mes copains avaient voulu aller à ce concert avec moi...
6. Si mon prof de français avait été plus raisonnable...
7. Si l'examen n'avait pas duré si longtemps...

Appendice 5 VERBES RÉGULIERS

VERBE INFINITIF	PRÉSENT DE L'INDICATIF	PRÉSENT DU SUBJONCTIF	IMPARFAIT	PASSÉ COMPOSÉ	FUTUR	CONDITIONNEL	IMPÉRATIF
verbes -er							
regarder to look at	je regarde tu regardes il regarde nous regardons vous regardez ils regardent	que je regarde que tu regardes qu'il regarde que nous regardions que vous regardiez qu'ils regardent	je regardais tu regardais il regardait nous regardions vous regardiez ils regardaient	j'ai regardé tu as regardé il a regardé nous avons regardé vous avez regardé ils ont regardé	je regarderai tu regarderas il regardera nous regarderons vous regarderez ils regarderont	je regarderais tu regarderais il regarderait nous regarderions vous regarderiez ils regarderaient	regarde regardons regardez
verbes -ir							
dormir to sleep	je dors tu dors il dort nous dormons vous dormez ils dorment	que je dorme que tu dormes qu'il dorme que nous dormions que vous dormiez qu'ils dorment	je dormais tu dormais il dormait nous dormions vous dormiez ils dormaient	j'ai dormi tu as dormi il a dormi nous avons dormi vous avez dormi ils ont dormi	je dormirai tu dormiras il dormira nous dormirons vous dormirez ils dormiront	je dormirais tu dormirais il dormirait nous dormirions vous dormiriez ils dormiraient	dors dormons dormez
verbes -ir/-iss							
choisir to choose	je choisis tu choisis il choisit nous choisissons vous choisissez ils choisissent	que je choisisse que tu choisisses qu'il choisisse que nous choisissions que vous choisissiez qu'ils choisissent	je choisissais tu choisissais il choisissait nous choisissions vous choisissiez ils choisissaient	j'ai choisi tu as choisi il a choisi nous avons choisi vous avez choisi ils ont choisi	je choisirai tu choisiras il choisira nous choisirons vous choisirez ils choisiront	je choisirais tu choisirais il choisirait nous choisirions vous choisiriez ils choisiraient	choisis choisissons choisissez
verbes -re							
attendre to wait for	j'attends tu attends il attend nous attendons vous attendez ils attendent	que j'attende que tu attendes qu'il attende que nous attendions que vous attendiez qu'ils attendent	j'attendais tu attendais il attendait nous attendions vous attendiez ils attendaient	j'ai attendu tu as attendu il a attendu nous avons attendu vous avez attendu ils ont attendu	j'attendrai tu attendras il attendra nous attendrons vous attendrez ils attendront	j'attendrais tu attendrais il attendrait nous attendrions vous attendriez ils attendraient	attends attendons attendez
verbes pronominaux							
se laver to wash oneself	je me lave tu te laves il se lave/on se lave nous nous lavons vous vous lavez ils se lavent	que je me lave que tu te laves qu'il se lave/qu'on se lave que nous nous lavions que vous vous laviez qu'ils se lavent	je me lavais tu te lavais il se lavait nous nous lavions vous vous laviez ils se lavaient	je me suis lavé/e* tu t'es lavé/e il s'est lavé/elle s'est lavée nous nous sommes lavé/e/s vous vous êtes lavé/e/s ils/elles se sont lavés/lavées	je me laverai tu te laveras il se lavera nous nous laverons vous vous laverez ils se laveront	je me laverais tu te laverais il se laverait nous nous laverions vous vous laveriez ils se laveraient	lave-toi lavons-nous lavez-vous

Comme **dormir** : s'endormir, mentir, partir, ressentir, servir, sortir.   Comme **choisir** : désobéir (à), finir, grandir, grossir, maigrir, obéir (à), pâlir, punir, réfléchir (à), réussir (à), rougir.
Comme **attendre** : descendre, se détendre, (s')entendre, perdre, rendre (à), rendre visite (à), répondre (à), vendre.

*Although agreement of the past participle is shown with reflexive verbs like *se laver*, recall that when a noun follows the verb, no past participle agreement is made. For example, *Elle s'est lavé les cheveux.*

VERBES IRRÉGULIERS EN -ER

VERBE INFINITIF	PRÉSENT DE L'INDICATIF	PRÉSENT DU SUBJONCTIF	IMPARFAIT	PASSÉ COMPOSÉ	FUTUR	CONDITIONNEL	IMPÉRATIF
verbes -er							
acheter *to buy*	j'achète tu achètes il achète nous achetons vous achetez ils achètent	que j'achète que tu achètes qu'il achète que nous achetions que vous achetiez qu'ils achètent	j'achetais	j'ai acheté	j'achèterai	j'achèterais	achète achetons achetez
appeler *to call*	j'appelle tu appelles il appelle nous appelons vous appelez ils appellent	que j'appelle que tu appelles qu'il appelle que nous appelions que vous appeliez qu'ils appellent	j'appelais	j'ai appelé	j'appellerai	j'appellerais	appelle appelons appelez
commencer *to call*	je commence tu commences il commence nous commençons vous commencez ils commencent	que je commence que tu commences qu'il commence que nous commencions que vous commenciez qu'ils commencent	je commençais nous commencions	j'ai commencé	je commencerai	je commencerais	commence commençons commencez
s'essuyer *to wipe, to dry oneself*	je m'essuie tu t'essuies il s'essuie nous nous essuyons vous vous essuyez ils s'essuient	que je m'essuie que tu t'essuies qu'il s'essuie que nous nous essuyions que vous vous essuyiez qu'ils s'essuient	je m'essuyais	je me suis essuyé/e*	je m'essuierai	je m'essuierais	essuie-toi essuyons-nous essuyez-vous
manger *to eat*	je mange tu manges il mange nous mangeons vous mangez ils mangent	que je mange que tu manges qu'il mange que nous mangions que vous mangiez qu'ils mangent	je mangeais nous mangions	j'ai mangé	je mangerai	je mangerais	mange mangeons mangez
préférer *to prefer*	je préfère tu préfères il préfère nous préférons vous préférez ils préfèrent	que je préfère que tu préfères qu'il préfère que nous préférions que vous préfériez qu'ils préfèrent	je préférais	j'ai préféré	je préférerai**	je préférerais**	

Comme **acheter :** *amener, geler, (se) lever, (se) promener.* *Comme* **appeler :** *(s')appeler, épeler, jeter, (se) rappeler.* *Comme* **commencer :** *recommencer.* *Comme* **s'essuyer :** *(s')ennuyer, essayer, essuyer, nettoyer, payer.* *Comme* **manger :** *(s')arranger, exiger, loger, nager, partager, protéger, ranger, voyager.* *Comme* **préférer :** *compléter, espérer, s'inquiéter, posséder, protéger, répéter, suggérer.*

*Although agreement of the past participle is shown with reflexive verbs like *s'essuyer*, recall that when a noun follows the verb, no past participle agreement is made. For example, *Elle s'est essuyé les cheveux.*

**Note that the future and conditional forms of the *préférer*-type verbs (*préférer, espérer, répéter, suggérer*) are spelled here with an accent grave, based on the 1990 Orthographic reform (*règle 3A*): « *On accentue sur le modèle de semer les futurs et conditionnels des verbes du type céder : je céderai, je céderais...* ». The accent grave clearly indicates the pronunciation of [ɛ].

D'AUTRES VERBES IRRÉGULIERS

VERBE INFINITIF	PRÉSENT DE L'INDICATIF	PRÉSENT DU SUBJONCTIF		IMPARFAIT	PASSÉ COMPOSÉ	FUTUR	CONDITIONNEL	IMPÉRATIF
aller to go	je vais tu vas il va	nous allons vous allez ils vont	que j'aille que tu ailles qu'il aille	que nous allions que vous alliez qu'ils aillent	j'allais	je suis allé/e	j'irai	j'irais	va ; vas-y allons ; allons-y allez ; allez-y
avoir to have	j'ai tu as il a	nous avons vous avez ils ont	que j'aie que tu aies qu'il ait	que nous ayons que vous ayez qu'ils aient	j'avais	j'ai eu	j'aurai	j'aurais	aie ayons ayez
boire to drink	je bois tu bois il boit	nous buvons vous buvez ils boivent	que je boive que tu boives qu'il boive	que nous buvions que vous buviez qu'ils boivent	je buvais	j'ai bu	je boirai	je boirais	bois buvons buvez
connaître to know, be acquainted with	je connais tu connais il connaît	nous connaissons vous connaissez ils connaissent	que je connaisse que tu connaisses qu'il connaisse	que nous connaissions que vous connaissiez qu'ils connaissent	je connaissais	j'ai connu	je connaîtrai	je connaîtrais	
courir to run	je cours tu cours il court	nous courons vous courez ils courent	que je coure que tu coures qu'il coure	que nous courions que vous couriez qu'ils courent	je courais	j'ai couru	je courrai	je courrais	cours courons courez
croire to believe	je crois tu crois il croit	nous croyons vous croyez ils croient	que je croie que tu croies qu'il croie	que nous croyions que vous croyiez qu'ils croient	je croyais	j'ai cru	je croirai	je croirais	crois croyons croyez
devoir must, to have to; to owe	je dois tu dois il doit	nous devons vous devez ils doivent	que je doive que tu doives qu'il doive	que nous devions que vous deviez qu'ils doivent	je devais	j'ai dû	je devrai	je devrais	
dire to say	je dis tu dis il dit	nous disons vous dites ils disent	que je dise que tu dises qu'il dise	que nous disions que vous disiez qu'ils disent	je disais	j'ai dit	je dirai	je dirais	dis disons dites
se distraire to amuse oneself	je me distrais tu te distrais il se distrait	nous nous distrayons vous vous distrayez ils se distraient	que je me distraie que tu te distraies qu'il se distraie	que nous nous distrayions que vous vous distrayiez qu'ils se distraient	je me distrayais	je me suis distrait/e	je me distrairai	je me distrairais	distrais-toi distrayons-nous distrayez-vous
écrire to write	j'écris tu écris il écrit	nous écrivons vous écrivez ils écrivent	que j'écrive que tu écrives qu'il écrive	que nous écrivions que vous écriviez qu'ils écrivent	j'écrivais	j'ai écrit	j'écrirai	j'écrirais	écris écrivons écrivez
envoyer to send	j'envoie tu envoies il envoie	nous envoyons vous envoyez ils envoient	que j'envoie que tu envoies qu'il envoie	que nous envoyions que vous envoyiez qu'ils envoient	j'envoyais	j'ai envoyé	j'enverrai	j'enverrais	envoie envoyons envoyez

Comme **devoir** : recevoir (passé composé : j'ai reçu).   Comme **écrire** : décrire.

VERBE INFINITIF	PRÉSENT DE L'INDICATIF	PRÉSENT DU SUBJONCTIF	IMPARFAIT	PASSÉ COMPOSÉ	FUTUR	CONDITIONNEL	IMPÉRATIF
être to be	je suis tu es il est nous sommes vous êtes ils sont	que je sois que tu sois qu'il soit que nous soyons que vous soyez qu'ils soient	j'étais	j'ai été	je serai	je serais	sois soyons soyez
faire to do, make	je fais tu fais il fait nous faisons vous faites ils font	que je fasse que tu fasses qu'il fasse que nous fassions que vous fassiez qu'ils fassent	je faisais	j'ai fait	je ferai	je ferais	fais faisons faites
falloir to be necessary	il faut	qu'il faille	il fallait	il a fallu	il faudra	il faudrait	
s'instruire to educate oneself	je m'instruis tu t'instruis il s'instruit nous nous instruisons vous vous instruisez ils s'instruisent	que je m'instruise que tu t'instruises qu'il s'instruise que nous nous instruisions que vous vous instruisiez qu'ils s'instruisent	je m'instruisais	je me suis instruit/e	je m'instruirai	je m'instruirais	instruis-toi instruisons-nous instruisez-vous
lire to read	je lis tu lis il lit nous lisons vous lisez ils lisent	que je lise que tu lises qu'il lise que nous lisions que vous lisiez qu'ils lisent	je lisais	j'ai lu	je lirai	je lirais	lis lisons lisez
mettre to put, put on	je mets tu mets il met nous mettons vous mettez ils mettent	que je mette que tu mettes qu'il mette que nous mettions que vous mettiez qu'ils mettent	je mettais	j'ai mis	je mettrai	je mettrais	mets mettons mettez
mourir to die	je meurs tu meurs il meurt nous mourons vous mourez ils meurent	que je meure que tu meures qu'il meure que nous mourions que vous mouriez qu'ils meurent	je mourais	je suis mort/e	je mourrai	je mourrais	
naître to be born	je nais tu nais il naît nous naissons vous naissez ils naissent	que je naisse que tu naisses qu'il naisse que nous naissions que vous naissiez qu'il naissent	je naissais	je suis né/e	je naîtrai	je naîtrais	
ouvrir to open	j'ouvre tu ouvres il ouvre nous ouvrons vous ouvrez ils ouvrent	que j'ouvre que tu ouvres qu'il ouvre que nous ouvrions que vous ouvriez qu'ils ouvrent	j'ouvrais	j'ai ouvert	j'ouvrirai	j'ouvrirais	ouvre ouvrons ouvrez
peindre to paint	je peins tu peins il peint nous peignons vous peignez ils peignent	que je peigne que tu peignes qu'il peigne que nous peignions que vous peigniez qu'ils peignent	je peignais	j'ai peint	je peindrai	je peindrais	peins peignons peignez
pleuvoir to rain	il pleut	qu'il pleuve	il pleuvait	il a plu	il pleuvra	il pleuvrait	
pouvoir to be able to	je peux tu peux il peut nous pouvons vous pouvez ils peuvent	que je puisse que tu puisses qu'il puisse que nous puissions que vous puissiez qu'ils puissent	je pouvais	j'ai pu	je pourrai	je pourrais	
prendre to take	je prends tu prends il prend nous prenons vous prenez ils prennent	que je prenne que tu prennes qu'il prenne que nous prenions que vous preniez qu'ils prennent	je prenais	j'ai pris	je prendrai	je prendrais	prends prenons prenez

Comme **lire** : élire, relire.   Comme **instruire** : construire.   Comme **mettre** : permettre, promettre, remettre, soumettre.   Comme **ouvrir** : couvrir, découvrir, offrir soumettre.   Comme **peindre** : éteindre.   Comme **prendre** : apprendre, comprendre, surpren-

VERBE INFINITIF	PRÉSENT DE L'INDICATIF	PRÉSENT DU SUBJONCTIF		IMPARFAIT	PASSÉ COMPOSÉ	FUTUR	CONDITIONNEL	IMPÉRATIF
réduire to reduce	je réduis tu réduis il réduit nous réduisons vous réduisez ils réduisent	que je réduise que tu réduises qu'il réduise	que nous réduisions que vous réduisiez qu'ils réduisent	je réduisais	j'ai réduit	je réduirai	je réduirais	réduis réduisons réduisez
savoir to know	je sais tu sais il sait nous savons vous savez ils savent	que je sache que tu saches qu'il sache	que nous sachions que vous sachiez qu'ils sachent	je savais	j'ai su	je saurai	je saurais	sache sachons sachez
suivre to follow	je suis tu suis il suit nous suivons vous suivez ils suivent	que je suive que tu suives qu'il suive	que nous suivions que vous suiviez qu'ils suivent	je suivais	j'ai suivi	je suivrai	je suivrais	suis suivons suivez
valoir to be worth	il vaut	qu'il vaille		il valait	il a valu	il vaudra	il vaudrait	
venir to come	je viens tu viens il vient nous venons vous venez ils viennent	que je vienne que tu viennes qu'il vienne	que nous venions que vous veniez qu'ils viennent	je venais	je suis venu/e	je viendrai	je viendrais	viens venons venez
vivre to live	je vis tu vis il vit nous vivons vous vivez ils vivent	que je vive que tu vives qu'il vive	que nous vivions que vous viviez qu'ils vivent	je vivais	j'ai vécu	je vivrai	je vivrais	vis vivons vivez
voir to see	je vois tu vois il voit nous voyons vous voyez ils voient	que je voie que tu voies qu'il voie	que nous voyions que vous voyiez qu'ils voient	je voyais	j'ai vu	je verrai	je verrais	voyons voyez
vouloir to want	je veux tu veux il veut nous voulons vous voulez ils veulent	que je veuille que tu veuilles qu'il veuille	que nous voulions que vous vouliez qu'ils veuillent	je voulais	j'ai voulu	je voudrai	je voudrais	veuillez

Comme **réduire** : construire, produire.   Comme **venir** : devenir, maintenir, obtenir, retenir, revenir, soutenir, (se) souvenir, tenir.   Comme **voir** : revoir.

Appendice 6

LEXIQUE FRANÇAIS-ANGLAIS

This glossary lists most French words found in the text. The vocabulary can be divided into two types: productive vocabulary and receptive vocabulary. Productive vocabulary words appear in the **Points de départ** and **Formes et fonctions** sections and occasionally in the **Vie et culture** sections; these words reappear periodically. You are expected to recognize these words when you read and hear them and to use them yourself in exercises and conversational activities. All other words, including those presented in readings and realia, are receptive vocabulary; you are expected only to recognize them and to know their meanings when you see them in written form or hear them in context.

- For all productive vocabulary items, the numbers following an entry indicate the chapter and lesson in which that vocabulary item is first introduced. Since verbs in their infinitive form are occasionally introduced as vocabulary items before their conjugation is presented, refer to the Index to locate where the conjugation is introduced. You will also find the complete conjugation information for each verb (or type of verb) in Appendix 5.

- To find the meaning of an expression, try to locate the main word in the expression and look that up. For example, the expression **Cela vous convient** is found with the entry for the verb **convenir**; the expression **faire du sport** is found under the entry for the noun **sport**.

- The gender of nouns is indicated by the abbreviations *m.* for masculine and *f.* for feminine. Feminine and masculine nouns that are closely related in meaning and identical or similar in pronunciation are listed under a single entry: **architecte** *m./f.*; **étudiant** *m.*, **étudiante** *f.* Nouns that occur only in the plural form are followed by the gender indication and *pl.*: **beaux-arts** *m. pl.*, **vacances** *f. pl.* Nouns and adjectives that show no agreement and do not change in the plural or feminine are indicated by the abbreviation *inv.*: **CD** *m. inv.*

- Adjectives with differing masculine and feminine written forms are shown in the masculine form followed by the feminine ending: **allemand/e, ambitieux/-euse, canadien/ne**. For adjectives whose masculine and feminine forms vary considerably, both forms are listed: **cher/chère**. Special prenominal forms of adjectives are given in parentheses: **beau (bel), belle**. When necessary for clarity, adjectives and adverbs are indicated by *adj.* and *adv.*, respectively.

- The object pronouns **le, la, les, lui, leur, me, te, nous**, etc., have been indicated by the abbreviation *pron.*

- An asterisk (*) before a word indicates that the initial **h** is aspirate.

- The hashmark (†) appears after productive verbs showing some irregularity in conjugation; these verbs appear in their full conjugation in the verb charts, Appendix 5. Verbs showing irregularities in conjugation that are considered part of receptive vocabulary are not always included in Appendix 5, since you are only expected to recognize and not produce these verbs. However, the conjugations of many of these verbs are similar to conjugations you will find in Appendix 5. For example, the verb **admettre** is conjugated just like the verb **mettre**. For verbs that require a preposition under certain conditions, the latter appears in parentheses: **commencer (à)**, (**il commence son travail, il commence à travailler**); for verbs that always require a preposition, the preposition is indicated without parentheses: **s'occuper de** (**il s'occupe de moi**).

A

à to, at, in, on, P-1
abbaye *f.* abbey, 9-3
abîmé/e worn, worn out, 6-2
abominable abominable
abondant/e abundant
  pluies *f.* **abondantes** heavy rains
abonnement *m.* subscription
s'abonner (à) to subscribe (to), to buy season tickets, 12-3
  être abonné/e to be subscribed (to), to have season tickets, 12-3
d'abord first (of all), 5-3
absence absence
absent/e absent, missing, 7-1
absolument absolutely
abstrait/e abstract, 12-2
accent accent
accepter (de) to accept, 12-1
accès *m.* access
accessoire *m.* accessory
accident *m.* accident
accompagner to accompany, 8-3
  Tu veux/Vous voulez m'accompagner ? Do you want to come with me?, 8-3
d'accord OK, all right, 5-3
  être (tout a fait) d'accord to agree completely, 11-1
  Je suis d'accord… I agree . . . , 11-1
  Je ne suis pas d'accord… I disagree . . . , 11-1
accordéon *m.* accordion
accueillir to welcome
achat *m.* purchase
  émission *f.* **de téléachat** infomercial, 11-1
  faire † des achats to shop, 8-2
acheter † to buy, 5-2
acteur *m.*, **actrice** *f.* actor/actress, 3-3
actif/-ive active
action *f.* action
  film *m.* **d'action** action film, 11-1
activité *f.* activity, 1-3
actuel/le current
addition *f.* bill, 5-1

additionner to add
adjectif *m.* adjective
admettre † to admit
administratif/-ive administrative, 3-1
administration *f.* administration
admirer to admire
adolescent/e (ado) adolescent
adorable adorable
adorer to adore, love, 2-1
adresse *f.* address
adulte *m.; adj.* adult
adverbe *m.* adverb
aéroport *m.* airport, 9-1
aérosol *m.* aerosol
affaires *f. pl.* belongings, things, 6-2; business
  faire des affaires to be in business
  femme *f.* **d'affaires** businesswoman, 3-3
  homme *m.* **d'affaires** businessman, 3-3
affectueux/-euse affectionate, warm-hearted
affiche *f.* poster, P-2
afficher to post
affilée : d'affilée in a row
affirmatif/-ive affirmative
afin de + *inf.* in order to + *verb*
africain/e African
Afrique *f.* Africa, 9-2
âge *m.* age, 1-2
  Quel est ton/votre âge ? What is your age?, 1-2
  Quel âge as-tu/avez-vous ? How old are you?, 1-2
  d'un certain âge middle-aged, 2-1
âgé/e aged, elderly, old, 2-1
agence *f.* agency
  agence de voyage travel agency
  agence immobilière real estate agency
agenda *m.* datebook
agent/e de police *m./f.* police officer, 3-3
agent immobilier *m.* real estate agent
s'agir de to be about
  il s'agit de… it's about . . .

agneau *m.* lamb, 5-3
  côtelette *f.* **d'agneau** lamb chop, 5-3
agréable pleasant, 6-2
agricole agricultural
agriculteur *m.*, **agricultrice** *f.* farmer
aide *f.* help, assistance
aider (à) to help, 12-1
  aider les gens to help people, 3-3
ail *m.* garlic
aimable lovable
aimer to like, to love, 1-3
  aimer beaucoup to like or love a lot, 3-2
  aimer bien to like fairly well, 3-2
  aimer mieux to prefer, 10-2
aîné/e older (brother/sister)
ainsi (que) thus, in such a way
air *m.* air, 10-2
  air frais fresh air
  avoir l'air (d'être) + *adj.* to seem/to appear (to be) + *adj.*, 7-3
  en plein air outdoors, 3-3
aisance *f.* ease
aisé/e easy, well off
ajouter to add
alarme *f.* alarm
album *m.* album
alcool *m.* alcohol, 10-1
  alcoolisé/e *adj.* containing alcohol, 5-1
alerte *adj.* alert
Algérie *f.* Algeria, 9-2
algérien/ne Algerian, 9-2
alimentaire *adj.* relating to food
  banque *f.* **alimentaire** food bank, 10-3
aliments *m. pl.* food, 5-2
allant (de) going (from)
Allemagne *f.* Germany, 9-2
allemand/e *adj.* German, 9-2
allemand *m.* German (language), 3-2
aller † to go, 2-3
  aller sur Internet to go online, 9-3
  Ça ne va pas. Things aren't going well., P-1
  Ça peut aller. I'm getting by, P-1

Ça va, et toi ? Fine, and you?, P-1
Comment allez-vous ? How are you?, P-1
Comment ça va ? How are you?, P-1
On y va ? Shall we go?, 8-3
allô hello (telephone only)
allumer to turn on (an appliance), 11-1
alors so, 2-3; then
alphabet *m.* alphabet
alpinisme *m.* mountain climbing, 8-2
   faire † de l'alpinisme to go mountain climbing, 8-2
ambassadeur *m.*, **ambassadrice** *f.* ambassador
ambitieux/-euse ambitious, 2-1
améliorer to improve
amener † to bring (along) a person
américain/e American, 9-2
Amérique *f.* **centrale** Central America
Amérique *f.* **du Nord** North America, 9-2
Amérique *f.* **du Sud** South America, 9-2
Amérique *f.* **latine** Latin America
ami *m.*, **amie** *f.* friend, P-1
amoureux/-euse in love, 7-3
   tomber amoureux/-euse (de) to fall in love (with), 7-3
amphithéâtre *m.* amphitheater, lecture hall, 3-1
ampoule *f.* **(électrique)** (light)bulb, 10-2
   ampoule basse consommation energy-saving lightbulb, 10-2
amputé/e amputated
amusant/e funny, 2-1
s'amuser to have fun, 7-3
an *m.* year, 1-2
   J'ai 19 ans. I am 19 years old., 1-2
analyse *f.* analysis
analytique analytical
anchois *m.* anchovy
ancien/ne old, antique, 6-2; former, 7-1
anglais/e *adj.* English, 9-2
anglais *m.* English (language), P-2
Angleterre *f.* England, 9-2
angoisse *f.* anguish
angoissé/e anguished
animal *m.* animal, 1-1
   animal familier pet, 1-1
animateur *m.*, **animatrice** *f.* organizer
animation *f.* animation, excitement
   film *m.* **d'animation** animated film, 11-1
animé/e animated, excited
année *f.* year, 2-3
   l'année dernière last year, 5-2
   l'année prochaine next year, 2-3
anniversaire *m.* birthday, 1-2
   Joyeux anniversaire ! Happy birthday!, 7-2
annonce *f.* advertisement
annoncer to announce
annuaire *m.* phone book

anorak *m.* ski jacket, parka, 4-3
Antarctique *f.* Antarctica
anthropologie *f.* anthropology, 3-2
antibiotique *m.* antibiotic
anxiété *f.* anxiety
anxieux/-euse anxious, 7-3
août August, 1-2
apéritif *m.* **(un apéro)** before-meal drink
appareil *m.* **électrique,** electrical appliance, 10-2
appareil *m.* **(photo)** camera, 9-1
   appareil *m.* **(photo) numérique** digital camera, 9-1
appartement *m.* apartment, 4-1
   appartement sous les toits attic apartment, 6-2
appartenir † to belong to
appel *m.* call
appeler † to call, 5-2
   s'appeler to be called, 7-3
   Je m'appelle... My name is . . . , P-1
appliquer to apply (sthg)
apporter to bring (an object), 6-2
apprécier to appreciate
apprendre † to learn, 5-1
   apprendre à † to teach, to learn, 7-1
apprentissage *m.* learning, apprenticeship
approprié/e appropriate
après after, after that, 3-1
   après avoir/être... after having . . . , 11-2
   après-midi *m.* afternoon, 1-3
   après tout after all, 12-3
   d'après vous according to you
   de l'après-midi in the afternoon, P.M., 4-2
aquarelle *f.* watercolor
aquarium *m.* aquarium
arabe *m.* Arabic
arbre *m.* tree, 6-3
   arbre fruitier fruit tree, 6-3
archéologie *m.* archaeology
archipel *m.* archipelago
architecte *m./f.* architect, 3-3
architecture *f.* architecture
argent *m.* money, 3-3
argentin/e Argentinian, 9-2
Argentine *f.* Argentina, 9-2
argot *m.* slang
argument *m.* argument
armoire *f.* armoire, 6-2
s'arranger † to be all right, to work out, 7-3
arrêt *m.* stop
arrêter (de) to stop, 12-1
   Arrête ! Stop it!, 2-1
   s'arrêter to stop oneself
arrière back, rear
   arrière-grand-parent *m.* great-grandparent
arrivée *f.* arrival

arriver to arrive, 1-3
arrondissement *m.* Parisian city district
arroser to water; to celebrate with wine or champagne
art *m.* art, 11-3
   arts *pl.* **décoratifs** decorative arts, interior design
   arts *pl.* **du spectacle** performing arts, 3-2
article *m.* article
   articles *pl.* **de toilette** toiletries, 4-1
articulatoire *adj.* articulatory
artifice *f.* artifice
   feu *m.* **d'artifice** fireworks, 7-2
artificiel/le artificial
artisan *m.* craftsman
artisanal/e handcrafted
artisanat *m.* arts and crafts
artiste *m./f.* artist, 3-3
artistique artistic
asiatique Asiatic
ascenseur *m.* elevator, 6-1
Asie *f.* Asia, 9-2
aspect *m.* aspect, side
asperge *f.* asparagus, 5-2
aspiré/e aspirated
aspirine *f.* aspirin
s'asseoir to sit down
   Asseyez-vous ! Sit down!, P-2
assez rather, 1-1; enough, 4-1
assiette *f.* plate, 5-3
assistant *m.* **social, assistante** *f.* **sociale** social worker, 3-3
assister à to attend, 2-3
association *f.* association
   association étudiante student association, 3-1
   association humanitaire humanitarian association, 10-3
associé/e associate(d)
astrologie *f.* astrology
astrologue *m./f.* astrologer
astronomie *f.* astronomy, 3-2
atelier *m.* studio (artist); workshop
athlète *m./f.* athlete
atlas *m.* atlas, 11-3
atmosphérique atmospheric
   pollution *f.* **atmosphérique** air pollution, 10-2
attendre to wait (for), to expect, 3-1
attention *f.* attention
   faire † attention (à) to pay attention (to); to be careful
attentivement attentively
attraper to catch
au (à + le) 2-2
   au revoir good-bye, P-1
auberge *f.* inn, 9-3
   auberge de jeunesse youth hostel, 9-3
au-dessous *adv.* below
au-dessus *adv.* above
augmenter to increase, 10-2

aujourd'hui today, 1-3
auprès de next to, close to
aussi also, P-1
    aussi ... que as . . . as, 4-2
    aussi bien que as well as, 9-2
    moi aussi me too
aussitôt que as soon as, 11-1
Australie *f.* Australia, 9-2
australien/ne Australian, 9-2
autant (de) ... que as many/much . . .
    as, 4-2
auteur *m.* author, 11-3
(auto)bus *m.* city bus
automatique automatic
auto(mobile) *f.* car
automne *m.* fall, 8-1
autonome independent, 3-3
autonomie *f.* autonomy
autoritaire authoritarian, 7-1
autorité *f.* authority
autoroute *f.* highway
autour de around
autre other, another, 2-1
    d'autres *adj.* other
autrefois in the past
autrement otherwise
Autriche *f.* Austria, 9-2
autrichien/ne Austrian, 9-2
aux (à + les) 2-2
avance : (être) en avance (to be) early,
    4-2
avant de + *inf.* before . . . , 11-2
avant-hier the day before yesterday, 5-2
avantage *m.* advantage
avec with, 1-3
avenir *m.* future
aventure *f.* adventure
    film *m.* **d'aventures** adventure
    film, 11-1
aventurier *m.*, **aventurière** *f.*
    adventurer
avenue *f.* avenue, 9-3
aveugle *adj.* blind
avion *m.* plane, 9-1
avis *m.* opinion, 11-1
    à mon avis, ... in my opinion, . . . ,
    11-1
    à votre avis, ... in your opinion, . . .
avocat *m.*, **avocate** *f.* lawyer, 3-3
avoir † to have, 1-2
    avoir † **le droit** to have the right
avril April, 1-2
ayant having

B

bac(calauréat) *m.* high school exit
    exam (*France*), 3-2
bacc(alauréat) *m.* **(en)** B.A. or B.S.
    degree (in) (*Can.*), 3-2
bacon *m.* bacon, 5-2
bagage *m.* luggage
baguette *f.* French bread (long, thin
    loaf), 5-3

baignoire *f.* bathtub
bain *m.* bath
    maillot *m.* **de bain** bathing suit,
    4-3
    prendre un bain to take a bath
    salle *f.* **de bains** bathroom, 6-1
baisser to lower
bal *m.* ball, dance
    bal populaire *m.* street dance, 7-2
balade *f.* walk, stroll
baladeur *m.* **MP3** MP3 player, 11-2
balcon *m.* balcony, 6-1
ballet *m.* ballet, 2-3
banaliser to make commonplace
banane *f.* banana, 5-2
bande-annonce *f.* (movie) trailer
bande dessinée *f.* **(une BD)** comic,
    comic strip, 11-2
banlieue *f.* suburbs
banque *f.* bank
    banque alimentaire food bank,
    10-3; food pantry
    banque de données data bank
banquier *m.*, **banquière** *f.* banker
baptême *m.* baptism, 7-2
bar *m.* bar
barbe *f.* beard
bas/se low
    en bas downstairs
base de données *f.* database
basilic *m.* basil
baskets *m. pl.* sports shoes, 4-3
basket(-ball) *m.* basketball, 2-2
    basket-fauteuil *m.* wheelchair
    basketball, 10-1
bateau *m.* boat, 6-3
    bateau à voile sailboat, 6-3
bâtiment *m.* building, 6-1
batterie *f.* percussion, drum set, 2-2
battre to beat, to break (record)
    se battre to fight
battu/e beaten
beau (bel), belle beautiful, handsome,
    2-1
    Il fait beau. It's beautiful weather.,
    8-1
beaucoup a lot, 1-1
beau-frère *m.* brother-in-law, 7-1
beau-père *m.* stepfather, father-in-law,
    1-1
beaux-arts *m. pl.* fine arts, 3-2
beige beige, 4-3
belge Belgian, 9-2
Belgique *f.* Belgium, 9-2
belle-mère *f.* stepmother, mother-in-
    law, 1-1
belle-sœur *f.* sister-in-law, 7-1
bénévolat *m.* volunteering, 10-3
bénévole *m./f.* volunteer, 10-3
besoin *m.* need, 5-3
    avoir besoin de to need, 5-3
bête stupid, 2-1
beurre *m.* butter, 5-2

bibliothèque *f.* library, 2-3
    bibli *f.* (Can.) library, 3-1
    bibliothèque municipale
    municipal library, 2-3
    bibliothèque universitaire (la B.U.)
    university library, 3-1
bien well, fine, P-1
    être bien dans sa peau to have
    confidence in oneself, 7-1
    faire † du bien to do (someone)
    good
    bien sûr of course, 2-1
bien-être *m.* well-being, 10-1
bientôt soon, 2-3
    à bientôt see you soon, P-1
bienvenu/e *adj.* welcome
bienvenue *f.* welcome; you're
    welcome (Can.)
bière *f.* beer, 5-1
bifteck *m.* steak, 5-3
    bifteck haché ground beef, 5-3
bijou *m.* piece of jewelry
bilingue bilingual
billet *m.* ticket, 9-1
    billet aller-retour round-trip
    ticket
    billet d'avion airplane ticket, 9-2
    billet d'entrée entrance ticket
bimensuel *m.* semi-monthly
    publication
bio = biologique
biodégradable biodegradable, 10-2
biographie *f.* biography, 11-3
biologie *f.* biology, 3-2
biologique organic, 5-3
biscuit *m.* cookie, 5-2
bise *f.* kiss
    faire † une/la bise to kiss
    hello/good-bye on the cheeks
blanc/blanche white, 4-3
bleu/e blue, 4-3
blond/e blond, 2-1
bloquer to block
blouson *m.* heavy jacket, 4-3
boire † to drink, 5-1
bois *m.* woods, 6-3; wood
boisson *f.* drink, 5-1
    boisson alcoolisée alcoholic
    beverage, 5-1
    boisson chaude hot drink, 5-1
    boisson rafraîchissante cold drink,
    5-1
boîte *f.* can 5-3
    boîte de conserve can of food
    boîte postale post office box
bol *m.* bowl, 5-2
bonbon *m.* piece of candy
bon/ne good, 3-1
    Bon anniversaire ! Happy
    birthday!, 7-2
    bonjour hello, P-1
    bon marché *adj. inv.* inexpensive,
    4-3

Bonne année ! Happy New Year!, 7-2

Bonnes vacances ! Have a good vacation!, 7-2

bonsoir good evening, P-1

Bon voyage ! Have a good trip!, 7-2

Il fait bon. It's nice weather., 8-1

bonheur *m.* happiness

bonnet *m.* **de laine** knit/wool cap, 4-3

bord *m.* edge, shore

au bord (du lac) at the shore (of the lake), 6-3

au bord de la mer at the seashore, 6-3

bordé/e par bordered by, limited by, flanked by

border to border, to line up with, to limit

botanique *f.* botany, 3-2

botte *f.* boot, 4-3

boubou *m.* African robe, dress

bouche *f.* mouth, 10-1

boucher *m.,* **bouchère** *f.* butcher

boucherie *f.* butcher shop; 5-3

bougie *f.* candle, 7-2

bouillabaisse *f.* seafood stew

bouillir to boil

bouillon *m.* broth, stock

boulanger *m.,* **boulangère** *f.* baker

boulangerie *f.* bakery, 5-3

boulevard *m.* boulevard, 9-3

boulot *m.* work (*colloq.*), 4-1

bout *m.* tip, end

au bout at the end

bourgeois/e *adj.* bourgeois, middle-class

bouteille *f.* bottle, 5-1

boutique *f.* boutique, shop

branché/e plugged in, connected with

bras *m.* arm, 10-1

bravo ! great! well done!, 8-2

bref/brève brief

Brésil *m.* Brazil, 9-2

brésilien/ne Brazilian, 9-2

Bretagne *f.* Brittany

breton/ne Breton

bricolage *m.* do-it-yourself, 2-2

faire † du bricolage to do do-it-yourself projects, 2-2

bricoler to do odd jobs, to tinker 2-2

bricoleur *m.,* **bricoleuse** *f.* do-it-yourselfer

brise *f.* breeze

brocante *f.* flea market

brochure *f.* brochure, pamphlet

brodé/e embroidered

bronzé/e (sun)tanned

bronzer to get a suntan, 8-2

brosse *f.* chalkboard eraser, P-2; brush, 4-1

brosse à cheveux hairbrush, 4-1

brosse à dents toothbrush, 4-1

se brosser to brush one's . . . , 4-1

se brosser les cheveux to brush one's hair, 4-1

se brosser les dents to brush one's teeth, 4-1

brouillard *m.* fog, 8-1

Il y a du brouillard. It's foggy., 8-1

brouillon *m.* rough draft

bruit *m.* sound, noise, 10-2

brûlé/e burned

brûler to burn, 10-2

brun/e brunette, 2-1

bruyant/e noisy

budget *m.* budget

bulletin *m.* **de vote** ballot, 10-3

bureau *m.* desk, office, P-2; office, 3-3

bureau de vote polling station, 10-3

bureau des inscriptions registrar's office, 3-1

bureaux administratifs administrative offices 3-1

bus *m.* (city) bus, 9-1

but *m.* goal, aim, purpose

C

ça that

Ça depend. That depends.

Ça (ne) fait rien. That doesn't matter. 12-3

Ça (ne) me dit rien. I'm not interested in that. 12-3

Ça ne va pas. Things aren't going well., P-1

Ça peut aller. I'm getting by, P-1

Ça va ? How are things?, P-1

Ça va. It's going fine., P-1

Ça vaut le coup. It's worth it. (*fam.*), 12-3

C'est ça. That's right.

Comment ça va ? How's it going?, P-1

câble *m.* cable (television)

caché/e hidden

cacher to hide, 7-2

cadeau *m.* present, gift, 7-2

cadre *m.* business executive; frame (for a picture)

café *m.* café, 2-3; coffee, 5-1

café au lait with milk, 5-2

café crème with cream, 5-1

café déca(féiné) decaffeinated coffee

café serré strong cup of expresso coffee

pause-café *f.* coffee break

caféine *f.* caffeine

cafétéria *f.* cafeteria, 3-1

cahier *m.* notebook, P-2

caisse *f.* cash register, 5-3

caissier *m.,* **caissière** *f.* cashier

calcul *m.* calculus, 3-2

calculatrice *f.* calculator, P-2

calendrier *m.* calendar

calme calm, 1-1

se calmer to calm down, 7-3

camarade *m./f.* friend, buddy

camarade de classe classmate, P-1

Cameroun *m.* Cameroon, 9-2

camerounais/e Cameroonian, 9-2

campagne *f.* countryside, 8-2; campaign

à la campagne in the country, 6-2

campagne électorale electoral campaign

pain *m.* **de campagne** round loaf of bread, 5-3

camping *m.* campground, 9-3

faire † du camping to camp, to go camping, 8-2

camping-car *m.* RV, 9-3

campus *m.* campus

Canada *m.* Canada, 9-2

canadien/ne Canadian, 9-2

canapé *m.* couch, 6-2

candidat/e *m./f.* candidate, 10-3

canne *f.* cane, walking stick

cannette *f.* (soda) can, 5-1

canoë *m.* canoe

capacité *f.* ability

car *m.* excursion bus, intercity bus, 9-1

caractère *m.* nature, disposition, 1-1

carafe *f.* **(d'eau)** carafe (of water), 5-2

caravane *f.* camper (vehicle), 9-3

cardinal/e cardinal

carnet *m.* small notebook

carnet d'adresses address book, 9-1

carotte *f.* carrot, 5-3

carrière *f.* career, 3-3

carte *f.* map, P-2; playing card, 2-2

à la carte from the menu; cafeteria-style

carte bancaire debit card, 9-1

carte de crédit credit card, 9-1

carte mémoire memory card

carte météorologique weather map

carte postale postcard, 8-2

jouer aux cartes to play cards, 2-2

carton *m.* cardboard

cas *m.* case

casquette *f.* baseball cap, 4-3

casse-croûte *m. inv.* snack, 5-1

casser to break, to crack

cassette *f.* cassette tape

catégorie *f.* category

cathédrale *f.* cathedral, 9-3

catholicisme *m.* Catholicism

catholique Catholic

cause *f.* cause

à cause de due to, because of, 8-3

causer to cause; to chat

cave *f.* wine cellar, 9-3

CD *m. inv.* CD, compact disk, P-2

ce (c') it, that

c'est... this/it is . . . , P-1

c'est-à-dire that is to say

ce sont... these/they are. . ., P-1

ce (cet), cette this, that, 4-3

ces these, those, 4-3

céder to relinquish
ceinture *f.* belt
cela that
    Cela vous convient ? Does this suit you?, 9-3
célèbre famous, 11-1
célébrer to celebrate
célébrité *f.* celebrity
céleste celestial
célibataire single, 1-1
    mère *f.*/**père** *m.* **célibataire** single mother/father, 7-1
cendre *f.* ash
cendrier *m.* ashtray
cent hundred, 1-2
centre *m.* center
    centre étudiant student center, 3-1
    centre informatique computer center, 3-1
    centre sportif sports complex, 3-1
    centre urbain urban center, downtown area
centre-ville *m.* downtown, 6-2
cèpe *m.* type of mushroom
cependant however
céramique ceramic
céréales *f. pl.* cereal, 5-2
cérémonie *f.* ceremony, 7-2
    cérémonie civile civil (wedding) ceremony, 7-2
    cérémonie religieuse religious ceremony
cerise *f.* cherry, 5-3
certain/e certain
certainement certainly
ces *see* **ce**
chacun/e each one
chaîne *f.* chain; TV (or radio) station, 11-1
chaise *f.* chair, P-2
chambre *f.* bedroom, 4-1
champ *m.* field, 6-3
champignon *m.* mushroom, 5-3
champion *m.*, **championne** *f.* champion
championnat *m.* championship
chance *f.* luck
    avoir de la chance to be lucky
changement *m.* change
changer to change
chanson *f.* song
chant *m.* singing
chanter to sing, 4-2
chanteur *m.*, **chanteuse** *f.* singer, 3-3
chapeau *m.* hat, 2-1
chapelle *f.* chapel
chaque each, 6-1
char *m.* (carnival) float
charcuterie *f.* pork butcher shop; cooked pork meats, 5-3
charmant/e charming
charges *f. pl.* utilities, 6-1
    charges comprises utilities included, 6-1

chariot *m.* shopping cart
charte *f.* charter
chasse *f.* hunting
chat/te *m./f.* cat, 1-1
châtain *adj. inv.* chestnut-colored, auburn, 2-1
château *m.* castle, 9-3
    château fort fortress, 9-3
chaud hot, 5-1
    chocolat *m.* **chaud** hot chocolate, hot cocoa, 5-1
    Il fait chaud. It's hot (weather)., 8-1
    J'ai chaud. I'm hot. 8-1
chauffeur *m.* driver
chausser to put shoes on
chaussette *f.* sock, 4-3
chausson *m.* slipper
    chausson de danse ballet slipper
chaussure *f.* shoe, 4-3
    chaussure à talon high-heeled shoe, 4-3
chef *m.* boss; chef
    chef d'entreprise corporate manager
    chef d'œuvre *m.* **(chefs-d'œuvre** *pl.*) masterpiece, 12-3
chemin *m.* way, 9-3; path
    indiquer le chemin to give directions, 9-3
    chemin de fer railroad
cheminée *f.* chimney
chemise *f.* man's shirt, 4-3
chemisier *m.* blouse, 4-3
chêne *m.* oak; oak tree
cher/chère expensive, 4-3
chercher to look for, 2-3
chéri/e *m./f.* love, darling
cheval *m.* horse, 8-2
    faire † du cheval to go horseback riding, 8-2
cheveux *m. pl.* hair, 4-1
    avoir † les cheveux courts/longs/bouclés to have short/long/curly hair
cheville *f.* ankle, 10-1
chez at the home of, at the place of, 1-1
    chez (les jeunes) among (the young)
    chez nous at our place, 1-1
chic *adj. inv.* chic, stylish, 4-3
chien/ne *m./f.* dog, 1-1
    chien d'assistance service dog
    chien guide guide dog
chiffre *m.* numeral, digit
chimie *f.* chemistry, 3-2
Chine *f.* China, 9-2
chinois/e *adj.* Chinese, 9-2
chinois *m.* Chinese (language)
chocolat *m.* **chaud** hot chocolate, 5-1
chœur *m.* chorus, 12-1
choisir to choose, 6-1
choix *m.* choice, 12-3
cholestérol *m.* cholesterol
chômage *m.* unemployment
choquant/e shocking

chorale *f.* choir
chose *f.* thing, 10-1
    quelque chose something, 8-3
    ne pas faire † grand-chose to not do much, 2-2
chou *m.* cabbage
choucroute *f.* sauerkraut
chouette ! neat!, 8-2
Chunnel *m.* undersea rail tunnel linking France with England
chute *f.* fall
ci-dessous below
ci-dessus above
cidre *m.* cider
ciel *m.* sky, 8-1
    Le ciel est couvert. The sky is overcast., 8-1
cigarette *f.* cigarette
cimetière *m.* cemetery
ciné = **cinéma**
cinéaste *m.* filmmaker
cinéma *m.* cinema, the movies, 2-3
cinématographe *m.* cinematographer
cinq five, 1-2
cinq-pièces *m.* three-bedroom apartment/house, 6-1
cinquante fifty, 1-2
cinquième fifth, 6-1
circulation *f.* traffic
citer to cite
citoyen *m.*, **citoyenne** *f.* citizen, 10-3
citron *m.* lemon, 5-1
    citron pressé lemonade, 5-1
civil/e civil
civique civic
clair/e clear; light (for colors)
clarinette *f.* clarinet, 12-1
classe *f.* class of students, school year, grade; school classroom
    classes *pl.* **préparatoires (classes prépas)** prepatory classes for entrance to **les Grandes Écoles**
classique classic
    musique *f.* **classique** classical music, 1-3
clavier (sans fil) *m.* (wireless) computer keyboard, 11-2; musical keyboard, 12-1
clé/clef *f.* key, 9-1
    clé USB USB key drive, flash drive, 11-2
climat *m.* climate
clinique *f.* private hospital, 3-3
clip (vidéo) *m.* video clip, 11-2
CO₂ *m.* **(dioxyde de carbone)** carbon dioxide, 10-2
coca(-cola) *m.* cola, 5-1
cocher to check off
code *m.* code
    code postal postal code
cœur *m.* heart, 10-1
    avoir mal au cœur to be nauseated, 10-1

se coiffer to fix one's hair, 4-1
coin *m.* corner
  au coin de at the corner (of)
  avec coin cuisine with a kitchenette, 6-2
colère *f.* anger, 7-3
  en colère angry, 7-3
collant *m.* pantyhose, 4-3, tights
collège *m.* middle school, 1-3
collier *m.* necklace
colline *f.* hill, 6-3
coloc(ataire) *m./f.* roommate, housemate, 2-1
colocation *f.* renting a house or an apartment together
Colombie *f.* Colombia, 9-2
colombien/ne Colombian, 9-2
colonie *f.* colony
  colonie de vacances summer camp
colonisation *f.* colonization
colonne *f.* column
combattre to fight, to combat
combien how much, 2-1
  combien de how many, 2-1
combinaison *f.* combination
combiner to combine
comédie *f.* comedy; drama 11-1
  comédie dramatique dark comedy, 11-1
  comédie musicale musical, 11-1
  comédie romantique romantic comedy, 11-1
commander to order, 5-1
comme like, as
commencer (à) † to begin, to start, 4-2
comment how, 2-1
  Comment ça va ? How's it going?, P-1
  Comment dit-on... ? How do you say. . . ?, P-2
  Comment tu t'appelles ? What is your name?, P-1
  Comment vous appelez-vous ? What is your name?, P-1
commentaire *m.* comment
commenter to comment on, to give a commentary on
commerçant *m.*, **commerçante** *f.* merchant, 5-3
communauté *f.* community
communément communally, in common
communication *f.* communication
communiquer to communicate
compagnie *f.* company
comparaison *f.* comparison
comparatif/-ive comparative
comparer to compare, 4-2
compliment *m.* compliment
compliqué/e complicated
comportement *m.* behavior
se comporter to behave, to act
composé/e composite

composition *f.* composition, 12-2
compréhension *f.* comprehension
comprendre † to understand, 5-1
  Je ne comprends pas. I don't understand., P-2
compris/e *adj.* included, 6-1
  y compris including, 10-3
comptabilité *f.* accounting, 3-2
comptable *m./f.* accountant, 3-3
compte *m.* account
compter to count
comptine *f.* nursery rhyme
concentration *f.* (*Can.*) concentration in area of studies
concept *m.* concept
concerner to concern
  en ce qui concerne as to, in relation to
concert *m.* concert, 2-2
concierge *m./f.* caretaker, manager
concombre *m.* cucumber, 5-3
condamner to condemn
condiment *m.* condiment, 5-3
conditionnel *m.* conditional tense
conduire to drive
confiserie *f.* confectionery, candy store
confiture *f.* jam, 5-2
conflit *m.* conflict
conformiste conformist, 1-1
confort *m.* comfort
confortable comfortable (material objects), 6-2
congé *m.* leave
  congé de maternité maternity leave
  prendre congé to take leave, say good-bye
congélateur *m.* freezer
congrès *m.* conference
conjonction *f.* conjunction
conjugaison *f.* conjugation
conjugué/e conjugated
connaissance *f.* knowledge, understanding, 7-1; acquaintance
connaître † to know, be familiar with, 8-2
connecté/e connected
connecter to connect, 11-2
connexion *f.* **sans fil** wireless connection/card, 11-2
connu/e known
conquête *f.* conquest
consacrer to devote
conseil *m.* piece of advice; council
  conseil de classe meeting of teachers, administration, and elected parent and student representatives
  conseil universitaire elected university governing body
  demander un conseil to ask for advice
conseiller to advise
conseiller *m.*, **conseillière** *f.* advisor
conséquence *f.* consequence

conservateur/-trice conservative
conservation *f.* conservation
conserver to store
consister to consist
consommateur *m.*, **consommatrice** *f.* consumer
consommation *f.* drink
consommer to consume, 10-2
consonne *f.* consonant
constituer to be, to constitute, to form
construire † to construct, build
consultation *f.* visit with a health professional
consulter to consult
  consulter le médecin to see a doctor, 10-1
contaminer to contaminate
contempler to contemplate
contemporain/e contemporary
contenir † to contain
content/e happy, 7-3
conteur *m.* storyteller
continent *m.* continent, 9-2
continuer to go on/keep going, 9-3
  continuer (à) to continue, 12-1
  continuer tout droit keep going straight ahead, 9-3
contraire *m.* opposite
  au contraire, ... to the contrary, . . . , 11-1
contraste *m.* contrast
contribuer to contribute
contrôle *m.* inspection, control, test
convaincre to convince
convenir † to suit
  Cela vous convient ? Does this suit you?, 9-3
copain *m.*, **copine** *f.* friend, 2-1
copieux/-euse copious, hearty, 5-2
corail *m.* coral
Corée *f.* Korea, 9-2
coréen/ne Korean, 9-2
corps *m.* body, 10-1
  corps humain human body, 10-1
correspondance *f.* correspondance
correspondant/e *m./f.* pen pal
correspondre to correspond
corriger to correct
corso *m.* procession (of floats)
costume *m.* man's suit, 4-3
  costume-cravate *m.* suit and a tie
côte *f.* coast
côté *m.* side
  à côté de next to, beside 3-1
  d'un autre côté, ... on the other hand, . . . , 11-1
Côte-d'Ivoire *f.* Ivory Coast, 9-2
côtelette *f.* (**d'agneau**) (lamb) chop, 5-3
coton *m.* cotton, 4-3
côtoyer to rub shoulders with
cou *m.* neck, 10-1
se coucher to go to bed, 4-1
coude *m.* elbow, 10-1

couleur *f.* color, 4-3
  de quelle couleur est... ? what color is . . . ?, 4-3
couloir *m.* hallway, 6-1
coup *m.* blow, strike, punch
ça vaut le coup it's worth it, 12-3
  coup de soleil sunburn
  coup de téléphone phone call
couper to cut, to chop
  couper l'eau du robinet to turn off the running water (from the faucet), 10-2
couple *m.* couple
couplet *m.* verse of a poem
cour *f.* courtyard, 6-1
courant/e current
  au courant up-to-date (for a person)
courant *m.* **d'air** draft, breeze
courir † to run, 4-2
couronne *f.* crown
courriel *m. (Can.)* e-mail message
courrier électronique *m.* e-mail, 11-2
cours *m.* course, class, 3-1
  au cours de during
course *f.* errand, 2-2
  faire † des courses to run errands, including grocery shopping, 2-2
  faire † les courses to do the weekly grocery shopping, 5-3
court/e short, 4-3
cousin *m.*, **cousine** *f.* cousin, 1-1
coussin *m.* cushion
coussinet *m.* small cushion
coûter to cost, 6-2
coutume *f.* custom
couture *f.* sewing, dressmaking
  haute couture designer fashion
couturier *m.* fashion designer
couturière *f.* dressmaker, seamstress
couvert : Le ciel est couvert The sky is overcast., 8-1
couvrir † to cover
covoiturage *m.* carpooling, 10-2
craie *f.* stick of chalk, P-2
cravate *f.* tie, 4-3
crayon *m.* pencil, P-2
créer to create
crème *f.* cream, 5-1
  crème glacée *(Can.)* ice-cream
crèmerie *f.* dairy store
créole *adj.* Creole
créole *m.* Creole (language)
crevette *f.* shrimp, 5-3
crier to yell, 7-3
crime *m.* crime
crise *f.* crisis
cristal *m.* crystal
critère *m.* criterion
critique *f.* critique, criticism, (critical) review, 11-3
critique *m.* (movie, literary) critic (person), 11-3

croire † **(à, en)** to believe, 7-3
  Je crois/Je crois que oui. I think so., 7-3
  Je crois que... I believe that . . . , 7-3
  Je ne crois pas/Je crois que non. I don't think so., 7-3
croisière *f.* cruise
croissant *m.* croissant, 5-2
croque-madame *m. inv.* grilled ham and cheese sandwich topped with a fried egg
croque-monsieur *m. inv.* grilled ham and cheese sandwich, 5-1
croustillant/e crusty
crudités *f. pl.* cut-up raw vegetables, 5-1
cubiste cubist, 12-2
cuiller, cuillère *f.* spoon, 5-1
cuir *m.* leather, 4-3
cuisine *f.* kitchen, 6-1
  avec coin cuisine with a kitchenette, 6-2
  faire † la cuisine to cook, 2-2
cuisinière *f.* stove, 6-2
culturel/le cultural
cupidité *f.* greed

D

d'abord first, 5-3
d'accord OK, agreed, 5-3
dame *f.* lady, P-2
danger *m.* danger
dans in, into, inside, P-2
danse *f.* dance, 3-2
  faire † de la danse to dance, to study dance, 2-2
danser to dance
d'après... according to . . .
date *f.* date, 1-2
  Quelle est la date ? What is the date?, 1-2
d'autres *adj.* other
davantage more
de (d') from, of, about, P-1
  De rien. Not at all., You're welcome., P-2
déambulateur *m.* walker
débarquer to disembark
débat *m.* debate
debout standing, on one's feet
  être debout to be up, 4-1
début *m.* beginning
décédé/e deceased, 1-1
décembre December, 1-2
déception *f.* disappointment
déchet *m.* waste, refuse, 10-2
  déchets *pl.* **domestiques** household garbage, 10-2
  déchets *pl.* **industriels** industrial waste, 10-2
déchèterie *f.* waste collection center, 10-2

décider (de) to decide, 12-1
  se décider to make up one's mind, 12-3
déclaration *f.* declaration
décontracté/e relaxed
décorer to decorate
découverte *f.* discovery
découvrir † to discover; to uncover
décrire † to describe, 7-1
déçu/e disappointed, 10-3
  être déçu/e que to be disappointed that, 10-3
déduire to deduce
défaire † to undo
défaite *f.* defeat, loss
défi *m.* challenge
défilé *m.* parade, 7-2
  défilé de mode fashion show
définir to define
définition *f.* definition
déforestation *f.* deforestation, 10-2
degré *m.* degree; step
  Il fait vingt degrés. It's 20 degrees (Celsius)., 8-1
se déguiser to disguise oneself, to dress up in costume
dehors outside
  en dehors de outside of
déjà already, 4-1
déjeuner *m.* lunch, 5-2
déjeuner to have lunch, 1-3
délégué/e *m./f.* delegate
  délégué/e de classe elected class representative
délicieux/-euse delicious, 5-3
demain tomorrow, 2-3
  à demain see you tomorrow, P-1
demander to ask, request, 6-2
démarrer to begin, to start
demi/e half
  demi-frère *m.* half-brother, stepbrother, 7-1
  demi-kilo *m.* half-kilo
  demi-sœur *f.* half-sister, stepsister, 7-1
  demi-tour *m.* U-turn
  et demi/e and a half, 4-2
  faire † demi-tour to make a U-turn
démocratie *f.* democracy
démocratique *adj.* democratic
démodé/e old-fashioned, out-of-date, 4-3
demoiselle *f.* young lady, single woman
démonstratif/-ive demonstrative
dent *f.* tooth, 4-1
  se brosser les dents to brush one's teeth, 4-1
  se laver les dents to brush one's teeth
dentifrice *m.* toothpaste, 4-1
dentiste *m./f.* dentist, 3-3

départ *m.* departure
  au départ de leaving from, originally

département *m.* department, regional administrative unit in France

dépasser to exceed

se dépêcher to hurry up, 4-1

dépendant/e *adj.* dependent

dépendre de to depend on
  Ça depend. That depends.

dépense *f.* expenditure

dépenser to spend

déposer to drop off, to place

depuis since, 11-3

depuis combien de temps... ? for how long . . . ?, 11-3

depuis quand... ? since when . . . ?, 11-3

dernier/-ière last, 3-1

derrière behind, 3-1

des *pl.* some, P-2

dès que as soon as, 11-1

désagréable disagreeable, 1-1

désastre *m.* disaster

descendant (de) *m.* descendant (of)

descendre to go down, 3-1
  descendre de to get off, 3-1
  descendre en ville to go downtown, 3-1

descente *f.* descent

désert *m.* desert

se déshabiller to undress, 4-1

désignation *f.* name, designation

désirer to desire, to want, 10-2

désobéir à to disobey, 6-1

désolé/e sorry, 8-3
  Je suis désolé/e... I am sorry..., 8-3

dessert *m.* dessert, 5-2

desservir to serve, to stop at

dessin *m.* drawing, 3-2
  dessin animé cartoon, animated film, 11-1

dessinateur/-trice *m./f.* draftsman/woman, 12-2

dessiner to draw

dessous : en dessous underneath

destination *f.* destination, 8-2

se détendre to relax, 6-3

détente *f.* relaxation; release (of a consonant)

déterminer to determine, to work out

détester to detest, 3-2

deux two, 1-2
  deux fois par jour twice a day, 4-1

deuxième *m.* second, 1-1

devant in front of, 3-1

développement *m.* development
  développement durable sustainable development

développer to develop

devenir † to become, 5-3

deviner to guess

devoir † must, to have to, should, 3-3

devoir *m.* essay, assignment 3-2

devoirs *m. pl.* homework, P-2
  faire † des devoirs to do homework

d'habitude usually, 6-3

diagnostic *m.* diagnosis

dialecte *m.* dialect

dialogue *m.* dialogue

dictionnaire *m.* **(un dico)** dictionary, 3-2

différence : à la différence de unlike

différent/e different

différer † to differ

difficile difficult, 3-2

diffusion *f.* (commercial) distribution

dimanche Sunday, 1-3

diminuer to decrease, to lower

dîner *m.* dinner, 5-2; lunch (*Can.*)

dîner to have dinner, 1-3; to have lunch (*Can.*)

dioxyde *m.* **de carbone (CO_2)** carbon dioxide

diplomate *m./f.* diplomat

diplôme *m.* degree, 3-2
  avoir un diplôme to have a degree

dire † to say, 7-1
  Ça (ne) me dit rien. I'm not interested in that., 12-3

direct : en direct *adv.* live
  émission *f.* **en direct** live broadcast

directeur *m.* **directrice** *f.* manager

discipliné/e disciplined, 1-1

discuter de to have a discussion, to talk

disjoint/e disjointed, stressed (pronouns)

disparaître to disappear

disparition *f.* disappearance

disponible available

se disputer to argue, 7-3

disque *m.* **dur (externe)** (external) hard drive, 11-2

disquette *f.* diskette

distractions *f. pl.* amusements, diversions, 8-3

se distraire to amuse oneself, 11-3

divers/e various

diversité *f.* diversity

divertissement *m.* variety show, 11-1

divisé/e divided, split

diviser to divide, to split

divorcé/e divorced, 1-1

divorcer to divorce, 7-1

dix ten, 1-2

dixième tenth, 6-1

dix-huit eighteen, 1-2

dix-huitième eighteenth, 6-1

dix-neuf nineteen, 1-2

dix-neuvième nineteenth, 6-1

dix-sept seventeen, 1-2

dix-septième seventeenth, 6-1

doctorat *m.* doctorate, Ph.D.

documentaire *m.* documentary, 11-1

dodo (*colloq.*) sleep, 4-1
  faire † dodo (*colloq.*) go to sleep, 4-1

doigt *m.* finger, 10-1

domaine *m.* area, field

domicile *m.* place of residence

dommage *m.* damage
  C'est dommage. It's too bad. It's a pity., 8-3
  Il est/C'est dommage que... It's too bad that . . . , It's a shame that . . . , 10-3
  Quel dommage. What a pity.

donc then, therefore, 2-1

donnée *f.* data
  base *m.* **de données** database

donner to give, P-2
  donner sur to look onto or lead out to, 6-1

doré/e golden brown, glazed

dormir to sleep, 4-2

dos *m.* back, 10-1

dossier *m.* file, case, folder

double double

doublé/e dubbed, 11-1

doubler to dub

doucement gently, softly

douche *f.* shower
  prendre une douche to take a shower, 4-1

se doucher to shower, 4-1

doué/e to be talented, 3-3

douleur *f.* pain

doute *m.* doubt
  sans aucun doute without a doubt
  sans doute probably

douter to doubt, 10-3

doux/douce gentle, soft, sweet

douzaine *f.* dozen, 5-3

douze twelve, 1-2

douzième twelfth, 6-1

drame *m.* **(psychologique)** (psychological) drama, 11-1

drapeau *m.* flag

dresser (une liste) to make (a list)

se droguer to take drugs, to be on drugs

drogue *f. sg.* (illegal) drugs

droit *adv.* straight, 9-3
  tout droit straight ahead, 9-3

droit *m.* law, 3-2

droite *f.* right, 3-1
  à droite (de) to the right (of), 3-1

drôle amusing, funny, strange, 2-1

du (= **de** + **le**) 2-2

durable sustainable

dur/e hard, difficult, stiff

durée *f.* length of time, duration

durer to endure, last

duvet : manteau *m.* **en duvet** down coat

DVD *m. inv.* DVD, P-2

dynamique dynamic, 1-1

E

eau *f.* water, 5-1
  eau minérale mineral water, 5-1

eau minérale gazeuse carbonated mineral water

eau minérale plate still mineral water

eau potable drinkable water, 10-3

échange *m.* exchange

échanger to exchange, 11-2

échappement *m.* exhaust; escape

gaz *m. pl.* **d'échappement** exhaust fumes, 10-2

échapper to escape

écharpe *f.* scarf, 4-3

échecs *m. pl.* chess, 2-2

échelle *f.* ladder

éclair *m.* lightning, 8-1

Il y a des éclairs. There is lightning., 8-1

éco-geste *m.* ecological act, gesture, 10-2

école *f.* school, 1-3

école de commerce business school

école maternelle preschool, nursery school

école primaire elementary school

école secondaire secondary school

écologie *f.* ecology

écologique ecological, 10-2

économie *f.* economy; economics, 3-2

faire † des économies *pl.* to save money

économique economical

sciences *f. pl.* **économiques** economics, 3-2

économiser to save, economize, 10-2

écosystème *m.* ecosystem

écotourisme *m.* ecotourism

écoute *f.* listening

écouter to listen, P-2

écouter de la musique to listen to music, 1-3

écran *m.* screen, 11-1

écran (plat) (flat-screen) monitor, 11-2

écraser to crush

écrire † to write, 7-1

écrivain *m.* writer, 3-3

écureuil *m.* squirrel

éducatif/-ive educational

effacer to erase, P-2

effet *m.* effect

en effet yes, indeed, 6-3

efficace efficient, effective

effort *m.* effort

égal/e equal

église *f.* Catholic church, 2-3

égoïste selfish, 2-1

élaborer to elaborate

électricité *f.* electricity

électrique electric

électronique electronic

élégance *f.* elegance

élégant/e elegant, 2-1

éléphant *m.* elephant

élève *m./f.* pupil, student (elementary age)

éliminer to eliminate

élire to elect, 10-3

elle *f.* she, her, it, P-1

elle-même *f.* herself

elles *f. pl.* they, them, P-1

elles-mêmes *f. pl.* themselves

élu/e elected

e-mail *m.* e-mail, 11-2

par e-mail by e-mail (as medium), 11-2

emballage *m.* packaging, 10-2

embarras *m.* trouble

embarrassé/e embarrassed, 7-3

s'embrasser to kiss, 7-3

émission *f.* program, 11-1

émission de musique music program, 11-1

émission de téléachat infomercial, 11-1

émission de téléréalité reality show, 11-1

émission sportive televised sports event, 11-1

emmener † to bring someone along

émotion *f.* emotion

empêcher to prevent

emploi *m.* use; job

employé/e *m./f.* employee, white-collar worker

employer † to use

emporter to bring something, to take with

empreinte *f.* **écologique** ecological footprint

emprunter to borrow, 6-2

en *prep.* to, at, P-1; *pron.* some, any, 5-3

en ligne online, 11-2

enchaînement *m.* linking

enchanté/e delighted (to meet you), P-1

encore still, yet, again, another, 4-2

encore un quart d'heure another fifteen minutes, 4-2

encyclopédie *f.* encyclopedia, 11-3

s'endormir to fall asleep, 4-1

endroit *m.* place, 6-3

énergie *f.* energy

énergie renouvelable renewable energy, 10-2

énergie solaire solar energy, 10-2

énergique energetic, 2-1

énervé/e irritable

s'énerver to become irritated/worked up

enfance *f.* childhood

enfant *m./f.* child, 1-1

enfin finally, 5-3

enfourner to put in the oven

engagement *m.* involvement, commitment

s'engager to get involved, 10-3

s'ennuyer † to become bored, 7-3

ennuyeux/-euse boring, tedious, 3-2

enquête *f.* poll, survey

enrichir to enrich

enseignant/e *m./f.* teacher, instructor

enseignement *m.* teaching

enseigner to teach

ensemble together, 1-3

ensuite next, then, 5-3

entendre to hear, 3-1

s'entendre (avec) to get along (with), 7-3

entendu : C'est entendu. It's understood. OK. 12-1

enthousiaste enthusiastic

entourer to surround; to circle

entraînement *m.* practice (sport)

s'entraîner to practice (sport)

entraîneur *m.* trainer, coach

entre between, 4-2

entrée *f.* appetizer or starter, 5-2; entrance, foyer, 6-1

entreprise *f.* firm, place of business

entrer to go/come in, 5-3

entretien *m.* interview

énumérer to enumerate, to list

envie *f.* urge, craving

avoir envie de (+ *nom,* + *inf.*)... to want, desire (sthg, to do sthg) . . . , 4-3

environ about, approximately

environnement *m.* environment, 10-2

environs *m. pl.* surroundings

envoyer † to send, 11-2

épaule *f.* shoulder, 10-1

épeler † to spell, 5-2

épice *f.* spice, 5-2

épicerie *f.* grocer's shop, 5-3

épicier *m.,* **épicière** *f.,* grocer

épinards *m. pl.* spinach, 5-3

épisode *m.* episode, 11-1

époque *f.* era, time

époux *m.,* **épouse** *f.* spouse

épreuve *f.* test, 7-1

éprouver to feel, to experience

équilibré/e balanced, 10-1

équipe *f.* team

équipé/e equipped, 6-2

équivalent *m.* equivalent

érosion *f.* erosion

erreur *f.* mistake, error

escalier *m.* staircase, stairs, 6-1

espace *m.* place, space

espace vert green, grassy area

Espagne *f.* Spain, 9-2

espagnol/e *adj.* Spanish, 9-2

espagnol *m.* Spanish (language), 3-2

espion *m.* spy

espionnage *m.* spying, 11-1

film *m.* **d'espionnage** spy film, 11-1

en espèces in cash

espérer † to hope, 12-1

essai *m.* essay, 3-2

essayer (de) † to try, 10-1

essence *f.* gas

essuyer † to dry
   s'essuyer † to dry oneself off, wipe off, 4-1
est *m.* east
estimer to consider, to believe, to judge, 10-3
estomac *m.* stomach, 10-1
et and, P-1
établir to establish
établissement *m.* establishment
étage *m.* floor, 6-1
   premier étage second floor, 6-1
étagère *f.* bookcase, (book)shelf, 6-2
étape *f.* stage, step (in a process)
état *m.* state
   état civil marital status, 1-1
États-Unis *m. pl.* the United States, 9-2
été *m.* summer, 2-3
   l'été prochain next summer, 2-3
éteindre † to turn off, 10-3
   éteindre les lumières to turn off the lights, 10-2
étendu/e extended, 7-1
étoile *f.* star, 9-3
étonnant/e surprising, 10-3
étonné/e surprised, 10-3
étranger/-ère foreign, 3-2
étranger/-ère *m./f.* stranger, foreigner
être † to be, P-1
   être (tout à fait) d'accord to agree (completely), 11-1
   être en train de + *inf.* to be busy doing something, 4-1
   Ne sois pas... Don't be . . . , 7-3
   sois, soyez... ! be . . . !, 7-3
   Soyez calme ! Be calm!, 7-3
être *m.* **humain** human being
études *f. pl.* studies, 3-2
   faire † **des études (de)** to study (sthg)
étudiant *m.,* **étudiante** *f.* student, P-2
étudier to study
Europe *f.* Europe, 9-2
européen/ne European
eux *m. pl.* they, them, P-1
   eux-mêmes *m. pl.* themselves
évènement *m.* event, 7-2
éventuel/le probable
éventuellement probably, perhaps
évident obvious
évier *m.* (kitchen) sink, 6-2
éviter to avoid, 10-1
exacte exact
exactement exactly
exagérer to exaggerate
examen *m.* exam, 3-2
   passer un examen to take an exam
   préparer un examen to study for an exam, 3-2
   réussir un examen to pass an exam
excès *m.* excess
exercer to exercise, exert

exercice *m.* exercise
   faire † **de l'exercice** to exercise, 10-1
exigeant/e demanding, 7-1
exiger † to require, to demand, 10-2
exotique exotic
expérience *f.* experience; experiment
explication *f.* explanation
expliquer to explain, 6-2
exposé *m.* oral presentation, report, 3-2
exposer to state, to explain; to exhibit
exposition *f.* exhibition, 2-3
expression *f.* expression
   expression fixe set expression, idiom
expresso *m.* small cup of strong coffee
exprimer to express
   s'exprimer to express oneself
externe external
extrait *m.* exerpt, extract
extrême extreme
extrêmement extremely

F

fabriquer to make, to produce
fac = faculté
face *f.* face, side
   en face (de) facing, across from, 3-1
fâché/e angry, upset, 7-3
se fâcher (contre) to get angry (at, with), 7-3
facile easy, 3-2
facilement easily
faciliter to facilitate, to make easier
façon *f.* way
   de toute façon in any case
facteur *m.,* **factrice** *f.* mail carrier, 3-3
facture *f.* bill
faculté *f.* college, university, 2-1
faible weak
faim *m.* hunger, 5-1
   avoir faim to be hungry, 5-1
faire † to do, to make, 2-2
   Ça (ne) fait rien. That doesn't matter., 12-3
   deux et deux font quatre 2 + 2 = (equals) 4
   faire partie de to belong to, 7-1
   faire penser à to remind one of
   Il fait beau. It's beautiful weather., 8-1
   Ne t'en fais pas !/Ne vous en faites pas ! Don't worry!, 7-3
   se faire du souci to worry, 7-3
   se faire un petit plaisir to treat oneself, 12-3
faire-part *m. inv.* (birth, wedding) announcement
fait *m.* fact
   en fait in fact
falloir † to be necessary, 8-1
   Il faut... to need, 5-3; you have to/must, 8-1
   Il ne faut pas... you must not, 8-1

   Il faut que... It is necessary that/You must . . . , 10-1
   Il ne faut pas que... You must not . . . , 10-1
fameux/-euse famous
familial/e familial, related to family
familier/-ière familiar
famille *f.* family, 1-1
   famille étendue extended family, 7-1
   famille monoparentale single-parent family, 7-1
   famille nombreuse big family, 1-1
   famille recomposée blended family, 7-1
fanatique *m.* fan, fanatic
   être fanatique de to be a fan of, 12-3
fantaisiste fantastic (not based in reality)
fantastique fantastic (great, wonderful); fantasy
   film *m.* **fantastique** fantasy film
fantôme *m.* phantom, ghost
farine *f.* flour
fariné/e floured
fasciné/e fascinated
fatigué/e tired, P-1
faune *f.* wildlife, fauna
faut *see* **falloir**
faute *f.* mistake
   faire † **une faute** to make a mistake
fauteuil *m.* armchair, 6-2
   basket-fauteuil *m.* wheelchair basketball, 10-1
   fauteuil roulant wheelchair, 10-1
faux/-sse false
favoriser to favor
Félicitations ! Congratulations!, 7-2
féliciter to congratulate
féminin/e feminine
féminisation *f.* feminization (esp. names of professions)
femme *f.* wife, woman, 1-1
   femme au foyer stay-at-home mother, 7-1
   femme d'affaires businesswoman, 3-3
fenêtre *f.* window, P-2
férié : jour *m.* **férié** legal holiday, 7-2
ferme *f.* farm, 6-3
fermer to close, P-2
festival *m.* festival
fête *f.* party, 2-2; holiday, 7-2
   fête religieuse *f.* religious holiday, 7-2
fêter to celebrate, 7-2
feu *m.* fire
   feu d'artifice fireworks, 7-2
   feu rouge stoplight
feuille *f.* sheet of paper; leaf
feuilleton *m.* series, soap opera, 11-1
feutre *m.* felt-tip pen, marker, P-2
fève *f.* broad bean, favor baked in **la Galette des rois**

février February, 1-2
fiançailles *f. pl.* engagement
fiancé/e engaged, 1-1
se fiancer to get engaged, 7-3
fichier *m.* computer file, 11-2
fidèle faithful
fièvre *f.* fever
    avoir de la fièvre to have a temperature, to run a fever
figure *f.* face, 4-1; figure, shape
    figure géométrique geometric shape
fil *m.* thread, wire
fille *f.* daughter, girl, 1-1
film *m.* film, 1-3
fils *m.* son, 1-1
fin *f.* end
    fin de semaine (*Can.*) weekend
fin/e thin, elegant, delicate, 4-3
final/e final, 3-2
finalement finally, 11-2
finir to finish, 6-1
fitness *m.* cardio workout
fixer to set (an appointment)
flamand *m.* Flemish (language)
fleur *f.* flower, 7-2
fleurir to flourish
fleuve *m.* river, 6-3
flore *f.* flora, plant life
flûte *f.* recorder
    flûte traversière flute, 12-1
foie *m.* liver
foire *f.* fair
fois *f.* time
    deux fois par jour twice a day, 4-1
    x fois par semaine x times a week
    une fois once, one time
folklorique folkloric
    musique *f.* **folklorique** folk music, 12-1
foncé/e dark (color)
fonction *m.* function
fonctionnaire *m./f.* government worker, 3-3
fonctionner to function
fond *m.* bottom, end
    à fond deeply; loudly
fondre to melt, 10-2
fondu/e melted
fontaine *f.* fountain
football *m.* **(le foot)** soccer, 1-3
football *m.* **américain** American football, 2-2
foraine : fête foraine *f.* fair
forcément inevitably, necessarily
forêt *f.* forest, 6-3
formation *f.* formation; training
    avoir une formation to have training
forme *f.* shape; form
    être en forme to be in shape (after exercising, or after being sick), P-1
former to form, to train

formidable great, 6-3
fort *adv.* loudly, 7-3
fort/e *adj.* strong, stout, 2-1
forum *m.* forum
    forum de discussion discussion forum, newsgroup
foulard *m.* silk scarf, 4-3
foule *f.* crowd
four *m.* oven, 6-2
fourchette *f.* fork
fourrure *f.* coat, fur
foyer *f.* home, household, 7-1
    femme *f.* **au foyer** stay-at-home mother, 7-1
    homme *m.* **au foyer** stay-at-home father, 7-1
frais/fraîche fresh
    Il fait frais. It's cool (weather)., 8-1
fraise *f.* strawberry, 5-3
français/e *adj.* French, 9-2
français *m.* French (language), P-2
    faire † du français to study French, 2-2
France *f.* France, 9-2
francophone French-speaking
francophonie *f.* French-speaking world
fréquence *f.* frequency
frère *m.* brother, 1-1
frigo *m.* (*colloq.*) fridge
frite *f.* French fry, 5-1
froid cold, 8-1
    Il fait froid. It's cold (weather)., 8-1
    J'ai froid. I'm cold., 8-1
fromage *m.* cheese, 5-2
fromager *m.* cheese maker, cheese seller
frontière *f.* border, 9-2
fruit *m.* fruit, 5-2
    fruits *pl.* **de mer** seafood
fruitier/fruitière *adj.* fruit, 6-3
    arbre *m.* **fruitier** fruit tree, 6-3
fumé/e *adj.* smoked
fumée *f.* smoke
fumer to smoke, 10-2
fumet *m.* aroma
furieux/-euse furious, 7-3
futur *m.* future tense
    futur proche immediate future

G

gadget *m.* gadget
gagner to win
    gagner de l'argent to earn money, 3-3
galérie *f.* (art) gallery
galette *f.* cake for the Epiphany, 7-2; savory dinner crepe made with buckwheat flour
gant *m.* glove, 4-3
    gant de toilette wash mitt, 4-1
garage *m.* garage, 3-1
garantir to guarantee
garçon *m.* boy, 1-1
gare *f.* train station, 2-3

garer to park, 6-1
gaspiller to waste, 10-2
gâteau *m.* cake, 7-2
gauche *f.* left, 3-1
    à gauche (de) to the left (of), 3-1
gaz *m.* gas, 10-2
    gaz à effet de serre greenhouse gas, 10-2
    gaz carbonique carbon gas, 10-2
    gaz *pl.* **d'échappement** exhaust fumes, 10-2
gazeux/-euse carbonated
geler † to freeze, 8-1
    Il gèle. It's freezing (weather)., 8-1
gêné/e bothered, embarrassed, 7-3
général/e general
généralement generally
généreux/-euse generous, warm-hearted, 2-1
générique *m. sg.* screen credits
génial : C'est génial. It's great/awesome. 11-2
genou *m.* knee, 10-1
genre *m.* (grammatical) gender; kind, type
    genre littéraire literary genre
gens *m. pl.* people, 3-3
gentil/le kind, nice, 2-1
    C'est gentil à toi/vous. That's kind (of you)., 8-3
géographie *f.* geography
géologie *f.* geology
gérant *m.*, **gérante** *f.* manager
gestion *f.* management, 3-2
gilet *m.* cardigan sweater, 4-3
gîte (rural) *m.* (rural) bed and breakfast, 9-3
glace *f.* ice cream, 5-1
    glace au chocolat chocolate ice cream, 5-1
glacé/e ice-cold, frozen, iced
    crème *f.* **glacée** (*Can.*) ice cream
    thé *m.* **glacé** iced tea
glacier *m.* glacier, 10-2
glaçon *m.* ice cube, 5-1
golf *m.* golf, 1-3
gomme *f.* eraser, P-2
gorge *f.* throat, 10-1
    avoir mal à la gorge to have a sore throat
goulu/e gluttonous
goût *m.* taste, liking
    avoir le goût du travail to have a strong work ethic, 7-1
goûter *m.* afternoon snack, 5-2
goûter to have a snack, to taste
goutte *f.* drop
gouvernement *m.* government, 10-3
grâce à thanks to
graisse *f.* fat, grease
graissé/e greased
gramme *m.* (*abbr.* gr) gram

grand-chose *m. inv.* : **pas grand-chose** not very much, not a great deal, 2-2

ne pas faire † grand-chose to not do much, 2-2

grand/e tall, 2-1

grand magasin *m.* department store, 4-3

grande surface *f.* superstore, 5-3

grandes vacances *f. pl.* summer vacation, 7-2

grandir to grow taller, to grow up (for children), 6-1

grand-mère *f.* grandmother, 1-1

grand-père *m.* grandfather, 1-1

grand-parent *m.*, (grands-parents *pl.*) grandparent, 1-1

grasse *adj.* fatty, oily, greasy

gratuit/e free

gratuitement for free

grave serious, 7-3

Ce n'est pas grave. It's not serious., 7-3

graveur *m.* **CD/DVD** CD/DVD burner, 11-2

gravité *f.* gravity, seriousness

grève *f.* strike, 10-3

grignoter to snack, 10-2

grillé/e grilled, toasted, 5-2

grimper to climb up

grippe *f.* flu

gris/e gray, 4-3

Groenland *m.* Greenland

gros/se fat, 2-1

grossir to gain weight, 6-1

grotte *f.* **(préhistorique)** (prehistoric) cave, 9-3

groupe *m.* group

groupe de consonnes *m.* consonant cluster

guerre *f.* war

guerre de Sécession (American) Civil War

Première Guerre mondiale First World War

Seconde Guerre mondiale Second World War

guide *m.* guide (tour guide or guidebook), 9-3

guidé/e guided

guitare *f.* guitar, 1-3

guitare basse bass guitar, 12-1

guitare électrique electric guitar, 12-1

gymnase *m.* gym, 2-3

gymnastique *f.* exercises; gymnastics

faire de la gym to do exercises, to work out

H

s'habiller to get dressed, 4-1

habitation *f.* dwelling, housing

habiter to live (in a physical sense), 1-1

habitude *f.* habit

d'habitude usually, 6-3

habituel/le habitual

habituellement usually

s'habituer à to get used to

*haché/e chopped, ground, 5-3

*hamburger *m.* hamburger, 5-1

*handicap *m.* handicap, disability, 10-1

*handicapé/e handicapped, 10-1

être *handicapé/e to be handicapped/disabled, 10-1

*haricot *m.* bean, 5-3

*haricot vert green bean, 5-2

harmonica *m.* harmonica, 2-2

harmonie *f.* harmony

*haut high

hebdomadaire *adj.* weekly, 11-3

*hein ! huh!, understood?

heure *f.* hour, 4-2

être à l'heure to be on time, 4-2

Il est une heure. It's one o'clock., 4-2

Quelle heure est-il ? What time is it?, 4-2

Vous avez l'heure ? Do you have the time?, 4-2

heureusement luckily, 7-1

heureux/-euse happy, 7-3

*heurter to strike

hexagone *m.* hexagon

L'Hexagone (*colloq.*) France

hier yesterday, 5-2

histoire *f.* history, 3-2; story

histoire drôle joke, 2-1

historique historical

film *m.* **historique** historical movie, 11-1

hiver *m.* winter, 5-1

*hockey *m.* hockey, 2-2

*hollandais/e Dutch, hollandaise (sauce)

*Hollande *f.* Holland

*homard *m.* lobster

homme *m.* man, 1-1

homme au foyer stay-at-home father, 7-1

homme d'affaires businessman, 3-3

honte *f.* shame

hôpital *m.* public hospital, 3-3

horaire *m.* schedule

horaires *pl.* **d'ouverture** opening hours, business hours

horloge *f.* clock, 4-2

horreur *f.* horror

film *m.* **d'horreur** horror movie, 11-1

Quelle horreur ! How awful!, 5-1

*hors except; outside

hôte *m.* guest or host

hôtel *m.* hotel, 2-3

huile *f.* oil, 5-3

huile d'olive olive oil

huile usagée waste (used) oil, 10-2

*huit eight, 1-2

*huitième eighth, 6-1

huître *f.* oyster

humain/e human

corps *m.* **humain** human body, 10-1

sciences *f. pl.* **humaines** social sciences, 3-2

*hyène *f.* hyena

hygiéniste *m./f.* **dentaire** dental hygienist

hypermarché *m.* superstore

I

ici here, 3-1

idéal/e ideal

idéaliste idealistic, 1-1

idée *f.* idea

identifier to identify

identité *f.* identity

idiomatique idiomatic

il *m.* he, it, P-1

île *f.* island

ils *m. pl.* they, P-1

il y a there is/are, P-2; ago, 5-2

il n'y a pas de... there isn't/ aren't . . . , P-2

il y a deux jours two days ago, 5-2

il y a longtemps a long time ago, 5-2

il y a ... que it's been . . . , for . . . , 11-3

illogique illogical

illustre illustrious

imaginaire imaginary

imaginer to imagine

imam *m.* imam, leader of prayers in a Muslim mosque

imbécile *m./f.* idiot

immense huge, immense

immeuble *m.* building, 6-1

immigré/e immigrant

immobilier *m.* real estate business

immunodéficitaire immunodeficient

imparfait *m.* imperfect tense

impatience *f.* impatience

impératif *m.* imperative

imper(méable) *m.* raincoat, 4-3

impliquer to involve, to implicate

importance *f.* importance

important important, 8-1

impression *f.* impression

impressionnisme *m.* Impressionism

impressionniste Impressionist, 12-2

imprimante *f.* **(multifonction)** (multifunction) printer, 11-2

imprimer to print, 11-2

inclure to include

inclus/e included

inconvénient *m.* disadvantage, inconvenience

incorporer to blend

Inde *f.* India, 9-2

indéfini/e indefinite
indication *f.* sign, indication
indien/ne Indian, 9-2
indifférence *f.* indifference
indigestion *f.* indigestion
indiquer to indicate, 9-3
indiscipliné/e undisciplined, 1-1
indiscret/-ète indiscreet
indispensable necessary
individualiste individualistic, 1-1
individu *m.* individual
individuel/le individual
indulgent/e indulgent, lenient, 7-1
industriel/le industrial, 10-2
industriel/le *m./f.* manufacturer, industrialist
infection *f.* infection
infinitif *m.* infinitive
infirmerie *f.* health center/clinic, 3-1
infirmier *m.,* **infirmière** *f.* nurse, 3-3
informaticien *m.,* **informaticienne** *f.* programmer, 3-3
information *f.* information
informations *f. pl.* **(les infos)** news, 11-1
informatique *f.* computer science, 3-2
s'informer to get information, 11-3
ingénieur *m.* engineer, 3-3
innovateur/-trice innovative
innovation *f.* innovation
inondation *f.* flood, 10-2
inquiet/-ète worried, uneasy, anxious, 7-3
s'inquiéter † to worry, 7-3
inquiétude *f.* worry
insatisfait/e unsatisfied
inscription *f.* registration, enrollment
  bureau *m.* **des inscriptions** registrar's office, 3-1
s'inscrire to register, to enroll
  s'inscrire sur la liste électorale to register to vote, 10-3
insensible insensitive
instable unstable
installer to put in, to install
instant *m.* moment, instant
s'instruire † to educate oneself, to improve one's mind, 11-3
instrument *m.* instrument, 12-1
  instrument de musique musical instrument
insulter to insult
insupportable unbearable
intégrer † to incorporate, integrate
  s'intégrer to integrate, to fit in
intelligent/e intelligent, smart, 2-1
intensité *f.* intensity
interactif/-ive interactive
interdiction *f.* ban
interdire † to ban, to forbid
intéressant/e interesting, 3-2
s'intéresser (à) to be interested (in), 3-3
intérieur *m.* inside, interior

interlocuteur *m.* partner in dialogue, interlocutor
internaute *m.* Internet user, 11-2
Internet *m.* Internet
  aller sur Internet to go on the Internet
  surfer sur Internet to surf the Internet
interpréter † to interpret; to perform
interrogatif/-ive interrogative
interrogation *f.* quiz
interviewer to interview
intime intimate
s'intituler to be titled, 12-2
intrigue *f.* plot, scheme
invariable invariable
inventer to invent
invitation *f.* invitation, 8-3
invité/e *m./f.* guest
inviter to invite, 1-3
Irak *m.* Iraq
Iran *m.* Iran
irrégularité *f.* irregularity
irrégulier/-ière irregular
Italie *f.* Italy, 9-2
italien/ne *adj.* Italian, 9-2
italien *m.* Italian (language)
item *m.* item
ivoirien/ne Ivorian, 9-2

J

jalousie *f.* jealousy
jaloux/-ouse jealous, 7-3
jamais ever
  ne ... jamais never, 4-1
jambe *f.* leg, 10-1
jambon *m.* ham, 5-1
janvier January, 1-2
Japon *m.* Japan, 9-2
japonais/e *adj.* Japanese, 9-2
japonais *m.* Japanese (language)
jardin *m.* garden, yard, 1-3
jardinage *m.* gardening, 2-2
  faire † **du jardinage** to garden, to do some gardening, 2-2
jaser *(Can.)* to chatter, prattle
jaune yellow, 4-3
jazz *m.* jazz, 2-2
je (j') I, P-1
jean *m. sg.* jeans, 4-3
jet *m.* spurt, spray; jet
jeter † to throw/throw out, 5-2
jeu *m.* game, 2-2
  jeu de mot pun
  jeu de société board game, 2-2
  jeu électronique computer game
  jeu télévisé game show, 11-1
  jeu vidéo video game
  Jeux *pl.* **Olympiques** Olympic games
jeudi Thursday, 1-3
jeune *adj.* young, 2-1
jeune *m./f.* young person

jeûne *m.* fast
jeûner to fast
jeunesse *f.* youth, young people
jogging *m.* jogging, 2-2
  faire † **du jogging** to go jogging, to jog, 2-2
joie *f.* joy
joli/e pretty, 2-1
jouer to play, 1-3
  jouer une pièce to perform a play, 8-3
  jouer à to play (a sport), 1-3
  jouer de to play (an instrument), 1-3
jour *m.* day, 1-3
  ce jour-là that day, 5-2
  jour férié legal holiday, 7-2
journal *m.* newspaper, 11-3
  journal télévisé (le JT) news broadcast, 11-1
journalisme *m.* journalism, 3-2
journaliste *m./f.* journalist, 3-3
journée *f.* day, 4-1
joyeux/-euse *adj.* merry, cheerful
  Joyeux Anniversaire ! Happy Birthday!, 7-2
  Joyeux Noël ! Merry Christmas!, 7-2
juger to judge
juif *m.,* **juive** *f.* Jewish, 7-1
juillet July, 1-2
juin June, 1-2
jumeau *m.,* **jumelle** *f.* twin
jupe *f.* skirt, 4-3
jus d'orange *m.* orange juice, 5-1
jusqu'à until, 4-2
justifier to justify
juteux/-euse juicy

K

kayak *m.* kayak
kilo *m.* kilo, 5-3
kiosque *m.* newsstand

L

la (l') *f.* the, P-1; *pron.* her, it, 6-1
là there, 6-3
là-bas there, over there, 6-3
labo(ratoire) *m.* laboratory, 3-1
  labo(ratoire) de chimie chemistry lab, 3-1
  labo(ratoire) de langues language lab, 3-1
lac *m.* lake, 6-3
laid/e ugly
laine *f.* wool, 4-3
laïque secular
laisser to leave (alone)
  laisser les lumières allumées to leave the lights on, 10-2
lait *m.* milk, 5-2
lampe *f.* lamp, 6-2
lancer to throw
  lancer un pari to make a wager
langage *m.* language

langagier/-ière linguistic, of language
langue *f.* language, 3-2; tongue, 10-1
  langue étrangère foreign language, 3-2
  langue maternelle native language, 9-2
laquelle *f.* which one, 8-1
lapin *m.* rabbit
large big, large, loose-fitting, roomy, 4-3
lavabo *m.* bathroom sink, 4-1
laver to wash
  se laver to wash oneself, 4-1
  se laver les cheveux to wash one's hair, 4-1
  se laver les dents to brush one's teeth
  se laver la figure to wash one's face, 4-1
  se laver les mains to wash one's hands, 4-1
le (l') *m.* the, P-1; *pron.* him, it, 6-1
leçon *f.* lesson, 1-3
  leçon de chant singing lesson, 1-3
lecteur *m.*, **lectrice** *f.* reader
  lecteur CD *m.* CD player, P-2
  lecteur CD/DVD *m.* CD/ DVD drive, 11-2
  lecteur DVD *m.* DVD player, P-2
  lecteur e-book e-book reader/device, 11-3
lecture *f.* reading
légende *f.* caption; legend; key
leger/-ère light
légume *m.* vegetable, 5-2
lémur *m.* lemur
lequel *m.* which one, 8-1
les *pl.* the, P-2 ; *pron.* them, 6-1
lesquels *m. pl.*, **lesquelles** *f. pl.* which ones, 8-1
lettre *f.* letter
lettres *f. pl.* humanities, 3-2
leur *adj.* their, 1-2; *pron.* to them, 6-2
leurs *adj. pl.* their, 1-2
lever † to raise, 5-2
  lever le doigt to raise one's hand
  se lever † to get up, 4-1
  Levez-vous ! Get up/Stand up!, P-2
lèvre *f.* lip, 10-1
liaison *f.* link, liaison
libraire *m./f.* bookseller
librairie *f.* bookstore, 2-3
libre free (a person), available, 8-3
  Je ne suis pas libre. I'm not free., 8-3
  Tu es/vous êtes libre(s) ? Are you free?, 8-3
libre-service *m.* self-service
licence *f.* Bachelor's degree (in French university system)
licorne *f.* unicorn
lien *m.* (Web) link, 11-2; connection, tie
lieu *m.* place
  au lieu de instead of
  avoir lieu to take place, 7-2

lieu de travail workplace
lièvre *m.* hare
ligne *f.* line
  en ligne online, 11-2
limite *f.* border, limit
limité/e limited
  limité/e à limited to
  limité/e par bordered by, limited by
limiter to limit, to restrict
limonade *f.* lemon-lime soft drink, 5-1
linguistique *f. sg.* linguistics
lire † to read, 7-1
  Je lis un roman. I'm reading a novel, 3-2
  Lisez les mots... ! Read the words . . . !, P-2
liste *f.* list
lit *m.* bed, 6-2
litre *m.* liter, 5-3
littérature *f.* literature, 3-2
livre *m.* book, P-2
locataire *m./f.* tenant, renter, 6-1
location *f.* renting
logement *m.* lodgings, accommodation, 9-3
loger † to stay temporarily, 9-3
logiciel *m.* software program, 11-2
logique logical
loin *adv.* far away, a long way
  C'est loin. It's far.
  au loin in the distance
  loin (de) far from, 3-1
lointain/e *adj.* distant, faraway
loisir *m.* leisure time, 2-2
long/longue long, 4-3
longtemps a long time, 5-2
  il y a longtemps a long time ago, 5-2
lors de during, at the time of
lorsque when, 11-1
loto *m.* lottery, 2-2
louer to rent, 6-1
louisianais/e *adj.* from Louisiana
lourd/e heavy, 8-1
  Il fait lourd. It's humid., 8-1
loyer *m.* rent, 6-1
lui *m.* him, P-1; *pron.* to him, to her, 6-2
  lui-même *m.* himself
luisant/e gleaming, shining
lumière *f.* light, 9-3
  éteindre les lumières to turn off the lights, 10-2
  spectacle *m.* **son et lumière** sound and light historical production, 9-3
lunaire lunar, pertaining to the moon
lundi Monday, 1-3
  le lundi every Monday, on Mondays, 6-3
lune (Lune) *f.* moon (the Moon)
  être dans la lune to have one's head in the clouds
  lune de miel honeymoon
lunettes *f. pl.* eyeglasses, 4-3

lunettes de soleil pair of sunglasses, 4-3
lutte *f.* struggle; wrestling
lutter to struggle, fight
luxe *m.* luxury
luxueux/-euse luxurious
lycée *m.* high school, 1-3

M

ma *f.* my, 1-1
McDo *m.* McDonald's restaurant
machine *f.* machine
macroéconomique *adj.* macroeconomic
madame (Mme) Mrs., Ms., P-1
mademoiselle (Mlle) Miss, P-1
magasin *m.* store, 4-3
  grand magasin department store, 4-3
magasiner (*Can.*) to shop
magazine *m.* news show, 11-1; magazine, 11-3
  magazine télé listing of TV programs, 11-1
maghrébin/e North African, 7-1
magistral/e *adj.* brillant
magnétophone *m.* tape player
magnétoscope *m.* videocassette player/recorder
magnifique magnificent, 4-3
mai May, 1-2
maigre skinny, thin, 2-1
maigrir to lose weight, 6-1
mail *m.* e-mail message, 11-2
maillot *m.* **(de bain)** swimsuit, 4-3
main *f.* hand, 4-1
maintenant now, 1-3
maintenir † to affirm, to uphold, 9-2
maire *m.* mayor
mairie *f.* city hall, 2-3
mais but, P-2
maison *f.* house, home, 1-3
  rester à la maison to stay home, 1-3
maître *m.* master, 12-2
maîtrise *f.* mastery; M.A. or M.S. degree in former French academic system
majeur/e *adj.* principal, major
majeure (en) *f.* (*Can.*) academic major (in), 3-2
majoritairement predominantly
mal *adv.* badly, P-1
  pas mal not bad, P-1
mal *m.* (**maux** *pl.*) pain, ache, 10-1
  avoir du mal à respirer to have difficulty breathing
  avoir mal to hurt, 10-1
  avoir mal à la tête to have a headache, 10-1
  avoir mal au cœur to be nauseated, 10-1
  avoir mal partout to hurt all over, 10-1

malade *adj.* sick, P-1
malade *m./f.* sick person
  malade imaginaire hypochondriac
maladie *f.* sickness, disease
malentendant/e *m./f.* hearing-
  impaired
malgache *adj.* from Madagascar
malgré in spite of
malheureux/-euse unhappy,
  unfortunate, 7-3
mandat *m.* term (of office), 10-3
manière *f.* **de vivre** way of life
manifestation *f.* protest,
  demonstration, 10-3
manger † to eat, 2-3
manque *m.* lack
manquer to miss, to be lacking
manteau *m.* overcoat, 4-3
manuel *m.* manual, handbook
maquillage *m.* makeup, 4-1
se maquiller to put on makeup, 4-1
marche *f.* walking, pace; step
  faire de la marche to walk for
  exercise, 2-2
marché *m.* market, 2-3
  bon marché *adj.* inexpensive, 4-3
  marché en plein air open-air
  market
marcher to walk
mardi Tuesday, 1-3
mari *m.* husband, 1-1
mariage *m.* wedding, 7-2; marriage
marié *m.*, **mariée** *f.* bridegroom/bride,
  7-2
marié/e married, 1-1
se marier to get married, 7-3
marier to marry
  marier les expressions to match
  the expressions
marin/e related to the sea
maritime coastal, seaside, maritime
marmotte *f.* groundhog; sleepy head
  (*colloq.*)
Maroc *m.* Morocco, 9-2
marocain/e Moroccan, 9-2
marraine *f.* godmother, 7-2
marron *adj. inv.* brown, 4-3
marquant/e *adj.* outstanding
mars March, 1-2
masque *m.* mask
masse *f.* group, mass
master : diplôme *m.* **de master** M.A.
  or M.S. degree in current French
  academic system
match *m.* (**matchs** *pl.*) game (sports),
  2-2
mathématiques *f. pl.* (**les maths**)
  mathematics, 3-2
matière *f.* matter, material, subject
matin *m.* morning, 1-3
  dix heures du matin ten o'clock in
  the morning, 4-2
  du matin in the morning; A.M., 4-2

mauvais/e bad, 3-1
  Il fait mauvais. The weather's
  bad., 8-1
maux *see* **mal**
mazurka *f.* mazurka, Polish folk dance
me (m') *pron.* me, to me, 7-2
mécanicien *m.*, **mécanicienne** *f.*
  mechanic
méchant/e mean, naughty, 2-1
médecin *m.* doctor (M.D.), 3-3
médecine *f.* medicine, 3-2
médias *m. pl.* media, 11-1
médical/e medical
médicament *m.* medicine, drug
médiocre mediocre, 3-2
se méfier to be suspicious
meilleur/e *adj.* better, best, 4-3
  meilleur/e ami/e *m./f.* best friend
  Meilleurs vœux ! Best wishes!, 7-2
mél *m.* e-mail address (*France*)
mélange *m.* mixture, blend,
  combination
mélanger to mix
melon *m.* cantaloupe, 5-3
membre *m.* member, limb
même same; even, 6-1
  en même temps at the same time
mémoire *f.* memory
mémoire *m.* long essay, M.A. thesis
ménacé/e threatened, 10-2
ménacer to threaten
ménage *m.* household
mener † to lead, to carry out
  mener à sa fin to lead to one's end
mensuel/le monthly, 11-3
mental/e mental
menthe *m.* mint
  thé *m.* **à la menthe** mint tea
  tisane *f.* **à la menthe** herbal mint
  tea
mentionner to mention
mentir to lie, 4-2
mer *f.* sea, 6-3
  au bord de la mer at the seashore,
  6-3
merci thank you, P-2
mercredi Wednesday, 1-3
mère *f.* mother, 1-1
mériter to earn, merit
merveilleux/-euse marvelous,
  wonderful
mes *pl.* my, 1-1
mésaventure *f.* misfortune
message *m.* message
messagerie instantanée *f.* instant
  messaging, 11-2
messe *f.* Catholic mass
mesure *f.* measurement
mesurer to measure
métaphore *f.* metaphor
météo(rologie) *f.* weather forecast, 8-1
métier *m.* occupation, job, 3-3
métro *m.* subway, 9-1

metteur en scène *m.* film or stage
  director
mettre † to put on, 4-3
  mettre à jour to update
  mettre la musique à fond to turn
  the music up loud
  mettre la table to set the table
  mettre une heure to take an hour
meublé/e furnished, 6-2
meuble *m.* piece of furniture, 6-2
meurtre *m.* murder
mexicain/e Mexican, 9-2
Mexique *m.* Mexico, 9-2
micro(phone) *m.* microphone
micro-trottoir *m.* sidewalk interview
midi noon, 4-2
mieux better, 4-2
  mieux … que better . . . than, 4-2
militaire military
militant/e *m./f.* political activist
militer to be a political activist
mille thousand, 6-2
milliard billion, 6-2
million million, 6-2
mince *adj.* thin, slender, 2-1
  Mince ! Shoot!, 4-2
mincir to lose weight
mineure *f.* **(en)** (*Can.*) minor, 3-2
mini-jupe *f.* miniskirt, 4-3
ministère *m.* ministry, department
ministre *m.* minister, secretary
minorité *f.* minority
minuit midnight, 4-2
minute *f.* minute, 4-1
mitaine *f.* (*Can.*) mitten
se mobiliser (contre) organize
  (against), 10-3
mobinaute *m./f.* someone who
  accesses internet via a mobile
  device, 11-2
mobylette *f.* moped, motor scooter, 9-1
mocassin *m.* loafer, 4-3
moche ugly, 2-1
modalité *f.* form, modality
mode *f.* fashion, 4-3
  à la mode stylish, fashionable, 4-3
mode *m.* form, mode
  mode articulatoire articulatory
  mode
  mode d'emploi directions
modèle *m.* model
moderne modern, 6-2
modeste modest
modifier to modify
moelle *f.* marrow
moelleux/-euse moist
moi me, P-1
  moi-même myself
moins less, 4-2
  moins (de) … que less . . . than,
  4-2
  moins le quart a quarter to, 4-2
  moins vingt twenty to, 4-2

mois *m.* month, 1-2
  le mois prochain next month, 2-3
moitié *f.* half
moment *m.* moment, 5-2
  à ce moment-là at that moment, 5-2
mon *m.* my, 1-1
monde *m.* world
  avoir une vision du monde to have a worldview, 7-1
  tout le monde everyone, everybody, 11-2
mondial/e worldwide
moniteur *m.* monitor, 11-2
  moniteur avec un écran plat flat-screen monitor, 11-2
moniteur *m.*, **monitrice** *f.* (sports) instructor, (camp) counselor
monnaie *f.* currency; change
mononucléose *f.* mononucleosis
monoparental/e single-parent, 7-1
monotone monotonous
monsieur (M.) Mr., P-1
monsieur *m.* man, P-2
monstre *m.* monster
montagne *f.* mountain, 6-3
montée *f.* climb
monter to go up, 5-3
montre *f.* watch, 4-2
montrer to show, P-2
monument *m.* monument, 2-3
  monument aux morts veterans' memorial, 2-3
se moquer de to tease, mock
morceau *m.* piece, 5-3
mort *f.* death
mort *m.* deceased person, cadaver
mortel/le mortal
mosquée *f.* mosque
mot *m.* word
  mot à mot word for word
  mot apparenté cognate
  mot-clé *m.* keyword
  mot juste right word
  mot-valise *m.* portmanteau word
moteur *m.* engine, 10-2
  moteur de recherche search engine
moto *f.* motorcycle, 8-2
  faire † de la moto to ride a motorcycle, 8-2
motoneige *f.* snowmobile
  faire † de la motoneige to go snowmobiling, 8-2
mouche *f.* fly (insect)
  bateau-mouche *m.* Paris river boat
mouiller to moisten
mourir † to die, 5-3
moutarde *f.* mustard, 5-3
moyen *m.* way, means
  moyen de transport means of transportation, 9-1
moyen/ne *adj.* medium, average
  le Français moyen the average French person

moyenne *f.* average
muet/te silent, mute
muguet *m.* lily of the valley, 7-2
multiculturel/le multicultural, 7-1
multiethnique multiethnic
multifonction multifunction, 11-2
multimédia multimedia, 11-2
multiple multiple
municipal/e municipal, 2-3
mur *m.* wall, 6-2
musculation *f.* bodybuilding, 10-1
  faire † de la musculation to do strength/resistance training; to lift weights, 10-1
musée *m.* museum, 2-3
musical/e *adj.* musical
  comédie *f.* **musicale** musical, 11-1
musicien *m.*, **musicienne** *f.* musician, 3-3
musique *f.* music, 1-3
  faire † de la musique to play (make) music, 2-2
musulman/e Muslim
mystérieux/-euse mysterious
mythe *m.* myth

N

nager † to swim, 2-3
naissance *f.* birth
naître † to be born, 5-3
narratif/-ive narrative
narration *f.* narrative, account
nasal/e nasal
natation *f.* swimming, 2-2
  faire † de la natation to swim, 2-2
nationalité *f.* nationality, 9-2
nature *f.* nature, 6-3
  nature morte still life, 12-2
navet *m.* turnip
navette *f.* shuttle, bus, 3-1
navigateur (web) *m.* (Web) browser, 11-2
ne ... jamais never, 4-1
ne ... pas not, 1-3
ne ... personne no one, 8-3
ne ... rien nothing, 8-3
nécessaire necessary, 8-1
nécessairement necessarily
nécessité *f.* need, necessity
néerlandais/e Dutch, 9-2
néerlandais *m.* Dutch (language)
négatif/-ive negative
neiger to snow, 8-1
  Il neige. It's snowing., 8-1
nettoyer † to clean, 10-2
neuf nine, 1-2
neuf/ve *adj.* brand-new, 6-2
neuvième ninth, 6-1
neveu *m.* nephew, 1-1
  neveux *pl.* nieces and nephews, 1-1
nez *m.* nose, 10-1
nièce *f.* niece, 1-1
Noël *m.* Christmas, 7-2
noir/e black, 4-3

nom *m.* last name, P-2
  nom de plume pen name
nombre *m.* number, 1-2
nombreux/-euse numerous, 1-1
nommer to name
non no, P-1
  non plus neither
  moi non plus me neither
non biodégradable nonbiodegradable, 10-2
non-voyant/e *m./f.* visually handicapped person
nord *m.* north, 9-2
normalement normally, 1-3
nos *pl.* our, 1-2
note *f.* grade, 3-2
  avoir une (bonne/mauvaise) note to have/receive a (good/bad) grade, 3-2
notre *m./f.* our, 1-2
nourricier/-ière nourishing
nourrir to nourish
  se nourrir to feed, to eat
nourriture *f.* food, nourishment
nous we, P-1; *pron.* us, to us, 7-2
  nous-mêmes ourselves
nouveau (nouvel), nouvelle new, 3-1
  de nouveau again, 4-1
nouveauté *f.* novelty, new release, new publication, new model
nouvelle *f.* piece of news, 7-3
nouvelles *f. pl.* news
novembre November, 1-2
nuage *m.* cloud, 8-1
  Il y a des nuages. It's cloudy., 8-1
nucléaire *adj.* nuclear
  centrale *f.* **nucléaire** nuclear power plant
  énergie *f.* **nucléaire** nuclear power
nuisance *f.* something harmful, environmental problem; nuisance
nuit *f.* night, 4-1
numéro *m.* number
numéroter to number
nymphéa *m.* water lily

O

obéir à to obey, 6-1
obésité *f.* obesity
obligatoire required, 3-2
observer to observe
obtenir † to obtain, 9-2
occasion *f.* chance, opportunity, occasion
  avoir l'occasion de to have the opportunity to
Occident *m.* the West
occupé/e busy, P-1
s'occuper de to take care of, 6-3
océan *m.* ocean, 8-2
Océanie *f.* Pacific, 9-2
octobre October, 1-2
odeur *f.* odor

œil *m.* (**yeux** *pl.*) eye, 10-1
œuf *m.* egg, 5-2
    œuf en chocolat chocolate egg, 7-2
    œufs sur le plat/au plat fried eggs, 5-2
œuvre *f.* work (esp. literary or artistic)
    œuvre d'art work of art, 12-2
office *m.* **de tourisme** tourism office, 9-3
officiel/le official
offrir † to give (a gift), 6-2
oignon *m.* onion, 5-3
oiseau *m.* bird, 1-1
olive *f.* olive
omelette *f.* omelet
omniprésent/e omnipresent
on one, people in general, 1-3
    On y va ensemble ? Shall we go (there) together?, 8-3
oncle *m.* uncle, 1-1
onze eleven, 1-2
onzième eleventh, 6-1
opéra *m.* opera, 12-1
opinion *f.* opinion
optimiste optimistic, 1-1
orage *m.* (thunder)storm, 8-1
    Il y a un orage. There is a (thunder)storm., 8-1
oral/e oral
orange *adj. inv.* orange (color), 4-3
orange *f.* orange (fruit), 5-1
Orangina *m.* Orangina orange soda, 5-1
orchestre *m.* orchestra, 12-1
ordinaire ordinary
ordi(nateur) *m.* computer, P-2
    ordinateur portable laptop computer, 11-2
ordonnance *f.* prescription
ordre *m.* order
ordures *f. pl.* trash, waste, 10-2
oreille *f.* ear, 10-1
organiser to plan, to organize, 2-2
originaire (de) originally (from), native (of)
origine *f.* origin
orphelin/e orphaned
orteil *m.* toe
ou or, P-1
où where, 2-1
ouest *m.* west
oublier (de) to forget, 2-3
Ouf ! Whew!, 4-2
oui yes, P-1
ouragan *m.* hurricane, 10-2
ours *m.* bear
    ours blanc polar bear, 10-2
ouvrage *m.* **de référence** reference book, 11-3
ouvert/e open
ouverture *f.* opening
ouvrier *m.*, **ouvrière** *f.* worker, laborer
ouvrir † to open, P-2

P

PACS *m.*, **pacte** *m.* **civil de solidarité** legal document recognizing a civil union in France
se pacser to sign a PACS agreement
pagne *m.* wrap, piece of (African) cloth
pain *m.* bread, 5-2
    du pain avec du chocolat bread with chocolate, 5-2
    pain au chocolat chocolate croissant, 5-2
    pain de campagne round loaf of bread, 5-3
    pain de mie loaf of sliced bread, 5-3
    pain grillé toast, 5-2
    petit pain roll, 5-3
paire *f.* pair
paix *f.* peace
pâle pale, 6-1
pâlir to become pale, 6-1
panier *m.* basket, 10-2
pantalon *m. sg.* slacks, 4-3
pantouflard/e homebody, stay-at-home, 2-1
paquet *m.* package, 5-3
par by, through
    par exemple for example
    (deux fois) par jour/semaine (twice) a day/week, 4-1
    par terre on the floor, 6-2
paradoxalement paradoxically
parapluie *m.* umbrella, 4-3
parc *m.* park, 2-3
    parc de loisirs theme park
parce que because, 2-1
pardon excuse me, P-2
parent *m.* parent; relative, 1-1
paresseux/-euse lazy, 2-1
parfaitement perfectly, completely
parfois sometimes
pari *m.* bet, wager
parité *f.* **(politique)** political parity
parler to speak, P-2
    parler au telephone to talk on the phone, 1-3
    Parlez plus fort ! Speak louder!, P-2
parmi among
paroisse *f.* parish; county in Louisiana
parrain *m.* godfather, 7-2
part *f.* slice, share, proportion
partager † to share, 5-1
partenaire *m./f.* partner
participer à to participate in
particulier/-ière particular, specific, exceptional, special
    en particulier particularly, in particular
particularité *f.* special feature
partie *f.* part
    faire † **partie de** to belong to, 7-1
partir to leave, 4-2
    à partir de from

partir en vacances to go on vacation, 8-2
partitif/-ive partitive
partout everywhere, all over, 10-1
pas not, P-1
    ne ... pas not, 1-3
    pas du tout not at all
    pas mal not bad, P-1
    pas si vite not so fast, 12-3
    pas tout à fait not quite, 8-2
passage *m.* passage
passager *m.*, **passagère** *f.* passenger
passant *m.*, **passante** *f.* passerby
passé *m.* past
    passé composé compound past tense
passeport *m.* passport, 9-1
passer to go/come by, 5-3
    passer (du temps) to spend time, 8-3
    passer une soirée tranquille to spend a quiet evening, 8-3
    se passer to happen, 7-3
passion *f.* passion
passionné/e passionate
pastel *m.* pastel, 12-2
pasteur *m.* pastor, Protestant minister
pâte *f.* pasta, dough, 5-2
pâté *m.* pâté, 5-3
patience *f.* patience
patin *m.* **à glace** ice skate; ice-skating
patin *m.* **à roulettes** roller skate; roller-skating
patinage *m.* skating
pâtisserie *f.* pastry shop, 5-3
pâtissier *m.*, **pâtissière** *f.* pastry chef
patron *m.*, **patronne** *f.* boss
pauvre poor
pavillon *m.* building, 3-1
    pavillon principal main building, 3-1
payer † to pay
pays *m.* country, 9-2
paysage *m.* landscape, 12-2
Pays-Bas *m. pl.* The Netherlands, 9-2
peau *f.* skin
    être bien dans sa peau to have confidence in oneself, 7-1
pêche *f.* peach, 5-3; fishing, 6-3
    aller à la pêche to go fishing, 6-3
peigne *m.* comb, 4-1
se peigner to comb one's hair
peindre † to paint, 12-2
peintre *m.* painter, 12-2
peinture *f.* painting, 3-2
pellicule *f.* roll of film
pendant during, for, 4-2
    pendant que while, 11-1
pénicilline *f.* penicillin
pensée *f.* thought
penser to think, 4-3
    penser (à) to think of
    penser (de) to think about

Je pense que non. I don't think so.
Je pense que oui. I think so.
Je pense que ... I think that ... , 7-3
perdre to lose, to waste, 3-1
   perdre son sang-froid to lose one's composure, 7-3
père *m.* father, 1-1
   père célibataire single father, 7-1
période *f.* period
périodique *m.* periodical
perle *f.* pearl
permettre † (à, de) to permit, 7-1
permis *m.* permit, 3-1
   permis de conduire driver's license, 9-1
persan/e *adj.* Persian
persil *m.* parsley
personnage *m.* character, 11-1
   personnage principal main character, 11-1
personnalisé/e personalized
personne *f.* person, P-1
   personne âgée elderly person
   personne du troisième âge senior citizen
   personne en difficulté person in difficult situation, disadvantaged
   ne ... personne no one, nobody, 8-3
personnel/le personal
perspective *f.* perspective
persuader to persuade
perte *f.* loss
pessimiste pessimistic, 1-1
petit-déjeuner *m.* breakfast, 5-2
petit/e short, small, little, 2-1
petite annonce *f.* classified ad
petit commerçant *m.* owner of a small retail shop
petit-enfant *m.* grandchild, 1-1
petite-fille *f.* granddaughter, 1-1
petit-fils *m.* grandson, 1-1
petit pois *m.* pea, 5-3
peu *m.* a little, 1-1
   un petit peu a little bit
peur *f.* fear
   avoir † peur to be afraid, 10-3
   faire † peur to frighten, scare
peut-être maybe, 2-1
phare *m.* lighthouse, beacon
pharmacie *f.* pharmacy
pharmacien *m.*, **pharmacienne** *f.* pharmacist, 3-3
phénomène *m.* phenomenon
philosophie *f.* philosophy, 3-2
photographe *m./f.* photographer, 12-2
photo(graphie) *f.* photograph, photography, 2-1
phrase *f.* sentence
physiologie *f.* physiology, 3-2
physique *adj.* physical
physique *f.* physics, 3-2
physique *m. sg.* physical traits, 2-1

piano *m.* piano, 1-3
pièce *f.* play, 2-3; room 6-1
   un cinq-pièces *m.* three-bedroom apartment, 6-1
   pièce de monnaie coin
   pièce jointe (e-mail) attachment, 11-2
pied *m.* foot, 10-1
   à pied on foot, 9-1
pierre *f.* stone
piétonnier/-ière for pedestrians
pincée *f.* pinch (in cooking)
pingouin *m.* penguin
piquant/e spicy, hot
pique-nique *m.* picnic, 6-3
   faire † un pique-nique to have a picnic, 6-3
piquer to sting
pire worse
piscine *f.* swimming pool, 2-3
pizza *f.* pizza, 5-1
placard *m.* cupboard, kitchen cabinet, 6-2
place *f.* (city) square, 2-3; seat, place, 8-3
plage *f.* beach, 6-3
se plaindre to complain
plaisanter to joke
   Tu plaisantes ! You're joking!
plaisir *m.* pleasure, 8-3
   avec plaisir with pleasure, 8-3
   se faire un petit plaisir to treat oneself, 12-3
plan *m.* map, blueprint
   plan de ville city map, 9-1
   plan du campus map of campus, 3-1
planche *f.* board
   planche à voile windsurfing, windsurfing board, 8-2
   faire † de la planche à voile to windsurf, 8-2
planète *f.* planet, 10-2
planifier to plan, 12-3
plantain *m.* plantain
plante *f.* plant
plastique *m.* plastic, 10-2
plat *m.* dish or course, 5-2
   plat préparé prepared dish, 5-3
   plat principal main dish, 5-2
plein/e (de) full (of), 11-1
   en plein air *adj./adv.* in the open air, outdoors
   faire † le plein to fill up the gas tank of a car
pleurer to cry, 7-3
pleuvoir † to rain, 8-1
   Il pleut. It's raining., 8-1
pluie *f.* rain, 8-1
plupart *f.* majority, most
plus *adv.* more; plus
   de plus en plus more and more
   en plus additionally, besides
   non plus neither
   moi non plus me neither
   plus (de) ... que more ... than, 4-2

plusieurs several
plutôt more, rather, 12-3
pneumonie *f.* pneumonia
poche *f.* pocket
poêle *f.* pan
poème *m.* poem
poésie *f.* poetry, 11-3
poète *m./f.* poet
poignet *m.* wrist, 10-1
point *m.* point, period, spot
pointe : de pointe high-tech, state-of-the-art
poire *f.* pear, 5-2
poirier *m.* pear tree
poison *m.* poison
poisson *m.* fish, 5-2
poissonnerie *f.* seafood shop, 5-3
poitrine *f.* chest, 10-1
poivre *m.* pepper, 5-2
poivron *m.* (bell) pepper
   poivron rouge red pepper
   poivron vert green pepper
policier : film *m.* **policier** detective/police film, 11-1
polluer to pollute, 10-2
pollution *f.* pollution, 10-2
   pollution atmosphérique air pollution, 10-2
   pollution sonore noise pollution, 10-2
polo *m.* polo shirt, 4-3
pommade *f.* ointment, salve
pomme *f.* apple, 5-2
pomme *f.* **de terre** potato, 5-2
populaire popular
popularité *f.* popularity
porc *m.* pork, 5-3
portable *m.* cell phone 9-2; laptop computer 11-2
porte *f.* door, P-2
portée *f.* reach
portefeuille *m.* wallet, 9-1
porte-monnaie *m. inv.* change purse, 9-1
porter to wear, 4-3; to carry
portrait *m.* portrait, 12-2
portugais/e *adj.* Portuguese, 9-2
Portugal *m.* Portugal, 9-2
poser to place, put
   poser une question to ask a question, 2-1
posséder † to possess, 6-3
posséssif/-ive possessive
possibilité *f.* possibility
possible possible
postal/e postal
poste *m.* job, position
poste *f.* post office
poster *m.* poster
pot *m.* jar, 5-3
potable *adj.* drinkable
   eau *f.* **potable** drinking water, 10-2
potager *m.* vegetable garden, 6-3

poubelle *f.* trash can, 10-2
poudre *f.* powder
    poudre à pâte baking powder (Louisiana)
poule *f.* hen
poulet *m.* chicken, 5-2
pouls *m.* pulse
poumon *m.* lung, 10-1
pour for, 2-1
    pour + *inf.* in order to
    pour moi for me, 11-1
pourboire *m.* tip
pourcentage *m.* percentage
pourquoi why, 2-1
    pourquoi pas ? why not?, 12-1
pousser to push, encourage
pouvoir *m.* power
pouvoir † to be able to, 3-3
poux *m. pl.* lice
pratiquant/e practicing
    être pratiquant/e to practice a faith, 7-1
pratique *adj.* practical, 6-2
pratique *f.* practice
pratiquer to do, to engage in
pré *m.* meadow
précédent/e previous
précis/e precise
prédécesseur *m.* predecessor
prédiction *f.* prediction
préfecture *f.* **(de police)** prefecture (police headquarters)
préféré/e favorite, 8-1
préférence *f.* preference, 3-2
préférer † to prefer, 3-2
préhistorique prehistoric, 9-3
premier/-ière first, 1-1
    C'est le premier mai. It's May first., 1-2
prendre † to take; to have a meal, 5-1
    prendre congé to take leave, say good-bye
    prendre le petit-déjeuner to have breakfast, 5-2
    prendre un bain to take a bath
    prendre une douche to take a shower, 4-1
    Prenez un stylo ! Take a pen!, P-2
prénom *m.* first name, P-2
prénominal/e prenominal, before the noun
préparer to prepare, 1-3
    préparer le dîner to fix dinner, 1-3
    préparer un diplôme (en) to do a degree (in), 3-2
    préparer un examen to study for an exam, 3-2
    préparer une leçon to prepare for a lesson/class, 1-3
préposition *f.* preposition
près (de) close (to), near, 3-1
    tout près very near
présent *m.* present, present tense

présentateur *m.*, **présentatrice** *f.* presenter; newscaster
présenter to introduce, present, P-1
    Je te/vous présente Loïc. Let me introduce Loïc to you., P-1
    se présenter to introduce oneself
    se présenter candidat/e to stand for election
préservation *f.* conservation, preservation
préserver to preserve
président/e *m./f.* president
presque almost
presse *f.* press, 11-3
pressé/e squeezed; in a hurry
    citron *m.* **pressé** lemonade, 5-1
prestige *m.* prestige, 3-3
prêt/e ready
prêter to lend, 6-2
prétexte *m.* excuse
prêtre *m.* Catholic priest
prévenir † to prevent, to avoid; to warn someone
prévu/e predicted, foreseen, anticipated
prier to beg, to pray
    Je vous/t'en prie. You're welcome., 9-3
prière *f.* prayer
primaire primary
primitif/-ive primitive, 12-2
principal/e main, principal, 3-1
printemps *m.* spring, 8-1
    au printemps in the spring, 8-1
priorité *f.* priority
pris/e : Je suis pris/e. I'm busy. I have a previous engagement., 8-3
privé/e private
privilégier to favor
prix *m.* price, 4-3; prize
probable probable
probablement probably
problème *m.* problem
    sans problème no problem, 5-1
prochain/e next, 2-3
proche close
producteur *m.*, **productrice** *f.* producer
produire † to produce, to bring in
    se produire to occur, to happen
produit *m.* product
    produit chimique chemical product
prof *m.* = **professeur**
professeur *m.* professor, P-2; teacher, 3-2
professeure *f.* (*Can.*) professor, teacher
profession *f.* profession, 3-3
profond/e deep
programme *m.* **d'études** course of study
projet *m.* (future) plan
    projets *pl.* **de vacances** vacation plans, 8-2

promenade *f.* walk, stroll, 2-2
    faire † une promenade to take a walk, 2-2
se promener † to take a walk, 6-3
promettre † **(à, de)** to promise
pronom *m.* pronoun
    pronom complément d'objet direct direct-object pronoun
    pronom complément d'objet indirect indirect-object pronoun
    pronom disjoint stressed pronoun
    pronom réfléchi reflexive pronoun
    pronom relatif relative pronoun
    pronom sujet subject pronoun
pronominal/e pronominal
prononcer to pronounce
prononciation *f.* pronunciation
propos *m.* remark
    à propos de on the subject of, about
proposer to propose, to suggest
propre one's own, 6-1; clean
propriétaire *m./f.* landlord/landlady; homeowner, 6-1
protéger † to protect, 10-2
protester to protest, 10-3
prothèse *f.* artificial limb, prosthesis
proverbe *m.* proverb
province *f.* province
provisions *f. pl.* food supplies
provoquer to provoke
proximité *f.* nearness, closeness, proximity
    à proximité de near
prune *f.* plum
psychologie *f.* psychology, 3-2
psychologique psychological
psychologue *m./f.* psychologist
public *m.* public, 3-3
    avoir un contact avec le public to have contact with the public, 3-3
public/publique *adj.* public
publicitaire *adj.* promotional, advertising
publicité *f.* **(une pub)** advertisement, 11-3
    travailler dans la publicité to work in advertising
puce *f.* flea
    marché *m.* **aux puces** flea market
puis then, 5-3
pull(-over) *m.* pullover sweater, 4-3
punir to punish, 6-1

Q

qualification *f.* label, description, qualification
quand when, 2-1
    quand même anyway, just the same
quantité *f.* quantity, 5-3
quarante forty, 1-2

quart *m.* quarter, 4-2
   et quart a quarter after, 4-2
   moins le quart a quarter to, 4-2
   quart d'heure *m.* quarter of an hour, 4-2
quartier *m.* neighborhood, 6-1
quatorze fourteen, 1-2
quatorzième fourteenth, 6-1
quatre four, 1-2
quatrième fourth, 6-1
quatre-vingts eighty, 1-2
quatre-vingt-dix ninety, 1-2
quatre-vingt-onze ninety-one, 1-2
que (qu') what, whom, which, that, 8-2
   qu'est-ce que/qui ... ? what . . . ?, 8-2
   Qu'est-ce que tu as ? What's wrong?, 7-3
quel/le which, 8-1
   Quel âge as-tu/avez-vous ? How old are you?, 1-2
   Quel est ton/votre âge ? What's your age?, 1-2
   Quelle est la date ? What's the date?, 1-2
   Quelle heure est-il ? What time is it?, 4-2
   Quel temps fait-il ? What's the weather like?, 8-1
quelque some
quelque chose something, 5-1
quelquefois sometimes, 4-1
quelque part somewhere, 8-3
quelqu'un someone, 8-3
question *f.* question, 2-1
   poser une question to ask a question, 2-1
questionnaire *m.* questionnaire, survey of questions
queue *f.* line (of people)
qui who, which, whom, 2-1
quinze fifteen, 1-2
   quinze jours two weeks
quinzième fifteenth, 6-1
quitter to leave, 4-2
quoi what, 8-2
   n'importe quoi anything, no matter what
   Quoi de neuf ? What's new?
quotidien *m.* daily publication, 11-3
quotidien/ne daily

R

rabbin *m.* rabbi
racine *f.* root, origin, 7-1
   avoir des racines to have roots/origins, 7-1
raconter to tell a story, 11-1
radio *f.* radio, 1-3
   écouter la radio to listen to the radio, 1-3
   radio-reveil *m.* clock radio, 4-2
rafraîchissant/e refreshing, 5-1

raisin *m.* grape, 5-3
raison *f.* reason
   avoir raison to be right
raisonnable reasonable, 1-1
rajouter to add (some) more
randonnée *f.* hike, 8-2
   faire † une randonnée to take a hike, 8-2
ranger † to arrange, to tidy up, 6-2
rap *m.* rap music
rapide quick, rapid
rapidement quickly, rapidly
rappel *m.* reminder
se rappeler † to remember, 7-3
rapport *m.* relationship, 7-1; report
   avoir des bons rapports avec qqn to get along well with sb, 7-1
rare rare
rarement rarely, 4-1
se raser to shave, 4-1
rasoir *m.* razor, 4-1
rater to miss, 7-1
ravi/e delighted, 7-3
rayon *m.* supermarket section, aisle, 5-3
   rayon boucherie meat counter, 5-3
   rayon boulangerie-pâtisserie bakery/pastry aisle, 5-3
   rayon charcuterie deli counter, 5-3
   rayon crèmerie dairy aisle
   rayon fruits et légumes produce aisle, 5-3
   rayon poissonnerie fish counter, 5-3
   rayon surgelés frozen foods, 5-3
rayonnement *m.* influence
réagir to react
réalisateur *m.,* **réalisatrice** *f.* film director, 11-1
réaliste realistic, 1-1
rebelle rebellious, 7-1
récemment recently
recensement *m.* census
récent/e recent
réception *f.* welcome; reception (room)
réceptionniste *m./f.* receptionist
recette *f.* recipe
recevoir † to receive, 11-2
réchauffement *m.* **climatique** global warming, 10-2
réchauffer to reheat
recherche *f.* research, 11-2
   à la recherche de in search of
   faire † de la recherche to do research
récipient *m.* container
réciprocité *f.* reciprocity
récit *m.* narrative, 5-3
réciter to recite
recommandation *f.* recommendation, 11-3
recommander to recommend
recommencer (à) † to begin again
récompense *f.* reward, award
recomposé/e blended, put together again

famille *f.* **recomposée** blended family, 7-1
reconnaître † to recognize
reconstitué/e reconstituted
recyclage *m.* recycling, 10-2
recycler to recycle, 10-2
rédacteur *m.,* **rédactrice** editor
rédaction *f.* composition, short essay
rédiger to compose, write
réduction *f.* reduction, cut
réduire † to reduce, 10-1
réduit/e reduced, lower
réfléchi/e reflexive; thoughtful
   pronom *m.* **réfléchi** reflexive pronoun
réfléchir à to think of/about, 6-1
reflet *m.* reflection, 12-2
refléter to reflect
réflexion *f.* reflection
réforme *f.* reform
refrain *m.* chorus, refrain
réfrigérateur *m.* (**un frigo,** *colloq.*) refrigerator, 6-2
refroidir to cool down
refuser (de) to refuse, 8-3
regarder to watch, 1-3
   regarder la télé to watch TV, 1-3
   Regardez le tableau ! Look at the board!, P-2
   regarder un film to watch a film on TV, 1-3
régime *m.* diet, 10-1
   être au régime to be on a diet
   faire † / suivre † un régime to diet, 10-1
région *f.* area, region
régional/e regional
règle *f.* ruler, P-2
régler to adjust, to regulate
regret *m.* regret
regretter to be sorry, to regret, 8-3
régulier/-ière regular
régulièrement regularly
reine *f.* queen
relation *f.* relation, relationship
   relation familiale family relation, 1-1
relier to join, link together
religieux/-euse religious
religion *f.* religion
relire † to reread
remarié/e remarried, 1-1
remarquer to notice, to observe; to point out
rembourser to reimburse
remède *m.* remedy
remercier to thank, P-2
   Je te/vous remercie. Thank you.
   Je te/vous remercie d'être venu/e. Thank you for coming.
remettre † to hand in/over, 6-2; to put off
remplacer to replace

remue-méninges *m. inv.* brainstorming

rencontre *f.* meeting, encounter

rencontrer to meet

  se rencontrer to meet (each other), 7-3

rendez-vous *m.* meeting, date, appointment, 8-3

rendre (à) to hand in, P-2; to give back, 3-1

  rendre visite à to visit someone, 3-1

  se rendre to go

rénové/e renovated, 6-2

renseignement *m.* information, 9-3

renseigner to inform

se renseigner to get information, 9-3

rentrée *f.* back-to-school

rentrer to return home, 4-1; to go/come back, 5-3

répandu/e widespread

réparer to repair

repartir to leave again

repas *m.* meal, 5-2

  repas équilibré well-balanced meal, 10-1

répéter † to repeat, P-2; to rehearse

répétition *f.* rehearsal, 12-1; repetition

replanter to replant

réplique *f.* line in a play; retort

répondre (à) to answer, 3-1

  Répondez en français ! Answer in French!, P-2

répondeur *m.* **(automatique)** answering machine

reportage *m.* report (esp. news), 11-1

repos *m.* rest, 8-2

se reposer to rest, 7-3

reprendre † to take back

représentant *m.*, **représentante** *f.* **de commerce** sales representative, 3-3

représentation *f.* (theatrical) production, 12-1; representation

réputation *f.* reputation

réseau *m.* network, 11-2

  réseau sans fil wireless network, 11-2

  réseau social social network, 11-2

réservation *f.* reservation

réserve *f.* **naturelle** nature reserve

réservé/e reserved, 1-1

réserver to reserve

résidence *f.* dormitory, 3-1

résidentiel/le residential, 6-1

résolu/e *adj.* resolved

résoudre to resolve, to solve, 10-3

respirer to breathe

responsabilité *f.* responsibility, 3-3

ressembler à to look like, to resemble

  se ressembler to look alike, to be alike

ressentir to feel, be affected by, 7-1

ressource *f.* resource

ressource naturelle natural resource, 10-2

restaurant *m.* restaurant, 2-3

  restaurant universitaire (resto U) dining hall, 3-1

restauration *f.* restaurant business, catering

  restauration à la chaîne chain restaurant business

rester to stay, 1-3

  rester à la maison to stay home, 1-3

  rester à la résidence to stay in the dorm, 2-2

  rester en forme to stay in shape, 10-1

résultat *m.* result

résumé *m.* summary

résumer to summarize

résurrection *f.* resurrection

retard : être en retard to be late, 4-2

retenir † to retain, 9-2

retomber to fall again

retoucher to edit a picture, to touch up, 11-2

retour *m.* return

retourner to go back, 5-3

retraite *f.* retirement

  prendre † **sa retraite** to retire

retransmettre † to broadcast, to retransmit

retrouver (qqn) to meet up with (sb), 3-1

  se retrouver to meet, 7-3

réunion *f.* meeting, 9-2

se réunir to get together

réussir (à) to succeed/pass, 6-1

  réussir un examen to pass an exam, 3-2

réutiliser to reuse

rêve *m.* dream

  faire † **un rêve** to have a dream

réveil *m.* alarm clock, 4-2

se réveiller to wake up, 4-1

réveillon *m.* Christmas or New Year's Eve

revenir † to return, 5-3

rêver (de) to dream, 12-1

réviser to review, 1-3

revoir † to see again

  au revoir good-bye, P-1

révolution *f.* revolution

revue *f.* review, journal

rez-de-chaussée *m.* **(RdeCh)** ground floor, 6-1

rhume *m.* cold

rideau *m.* curtain, 6-2

rien *m.* nothing

  De rien. Not at all. You're welcome., P-2

  ne … rien nothing, 8-3

rire *m.* laugh

rire to laugh

ris *m. pl.* **de veau** veal sweetbreads

risque *m.* risk

risquer (de) to risk, run the risk of, 12-3

rite *m.* rite, ritual

rituel *m.* ritual

rivière *f.* large stream or river (tributary), 6-3

riz *m.* rice, 5-2

robe *f.* dress, 4-3

robot *m.* robot

rock *m.* rock music, 2-2

roi *m.* king

rôle *m.* role, part

roman *m.* novel, 11-3

romanche *m.* Romansch (language spoken in Switzerland)

rond/e round

rosbif *m.* roast beef, 5-3

rose pink, 4-3

rose *f.* rose (flower)

rosé *m.* rosé wine, 5-1

rôti *m.* roast, 5-3

  poulet *m.* **rôti** rotisserie chicken

  rôti de porc pork roast, 5-3

rôtie *f.* (*Can.*) piece of toast, 5-2

rouge red, 4-3

rougir to blush, 6-1

routine *f.* routine, 4-1

roux/-sse redhead, redhaired, 2-1

rue *f.* street, 6-1

rugby *m.* rugby, 2-2

rupture *f.* break, rupture

rural/e rural, 9-3

rythme *m.* rhythm

S

sa *f.* his, her, 1-1

sac *m.* purse, 4-3; sack

  sac à dos backpack, 9-1

  sac à main ladies' handbag

  sac en plastique plastic bag, 10-2

sage wise; well-behaved (for children)

saison *f.* season, 8-1

salade *f.* salad, lettuce, 5-1

  salade de fruits fruit salad

  salade verte green salad, 5-1

salaire *m.* salary, 3-3

salle *f.* room, P-2

  salle à manger dining room, 6-1

  salle de bains bathroom, 6-1

  salle de classe classroom, P-2

  salle de séjour living room, 6-1

  salle de spectacle auditorium

salon *m.* lounge, living room

  salon de coiffure hairdressing salon

saluer to greet, P-1

salut hi, bye, P-1

samedi Saturday, 1-3

  samedi dernier last Saturday, 5-2

sandale *f.* sandal, 4-3

sandwich *m.* **(sandwichs** *pl.***)** sandwich, 5-1

  sandwich au jambon ham sandwich, 5-1

sandwich au fromage cheese sandwich, 5-1

sang *m.* blood

sang-froid *m.* composure, 7-3

sanglot *m.* sob

sans without, P-2
  sans doute undoubtedly
  sans problème no problem, 5-1

sapin *m.* pine tree, 6-3; Christmas tree, 7-2

satellite *f.* satellite

satisfait/e satisfied, happy

sauce *f.* sauce

saumon *m.* salmon, 5-3

sauter to jump, to skip
  sauter un repas to skip a meal, 10-1

sauvage wild, savage

sauvegarder (un fichier) to save (a file), 11-2; to protect, 10-2

sauver to protect, 10-2

savane *f.* savannah

savoir † to know (how), 8-2

savon *m.* soap, 4-1

saxophone *m.* saxophone, 2-2

scanner *m.* scanner

scénario *m.* screenplay, script, scenario

science *f.* science, 3-2
  sciences *pl.* **de l'éducation** education, 3-2
  sciences *pl.* **économiques** economics, 3-2
  sciences *pl.* **humaines** social sciences, 3-2
  sciences *pl.* **naturelles** natural sciences, 3-2
  sciences *pl.* **physiques** physical sciences, 3-2
  sciences *pl.* **politiques** political science, 3-2

science-fiction *f.* science fiction, 11-1
  film *m.* **de science-fiction** science fiction film, 11-1

scientifique *adj.* scientific

scientifique *m.* scientist

scolarité *f.* schooling

sculpteur *m.* sculptor, 12-2

sculpture *f.* sculpture, 3-2

séance *f.* showing at a movie theater

sec/sèche dry

secondaire secondary

secrétaire *m./f.* secretary, 3-3

secteur *m.* sector
  secteur privé private sector
  secteur public public sector

sécurisant/e reassuring, 7-1

sécurité *f.* security

sédentaire unmoving, sedentary

seize sixteen, 1-2

seizième sixteenth, 6-1

séjour *m.* living room, 6-1; stay (abroad)

sel *m.* salt, 5-2

selon according to

semaine *f.* week, 1-3
  la semaine prochaine next week, 2-3
  par semaine per week

semblable *adj.* similar

sembler to appear
  il me semble it seems to me, 6-3

semestre *m.* semester, 3-2

semi-voyelle *f.* semivowel, glide

semoule *f.* semolina

Sénégal *m.* Senegal, 9-2

sénégalais/e Senegalese, 9-2

sens *m.* meaning; direction, way

sensible sensitive, 7-3

sentiment *m.* feeling, 7-3

sentimental/e sentimental

sentir to smell

se sentir to feel

séparer to divide, to pull apart, to separate
  se séparer to separate (couple), 7-3

sept seven, 1-2

septembre September, 1-2

septième seventh, 6-1

série *f.* TV serial, 11-1; series

sérieux/-euse serious, 2-1

sérigraphie *f.* silkscreen printing

se serrer la main to shake hands

serveur *m.*, **serveuse** *f.* server (in restaurant), 3-3

service *m.* service, tip
  Le service est compris ? Is the tip included?
  service compris gratuity included

services *m. pl.* service sector, 3-3

serviette *f.* **(de toilette)** towel, 4-1

servir to serve, 4-2
  se servir de (qqch) to use (sthg), 11-2

ses *pl.* his, her, 1-1

seul/e *adj.* alone, only

seulement only, 5-1

Seychelles *f. pl.* Seychelle Islands

shampooing *m.* shampoo, 4-1

short *m. sg.* shorts, 4-3

si yes, 1-3; if, whether, 7-3

SIDA *m.* AIDS

siècle *m.* century

sieste *f.* nap
  faire † **la sieste** to take a nap

sigle *m.* initials, acronym

signaler to indicate, to be a sign of

signe *m.* sign

silence *m.* silence

s'il te/vous plaît please, P-2

similaire alike, similar

similarité *f.* likeness, similarity

simplifier to simplify

singulier/-ière singular

sinon *adv.* otherwise, or else

sirène *f.* siren, foghorn; mermaid

sirop *m.* syrup

site *m.* site, 9-3
  site culturel cultural site, 9-3
  site historique historical site, 9-3
  site web Web site, 11-2

situé/e located, situated, 6-1

situer to situate

six six, 1-2

sixième sixth, 6-1

ski *m.* skiing, 8-2
  faire † **du ski** to ski, 8-2
  faire † **du ski nautique** to water ski, 8-2
  ski de fond cross-country skiing
  ski de piste downhill skiing

slogan *m.* slogan

smartphone *m.* smart phone, 11-2

SNCF *f.* **(Société** *f.* **nationale des chemins de fer français)** French national railway company

snack-bar *m.* snack bar

soccer *m.* (*Can.*) soccer

sociable outgoing, 1-1

socialisme *m.* socialism

sociologie *f.* sociology, 3-2

sœur *f.* sister, 1-1
  belle-sœur sister-in-law, 7-1
  demi-sœur stepsister

se soigner to take care of oneself

soie *f.* silk, 4-3

soif *f.* thirst, 5-1
  avoir † **soif** to be thirsty, 5-1

soin *m.* care
  soins *pl.* **dentaires** dental care
  soins *pl.* **médicaux** medical care, treatment

soir *m.* evening, 1-3
  ce soir tonight, 2-3
  du soir in the evening, P.M., 4-2

soirée *f.* evening, 8-3
  Bonne soirée ! Have a good evening!

soixante sixty, 1-2

soixante-et-un sixty-one, 1-2

soixante-dix seventy, 1-2

soixante-et-onze seventy-one, 1-2

sol *m.* ground, earth
  sous-sol *m.* basement, under ground 6-1

solde *f.* sale, 4-3
  en solde on sale

soldé/e *adj.* on sale

soleil *m.* sun, 8-1
  Il y a du soleil. It's sunny., 8-1

solidarité *f.* solidarity

solution *f.* solution

sombre somber, dark, 12-2

sommaire *m.* brief table of contents

somme *f.* amount, sum

sommeil *m.* sleep
  avoir sommeil to be tired

sommet *m.* top, summit

son *m. adj.* his, her, 1-1

son *m.* sound, volume
  baisser le son to turn down the volume
sondage *m.* survey, poll
sonner to ring, 4-2
sonore resonant, sonorous
  pollution *f.* **sonore** noise pollution, 10-2
sophistiqué/e sophisticated
sortie *f.* outing, trip
sortir to go out, 4-2
souci *m.* worry, concern
  se faire † du souci to worry, 7-3
souhaiter to hope, to wish, 10-2
soulier *m.* (*Can.*) shoe
soumettre † to submit
soupe *f.* soup, 5-2
souper *m.* (*Can.*) dinner, 5-2
souper to have supper/dinner
source *f.* source, credit
sourd/e *adj.* deaf
souris *f.* mouse, 11-2
  souris sans fil wireless mouse, 11-2
sous under, below, 6-2
  sous les toits in the attic, 6-2
sous-sol *m.* basement, 6-1
sous-titre *m.* subtitle, 11-1
sous-titré/e subtitled
soutenir † to support, 9-2
soutien *m.* support; aid
souvenir *m.* memory, recollection; souvenir, memento
se souvenir † de to remember
souvent often, 4-1
soyez *see* **être**
spécial/e peculiar, special
spécialisation *f.* (**en**) major (in), 3-2
spécialité *f.* speciality
spectacle *m.* show, 12-3
  spectacle son et lumière sound and light historical production, 9-3
sport *m.* sport, 2-2
  faire † du sport to do/play sports, 2-2
  sports d'hiver winter sports, 8-2
sportif/-ive athletic, 2-1
stade *m.* stadium, 2-3
stage *m.* internship, professional training
standardiste *m./f.* telephone operator, receptionist
station *f.* **de métro** subway stop, 3-1
statistique *f.* statistic
stéréotype *m.* stereotype
stress *m.* stress
stressé/e stressed, P-1
strophe *f.* stanza
studio *m.* studio apartment, 6-1
style *m.* style, 12-2
stylo *m.* pen, P-2
subjonctif *m.* subjunctive mood
subventionné/e subsidized
succès *m.* success

succession *f.* sequence, succession
sucre *m.* sugar, 5-1
sucré/e sweet (for food)
sud *m.* south
suggérer † to suggest, 3-2
suisse *adj.* Swiss, 9-2
Suisse *f.* Switzerland, 9-2
suivant/e *adj.* following, next
suivi/e *adj.* consistent, continuous; followed by
suivre † to follow, 3-2
  suivre un cours to take a course, 3-2
  suivre un régime to be on a diet, 10-1
sujet *m.* subject, 12-2
super super, 4-2
superbe superb
superlatif *m.* superlative
supermarché *m.* supermarket
superstition *f.* superstition
supplément *m.* extra or additional part
  en supplément extra charge
supplémentaire extra or additional
sur over, on, 6-2
surconsommation *f.* overconsumption
sûr/e sure
  bien sûr of course, 2-1
surf *m.* surfing, 8-2
  faire † du surf to surf, 8-2
  faire † du surf des neiges to snowboard, 8-2
surface *f.* surface area
  grande surface superstore, 5-3
surfer (sur Internet) to surf (the Internet), 11-2
surgelé/e *adj.* frozen, 5-3
surgelés *m. pl.* frozen foods, 5-3
surpopulation *f.* overpopulation
surprenant/e surprising
surprendre † to surprise
surpris/e surprised, 7-3
surtout above all, 6-2
surveiller to oversee
survol *m.* overview, survey
sympa(thique) nice, 1-1
symptôme *m.* symptom
synagogue *f.* synagogue
syncopé/e syncopated, irregular (rhythm)
syndicat *m.* (trade) union
  Syndicat d'initiative tourist office
système *m.* system

T

ta *f.* your, 1-1
tabac *m.* specialty shop for tobacco products, newspapers, magazines
table *f.* table
  table basse coffee table, 6-2
tablette tactile *f.* touch screen tablet, 11-2
tableau *m.* board, P-2; painting 12-2; chart, table

tâche *f.* chore, task
taille *f.* waist, 10-1; size
  de taille moyenne average height, 2-1
tailleur *m.* women's suit, 4-3
talon *m.* heel
  chaussure *f.* **à talons** high-heeled shoe, 4-3
  talons *pl.* **hauts** high heels
  talons *pl.* **plats** flat heels
tant *adv.* (so) much
  tant d'autres so many others
tante *f.* aunt, 1-1
taper to type
tapis *m.* rug, 6-2
tapisserie *f.* tapestry, 12-2
tard late, 4-1
tarte *f.* pie, 5-3
  tarte aux pommes apple pie, 5-2
tartelette *f.* small pie or tart
tartine *f.* slice of bread, 5-2
tasse *f.* cup, 5-1
taux *m.* rate, level
  taux de cholestérol cholesterol level
taxi *m.* taxi, 9-1
te (t') *pron.* you, to you, 7-2
technicien *m.* **(de labo)**, **technicienne** *f.* **(de labo)** lab technician, 3-3
technologie *f.* technology, 11-2
technologique technological
technophile *m.* technology-lover
technophobe *m.* technology-hater
tee-shirt *m.* T-shirt, 4-3
télé *f.* = **télévision**
téléachat *m.* infomercial, 11-1
télécharger to download, to upload, to stream, 11-2
télécommande *f.* TV remote control, 11-1
téléfilm *m.* made-for-TV film, 11-1
téléphoner (à qqn) to phone (sb), 1-3
  se téléphoner to phone one another, 7-3
téléréalité *f.* reality TV, 11-1
téléspectateur *m.*, **téléspectatrice** *f.* TV viewer
télévisé/e televised
télévision *f.* TV, television, P-2
  télévision numérique digital TV
  télévision satellite satellite TV
tempérament *m.* disposition, temperament
température *f.* temperature, 8-1
tempéré/e temperate
temple *m.* (Protestant) church
temps *m.* weather, 8-1; time; tense
  depuis combien de temps...? for how long . . . ?, 11-3
  de temps en temps from time to time
  Quel temps fait-il ? What's the weather like?, 8-1

temps libre free time
tendance *f.* tendency
tendre tender, affectionate
tendresse *f.* tenderness
tenir † to hold, 9-2
tennis *m.* tennis, 1-3; *m. pl.* tennis shoes
tension *f.* tension; blood pressure
tente *f.* tent
terminer to end, to finish, 7-1
terrain *m.* **de sport** playing field, court, 3-1
terrasse *f.* terrace, 6-1
terre (Terre) *f.* earth (the Earth), 10-2
par terre on the floor, 6-2
terrine *f.* loaf made of ground meats, fish, and/or vegetables
territoire *m.* territory
tes *pl.* your, 1-1
tête *f.* head, 10-1
têtu/e stubborn, 1-1
texto *m.* text message, 11-2
TGV *m.* (**train** *m.* **à grande vitesse**) TGV, high-speed train
thé *m.* tea, 5-1
thé au citron with lemon
thé au lait with milk, 5-1
théâtre *m.* theater, 2-3
théâtre romain Roman theater, 9-3
thème *m.* theme
thèse *f.* thesis
thon *m.* tuna, 5-3
ticket *m.* (subway) ticket, 9-1
tigre *m.* tiger
timide shy, 1-1
tirage *m.* printing, circulation in print
tirer to pull, to draw, to fire
tirer une conclusion to draw a conclusion
tirer un feu d'artifice to shoot fireworks
tisane *f.* herbal tea
tisane à la menthe mint herbal tea
tissu *m.* fabric, 4-3
titre *m.* title
toilette : faire † sa toilette to wash oneself
toilettes *f. pl.* toilets, restroom, 6-1
articles *m. pl.* **de toilette** toiletries, 4-1
toi you, P-1
toi-même yourself
toit *m.* roof, 6-2
sous les toits in the attic, 6-2
tomate *f.* tomato, 5-3
tomate bio(logique) organic tomato, 5-3
tombe *f.* grave, gravestone
tombée : à la tombée de la nuit at nightfall
tomber to fall, 5-2
tomber amoureux/-euse (de) to fall in love (with), 7-3

ton *adj.* your, 1-1
ton *m.* shade, tone
tonnerre *m.* thunder, 8-1
Il y a du tonnerre. There is thunder., 8-1
tornade *f.* tornado, 10-2
tôt early, 4-1
toujours always, 4-1
tour *f.* tower
tour *m.* trip, outing, visit; round
faire † un tour take a walk
premier tour first round of voting
second tour second round of voting
tour de scrutin voting round
tourisme *m.* tourism
faire † du tourisme *m.* to go sightseeing, 8-2
tourner to turn, 9-3
tourner un film to shoot a film, 11-1
tous *m. pl.* all
tout *m.* everything
tout, tous, toute, toutes all, 4-1
tous/toutes les... every . . . , 4-1
tous les jours every day, 4-1
tout à fait completely, 11-1
tout de suite right away, immediately
tout droit straight ahead, 9-3
tout le monde everyone, everybody, 11-2
tousser to cough
toux *f.* cough
toxique toxic
trace *f.* trace
tradition *f.* tradition
traditionnel/le traditional, 7-1
musique *f.* **traditionnelle** traditional music, 12-1
traduction *f.* translation
traduire translate
tragédie *f.* tragedy
train *m.* train, 9-1
être en train de + *inf.* to be busy doing sthg, 4-1
traitement de texte *m.* word processing, editing
tramway *m.* tram, 9-1
tranche *f.* slice, 5-2
tranquil/le calm, tranquil, 6-1
transfert *m.* transfer
transport *m.* **en commun** public transportation, 10-2
travail *m.* work, 3-3
avoir le goût du travail to have a strong work ethic, 7-1
travailler to work, to study, 1-3
travailler dans le jardin to work in the garden/yard, 1-3
travailleur/-euse hardworking, 7-1
travers : à travers across, through
traverser to cross, 9-3
treize thirteen, 1-2

treizième thirteenth, 6-1
trente thirty, 1-2
trente-et-un thirty-one, 1-2
très very, P-1
Très bien, merci. Very well, thank you., P-1
triangle *m.* triangle
trier to sort, 10-2
trimestre *m.* trimester, quarter, 3-2
trio *m.* trio, 12-1
triste sad, 7-3
trois three, 1-2
troisième third, 6-1
trombone *m.* trombone, 12-1
trompette *f.* trumpet, 12-1
trop too much, 1-1
troupe *f.* troop
trouver to find, 4-2
Je trouve que... I find that . . . , 11-1
se trouver to be located, 3-1
truite *f.* trout
tu you, P-1
tuer to kill
tulipe *f.* tulip
tuque *f.* (*Can.*) ski cap
typique typical, 1-3

U

un one, 1-2
un/e a, an, one, P-2
-unième : vingt-et-unième twenty-first, 6-1
uni/e united
uniforme *adj.* regular, uniform
uniforme *m.* uniform
union *f.* **libre** cohabitation, 7-1
universel/le universal
universitaire related to the university
université *f.* university, 3-1
urbain/e related to the city, urban
urgence *f.* emergency
urgent urgent, 10-1
usage *m.* use, custom, (language) usage
usé/e waste, used
usine *f.* factory, 10-2
utile useful, 8-1
utilisation *f.* use
utilisation de la lumière use of light, 12-2
utiliser to use, 10-3

V

vacances *f. pl.* vacation, 6-3
grandes vacances summer vacation, 7-2
vague *f.* (ocean) wave, 10-2
vaisselle *f.* dishes
faire † la vaisselle to do the dishes, 5-2
valise *f.* suitcase, 9-1
vallée *f.* valley, 6-3

valoir † to be worth
    ça vaut le coup it's worth it, 12-3
    Il vaut/vaudrait mieux que... It is/would be better (best) that . . . , 10-1
valse *f.* waltz
vaste vast
vaut *see* **valoir**
vedette *f.* movie star, 11-1
veille : en veille on stand-by (an appliance)
vélo *m.* bicycle, 2-2
    faire † du vélo to ride a bicycle, to go bike riding, 2-2
vendeur *m.*, **vendeuse** *f.* sales clerk, 3-3
vendre to sell, 3-1
vendredi Friday, 1-3
venir † to come, 5-3
    venir de + *inf.* to have just (done sthg), 9-2
vent *m.* wind, 8-1
    Il y a du vent. It's windy., 8-1
vente *f.* sales
ventre *m.* belly, abdomen, 10-1
    avoir † mal au ventre to have a stomachache, 10-1
verbal/e verbal
verbe *m.* verb
    verbe pronominal reflexive verb
verglas *m.* sleet, ice on the ground, 8-1
    Il y a du verglas. It's icy, slippery., 8-1
vérifier to check, verify
vérité *f.* truth, 7-1
verre *m.* glass, 5-1
vers toward, around, 4-2
vers *m.* line of verse
verser to pour
version *f.* version
    version française (V.F.) dubbed in French
    version multilingue (V.M.) available dubbed in several languages using digital TV
    version originale (V.O.) in the original language, 11-1
    en version originale avec des sous-titres en français (en V.O.S.T.F.) in the original language with French subtitles, 11-1
vert/e green, 4-3 ; unripe
veste *f.* jacket, suit coat, 4-3
vestimentaire *adj.* pertaining to clothes
vêtement *m.* clothing, 4-3
viande *f.* meat, 5-2
vidéocassette *f.* videotape

vie *f.* life, 6-3
vieux (vieil), vieille old, 3-1
Vietnam *m.* Vietnam, 9-2
vietnamien/ne *adj.* Vietnamese, 9-2
vif/vive *adj.* bright, vivid, 12-2
villa *f.* house in a residential area, villa, 6-3
village *m.* village, 9-3
    village médiéval medieval village, 9-3
    village perché village perched on a hillside, 9-3
ville *f.* city, 2-1
vin *m.* wine, 5-1
    vin blanc white wine, 5-1
    vin rosé rosé wine, 5-1
    vin rouge red wine, 5-1
vinaigre *m.* vinegar, 5-3
vingt twenty, 1-2
vingt-et-un twenty-one, 1-2
vingt-deux twenty-two, 1-2
vingtième twentieth, 6-1
violet/te *m.* purple, 4-3
violon *m.* violin, 12-1
violoncelle *m.* cello, 12-1
virtuel *m.* virtual reality
virus *m.* virus
visage *m.* face, 10-1
vision *f.* vision
    avoir une vision du monde to have a worldview, 7-1
visite *f.* visit, 3-1
    rendre visite à to visit a person, 3-1
visiter to visit a place, 8-2
vitesse *f.* speed
vitrine *f.* display window, 4-3
vive... (les vacances) ! hurray for . . . (vacation)!, 5-2
vivre † to live, 7-1
vœu *m.* wish, 7-2
    Meilleurs vœux ! Best wishes!, 7-2
voici ... here is/are . . . , P-1
voilà ... here/there is/are . . . , P-2
voile *f.* sail, sailing
    faire † de la voile to go sailing, 8-2
voile *m.* veil
voilé/e veiled
voir † to see, 2-3
    voir une exposition to see an exhibit, 2-3
    voir un film to see a film (in a cinema), 2-3
    voir une pièce to see a play, 2-3
    Voyons ! See here!, 7-3
    Voyons ... Let's see . . . , 9-1
voisin *m.*, **voisine** *f.* neighbor, 6-1

voiture *f.* automobile, car, 3-1
    voiture hybride hybrid car
voix *f.* voice
    à haute voix out loud
vol *m.* flight, 9-1
voler to fly; to steal
volley(-ball) *m.* volleyball, 2-2
volonté *f.* wish, will
    de bonne volonté *adv.* willingly
Volontiers. With pleasure, gladly., 8-3
vomir to vomit
vos *pl.* your, 1-2
voter to vote, 10-3
votre *m./f.* your, 1-2
vouloir † to want, to wish, 3-3
    je voudrais I would like, 5-1
vous you, P-1; *pron.* to you, 7-2
    vous-même yourself
    vous-mêmes yourselves
voyage *m.* trip, voyage, 9-1
voyager † to travel, 3-3
voyant/e *m./f.* fortune-teller
voyelle *f.* vowel
voyons *see* **voir**
vrai/e true
    C'est vrai. That's true.
    C'est pas vrai ! It can't be!, 8-2
vraiment really, 1-1
vue *f.* view
    vue d'ensemble overview
vulnérable vulnerable

W

W.-C. *m. pl.* toilets, restroom (*lit.* water closet), 6-1
webcam *f.* webcam, 11-2
week-end *m.* weekend, 1-3
    ce week-end this weekend, 2-3
    le week-end on weekends, every weekend, 6-3
western *m.* western (film), 11-1
Wi-Fi *m.* wireless network, 11-2
wolof *m.* Wolof (language spoken in Senegal)

Y

y *pron.* there, 9-1
    y compris including, 10-3
yaourt *m.* yogurt, 5-2
yeux *m. pl. see* œil

Z

zèbre *m.* zebra
zéro *m.* zero, 1-2
zoologie *f.* zoology, 3-2
Zut (alors) ! Darn!, 4-2

Appendice 7

LEXIQUE ANGLAIS-FRANÇAIS

A

a, an un/e
abdomen ventre *m.*
able: to be able to pouvoir †
about de, environ
    it is about . . . il s'agit de...
abroad à l'étranger
absent, missing absent/e
accident accident *m.*
according to d'après
accountant comptable *m./f.*
accounting comptabilité *f.*
ache mal (des maux) *m.*
acquaintance connaissance *f.*
across from en face de
action film film *m.* d'action
active actif/-ive
activity activité *f.*
actor/actress acteur *m.*, actrice *f.*
address adresse *f.*
    address book carnet *m.* d'adresses
to adore adorer
adventure movie film d'aventures *m.*
advertisement annonce *f.*, publicité *f.*
    (pub)
to be affected by ressentir
affectionate affectueux/-euse
afraid: to be afraid avoir peur
Africa Afrique *f.*
African africain/e
after, afterward après
    after having . . . après avoir/être +
    part. passé...
afternoon après-midi *m.*
    in the afternoon, P.M. de l'après-midi
again encore
age âge *m.*
    What is your age? Quel est ton/votre
    âge ?, Quel âge as-tu/avez-vous ?
aged, old âgé/e
ago il y a...
    two days ago il y a deux jours
to (not) agree (ne pas) être † d'accord
air air *m.*
    air conditioning climatisation *f.*
    air pollution pollution *f.*
    atmosphérique
airplane avion *m.*
airport aéroport *m.*
aisle (in a store) rayon *m.*
alarm clock réveil *m.*
alcohol alcool *m.*
Algeria Algérie *f.*
Algerian algérien/ne
alive vivant/e
all tout, tous, toute, toutes
    all alone tout/e seul/e

all of a sudden tout d'un coup
all right d'accord
all the same quand même
all the time tout le temps, toujours
to allow permettre † de
almost presque, à peu près
alone seul
along: to get along (with) s'entendre
    (avec)
Alps Alpes *f. pl.*
already déjà
also aussi
always toujours
ambitious ambitieux/-euse
America Amérique *f.*
    Central America Amérique centrale
    Latin America Amérique latine
    North America Amérique du nord
    South America Amérique du sud
American américain/e
amphitheater amphithéâtre *m.*
amputated amputé/e
to amuse oneself se distraire, s'amuser
amusements distractions *f. pl.*
amusing drôle, amusant/e
and et
anger colère *f.*
angry fâché/e, en colère
    to become angry se fâcher
animal animal *m.*
animated film film *m.* d'animation
ankle cheville *f.*
to announce annoncer
announcement (public) annonce *f.*
    birth announcement faire-part *m. inv.*
    de naissance
    civil union announcement faire-part
    m. inv. de PACS
    wedding announcement faire-part *m.*
    inv. de mariage
to answer répondre (à)
    to answer the phone répondre au
    téléphone
    to answer a question répondre à une
    question
answer réponse *f.*
    answering machine répondeur *m.*
anthropology anthropologie *f.*
antique ancien/ne
antibiotic antibiotique *m.*
anxious anxieux/-euse ; inquiet/-ète
anyway quand même
apartment appartement *m.*
to appear (good) avoir l'air (bon)
appetizer entrée *f.*
apple pomme *f.*
April avril
Arabic arabe *m.*

architect architecte *m./f.*
Argentina Argentine *f.*
Argentinian argentin/e
to argue se disputer
arm bras *m.*
armchair fauteuil *m.*
armoire armoire *f.*
around vers, autour de
to arrange ranger †
to arrive arriver
arrival arrivée *f.*
art art *m.*
    art book livre *m.* d'art
article article *m.*
as comme
    as . . . as aussi... que
    as many/much . . . as autant
    (de)... que
    as soon as dès que, aussitôt que
Asia Asie *f.*
Asian asiatique
to ask demander
    to ask a question poser une
    question
    to ask for directions demander le
    chemin
asleep endormi/e
asparagus asperge *f.*
aspirin aspirine *f.*
assignment devoir *m.*
association association *f.*
    humanitarian association association
    humanitaire
    student association association
    étudiante
astronomy astronomie *f.*
at à
    at last enfin
    at once tout de suite
    at X's house chez X
    at the same time en même temps
    at the side of au bord de
athletic sportif/-ive
Atlantic Ocean océan *m.* Atlantique
atlas atlas *m.*
to attend assister à
attention attention *f.*
    to pay attention faire † attention
attorney avocat/e *m./f.*
August août
aunt tante *f.*
Australia Australie *f.*
Australian australien/ne
Austria Autriche *f.*
Austrian autrichien/ne
author auteur *m.*
authoritarian autoritaire
autumn automne *m.*

avenue avenue *f.*
awake réveillé/e
away: right away tout de suite
automobile voiture *f.*

B

baby bébé *m.*
    to babysit faire † du baby-sitting
back dos *m.*
    to come back revenir †
    backpack sac *m.* à dos
bacon bacon *m.*
bad mauvais/e
    Not bad. Pas mal.
    It's too bad. C'est dommage.
badly mal
bag sac *m.*
bakery/pastry aisle rayon *m.* boulangerie-pâtisserie
balcony balcon *m.*
ballot bulletin *m.* de vote
banana banane *f.*
baptism baptême *m.*
bare nu/e
basement sous-sol *m.*
basket panier *m.*
basketball basket(-ball) *m.*
bathing suit maillot *m.* (de bain)
bathroom salle *f.* de bains
to be être †
beach plage *f.*
bean *haricot *m.*
    green bean *haricot vert
bear ours *m.*
    polar bear ours blanc
to bear supporter
beautiful beau (bel), belle
    It's beautiful weather. Il fait beau.
because parce que
    because of à cause de
to become devenir †
bed lit *m.*
    to get out of bed se lever †
    to go to bed se coucher
    (rural) bed and breakfast gîte (rural) *m.*
bedroom chambre *f.*
beef bœuf *m.*
    ground beef bifteck *m.* haché
beer bière *f.*
before avant
    before (doing something) . . . avant de + *inf.*
to beg prier
to begin commencer †
beginning début *m.*
behind derrière
beige beige
Belgian belge
Belgium Belgique *f.*
to believe croire † (à, en)
    I believe that . . . Je crois que...
    I don't believe so. Je ne crois pas.
belly ventre *m.*
to belong to faire † partie de, appartenir † à
belongings affaires *f. pl.*
beside à côté de
best le/la meilleur/e
    Best wishes! Meilleurs vœux !

better meilleur/e *adj.*, mieux *adv.*
    better . . . than meilleur/e... que, mieux... que
    it is better (to) il vaut mieux
    it would be better (to) il vaudrait mieux
between entre
beverage boisson *f.*
    alcoholic beverage boisson alcoolisée
bicycle vélo *m.*
    to go for a bike ride faire † du vélo
big grand/e, gros/se, large
bill (restaurant) addition *f.*
    utility bill facture *f.*
billion milliard *m.*
biography biographie *f.*
biology biologie *f.*
bird oiseau *m.*
birthday anniversaire *m.*
    Happy birthday! Joyeux anniversaire ! Bon anniversaire !
black noir/e
blackboard tableau *m.*
blind *adj.* aveugle
blond blond/e
blouse chemisier *m.*
blue bleu/e
to blush rougir
board planche *f.*
board game jeu *m.* de société
boat bateau *m.*
    sailboat bateau à voile
body corps *m.*
book livre *m.*
    e-book livre *m.* électronique, livre *m.* numérique
bookcase étagère *f.*
bookstore librairie *f.*
boot botte *f.*
border frontière *f.*
bored ennuyé/e
    to become bored s'ennuyer †
boring ennuyeux/-euse
born: to be born naître †
to borrow emprunter
boss patron/ne *m./f.*, chef *m.*
botany botanique *f.*
both tous/toutes les deux
to bother gêner
bothered gêné/e
bottle bouteille *f.*
bowl bol *m.*
box carton *m.*, boîte *f.*
    box of cereal paquet *m.* de céréales
boy garçon *m.*
    boyfriend petit ami *m.*, copain *m.*
brand-new neuf/neuve
Brazilian brésilien/ne
Brazil Brésil *m.*
bread pain *m.*
    round loaf of bread pain de campagne
    sliced bread pain de mie
    slice of bread tranche *f.* de pain
to break casser
    to break up se séparer
breakfast petit-déjeuner *m.*
    to have breakfast prendre † le petit-déjeuner
to breathe respirer

bride mariée *f.*
bridegroom marié *m.*
to bring (along) a person amener †
to bring (something) apporter, emporter
British anglais/e
brochure brochure *f.*
bronchitis bronchite *f.*
brother frère *m.*
    brother-in-law beau-frère *m.*
    half-brother demi-frère *m.*
    step-brother demi-frère *m.*
brown marron *adj. inv.*
brunette brun/e, châtain *inv.*
to brush se brosser
    to brush one's teeth se brosser les dents, se laver les dents
    to brush one's hair se brosser les cheveux, se coiffer
building bâtiment *m.*, immeuble *m.*, pavillon *m.*
to burn brûler
bus (city) bus *m.*
    bus (between cities) car *m.*
business les affaires *f. pl.*, entreprise *f.*
    businessman homme *m.* d'affaires
    businesswoman femme *f.* d'affaires
to be busy doing something être en train de...
    I'm busy. Je suis pris/e. Je suis occupé/e.
but mais
butcher shop boucherie *f.*
butter beurre *m.*
to buy acheter †
by par
bye salut

C

cable cable *m.*
cafeteria cafétéria *f.*, restaurant *m.* universitaire
cake gâteau *m.*
calculator calculatrice *f.*
calendar calendrier *m.*
    day planner agenda *m.*
call appel *m.*
to call appeler †
    to be called/named s'appeler †
calm calme
    to calm down se calmer
camera appareil *m.* photo
    camcorder, video camera caméscope *m.*
    digital camera appareil *m.* (photo) numérique
Cameroon Cameroun *m.*
Cameroonian camerounais/e
campground camping *m.*
to camp/go camping faire † du camping
camper (vehicle) caravane *f.*
campus campus *m.*
can boîte *f.*, **(soda)** cannette *f.*
can (to be able to do something) pouvoir †
Canada Canada *m.*
Canadian canadien/ne
candidate candidat/e
candle bougie *f.*
candy bonbon *m.*
cantaloupe melon *m.*

cap casquette *f.*
    knit/wool cap bonnet *m.* de laine
caption légende *f.*
car voiture *f.*
carpooling covoiturage *m.*
carafe carafe *f.*
card carte *f.*
    to play cards jouer aux cartes
care: to take care of s'occuper de
    to take care of oneself se soigner
career carrière *f.*
careful prudent/e
carrot carotte *f.*
to carry apporter
    to carry out (food) emporter
cartoon dessin *m.* animé
cash argent *m.*
    cash register caisse *f.*
cashier caissier *m.*, caissière *f.*
castle château *m.*
cat chat/te *m./f.*
cathedral cathédrale *f.*
CD, compact disk CD *m. inv.*
    CD burner graveur *m.* CD
    CD player lecteur *m.* CD
to celebrate fêter
celebrity célébrité *f.*, vedette *f.*
cello violoncelle *m.*
cell phone portable *m.*
center centre *m.*
century siècle *m.*
cereal céréales *f. pl.*
chair chaise *f.*
    armchair fauteuil *m.*
    wheelchair fauteuil *m.* roulant
chalk (stick of) craie *f.*
change purse porte-monnaie *m.*
channel chaîne *f.*
character personnage *m.*
    main character personnage principal
to chat bavarder, jaser (*Can.*)
    to chat online t'chatter (*Can.*)
cheese fromage *m.*
chemical product produit
    chimique *m.*
chemistry chimie *f.*
chemistry lab labo(ratoire) *m.* de
    chimie
chess échecs *m. pl.*
chest poitrine *f.*
chicken poulet *m.*
child enfant *m./f.*
    grandchild petit-enfant *m.*
China Chine *f.*
Chinese chinois/e
chocolate chocolat *m.*
    dark chocolate chocolat noir
    hot chocolate chocolat chaud
    milk chocolate chocolat au lait
    white chocolate chocolat blanc
choir chorale *f.*
chorus chœur *m.*
to choose choisir
church (Catholic) église *f.*, (Protestant)
    temple *m.*
citizen citoyen/ne *m., f.*
city ville *f.*
    in the city en ville
    city bus bus *m.*
    city hall mairie *f.*

city map plan *m.* de ville
civil wedding cérémonie *f.* civile
clarinet clarinette *f.*
class (subject) cours *m.*
    chemistry class cours de chimie
    elective class cours facultatif
    required class cours obligatoire
class (group of people) classe *f.*
    French class classe de français
classical classique
    classical music musique *f.* classique
classified ad petite annonce *f.*
classmate camarade *m./f.* de classe
classroom classe *f.*, salle *f.* de classe
clean *adj.* propre
to clean nettoyer †
clear clair/e
climate climat *m.*
    climate change changement *m.*
    climatique
clock horloge *f.*
    clock radio radio-réveil *m.*
to close fermer
    closed fermé/e
closet placard *m.*
clothing vêtement *m.*
cloud nuage *m.*
    It's cloudy. Il y a des nuages. Le ciel
    est couvert.
coast côte *f.*
    East Coast côte est
    West Coast côte ouest
coat manteau *m.*
    down coat anorak *m.*
    raincoat imperméable *m.*
    suit coat veste *f.*
coffee café *m.*
    coffee break pause-café *f.*
    coffee with cream café crème
    coffee with milk café au lait
    decaffeinated coffee café déca(féiné)
    strong cup of expresso coffee café
    serré
coffee table table *f.* basse
cohabitation union *f.* libre
coin pièce *f.* (de monnaie)
cola coca(-cola) *m.*
cold froid/e ; rhume *m.*
    I have a cold. J'ai un rhume. Je suis
    enrhumé/e.
    I'm cold. J'ai froid.
    It's cold (weather). Il fait froid.
cold cuts charcuterie *f.*
college fac(ulté) *f.*
Colombia Colombie *f.*
Colombian colombien/ne
color couleur *f.*
comb peigne *m.*
to comb se peigner
to come venir †
    to come back revenir †
    to come by passer
    to come home rentrer
    to come in entrer
comedy comédie *f.*
comfortable (material objects)
    confortable
    (person) à l'aise
comic strip bande *f.* dessinée (BD)
communication communication *f.*

completely tout à fait
composition rédaction *f.*, composition *f.*
computer ordinateur *m.*
    computer center centre *m.*
    informatique
    computer file fichier *m.*
    computer science informatique *f.*
    laptop computer ordinateur portable,
    portable *m.*
concert concert *m.*
condiments condiments *m. pl.*
conformist conformiste
Congratulations! Félicitations !
connection (wireless) connexion *f.*
    (sans fil)
to consume consommer
to contaminate contaminer
continent continent *m.*
to cook faire † la cuisine
cookie biscuit *m.*
cooking cuisine *f.*
    to do the cooking faire † la cuisine *f.*
cool: It's cool weather. Il fait frais.
contrary: To the contrary, . . . au
    contraire, …
copious copieux/-euse
corner coin *m.*
    at the corner (of) au coin de
    corner café café *m.* du coin
co-renter colocataire *m./f.*
corridor couloir *m.*
to cost coûter
cotton coton *m.*
couch canapé *m.*
cough toux *f.*
to cough tousser
country pays *m.*
    foreign country pays étranger
    in this country dans ce pays
country(side) campagne *f.*
    in the country à la campagne
course cours *m.*
    to take a course suivre † un cours
of course bien sûr
courtyard cour *f.*
cousin cousin *m.*, cousine *f.*
credit card carte *f.* de crédit
critic (person) critique *m.*
criticism critique *f.*
critique critique *f.*
croissant croissant *m.*
    chocolate croissant pain *m.* au
    chocolat
to cross traverser
cruise croisière *f.*
to cry pleurer
cucumber concombre *m.*
cuisine cuisine *f.*
culture culture *f.*
cup tasse *f.*
cupboard placard *m.*
curtain rideau *m.*
customer client/e *m./f.*
to cut couper
cute mignon/ne

D

dairy: dairy aisle rayon *m.* crèmerie
    dairy products produits *m. pl.* laitiers
dance danse *f.*

to dance faire † de la danse, danser
dangerous dangereux/-euse
dark-haired brun/e
Darn! Zut (alors) !
database base *m.* de données
date date *f.*, (**meeting**) rendez-vous *m.*
   birth date date de naissance
to date sortir avec
datebook agenda *m.*
daughter fille *f.*
day jour *m.*, journée *f.*
   day before yesterday avant-hier
   Have a good day! Bonne journée !
   that day ce jour-là
dead mort/e
dear cher/chère
death mort *f.*
debate débat *m.*
debit card carte *f.* bancaire
deceased décédé/e
December décembre
to decide décider
deep profond/e
deeply profondément
degree (in) diplôme *m.* (en)
   to do a degree (in) préparer un
   diplôme (en)
   to have a degree avoir un diplôme,
   une formation
deli: deli counter rayon *m.* charcuterie
   deli meats charcuterie *f.*
delicious délicieux/-euse
delighted enchanté/e, ravi/e
dentist dentiste *m./f.*
department store grand magasin *m.*
departure départ *m.*
to descend descendre
to describe décrire †
desert désert *m.*
to desire désirer, vouloir †
desk bureau *m.*
dessert dessert *m.*
detective movie film *m.* policier
to detest détester
dictionary dictionnaire *m.*
to die mourir †
diet régime *m.*
   to be on a diet suivre † un régime,
   faire † un régime
different différent/e
difficult difficile
difficulty: to have difficulty avoir † du
   mal à + *inf.*
dining hall restaurant *m.* universitaire
   (resto U), cafétéria *f.*
dining room salle *f.* à manger
dinner dîner *m.*, souper *m.* (*Can.*)
   to have dinner dîner, souper (*Can.*)
   to fix dinner préparer le dîner
   Dinner's ready! À table !
director directeur *m.*, directrice *f.* ;
   administrateur *m.*, administratice *f.*
   film director réalisateur *m.*,
   réalisatrice *f.*
   stage director metteur *m.* en scène
disability handicap *m.*
   to have a disability être handicapé/e
disagreeable désagréable
disappointed déçu/e
disciplined discipliné/e

to discuss discuter
dish assiette *f.*, plat *m.*
   to do the dishes faire † la vaisselle
to disobey désobéir à
disposition caractère *m.*
display window vitrine *f.*
to divorce divorcer
divorced divorcé/e
to do faire †
   to do do-it-yourself projects bricoler,
   faire du bricolage
   to not do much ne pas faire
   grand-chose
do-it-yourselfer bricoleur *m.*, bricoleuse *f.*
do-it-yourself projects bricolage *m.*
doctor (M.D.) médecin *m.*, docteur *m.*
documentary documentaire *m.*
dog chien/ne *m./f.*
   guide dog chien *m.* guide
   service dog chien *m.* d'assistance
door porte *f.*
dormitory résidence *f.*
to doubt (that) douter (que)
   without a doubt sans doute
to download télécharger
downtown centre-ville *m.*
   to go downtown descendre en ville
dozen douzaine *f.*
draftsman/woman dessinateur *m.*,
   dessinatrice *f.*
drama drame *m.*, comédie *f.*
to draw dessiner
drawing dessin *m.*
dream rêve *m.*
to dream rêver
dress robe *f.*
   to get dressed s'habiller
   to get undressed se déshabiller
dressing (oil and vinegar) vinaigrette *f.*
drink boisson *f.*
   cold drink boisson rafraîchissante
   hot drink boisson chaude
to drink boire †
drive (computer)
   (external) hard drive disque *m.* dur
   (externe)
   flash drive clé *f.* USB
   USB key drive clé *f.* USB
to drive aller † en voiture, conduire †
   to go for a drive faire † un tour en
   voiture
driver's license permis *m.* de conduire
drug (medicine) médicament *m.*
   (illegal) drogue *f. sg.*
drum set batterie *f.*
to dry essuyer †
   to dry oneself off s'essuyer †
to dub doubler
dubbed doublé/e
due to à cause de
dumb bête
during pendant
dynamic dynamique

E

each chaque
   each one chacun/e
ear oreille *f.*
   to have an earache avoir † mal aux
   oreilles

early tôt
   to be early être † en avance
to earn money gagner de l'argent
earth (the Earth) terre (la Terre) *f.*
east est
   East Coast côte *f.* est
easy facile
to eat manger †
   to eat between meals grignoter
   to eat breakfast prendre † le
   petit-déjeuner
   to eat dinner dîner, souper (*Can.*)
   to eat lunch déjeuner, dîner (*Can.*)
   to eat a snack goûter
e-book livre *m.* électronique, livre *m.*
   numérique
   e-book reader lecteur *m.* e-book
ecological écologique
   ecological footprint empreinte *f.*
   écologique
ecology écologie *f.*
economics sciences *f. pl.* économiques,
   économie *f.*
economy économie *f.*
edge bord *m.*
to edit pictures retoucher
to educate oneself s'instruire †
education (academic discipline)
   sciences *f. pl.* de l'éducation
egg œuf *m.*
   fried egg œuf sur le plat, œuf au plat
eight huit
eighteen dix-huit
eighty quatre-vingts
elbow coude *m.*
elderly âgé/e
electronic game jeu *m.* électronique
elegant élégant/e
elementary school école *f.* primaire
elevator ascenseur *m.*
eleven onze
e-mail e-mail *m.*, courrier *m.*
   électronique, courriel *m.* (*Can.*)
   by e-mail par e-mail
   e-mail message mail *m.*, message *m.*
   électronique, courriel *m.* (*Can.*)
embarrassed embarrassé/e, gêné/e
employee employé/e
empty vide
to encourage encourager
encyclopedia encyclopédie *f.*
end fin *f.*
energetic énergique
engaged fiancé/e
   to get engaged se fiancer
engagement fiançailles *f. pl.*
engine moteur *m.*
engineer ingénieur *m.*
England Angleterre *f.*
English *adj.* anglais/e
English (language) anglais *m.*
enough assez
   enough of assez de
to enter entrer
entertainment (TV show)
   divertissement *m.*
enthusiastic enthousiaste
entrance (foyer) entrée *f.*
environment environnement *m.*
equipped équipé/e

errand course *f.*
    to run errands faire † des courses
eraser (pencil) gomme *f.*
eraser (board) brosse *f.*
especially surtout
essay essai *m.*, rédaction *f.*
Europe Europe *f.*
European européen/ne
even (same) même
even (number) (nombre) pair
evening soir *m.*, soirée *f.*
event évènement *m.*
eventually finalement
every chaque ; tout, tous, toute, toutes
    every day tous les jours
    every evening tous les soirs
    everyone tout le monde
    everything tout
    everywhere partout
exam examen *m.*
    final exam examen final
    midterm exam examen partiel
    oral exam examen oral
    to pass an exam réussir un examen
    to study for an exam préparer un examen
    to take an exam passer un examen
example exemple *m.*
    for example par exemple
except sauf
    except for à part
excited enthousiaste, agité/e, impatient/e
excursion bus car *m.*
excuse excuse *f.*
    Excuse me. Pardon, Excusez-moi.
exercise exercice *m.*
    to exercise faire † de l'exercice
exhaust fumes gaz *m. pl.* d'échappement
exhibit exposition *f.*
expensive cher/chère
to explain expliquer
eye (eyes) œil *m.* (yeux)

F

face figure *f.*, visage *m.*
to face donner sur
facing face à, en face de
factory usine *f.*
to fail rater
    to fail an exam échouer à un examen
fair juste
    It's not fair! Ce n'est pas juste !
fairly assez
faithful fidèle
fall automne *m.*
to fall tomber
    to fall asleep s'endormir
    to fall in love (with) tomber amoureux/-euse (de)
false faux/fausse
family famille *f.*
    big family famille nombreuse
    blended family famille recomposée
    extended family famille étendue
    single-parent family famille monoparentale
    family relations relations *f. pl.* familiales
    family room séjour *m.*

famous célèbre, connu/e
fan fanatique *m.*
    to be a fan of être fanatique de
far (from) loin (de)
farm ferme *f.*
farmer fermier *m.*, fermière *f.*, agriculteur *m.*, agricultrice *f.*
fashion mode *f.*
    to be in fashion être à la mode
    fashion designer couturier *m.*
    high fashion haute couture *f.*
    out of fashion démodé/e
fashionable à la mode
fast rapide *adj.*, vite *adv.*
to fast jeûner
    to break a fast déjeûner
fat *adj.* gros/se
fat graisse *f.*
father père *m.*
    father-in-law beau-père *m.*
    single father père célibataire
    stepfather beau-père *m.*
favorite préféré/e
fear peur *f.*
to fear avoir † peur de
February février
to feel se sentir, toucher ; ressentir
    to feel bad aller † mal
    to feel better aller † mieux
    to feel good aller † bien
    to feel great être † en forme
    to feel like doing something avoir † envie de + *inf.*
feminine féminin/e
fever fièvre *f.*
few peu, un peu de, quelques
fiancé/e fiancé *m.*, fiancée *f.*
field champ *m.*
    playing field terrain *m.* de sport
fifteen quinze
fifty cinquante
to fill remplir
film film *m.*
    filmmaker cinéaste *m./f.*
    film director réalisateur *m.*, réalisatrice *f.*
final final/e
finally finalement, enfin
to find trouver
    I find that . . . Je trouve que…
fine bien
    Fine, also. Bien aussi.
    Fine, and you? Ça va, et toi ?
    fine arts beaux-arts *m. pl.*
finger doigt *m.*
to finish finir, terminer
first premier/-ière
    first (of all) d'abord
    first course entrée *f.*
    first floor rez-de-chaussée *m.*
fish poisson *m.*
    fish counter rayon *m.* poissonnerie
to fish pêcher
fishing pêche *f.*
    to go fishing aller † à la pêche
five cinq
to fix réparer
    to fix one's hair se coiffer
fixed-price meal menu *m.*, prix *m.* fixe
flight vol *m.*

flood inondation *f.*
floor étage *m.*
    first (ground) floor rez-de-chaussée *m.*
    second floor premier étage *m.*
    on the floor par terre
flour farine *f.*
to flow couler
flower fleur *f.*
flu grippe *f.*
flute flûte *f.* traversière
to fly aller † en avion, voler
fog brouillard *m.*
    It's foggy. Il y a du brouillard.
follow suivre †
food aliment *m.*, nourriture *f.*
    food bank banque *f.* alimentaire
foot pied *m.*
    on foot à pied
football football *m.* américain
    football game match *m.* de football américain
    football stadium stade *m.*
for pour ; depuis (+ time expression) ; pendant (+ time expression)
foreign *adj.* étranger/-ère
foreigner étranger *m.*, étrangère *f.*
forest forêt *f.*
to forget oublier
former ancien/ne
fortunately heureusement
forty quarante
four quatre
fourteen quatorze
France France *f.*
free (a person) libre ; **(a thing)** gratuit/e
    I'm not free. Je ne suis pas libre.
to freeze geler †
    It's freezing. Il gèle.
French *adj.* français/e
    French bread (long, thin loaf) baguette *f.*
    French toast pain *m.* perdu
    French fries frites *f. pl.*
French (language) français *m.*
fresh frais/fraîche
Friday vendredi
friend ami/e, camarade *m./f.*, copain *m.*, copine *f.*
    best friend meilleur/e ami/e *m./f.*
    (my) boyfriend (mon) petit ami *m.*, (mon) copain *m.*, (mon) ami *m.*
    (my) girlfriend (ma) petite amie *f.*, (ma) copine *f.*, (mon) amie *f.*
    Your friend, Amitiés
friendly sociable
friendship amitié *f.*
from de (d')
front: in front of devant
frozen foods surgelés *m. pl.*
fruit fruit *m.*
    fruit juice jus *m.* de fruit
fun: to have fun s'amuser
    to be fun être † agréable, être † amusant/e
    for fun pour s'amuser
    It's fun. C'est amusant.
    to make fun of se moquer de
funny amusant/e, drôle
furious furieux/-euse
furnished meublé/e

furniture meuble *m.*
future avenir *m.*
   future tense futur *m.*

G

to gain weight grossir
game jeu *m.* ; (sports) match *m.*
   game show jeu *m.* télévisé
garage garage *m.*
garden jardin *m.*
to garden faire † du jardinage, travailler dans le jardin
garlic ail *m.*
gas gaz *m.*
   gas (for a car) essence *f.*
   carbon gas gaz carbonique
   greenhouse gas gaz *m.* à effet de serre
generous généreux/-euse
gentle doux/douce
geography géographie *f.*
geology géologie *f.*
German *adj.* allemand/e
German (language) allemand *m.*
Germany Allemagne *f.*
to get obtenir †
   to get a (good) grade avoir † une (bonne) note
   to get along (with someone) s'entendre avec (quelqu'un)
   to get angry (with) se fâcher (contre)
   to get a degree obtenir † un diplôme
   to get divorced divorcer
   to get dressed s'habiller
   to get engaged se fiancer
   to get information s'informer, se renseigner
   to get involved s'engager
   to get married se marier
   to get off descendre
   to get ready se préparer
   to get a tan bronzer
   to get together se retrouver, se réunir
   to get undressed se déshabiller
   to get up se lever †
   Get up/stand up! Levez-vous !
   to get used to s'habituer à
gift cadeau *m.*
girl fille *f.*, jeune fille *f.*
girlfriend petite amie *f.*, copine *f.*
to give donner, offrir †
   to give advice conseiller
   to give back rendre
   to give a present offrir † (un cadeau)
glacier glacier *m.*
glad content/e
glass verre *f.*
glasses lunettes *f. pl.*
   sunglasses lunettes de soleil
global warming réchauffement *m.* climatique, changement *m.* climatique
glove gant *m.*
to go aller †
   to go around faire † un tour
   to go around the world faire † le tour du monde
   to go back retourner

to go by passer
to go down descendre
to go downtown descendre en ville
to go home rentrer
to go in entrer
to go on/keep going continuer
to go online aller † sur Internet
to go on vacation partir en vacances
to go out sortir
to go to bed se coucher
to go to the doctor aller † chez le médecin
to go up monter
God Dieu
godfather parrain *m.*
godmother marraine *f.*
golf golf *m.*
good bon/ne *adj.*, bien *adv.*
   good-bye au revoir, salut
   Good evening. Bonsoir.
   Good morning. Bonjour.
   Good night. Bonne nuit.
   Have a good day. Bonne journée.
   Have a good evening. Bonne soirée.
grade note *f.*
   to have/get a (bad) grade avoir † une (mauvaise) note
grandchild petit-enfant *m.*
granddaughter petite-fille *f.*
grandfather grand-père *m.*
grandmother grand-mère *f.*
grandparents grands-parents *m. pl.*
grandson petit-fils *m.*
grape raisin *m.*
   bunch of grapes grappe *f.* de raisins
gray gris/e
grease graisse *f.*
Great! Génial !
green vert/e
   green bean *haricot *m.* vert
   green salad salade *f.* (verte)
grilled grillé/e
   grilled ham-and-cheese sandwich croque-monsieur *m.*
grocery store épicerie *f.*, supermarché *m.*
ground sol *m.*, terre *f.*
   ground floor rez-de-chaussée *m.*
   on the ground par terre
to grow pousser
   to grow larger, fatter grossir
   to grow old vieillir
   to grow taller grandir
   to grow up (for children) grandir
guest invité *m.*, invitée *f.*
guide (tour guide or guidebook) guide *m.*
guinea pig cochon *m.* d'Inde
guitar guitare *f.*
   bass guitare guitare basse
   electric guitar guitare électrique
gym gymnase *m.*

H

hair cheveux *m. pl.*
   to do one's hair se coiffer
   to have short/long/curly hair avoir † les cheveux courts/longs/bouclés
   to wash one's hair se laver les cheveux
half demi/e
   half-brother demi-frère *m.*

half-kilo demi-kilo *m.*
half-past et demi/e
half-sister demi-sœur *f.*
hallway couloir *m.*
ham jambon *m.*
   ham sandwich sandwich *m.* au jambon
hamburger *hamburger *m.*
hand main *f.*
   to hand in/over remettre †
   on the other hand, . . . d'autre part, en revanche
   to raise your hand lever † le doigt, lever † la main
handicap handicap *m.*
   to be handicapped être handicapé/e
handsome beau (bel), belle
to happen se passer, avoir † lieu
   What happened? Qu'est-ce qui s'est passé ?
happy heureux/-euse, content/e
   Happy birthday! Joyeux anniversaire ! , Bon anniversaire !
   Happy New Year! Bonne année !
hard (difficult) difficile ; dur/e
   hardworking sérieux/-euse, travailleur/-euse
harmonica harmonica *m.*
hat chapeau *m.*
to hate détester
to have avoir †
   to have a drink prendre † une boisson
   to have a good time s'amuser
   Have a nice weekend! Bon week-end !
   to have just (done something) venir † de + *inf.*
   to have to (do something) devoir †
he *(pron.)* il
head tête *f.*
headline gros titre *m.*
health santé *f.*
   health center/clinic infirmerie *f.*
   healthy bon/ne pour la santé
   to be healthy (person) être † en bonne santé
hear entendre
heart cœur *m.*
   heart attack crise *f.* cardiaque
hearty copieux/-euse
heavy lourd/e
   heavy jacket blouson *m.*
height taille *f.*
   of average height de taille moyenne
Hello. Bonjour.
   Hello (telephone only). Allô.
to help aider (à)
her elle ; la ; son, sa, ses
   to her lui
   herself elle-même
herbal tea tisane *f.*
here ici
   Here is/are . . . Voici...
   Here/there is/are . . . Voilà...
Hi! Salut !
high *haut/e
high school lycée *m.*
hike randonnée *f.*
   to go on a hike faire † une randonnée
hill colline *f.*

him le ; lui
   to him lui
   himself lui-même
his son, sa, ses
history histoire *f.*
hockey *hockey *m.*
to hold tenir †
holiday fête *f.*
   legal holiday jour *m.* férié
   religious holiday fête religieuse
home maison *f.*
   at my/our home chez moi/nous
   stay-at-home mother/father femme *f.*
   au foyer, homme *m.* au foyer
homeowner propriétaire *m./f.*
homebody pantouflard/e
homework devoirs *m.*
   to do homework faire † des devoirs *m.*
to hope espérer †, souhaiter
horror movie film *m.* d'horreur
horse cheval *m.*
   to go horseback riding faire † du
   cheval
hospital (public) hôpital *m.*
   private hospital clinique *f.*
hostel (youth) auberge *f.* de jeunesse
hot chaud
   hot (food) épicé/e
   hot chocolate chocolat *m.* chaud
   I am hot. J'ai chaud.
   It's hot (weather). Il fait chaud.
hotel hôtel *m.*
hour heure *f.*
   for an hour pendant une heure, pour
   une heure, depuis une heure
   in an hour dans une heure, en une
   heure
house maison *f.*
   at the home of chez
   housemate colocataire *m./f.*
how comment
   How are you? Comment
   allez-vous ?
   how many combien de
   how much combien
   How's it going? Comment ça va ?
human being être *m.* humain
human body corps *m.* humain
humanities lettres *f.*
humid lourd/e
   It's humid. Il fait lourd.
hundred cent
hunger faim *m.*
   to be hungry avoir † faim
Hurray for . . . ! Vive...!
hurricane ouragan *m.*
to hurry up se dépêcher
   in a hurry pressé/e
hurt blessé/e
to hurt (somewhere) avoir † mal à
to hurt (someone) faire † mal à
husband mari *m.*

I

I je (j')
ice glace *f.*
   ice cream glace *f.* ; crème *f.* glacée
   (*Can.*)
   ice cube glaçon *m.*
   ice on the ground verglas *m.*

icy: It's icy. Il y a du verglas.
idealistic idéaliste
if si
   If I were you À ta/votre place
important important/e
in à, dans, en
   in-laws beaux-parents *m. pl.*
including y compris
independent autonome
India Inde *f.*
Indian indien/ne
individualistic individualiste
indulgent indulgent/e
industrial industriel/le
   industrial waste déchets *m. pl.*
   industriels
inexpensive bon marché
infection infection *f.*
information renseignement *m.*
   to get information se renseigner,
   s'informer
injured blessé/e
inn auberge *f.*
inside dans, à l'intérieur de, dedans
instant messaging messagerie *f.*
   instantanée
instead of au lieu de
intelligent intelligent/e
intensity intensité *f.*
interesting intéressant/e
to be interested (in) s'intéresser (à)
Internet Internet *m.*
   connect to the Internet se connecter
   sur Internet
   to go on the Internet aller † sur
   Internet
   Internet access accès *m.* à Internet
   Internet browser browser *m.*
   on the Internet sur Internet
interview interview *f.*, entretien *m.*
to interview interviewer
into dans
to introduce présenter
   Je vous/te présente X. This is X.
invitation invitation *f.*
to invite inviter
irritable énervé/e
irritated: to become irritated s'énerver
island île *f.*
Israel Israël *m.*
Israeli israélien/ne
it ce (c') ; il ; elle ; le ; la
it is . . . c'est...
Italian (*adj.*) italien/ne
Italian (language) italien *m.*
Italy Italie *f.*
Ivorian ivoirien/ne
Ivory Coast Côte *f.* d'Ivoire

J

jacket blouson *m.*
   (suit coat) jacket veste *f.*
jam confiture *f.*
January janvier
Japan Japon *m.*
Japanese (*adj.*) japonais/e
Japanese (language) japonais *m.*
jar pot *m.*
jazz jazz *m.*
jealous jaloux/-ouse

jeans jean *m. sg.*
job poste *m.*, travail *m.*, métier *m.*
   full-time job travail à plein
   temps
   part-time job travail à mi-temps
to jog faire † du jogging
joke histoire drôle *f.*, blague *f.*,
   plaisanterie *f.*
to joke plaisanter, blaguer, raconter des
   histoires drôles
journalism journalisme *m.*
journalist journaliste *m./f.*
July juillet
June juin

K

kayak kayak *m.*
kangaroo kangourou *m.*
keyboard clavier *m.*
key clé *f.*, clef *f.*
   key word mot *m.* clé
kilo(gram) kilo(gramme) *m.*
kilometer kilomètre *m.*
kind gentil/le
   That's kind (of you). C'est gentil à
   toi/vous.
king roi *m.*
to kiss s'embrasser
kitchen cuisine *f.*
   kitchen cabinet placard *m.*
   (with) kitchenette (avec) coin *m.*
   cuisine
knee genou *m.*
to kneel se mettre † à genoux
to know (how to) savoir †
   to know or be familiar with
   connaître †
knowledge connaissance *f.*
koala (bear) koala *m.*
Korea Corée *f.*
Korean *adj.* coréen/ne
Korean (language) coréen *m.*

L

lab(oratory) laboratoire *m.* (labo)
   lab technician technicien *m.*,
   technicienne *f.* de laboratoire
lacrosse crosse *f.*
   to play lacrosse jouer à la crosse
lady dame *f.*
lake lac *m.*
lamb agneau *m.*
   lamb chop côtelette *f.* d'agneau
   leg of lamb gigot *m.* d'agneau
lamp lampe *f.*
landlord/landlady propriétaire *m./f.*
language langue *f.*
   in the original language en version *f.*
   originale (en V.O.)
   foreign language langue *f.* étrangère
   language lab labo(ratoire) *m.* de
   langues
   native language langue *f.* maternelle
laptop (ordinateur) portable *m.*
last dernier/dernière
   last month le mois dernier
   last Saturday samedi dernier
   last week la semaine dernière
   last year l'année dernière, l'an
   dernier

to last durer
late tard
    to be late être † en retard
to laugh rire †
law loi f.
    law school faculté f. de droit
    study of law droit m.
lawyer avocat m., avocate f.
lazy paresseux/-euse
to learn apprendre (à) †
leather cuir m.
to leave partir ; (someone, something) quitter
    to leave the lights on laisser les lumières allumées
lecture conférence f.
    lecture hall amphithéâtre m.
left gauche f.
    leftovers restes m. pl.
    to the left à gauche
leg jambe f.
leisure activities loisirs m. pl.
    leisure time temps m. libre
lemon citron m.
    lemonade citron m. pressé
    lemon-lime soft drink limonade f.
to lend prêter
lenient indulgent/e
less moins
    less . . . than moins (de)… que
letter lettre f.
lettuce salade f.
library bibliothèque f. ; bibli (Can.)
    public (city) library bibliothèque f. municipale
    university library bibliothèque f. universitaire (B.U.)
license permis m.
    driver's license permis de conduire
to lie mentir
life vie f.
to lift lever †
light (color) clair/e ; (weight) léger, légère
light lumière f.
    to turn on the lights allumer les lumières
    to turn out the lights éteindre les lumières
    to leave the lights on laisser les lumières allumées
lightbulb ampoule f. (électrique)
    energy-saving lightbulb ampoule basse consommation
lightning éclair m.
    There's lightning. Il y a des éclairs.
likable sympa(thique)
like comme
to like aimer
    to like fairly well aimer bien
    to like or love a lot aimer beaucoup
line ligne f.
    online en ligne
    to stand in line faire † la queue
linguistics linguistique f.
lip lèvre f.
    lipstick rouge m. à lèvres
to listen to écouter
    to listen to music écouter de la musique

list liste f.
    listing of TV programs magazine m. télé
    to make a list faire † une liste
liter litre m.
literature littérature f.
little petit/e
    little bit peu m.
    a little bit un petit peu
to live habiter ; vivre †
    to live together without being married cohabiter ; vivre † en union f. libre
liver foie m.
    chicken liver foie de volaille
    goose liver paté foie gras
living room séjour m., salle f. de séjour
loaf of sliced bread pain m. de mie
to locate trouver
    located situé/e
    to be located se trouver
long long/ue
    a long time longtemps
    a long time ago il y a longtemps
    for how long . . . ? depuis combien de temps…?
to look (seem) avoir † l'air (+ adj.)
    to look after soigner
    to look at regarder
    to look for chercher
    to look like ressembler à
    to look onto donner sur
to lose perdre
    to lose one's composure perdre son sang-froid
    to lose weight maigrir, mincir
a lot beaucoup (de)
lottery loto m.
    to play the lottery jouer au loto
loudly fort
lovable aimable
love amour m.
to love aimer
    to be in love (with) être † amoureux/-euse (de)
    to fall in love (with) tomber amoureux/-euse (de)
luck chance f.
    good luck bonne chance f.
    luckily heureusement
    to be lucky avoir † de la chance
luggage bagages m. pl.
    to carry up luggage monter les bagages
lunch déjeuner m.
    to eat lunch déjeuner, dîner (Can.)
lung poumon m.

M

Madam, ma'am madame f. (Mme)
mad fâché/e, en colère
    to get mad se fâcher
magazine magazine m.
    monthly magazine mensuel m.
    weekly magazine hebdomadaire m.
mail courrier m.
    e-mail e-mail m., courriel m. (Can.)
    mail carrier facteur m., factrice f.
main character personnage m. principal
main dish plat m. principal

major (in) spécialisation f. (en), majeure f. (en) (Can.)
majority plupart f.
to make faire †
    to make a mistake faire † une faute
makeup maquillage m.
    to put on makeup se maquiller
man homme m., monsieur m.
manager directeur m., directrice f.
map carte f.
    city map plan m. de ville
March mars
market marché m.
    flea market marché aux puces
    open-air market marché en plein air
    supermarket supermarché m.
marital status état m. civil
marriage mariage m.
married marié/e
    to get married se marier
masculine masculin
mathematics mathématiques f. (les maths)
May mai
maybe peut-être
mayonnaise mayonnaise f.
mayor maire m.
me moi
    me neither moi non plus
    me too moi aussi
    not me pas moi
meal repas m.
    before-meal drink apéritif m.
    balanced meal repas m. équilibré
mean méchant/e
to mean (to say) vouloir † dire
means of transportation moyen m. de transport
meat viande f.
    meat counter rayon m. boucherie
mechanic mécanicien m., mécanicienne f.
media médias m. pl.
medicine (field of study) médecine f.
    medicine (drug) médicament m.
mediocre médiocre
to meet se rencontrer, se retrouver, se connaître, faire la connaissance de qqn
to meet up with (se) retrouver, se réunir
meeting rendez-vous m., réunion f., rencontre m.
melon (cantaloupe) melon m.
to melt fondre
Merry Christmas! Joyeux Noël !
message message m.
    text message texto m.
meter mètre m.
Mexican mexicain/e
Mexico Mexique m.
microwave (oven) (four à) micro-ondes m.
middle milieu m.
    to be in the middle of doing sthg être † en train de faire qqch
    in the middle au milieu de
    in the middle of May à la mi-mai
    middle-aged d'un certain âge
    middle school collège m.
midnight minuit
milk lait m.
    milk chocolate chocolat m. au lait
million million m.

mineral water eau *f.* minérale
minor (in) mineure *f.* (en) (*Can.*)
mint menthe *f.*
    mint tea thé *m.* à la menthe
    herbal mint tea tisane *f.* à la menthe
minute minute *f.*
mirror miroir *m.*, glace *f.*
Miss Mademoiselle *f.* (Mlle)
to miss manquer, rater
    I miss him/her. Il/Elle me manque.
    I miss them. Ils/Elles me manquent.
    I miss you. Tu me manques. Vous me manquez.
missing absent/e
mistake faute *f.*, erreur *f.*
    to make a mistake faire † une faute, se tromper
Mister Monsieur *m.* (M.)
modern moderne
moment moment *m.*
    at that moment à ce moment-là
Monday lundi
money argent *m.*
monitor moniteur *m.*, écran *m.*
    flat-screen monitor moniteur avec un écran plat, écran plat
month mois *m.*
    last month le mois dernier
    next month le mois prochain
moon (the Moon) lune (la Lune) *f.*
moped mobylette *f.*
more . . . than plus (de)... que
morning matin *m.*
    Good morning. Bonjour.
    (X o'clock) in the morning (X heures) du matin
Moroccan *adj.* marocain/e
Morocco Maroc *m.*
most plupart *f.*
mother mère *f.*
    mother-in-law belle-mère *f.*
    single mother mère célibataire
    stepmother belle-mère *f.*
motorcycle moto *f.*
motorscooter mobylette *f.*
mountain montagne *f.*
    to go mountain climbing faire † de l'alpinisme *m.*
mouse souris *f.*
    wireless mouse souris sans fil
mouth bouche *f.*
to move (an object) bouger
    to move (one's home) déménager
movie film *m.*
    movie star vedette *f.*, star *f.*
    movie theater cinéma *m.*
MP3 player baladeur *m.* MP3
Mr. Monsieur *m.* (M.)
Mrs. Madame *f.* (Mme)
Ms. Madame *f.* (Mme)
multimedia multimédia
museum musée *m.*
mushroom champignon *m.*
music musique *f.*
musical comédie *f.* musicale
musician musicien *m.*, musicienne *f.*
must devoir †
    You (One) must . . . Il faut...
    You (One) must not . . . Il ne faut pas...
mustard moutarde *f.*

my mon, ma, mes
    My name is . . . Je m'appelle...
myself moi-même

N

name (last) nom *m.*
    first name prénom *m.*
    nickname surnom *m.*
    My name is . . . Je m'appelle...
    What is your name? Comment vous appelez-vous/tu t'appelles ?
to name nommer
nationality nationalité *f.*
natural sciences sciences *f.* naturelles
nature nature *f.*, caractère *m.*
nausea mal *m.* au cœur
    to be nauseated avoir † mal au cœur
near (to) près (de)
    very near tout près (de)
    nearly à peu près, presque
Neat! Chouette !
necessary nécessaire, indispensable
    to be necessary falloir † : il faut, être † nécessaire, être † indispensable
neck cou *m.*
necklace collier *m.*
to need avoir † besoin de, il faut
need besoin *m.*
neighbor voisin/e *m./f.*
neighborhood quartier *m.*
neighboring voisin/e
neither non plus, ne... ni... ni
nephew neveu *m.*
    nieces and nephews neveux *pl.*
nervous agité/e, nerveux/-euse
Netherlands Pays-Bas *m. pl.*
network réseau *m.*
    social network réseau *m.* social
    wireless network réseau *m.* sans fil
never ne... jamais
new nouveau (nouvel), nouvelle
    brand-new neuf, neuve
news informations *f. pl.*, (infos) nouvelles *f. pl.*
    news broadcast journal *m.* télévisé
    newsgroup forum *m.* de discussion
newspaper journal *m.*
newsstand kiosque *m.* à journaux
next prochain/e, ensuite
next to à côté de
nice sympa(thique), gentil/le, agréable
niece nièce *f.*
    nieces and nephews neveux *m. pl.*
night nuit *f.*
    at night la nuit, le soir
nine neuf
nineteen dix-neuf
ninety quatre-vingt-dix
no non
    no longer ne... plus
    no matter what n'importe quoi
    no more ne... plus
    no one ne... personne
noise bruit *m.*
    to make noise faire † du bruit
    noise pollution pollution *f.* sonore
nonbiodegradable non-biodégradable
noon midi
normally normalement
north nord *m.*

North America Amérique *f.* du nord
nose nez *m.*
    to have a runny nose avoir † le nez qui coule
not pas, ne... pas
    not at all pas du tout
    not bad pas mal
    not me pas moi
    not yet pas encore
notebook cahier *m.*
nothing ne... rien
novel roman *m.*
November novembre
now maintenant
number chiffre *m.*, numéro *m.*
nurse infirmier *m.*, infirmière *f.*

O

to obey obéir à
to obtain obtenir †
obvious évident/e
occupation métier *m.*, profession *f.*
October octobre
odd bizarre
odd jobs: to do odd jobs around the house bricoler, faire † du bricolage
of de (d')
    of course bien sûr
offer offre *f.*
    job offer offre d'emploi
to offer offrir †
office bureau *m.*
    administrative offices bureaux *pl.* administratifs
    registrar's office bureau des inscriptions
often souvent
oil huile *f.*
    olive oil huile d'olive
    waste (used) oil huile usagée
ointment pommade *f.*
OK d'accord
old vieux (vieil), vieille ; ancien/ne
    to be X years old avoir † X ans
    How old are you? Quel âge avez-vous/as-tu ?
    old-fashioned démodé/e
    older person personne *f.* âgée
olive olive *f.*
omelet omelette *f.*
on à, sur
    on foot à pied
    on purpose exprès
    on sale en solde
    on TV à la télé
    on the contrary si, au contraire
once une fois
    once upon a time il était une fois
one un/e
onion oignon *m.*
online en ligne
    to go online aller † sur Internet
only seulement, ne... que, uniquement
open ouvert/e
to open ouvrir †
opinion opinion *f.*, avis *m.*
    in my opinion à mon avis, d'après moi
opposite contraire *m.* ; *prep.* en face (de)
optimistic optimiste

---

optional facultatif/-ive
or ou
orange (color) orange *adj. inv.*
   orange (fruit) orange *f.*
   orange juice jus *m.* d'orange
   Orangina orange soda Orangina *m.*
order (in restaurant) commande *f.* ;
   (general) ordre *m.*
   to be out of order être † en panne
   to give orders donner des ordres
   in order to pour + *inf.,* afin de + *inf.*
to order (food) commander
organic biologique, bio
to organize organiser
   to organize (against) se mobiliser
   (contre)
other autre
our notre, nos
ourselves nous-mêmes
outdated démodé/e
outdoors en plein air, dehors
outgoing sociable
outside dehors, à l'extérieur
oven four *m.*
   microwave oven four à micro-ondes,
   micro-ondes *m.*
over sur
   over there là-bas
overcast: It's overcast. Le ciel est
   couvert.
overcoat manteau *m.*
to overlook donner sur
to owe devoir †
to own posséder †, avoir †
owner propriétaire *m./f.*

P

Pacific Océanie *f.*
   Pacific Ocean océan *m.* Pacifique
to pack faire † ses valises *f. pl.*
package paquet *m.,* colis *m.*
packaging emballage *m.*
page page *f.*
   on page X à la page X
pain mal (des maux) *m.,* douleur *f.*
to paint peindre †
painter peintre *m.*
painting peinture *f.,* tableau *m.*
pair paire *f.*
   in pairs en groupes *m. pl.* de deux
pale pâle
   to become pale pâlir
pants pantalon *m. sg.*
pantyhose collant *m.*
paper papier *m.*
   paper (written for a course)
   dissertation *f.,* un essai *m.,* un devoir
   m. écrit
parent parent *m.*
park parc *m.*
to park garer
parking garage garage *m.,* parking *m.*
to participate in participer à
partner partenaire *m./f.*
part-time à mi-temps
party fête *f.,* soirée *f.*
to pass by passer
   to pass (an exam/a course) réussir (à)
passerby passant *m.,* passante *f.*
passport passeport *m.*

pasta pâtes *f. pl.*
pastime passe-temps *m.*
pastry pâtisserie *f.*
   pastry chef pâtissier *m.,* pâtissière *f.*
pâté pâté *m.*
path chemin *m.*
to pay payer †
   to pay attention (be careful) faire †
   attention
peach pêche *f.*
pear poire *f.*
peas petits pois *m. pl.*
pedestrian piéton *m.*
   pedestrian street rue *f.* piétonne
pen stylo *m.*
pencil crayon *m.*
penicillin pénicilline *f.*
people gens *m. pl.*
pepper poivre *m.*
   chili pepper piment *m.* rouge
   green pepper poivron *m.* vert
   hot pepper piment *m.*
   red pepper poivron *m.* rouge
percussion batterie *f.*
perfect parfait/e, idéal/e
perfectly parfaitement
performing arts arts *m. pl.* du spectacle
perhaps peut-être
permit permis *m.*
to permit permettre †
person personne *f.*
personality personnalité *f.,* caractère *m.*
pessimistic pessimiste
pet animal *m.* familier
pharmacist pharmacien *m.,*
   pharmacienne *f.*
pharmacy pharmacie *f.*
philosophy philosophie *f.*
to phone téléphoner à, appeler †
   to phone one another se téléphoner
photo(graph) photo(graphie) *f.*
photographer photographe *m./f.*
physical sciences sciences *f. pl.* physiques
physics physique *f.*
physiology physiologie *f.*
piano piano *m.*
   to play the piano jouer du piano
picnic pique-nique *m.*
   to have a picnic faire † un
   pique-nique
to picnic pique-niquer
picture photo(graphie) *f.,* tableau *m.,*
   peinture *f.,* image *f.,* dessin *m.,*
   illustration *f.*
pie tarte *f.*
   apple pie tarte aux pommes
piece morceau *m.*
   piece of advice conseil *m.*
   piece of furniture meuble *m*
   piece of information renseignement *m.*
   piece of news nouvelle *f.*
   piece of toast tartine *f.,* rôtie *f.* (*Can.*),
   toast *m.*
pig cochon *m.*
pineapple ananas *m.*
pink rose
pizza pizza *f.*
place endroit *m.,* lieu *m.*
   at my/our place chez moi/nous
   at X's place chez X

   at your place chez toi/vous
   to take place avoir † lieu
   in your place à ta/votre place
to plan organiser, planifier
plan projet *m.*
   to have plans être pris/e, avoir † des
   projets
   to make plans faire † des projets
plane avion *m.*
planet planète *f.*
plastic plastique *m.*
   plastic bag sac *m.* en plastique
plate assiette *f.*
play (theater) pièce *f.* (de théâtre)
to play jouer
   to play an instrument jouer (de)
   to play a sport jouer (à)
   to play sports faire † du sport
   playing field terrain *m.* de sport
player joueur *m.,* joueuse *f.*
pleasant agréable
please s'il te plaît, s'il vous plaît
poem poème *m.*
poet poète *m.*
poetry poésie *f.*
police officer agent *m.* de police
political science sciences *f. pl.* politiques
poll (opinion) sondage *m.,* enquête *f.*
polling station bureau *m.* de vote
to pollute polluer
pollution pollution *f.*
   air pollution pollution
   atmosphérique
   noise pollution pollution sonore
pork porc *m.*
Portugal Portugal *m.*
Portuguese *adj.* portugais/e
Portuguese (language) portugais *m.*
possible possible
   It's possible. C'est possible.
possibly éventuellement
to post afficher, annoncer
postcard carte *f.* postale
poster affiche *f.,* poster *m.*
post office poste *f.*
potato pomme *f.* de terre, patate *f.*
   (*fam.*)
position (job) poste *m.* ; position *f.*
to pour verser
practical pratique
practice répétition *f.* (musique, théâtre),
   entraînement *m.* (sport)
to practice répéter † (musique, théâtre),
   s'entraîner (sport)
to prefer préférer †, aimer mieux
to prepare préparer
   prepared dish plat *m.* préparé
prescription ordonnance *f.*
present cadeau *m.*
to present présenter, offrir †, donner,
   remettre †
to press appuyer † sur; insister
   to press the button appuyer † sur le
   bouton
press presse *f.*
prestige prestige *m.*
pretty joli/e
   pretty good pas mal du tout
to prevent empêcher
price prix *m.*

printer imprimante *f.*
   multifunction printer imprimante multifonction
probably probablement
problem problème *m.*
   no problem sans problème
produce aisle rayon *m.* fruits et légumes
profession profession *f.*
professor professeur *m.*, professeure *f.* (Can.)
program (TV) émission *f.*
programmer informaticien *m.*, informaticienne *f.*
project projet *m.*
to promise promettre †
to protect protéger †, sauver, sauvegarder
protest manifestation *f.*
to protest manifester (contre), protester
psychological drama drame *m.* psychologique
psychology psychologie *f.*
public public *m.* ; *adj.* public/publique
   public transportation transport *m.* en commun
pullover sweater pull(-over) *m.*
to punish punir
purple violet/-te
purse sac *m.* à main
to push pousser
to push (a button) appuyer † sur (un bouton)
to put mettre †, placer †
   to put away ranger †
   to put in installer
   to put makeup on se maquiller
   to put on (clothes) mettre †
   to put on shoes chausser

Q

quantity quantité *f.*
quarter quart *m.* ; trimestre *m.*
   quarter past et quart
   quarter to moins le quart
Quebec Québec *m.*
Quebecois québécois/e
queen reine *f.*
question question *f.*
   to answer a question répondre à une question
   to ask a question poser une question
quiet *adj.* réservé/e, silencieux/-ieuse
quiet silence *m.*, tranquillité *f.*
quietly en silence, doucement, sans bruit, silencieusement
quite assez
quiz interrogation *f.*

R

rabbit lapin *m.*
radio radio *f.*
rain pluie *f.*
to rain pleuvoir †
   It's raining. Il pleut.
raincoat imper(méable) *m.*
to raise lever †
   to raise one's hand lever † le doigt, lever † la main
   to raise a child élever † un enfant
rapid rapide

rapidly vite, rapidement
rarely rarement
rather assez, plutôt
raw vegetables crudités *f. pl.*
razor rasoir *m.*
to read lire †
   to read out loud lire † à haute voix
ready prêt/e
real vrai/e, réel/le, véritable, authentique
realistic réaliste
reality show émission *f.* de téléréalité
really vraiment
   Really? Ah bon ?
reason raison *f.*
   the reason why la raison pour laquelle
reasonable raisonnable
reassuring sécurisant/e
rebellious rebelle
to receive recevoir †
receptionist réceptionniste *m./f.*
recipe recette *f.*
recommendation recommandation *f.*
recorder flûte *f.*
to recycle recycler, faire † du recyclage
recycling recyclage *m.*
red rouge
redhead, redhaired roux/-sse
reference book ouvrage *m.* de référence
to reflect (on) réfléchir (à)
refrigerator réfrigérateur *m.*, frigo *m.*
region région *f.*
to register s'inscrire
   to register to vote s'inscrire sur la liste électorale
rehearsal répétition *f.*
to rehearse répéter †
relative parent *m.*
relax se détendre, se décontracter, se relaxer
remarried remarié/e
remedy remède *m.*
to remember se rappeler †, se souvenir † de
remote control télécommande *f.*
renovated renové/e
rent loyer *m.*
to rent louer
renter locataire
   co-renter colocataire *m./f.*
to repeat répéter †
report exposé *m.*, rapport *m.*, reportage *m.*
to request demander (à, de)
to require exiger
required obligatoire
reservation réservation *f.*
to reserve réserver, faire † une réservation
reserved réservé/e
residential résidentiel/le
   residential neighborhood quartier *m.* résidentiel
resource ressource *f.*
   natural resource ressource naturelle
responsibility responsabilité *f.*
responsible responsable
rest repos *m.*
to rest se reposer
restaurant restaurant *m.*

restroom toilettes *f. pl.*, W.-C. *m. pl.*
to return revenir †
   to return home rentrer
   to return (object) rendre
rice riz *m.*
to ride a bicycle faire † du vélo *m.*
right droite *f.*
   to the right à droite
   to be right avoir † raison
   It will be all right. Ça va s'arranger.
ring bague *f.*, anneau *m.*
   diamond ring bague en diamants
   engagement ring bague de fiançailles
   wedding ring alliance *f.*
to ring sonner
ripe mûr/e
river (to the sea) fleuve *m.*
   river (tributary) rivière *f.*
roast rôti *m.*
   pork roast rôti de porc
   roast beef rosbif *m.*
rock music rock *m.*
role (film or theater) rôle *m.*
   role play jeu *m.* de rôle
roll of film pellicule *f.*
roll (bread) petit pain *m.*
roof toit *m.*
room pièce *f.*, salle *f.*
   bedroom chambre *f.*
   classroom salle (de classe)
roommate colocataire *m./f.*, camarade de chambre *m./f.*
routine routine *f.*
rug tapis *m.*
rugby rugby *m.*
ruler règle *f.*
to run courir †
   to run errands faire † des courses *f.*
RV camping-car *m.*

S

sad triste
sailboat bateau *m.* à voile
   to go sailing faire † de la voile
salad salade *f.*
salary salaire *m.*
sale solde *f.*, promotion *f.*
   to be on sale être † en solde
sales clerk vendeur *m.*, vendeuse *f.*
sales representative représentant *m.*, représentante *f.* de commerce
salmon saumon *m.*
   smoked salmon saumon fumé
salt sel *m.*
salty salé/e
same même
   just the same quand même
   the same thing la même chose *f.*
sandal sandale *f.*
sandwich (ham, cheese) sandwich *m.* (au jambon, au fromage)
Santa Claus Père *m.* Noël
Saturday samedi
to save (money) économiser, faire † des économies
   to save a file sauvegarder un fichier
saxophone saxophone *m.*
to say dire †
to scan scanner, passer au scanner
scanner scanner *m.*

to scare faire † peur à
   to be scared avoir † peur
scarf écharpe *f.*
   silk scarf foulard *m.*
schedule emploi *m.* du temps
school école *f.*
   business school école de commerce
   elementary school école primaire
   middle school collège *m.*
   high school lycée *m.*
   nursery school école maternelle
   school within a university faculté *f.*
   secondary school école secondaire
science science *f.*
science-fiction science-fiction *f.*
screen écran *m.*
   flat screen écran *m.* plat
sculpture sculpture *f.*
sea mer *f.*
seafood fruits *m. pl.* de mer
search engine moteur *m.* de recherche
seashore bord *m.* de la mer
season saison *f.*
   to have season tickets être † abonné/e, avoir † un abonnement
seat place *f.*, siège *m.*
second (unit of time) seconde *m.*
second (order) deuxième ; second/e (when there are only two items in a series)
   second floor premier étage *m.*
secretary secrétaire *m./f.*
to see voir †
   Let's see . . . Voyons…
   See you soon! À bientôt !
   See you tomorrow! À demain !
to seem (good) avoir † l'air (bon)
selfish égoïste
to sell vendre
to send envoyer †
semester semestre *m.*
Senegal Sénégal *m.*
Senegalese sénégalais/e
sensitive sensible
to separate se séparer
separated séparé/e
September septembre
series feuilleton *m.*, série *f.*
serious sérieux/-euse, grave
to serve servir
service sector services *m. pl.*
to set mettre †
   to set the table mettre † la table
seven sept
seventeen dix-sept
seventy soixante-dix
several plusieurs
shampoo shampooing *m.*
shape forme *f.*
   to be in shape (after exercising, or after being sick) être † en forme
   to get back in shape retrouver la forme, se remettre † en forme
   to get in shape se mettre † en forme
   square shape forme carrée
   to take shape prendre forme
to share partager †
to shave se raser
she elle
sheet of paper feuille *f.* de papier

shelf étagère *f.*
shirt (man's) chemise *f.*
   shirt (woman's) chemisier *m.*
shoe chaussure *f.*
to shop faire † du shopping
   to shop for groceries faire † les courses *f. pl.*
shopkeeper commerçant *m.*, commerçante *f.*
shore plage *f.*, bord *m.* de la mer
short petit/e, court/e
shorts short *m. sg.*
shoulder épaule *f.*
to shout crier
show spectacle *m.*, représentation *f.*, émission *f.* (TV)
to show montrer
to shower se doucher, prendre † une douche
shrimp crevette *f.*
shuttle (bus) navette *f.*
shy timide, réservé/e
sick malade
side côté *m.*
sightseeing tourisme *m.*
   to go sightseeing faire † du tourisme *m.*
silk soie *f.*
since (because) puisque
since (time) depuis
   since when . . . ? depuis quand…?
to sing chanter
singer chanteur *m.*, chanteuse *f.*
singing lesson leçon *f.* de chant
single célibataire
sink (bathroom) lavabo *m.*
   sink (kitchen) évier *m.*
Sir Monsieur *m.*
sister sœur *f.*
   half-sister demi-sœur *f.*
   sister-in-law belle-sœur *f.*
   stepsister demi-sœur *f.*
to sit down s'asseoir †
   Sit down! Asseyez-vous !
site site *m.*
   Web site site *m.* (Web)
to situate situer
   to be situated at être † situé/e à
six six
sixteen seize
sixty soixante
size taille *f.*
   middle-sized de taille *f.* moyenne
to ski faire † du ski *m.*, skier
skin peau *f.*
skinny maigre
to skip (a meal) sauter (un repas)
   to skip (a class) sécher † (un cours)
skirt jupe *f.*
   miniskirt mini-jupe *f.*
sky ciel *m.*
slacks pantalon *m. sg.*
to sleep dormir
   to be asleep être endormi/e
   to fall asleep s'endormir
   to go back to sleep se rendormir
sleet verglas *m.*
slice tranche *f.*, part *f.*
slim mince
slow lent/e

to slow down ralentir
slowly lentement
small petit/e
smart intelligent/e
smart phone smartphone *m.*
smoke fumée *f.*
to smoke fumer
smoked fumé/e
to snack grignoter, goûter
snack casse-croûte *m. inv.*, en-cas *m.*, collation *f.*
   afternoon snack goûter *m.*
   snack bar snack-bar *m.*
snake serpent *m.*
sneakers baskets *m. pl.*, tennis *m. pl.*
snow neige *f.*
   snowman bonhomme *m.* de neige
   snowmobile motoneige *f.*
   to go snowmobiling faire † de la motoneige
to snow neiger
   It's snowing. Il neige.
snowboard planche *f.* à neige
to snowboard faire † du surf des neiges
so alors
   so do I moi aussi
soap savon *m.*
   laundry soap lessive *f.*
   soap opera feuilleton *m.*
soccer football (foot) *m.*, soccer *m.* (Can.)
   soccer game match *m.* de football
sociable sociable
social network réseau *m.* social
social sciences sciences *f. pl.* humaines
social worker assistant *m.*, assistante *f.* social/e
sociology sociologie *f.*
sock chaussette *f.*
software (program) logiciel *m.*
some des ; en ; quelques
   someone quelqu'un
   something quelque chose
   sometimes quelquefois
   somewhere quelque part
son fils *m.*
   grandson petit-fils *m.*
   son-in-law gendre *m.*, beau-fils *m.*
   stepson beau-fils *m.*
song chanson *f.*
soon bientôt
sorry désolé/e
   to be sorry être † désolé/e, regretter
to sort trier
so-so ça peut aller
sound bruit *m.*
soup soupe *f.*
   soup kitchen soupe *f.* populaire
south sud *m.*
South America Amérique *f.* du sud
souvenir souvenir *m.*
Spain Espagne *f.*
Spanish *adj.* espagnol/e
Spanish (language) espagnol *m.*
to speak parler
   Speak louder! Parlez plus fort !
speciality spécialité *f.*
to spell épeler
to spend (money) dépenser
to spend (time) passer

spice épice *f.*
   spicy épicé/e
spinach épinards *m. pl.*
spoon cuillère *f.*
   soupspoon grande cuillière
   spoonful (of) cuillerée (de)
   tablespoon grande cuillière
   teaspoon petite cuillière
sport sport *m.*
   sport coat veste *f.*
   sports show émission *f.* sportive
   to do/play sports faire † du sport
spring printemps *m.*
   in the spring au printemps
spouse époux *m.*, épouse *f.*
spy movie film *m.* d'espionnage
square carré *m.*
   square (in a city) place *f.*
to squeeze presser
stadium stade *m.*
staircase escalier *m.*
stairs escalier *m.*
star étoile *f.*
   movie star vedette *f.*, star *f.*
to start commencer †
   to start exercising again se remettre †
   à faire de l'exercice
to stay rester
   to stay home rester à la maison
   to stay in a hotel loger † à l'hôtel
   to stay overnight passer la nuit
   to stay with a friend loger † chez
   un/e ami/e
steak biftek *m.*, steak, *m.*
stepbrother demi-frère *m.*
stepdaughter belle-fille *f.*
stepfather beau-père *m.*
stepmother belle-mère *f.*
stepsister demi-sœur *f.*
stepson beau-fils *m.*
still encore
stomach estomac *m.*, ventre *m.*
   to have a stomachache avoir † mal au
   ventre
stop arrêt *m.*
   bus stop arrêt *m.* de bus
   stoplight feu *m.* rouge
stop sign stop *m.*, arrêt *m.* (*Can.*)
to stop (s')arrêter
   Stop it! Arrête !
store magasin *m.*, boutique *f.*
story (of a building, house) étage *m.*
   first story rez-de-chaussée *m.*
   second story premier étage
story histoire *f.*
stout fort/e
stove cuisinière *f.*
straight ahead tout droit
strange bizarre, drôle
stranger étranger *m.*, étrangère *f.*
strawberry fraise *f.*
stream (large) rivière *f.*
to stream (media) télécharger
street rue *f.*
   streetcar tramway *m.*
strength training musculation *f.*
   to do strength training faire † de la
   musculation
strep throat angine *f.*
stressed stressé/e

strike grève *f.*
to strike faire † (la) grève
   to be on strike être † en grève
strong fort/e
stubborn têtu/e
student étudiant *m.*, étudiante *f.*
studies études *f. pl.*
studio atelier *m.*
   studio apartment studio *m.*
to study étudier, travailler
   to study for an exam préparer un
   examen
   to study (French) faire † du
   (français)
   to study tonight, this weekend
   travailler ce soir, ce week-end
stuff affaires *f. pl.*
stupid bête, idiot/e, stupide
   to do something stupid faire † une
   bêtise
stylish chic, à la mode
to subscribe (to) s'abonner (à)
suburb banlieue *f.*
subtitle sous-titre *m.*
to subtitle doubler
subway métro *m.*
to succeed réussir (à)
sugar sucre *m.*
   brown sugar sucre roux
   powdered sugar sucre glace
to suggest suggérer †, proposer
suit (man's) costume *m.*
   suit (woman's) tailleur *m.*
suitcase valise *f.*
summer été *m.*
   summer camp colonie *f.* de
   vacances
   summer vacation grandes vacances
   f. pl.
sun soleil *m.*
   It's sunny. Il y a du soleil.
sunburn coup *m.* de soleil
Sunday dimanche
sunglasses lunettes *f. pl.* de soleil
super super
supermarket aisles rayons *m. pl.* du
   supermarché
supper souper *m.*
   to have supper souper
to support soutenir †
sure sûr/e
surfing surf *m.*
to surf faire † du surf
   to surf the Web surfer sur Internet
surprised étonné/e, surpris/e
sweater (cardigan) gilet *m.*
to swim nager †, faire † de la natation
swimming la natation *f.*
   swimming pool piscine *f.*
swimsuit maillot *m.* (de bain)
Swiss suisse
Switzerland Suisse *f.*
symptom symptôme *m.*

T

T-shirt tee-shirt *m.*
table table *f.*
   to set the table mettre † la table
tablet tablette *f.*
   touch screen tablet tablette *f.* tactile

to take prendre †
   to take a nap faire † la sieste
   to take a test passer un examen
   to take a trip faire † un voyage
   to take care of s'occuper de
   to take care of oneself se soigner
   to take courses suivre † des cours
   to take someone somewhere
   emmener †
   to take something somewhere
   emporter
talented doué/e
to talk parler
tall grand/e
to tan bronzer
taste goût *m.*
to taste goûter
taxi taxi *m.*
tea thé *m.*
teacher professeur *m.*, enseignant/e
   m./f.
team équipe *f.*
technology technologie *f.*
to tease someone plaisanter avec
   quelqu'un, taquiner
tedious ennuyeux/-euse
teenager adolescent *m.*, adolescente *f.*
telephone téléphone *m.*
   cell phone portable *m.*
   phone number numéro *m.* de
   téléphone
   phone book annuaire *m.*
to telephone (someone) téléphoner à
television télévision *f.* (télé)
to tell dire †
   to tell a joke raconter une histoire
   drôle
   to tell a lie mentir
   to tell a story raconter (une histoire)
ten dix
tenant locataire *m./f.*
tender tendre
tennis tennis *m.*
   tennis shoes tennis *m. pl.*
tent tente *f.*
terrace terrasse *f.*
term (of office) mandat *m.*
test examen *m.*, épreuve *f.*
text message texto *m.*
to thank remercier
   Thank you! Merci !
   Thank you for coming. Je te/vous
   remercie d'être venu/e.
that cela, ça
   That's all. C'est tout.
   That's it. Ça y est.
   That's too bad. C'est dommage.
that (*rel. pron.*) qui, que
theater théâtre *m.*
their leur/s
them eux, elles, les
   to them leur
themselves eux-mêmes, elles-mêmes
then alors, ensuite, puis
there là ; y
there is/are . . . voilà, il y a…, voici
therefore donc
these ces
they ils, elles, on
thin fin/e, mince

thing chose *f.*
   something quelque chose
   something interesting quelque chose d'intéressant
   the same thing la même chose
think penser, réfléchir à
   I don't think so. Je pense que non. Je (ne) pense pas.
   I think so. Je pense que oui.
   I think that . . . Je pense que...
thirst soif *f.*
   to be thirsty avoir † soif
thirteen treize
thirty trente
this ce (cet), cette
   this is . . . c'est/ce sont..., voici
thousand mille
three trois
throat gorge *f.*
   to have a sore throat avoir † mal à la gorge
through par, à travers
to throw (out) jeter †
thunderstorm orage *m.*
thunder tonnerre *m.*
   There is thunder. Il y a du tonnerre.
Thursday jeudi
ticket billet *m.*
   museum ticket entrée *f.*
   subway ticket ticket
   theater/concert ticket place *f.*
to tidy up ranger †
tie (clothing) cravate *f.*
   tie (game) match *m.* nul
   tie (link) attache *f.*, lien *m.*
to tie attacher, lier ; nouer (une cravate, un foulard) ; faire † match nul
tights collant *m.*
time l'heure *f.* ; temps *m.*
   for a long time depuis longtemps
   full-time à plein temps
   long time longtemps
   part-time à mi-temps
   What time is it? Quelle heure est-il ?
tip (money) pourboire *m.*
   tip (advice) conseil *m.*, tuyau *m.* (*fam.*)
tired fatigué/e
title titre *m.*
to à, en
today aujourd'hui
toe orteil *m.*
together ensemble
toilet toilettes *f. pl.*
toiletries articles *m. pl.* de toilette
tomato tomate *f.*
tomorrow demain
   day after tomorrow après-demain *m.*, lendemain *m.*
tonight ce soir
too aussi
   me too moi aussi
   too much trop
tooth dent *f.*
   toothbrush brosse *f.* à dents
   toothpaste dentifrice *m.*
tornado tornade *f.*
tourism office office *m.* de tourisme, Syndicat *m.* d'initiative
tourist touriste *m./f.*
toward vers

towel serviette *f.* (de toilette)
to towel off s'essuyer †
town ville *f.*
   town hall mairie *f.*
toxic toxique
traffic circulation *f.*
   traffic circle rond-point *m.*
   traffic jam embouteillage *m.*
train train *m.*
   train station gare *f.*
tramway tramway *m.*
transportation (means of) moyen *m.* de transport
   mass transportation transports *m. pl.* en commun
trash ordures *f. pl.*
   trash can poubelle *f.*
to travel voyager †
tree arbre *m.*
   Christmas tree sapin *m.* de Noël
   pine tree sapin *m.*
   fruit tree arbre fruitier
tremendous formidable
trimester trimestre *m.*
trip voyage *m.*
   to go on a trip faire † un voyage, voyager †, partir
   Have a good trip! Bon voyage !
trombone trombone *m.*
trousers pantalon *m. sg.*
true vrai/e
   That's true. C'est vrai.
trumpet trompette *f.*
truth vérité *f.*
to try essayer † (de)
Tuesday mardi
tuna thon *m.*
turkey dinde *f.*
to turn tourner
   to turn off (the lights) éteindre † (les lumières)
   to turn off the running water (from the faucet) couper l'eau du robinet
   to turn on (an appliance) allumer
TV télévision *f.* (télé)
   TV (or radio) station chaîne *f.*
   TV remote control télécommande *f.*
   TV series série *f.*
twenty vingt
twin jumeau *m.*, jumelle *f.*
two deux
typical typique

U

ugly moche, laid/e
umbrella parapluie *m.*
uncle oncle *m.*
under sous
underground au sous-sol
to understand comprendre †
undisciplined indiscipliné/e
to undress se déshabiller
uneasy inquièt/e
unfortunately malheureusement
unhappy malheureux/-euse
unhealthy mauvais/e pour la santé
United States États-Unis *m. pl.*
university université *f.*, faculté *f.* (fac)
   university dining hall restaurant *m.* universitaire (resto U)

university library bibliothèque *f.* universitaire (B.U., bibli, *Can.*)
unmarried célibataire
until jusqu'à
up: to be up être † debout
   to get up se lever †
   to go up monter
   Time's up! C'est l'heure !
to update mettre † à jour
to upload télécharger
to be upset être † fâché/e, en colère
upstairs en *haut
urgent urgent
us nous
to use (something) se servir de (quelque chose) employer †, utiliser
useful utile
usually d'habitude, habituellement
utilities charges *f. pl.*

V

vacation vacances *f. pl.*
   vacation plans projets *m. pl.* de vacances
   to go on vacation partir en vacances
valley vallée *f.*
vanilla vanille *f.*
   vanilla ice cream glace *f.* à la vanille
variety show divertissement *m.*
VCR magnétoscope *m.*
vegan végétalien/ne
vegetable légume *m.*
   vegetable garden potager *m.*
   cut-up raw vegetables crudités *f. pl.*
vegetarian végétarien/ne
very très
   very good très bon/ne
   very much beaucoup
   very well très bien
video vidéo *f.*
   video games jeux *m. pl.* vidéos, jeux *m. pl.* électroniques
   videotape vidéocassette *f.*
Vietnam Vietnam *m.*
Vietnamese vietnamien/ne
village village *m.*
vinaigrette vinaigrette *f.*
vinegar vinaigre *m.*
   balsamic vinegar vinaigre balsamique
   cider vinegar vinaigre de cidre
viola violon *m.* alto
violin violon *m.*
to visit (someone) rendre visite à
to visit (someplace, something) visiter
volleyball volley(-ball) *m.*
volunteer bénévole *m./f.*, volontaire *m., f.*
volunteering bénévolat *m.*
to vote voter

W

waist taille *f.*
to wait (for) attendre
waiter/waitress serveur *m.*, serveuse *f.*
to wake up se réveiller
walk promenade *f.*
to walk marcher, aller † à pied
   to take a walk se promener †, faire † une promenade

to walk for exercise faire † de la marche
to walk the dog promener † le chien, sortir le chien
wall mur *m.*
wallet portefeuille *m.*
to want vouloir †, avoir † envie de, désirer
war guerre *f.*
  World War I la Première Guerre mondiale
  World War II la Seconde Guerre mondiale
wardrobe (furniture) armoire *f.*, (clothing) garde-robe *f.*
warm chaud/e
  It's warm weather. Il fait chaud. Il fait bon.
  I'm warm. J'ai chaud.
  warm-hearted affectueux/-euse
to wash se laver
  to wash one's face se laver la figure
  to wash one's hands se laver les mains
  to wash oneself faire † sa toilette
wash mitt gant *m.* de toilette
waste gaspillage *m.*, déchet *m.* ; perte *f.*
  industrial waste déchets *pl.* industriels
  household waste déchets *pl.* domestiques
to waste (resources) gaspiller
  to waste time perdre du temps
wasted *adj.* usé/e
watch montre *f.*
to watch regarder, voir †
  to watch a game voir † un match
  to watch a game on TV regarder un match (à la télé)
  to watch a movie voir † un film
  to watch a movie on TV regarder un film (à la télé)
  to watch a play voir † une pièce (de théâtre)
  to watch TV regarder la télé
water eau *f.*
  mineral water eau minérale
  sparkling water eau gazeuse/pétillante
  tap water eau du robinet
water skiing ski *m.* nautique
  to go water skiing faire † du ski nautique
wave (ocean) vague *f.*
way of life manière *f.* de vivre
we nous, on
to wear porter, mettre †
weather temps *m.*
  weather forecast météo(rologie) *f.*
  What's the weather like? Quel temps fait-il ?
  The weather's bad. Il fait mauvais.
  It's nice weather. Il fait bon.
Web Web *m.*, toile *f.*
  Web address adresse *f.* Web
  webcam webcam *f.*
  Web page page *f.* Web

Web site site *m.* Web
wedding mariage *m.*
Wednesday mercredi
week semaine *f.*
weekend week-end *m.*, fin *f.* de semaine (*Can.*)
to weigh peser †
weight poids *m.*
weight lifting musculation *f.*
  to do weight lifting faire † de la musculation
welcome (*adj.*) bienvenu/e ; bienvenue *f.*
  You're welcome. Je t'en prie/Je vous en prie. Bienvenue. (*Can.*)
  Welcome to . . . Soyez la bienvenue !
well bien
  Well done! Bravo !
  well-done (cooked) bien cuit/e
west ouest *m.*
western western *m.*
What . . . ? Qu'est-ce que/qui…?, Quel/le…?
  What? Quoi ?
  What about you? Et toi ?/Et vous ?
  What color is . . . ? De quelle couleur est…?
  What did you say? Comment ?
  What happened? Qu'est-ce qui s'est passé ?
  What is that? Qu'est-ce que c'est ?
  What's the matter? Qu'est-ce que tu as/vous avez ?
  What's your name? Comment tu t'appelles/vous appelez-vous ?
wheelchair fauteuil *m.* roulant
  wheelchair basketball basket-fauteil *m.*
when quand, lorsque, où
where où
whether si
which quel/le ; que (qu'), qui
  which one/s lequel, laquelle, lesquels, lesquelles
while pendant que
white blanc/blanche
who qui
why pourquoi
wife femme *f.*
willingly volontiers
to win gagner
the winner le/la gagnant/e ; le vainqueur ; le/la champion/ne
wind vent *m.*
  It's windy. Il y a du vent.
window fenêtre *f.*
  shop window vitrine *f.*
  to window-shop faire du lèche-vitrine
to windsurf faire † de la planche à voile
wine vin *m.*
  red wine vin *m.* rouge
  white wine vin *m.* blanc
winter hiver *m.*
  winter sports sports *m. pl.* d'hiver
to wipe (off) essuyer †

to wish vouloir †, souhaiter
wish(es) vœu(x) *m.*
  Best wishes! Meilleurs vœux !
with avec
within dans
without sans
woman femme *f.*
to wonder se demander
wonderful génial/e, merveilleux/-euse
wood bois *m.*
woods bois *m.*, forêt *f.*
wool laine *f.*
word mot *m.*
  in other words en d'autres termes
  word-for-word mot à mot
  words (song) paroles *f. pl.*
work travail *m.*
to work travailler
  hardworking travailleur/-euse
  It'll work out. Ça va s'arranger.
  to work at the computer travailler à l'ordinateur
  to work out faire † du sport, s'entraîner
worker (manual labor) ouvrier *m.*, ouvrière *f.*
worker (white-collar) employé/e *m./f.*
workplace lieu de travail *m.*
workshop atelier *m.*
world monde *m.*
  around the world tour *m.* du monde
worn, worn out (objects) abîmé/e
worried inquiet/-ète, anxieux/-euse
to worry s'en faire † (du souci), s'inquiéter †
wounded blessé/e
wrist poignet *m.*
to write écrire †, rédiger
writer écrivain *m.*

Y

yard jardin *m.*
year an *m.*, année *f.*
  I am 19 years old. J'ai 19 ans.
  Happy New Year! Bonne année !
to yell crier
yellow jaune
yes oui ; si (*after negative question*)
yesterday hier
yet encore
  not yet pas encore
yogurt yaourt *m.*
young jeune
you tu, vous, toi
  to you te (t'), vous
your ton, ta, tes ; votre, vos
yourself toi-même, vous-même
yourselves vous-mêmes

Z

zero zéro *m.*
zoology zoologie *f.*

Source

TEXT CREDITS

Page 25 (n. 1): "Le vaccin antigrippal serait utile LE SOIR EN LIGNE", 12 octobre 2007 sur le site. Headline reproduced by permission of the publisher, all rights reserved. Any further use must be authorized by Copiepresse (info@copiepresse.be); **page 25 (n. 2):** "Un dinosaure rare deconvert a Lisbonne", LE SOIR EN LIGNE, 12 octobre 2007 sur le site. Headline reproduced by permission of the publisher, all rights reserved. Any further use must be authorized by Copiepresse (info@copiepresse.be); **page 25 (n. 3):** "Dossier beaute" 20 ans no. 67, mars 1992. © publié par Excelsior Publications France; **page 25 (n. 4):** Courtesy of Haïti en marche. http://haitienmarche.com; **page 25 (n. 6):** L'Express (Neuchatel) www.lexpress.ch; **page 61:** Statisque Canada, Familles et ménages - Faits saillants en tbleaux, Recensement de 2006, catalogue 97-553-XWF2006002. Date de parution 12 septembre 2007. http://www12statcan.ca/english/census06/data/highlights/households/pages/Page.cfm?Lang=F&Geo=PR&Code=01&Table= 1&Data=Change&Age=1&StartRec=1&Sort=2&Display=Page; **page 62:** Statistique Canada, Portrait de famille: continuité et changement dans les families et les ménages du Canada en 2006, Recensement de 2006. Catalogue 97-553-XWF2006007, Date de parution 12 septembre 2007 http://www12.statcan.ca/francais/census06/analysis/farmhouse/index.cfm; **page 90:** Photo Office de Tourisme du Pays de Richelieu © edesade.com. Used with permission; **page 99:** Francoscopie 2007;Gerard Mermet;© 2006 Larousse. Used with permission; **page 136:** Emménager à Montréal, 2006-2007, www.movingto.com. Used with permission; **page 152:** Jacques Prévert, "Familiale" in Paroles © Éditions Gallimard. Used with permission; **page 201:** Jacques Prevert, "Dejeuner du matin" in Paroles © Editions Gallimard. Used with permission; **page 216:** Courtesy of Jean Perrin; **page 248:** Extrait de J.M.G. Le Clezio, "Zinna," Printemps et autres saisons. © Editions Gallimard. Used with permission of Editions Gallimard. Tous les droits d'auteur de ce texte sont reserves. Sauf autorisation, toute utilisation de celui-ci autre que la consultation individuelle et privee est interdite."; **page 250:** D'apres J.L. Mathieu,Géographie 1er: La France en Europe et dan le monde. © Larousse-Bordas. Courtesy of Editions Bordas; **page 286-287:** Jean Arceneaux, "Je suis cadien," Suite du Loup, Éditions Perce-Neige. 1998. Used with permission; **page 293:** Emile Zola, "La noce", from the novel L'assommoir, 1877; **page 314-315:** © Copyright Agenda Quo Vadis 2007. Used with permission; **page 322:** J. CARDONNA, C. LACROIX, Mini Key Figures 2012, Statistics on Culture, DEPS, Ministry of Culture and Communication. Used with permission; **page 323:** © Centre Pompidou. Used with permission; **page 341:** TGV® est une marque déposée de SNCF. Tous droits de reproduction réservés; **page 375:** Montesquieu, "Premières impressions de Paris", from Lettres Persanes, 1721; **page 419, 421 (F2):** Used by permission of France TV; **page 419, 421 (F3):** Used by permission of France TV; **page 419, 421 (TF1):** Used by permission of TF1; **page 419, 421 (M6):** M6 logo used by permission; **page 421 (F5):** Used by permission of France TV; **page 432:** Courtesy of Ipsos Profiling TM, 2011, http://www.ipsos.fr/sites/default/files/attachments/profiling-2011-dp.pdf . **page 441:** © Etude Audience AEPM France; **page 475:** "Sommaire", 25 juin au 1er juillet 2008, c. Pariscope. Used by Permission; **page 476:** Courtesy of le Parc de la Villette et son architecte Bernard Tschumi; **page 476:** "la villette", 25 juin au 1er juillet 2008, Pariscope. Used by Permission; **page 481–482:** Extrait de Eugéne Ionesco, La Leçon. © Editions Gallimard. Used with permission of Editions Gallimard. Tous les droits d'auteur de ce texte sont reserves. Sauf autorisation, toute utilisation de celui-ci autre que la consultation individuelle et privee est interdite."; **page 487:** Source: Babette, the African mask, http://www.danse-africaine.net

PHOTO CREDITS

Page 2: A/T Media; **page 5 (left):** Romilly Lockyer/Image Bank/Getty Images; **page 5 (right):** Yellow Dog Productions/Image Bank/Getty Images; **page 6:** A/T Media; **page 14:** Annette Brieger/Goldpitt; **page 22 (top left):** Eric Ryan/Getty Images, Inc.; **page 22 (bottom right):** Sophie Bassouls/CORBIS; **page 22 (bottom left):** BERTRAND LANGLOIS/AFP/Getty Images/Newscom; **page 22 (bottom middle):** Jean Baptiste Lacroix/Getty Images; **page 23 (left):** © Travel Pictures/Alamy; **page 23 (right):** G Roli/Robert Harding World Imagery; **page 24 (top):** © Hemis/Alamy; **page 24 (middle top):** © nik wheeler/Alamy; **page 24 (middle bottom):** Pierre Desrosiers/Getty Images; **page 24 (bottom):** Gavin Hellier; **page 26 (all):** Annette Brieger/Goldpitt; **page 30:** A/T Media; **page 33 (left):** Chuck Pefley/Alamy; **page 33 (right):** David Frazier/Photolibrary/Alamy; **page 34:** RMN- Grand Palais/Art Resource, NY; **page 35:** Mary Ellen Scullen; **page 55:** Mary Ellen Scullen; **page 53:** A/T Media; **page 59:** Taxi/Getty Images; **page 60 (bottom):** Cathy Pons; **page 60 (top right):** © Paul Maguire/Alamy; **page 60 (top left):** Susan Kuklin/Photo Researchers, Inc.; **page 63:** Cathy Pons; **page 64:** John Eastcott/Yva Momatiuk/The Image Works; **page 68:** A/T Media; **page 69:** Alexandra & Pierre Boulat; **page 71:** © Directphoto.org/ Alamy; **page 77:** Erin Patrice O'Brien/Taxi/Getty Images; **page 78 (top):** Courtesy of the Library of Congress; **page 78 (bottom):** Courtesy of the Library of Congress; **page 87:** Annette Brieger/Goldpitt; **page 88 (left):** ZUMA Press/Newscom; **page 88 (middle):** Icon SMI 945/Icon SMI/Newscom; **page 88 (right):** Phillip MacCallum/Allsport Concepts/Getty Images; **page 91:** Annette Brieger/Goldpitt; **page 92:** A/T Media; **page 98:** Francois Guillot/Getty Images, Inc. AFP; **page 99:** Chung Sung-Jun/Stringer/Allsport Concepts/Getty Images; **page 101 (top):** Samuel Kubani/Getty Images, Inc. AFP; **page 101 (bottom left):** Getty Images, Inc. AFP; **page 101 (bottom right):** Dean Mouhtaropoulos/Allsport Concepts/Getty Images; **page 106:** A/T Media; **page 109 (top):** Gary Schiele; **page 109 (bottom):** Annette Brieger/Goldpitt; **page 115 (left):** Michael Krasowitz/Taxi/Getty Images; **page 115 (right):** Chip Henderson/Getty/Photolibrary.com; **page 117:** Annette Brieger/Goldpitt; **page 118:** A/T Media; **page 121:** Will & Deni McIntyre/Getty Images, Inc/Stone Allstock; **page 126:** Masterfile Corporation; **page 132:** © mauritius images GmbH/Alam; **page 133 (top):** Wim Van Cappellen/Getty/Photolibrary/Peter Arnold, Inc.; **page 133 (bottom):** Annette Brieger/Goldpitt; **page 134:** Creative Eye/Mira.com; **page 138:** Tatiana Markow; **page 142:** A/T Media; **page 155 (all):** Cathy Pons; **page 156:** A/T Media; **page 164 (left):** Eric Ryan/Getty Images - Entertainment; **page 164 (right):** Seyllou/AFP/Getty Images, Inc. - Agence France Presse; **page 170:** Getty Images, Inc. AFP; **page 171 (left):** Mary Ellen Scullen; **page 171 (middle and right):** Annette Brieger/Goldpitt; **page 172:** Chad Ehlers/Stock Connection; **page 173 (middle):** Abdelhak Senna/Getty Images, Inc AFP; **page 173 (right):** © Vince Streano/CORBIS; **page 173 (left):** Chad Ehlers/Stock Connection; **page 175 (top left):** Yves Foestier/CORBIS; **page 175 (top right):** © Dacid Brabyn/CORBIS All Rights

Index

This index is divided into two parts: Part I (Structures) covers topics related to grammar and pronunciation; here you will find references for information on spelling, pronunciation, grammatical form, and language functions. Part II (Topics) includes vocabulary and cultural topics, as well as information on how to find people, places, and strategies for learning French.

PART I: STRUCTURES

à, 84–85
  contractions with, 85
  with indirect objects, 84
  + infinitive, 461
  uses of, 84
acheter, 198–199, A11
adjectives
  agreement of, 38–39, 73–74
  BRAGS mnemonic and, 111
  comparative, 168–169
  demonstrative, 166–167
  descriptive, 37–39, 70, 73–74
  invariable, 37–39
  irregular forms, 73–74, 111
  -ir verbs derived from, 227
  placement of, 38, 110–111, 121–122
  plural of, 38, 121–122
  possessive, 36, 48–50
  prenominal, 110–111, 121–122
  superlative, 169
  variable, 73–74, 110–111, 121–122
adverbs
  comparison of, 158–159
  frequency, 149
  intensity, 149
  interrogative, 75–76
  making descriptions more precise with, 40
  of quantity, 149
  superlative, 159
  used in time expressions, 149
age, 46–47
aller, 92–93, A12
appeler, 198–199, A11
après avoir/après être + past participle, 437
articles
  definite and indefinite, 18, 21
  indefinite replaced by de in negative, 13, 47
  partitive, 188–189
  showing gender, 18–19
  use of definite article with reflexive pronouns, 147
  use of definite article with superlative, 159, 169
  use of partitive vs. definite and indefinite articles, 188–189
aussi... que, 159, 168
aussitôt que, 425–426
autant de... que, 159
avant de + infinitive, 436–437

avoir, 46–47, A12
  passé composé with, 196–197

boire, 186–187, A12
BRAGS, 111

c'est/ce sont, 8
c'est vs. il/elle est, 127
choisir, 226, A10
clothing, description of, 168
combien (de), 75
commands, 14, 95, 129, 325. See also imperative
commencer, 153, A11
comment, 75–76
communication, verbs of, 236, 257
comparison
  of adjectives, 168–169
  of adverbs, 158–159
comprendre, 186, A13
conditional tense
  devoir, pouvoir, vouloir, 325–326
  formation, 434–435
  irregular stems, 435
  passé du conditionnel, A8
  si-clauses, 442, A8
  usage, 325, 434
conjunctions, 284, 425
connaître, 317, A12
courir, 157, A12
croire, 283–284, A12

dates, 42, 238
days of the week, 51, 53
de, 85
  + infinitive, 462
  uses of, 85
décrire, 263, A12
demonstrative adjectives, 166–167
depuis, 444
desire, expressions of, 396
désobéir à, 227, A10
dès que, 425–426
devenir, 356, A14
devoir, 128–129, 325–326, A12
dire, 263, A12
direct-object pronouns, 228–229, 274
dormir, 156–157, A10

écrire, 263, A12
en (pronoun), 208–209
s'endormir, 156–157, A10
épeler, 198–199, A10, A11
-er verbs, 54–56
est-ce que, 57, 75

être, 7–8, A13
  with passé composé, 206–207
expressions
  of desire, 396
  of doubt, 406
  of emotion, 404
  of frequency, 149
  of obligation, 307, 385
  of quantity, 204, 209
  of time, 427

faire, 86–87, A13
  expressions with, 81, 87, 105, 311–312
falloir, A13
  il faut, 208, 219, 307, 336
  il faut que, 385
faut, il, see falloir
finir, 227, A10
frequency, expressions of, 149
futur antérieur, A6
future, expressing,
  with aller, 93
  with future tense vs. futur proche, 343–344
  with present tense, 93
futur proche
  formation, 93
  with direct object pronouns, 229
  with indirect object pronouns, 236
  with reflexive pronouns, 147
  usage, 93, 343–344
future tense, 343–344

gender, 18–19
grandir, 227, A10
grossir, 227, A10

il y a/il n'y a pas de, 13
imperative (commands)
  formation of, 95
  with object pronouns, 229, 236
  of pronominal verbs, 147
  uses of, 14, 95
imperfect tense
  contrast with passé composé, 264–265, 272, 276, 470
  formation of, 244
  vs. passé composé, 264–265, 272, 276, 470
  in si-clauses, 442
  usage of, 244–246, 264–265, 272, 470
indefinite expressions, 327–328
indirect-object pronouns, 235–237, 274

information questions, 75–76
interrogative adverbs, 75–76
interrogative pronouns, 314–315
inversion, 76
-ir verbs
  derived from adjectives, 227
  like dormir, 156–157, A10
  like choisir, 226–227, 256, A10

jamais, 149, 327–328
jeter, 198–199, A11
jouer à/de, 81, 84–85

lequel, 306
liaison, 83, 384
  obligatory, 342–343
  with t, n, and r, 353–354
lire, 263, A13
location, prepositions of, 107
lorsque, 425–426

maigrir, 227, A10
maintenir, 356, A14
manger, 89, A11
meilleur/e, 169
mentir, 157, A10
mettre, 163, A13
mieux, 159
moins (de)... que, 159, 168

nager, 89, A11
negation
  ne... jamais, 149, 327–328
  ne... pas 47, 56
  ne... personne, 327–328
  ne... rien, 327–328
  with expressions of quantity, 208
  with partitive, 189
  with pronominal verbs, 147
n'est-ce pas, 57
nouns
  gender, 18–19
  plurals, 20–21

obéir à, 227, A10
obligation, expressions of, 307, 385
obtenir, 356, A14
on, 8
où
  question word, 75–76
  relative, 365

pâlir, 227, A10
partir, 157, A10
partitif, 188–189

PART II: TOPICS

FAMOUS FRANCOPHONES

FRANCOPHONY

FRENCH LIFE AND CULTURE

LEARNING STRATEGIES (FICHES PRATIQUES)

N

le Canada

L'AMÉRIQUE
DU NORD

le Québec

le Nouvea
Brunswick

les États-Unis

St-Pierre-
et-Miquelon (C

la Nouvelle-
Angleterre

L'OCÉAN
ATLANTIQU

la Louisiane

L'OCÉAN
PACIFIQUE

Saint-Barthélemy
et Saint-Martin (COM)

la
Guadelou
(DOM)

Haïti

la
Martinique
(DOM)

Clipperton

la Guyane
(DOM)

Wallis-et-Futuna (COM)

la Polynésie
française

Vanuatu

L'AMÉRIQU
DU SUD

la Nouvelle-Calédonie

Tahiti

L'AUSTRALIE

Pays ou région où le français est langue officielle et/ou maternelle

Pays ou région où le français est langue officielle ou administrative

Pays où le français est langue d'enseignement privilégiée

◯ Îles où le français est langue officielle et/ou maternelle

● Minorités francophones

DOM = département d'outre-mer   COM = collectivité d'outre-mer

L'ASIE

la Pologne

la Belgique
le Luxembourg
L'EUROPE
la Moldavie
la Suisse
la France
la Roumanie
Monaco
la Bulgarie
l'Albanie
la Macédoine

la Tunisie
le Liban
la Syrie
le Maroc
Israël
l'Algérie
L'AFRIQUE
l'Égypte
le Sahara occidental
la Mauritanie
le Mali
le Niger
le Tchad
le Sénégal
la République centrafricaine
Djibouti
la Guinée-Bissau
la Guinée
le Burkina-Faso
la Côte-d'Ivoire
le Togo
le Bénin
la Cameroun
le Gabon
la République Démocratique du Congo
le Ruanda
le Burundi
le Congo
les Comores
les Seychelles
l'Angola
Mayotte (DOM)
Madagascar
le Mozambique
l'île Maurice
la Réunion (DOM)

Pondichéry
le Laos
le Cambodge
le Vietnam

L'OCÉAN INDIEN

L'AUSTRALIE

les îles St. Paul et Amsterdam
l'archipel Crozet
Terres australes et antarctiques françaises (COM)
les îles Kerguelen

Le monde francophone

Terre-Adélie

L'ANTARCTIQUE